लोकराजा शाहू छत्रपति

लोकराजा शाहू छत्रपति

डॉ. रमेश जाधव

अनुवादक

प्राचार्य शरद कणबरकर

राधाकृष्ण प्रकाशन

मराठी से अनूदित

ISBN : 978-81-8361-520-4

लोकराजा शाहू छत्रपति

पहला संस्करण : 2012
This book is printed on **Print on Demand** Technology : 2024

मूल्य : ₹995

प्रकाशक
राधाकृष्ण प्रकाशन प्राइवेट लिमिटेड
जी-17, जगतपुरी, दिल्ली-110 051

शाखाएँ : अशोक राजपथ, साइंस कॉलेज के सामने, पटना-800 006
पहली मंजिल, दरबारी बिल्डिंग, महात्मा गांधी मार्ग, प्रयागराज-211 001
1, अनमोल सोराबजी संतुक लेन, धोबी तलाव, मरीन लाइंस, मुम्बई-400 002
वेबसाइट : www.radhakrishnaprakashan.com
ई-मेल : info@radhakrishnaprakashan.com

Printed at : Rajkamal Prakashan P.Ltd.

LOKRAJA SHAHU CHHATRAPATI
by Dr. Ramesh Jadhav
Translated by Sharad Kanbarkar

लोकराजा शाहू छत्रपति

डॉ. रमेश जाधव

अनुवादक

प्राचार्य शरद कणबरकर

राधाकृष्ण प्रकाशन

मराठी से अनूदित

ISBN : 978-81-8361-520-4

लोकराजा शाहू छत्रपति

पहला संस्करण : 2012
This book is printed on **Print on Demand** Technology : 2024

मूल्य : ₹995

प्रकाशक
राधाकृष्ण प्रकाशन प्राइवेट लिमिटेड
जी-17, जगतपुरी, दिल्ली-110 051

शाखाएँ : अशोक राजपथ, साइंस कॉलेज के सामने, पटना-800 006
पहली मंजिल, दरबारी बिल्डिंग, महात्मा गांधी मार्ग, प्रयागराज-211 001
1, अनमोल सोराबजी संतुक लेन, धोबी तलाव, मरीन लाइंस, मुम्बई-400 002
वेबसाइट : www.radhakrishnaprakashan.com
ई-मेल : info@radhakrishnaprakashan.com

Printed at : Rajkamal Prakashan P.Ltd.

LOKRAJA SHAHU CHHATRAPATI
by Dr. Ramesh Jadhav
Translated by Sharad Kanbarkar

मनोगत

दिल्ली में संसद भवन के प्रांगण में राजर्षि शाहू छत्रपति के पुतले का अनावरण 17 फरवरी, 2009 ई. को भारत की राष्ट्राध्यक्षा श्रीमती प्रतिभा देवीसिंह पाटील के करकमलों द्वारा संपन्न हुआ। मानो समूचे देश ने राजर्षि शाहू छत्रपति को सम्मान सहित वंदन किया। 'बहुजन हिताय, बहुजन सुखाय'–इस सूत्र के अनुसार किया हुआ राजर्षि शाहू छत्रपति का जीवन-कार्य अब निर्विवाद सिद्ध हुआ है।

राजर्षि शाहू छत्रपति की जन्मशताब्दी समूचे महाराष्ट्र में 1974-1975 ई. में बड़े पैमाने पर जोशो-उल्लास के साथ मनाई गई। अनेक समाचार-पत्रों ने इस संदर्भ में विशेष अंक प्रकाशित किए। 1976 ई. में कोल्हापुर के माननीय पी.बी.सालुंखे द्वारा संपादित शाहू गौरव ग्रंथ का प्रकाशन तत्कालीन प्रधानमंत्री इंदिरा गांधी के करकमलों द्वारा हुआ। उसके बाद भारत सरकार ने राजर्षि शाहू छत्रपति की स्मृति-प्रीत्यर्थ एक डाक टिकट भी प्रकाशित किया।

इस तरह यह जन-जन का राजा शाहू छत्रपति अब समूचे भारत देश के समादर एवं अभिमान का विषय साबित हुआ हो तो उसमें आश्चर्य की कोई बात नहीं!

शाहू छत्रपति का जन्म कोल्हापुर में 26 जून, 1874 ई. को हुआ। 2 अप्रैल, 1894 से 6 मई, 1922 ई. तक उन्होंने कोल्हापुर रियासत के अधिपति के रूप में राज-कारोबार किया। अपने शासन-काल के 28 वर्षों में, हिंदू समाज के उन्मत्त, दकियानूसी धर्ममार्तंडों के विरोध में उन्होंने अपने जीवन की पहली बगावत की। समूचे हिंदू-समाज को जात-पांत की जंजीरों से जकड़कर रखने वाले और इन्सान की इन्सानियत को छीन लेने वाले धर्मसिंहासनों को उन्होंने उलट-पुलटकर रख दिया। अस्पृश्यता का कलंक पोंछ डालने के लिए, उसे जड़ से उखाड़ फेंकने के लिए उन्होंने अस्पृश्यता पर ही करारा हमला बोल दिया। इसके लिए उन्होंने अछूतों की सवर्णों की पाठशालाओं से अलग जो पाठशालाएं थीं, उन्हें बंद कर दीं और स्पृश्य-अस्पृश्य सबके लिए एक ही पाठशाला में शिक्षा देना शुरू किया। सबके लिए सिर्फ प्राथमिक शिक्षा मुफ्त कर शाहू छत्रपति रुके नहीं; बल्कि उन्होंने प्राथमिक शिक्षा सबके लिए अनिवार्य कर दी। महारवतन की बेगार-प्रथा उन्होंने

कानून बनाकर बंद कर दी। इन्सान पैदाइशी गुनहगार नहीं होता। उसे सुधरने का मौका मिला तो वह आसमान के तारे भी तोड़ ला सकता है, इस बात पर भरोसा कर उन्होंने महार-मांग लोगों के लिए हाजिरी बजाने की जो अमानवीय पद्धति थी, वह बंद कर दी। बहेलियों जैसी घुमक्कड़ और गुनहगार के रूप में बदनाम हुई जातियों को शाहू छत्रपति ने प्रेम से पास बुलाकर उन्हें अपने निजी पहरे और राजमहल पर नियुक्त किया और उनमें ऐसा आत्मविश्वास पैदा किया कि वे भी अन्य लोगों की ही तरह हड्डी-मांस के इन्सान हैं।

मात्र जन्म से श्रेष्ठ माने गए समाज के कुछ विशिष्ट लोगों को जो सुख-समृद्धि का जीवन प्राप्त होता है, वैसा ही जीवन प्रतिष्ठा के साथ बहुजनों को भी प्राप्त हो ऐसा उदात्त भाव शाहू छत्रपति में था। इसलिए उन्होंने अपनी रियासत में 50% पद बहुजनों के लिए आरक्षित रखे। ऐसा अभूतपूर्व निर्णय करनेवाला समूचे भारत के 700 रियासतों के राजाओं में कोल्हापुर रियासत का यह एक ही राजा था। जाति के आधार पर नौकरी में प्रवेश दिए जाने पर उस नौकरी में उस व्यक्ति की प्रगति-बढ़ती उसके गुणों पर अवलंबित रहेगी, न कि उसकी जाति के कथित श्रेष्ठत्व पर। ऐसा कानून बनाने और उसे अमल में लाने को भी शाहू छत्रपति नहीं भूले।

मनुष्य के बुद्धि सामर्थ्य और मानसिक सामर्थ्य का उसकी जाति, वंश या धर्म के साथ कुछ भी संबंध नहीं होता, शाहू छत्रपति ने यह वैज्ञानिक सत्य जानकर उच्च-वर्ण के लोगों के साथ बहुजनों को भी प्रतिष्ठाप्राप्त व्यवसाय करने का मौका मुहैया करा दिया। उसी नीति के आधार पर उन्होंने वकालत की सनदें सभी जाति के लायक व्यक्तियों को प्रदान कीं।

महात्मा फुले द्वारा छेड़ा हुआ 'सत्यशोधक आंदोलन' मात्र हिंदू-समाज की जाति-व्यवस्था और पुरोहितशाही के वर्चस्व के विरोध में छेड़ी हुई लड़ाई नहीं थी वरन् वह समूचा बहुजन-समाज शिक्षा, धर्म, नीति, साहित्य, कृषि, उद्यम, राजनीति,विज्ञान आदि के साथ सर्वांगपूर्ण हो, सामर्थ्यशाली हो इसलिए बहुजनों की मुक्ति के लिए छेड़ा हुआ युद्ध था। महात्मा फुले की मृत्यु के बाद शांत हुआ सत्यशोधक आंदोलन राजर्षि शाहू छत्रपति के समर्थ नेतृत्व से फिर से जोरदार और शक्तिशाली बना, यह सूर्यप्रकाश जितना ही साफ और सुस्पष्ट तथ्य है। अपने माथे पर 'सत्यशोधक' का तिलक लगाकर म.फुले के नामस्मरण की गुहार लगाने वाली उनके अनुगामियों की टोली कब और कैसे गुमराह हुई यह उन्हीं की समझ में नहीं आया। इसके विपरीत शाहू छत्रपति ने स्वयं सत्यशोधक होने का कभी दावा नहीं किया। परंतु उनके विरोधियों को भी यह मानना पड़ेगा कि महात्मा फुले का समता और स्वतंत्रता का विचार प्रत्यक्ष रूप से अमल में लाने

का अनमोल कार्य शाहू छत्रपति ने मृत्युपर्यंत किया। इसीलिए 'विजयी मराठा' के संपादक श्रीपतराव शिंदे शाहू छत्रपति का गौरव करते हुए लिखते हैं, "गौतम बुद्ध के विचारों का प्रचार-प्रसार करने के लिए जैसे सम्राट अशोक का योगदान मिला, उसी तरह महात्मा फुले को उनके समता के विचारों का प्रचार-प्रसार कर उन्हें प्रत्यक्ष कार्यान्वित करने के लिए शाहू छत्रपति का योगदान मिला।"

1917-18 ई. के बाद बहुजनों को राजनीतिक सत्ता में उनकी संख्या के अनुपात में हिस्सा मिलना चाहिए इसलिए ब्राह्मणेतर आंदोलन का सर्वानुमोदित नेतृत्व शाहू छत्रपति के हाथ अपने आप आया। उस नेतृत्व को उसी ताकत से निबाहकर समूचे बहुजनों के वे स्वयं सच्चे समर्थक हैं, यह उन्होंने सिद्ध किया था। ब्राह्मणेतर आंदोलन के उस शक्तिशाली तूफान के सामने टिक पाना असंभव है, यह ध्यान में आते ही शाहू छत्रपति को स्वराज-द्रोही ठहराने का उनके विरोधियों द्वारा कुटिल दांव रचा गया। सच तो यह है कि शाहू छत्रपति सच्चे राष्ट्रप्रेमी थे, यह साबित करने की आवश्यक्ता ही नहीं थी। उनकी राष्ट्रनिष्ठा निर्विवाद होने की पुष्टि तत्कालीन त्यागी राष्टभन्त महर्षि विठ्ठल रामजी शिंदे ने स्वयं की है।

कमजोर जातियां सामाजिक, आर्थिक तथा राजनीतिक दृष्टि से जब तक समर्थ नहीं होतीं तब तक जातिसंस्था समूल नष्ट नहीं होगी, जातिसंस्था विनष्ट करने के संघर्ष का शाहू छत्रपति का यह मुख्य सूत्र था। यही कारण है कि उन्होंने छात्रों के जाति आधारित छात्रावासों का आंदोलन शुरू किया। इतना ही नहीं; बल्कि अपनी जाति का नेतृत्व अन्य किसी जाति के नेता के हाथ न जाने पाए इसका ध्यान हर जाति स्वयं रखे ऐसा प्रगल्भ विचार उन्होंने व्यक्त किया। अपना यह विचार प्रत्यक्ष रूप से कार्यान्वित हो इसी विचार से माणगांव में हुई दलितों की परिषद में स्वयं उपस्थित रहकर उन्होंने डॉ. बाबासाहब आंबेडकर का दिल खोलकर गौरव-गान किया था।

इस तरह यह मानवतावादी राजा सनातनी हिंदू धर्म और उस धर्म की सहायता की बदौलत पलनेवाली जातिसंस्था को विनष्ट करने के कार्य में व्यस्त था। यह सब कुछ करते हुए भी यह जनहितैषी राजा अपनी रियासत में खेती के नए-नए प्रयोग कर रहा था। छोटी-बड़ी नहरों पर छोटे-बड़े बांध बनाकर महाराष्ट्र में हरितक्रांति का बीज बो रहा था। खेती की प्रदर्शनियां लगाकर किसानों को प्रशिक्षित करने के लिए हाथपांव मार रहा था। कोल्हापुर में शाहू स्पिनिंग और वीविंग मिल की स्थापना कर आधुनिक उद्योगों को प्रोत्साहन दे रहा था। बालगंधर्व, केशवराव भोंसले, अल्लादियांखां, गोविंदराव टेंबे, अंजनीबाई मालपेकर, केसरबाई केरकर जैसे संगीत एवं नाटक क्षेत्र के कलाकारों को उदार आश्रय दे रहा था। कुश्ती तो शाहू छत्रपति को जी-जान से प्रिय थी। साहित्य

और इतिहास के लिए उनमें असीम प्रेम था। समाज में निर्भय एवं निःसंकोच पत्रकार-साहित्यकार हों इसीलिए वे हाथ-पांव मार रहे थे। उनकी अथक कोशिश और अविरत प्रेरणा से ही कवि सुमंत, अच्युत बलवंत कोल्हटकर, राजकवि शं.ब.भोंसले जैसे साहित्यिक और कृ. अ. केलुसकर, प्रबोधनकार ठाकरे, आण्णासाहेब लठ्ठे, द.बा. पारसनीस जैसे इतिहास-लेखक, 'जागृति' के पालेकर, 'विजयी मराठा' के श्रीपतराव शिंदे, 'जागरूक' के बालचंद कोठारी, 'दीनमित्र' के मुकुंदराव पाटील, 'भवानी तलवार' के दिनकरराव जवलकर जैसे पत्रकार आदि लोगों को शाहू छत्रपति का बड़ा प्रोत्साहन मिला। 'बहुजन हिताय, बहुजन सुखाय'-इस सूत्र ने सबको अविरत कार्यरत रखा।

समाज-पुरुष के सामने अगर ऐसा प्रश्न उपस्थित हो कि छत्रपति शिवाजी महाराज का सच्चा वारिस कौन हो सकता है, तो उसका सही उत्तर 'राजर्षि शाहू छत्रपति' के सिवा दूसरा कुछ हो ही नहीं सकता। छत्रपति शाहू में भी अनेक दोष थे। इसलिए प्रेषित के भी पांव मिट्टी के ही होते हैं, इसका भान रखकर इस शाहू-चरित्र को पाठक के सामने रखने का प्रस्तुत ग्रंथ में मैंने प्रामाणिक प्रयत्न किया है।

राजर्षि शाहू छत्रपति राज्याभिषेक शताब्दी के अवसर पर महाराष्ट्र के एक अग्रगण्य जनप्रिय मराठी दैनिक 'पुढारी' के हर रविवार के 'बहार' क्रोडपत्र में 3 जनवरी, 1993 से 10 अप्रैल, 1994 ई. तक 64 लेखों में प्रकाशित हुई राजर्षि शाहू छत्रपति की यह चरित्र-मालिका। उसी चरित्र-मालिका को संकलित कर पुणे की सुरेश एजेंसी ने 1997 ई. में 'लोकराजा शाहू छत्रपति' शीर्षक से ग्रंथ-रूप में प्रकाशित किया। पिछले 10 वर्षों में इस ग्रंथ के तीन संस्करण प्रकाशित हो चुके हैं। अब चौथा संस्करण यंत्रस्थ है।

पिछले 85-90 वर्षों में शाहू छत्रपति के जीवन-कार्य के विषय में बहुत कुछ लिखा गया। उनमें एक पक्ष ऐसा है, जो शाहू छत्रपति की ओर भक्तिभाव से देखता है। उसी तरह की भावना के कारण 'श्री शाहू छत्रपति महाराज का अवतार' जैसे ग्रंथ लिखे जाते हैं, तो इसके विपरीत लेखकों-विचारकों का एक ऐसा भी दल है, जो सदैव शाहू छत्रपति में जो अस्तित्व में ही नहीं है, उन 'दुष्टात्माओं' की टोह लेने में मशगूल होता है। इसके साथ ही महाराष्ट्र में लेखकों और अभ्यासकों का एक ऐसा भी दल है, जो जब-जब महाराष्ट्र के सामाजिक आंदोलन के बारे में लेखन करता है तब-तब शाहू छत्रपति के न केवल विचारकार्य का; बल्कि उनके नाम का भी निर्देश जान-बूझकर टालता है।

'शाहू चरित्र' सीरियल का लेखन करते समय मैंने ठान लिया था कि सामान्य दर्शक को ही ध्यान में रखकर लेखन करना है। साथ-साथ इस बात को भी मैंने आंखओट नहीं किया कि अनुसंधान विषयक अनुशासन का भी मुझसे उल्लंघन न हो। मेरे उस कार्य के

सुयश के लिए सामान्य दर्शक जैसे अपनी पसंद को प्रकट कर रहा था, वैसे ही डॉ. य.दि. फड़के, डॉ. रा.चिं. ढेरे, डॉ. विलास संगवे जैसे ज्येष्ठ अनुसंधानी मेरा हौसला बढ़ा रहे थे। उसी तरह शाहू छत्रपति के वारिस कोल्हापुर के विद्यमान शाहू छत्रपति और शाहू छत्रपति के रिश्तेदार सावंतवाडी रियासत के माननीय शिवरामराजे भोंसला के भी अभिमत मेरा हौसला बढ़ा रहे थे।

महाराष्ट्र की साहित्यिक गतिविधियों में जिसका पिछले 36 वर्षों से महत्त्वपूर्ण स्थान है उस 'ललित' मासिक-पत्रिका ने मेरी 'लोकराजा शाहू छत्रपति' पुस्तक की भूरि-भूरि प्रशंसा की है। इसके सिवा कोल्हापुर के समाचारपत्र दैनिक 'पुढारी', दैनिक 'सकाळ', दैनिक 'लोकमत', साप्ताहिक 'साधना', पुणे 'लोकप्रभा' और 'इतिहास आणि संस्कृति' आदि स्तरीय पत्रिकाओं में इस ग्रंथ की समीक्षा मान्यवर समीक्षकों ने की है। मेरे इस ग्रंथ पर 1998 ई. का महाराष्ट्र सरकार का 'चरित्र-आत्मचरित्र' विभाग का प्रथम पुरस्कार प्राप्त हुआ। इसके पहले पुणे की 'महाराष्ट्र साहित्य परिषद' संस्था ने प्रस्तुत ग्रंथ को प्रथम पुरस्कार दिया था।

उत्तर प्रदेश के कानपुर शहर में 1919 ई. में शाहू छत्रपति को कुर्मी-क्षत्रिय परिषद में 'राजर्षि' की उपाधि बड़े सम्मान के साथ प्रदान की गई, उसी उत्तर प्रदेश में मुख्यमंत्री मायावती ने शाहू छत्रपति का महाकाय पुतला स्थापित किया; बल्कि उन्होंने कानपुर यूनिवर्सिटी का नामकरण राजर्षि शाहू यूनिवर्सिटी कर हिंदी भाषिक राज्य में शाहू छत्रपति की स्मृति को अजर-अमर कर दिया। तब से हिंदी-भाषी राजर्षि शाहू छत्रपति का चरित्र जानने के लिए उत्सुक थे। थोड़े विलंब से ही सही, राजर्षि शाहू छत्रपति का यह चरित्र तथा उनका जीवन-कार्य हिंदी भाषा में प्रस्तुत किया जा रहा है।

मेरी इच्छा थी कि महाराष्ट्र की ही तरह हिंदी-भाषी प्रदेश में भी शाहू छत्रपति का यह प्रेरणादायी ग्रंथ पढ़ा जाए। मेरी खुशकिस्मती से मेरे मराठी ग्रंथ का हिंदी में अनुवाद करने का काम आदरणीय प्राचार्य शरद कणबरकरजी ने स्वीकार किया, जो मेरा अहोभाग्य है। उन्होंने अपने जीवन के 49 वर्ष हिंदी के प्रचार-प्रसार एवं माध्यमिक, महाविद्यालयीन एवं विश्वविद्यालयीन अध्यापन में व्यतीत किए हैं। मुझे इस बात का गर्व है कि उन्होंने हिंदी-अनुवाद के कार्य को पूर्ण करने के लिए न अपने स्वास्थ्य की ओर ध्यान दिया, न ही किसी अन्य प्रश्न की ओर। अपनी आसान, धाराप्रवाह हिंदी-भाषा में उन्होंने मेरे मराठी ग्रंथ का अनुवाद किया इसलिए मैं उनका हृदय से आभारी हूं।

मेरा कोई भी संकल्प सफल होने में मेरे ज्येष्ठ मित्र, इतिहास के गहन अध्येता प्रा. आनंद वैराट का बड़ा सहयोग होता है। मेरे 'लोकराजा शाहू छत्रपति' मराठी ग्रंथ का हिंदी अनुवाद साकार होने में प्रारंभ से ही उनका बहुमूल्य सहयोग रहा है। उनके

साथ ही कोल्हापुर के न्यू कॉलेज के भूतपूर्व इतिहास–विभाग–प्रमुख मेजर प्रा. बी.एस. सूर्यवंशी, प्राचार्य पी.यू. शेठ, प्रा. शशिकांत कुलकर्णी का भी सहयोग मिलता रहा। इसके साथ ही महाराष्ट्र के गढ़ दुर्गों के गहन अध्येता एवं लेखक श्रीभगवान चिले, प्रा. डॉ. प्रह्लाद माने, मुरलीधर कोडोलीकर, चि. ऋतु कुलकर्णी, डॉ. सुनील कुमार लवटे, प्रो. एस.जे. गायकवाड, डॉ. सतप्पा चौहान का भी इस कार्य में अनमोल सहयोग मिला है। ये सभी प्रत्यक्ष–अप्रत्यक्ष रूप से मेरे अपने हैं, अतः उनके प्रति आभार प्रकट करना न उन्हें रुचेगा और न ही मैं वह गुनाह करना चाहूंगा। राधाकृष्ण प्रकाशन के प्रबंध निदेशक श्री अशोक महेश्वरी का आभारी हूं कि उन्होंने इस पुस्तक के प्रकाशन में गहरी रुचि ली। अंत में पाठकों से विनम्रता से कहना चाहता हूं–

'त्वदीय वस्तु...तुभ्यमेव समर्पये!'

–डॉ. रमेश बा. जाधव

एम.ए.; पीएच.डी.,
'देवयानी', 3036 ए,
महालक्ष्मी धर्मशाला के सामने,
ताराबाई रोड कोल्हापुर–416012
फोन–2544646

अनुक्रम

अनुक्रम

अध्याय : 1

कोल्हापुर की राजगद्दी

महाराष्ट्र के अहमदनगर शहर में 20 फरवरी, 1707 ई. को औरंगजेब बादशाह की मृत्यु हुई। उसके बाद मराठों में फूट डालने के इरादे से औरंगजेब के छोटे पुत्र आजमशाह ने छत्रपति शिवाजी के पोते–संभाजी राजा के पुत्र –शाहू को कैद से रिहा किया। संभाजी राजा की रिहाई से मराठों की राजगद्दी के उत्तराधिकारी का प्रश्न सामने आया । उसी से सातारा की गद्दी के शाहू छत्रपति और छत्रपति शिवाजी महाराजा की छोटी बहू महारानी ताराबाई में सत्ता-संघर्ष शुरू हुआ। उस संघर्ष में महारानी ताराबाई की हार हुई। उन्होंने कोल्हापुर के पास पन्हाला गढ़ पर आश्रय लिया और 1710 ई. में कोल्हापुर की स्वतंत्र गद्दी बनाई। उस गद्दी पर महारानी ताराबाई ने अपने नाबालिग (अवयस्क) राजपुत्र शिवाजी को बिठाया। वे ही कोल्हापुर राज-घराने के पहले छत्रपति और शिवाजी प्रथम हैं।

कोल्हापुर की राजगद्दी पर शाहू छत्रपति (1874 ई. से 1922 ई.) के स्थानापन्न होने के पूर्व के पांचों छत्रपति बिलकुल दुर्बल और बदनसीब साबित हुए थे। 1762 ई. से 1813 ई. तक का कालखंड करवीर के शिवाजी द्वितीय का कालखंड है। शिवाजी तृतीय उर्फ बाबासाहब के भाई चिमासाहब ने 1857 ई. में. ब्रिटिश शासन के खिलाफ विद्रोह करने का प्रयत्न किया था इसलिए अंग्रेजों ने बाबासाहब को सताना शुरू किया। राजा के नाते प्राप्त हुई मुख्तारी उनसे छीनकर उन्हें खूब सताया। शिवाजी तृतीय ने ब्रिटिशों की बहुत मिन्नतें कीं तब उन्हें उनकी मुख्तारी लौटाई गई। पूरे दो वर्ष भी हुए नहीं थे कि 1866 ई. में उनकी मृत्यु हो गई। शिवाजी तृतीय उर्फ बाबासाहब ने अपनी मृत्यु के तीन ही दिन पहले अपनी बहन के सुपुत्र नागोजीराव पाटणकर को गोद लिया था। ये नागोजीराव पाटणकर ही छत्रपति राजाराम महाराजा हैं। कोल्हापुर के छत्रपति शाहू महाराजा के ये गोद लिये दादा हैं। कोल्हापुर का 'राजाराम महाविद्यालय' उनका अविस्मरणीय स्मारक है। विदेश से लौटते समय 30 नवंबर, 1870 ई. को फ्लोरेंस शहर में उनकी अचानक मृत्यु हुई। उनके कोई संतान न होने के कारण उनकी रिक्त राजगद्दी के लिए सुयोग्य वारिस की तलाश शुरू हुई। लगभग उसी समय बाबासाहब महाराजा के दूसरे भानजे जयसिंगराव उर्फ आबासाहब घाटगे कागल सिनियर शाखा के जागीरदार बने हुए थे। इसलिए कोल्हापुर की रिक्त गद्दी पर बैठने की इच्छा होते हुए भी उनके लिए वह असंभव था। अंत में सावर्डेकर भोंसला घराने के मात्र साढ़े आठ वर्ष

की उम्र के नारायण दिनकरराव को छत्रपति राजाराम महाराजा की विधवा महारानी सकवारबाईजी की गोद में 23 अक्तूबर, 1871 ई. को बिठाया गया । वे कोल्हापुर की राजगद्दी के महाराजा शिवाजी चतुर्थ हैं। वे महाराजा शाहू छत्रपति के गोद लिये पिता हैं।

महाराजा शिवाजी चतुर्थ कोल्हापुर की गद्दी पर स्थानापन्न होने के पहले ही प्रारंभ में स्कूल विभाग और राजस्व विभाग में काम कर चुके माधवराव बर्वे कोल्हापुर रियासत के दीवान बने हुए थे। असल सरकारी कागजातों में दर्ज की गई टिप्पणियों से पता चलता है कि छत्रपति बनने के पहले से ही शिवाजी चतुर्थ की मानसिक स्थिति ठीक नहीं थी। उनके मन का सन्तुलन डांवांडोल होने की खबर फैलते ही कोल्हापुर राजघराने से संबंधित लोगों के षड्यंत्रों में बाढ़-सी आ गई। उनमें कागल के जागीरदार जयसिंगराव उर्फ आबासाहब घाटगे का रोल महत्त्वपूर्ण था। कोल्हापुर के छत्रपति बनने का मौका उनके हाथ से निकल चुका था। इसलिए वे अपने पुत्र को कोल्हापुर की राजगद्दी पर विराजमान करने के षड्यंत्र में मग्न थे। पर ऐसा होने के मार्ग में सबसे बड़ा रोड़ा थे माधवराव बर्वे ! अत: आबासाहब घाटगे ने जानबूझकर ऐसा कोलाहल मचाना शुरू किया कि महाराजा शिवाजी चतुर्थ को पागल की-सी हरकतें करने के लिए बाध्य करने में दीवान माधवराव बर्वे का हाथ है।

ब्रिटिश सरकार ने जयसिंगराव उर्फ आबासाहब घाटगे को कोल्हापुर रियासत के राज्य प्रतिनिधि (रीजंट) के रूप में 13 मार्च, 1882 ई. को प्रतिमास पांच हजार की तनख्वाह पर नियुक्त किया। बंबई सरकार को शिवाजी चतुर्थ के पागल होने का विश्वास होने पर ही कोल्हापुर रियासत के रीजंट के पद पर आबासाहब घाटगे की नियुक्ति हुई थी।

कोल्हापुर के छत्रपति शिवाजी चतुर्थ को ब्रिटिश सरकार द्वारा जो असीम शारीरिक और मानसिक यंत्रणा दी जा रही थी, उसमें दीवान माधवराव बर्वे का स्थान अव्वल था। इसलिए आबासाहब घाटगे के साथ जिनके मित्रता के सम्बन्ध थे वे बाल गंगाधर तिलक और गोपाल गणेश आगरकर, जो अभी-अभी युवा पत्रकार के रूप में उभरकर सामने आए थे, अपने पत्र 'केसरी' और 'मराठा' में माधवराव बर्वे पर आग बरसाने लगे। फलत: माधवराव बर्वे ने चिढ़कर तिलक-आगरकर पर मानहानि का मुकद्दमा दायर किया। उस मुकदमे में तिलक-आगरकर दोषी साबित हुए। उस मुसीबत के समय जोतिबा फुले के कहने से पुणे के गुड़ के व्यापारी–महात्मा फुले के सहयोगी और सत्यशोधक समाज के खजानीस–रामशेठ बापूशेठ उरवणे जमानत देने के लिए आगे आए। इसलिए रामशेठ उरवणे की मृत्यु के बाद 'केसरी' में उन पर जो 'मृत्युलेख' लिखा था उसमें इस विषय में महात्मा फुले के खास निर्देशों का जिक्र किया गया था । इतना ही नहीं, सजा भुगतकर तिलक और आगरकर के वापस आने पर महात्मा फुले, कृष्णराव भालेकर और महाराष्ट्र के आद्य मजदूर-नेता नारायण मेघाजी लोखंडे प्रभृति ने पुणे और बंबई के आसपास के भागों में उन दोनों के सम्मान का आयोजन भी किया था।

कोल्हापुर के महाराजा शिवाजी चतुर्थ को 19 जून, 1882 ई.को पुणे से हटाकर अहमदनगर के किले में बंदी बनाकर रखा गया। इसके पहले उन्हें शारीरिक और मानसिक

यंत्रणा देने के लिए चिढ़ाया जाता। उनके हाथ-पांव बांधकर पलस्तर ठोंके जाते। उन्हें मारा-पीटा जाता। ऐसे कामों का नेतृत्व दीवान बर्वे के पिट्ठू रामभाऊ ऐनापुरकर और लक्ष्मण जामदार करते थे। अब उनका साथ देने के लिए कॉक्स और ग्रीन नामक दो गोरे साहबों की नियुक्ति की गई। इन चारों के द्वारा महाराजा शिवाजी चतुर्थ पर कष्टों का कहर ढाया जाता। ऐसी शारीरिक और मानसिक यंत्रणाओं के फलस्वरूप महाराजा की मानसिक स्थिति एक दिन बहुत ही बिगड़ गई। पागल जैसे वे इधर-उधर दौड़ने-भागने लगे। यह देख ग्रीन नामक अंग्रेज अफसर ने क्रोध में पागल होकर निर्दयता से उनकी पिटाई की। चिढकर क्रोध से पागल हुए महाराजा और हट्टे-कट्टे, मुश्टंडे ग्रीन दोनों एक-दूसरे से भिड़ गए । उस झगड़े में अविचारी ग्रीन साहब ने महाराजा शिवाजी चतुर्थ के पेट पर अमानुषता से बूट की लात मारी। परिणामस्वरूप महाराजा के पेट की आंत (प्लीहा) फटने 25 दिसंबर, 1883 ई. को उनकी दुखद मृत्यु हुई।

महाराजा शिवाजी चतुर्थ की इस प्रकार दुखद मृत्यु होने से कोल्हापुर रियासत की राजगद्दी फिर से अनाथ हुई । जयसिंगराव बनाम आबासाहब घाटगे ने जब से कोल्हापुर रीजंट की हैसियत से कार्यभार सम्हाला था, तब से जनहित के कई काम कर वे लोगों में आदर के पात्र बन गए थे। उन्होंने कोल्हापुर शहर का पहली बार सिटी सर्वे किया। कोल्हापुर-नरसोबावाडी और कोल्हापुर-वाडी रत्नागिरि अर्थात् जोतिबा के पहाड़ तक का रास्ता भी बनाया। (ये दोनों तीर्थक्षेत्र क्रमश: श्री गुरुदेव दत्तात्रेय और श्री ज्योतिर्लिंग के हैं।)

कागल के जागीरदार और कोल्हापुर रियासत के रीजंट जयसिंगराव उर्फ आबासाहब घाटगे के दो सुपुत्र थे। उनमें से बड़े सुपुत्र यशवंतराव उर्फ बाबासाहब का जन्म कोल्हापुर के राजमहल में (आजकल के सर्किट हाउस में) 26 जून, 1874 ई. को हुआ। दूसरे छोटे पुत्र पिराजीराव उर्फ बापूसाहब का जन्म 3 जनवरी, 1876 ई. में हुआ। आबासाहब घाटगे चाहते थे कि उनका सुपुत्र कोल्हापुर का छत्रपति बने। यह उनकी तीव्र इच्छा थी । शिवाजी चतुर्थ की हृदयद्रावक मृत्यु के बाद चर्चा शुरू हुई कि कोल्हापुर की राजगद्दी के लिए किसे गोद लिया जाय! कोल्हापुर के पोलिटिकल एजेंट कर्नल रीव्ज ने उसके बारे में बंबई के गवर्नर को लिखकर बता दिया था। बंबई के गवर्नर ने ऐसी सलाह दी थी कि वहां की प्रथा के अनुसार सुयोग्य पुत्र को चुन लिया जाय। उसके बाद कर्नल रीव्ज ने राजमहल की चार विधवा रानियों तथा अन्य संबंधितों से सलाह-मशविरा किया। उस समय उन सबकी इच्छा ऐसी दिखाई दी कि किसी बाहर के लड़के को गोद लेने के बदले आबासाहब घाटगे के पुत्र को ही गोद लिया जाय। कर्नल रीव्ज के पूछने पर आबासाहब घाटगे ने अपनी पूर्ण सम्मति बता दी। आबासाहब अपने दो पुत्रों में से किसी को भी गोद देने के लिए तैयार थे। परंतु आबासाहब घाटगे को बताया गया था कि उनके छोटे लड़के को छत्रपति घरानें में गोद देना अधिक शास्त्रसम्मत होगा। शाहू छत्रपति के आद्य चरित्रकार आण्णासाहब लठ्ठे ने लिखा है, ''आबासाहब घाटगे के बडे सुपुत्र यशवंतराव दीखने में सामान्य और बुद्धिमत्ता में मामूली थे इसलिए अपने तेज बुद्धि के छोटे सुपुत्र बापूसाहब को अपनी कागल की जागीर के लिए

रखकर मामूली बुद्धि के बड़े सुपुत्र यशवंतराव को कोल्हापुर के राजघराने को गोद दे दिया गया।'' पर आण्णासाहब लठ्ठे का यह स्पष्टीकरण झूठा सिद्ध हुआ है। क्योंकि प्रख्यात इतिहास संशोधक डॉ. आप्पासाहब पवार को कर्नल रीव्ज का इस संदर्भ में बंबई के गवर्नर को लिखा हुआ पत्र उपलब्ध हुआ था। उस पत्र में रीव्ज लिखते हैं, ''अपने दो पुत्रों में से किसी को भी गोद देने के लिए आबासाहब तैयार हैं; पर सरकार सम्मति देगी, तो बड़े लड़के को गोद देना अधिक उचित होगा।'' ऐसा आबासाहब क्यों कहते हैं, इसे स्पष्ट करते हुए पोलिटिकल एजेंट ग्रीव्ज लिखते हैं, '' आबासाहब अपने लड़कों की कार्यक्षमता, सुयोग्यता और स्वभाव-विशेषता के बारे में जितना स्वयं जानते हैं, उतना अन्य किसी को भी ज्ञात नहीं होगा। उन्हें पक्का विश्वास है और उनकी सद्विवेक बुद्धि भी उन्हें बताती है कि उनका बड़ा लड़का ही सर्वोत्तम राजा होगा। अत: उसी को गोद देना वे अधिक पसंद करते हैं। आबासाहब मुझे बता रहे थे, यह बड़ा लड़का विचारशील, आज्ञाकारी, उदारमना और संवेदनशील अंत:करण का है। घुड़सवारी तथा विविध खेल उसे भाते हैं। घर में अध्ययन भी वह मन लगाकर करता है। जन्मजात बुद्धि भी उसकी अच्छी है। अपने छोटे लड़के के बारे में आबासाहब कहते हैं कि वह बड़ा हठी और थोड़ा कठोर स्वभाव का है। उसके मन में हो, तो वह काम शीघ्रता से पूर्ण करेगा। उसके भाई की अपेक्षा उसकी प्राकृतिक बुद्धिमत्ता अधिक है। उसे भी खेल तथा घुड़सवारी भाती है। संक्षेप में कल ही आबासाहब ने उसके बारे में मुझसे कहा, अगर मेरा छोटा लड़का अच्छा निकले तो वह बहुत ही अच्छा होगा; पर अगर वैसा नहीं हुआ, तो वह बहुत ही बुरा होगा। तब उस पर काबू पाना मुश्किल होगा।''

उसके बाद बंबई के गवर्नर इन कौंसिल ने उस पत्र पर खूब विचार-विमर्श कर तत्कालीन भारत सरकार को जो पत्र भेजा उसमें पोलिटिकल एजेंट के मत की पुष्टि तो की ही और आगे यह भी लिखा, ''आबासाहब का अपने बड़े लड़के को कोल्हापुर के राजघराने में गोद देने का निर्णय सर्वथा उचित है; क्योंकि अगर उनके छोटे लड़के को कोल्हापुर के राज-घराने में गोद दिया जाय तो उसके बड़े भाई को कागल के जागीरदार के नाते छोटे भाई के अधीन रहकर काम करना पड़ेगा, और वह अनुचित होता। अत: कागल के जागीरदार जयसिंगराव उर्फ आबासाहब घाटगे के बड़े लड़के को कोल्हापुर राज-घराने में शिवाजी महाराजा चतुर्थ की विधवा पत्नी महारानी आनंदीबाईजी की गोद देना निश्चित किया।''

कोल्हापुर की राजमाता सकवार बाई रानीसाहिबा जिन्होंने छत्रपति शिवाजी चतुर्थ को गोद लिया था, अपने स्वर्गीय पति छत्रपति राजाराम महाराजा के मौसेरे भाई श्रीमंत जयसिंगराव उर्फ आबासाहब घाटगे (सर्जेराव वजारत-मा-आब, कागल) के दो लड़कों में से किसी भी एक को कोल्हापुर की रिक्त गद्दी पर गोद लेने के लिए अपनी सम्मति है, ऐसा पोलिटिकल एजेंट रीव्ज को लिख भेजा। उसके अनुसार श्रीमंत आबासाहब ने अपने ज्येष्ठ पुत्र यशवंतराव उर्फ बाबासाहब को महाराजा शिवाजी चतुर्थ की विधवा पत्नी आनंदीबाई की गोद में देने की स्वीकृति दी। उसके बाद यह गोद-विधान-समारोह 1884 ई. के मार्च महीने में 17 तारीख से 21 तारीख तक पांच दिन किस प्रकार मनाना है, इसका

पूरा नियोजन कर ब्रिटिश सरकार ने उसके अनुसार कोल्हापुर के दीवान साहब को लिखित रूप में सूचनाएं दी थीं।

नूतन छत्रपति के गोद-विधान की यह उत्साहवर्धक खुशखबरी समूचे कोल्हापुर में फैलने में देर नहीं लगी। उस खुशखबरी के फैलते ही कोल्हापुर की जनता ने अपने लोकप्रतिनिधियों की एक खास सभा बुलाई। उसके अनुसार कोल्हापुर के 'टाउन हाल' में 27 फरवरी, 1884 ई. को वह सभा संपन्न हुई। उसमें श्रीमंत आबासाहब का खास अभिनंदन किया गया। उस सभा में आबासाहब को संबोधित कर जो भाषण पढ़ा गया, उसमें, ''हम करवीर के समस्त प्रजानन आबासाहब तथा उनके सुपुत्र यशवन्तराव का विशेष रूप से अभिनंदन करते हैं; हमें एक ऐसा सक्षम राजा मिल रहा है इसलिए हम अपना भी अभिनंदन कर ले रहे हैं।'' ऐसा स्पष्ट कर आगे लिखा गया है, ''कोल्हापुर की राजगद्दी के लिए आबासाहब के जितना नजदीकी रिश्तेदार अन्य कोई हो नहीं सकता अतः आपका ही सुपुत्र कोल्हापुर के छत्रपति की राजगद्दी का प्रकृतिदत्त वारिस साबित होने वाला है। करवीर की राजगद्दी के लिए अपने पुत्र को गोद देकर आपने अपूर्व त्याग का जो परिचय दिया है, उसके लिए हम आपके और ब्रिटिश सरकार के अत्यंत ऋणी हैं।'' ऐसे अत्यंत भावपूर्ण गौरवोद्गार प्रकट किए गए हैं।

छत्रपति शिवाजी महाराजा की पराक्रमी बहूरानी ताराबाई द्वारा बड़ी जिद और शौर्य से स्थापित स्वतंत्र राजगद्दी के लिए अर्थात् करवीर के छत्रपति के सिंहासन के लिए शाहू राजा के रूप में सच्चा, सामर्थ्यवान, संयमी और द्रष्टा छत्रपति मिलने का सूत्रपात करने वाला यह महन्मंगल गोद-प्रदान समारोह 17 मार्च, 1884 ई. के दिन भवानीमाता और महालक्ष्मी देवियों के करवीर नगर में बड़े आनंद और अभिमान के वैभवयुक्त वातावरण में शुरू हुआ, तो भी उस महन्मंगल समारोह पर अशुभ, अमंगल की मनहूस छाया मंडरा रही थी। अहमदनगर के किले में दो-ढाई महीने पहले छत्रपति शिवाजी चतुर्थ की जो खौफनाक मृत्यु हुई थी, उसे लेकर लोगों के मन में शक की लहरें दहाड़ें मार रही थीं कि वह खून था या दुर्घटना? लोगों का शक दिन-ब-दिन दृढ़तर होता जा रहा था। उसके पीछे दूसरा एक कारण था कि महाराजा शिवाजी चतुर्थ का अंत्यसंस्कार बड़ी शीघ्रता से और वह भी अहमदनगर के सिटी हाईस्कूल के परशुराम उमाजी भोंसले नामक एक नौकर द्वारा करवा लिया गया था। इन सब बातों के कारण लोगों के संदेहयुक्त और भयभीत मनों में ये प्रश्न जड़ जमा बैठे थे कि ब्रिटिश सरकार करवीर छत्रपति की गद्दी पर गोद लिये हुए उत्तराधिकारी को स्वीकृति देगी या नहीं; या यह स्वतंत्र्य राज्य ही विसर्जित किया जाएगा?

करवीर शहर में अभूतपूर्व चैतन्य एवं चिंता के सम्मिश्रित वातावरण में नूतन छत्रपति के दत्तक-विधान का समारोह शुरू हुआ। करवीर शहर में आनंद और अभिमान के इस क्षण का मजा लूटने के लिए आसपास के देहातों से और पास-पड़ोस की रियासतों से अनगिनत लोग बड़े उत्साह से इकट्ठा हुए थे। प्रत्यक्ष समारोह के स्थान पर ब्रिटिश राजनीतिक प्रतिनिधि कर्नल एच.ए. रीव्ज के साथ अन्य अनेक ब्रिटिश अफसर बड़े गर्व के साथ उपस्थित हुए थे।

उसी तरह अक्कलकोट, मिरज सीनियर, मुधोल, कुरुंदवाड सीनियर और ज्युनियर, रामदुर्ग आदि दक्षिण की रियासतों के शासक बड़े आदर के साथ आए हुए थे। साथ ही करवीर रियासत के सभी जागीरदार, सरदार, दरकदार, प्रबंधक, सम्मान के हकदार और ओहदेदार बड़ी आत्मीयता के और गर्व के साथ समारोह-स्थल पर चल-फिर रहे थे। इसके सिवा इस महन्मंगल अवसर पर कोल्हापुर नगरपालिका के सम्माननीय प्रतिनिधि तथा पुणे की प्रबल राजनीतिक पार्टियां, सार्वजनिक सभा के सम्माननीय सदस्य भी करवीर के नूतन छत्रपति के प्रति अपना आदरभाव एवं अभिमान प्रकट करने के लिए उपस्थित हुए थे।

छत्रपति शिवाजी महाराजा की करवीर की राजगद्दी पर श्रीमान् आबासाहब घाटगे के सुपुत्र यशवंतराव को वारिस के रूप में स्थानापन्न किया जा रहा था, तब करवीर की प्रजा के मन में कुछ चिंताएं घर कर बैठी थीं। साथ ही कुछ गलतफहमियों एवं अंधश्रद्धाओं ने उनके मन में कुहराम मचाया था। परंतु ब्रिटिश सरकार इसी फिक्र एवं कोशिश में थी कि लोगों के मन की सभी कुशंकाएं नष्ट होकर उनके सोद्देश्य के प्रति विश्वास की भावना का निर्माण हो। उन्हीं में से कर्नल रीव्ज की दृष्टि से एक महत्त्वपूर्ण बात यह थी कि इसके पहले करवीर के तीन राजाओं की अल्पावधि में जो अपमृत्यु हुई थी, उससे करवीर रियासत की राजगद्दी पर संकटों के बादल मंडरा रहे थे। इन संकट-मालिकाओं का महत्त्वपूर्ण कारण यह था कि पुरखाओं की अस्थियों का विसर्जन पवित्र नदी में नहीं किया गया था। ऐसा लोगों की अंधश्रद्धा और लोकभ्रम से महसूस हो रहा था। इसीलिए महाराजा शिवाजी तृतीय और उनकी पत्नी सुंदराबाईजी, बाबासाहब महाराजा के भाई चिमासाहब की पत्नी सकवारबाई साहिबा आदि कोल्हापुर के राजघराने के स्त्री-पुरुषों की अस्थियों का विसर्जन महाराजा शिवाजी चतुर्थ की अस्थियों के साथ काशी में गंगा में किया गया। करवीर के नूतन छत्रपति का कारोबार आनंदपूर्ण और मंगल वातावरण में शुरू हो इसीलिए ब्रिटिशों ने खूब सोच-विचार कर इन सबका सोद्देश्यपूर्वक आयोजन किया था।

दत्तक-विधान का पहला दिन उदित हुआ। दसों दिशाएं उत्साह, आनंद, अभिमान और असीम सराहनाओं से भर गई थीं। करवीर के राजप्रतिनिधि आबासाहब घाटगे अपने ज्येष्ठ सुपुत्र यशवंतराव बनाम बाबासाहब को लेकर जुलूस के साथ राजमहल में दत्तक-विधान समारोह के स्थान पर उपस्थित हुए । शास्त्र के अनुसार ठीक सात बजे धार्मिक विधि शुरू हुई। कुल-देवता और आराध्य देवताओं की पूजा-प्रार्थना पूर्ण हुई। पवित्र होम-हवन पूर्ण हुआ। आबासाहब ने महारानी आनंदीबाई के हाथ पर अर्घ्य छोड़ा और अपने पुत्र को गोद दिए जाने की घोषणा की। उसके बाद आनंदीबाई जी ने अपने गोद लिये पुत्र यशवंतराव के सिर को प्रेम से सूंघकर प्रस्तुत समारोह का 'मस्तकावघ्राण' विधि पूर्ण किया। फिर यशवंतराव को पास लेकर उन्होंने उनके मुंह में शक्कर डाली। पुत्र का मुंह मीठा किया। राजघराने की अन्य स्त्रियों ने–जो महारानी आनंदीबाईजी के साथ थीं–उन्हीं का अनुकरण किया और गोद लिये हुए युवक का नामकरण शाहू महाराजा किया। महारानी आनंदीबाईजी ने शाहू राजा को अपने साथ लिया और महालक्ष्मी के मंदिर जाकर महालक्ष्मी के दर्शन किए। उसके बाद

कर्नल रीव्ज ने शाहूराजा को सम्मानपूर्वक राजगद्दी पर विराजमान किया। छत्रपति शाहू राजा के सिंहासन पर स्थानापन्न होते ही चोबदार ने पुकार दी, ''जयभवानी, हे बोलके छत्रपति महाराज, बैठे हैं तख्त पर, दलभार खड़े हैं, निकाल तो परवाला जरीपटका, चमकते हैं हत्ती उप्पर, सो जनी लोड त क्या, बालिस्ता सदर, सदर का गुल, जमीन का फूल, चार बाजू को चार जलते हैं अगर साब रखते हैं मगरीब की खबर, हीरे कंकर पाच और लाल जड़े हैं तख़्त पर, खड़े हैं हुजरे, उड़ाते हैं चौरिया और मोर्चेल छत्रपति हिंदूपद पातशहा के उप्पर, हात में माला, गले में हार, चमकते हैं, पिशजी का चांद हमारे छत्रपति हिंदूपद पातशहा बड़े धर्मावतार, तेग तीर फताली पातशहा नित्य मांगे सरस्वती ग्यानध्यान, सदा रहे महाराज भगवान, महाराज छत्रपति हिंदूपद पातशहा !''

छत्रपति शाहू के नाम और सम्मानदर्शक उपाधियों का बड़े आनंद और उत्साह के साथ जयघोष शुरू हुआ। तभी उनके सम्मान में इक्कीस तोपों की सलामी दी गई। उसके बाद सभी सरदार, सम्मान के हकदार, जागीरदार, दरकदार आदि ओहदेदारों ने महाराजा को बड़े अदब के साथ झुककर वंदना की और अपने बेशकीमती नजराने अदब के साथ पेश किये। उसके बाद कोल्हापुर नगरपालिका के अध्यक्ष ने नगरपालिका द्वारा प्रदान किया गया सम्मानपत्र पढ़कर बताया। उसमें कहा गया था–''जगन्नियंता परमात्मा से हमारी यही प्रार्थना है कि आप दीर्घायु हों, आपका स्वास्थ्य अच्छा रहे। आपको सुशिक्षा मिले। उससे आपको बुद्धि, चतुराई, राजनीतिज्ञता आदि उत्तम गुणों की प्राप्ति हो और करवीर रियासत के सभी राज्याधिकार यथावकाश आपके हाथ आवें और आपके शासनकाल में प्रजा की हालत में सुधार होकर उन सबकी उन्नति हो, उससे आपका सुयश एवं निर्मल कीर्ति सर्वत्र फैले। आपको अब तक जो शिक्षा मिली वैसी आगे भी राज्य-कार्य-निपुण, कृपालु रीव्ज साहब बहादुर पोलिटिकल एजेंट तथा श्रीमान् जयसिंगराव आबासाहब घाटगे सर्ज्याराव वजारात मा-आब कागल के अफसर एवं कोल्हापुर के रीजंट की देखरेख में मिलती रहेगी, ऐसा हमें विश्वास है। उससे हमारा विशेष रूप से धीरज बंधता है।''

नगरपालिका का यह सम्मानपत्र चांदी के करंडक में प्रदान किया गया।

महाराष्ट्र की एक प्रमुख और पुणे की सार्वजनिक सभा द्वारा भी एक सम्मानपत्र उस समय शाहू छत्रपति को प्रदान किया गया। उस सम्मानपत्र का पठन संस्था के सचिव सीताराम हरि चिपळूणकर ने किया। यह सम्मानपत्र श्रीमान् आबासाहब को संबोधित कर पेश किया गया था। उसमें कहा गया था, '' श्रीमंत आबासाहब के कुशल मार्गदर्शन में शाहू छत्रपति जल्द ही समर्थ एवं प्रजाहितदक्ष राजा होंगे। हमें पूर्ण विश्वास है कि उनके द्वारा कोल्हापुर की रेल-यातायात, शक्कर-व्यवसाय और राजाराम महाविद्यालय जैसी उच्च शैक्षिक संस्था के समुचित विस्तार-कार्य के लिए अत्यधिक प्रेरणा प्राप्त किए जाने पर कोल्हापुर रियासत एक आदर्श राज बनेगी।'' पुणे की सार्वजनिक सभा के प्रति आभार प्रकट करने वाला श्रीमंत आबासाहब का पत्र उस समय के प्रभारी दीवान खानसाहब मेहेरजीभाई कुंवरजी तारापुर वाला ने पढ़कर कर सुनाया।

दत्तक-विधान का यह अभूतपूर्व ऐतिहासिक समारोह देखने के लिए उपस्थित विशाल जनसमूह के लिए सम्मान का प्रतीक इत्र-पान वितरण शुरू हुआ। उसी समय नृत्यांगनाओं ने अपने-अपने दलों के नयन-मनोहर नृत्य गानों के साथ पेश किए और उपस्थित जन-सागर का मनोरंजन किया। उसके बाद शाहू छत्रपति, श्रीमंत आबासाहब, पोलिटिकल एजेंट रीव्ज, अन्य अंग्रेज अफसर स्त्री-पुरुषों के साथ नानासाहब कागलकर के महल के पास आए। वहां उन सबका शाहू छत्रपति के साथ फोटो खींचा गया। उसके बाद दुपहर को श्रीमंत आबासाहब ने कोल्हापुर के सभी अंग्रेज सिपाहियों को बड़ी दावत दी।

उसी दिन सायं ठीक पांच बजे रेजिडेंसी के अहाते में स्थापित विशाल, शानदार एवं सुशोभित पंडाल में पोलिटिकल एजेंट कर्नल रीव्ज ने शाहू छत्रपति के सम्मानार्थ पारंपरिक ढंग के खास दरबार का आयोजन किया था। उस दरबार में अंग्रेज मुत्सद्दी अफसर, अंग्रेज-स्त्रियाँ, अक्कलकोट के राजा, दक्षिण मराठा रियासतों के अधिकतर अधिपति, प्रबंधक, सरदार, कोल्हापुर रियासत के ओहदेदार और पुणे की सार्वजनिक सभा के प्रतिनिधि उपस्थित थे। स्थानीय पैदल सेना के अपने गौरव युक्त वाद्य-दल के सुस्वरों में सम्मान-वंदना दिए जाने के बाद, इस खास दरबार में कर्नल रीव्ज ने घोषित किया कि शाहू छत्रपति दत्तक-विधान संपन्न होने के बाद अब कोल्हापुर रियासत के छत्रपति हुए हैं। इस खास दरबार के सम्मान-सत्कार आदि सभी आवश्यक कार्य समाप्त होने पर कर्नल रीव्ज ने अत्यंत भावपूर्ण भाषण दिया। उस भाषण में उन्होंने ऐसा आश्वासन दिया कि शाहू छत्रपति को ऊंचे दर्जे की शिक्षा दी जाएगी और वे भविष्यकाल में उदारचरित-सामर्थ्य संपन्न प्रशासक के रूप में उभरने वाले राजा होंगे, इस दृष्टि से ब्रिटिश सरकार मन:पूर्वक कोशिश करती रहेगी।

उसी दिन पंचगंगा नदी के तीर पर शाहू छत्रपति, अन्य रियासतों से आए हुए अधिपति, सरदार, जागीरदार, ब्रिटिश अफसर तथा अन्य ब्रिटिश स्त्री-पुरुषों के लिए खास शामियानों में बैठने की व्यवस्था की गई थी। सभी निमंत्रितों के स्थानापन्न होने पर वहां उपस्थित हजारों दर्शकों को खास सोलापुर से मंगाई गई आतिशबाजी के कौशल दिखाए गए। वे रंगबिरंगे दृश्य देखकर उपस्थितों की आंखों की प्यास बुझ गई। आतिशबाजी की समाप्ति के बाद शाहू छत्रपति राजमहल की ओर चले। उनके दर्शन के लिए रास्ते पर दुतरफा लोगों का हुजूम उमड़ा हुआ था। लोगों की उमंग, नगर के सरकारी दफ्तरों, घरों, प्रासादों, सार्वजनीन इमारतों पर की हुई दीपों की रोशनी देखते हुए शाहू छत्रपति गंगावशेश में उनके स्वागत के लिए खास बनाई हुई मेहराब के पास पहुंचे। वहां उपस्थित पाठशाला के छात्र और छात्राओं ने ऊंचे स्वर में छत्रपति के सम्मान में स्वागत एवं गौरवगीत गाए। उन्होंने अपने राजा पर फूलों की वर्षा भी की।

गोद-विधान समारोह के दूसरे दिन अर्थात 18 मार्च को कोल्हापुर की स्थानीय पैदल-सेना को शाहू छत्रपति के राज्यारोहण के उपलक्ष्य में मिष्टान्न-भोजन दिया गया। संध्या समय शासकीय और खानगी (प्राइवेट) पाठशालाओं के लगभग 2500 छात्रों ने स्थानीय पैदल-सेना के बैंड-दल के नेतृत्व में शाहू छत्रपति की जय के नारे लगाते हुए जुलूस निकाला। रात

के समय राजाराम महाविद्यालय के छात्रों ने शेक्सपियर के 'रोमियो-जुलिएट' नाटक का मराठी में अनुवादित रंगारंग नाटक 'शशिकला आणि रत्नपाल' का मंचन किया।

उसके बाद तीसरे दिन 19 मार्च को दुपहर ब्राह्मणों को राज-प्रासाद में भोजन कराया गया। उसी दिन संध्या समय उन्हें खूब दक्षिणा बांटी गई। रात के समय श्री अंबाबाई के मंदिर पर दीपों की रोशनी की गई थी। 20 मार्च को शाहू छत्रपति के राज्यारोहण के उपलक्ष्य में सरदारों, सम्मान के हकदारों तथा अन्य प्रतिष्ठित लोगों को भोजन दिया गया। उसी दिन संध्या समय नूतन छत्रपति का पहला खास दरबार लगा। समारोह के अंतिम दिन यानी 21 मार्च को रियासत के सभी पदाधिकारियों के लिए भोजन का कार्यक्रम संपन्न हुआ। उसी रात शाहू छत्रपति के मनोरंजनार्थ संगीत का खास कार्यक्रम हुआ और इस शानदार दत्तक-विधान समारोह का समापन हुआ।

अध्याय : 2

व्यक्तित्व गठन

शाहू छत्रपति के दत्तक–विधान और राज्यारोहण समारोह के समाप्त होते ही श्रीमंत आबासाहब ने अपने पुत्रों की शिक्षा की ओर विशेष ध्यान देना शुरू किया। अपने पुत्रों की शिक्षा के बारे में आबासाहब के विचार बहुत ही पुरोगामी एवं सुधारवादी थे। पुत्रों को ऊंची शिक्षा प्राप्त हो इसलिए उन्हें विलायत भेजने की उनकी तीव्र इच्छा थी। शाहू छत्रपति और उनके छोटे भाई पिराजीराव उर्फ बापूसाहब को शिक्षा के लिए छः–सात वर्ष इंग्लैंड में रखने का वे गंभीरता से विचार कर रहे थे तभी 1885 ई. के मार्च महीने में वे अपने मित्र बम्बई के भूतपूर्व राज्यपाल सर जेम्स फर्ग्युसन के साथ लंदन गए । वहां उन्होंने अनेक दर्शनीय स्थान देखे। अनेक कृषि एवं औद्योगिक प्रकल्प भी देखे । साथ–साथ आबासाहब ने महारानी विक्टोरिया, विख्यात राजनीतिज्ञ तथा अनेक ज्ञानी हस्तियों से मिलकर उनके साथ विचार–विमर्श किया। आबासाहब लंदन से 1885 ई. के सितंबर महीने में उत्साह के साथ कोल्हापुर लौट आए। लंदन से लौटते ही उन्होंने अपने पुत्रों की शिक्षा के बारे में एक महत्त्वपूर्ण निर्णय लिया। इतनी छोटी उम्र में उन्हें इंग्लैंड भेजना उचित नहीं, ऐसा उनका निर्णय था।

शाहू छत्रपति की शिक्षा के लिए श्रीमंत आबासाहब ने कृष्णाजी भिकाजी गोखले की शिक्षक के रूप में नियुक्ति की थी। आबासाहब के अध्यापक के रूप में पहले उन्होंने काम किया था। आबासाहब ने शाहू छत्रपति के कनिष्ठ बंधु पिराजीराव उर्फ बापूसाहब की शिक्षा हरिपंत गोखले के मार्गदर्शन में हो, ऐसा प्रबंध किया था। शाहू छत्रपति के साथ जैसे बापूसाहब थे उसी तरह आबासाहब के कनिष्ठ बंधु कागल के काकासाहब घाटगे और दत्ताजीराव इंगले भी थे।

कोल्हापुर के राजनीतिक प्रतिनिधि कर्नल रीव्ज ने शाहू छत्रपति की शिक्षा के संबंध में श्रीमंत आबासाहब के साथ विस्तृत चर्चा कर कुछ महत्त्वपूर्ण निर्णय लिए थे। उसके अनुसार शाहू छत्रपति की शिक्षा पर खास देखरेख के लिए राजनीतिक उपप्रतिनिधि फिट्झिरॉल्ड साहब की 700 रुपए प्रतिमास के वेतन पर अलग से नियुक्ति की थी। किन्तु ये फिट्झिरॉल्ड साहब शाहू छत्रपति तथा उनके अन्य सहपाठियों को उचित शैक्षिक मार्गदर्शन करते, उनके सुप्त गुणों को विकसित करने की कोशिश करते तथा उन सबके

व्यक्तित्व के चहुंमुखी विकास के लिए मन लगाकर प्रयत्न करते दिखाई नहीं देते। कर्नल रीव्ज ने पहले घोषित किया था कि शाहू छत्रपति को शिक्षा के लिए इंग्लैंड भेजा जाएगा, मात्र उसी बात को ध्यान में रखकर उन्होंने यह काम स्वीकारा था क्योंकि उससे उन्हें भी शाहू छत्रपति के साथ इंग्लैंड जाने का सुनहरा मौका मिलनेवाला था। परंतु जब शाहू छत्रपति को शिक्षा के लिए इंग्लैंड भेजने का विचार रद्द कर दिया गया, तब फिट्झिरॉल्ड को छत्रपति के पर्यवेक्षक के रूप में काम करने में कोई रुचि नहीं रही। अत: उस पद को उन्होंने शीघ्र ही त्याग दिया।

शाहू छत्रपति के दत्तक-विधान एवं राज्यारोहण समारोह के समाप्त होने पर उन्होंने गर्मी के दिन महाबलेश्वर में पूर्ण विश्राम के साथ बिताए और जून के प्रारंभ में वे महाबलेश्वर से कोल्हापुर लौट आए। उसके बाद गोखले जी के मार्गदर्शन में शिक्षा पाने में वे मग्न हुए। उनके पर्यवेक्षक फिट्झिरॉल्ड ने शाहू छत्रपति और उनके सहपाठियों की शैक्षिक प्रगति के बारे में दरबार को जो पत्रक पेश किया उसमें उन्होंने शाहू छत्रपति की शिक्षा तथा व्यायाम के बारे में महत्त्वपूर्ण बातें दर्ज की थीं। उसमें उन्होंने लिखा था, ''उन पर देखरेख करने का काम शुरू करते ही मैंने उनके पूर्व अभ्यास और ज्ञान की परीक्षा ली। तब मुझे ज्ञात हुआ कि उन्हीं की उम्र के सरकारी स्कूल के विद्यार्थियों के ही जितना शाहू छत्रपति का अभ्यास हुआ है।'' उस कसौटी में उन्हें ऐसा भी मालूम हुआ कि छत्रपति की अंग्रेजी भाषा की अधिक तैयारी करवा लेने की आवश्यकता है । इस बारे में शाहू छत्रपति की अंग्रेजी भाषा की प्रगति के लिए खास ग्रंथों का प्रयोग करने का निर्णय कर उसे कार्यान्वित भी किया।

उस पत्र में उन्होंने ऐसा भी दर्ज किया है, ''शाहू छत्रपति ने भारत के इतिहास और भारत तथा एशिया खंड के भूगोल का गहन अध्ययन शुरू कर दिया है। उन्हें जगत् का प्राथमिक भूगोल ज्ञात हो गया है। यूरोप के राजनीतिक विभाजन का भी उन्होंने अध्ययन किया है। साथ ही चित्रकला का प्राथमिक ज्ञान भी उन्होंने अर्जित किया है।''

जहां एक ओर छत्रपति के मन को गढ़ने की कोशिश हो रही थी उसी लगन से उनके शारीरिक विकास की ओर भी ध्यान दिया जा रहा था। इस काम के लिए नानासाहब इंगले और बुवासाहब इंगले, इन दोनों की खास नियुक्ति की गई थी। ये दोनों अश्वारोहण तथा शिकार खेलने में निपुण थे। अत: वे शाहू छत्रपति और उनके सहयोगियों को घोड़े पर सवारी करना, घोड़ा तेज दौड़ाना, विविध जानवरों का विविध प्रकार से शिकार करना आदि विविध खेल सिखाते थे। उस समय शाहू छत्रपति और उनके अन्य साथियों का दिनक्रम सुबह साढ़े पांच बजे शुरू होता था। स्नान करने के बाद छत्रपति अपने साथियों समेत व्यायामशाला में प्रवेश करते थे। वहां डंबेल्स की कसरत के साथ-साथ जोर-बैठक लगाना, करेल घुमाना और जी भर कुश्ती के दांव-पेंच लड़ाने के बाद छत्रपति और उनके साथी घुड़दौड़ के लिए बाहर निकलते थे। वहां से नौ बजे वे सब वापस आते। फिर ग्यारह से तीन बजे तक अभ्यास करते। आध घंटे का विश्राम कर वे सभी फिर अभ्यास में जुट जाते। शाम

पांच बजे अभ्यास पूर्ण होने पर उन सबकी फिर बलोपासना आरंभ होती । इस समय वे सौम्य-सा व्यायाम करते। शनिवार दुपहर से रविवार दुपहर तक शाहू छत्रपति और उनके साथी नानासाहब और बुवासाहब इंगले के मार्गदर्शन में शिकार खेलने का लुत्फ उठाते।

उपर्युक्त शैक्षिक प्रगतिपत्र की सर्वाधिक महत्त्वपूर्ण टिप्पणी यह है कि 'शाहू छत्रपति बहुत ही शर्मीले हैं। नवीनतम ज्ञान प्राप्त करने में वे उत्सुकता दिखाते हैं, और फिर नया ज्ञान और शिक्षा प्राप्त करने के लिए खूब मेहनत करते हैं; परंतु उनसे पूछे गए प्रश्नों के उत्तर देने में थोड़ी टाल-मटोल भी करते हैं। अत: कहना पड़ता है कि वे बड़े शर्मीले हैं।' उस समय के उनके पर्यवेक्षक फिट्झिरॉल्ड की ऐसी राय बनी हुई थी।

प्रारंभिक काल में शाहू छत्रपति की धीमी गति से चली हुई शैक्षिक-प्रगति, शारीरिक कसरत की ओर उनका अत्यधिक आकर्षण, उसमें भी उनका घुन्ना और शर्मीला स्वभाव—इन सबके कारण उनके अध्यापकों के मन में शाहू छत्रपति के भविष्यकालीन उत्कर्ष के बारे में संदेह निर्माण होना स्वाभाविक था। इसी कारण उनके सभी शिक्षकों की राय बनी थी कि शाहू छत्रपति मंद बुद्धि, लजीले और घुन्ने स्वभाव के हैं; पर उनके अट्ठाईस वर्षों के उज्ज्वल शासनकाल में अपने राजनीतिक एवं सामाजिक विरोधियों पर अपूर्व जीत, लोगों की अचूक परख और उनकी निर्दोष निर्णय-क्षमता आदि उनके अनेक गुणों पर नजर डालने पर स्पष्ट रूप से यह स्वीकार करना पड़ता है कि शाहू छत्रपति की बुद्धिमत्ता उनकी शरीर-संपदा की ही तरह विशाल एवं असाधारण थी।

श्रीमंत आबासाहब ने कोल्हापुर और दक्षिण महाराष्ट्र की रियासतों के प्रभारी राजनीतिक प्रतिनिधि कर्नल जे.डब्ल्यू. वॉटसन के साथ शाहू छत्रपति और उनके संगी-साथियों की अगली शिक्षा के बारे में विचार-विमर्थ कर उन्हें राजकोट के राजकुमार कॉलेज में भेजने का निर्णय लिया।

उस निर्णय के अनुसार कर्नल वॉटसन ने राजकोट के राजकुमार कॉलेज के तत्कालीन प्राचार्य मॅकनॉटन को विस्तृत पत्र लिखकर शाहू छत्रपति और उनके साथियों का उस कॉलेज में प्रवेश निश्चित किया।

31 दिसंबर, 1885 ई. को शाहू छत्रपति अपने मित्रों के साथ राजकोट रवाना होने के लिए कोल्हापुर से चल पड़े। उनके साथ छत्रपति के शिक्षक श्री गोखले और श्री बुवासाहब इंगले थे। उस काल के विचार से कोल्हापुर से राजकोट का सफर बहुत दूर का सफर था। कभी रेल, कभी तांगा, तो कभी घोड़ा—ऐसी विविध सवारियों द्वारा उनका यह सफर शुरू हुआ था। शाहू छत्रपति अपने मित्रों समेत बंबई पहुंचे तब शाहू छत्रपति के सम्मानार्थ अंग्रेज सरकार ने बंबई के लश्कर द्वारा 19 तोपों की सलामी देकर कोल्हापुर के छत्रपति की बंबई में आगमन होने की बात घोषित की।

शाहू छत्रपति और उनके संगी-साथी राजकोट के राजकुमार कॉलेज में दाखिल हुए। वहां कुल 43 विद्यार्थी प्राचार्य मॅकनॉटन के मार्गदर्शन में पढ़ रहे थे। प्राचार्य मॅकनॉटन एक दयालु शिक्षक थे। उनका भावुक स्वभाव शाहू छत्रपति के चरित्र-गठन में महत्त्वपूर्ण साबित हुआ।

उन्होंने शाहू छत्रपति और उनके साथियों—बापूसाहब महाराजा, कागल के काकासाहब और दत्ताजीराव इंगले को पांचवीं कक्षा में प्रवेश दिया।

राजकोट के महाविद्यालय में शाहू छत्रपति और उनके साथियों की शिक्षा की शुरुआत 1886 ई. के जनवरी महीने में अभी हुई ही थी कि श्रीमंत आबासाहब के मरणासन्न होने की बुरी खबर लेकर तार आ धमका। तार के मिलते ही शाहू छत्रपति अपने मित्रों के साथ जो भी सवारी मिली, उससे चिंतातुर दशा में कोल्हापुर के लिए चल पड़े। परंतु उनके कोल्हापुर पहुंचने के पहले ही सिर्फ तीस वर्ष की उम्र में हृदय-गति रुक जाने से श्रीमंत आबासाहब की मृत्यु हो गई थी। शाहू छत्रपति अपने मित्रों समेत 22 मार्च को कोल्हापुर पहुंचे। दो दिन विलंब से पहुंचने से पिता-पुत्र की मुंहभेंट भी हो नहीं पाई। शाहू राजा जब तीन वर्ष के थे तब उनकी माता श्री राधाबाई की मृत्यु हुई थी। अब कराल काल ने उनके स्नेहशील और कर्तृत्ववान पिताश्री का भी छत्र छीन लिया। आबासाहब की मृत्यु होने से शाहू छत्रपति और उनके भाई पिराजीराव बनाम बापूसाहब—ये दोनों अनाथ हो गए। तब उन दोनों के दु:ख का न ओर रहा न छोर ! संपूर्ण कोल्हापुर रियासत शोक-सागर में डूब गई।

श्रीमंत आबासाहब की मात्र तीसवें वर्ष में हुई अकाल मृत्यु उनके अत्यधिक मद्यप्राशन के कारण हुई थी। शाहू राजा के स्नेहशील, कर्तृत्वसंपन्न और प्रभावपूर्ण रोबीले व्यक्तित्व वाले पिताश्री जिस शराब के शिकार हुए उस शराब के प्रति शाहू छत्रपति के मन में हमेशा के लिए घृणा की भावना उत्पन्न हो गई। उस घटना का उनके युवा मन पर गहरा असर रहा। उन्होंने जीवनभर न केवल शराब की बूंद को स्पर्श किया; बल्कि वे जीवनभर शराबियों की संगति से भी बचते रहे।

रायबाग परगने के चिंचली गांव में मायक्का देवी का मेला लगता था। ऐसे ही एक मेले में शाहू राजा ने पशु-मेला लगाया था। साथ-साथ उन्होंने वहां खेत में उत्पादित माल की भी प्रदर्शनी लगाई थी। घोड़े पर सवार होकर शाहू छत्रपति मेले का निरीक्षण कर रहे थे कि अपना सन्तुलन सम्हाल न सकने के कारण घोड़े से गिर पड़े। चोट लगने से वे बेहोष हो गए। बड़ी देर तक वे होश में नहीं आए। तब किसी ने चिल्लाकर कहा, "ब्रैंडी लाओ।" पर होश में आते-आते शाहू छत्रपति ने ब्रैंडी शब्द सुनते ही दृढ़ता से कहा, "नहीं-नहीं ! भले ही मैं मर जाऊँगा, पर शराब की बूंद को भी स्पर्श नहीं करूंगा।"

एक बार शाहू छत्रपति कसबा बावडा के अपने पिताश्री के निवास स्थान गए। दीवानखाने में टंगी हुई आबासाहब की विशाल चित्रकृति की ओर वे आंख भर देख रहे थे। उनकी आंखों से आंसुओं की झड़ी-सी लग गई। फिर उनका चेहरा क्रोध से तमतमाने लगा। चिढ़कर उनके होंठ कस गए। उसी अवस्था में उन्होंने आबासाहब के मद्यपान-गृह में फुर्ती से प्रवेश किया। वहां अलमारी में बची हुई शराब की बोतलें और नाजुक मुलायम कांच के प्याले सजाकर रखे हुए थे। वे सभी चीजें उन्होंने दीवार और जमीन पर फेंककर चकनाचूर कर दीं। उस आवाज से भयभीत हुआ नौकर वहां कांपता हुआ आया। तब महाराज ने उससे कहा, "मेरे सोने जैसे पिता के जीवन को तहस-नहस कर डालने वाली और हम लड़कों

को हमेशा के लिए अनाथ बनाने वाली इस महामाया की, डायन की इस महल से हमेशा के लिए छुट्टी कर देता हूं।''

अपने भावुक और कर्तृत्ववान पिता की जिस मद्यपान की अति के कारण मृत्यु हुई उस मद्यपान से और मद्यपी लोगों से शाहू छत्रपति ने जीवनभर नफरत की। तब से वे उन शराबी सरदारों, जागीरदारों, इनामदारों के सहवास में जानबूझकर नहीं रहते थे। तब से उनके सहवास में समाज के सामान्य तबके के निम्न श्रेणी के व्यसनहीन लोग ही हुआ करते थे। उन सामान्य, कनिष्ठ श्रेणी के लोगों की संगति में वे मगन हो जाते। वही उनके आनन्द एवं दिल बहलाव का खज़ाना था। शाहू छत्रपति के खानगी दरबार में विभिन्न जातियों और धर्मों के सभी लोगों को मुक्त प्रवेश था। अत: उनके इस खानगी दरबार में सामान्य एवं कनिष्ठ श्रेणी के लोगों से शाहू छत्रपति के सान्निध्य का आनंद जी भर मिला करता। निचले तबके के लोगों में शाहू छत्रपति का इस तरह मिलजुलकर, घुलमिलकर रहना उस समय के उनके शिक्षक कृष्णाजी भिकाजी गोखले को अच्छा नहीं लगा। इसलिए उन्होंने शाहू छत्रपति को यह राय दी कि कनिष्ठ श्रेणी के लोगों के सहवास में, संगति में रहने की अपेक्षा वे आबासाहब के लब्धप्रतिष्ठ मित्रों अर्थात् सरदारों, इनामदारों, जागीरदारों की संगति में रहें। अपने गुरुदेव की यह बात कान में पड़ते ही शाहू छत्रपति तड़ाक से उठे और तनिक चिढ़कर बोले, ''जिनका आपने निर्देश किया, हमारे पिताश्री के उन लब्धप्रतिष्ठ मित्रों को मैं अच्छी तरह पहचानता हूं! उन्हीं प्रतिष्ठितों के सान्निध्य में रहकर आबासाहब को शराब की लत लगी और उनकी हृष्टपुष्ट देह का सर्वनाश हुआ। उनकी मृत्यु होने से हम अनाथ हुए। इसीलिए मुझे उन प्रतिष्ठितों का न संग-साथ चाहिए, न ही उनके दुर्गुण चाहिए।''

यही कारण है कि शाहू छत्रपति अपने जीवन के अंत तक सरदारों, इनामदारों और जागीरदारों के सहवास की अपेक्षा सामान्य लोगों के अर्थात् काश्तकारों-मजदूरों जैसे बहुजनों के सहवास में रहे। वहीं पर वे मगन हुए, रंग गए। शाहू छत्रपति से मिलने जैसे ओहदेदार-अफसर आते, सुखी लोग आते, वैसे ही निम्न श्रेणी के गरीब लोग भी आते। उनमें सभी जाति के लोग होते थे। उनसे मिलने कोई अछूत, महार, मांग आता तो उसे भी पास बुलाकर वे उसके साथ सहानुभूति से बोलते और वैसा ही बर्ताव करते। वे ब्राह्मण, मराठा, अछूत—ऐसा भेदभाव कभी नहीं दिखाते। ऐसी टिप्पणी शाहू छत्रपति के समकालीन रावबहादुर पी.सी. पाटील ने अपने आत्मचरित्र में लिख रखी है। शाहू छत्रपति का यह दृष्टिकोण उनकी मृत्यु तक वैसा ही बना रहा। इस संदर्भ में शाहू छत्रपति की आर्थिक सहायता से 1920 ई. में 'भगवा झेंडा' (गेरुआ झंडा) नामक साप्ताहिक शुरू करने वाले दत्ताजीराव यशवंतराव कुरणे ने जगद्गुरु बेनाडीकर पाटील जी की एक स्मृति बताई है। वह स्मृति शाहू छत्रपति के स्वभाव पर अच्छा प्रकाश डालती है।

शाहू छत्रपति के सामने एक शिकायत आई कि महाराजा का एक प्रतिष्ठित सरदार अपनी धार्मिक विधि महाराजा के स्पष्ट आदेश के बावजूद ब्राह्मण पुरोहित से ही करवा

ले रहा है। तब शिकायत करने वाले महाराजा के साले मामासाहब खानविलकर से शाहू छत्रपति ने कहा, ''हाथी, घोड़े, ऊंट—ये सभी प्राणी जैसे लवाजमे की शोभा के प्राणी बनकर रह गए हैं ठीक वैसे ही अब हमारे सरदार, जागीरदार, दुमालदार ये सभी अब दरबार की शोभा बढ़ानेवाले प्राणिमात्र बनकर रह गए हैं। उनकी बेजा हरकतों की ओर ध्यान देकर आप उन्हें अधिक महत्त्व क्यों देते हैं?'' संक्षेप में शाहू छत्रपति को सरदार, जागीरदार, वतनदार, प्रतिष्ठित अंग्रेज अफसरों आदि जैसे अभिजनों के मेलजोल की अपेक्षा भोलेभाले दुर्बल बहुजनों से मेलजोल रखना आरंभ से ही अधिक भाता था।

बारह वर्ष की उम्र में ही शाहू राजा अपने माता-पिता की असामयिक मृत्यु के कारण अनाथ हुए थे। इसी कारण उनका स्वभाव एकांतप्रिय और मितभाषी बना हुआ था। वे स्वयं एक अनाथ का दु:ख भोग रहे थे अत: अपने जैसे अन्य अनाथों पर वे अपनी माया-ममता का छत्र धरते थे । खासकर उन सरदारों या जागीरदारों की जिनकी अत्यधिक मद्यपान के कारण असामयिक मृत्यु हुई हो, परिणामत: जिनके बाल-बच्चे अनाथ-लावारिस हों, उनकी वे हर तरह से मदद करते। उन्हें अपना प्रेम बांटते और स्वयं उनका ध्यान रखते। ऐसा दिखाई देता है कि अनेक रियासतों के अल्पवयस नरेशों एवं जागीरदारों को शाहू छत्रपति ने पिता का प्रेम दिया था। फलटण के मालोजीराजा को 23 जून, 1921 को लिखे शाहू राजा के एक पत्र से ज्ञात होता है कि उन्होंने उस पत्र में अपने दायित्व का हक़ अदा किया है। यही कारण है कि आगे चलकर कोल्हापुर रियासत अन्य रियासतों के अल्पवयस नरेशों और जागीरदारों के लिए 'मातृगृह' के रूप में प्रख्यात हुई।

आबासाहब के असामयिक निधन का दु:ख हृदय में संजोए हुए शाहू छत्रपति और उनके सहपाठी मित्र राजकोट के लिए चल दिए। राजकोट जाने के पहले गर्मी की छुट्टियां उन सबने पन्हाला हिल स्टेशन पर (गढ़ पर) बिताई थीं। 30 मई, 1886 ई. को वे सब कोल्हापुर से चले और 5 जून को राजकोट पहुंचे। वहां पहुंचते ही वे सभी अभ्यास में जुटे ही थे तभी राजकोट में बारिश शुरू हो गई। यह वर्षाकाल शाहू राजा के लिए प्रतिकूल साबित हुआ; क्योंकि उस वर्ष के जुलाई, अगस्त और सितंबर इन तीनों महीनों में वे पांच-पांच दिन बीमार रहे। उनके सहपाठी मित्र भी उसी प्रकार बुखार से पीड़ित रहे।

शाहू राजा को बचपन में तीन साल की उम्र में अंतड़ी की तकलीफ हुई थी। इस एक मात्र अपवाद को छोड़ उन्हें बीमारी चीज क्या होती है, इसका पता ही नहीं था। एक तो कोल्हापुर से राजकोट तक की लंबी दूरी, पराया गांव, वर्षाकालीन निरुत्साही मौसम तिस पर बुखार की तकलीफ—इन सबके कारण शाहू राजा थोड़े बेचैन और निराश हुए हों, इससे इनकार नहीं किया जा सकता। बीमारी की हालत में भले ही वे थोड़े बेचैन और निराश हुए हों तो भी इस हालत में किए हुए चिंतन से फिर ऊपर उठकर अभ्यास में उत्साह से वे जुट गए हैं, ऐसा दिखाई देता है। बीमारी के कारण उनका जो अभ्यास हो नहीं पाया था वह सब उन्होंने और उनके सहयोगी मित्रों ने कठोर परिश्रम के साथ पूरा किया। राजकोट में शाहू राजा और उनके साथियों का अभ्यास किस प्रकार चल रहा था उसका विस्तृत ब्योरा

उनके शिक्षक कृष्णाजी भिकाजी गोखलेजी के एक पत्र में देखने को मिलता है। श्री गोखलेजी उस पत्र में लिखते हैं, ''शाहू महाराजा और उनके साथी जब से यहां आए हैं, तब से अभ्यास के लिए खूब कष्ट उठा रहे हैं। उन्हें प्रतिदिन आठ-आठ घटे अभ्यास करना पड़ता है।'' उसी पत्र में वे आगे लिखते हैं, ''अभी-अभी हुए कॉलेज के वार्षिक पुरस्कार वितरण समारोह में कॉलेज के प्रिंसिपल मॅकनॉटन महोदय ने शाहू राजा तथा उनके साथियों की भूरि-भूरि प्रशंसा की।''

यद्यपि शाहू राजा की शिक्षा राजकोट में चल रही थी, तो भी उन्हें कोल्हापुर के छत्रपति की हैसियत से अनेक राजनीतिक तथा पारिवारिक जिम्मेदारियों को निभाना पड़ता था। लॉर्ड डफरीन जब हिंदुस्तान के महाराज्यपाल बनकर बंबई आए तब शाहू छत्रपति ने 1886 ई. के नवंबर महीने में उनसे खास भेंट की थी। ब्रिटिश साम्राज्य की अधीश्वरी के राज्यारोहण का सुवर्ण महोत्सव हिंदुस्तान में 1887 ई. के जनवरी महीने में बड़े ठाठबाट से सरकार की तरफ से मनाया गया। यह सुवर्ण महोत्सव करवीर दरबार को भी मनाना आवश्यक था। उसके अनुसार वह समारोह 16-17 फरवरी, 1887 ई. को मनाना निश्चित हुआ। शाहू राजा उसके लिए एक दिन पहले राजकोट से कोल्हापुर में दाखिल हुए। नए राजमहल के दरबार हॉल में शाहू छत्रपति की उपस्थिति में वह समारोह बड़े जश्न और शाही ठाठबाट में संपन्न हुआ। इस अवसर पर शाहू छत्रपति ने अपने राजनीतिक कार्यकाल का पहला ही खरीता (राजपत्र) वायसराय लॉर्ड डफरीन को भेजा। उसमें वे लिखते हैं, ''मेरे पिताश्री-कोल्हापुर के पूर्व रीजंट साहब-की सम्राज्ञी के बारे में जो प्रेमपूर्ण भावनाएं थीं, वे उनके इंग्लैंड जाने पर द्विगुणित हुईं। महाराज्ञी की मुलाकात का उन्हें सुअवसर प्राप्त होने से उनका बहुमान हुआ। मेरे पिताश्री की ही राह पर चलने का तथा कोल्हापुर रियासत और महाराज्ञी में जो आज तक के प्रेमबंधन हैं उन्हें वैसे ही अटूट बनाए रखने का मेरा संकल्प है, मैं आपको ऐसा आश्वासन देता हूं।''

अपनी कम उम्र में भी कोल्हापुर के छत्रपति की हैसियत से अनेक राजनीतिक जिम्मेदारियों को समर्थता एवं कुशलता के साथ सम्हालते हुए शाहू राजा अपने पारिवारिक सुख-दुःख को भी उतनी ही समर्थता से निपटाते हुए दिखाई देते हैं। कोल्हापुर के राजनीतिक प्रतिनिधि कर्नल रीव्ज ने राजकोट के राजकुमार कॉलेज के प्राचार्य मॅकनॉटन को 13 जनवरी, 1887 ई. को एक पत्र भेजा था कि शाहू राजा और उनके छोटे भाई कागल के बापूसाहब महाराजा को 10 मार्च, 1887 ई. के पहले उनके पिताश्री स्व. आबासाहब की पहली बरसी पर भेज दें।

ऐसा दिखाई देता है कि राजकोट के राजकुमार कॉलेज में जनवरी 1886 ई.से अप्रैल 1889 ई. के अंत तक लगभग साढ़े तीन वर्षों का समय शाहू राजा ने मन लगाकर अपने शैक्षिक विकास के लिए खर्च किया है। इसी काल में उन्होंने कोल्हापुर के इतिहास का भी अभ्यास किया। एशिया महाद्वीप का भूगोल भी उन्होंने जान लिया। मोडी लिपि पढ़ने-लिखने का भी अभ्यास उन्होंने किया। ब्रिटिश सम्राज्ञी विक्टोरिया के राज्यारोहण-सुवर्ण

महोत्सव के लिए जब वे कोल्हापुर आए थे तब शाहू राजा ने कॉलेज के बचे सत्र का अभ्यास कोल्हापुर ही में रहकर पूर्ण किया।

1886-1887 ई. के शैक्षिक वर्ष में वर्षाकाल में बीमार रहने के बावजूद शाहू राजा ने अपने अभ्यास में विशेष प्रगति की है, ऐसा दिखाई देता है। उस वर्ष की रिपोर्ट में उनके प्रत्येक विषय के प्राप्तांक देकर यह दर्ज किया गया है कि उन्हें 60 % से भी अधिक अंक प्राप्त हुए हैं। साथ ही उसमें ऐसा भी लिखा गया है कि उन्हें अब अंग्रेजी भाषा अच्छी तरह समझ में आती है और वे उसे अच्छी तरह बोल भी सकते हैं। उस शैक्षिक प्रगति रिपोर्ट में प्राचार्य मॅकनॉटन ने ऐसा अभिप्राय लिखा है, ''वे अपने अभ्यास के लिए बहुत कष्ट उठाते हैं, अभ्यास में उनका पूर्ण ध्यान है। कुल मिलाकर महाविद्यालय में उनका बर्ताव बहुत ही अच्छा है।'' इतना ही नहीं; बल्कि शाहू राजा और उनके सभी साथियों की शैक्षिक प्रगति संतोषप्रद है और उन सबमें दत्ताजीराव इंगले के अधिक होशियार होने से प्राचार्य मॅकनॉटन ने उस रिपोर्ट में उनका खास गौरवपूर्ण उल्लेख किया है।

शाहू राजा ने राजकोट के कॉलेज में पढ़ते समय बौद्धिक प्रगति के साथ-साथ अपनी तंदुरुस्ती की ओर भी खास ध्यान दिया था। उन्हें बैठे खेल बिलकुल नहीं भाते थे। कुश्ती उनका सर्वाधिक प्रिय खेल था। कुश्ती के साथ-साथ उन्हें निशानेबाजी, घुड़दौड़, कवायद जैसे मैदानी और मर्दानी खेल भी भाते थे। राजकोट के मुकाम में शाहू राजा हर रविवार शिकार खेलने जाया करते। तब वे अपने कोल्हापुर के साथियों के साथ ही उनके साथ पढ़ने वाले काठियावाड़ के राजकुमारों को भी साथ में लिया करते। काठियावाड़ के राजपुत्र बैठे खेलों में जितना रस लेते उतना वे शिकार, घुड़दौड़ जैसे मर्दाना खेलों में रस न लेते । इसके विपरीत मराठी मुल्क के शाहू छत्रपति और उनके साथियों को शिकार और घुड़दौड़ जान से भी ज्यादा प्यारी थी। कोल्हापुर के बुवासाहब इंगले जैसे निष्णात शिकारी के निर्देशन में राजकुमार कॉलेज के सभी छात्र शिकार के पाठ पढ़ा करते। साथ-साथ उनके कुश्ती और घुड़दौड़ के पाठ भी शुरू थे। उन सभी छात्रों में कुश्ती और घुड़दौड़ में शाहू राजा की बराबरी कोई भी छात्र नहीं कर सकता था। इन दोनों खेलों में शाहू राजा बेजोड़ थे, अजेय थे।

इस कालखंड में कोल्हापुर के कृषि, उद्योग और व्यापारादि क्षेत्रों में आमूलाग्र परिवर्तन लाने वाले रेलमार्ग की नींव डालने का समारोह शाहू छत्रपति के करकमलों द्वारा 3 मई, 1888 ई. को बड़े ठाठबाट के साथ संपन्न हुआ। उस समारोह में शाहू छत्रपति ने बड़े आत्मविश्वास के साथ और दिल खोलकर भाषण दिया, जो उनके शासनकाल का पहला सार्वजनिक भाषण था। उस समय अत्यंत सरलता से शाहू राजा ने कहा, '' मुझे पूरा विश्वास है कि आप मुझसे चार शब्दों से अधिक की अपेक्षा नहीं करेंगे और जो चार शब्द कहने के लिए मुझे सूचित किया गया है वे ही मैं आपसे कहने वाला हूं।'' आगे उन्होंने बड़े आत्मविश्वास के साथ कहा,'' इस नूतन लोहमार्ग के पूर्ण होने पर इस राज्य की संपत्ति में वृद्धि होगी। हमारे हाथ सत्ता आने से पहले प्रजा के हित की दृष्टि से जो-जो करना मुमकिन है, सो सब किया जाएगा। यह रेलमार्ग उन्हीं में से एक है ।''

राजकोट के राजकुमार कॉलेज में शाहू छत्रपति का बौद्धिक एवं शारीरिक विकास होते समय उन्हें भावनगर के भाऊसिंगजी महाराजा जैसे अनेक प्राण-प्रिय स्नेही मिल गए। यह सच है कि प्राचार्य मॅकनॉटन जैसे ज्येष्ठ एवं अनुभव संपन्न व्यक्ति के सहवास और सलाह-मशविरे का उन्हें लाभ हुआ था, तो भी राजकुमार कॉलेज के बारे में उनका मत प्रतिकूल ही बना रहा।

एक तो राजकोट की अतिउष्ण हवा, कड़े अनुशासन के नाम पर वहां के अध्यापकों का विद्यार्थियों के साथ होने वाला भाव-शून्य आचरण, महाराजा को कभी-कभार होने वाली बीमारी की तकलीफ, राजकोट की लंबी और कष्टप्रद यात्रा, अपने स्नेहशील लोगों और सुदूर पराए प्रदेश में अपनी प्रजा के प्रेम से वंचित होकर रहना आदि के कारण राजकोट के राजकुमार कॉलेज में शाहू राजा का मन लग नहीं सका। इन सबके कारण राजकुमार कॉलेज के बारे में उनका मत प्रतिकूल बना हुआ था। राजकोट के मुकाम में भावनगर के भाऊसिंगजी महाराजा की निःस्वार्थ एवं निष्कपट स्नेह की स्मृतियों के अतिरिक्त राजकोट की अन्य स्मृतियां उन्हें हमेशा ही कष्टप्रद लगती रहीं । इसी कारण आगे चलकर युवराज राजाराम महाराजा और शिवाजी राजा को राजकोट के कॉलेज में शिक्षा के लिएद्व भेजने में उन्होंने कड़ा विरोध जताया।

यथावकाश शाहू राजा और उनके साथियों की अगली शिक्षा का प्रबंध धारवाड़ में करने में श्रीमंत आबासाहब के मित्र और कोल्हापुर के अस्थायी ब्रिटिश राजनीतिक प्रतिनिधि विलियम लीकनर ने स्वयं अगुवायी की। परिणामस्वरूप 11 जून, 1889 ई. को उदारमतवादी, संयमी, सज्जन, स्नेहशील और कर्तव्यपरायण इत्यादि गुणों से संपन्न स्टुअर्ट मिटफोर्ड फ्रेजर, जो शाहूराजा के गुरु और अभिभावक के रूप में नियुक्त किए गए थे उन भद्र पुरुष की देखरेख में धारवाड़ में शाहू राजा और उनके साथियों की अगली शिक्षा बड़े उत्साह के साथ शुरू हुई। शाहू राजा जब राजकोट में थे तभी उन्हें फ्रेजर की नियुक्ति की खुशखबरी विलियम ली कॉर्नर ने 4 मार्च, 1889 ई. को एक विस्तृत पत्र लिखकर बता दी थी। उस पत्र में गुरुवर फ्रेजर का गौरवपूर्ण निर्देश करते हुए वे लिखते हैं, ''मैं आशा करता हूं कि आपकी शिक्षा का मैंने जो नया प्रबंध किया है, आपको वह आनंददायी लगेगा और आप उसको स्वीकार करेंगे। आपके पिताश्री की इच्छा के अनुसार आपकी शिक्षा-दीक्षा के लिए मैंने जिस अफसर की नियुक्ति की है, वह इतना सज्जन व्यक्ति है कि उसका अभिभावकत्व और स्नेह मेरे अपने बच्चों को उपलब्ध कराने में मुझे बहुत खुशी होती।'' इसी पत्र में वे आगे लिखते हैं, ''मुझे यकीन है कि आप अपने पिताश्री के जैसे ही दयालु, न्यायी तथा आदरणीय भद्र पुरुष के नाते रवानगी और सार्वजनिक जीवन में प्रजा के प्रेम और अपनत्व की भावना के पात्र होंगे।''

स्टुअर्ट मिटफोर्ड फ्रेजर का रक्तिम गौर वर्ण, भव्य भालप्रदेश, नुकीली नाक, गहरी भावपूर्ण आंखें और इन सबकी शोभा बढ़ाने वाली, मन मोह लेने वाली उनकी ऊंचाई- इन सबके कारण उनका व्यक्तित्व बहुत ही रोबीला और हंसमुख लगता था। इसके पहले

नासिक के सहायक जिलाधिकारी और दंडाधिकारी की हैसियत से काम करते समय एक मुस्तैद अफसर के रूप में उन्होंने कीर्ति प्राप्त की थी। शाहू राजा के अभिभावकत्व और गुरुपद की जिम्मेदारी के साथ-साथ उन्हें कागल और भावनगर के राजपुत्रों के भी गुरु और अभिभावक की जिम्मेदारी निभानी थी।

राजकोट की शिक्षा समाप्त कर शाहू राजा और उनके सहपाठी साथियों की गर्मी की छुट्टियां कोल्हापुर में बड़े मजे में बीत रही थीं। अपनों के स्नेह और प्रजा के सहवास में राजकोट के कष्टप्रद दिनों का विस्मरण होता जा रहा था। उन्हें पता ही नहीं चला कि 1889 ई. का जून महीना कब शुरू हुआ! बरसात का मौसम देहरी पर खड़ा था। शाहू राजा और उनके संगी-साथियों को धारवाड़ की तीव्र चिंता होने लगी। फ्रेजर साहब ने उन सबको अपने साथ धारवाड़ ले जाने की कोशिश नहीं की; बल्कि वे अकेले ही धारवाड़ गए। अपने विद्यार्थियों के लिए वे रहने की जगह ढूंढ़ने लगे। अथक प्रयत्न करने पर भी उन्हें मनपसंद जगह नहीं मिली। अतः उन्होंने धारवाड़ के किले में शोरशराबे से भरपूर और गंदी बस्ती में पुराने और बहुत ही असुविधाओं से युक्त दो बंगले निरुपाय होकर किराए पर लिये। उनमें से एक में शाहू राजा और उनके संगी-साथी तथा दूसरे में भावनगर के भाऊसिंगजी और उनके संगी-साथी रहने लगे। पर दूसरे सत्र में उन सबके निवास का प्रबंध अधिक सुविधायुक्त और तंदुरुस्ती के लिए अधिक उपयुक्त नए बंगले में किया गया। पर यह प्रबन्ध भी उतना संतोषप्रद नहीं था; क्योंकि कोल्हापुर और भावनगर के राजकुमार और उनके साथियों के बंगले यद्यपि एक दूसरे के नजदीक थे, तो भी उनके गुरु फ्रेजर को उनके बंगलों से बहुत दूर के बंगले में रहना पड़ता था। सही शिक्षा वही है, जिसमें शिष्यों को शिक्षक का अखंड सहवास प्राप्ता होता हो। इस सूत्र पर फ्रेजर का पूर्ण विश्वास था, इसलिए उन्हें यह नया प्रबंध बहुत ही असुविधायुक्त लगता था। अतः उन्होंने मन ही मन निश्चय किया कि जून, 1890 ई. से शुरू होने वाले दूसरे शैक्षिक वर्ष के लिए कोल्हापुर और भावनगर के राजकुमारों के दो स्वतंत्र बंगले और गुरुवर्य फ्रेजर का बंगला साथ-साथ हों और शाहू राजा तथा उनके सभी साथियों की शिक्षा पूर्ण होने तक वह प्रबंध कायम रहे।

गुरुवर फ्रेजर के स्नेहशील और कुशल मार्गदर्शन में कोल्हापुर और भावनगर के राजकुमारों का उनके साथियों के साथ धारवाड़ में शिक्षा का प्रारंभ हुआ। राजकोट में राजकुमार कॉलेज में पढ़ते समय उन सबमें एक दूसरे के साथ हार्दिक संबंध बन गए थे। वे संबंध धारवाड़ में अधिक दृढ़ हुए। फुरसत के समय वे सभी सहाध्यायी किसी एक बंगले में इकट्ठा होते। वह समय प्रायः शाम का होता। गप्पों की महफिल रंग जमाने लगती। उस महफिल का नेतृत्व भाऊसिंग जी करते। उनका स्वभाव बड़ा उत्साही, विनोदप्रिय एवं हंसोड़ होने से सभी साथी उनके गिर्द इकट्ठा होते। उस महफिल में शाहू राजा के छोटे भाई बापूसाहब अपने उम्दा और नीडर स्वभाव से अधिक रंग भर देते। उस महफिल में शाहू राजा एक प्रामाणिक श्रोता की भूमिका अदा करते। उन सभी सहाध्यायियों में भाऊसिंग जी और शाहू राजा का स्नेह सुदृढ़ हुआ। वे दोनों अंत तक आपस के सुख और दुख में साझीदार बने

हुए दिखाई देते हैं। कोल्हापुर के आज के भाऊसिंगजी रोड का उल्लेख शाहू राजा और भाऊसिंगजी के हार्दिक एवं निःस्वार्थ मित्रता और प्रेम के प्रतीक के रूप में बड़े अभिमान के साथ होता रहता है।

शाहू राजा और उनके साथियों को गप्पों की महफिलें आयोजित करने का मौका मुश्किल से ही मिलता, क्योंकि फ्रेजर की देखरेख में वे सभी घुडदौड़, निशानेबाजी, शिकार आदि खेलों में शामिल होकर अपना मनोरंजन कर लेते। घुड़दौड़ का अभ्यास करने के लिए धारवाड़ का प्रदेश बहुत अच्छा था। इसलिए वे सभी उसमें मगन हो जाते। उन सभी राजकुमारों और संगी-साथियों की उम्र लगभग 15-16 वर्ष के आसपास थी अतः उनकी भावी आयु को आकार देने की दृष्टि से वह अत्यंत नाजुक और संवेदनशील कालखंड था। अतः इस समय इन कुमारों पर होने वाले भले-बुरे संस्कार उनके भावी जीवन को एक निश्चित आकार देने वाले थे। इसलिए गुरुवर फ्रेजर ने शाहू राजा और उनके मित्रों का धारवाड़ का शैक्षिक दिनक्रम बहुत ही सोच-विचार कर तैयार किया था। हर दिन का प्रत्येक क्षण उन सबके बौद्धिक और शारीरिक विकास में महत्त्वपूर्ण वृद्धि करने वाला हो, ऐसी उस दिनक्रम की नियोजनबद्ध व्यवस्था होती। इस संदर्भ में गुरुवर्य फ्रेजर ने अप्रैल, 1890 ई. में जो प्रतिवृत्त लिखा है, उसमें शाहू राजा और उनके सखाओं का धारवाड़ का जो दिनक्रम दिया गया है उसे मूल रूप में पढ़ना ही उचित होगा। उस प्रतिवृत्त में फ्रेजर लिखते हैं, ''सभी विद्यार्थी सुबह लगभग साढ़े छः बजे जागते हैं। उसके बाद घुड़दौड़, दूर तक चलना या निशानेबाजी का अभ्यास श्रीमंत आबासाहब द्वारा नियुक्त बुवासाहब इंगले जैसे भलेमानस के मार्गदर्शन में करते हैं। उन लड़कों के साथ कभी मैं स्वयं होता हूं, तो कभी बुवासाहब इंगले होते हैं। उसके बाद सबेरे दस से एक बजे तक और दुपहर दो बजे से सायं पांच बजे तक उनकी कक्षाएं लगती हैं। उसके बाद आधा घंटा उनका संचलन होता है। फिर वे टेनिस खेलने, चलने और सारथ्य करने में मशगूल रहते हैं। शाम के समय वे दांडपट्टा (एक मर्दाना खेल) और अन्य देसी कसरतों का अभ्यास करते हैं। इस प्रकार खूब कसरत करने के बाद वे सभी सायंकालीन भोजन करते हैं। फिर अगले दिन के अभ्यास की तैयारी करने लगते हैं। रविवार या छुट्टी के दिन ये सभी विद्यार्थी बड़ा शिकार करने में अपना समय बिताते हैं।''

शाहू राजा और उनके सहाध्यायियों का दिनक्रम इतना बंधा हुआ और पल-पल का विचार कर क्यों बनाया, इसके बारे में अपनी भूमिका विशद करते हुए गुरुवर फ्रेजर लिखते हैं, ''इन सभी राजकुमारों और उनके साथियों का खाली समय बड़े मजे में और आनंद में कटेगा इसका विचार तो इस कार्यक्रम को बनाते समय किया ही है, परंतु उससे अधिक ध्यान इस बात का रखा गया है कि वे सभी सबेरे से रात तक लगातार अभ्यास में या खेल में व्यस्त रहें। इससे उन्हें आलस्य से व्यर्थ घूमने या फालतू गप्पें हांकने जैसी बुरी बातों का मोह होने का थोड़ा भी मौका नहीं मिलेगा।''

इतने अनुशासित प्रबन्ध में धारवाड़ में शाहू राजा और उनके साथियों की अगली शिक्षा का प्रारंभ होते-होते पहला सत्र समाप्त हुआ और शीतकालीन छुट्टियां शुरू हुईं। तीन हफ्तों

की इन छुट्टियों में शाहू राजा ने अपने प्राणप्रिय सखा भावनगर के भाऊसिंगजी महाराजा को साथ लेकर थोड़ा सफर का, थोड़ा शिकार का आनंद लूटा और अपने प्राणप्रिय मित्र को साथ लेकर कुछ दिन कोल्हापुर में बिताए।

शाहू राजा के प्रथम वर्ष की छुट्टी समाप्त हो रही थी, उसी समय ब्रिटिश राजपुत्र अल्बर्ट विक्टर भारत-दर्शन के लिए पुणे पधारे थे। उनकी पुणे की भेंट का स्वागत-समारोह धारवाड़ के विद्यार्थी भी देख सकें इसलिए उनकी शीतकालीन छुट्टी थोड़ी बढ़ाई गई थी। शाहू राजा और उनके साथी इस स्वागत-समारोह में उपस्थित थे। ब्रिटिश राजपुत्र को बड़े ही ठाठबाट से निकाला हुआ प्रचंड जुलूस और दीपों की चित्ताकर्षक रोशनी कर सजाया गया पुणे शहर देखकर बहुत प्रसन्नता हुई। उनकी इस पुणे की भेंट के समय वहां खास दरबार लगाकर शाहू राजा का छत्रपति की हैसियत से यथोचित सम्मान किया गया।

प्रारंभ में धारवाड़ में रहते समय शाहू राजा की शैक्षिक प्रगति इतनी नहीं थी कि वे अपने भाई बापूसाहब को पीछे छोड़ सकें ; पर बाद में अभ्यास में उनकी प्रगति तेज गति से और अविरत होती रही। उनकी शैक्षिक प्रगति का विवरण गुरुवर फ्रेजर ने सविस्तार लिख रखा है। अपने इस लाडले विद्यार्थी के बारे में वे उस विवरण में लिखते हैं, ''दीखने में शाहू राजा कुशाग्र बुद्धि के नहीं लगते; पर व्यवहार ज्ञान और स्मरणशक्ति में वे बेजोड़ हैं। शिक्षा प्राप्त करने में उन्हें विशेष रुचि है और उसके लिए खास कष्ट उठाने की वे इच्छा रखते हैं। उनका व्यवहारज्ञान–विशेषकर राजनीतिक अर्थशास्त्र में–लक्षणीय है। इस विषय में उन्होंने अपने सभी सहपाठियों को पीछे छोड़ दिया है।''

गुरुवर फ्रेजर जैसे निष्णात अंग्रेजी शिक्षक के निर्दोष मार्गदर्शन में शाहू राजा अंग्रेजी भाषा यान मनोयोग से प्राप्त कर रहे थे। उस बारे में फ्रेजर स्वयं लिखते हैं, ''अंग्रेजी में संभाषण करने की उनकी शैली में खूब सुधार हुआ है। वे अब सहज और अचूक संभाषण कर सकते हैं। उनके संकोचशील स्वभाव में ज्यों-ज्यों परिवर्तन आता जाएगा, वैसे इसमें उनकी लगातार प्रगति होती जाएगी। इसी दबैल स्वभाव के कारण अन्य लोगों के सामने वे अपनी होशियारी दिखा नहीं पाते थे; पर शुद्धलेखन और अपने हस्ताक्षर के बारे में वे बेफिक्र-से और गावदी-से लगते हैं।''

गुरुवर फ्रेजर की प्रेमपूर्ण देखरेख में शाहू राजा और उनके साथियों की शिक्षा-दीक्षा बड़े उत्साह के साथ चली थी। उनका बंधा-बंधाया भरपूर दिनक्रम अक्षर-अक्षर काम में लाया जा रहा था। घिसे-पिटे दिनक्रम से उकता गए शाहू राजा और उनके साथीदार एक दिन अपने गुरुवर फ्रेजर की अनुमति लेकर हुबली के जंगल में शिकार खेलने गए थे। झपट्टा मारकर तेज दौड़ने वाले जंगली सूअर का निशाना लगाना चाहने वाले शाहू राजा बेतहाशा तेज दौड़ने वाले अपने घोड़े पर से तैश में आकर पीछा कर रहे थे। अपने हाथ का भाला उन्होंने उस सूअर को लगाया भी था; पर सामने का गड्ढा उन्हें दिखा नहीं । बेरोक बना हुआ घोड़ा पलक झपकते-झपकते उस गड्ढे में गिर गया। घोड़ा गंभीर रूप से घायल हुआ ही, साथ में शाहू राजा का हाथ भी कंधे से उखड़ गया। असह्य वेदनाएं सहते हुए शाहू राजा

को बिछौने पर लेटे रहना पड़ा। लगभग डेढ़ महीने के सख्ती के इस विश्राम के कारण उनकी तेज गति से और उत्साह से चली शैक्षिक और शारीरिक प्रगति में बाधा पड़ी। परिणामस्वरूप शाहू राजा अपने सहपाठियों से अभ्यास में फिर पिछड़ गए।

हुबली के जंगल में सूअर के शिकार के समय शाहू राजा का दाहिना हाथ घोड़े से गिरने के कारण उखड़ गया था। वह ठीक होने में महीना-डेढ़ महीना लगा। उनका उखड़ा हुआ हाथ ठीक हो इसलिए गुरुवर फ्रेजर जी जान से कोशिश कर रहे थे। धारवाड़ में उनकी सहायता करने के लिए कृष्णाजी भिकाजी गोखले और बुवासाहब इंगले शाहू राजा और सहपाठियों के साथ रहते थे। गुरुवर फ्रेजर ने एक परिपत्रक में इन दोनों की इस बारे में भूरि-भूरि प्रशंसा की है, ऐसा दिखाई देता है।

1890 ई. के जून महीने में शाहू राजा का जख्मी हाथ ठीक होने पर गुरुवर फ्रेजर को बड़ी खुशी हुई; क्योंकि शाहू राजा का अभ्यास अब फिर से तेज गति से शुरू होने वाला था। अपना हाथ पूर्णतया ठीक होने की खुशखबरी उन्होंने कोल्हापुर के तत्कालीन राजनीतिक प्रतिनिधि कर्नल वुडहाउस को दे दी। उसके बाद कर्नल वुडहाउस ने 28 जुलाई, 1890 ई. को शाहू राजा को एक पत्र लिखा। उस पत्र में वे लिखते हैं, ''आपका हाथ अब पूर्णतया ठीक हुआ है यह फ्रेजर के पत्र से जानकर मुझे बहुत खुशी हुई। जख्मी हाथ के कारण बहुत समय तक आप लिख नहीं पाए होंगे, इससे आपको बहुत तकलीफ हुई होगी। पर अब आप लिख सकते होंगे इससे आपको बहुत आनंद होता होगा! भाऊसिंगजी की दुर्घटना को भी ऐसी ही अभागी घटना कहना होगा, पर ऐसा लगता है कि वे भी अब अच्छे हुए हैं। मैं आशा करता हूं कि आइन्दा आप ऐसा अविचारी साहस फिर नहीं करेंगे। यहां अब तक 29 इंच बारिश हुई है। अब हम उससे उकता गए हैं। पिछले शनिवार के दिन हमने क्रिकेट का खेल शुरू किया कि बारिश शुरू हुई और हमारे खेल पर पानी फिर गया।''

शाहू राजा का उखड़ा हुआ हाथ अच्छा होने पर उनके अभ्यास की फिर जोरदार शुरुआत हुई। पिछड़ा हुआ अभ्यास उन्होंने सारी शक्ति लगाकर पूरा किया। इस संदर्भ में 1890-1891 ई. के शैक्षिक प्रगति-पत्रक में उनके शारीरिक और बौद्धिक विकास के बारे में अनेक छोटी-मोटी बातों की हुई टिप्पणी देखने को मिलती है। उस पत्र में फ्रेजर लिखते हैं, ''कुल मिलाकर शाहू राजा की प्रगति संतोषप्रद है। इस वर्ष के कानून और प्राथमिक शास्त्र—इन दोनों नए विषयों में उन्होंने अधिक रस लिया है, ऐसा दिखाई देता है।''

दिनांक 11, 12 और 13 फरवरी, 1892 ई. को लगातार तीन दिन धारवाड़ में कोल्हापुर के राजनीतिक प्रतिनिधि कर्नल वुडहाउस ने शाहू राजा और उनके सहपाठी मित्रों की जो प्रदीर्घ मौखिक परीक्षा ली थी, उस परीक्षा का विस्तृत वृत्तांत आज उपलब्ध है। उस वृत्तांत में दत्ताजीराव इंगले की बुद्धिमत्ता और अध्ययनशील वृत्ति का खास गौरव-गान किया है। पिराजीराव उर्फ बापूसाहब अभ्यास में खूब पिछड गए हैं यह दर्ज कर भावनगर के भाऊसिंगजी की प्रगति पिछले साल की अपेक्षा इस साल अच्छी है ऐसा बताकर शाहू राजा के बारे में कर्नल वुडहाउस लिखते हैं, ''कोल्हापुर के शाहू राजा की प्रगति भान कराने

लायक है। उनकी याददाश्त बहुत तेजतर्रार दीखती है। दिया हुआ अभ्यास वे दिल लगाकर और कष्ट उठाकर पूर्ण करते हैं।'' इसके सिवा वे शाहू राजा और उनके सहपाठी मित्रों के शारीरिक विकास की भी सराहना करते हैं। इतना ही नहीं; बल्कि शाहू राजा और उनके सहाध्यायियों का अंग्रेजी उच्चारण बहुत ही अच्छा है और संपूर्ण परीक्षा अंग्रेजी में लेने पर भी उन्हें किसी भी प्रकार की रुकावट नहीं आई, ऐसा सिफारिश-पत्र भी वे देते हैं।

जून, 1889 ई. से मई, 1893 तक धारवाड़ की चार वर्ष की अवधि में गुरुवर फ्रेजर के सख्त; पर प्रेमपूर्ण और कुशल मार्गदर्शन में शाहू राजा की बौद्धिक एवं मानसिक प्रगति जैसे तेज गति से हुई, वैसी ही निर्दोष शरीर-संपदा भी उन्होंने यहां कमाई। जनसामान्य में शाहू राजा की शरीर शक्ति की कुशलता के संबंध में अनेक कथाएं प्रसृत हुई दिखाई देती हैं। वे सभी कथाएं सच हैं ऐसा मान्य करना पड़ता है; क्योंकि उनकी अजस्र शरीरयष्टि के अनेक सबूत आज भी उपलब्ध हैं। शाहू छत्रपति के आद्य चरित्र-लेखक श्री आण्णासाहेब लठ्ठे ने अपने 'शाहूचरित्र' में शाहू छत्रपति के बचपन की तथा युवाकालीन पूर्ण आकार की तसवीरें दी हैं। गुरुवर फ्रेजर ने उनके शारीरिक विकास के बारे में अर्थात् उनके वजन और ऊंचाई की बढ़ोतरी के निर्दोष टिप्पण रखे हैं। 11 अप्रैल, 1890 ई. के टिप्पण में वे लिखते हैं, ''शाहू राजा खूब लम्बे और मोटे-ताजे हैं। उनका वजन 197 पौंड है और उनकी ऊंचाई 5 फीट 9 इंच है ।'' वे आगे लिखते हैं, ''शाहू राजा का डीलडौल ऊंचापूरा है और उनकी चाल मर्दाना, रोबीली और शानदार है; पर मोटाई के बारे में उनका रुझान खासकर पैतृक है, इसी की चिंता होती है। पर साथ ही इस बात की खुशी है कि खान-पान के बारे में वे विशेष सतर्क हैं और बाकायदा कसरत भी करते हैं। अपने शारीरिक वजन के बारे में वे विशेष सतर्क दिखाई देते हैं अतः पिछले अक्टूबर से अपना वजन उन्होंने बढ़ने नहीं दिया। जब वे राजकोट में थे, तब उनका वजन अचानक बढ़ गया था और वे चिंतित रहने लगे। पर यहां धारवाड़ में वे उस तकलीफ से लगभग मुक्त से हुए हैं।'' उसके बाद उनका वजन तो उतना ही रहा; पर उनकी ऊंचाई बढ़ती ही रही। 1891 ई. में शाहू राजा की ऊंचाई पांच फीट सवा दस इंच थी और 1893 ई.में उनकी ऊंचाई पांच फीट ग्यारह इंच हो गई।

'नीरोग शरीर में ही नीरोग मन का वास होता है' इसे सभी जानते हैं। शाहू राजा मन के साफ थे। वे जैसे दिलदार थे वैसे ही घमंडरहित थे। दीन-दुर्बलों के प्रति उनके दिल में असीम सहानुभूति थी। अपने जीवन के अंत तक वे उन्हीं के लिए निःस्वार्थता से काम करते रहे। शाहू राजा में निहित ये सभी गुण गुरुवर फ्रेजर की पैनी नजर से छिप नहीं सके थे। इसीलिए एक शैक्षिक प्रगति पुस्तक में वे बड़े गर्व के साथ लिखते हैं, ''शाहू राजा स्वभाव के निर्दोष, मन के सरल, दिलदार और सत्यनिष्ठ हैं। अपना ही कहा सत्य ऐसा कहने वाले वे दुराग्रही नहीं हैं। उनके स्वभाव की निःस्वार्थता और विचारशीलता के जो उदाहरण मैंने स्वयं देखे हैं उसके आधार पर मैं कह सकता हूं कि वे जैसे दीखते हैं, वैसे ही सुस्वभावी भी हैं।''

विवाह स्त्री और पुरुष दोनों को पूर्णत्व की ओर आगे बढ़ने के लिए अधिक प्रोत्साहन देने वाला मानवी जीवन का सर्वाधिक महत्त्वपूर्ण पड़ाव होता है। हिंदू समाज इसे एक पवित्र

संस्कार मानता है। पर व्यक्तिगत और शारीरिक भूख मात्र विवाह की पृष्ठभूमि नहीं होती; बल्कि नैतिकता और सामाजिकता भारतीय विवाह-पद्धति का सुदृढ़ आधार होता है।

कोल्हापुर के राजप्रतिनिधि जयसिंगराव उर्फ आबासाहब घाटगे ने अपने दोनों पुत्रों की शिक्षा के बारे में सोच-विचार कर जैसी व्यवस्था की थी, उसी प्रकार अपने पुत्र शाहू राजा और पिराजीराव के आगे होने वाले विवाह के बारे में कुछ निर्णय सोच-समझकर पहले ही से ले रखे थे। आबासाहब को हृदयतल से ऐसा लगता था कि शाहू राजा का विवाह जब तक वे अठारह वर्ष के नहीं होते तब तक न हो। उन्होंने अपने मन की यह महत्त्वपूर्ण इच्छा उनके मित्र ली वॉर्नर के सामने अपनी मृत्यु के कुछ ही मिनट पूर्व व्यक्त की थी। बाल-विवाह से होने वाले नुकसान को वे अच्छी तरह जानते थे। खासकर ऐसे विवाहों से जो संतति पैदा होती है, वह नीरोग नहीं होती, ऐसा उनका दृढ़ विश्वास था। अतः शाहू राजा के विवाह के बारे में जब विचार-विमर्श शुरू हुआ तब वधू-वर की उम्र क्या हो, यह उस चर्चा का महत्त्वपूर्ण मुद्दा था।

1890 ई. के मई महीने में शाहू राजा के लिए सुयोग्य वधू की खोज शुरू हुई। तत्कालीन गोपनीय पत्र, जो आज उपलब्ध हुए हैं, उनमें संबंधितों को ऐसे स्पष्ट निर्देश दिए गए हैं कि वधू को पसंद करते समय उसकी उम्र, सुदृढ़ शारीरिक स्थिति, सौंदर्य, बुद्धिमत्ता, शिक्षा, परिवार-परंपरा एवं संस्कार इन बातों को पूर्णतया ध्यान में रखकर उसे पसंद किया जाय। उसके बाद ऐसा भी निर्देश दिया गया है कि शाहू राजा के लिएद्ध उनकी सहधर्मचारिणी को पसंद करते समय यह ध्यान रखा जाय कि वह लड़की तंजावर, सावंतवाडी, बडोदरा, धार और ग्वालियर क्षेत्र से हो। इतना ही नहीं; बल्कि शाहू राजा की वधू-परीक्षा के लिए कौन-कौन जाएं, उनके नामों की सूची भी देखने को मिलती है। उस सूची में बुजुर्गों, नौकर-चाकरों, फोटोग्राफर आदि का समावेश है। उससे लगता है कि स्वयं राजा वधू-परीक्षा के लिए जाते दिखाई नहीं देते।

धारवाड़ में शाहू राजा की शिक्षा चल रही थी, उसी समय 1 अप्रैल, 1891 ई. को उनका विवाह बडोदरा के गुणाजीराव खानविलकर की कन्या के साथ संपन्न हुआ। गुणाजीराव की इस कन्या का नाम लक्ष्मीबाई था। उनका जन्म 1 जनवरी, 1880 ई. को जिस खानविलकर घराने में हुआ वह घराना मूलतः रत्नागिरि जिले का था। रत्नागिरि जिले के पांच गांवों की सरकारी आय की ठेकेदारी उस खानविलकर घराने के पास थी। उसके बाद पेशवा के शासनकाल में वे वसई के किले के प्रमुख बने। वसई का किला जब ब्रिटिशों के कब्जे में आया, तब खानविलकर घराना सातारा में बसेरे या निवास के लिए आया। वहां आने पर उनका राजघराने में प्रथम वैवाहिक संबंध स्थापित हुआ। उसके बाद वे स्थलांतर कर बडोदरा गए। गुणाजीराव खानविलकर की माता बडोदरा के बड़े (पहले) सयाजीराव गायकवाड की कन्या हैं; अर्थात् महारानी लक्ष्मीबाई की वह नानी हैं।

आबासाहब का आग्रह था कि शाहू राजा जब तक 18 वर्ष के नहीं होते, तब तक उनका विवाह न हो; परंतु राज-घराने की कुछ परंपराओं और छत्रपति की राजगद्दी के

कुछ रीतिरिवाजों के कारण उन्हें सत्रह वर्ष पूर्ण होने के पहले ही विवाहबद्ध होना पड़ा। उस समय लक्ष्मीबाई की उम्र 11 वर्ष से थोड़ी अधिक थी। करवीर नगरी में शाहू राजा का विवाह बड़े ठाठबाट से संपन्न हुआ। विवाह होते ही शाहू राजा कोल्हापुर रियासत के घाटी-प्रदेश में शिकार के लिए गए। शिकार खेलने की अपनी इच्छा पूर्ण कर वे एक हफ्ते के बाद कोल्हापुर लौट आए।

शाहू राजा के विवाह के उपरान्त कुछ ही दिनों में पति-पत्नी के प्रथम मिलन-रात्रि की अर्थात् उनके गर्भाधान-समारोह की चर्चा राज-महल में शुरू हुई। प्रचलित परंपरागत हिंदू धर्म के अनुसार पत्नी की उम्र दस वर्ष की हो तो वह उम्र पति के साथ मिलन के लिए सर्वथा अनुकूल है, ऐसी एक गलत धारणा थी। ब्रिटिश सरकार ने 1891 ई. के प्रारंभ में ही वरिष्ठ विधिसभा में विवाह पश्चात् पति-पत्नी के शरीर-संबंध की उम्र दस के बदले बारह वर्ष होनी चाहिए, ऐसा कानून पारित करा लिया था। इस प्रकार वधू की सम्मति-उम्र दस के एवज बारह वर्ष की करने का सरकारी स्तर पर जो प्रयत्न हुआ था उसे लेकर महाराष्ट्र के नेताओं में दो गुट स्थापित होकर उनमें तीव्र संघर्ष निर्माण हुआ था। उनमें सम्मति-उम्र दस के एवज बारह हो ऐसा मानने वाले गुट का नेतृत्व न्यायमूर्ति रानडे और रा. गो. भांडारकर के पास था। परंपरागत हिंदूधर्मीय दल का दुराग्रह था कि सम्मति-उम्र बारह नहीं दस ही हो। उस दल का नेतृत्व लोकमान्य तिलक कर रहे थे। कोल्हापुर के छत्रपति समूचे बहुजनों के स्वयंभू नेता थे। 'यथा राजा तथा प्रजा ' यह मूलमंत्र शाहू छत्रपति ने आजीवन ध्यानपूर्वक सम्हाला। पत्नी से शरीर-सम्बन्ध के समय अपने पुत्र की उम्र 18 वर्ष की हो यह महत्त्वपूर्ण विचार उचित समय पर शाहू राजा को सुनाने का काम आबासाहब ने अपने परम स्नेही ली वॉर्नर को सौंपा था। उन्होंने अपनी मृत्यु के कुछ क्षण पहले यह कहा था कि अब शाहू राजा के पिता के स्थान पर तुम ही हो। अब तुम ही उस प्रसंग में उनकी रक्षा करो। ली वॉर्नर ने आबासाहब की उस साग्रह प्रार्थना को बड़ी जिम्मेदारी के साथ निभाया। शाहू छत्रपति को बम्बई से 10 दिसंबर, 1891 ई. को भेजे गए पत्र में वे बड़ी आत्मीयता से लिखते हैं, ''आपके पिताश्री आबासाहब की मृत्यु के समय मैं उनके पास था। क्षीण आवाज में उन्होंने कहा कि मेरी पिता की जगह अब आप लीजिए। अब इसके बाद आप अपने को उसका पिता समझिए। यह पत्र मैं शासन के सचिव की हैसियत से नहीं; बल्कि आबासाहब के और आपके भी एक मित्र की हैसियत से आपके जीवन की बहुत ही खानगी और नाजुक बात के बारे में बिलकुल खुले मन से; परंतु कर्तव्य-कठोर भावना से लिख रहा हूं। इस देश से हमेशा के लिए विदा लेने से पहले मैं आपसे बहुत ही आस्था के साथ यह प्रार्थना कर रहा हूं।

''शरीर और स्वास्थ्य को हानि पहुंचे बिना प्रसूति ठीक-से हो ऐसी शारीरिक क्षमता आपकी पत्नी को जब तक प्राप्त नहीं होती, तब तक आप उनके साथ हम-बिस्तर न हों, ऐसी आपके पिता की तीव्र इच्छा थी। ऐसी बदनसीब बाल-माताओं की हृदय-द्रावक कथाएं आपको अच्छी तरह मालूम हैं।'' उस पत्र में उन्होंने बार-बार स्पष्ट किया था, ''आपकी पत्नी के अल्पवयस होने पर उसके साथ शरीर-संबंध रखना न केवल उसके लिए

खतरनाक है; बल्कि पैदा होने वाले बालक के लिए भी खतरनाक है। वैवाहिक जीवन का जी भर आनंद उठाने के लिए भगवान ने आपको आगे लंबी उम्र बख्शी है। तब भी भोग-लालसा से और अनावश्यक उतावली से अपनी पत्नी का शारीरिक नुकसान करने में या उसकी जान लेने में आपको कैसा आनन्द, सुख-समाधान मिलेगा ? आपकी पहली संतान अगर वह पुत्र हो तो वह आपकी गद्दी का वारिस और भविष्यकालीन राजा होगा। आपके पूर्वज, आपका कीर्तिशाली घराना और आपके प्रजाजन आपसे ऐसी चाह रखते हैं कि छत्रपति की गद्दी के लिए आरोग्यसंपन्न वारिस प्राप्त हो।'' उस पत्र में अंत में उन्होंने लिखा है, ''आपके मरणोन्मुख पिता की अंतिम इच्छा सुनने वाला और आपके भले के लिए सदा तरसने वाला मैं आपकी सद्भावना और उदात्त आचार-विचारों को आमंत्रित कर रहा हूं।''

शाहू छत्रपति को पिता की ममता से दी हुई यही सलाह गुरुवर फ्रेजर के लिखे हुए 16 दिसंबर, 1891 ई. के पत्र में देखने को मिलती है। उसमें फ्रेजर लिखते हैं, ''आपका और आपकी पत्नी का भला हो, आप दोनों सुख-शांति के साथ अपना संसार बसाएं, इसी एकमात्र इच्छा से हम आप से यह विनती कर रहे हैं। इसे ध्यान में रखते हुए आपको मुझे एक वचन देना होगा कि आपकी रानी योग्य उम्र की बनने तक यानी 1894 ई. तक आप उनके (पत्नी) साथ शरीर-संबंध नहीं रखेंगे।''

आचार्य फ्रेजर ने मौका पाकर शाहू छत्रपति से एक दिन इस संबंध में वचन मांगा तब पक्के निश्चय के साथ धीर-गंभीर आवाज में शाहू राजा ने कहा, ''मैं वचन देता हूं कि मेरी पत्नी जब तक चौदह वर्ष की नहीं होती तब तक मैं उसे स्पर्श भी नहीं करूंगा।''

आत्मसंयम के बारे में शाहू राजा ने जो वचन दिया था बहुतांश में उसका पालन किया। इसलिए कोल्हापुर के राज-कारोबार मंडल ने उनके इस आत्मसंयमन के दुर्लभ गुण के लिए खास प्रस्ताव पारित कर उनकी सराहना की है, ऐसा दिखाई देता है।

अध्याय : 3

भारत-भ्रमण

अपने लाडले शिष्य शाहूराजा का चरित्र-गठन अधिकाधिक निर्दोष हो इसलिए गुरुवर फ्रेजर जी-तोड़ मेहनत कर रहे थे। स्नेहशील, संयमी, कर्तव्यनिष्ठ और उदाराशय फ्रेजर जैसे गुरु का समुचित मार्गदर्शन शाहू राजा को मिलने से ही उनके व्यक्तित्व का सर्वांगीण विकास संभव हुआ। किताबी पांडित्य मनुष्य को ज्ञान-संग्राहक बनाता है; पर वह मनुष्य सयाना होगा ही, इसकी निश्चिति नहीं होती। किताबी ज्ञान के साथ-साथ प्रत्यक्ष अनुभव का योग होने पर ही मनुष्य सही मायने में सयाना और चतुर बनता है। इसलिए विद्यार्थी-जीवन में पुस्तकों जितना ही महत्त्व पर्यटन का होता है। पर्यटन का अर्थ है प्रत्यक्षानुभूति का खजाना। इस तथ्य को भलीभांति जाननेवाले गुरुवर फ्रेजर ने शाहू राजा और उनके सहाध्यायियों के लिए तीन प्रदीर्घ यात्राओं का बहुत ही ध्यानपूर्वक आयोजन किया था। उनमें से दो यात्राओं में उन्होंने अपने शिष्यों को उत्तर भारत के दर्शन कराए थे। इस तीसरी यात्रा में उन्होंने दक्षिण भारत और श्रीलंका के प्राकृतिक सौंदर्य से समृद्ध प्रदेश का सफर करवाया।

16 नवंबर, 1890 ई.को शाहू राजा, पिराजीराव अर्थात् बापूसाहब महाराजा, दत्ताजीराव इंगले और इनकी सरबराही के लिए चौबीस सेवकों का समूह, इन सबने उत्तर भारत की यात्रा के लिए कोल्हापुर से प्रस्थान किया। दूसरे दिन शाहू राजा के प्राणप्रिय मित्र भावनगर के भाऊसिंगजी महाराजा और गुरुवर फ्रेजर ये दोनों कल्याण स्टेशन पर उनमें आ मिले। इनके साथ उनके मणिपुर के कलुभा और चौदह सेवक भी थे। ये सब 18 नवंबर को सुबह बहुत तड़के, लगभग साढ़े तीन बजे, नासिक पहुंचे। रात की यात्रा में उन्हें ठीक से नींद भी मिल नहीं पाई। तो भी शाहू राजा और उनके सभी साथियों ने घने अंधेरे और हाड़तोड़ ठंड में नासिक के मशहूर मंदिरों और गोदावरी नदी के पवित्र घाट के बड़ी श्रद्धा के साथ दर्शन किए। नासिक अर्थात् प्रभु रामचंद्र के निवास से पुनीत हुआ शहर और गोदावरी अर्थात् दक्षिण की गंगा ऐसी हिंदू धर्मियों की दृढ़ श्रद्धा है। अतः गोदावरी तट पर बसे हुए नासिक शहर को देखने के लिए शाहू राजा और उनके सभी साथी बहुत ही उत्सुक थे। परंतु उस तथाकथित पवित्र स्थान में शाहू राजा को जो बात प्रत्यक्ष देखने और अनुभव करने को मिली वह अपवित्र, व्यभिचारी और अमंगल घटना थी, जो आस्तिक को नास्तिक और श्रद्धावान को संशयात्मा बनाने वाली थी।

किसी भी तीर्थस्थान पर भटों–भिक्षुओं और पंडों–पुजारियों का मनमाना बर्ताव यात्रियों और श्रद्धालुओं की सुख–शांति में बाधक साबित होता है। ऐसे लालची पुरोहितों को ये तीर्थस्थान भोलेभाले श्रद्धालु भक्तों की बेशुमार लूट करने के अपने हक के स्थान लगते हैं। नासिक भी उसके लिए अपवाद नहीं था। नासिक के भ्रष्ट भटों–भिक्षुओं के कान में इस बात की भनक पड़ चुकी थी कि कोल्हापुर के छत्रपति और उनके संगीसाथी नासिक आ पहुंचे हैं। 'शिकार हाथ आया' इस आनंद में भटों–भिक्षुओं के झुंड ने शाहू छत्रपति के निवासस्थान को ऊधम मचाते हुए घेर लिया। उसके बाद उनमें शाहू छत्रपति तक पहुंचने की होड़–सी लगी। भटों–भिक्षुओं की उस धींगामुस्ती में उस निवासस्थान की चहारदीवारी ही उचट गई। वे असंस्कृत भिक्षुक जब जोर–जबर्दस्ती के साथ शाहू छत्रपति के निवासस्थान के अहाते में घुसने लगे तब उनके अशिष्ट बर्ताव से परावृत्त करने के लिएद्ध गुरुवर फ्रेजर साहब को खास ध्यान देकर उन भिक्षुकों के खिलाफ कुछ कठोर उपाय अमल में लाने पड़े।

हिंदुओं के पवित्र तीर्थस्थानों में कुछ पुरोहित कुछ चुने हुए घरानों की वंशावली–सूची बनाकर अपने पास रखते हैं। उस सूची में दर्ज घराने का कोई भी व्यक्ति उस तीर्थस्थल में आया तो उसके धार्मिक विधि करने का उसका मुख्य व्यवसाय होता था। अतः वे पुरोहित अपने यजमानों को धार्मिक विधि के लिए किसी दूसरे पुरोहित के पास जाने नहीं देते। परंतु नासिक क्षेत्र में शाहू छत्रपति को जो अनुभव हुआ वह अत्यंत घृणास्पद तथा उन धर्मध्वजियों के प्रति चिढ़ उत्पन्न करने वाला था; क्योंकि नासिक में शाहू छत्रपति जिस बंगले में ठहरे हुए थे वहां धींगामुस्ती कर दो पुरोहितों ने प्रवेश किया। प्रवेश करते ही वे दोनों आग्रह के साथ कहने लगे कि उनके पास ही शाहू छत्रपति की वंशावली की सूची है अतः शाहू राजा उनके ही यजमान हैं। देखते–देखते वे दोनों पुरोहित हाथापायी पर उतर आए और आपस में गाली–गलौज करने लगे। उन दोनों का भी आग्रह था कि उनके पास जो वंशावली सूची थी उस पर शाहू छत्रपति के दस्तखत हों। उन दो पुरोहितों में चले उस विचित्र झगड़े को देखकर शाहू छत्रपति और उनके साथियों को वह तमाशा–सा लगा; परंतु जब उनकी समझ में आया कि उन दो पुरोहितों का संघर्ष देवता या धर्म से संबंधित न होकर उनकी पेटपूजा से संबंधित है, तब उन दोनों पेटू–भिक्षुओं के प्रति सबके मन में बहुत ही घृणा की भावना उत्पन्न हुई। अब तक संयम के साथ पूर्ण मौन धारण कर शांतचित्त खड़े शाहू राजा उन पुरोहितों पर बरस पड़े और कहने लगे, "तुम दोनों में से किसी को भी मैं अपने दस्तखत नहीं दूंगा। तुम दोनों यहां से चुपचाप चले जाओ।" शाहू राजा के तेवर देखकर वे दोनों पुरोहित वहां से भाग निकले। पर नासिक जैसे पवित्र स्थान पर, जो स्थान प्रभु रामचंद्रजी के निवास से पुनीत बना हुआ है, ऐसी अमंगल घटना घटित हो, अपने निजी स्वार्थ के लिए इन लोभी–लालची भिक्षुओं द्वारा इस तरह की देवता और धर्म की खुलेआम नुमाइश करना देखकर शाहू राजा बहुत ही व्यथित हुए। तब उनके मन में प्रश्न उभर आया कि सच्चा धर्म कौन सा है? घटना तो घटित हो गई; परंतु वह अमंगल प्रसंग शाहू छत्रपति के भावी जीवन में दीपस्तंभ के समान मार्गदर्शन करता रहा।

अपने पापी पेट के लिए पेटू पुरोहित किसी भी तीर्थस्थान पर देवता और धर्म का बाजार हमेशा लगाते रहते हैं, ऐसा ही अविस्मरणीय अनुभव अनेक छोटी-बड़ी हस्तियों को भी हुआ है, ऐसा अनगिनत टिप्पणियों से मालूम होता है। उन्हीं में से एक अविस्मरणीय टिप्पणी है 19वीं शताब्दी के मशहूर समाज-सुधारक और मराठी भाषा के आद्य व्याकरण-लेखक श्री दादोबा पांडुरंग तर्खडकर की, जो नासिक के ही पेट पालने वाले भिक्षुओं के संबंध में है। अपने आत्म-चरित्र में वे लिखते हैं, ''इन पाराशरों की (भिक्षुओं की) बही में हमारे परदादा के पिता के नाम तक का पता लगा। जल्दी से अगली यात्रा के लिए प्रस्थान करना था इसलिए वहां अधिक दिन मुकाम करना संभव नहीं था, वरना मैंने उनके भी पुरखों की खोज की होती। वहां क्षेत्रविधि करने के बारे में हमारे उपाध्यायों और अन्य ब्राह्मणों का बहुत आग्रह हुआ; पर मैंने उनसे स्पष्ट शब्दों में कहा, 'गंगा मैया में स्नान करने से हमारे पाप कटेंगे अथवा यहां श्राद्ध करने से हमारे पुरखों का उद्धार होगा ऐसा हमें बिलकुल नहीं लगता। वैसी हमारी श्रद्धा भी नहीं अतः उस झमेले में आप मुझे मत डालिएगा। चाहो तो हम तुम्हें अपनी औकात के अनुसार दक्षिणा आदि देंगे। ब्राह्मण को दक्षिण के सिवा और कुछ चाहिए भी नहीं था। उन्हें हमारी या हमारे पिता के उद्धार की चिंता थोड़ी ही होती है ? उन्हें होती है मात्र अपने पेट की चिंता; उसके लिए थोड़ी सामग्री जुटाना ही उनका अभीप्सित होता है। अतः हमने उसका अभीप्सित उसे दे दिया।' ''

शाहू छत्रपति का भी अनुभव इससे अलग नहीं था।

बड़े उदास मन से शाहू राजा तथा उनके मित्र नासिक से निकलकर 20 नवंबर को जबलपुर पहुंचे। नाश्ता करने के बाद वे सब जबलपुर से दस-बारह मील दूर पंद्रह फीट चौड़ी नर्मदा नदी, संगमरमर की चट्टानों में से मार्ग निकालते हुए नीचे की गहरी खाई में किस तरह कूद पड़ती है, वह सुंदर दृश्य देखने के लिए आ पहुंचे। नर्मदा का वह प्रपात देखकर उन सबने प्राकृतिक-सौंदर्य का खूब मजा लूटा; पर उन्हें वास्तविक आनंद उसी दिन, उसी स्थान पर चांदनी रात में मिला। नीचे संगमरमर की चट्टान और ऊपर आसमान में दूध धोयी चांदनी ऐसा खूबसूरत प्रकृति-शिल्प का आनंद उन सबने नर्मदा माता की गोद में दिल खोलकर लूटा। उसी आनंद का मजा चखते-चखते शाहू राजा और उनके सभी संगीसाथी इलाहाबाद अर्थात् तीर्थराज प्रयाग पहुंचे।

20 नवंबर को प्रयाग पहुंचकर उन्होंने रेवा कोठी में मुकाम किया। थोड़ा विश्राम कर वे सभी गंगा-यमुना के संगम की ओर निकल पड़े। गंगा के प्रथम दर्शन से ही उन सबकी खुशी का ठिकाना नहीं रहा। गोरी गंगा और काली यमुना की वह अपूर्व भेंट मानो जुगजुग से बिछड़ी हुई दो बहनों की दिल खोलकर हुई भेंट थी। शाहू राजा तथा उनके सभी साथियों ने पवित्र संगम में स्नान किया। उसी भक्तिभाव से उन्होंने गंगा में भी पुरोहितों के मंत्रघोष में स्नान किया।

23 नवंबर को शाहू राजा और उनके संगीसाथी काशी आ पहुंचे। उन सबके निवास का तथा सवारी का अच्छा-खासा प्रबंध बनारस के महाराजा ने स्वयं खास ध्यान देकर

किया था, इससे उनकी यात्रा सुखदायक हुई। दूसरे दिन सबेरे उन्होंने अपने साथ तज्ञ मार्गदर्शक को साथ लेकर नाव पर सवार होकर गंगा-किनारे के छोटे-बड़े सभी घाट देख लिए। उस जल-यात्रा से उन्हें हिंदुओं के पवित्र धाम काशी का अंतरंग ज्ञात हुआ। फिर उन्होंने काशी विश्वेश्वर का प्रख्यात प्राचीन मंदिर देखा। छत्रपति घराने का कुलदेवता विश्वेश्वर। इसलिए उसके दर्शन के लिए शाहू राजा बहुत ही उत्सुक थे। पर काशी विश्वेश्वर के प्राचीन मंदिर के पास आने पर उनका भ्रम पूर्णतया नष्ट हुआ। पूर्णतया दूर हुआ। क्योंकि औरंगजेब जैसे धर्मांध बादशाह ने वह मंदिर भग्न एवं उजाड़ बना दिया था। एक ओर मन को म्लान एवं दुखी बनाने वाली मंदिर की भग्नावस्था तो दूसरी ओर मन में घिन उपजाने वाला मंदिर के गिर्द का गंदला वातावरण देखकर शाहू राजा और उनके सभी संगीसाथी बहुत ही निराश हुए। पवित्र कहलाने वाले हिंदुओं के उस सर्वश्रेष्ठ मंदिर से जल्द से जल्द बाहर और दूर जाने की उन्हें तीव्र इच्छा हुई। तभी एक पंडे ने आकर उनसे 'मणिकर्णिका' जलकुंड में स्नान करने को कहा। वह जलकुंड सूखे फूलों, बेल के पत्तों से गंदा बना हुआ था तथा सेवार से भर गया था। उस अमंगल, पर पवित्र समझे जाने वाले जलकुंड में स्नान करने के लिए लोगों में होड़-सी लगी हुई थी। शाहू राजा ने उस गंदले गढ़े में स्नान करने से साफ इनकार कर दिया। शाहू राजा का यह मनोनिग्रह देखकर उनके साथ उपस्थित गुरुवर फ्रेजर को बड़ा आश्चर्य हुआ। उनके साथ जो पंडा था उसे भी जबर्दस्त धक्का लगा होगा ऐसा गुरुवर फ्रेजर ने लिख रखा है। गंगा के घाट पर सवेरे-सवेरे घटित उस अमंगल घटना का थोड़ा-बहुत विस्मरण शाहू राजा को उसी दिन संध्या समय हुआ। वैकुंठ चतुर्दशी के उपलक्ष्य में उस शाम गंगा के सभी घाटों पर दीपों की जो जगमगाहट की गई थी उस धुंधले प्रकाश में जो स्वयं गहरी और गंभीर है वह गंगामैया शाहू राजा को अत्यधिक चिंतनशील-सी लगी। धीरगंभीर-सी लगी।

हिंदुओं के पवित्र तीर्थस्थान अर्थात् काशी (बनारस) में आए हुए भले-बुरे अनुभवों का चिंतन करते हुए शाहू राजा ने उस धार्मिक राजधानी से विदा ली और वे भारत की राजनीतिक राजधानी अर्थात् कलकत्ता पहुंच गए। वह दिन था 27 नवंबर का। अब तक की प्रदीर्घ यात्रा के दौरान निष्णात हुई उनकी दृष्टि ने उस विस्तृत शहर की अंतर्बाह्य विशेषताओं को समझना शुरू किया। ऐसा करते समय अपनी बंबई और सुदूर की कलकत्ता नगरी की तुलना होना अटल था। शाहू राजा और उनके संगी-साथियों को कलकत्ता की हवा बंबई की उमसभरी हवा से अधिक आनंददायी लगी। कलकत्ता के प्राणि-संग्रहालय, विस्तीर्ण हरेभरे बाग-बगीचे और खुले मैदान सचमुच अविस्मरणीय थे; क्योंकि बंबई में इन सभी की कमी थी परंतु तब शाहू राजा को इस बात का भी एहसास हुआ कि बंबई की सार्वजनीन इमारतें सचमुच बहुत ही सुंदर हैं। उसके विपरीत राजमहलों के शहर के नाम से प्रख्यात कलकत्ता की इमारतें वीरान और उदास-सी लगती थीं। रास्ते पर दौड़ने वाले घोड़े सचमुच हृष्टपुष्ट और चित्ताकर्षक थे; परंतु बंबई की ट्रामगाड़ियां और उन्हें खींचने वाले घोड़े कलकत्ता की ट्रामों और घोड़ों की तुलना में अधिक अच्छे थे यह भी उनके ध्यान में आया।

दूसरे दिन वे सब कलकत्ता की—दुनिया की सबसे बड़ी टकसाल देखने गए। धातु के टुकड़े से लेकर उस पर छाप लगाकर सिक्का तैयार होने तक की तांत्रिक प्रक्रिया देखकर उन्हें बड़ा मजा आया। गुरुवर फ्रेजर उन सबके साथ साये के समान रहा करते थे। तब उनकी समझ में यह बात आई कि शाहू राजा तथा उनके अन्य शिष्य उस यात्रा में हर बात में रस लेकर सूक्ष्म निरीक्षण करते हैं। इन सभी शिष्यों की अवलोकन एवं आकलन शक्ति इस यात्रा के कारण विकसित हो रही है यह देखकर उन्हें खूब आनंद हुआ।

शाहू राजा और उनके साथियों का मुकाम कलकत्ता में था तभी 29 नवंबर को उन सबने वहां से दार्जिलिंग की ओर प्रस्थान किया। रेल से यात्रा करते सनय उन्हें एक बार अचानक प्रचंड टिड्डीदल के बीच से गुजरना पड़ा। यह अनुभव उन सबके लिए पूर्णतया नवीन तथा अद्भुत था। आगे चलकर उन्हें नदी पार करने के लिए स्टीम बोट से सफर करना पड़ा। सर्वत्र सौम्य और शीतल चांदनी छिटकी हुई थी। उस माहौल में स्टीम बोट में यात्रा करते हुए सबकी खुशी का ठिकाना नहीं था। यात्रा में अनेकानेक मजेदार घटनाओं का अनुभव होता गया। एक बार यात्रा में आचार्य गोखले दमा रोग से परेशान थे। शाल ओढ़े हुए वे शाहू राजा तथा उनके साथियों के साथ घूमफिर रहे थे। दर्शकों को लगा जो शाल ओढ़े हुए हैं वे ही शाहू राजा हैं और उनके साथ जो हैं वे सभी साथी शाहू राजा के बालबच्चे हैं। यह बात एक दर्शक ने दूसरे दर्शक को बहुत बड़े जानकार जैसा भाव लाकर कही। यह सब देखकर और जानकर फ्रेजर साहब हंसते-हंसते लोटपोट हो गए।

कभी रेलयात्रा तो कभी जलयात्रा करते-करते वे सब दार्जिलिंग पहुंच गए। बीच रास्ते में दूसरे दिन सबेरे-सबेरे उन्हें कंचनजंघा के बर्फ से ढके हुए ऊंचे-ऊंचे शिखरों के दर्शन हुए। शाहू राजा और उनके सभी मित्र हिमालय की ऊंची-ऊंची चोटियों का वह अपूर्व दृश्य बड़े अचंभे से देख रहे थे। उन सबके लिए अपरिचित ये घने जंगल, बीच–बीच में दिखाई देने वाली गहरी और गूढ़ रम्य खाइयां और पहाड़ की ढलान पर विराजमान चाय के बगीचे और एकाध बगीचे के बीच अकेली खड़ी किसान की सुंदर कुटिया—ये सभी नजारे देखते-देखते वे सभी शाम के समय दार्जिलिंग पहुंच गए। तभी उन सबने दार्जिलिंग के बाजार का एक चक्कर भी लगाया। इर्दगिर्द के शांत और सुंदर बौद्ध-मंदिर भी उन्होंने देखे। आज दार्जिलिंग में उन सबकी मंगोलाइड वंश के नेपाली और तिब्बती लोगों से पहली बार मुलाकात हो रही थी। वहां कड़ाके की ठंड थी। आकाश से गिरने वाली बर्फ और शुभ्र ओस कण उन सबके लिए एक अनोखा एवं अभूतपूर्व अनुभव था। यह दृश्य और ठंडा-ठंडा खुशनुमा वायु-मंडल शाहू राजा और उनके सभी साथियों के लिए पूर्णतया नया और अनोखा था, तो भी कोल्हापुर के वे सभी यात्री वहां अधिक समय तक बहल नहीं सके। उस बर्फीले, ठंड और खुशमुमा माहौल में फ्रेजर साहब को अपनी मातृभूमि इंग्लैंड का तीव्रना से स्मरण हुआ!

3 दिसंबर को उन सबने दार्जिलिंग से विदा ली और दूसरे दिन वे सब कलकत्ता पहुंचे। कलकत्ता में राजनीतिक स्तर पर उच्च पदों पर काम करने वाली कुछ महत्त्वपूर्ण हस्तियों से शाहू राजा ने कोल्हापुर के छत्रपति की हैसियत से मिलने की कोशिश की। 'हैम्लेट' नाटक

भी जो एक इंग्लिश नाट्य-मंडली ने प्रस्तुत किया था, वहां उन्होंने देखा। वही नाटक शाहू राजा ने कोल्हापुर में देखा था। दो स्थानों पर एक ही नाटक की अदाकारी में जो महदंतर दिखाई दिया वह शाहू राजा की गुणग्राही नजर से छिप नहीं सका।

कलकत्ता में एक सप्ताह मुकाम कर वे सभी लखनऊ आए। वहां से 13 दिसंबर को वे आगरा पहुंचे। दुनिया के सात अजूबों में से एक ऐसी कीर्ति ताजमहल की सर्वत्र फैली हुई थी। बादशाह शाहजहां और उसकी लाडली खूबसूरत बेगम मुमताज के अमर-प्रेम की संगमरमर की बेजोड़ कारीगरी की वह एक श्रेष्ठतम यादगार थी। दुनिया के सभी यात्रियों को भाने वाला, लुभाने वाला यमुना के किनारे पर स्थित वह सुंदर स्थान सचमुच अलौकिक था। सभी दृष्टियों से वह स्थान निःसंशय आदर्श और बेजोड़ था। शाहू राजा और उनके सभी साथी ताजमहल का सौंदर्य सुध-बुध खोकर निहार रहे थे। ताजमहल का सौंदर्य देखकर वे सब बहुत ही खुश हुए थे यह सच है; पर यह भी सच है कि 'ताजमहल' की शिल्पकला और उसका रचना-शास्त्र जानने-समझने की उनकी उम्र नहीं थी। उसके बाद वे सभी सिकंदरा पहुंचे जहां मुगल सम्राट अकबर की विशाल कब्र थी। कब्र की उस इमारत में कई मंजिलें थीं। उस इमारत की ओर जाने वाले रास्ते पर नक्काशीदार जाली का जो कलात्मक छाजन था, वह देखकर शाहू राजा बहुत ही प्रभावित हुए। उसके बाद वे सभी किला देखने गए। वहां उन्होंने शीशमहल, खासमहल, जहांगीर महल और शाही घरानों की महिलाओं के लिए खास बनाया हुआ गुस्लखाना, मोती मसजिद आदि सभी स्थान ध्यानपूर्वक देख लिये।

दूसरे दिन सबेरे मुंह अंधेरे ही कड़ाके की सर्दी में शाहू राजा और उनके सभी संगीसाथी फतेहपुर सीकरी आ पहुंचे। वहां कड़ाके की सर्दी में उन्हें दिनभर गरम ओवरकोट पहनकर ही घूमना-फिरना पड़ा। बड़ी हिफाजत के साथ जतन कर रखा हुआ मुगले-आजम अकबर का राजमहल देखने के लिए वे सभी उत्सुक थे। वह राजमहल पूर्णतया भिन्न प्रकार का था। वह राजमहल भिन्न-भिन्न प्रकार की अनेक सुंदर शानदार निवास-स्थानों का समूह था। शाहू राजा और उनके मित्रवर भाऊसिंगजी महाराजा के मन में राजमहल का ऐसा काल्पनिक चित्र था कि चार दीवारों की सीमा में बनाई हुई भव्य इमारत! परंतु शहंशाह अकबर का यह राजमहल ऐसा था जैसे घुमक्कड़ आदिवासी लोगों के छोटे-छोटे खेमे या झोंपडियों जैसा समूह होता है। मुगल सम्राट अकबर के राजमहल की अंदरूनी सजावट भी लुभावनी थी।

सम्राट अकबर के उस राजमहल के भीतरी अलग-अलग भाग देखते समय तर्क और कल्पनाशक्ति के सहारे आंखों के सामने हूबहू चित्र उभर आता है कि अकबर का प्रतिदिन का जीवन किस प्रकार का रहा होगा। बादशाह अकबर अपने छोटे-से और सादे-से शयनगृह में अभी-अभी जाग गया है। फिर वह भव्य दरगाह के और अपने पुराने मित्र फकीर शेख सलीम चिश्ती के दर्शन के लिए चला है। फिर वह सत्तर फीट ऊंचा 'हिरनमीनार' जहां खूंटी की जगह हाथी-दांत गड़े हुए हैं उसे देखते ही याद आते हैं वे हिरन, जो उस मीनार के पास जमा होते थे। उन हिरनों को प्रेम से सहलाते हुए सम्राट अकबर अपने न्यायासन की ओर आ रहा है। इस न्यायासन पर बैठकर उसने हजारों लोगों को न्यायदान किया। उसके बाद

जनता को दर्शन देने के लिए वह 'हाथीपाल' नामक खास स्थान पर आया है। यहां के पत्थर के हाथी जिंदा हाथी जितने भव्य आकार के हैं।

उसके बाद उन सबने दीवान-ए-खास देखा, जहां सम्राट अकबर अपने मंत्री महोदयों के साथ धर्मनीति और राजनीति के संदर्भ में गुप्त मंत्रणा करता था। उस स्थान की सुंदर और योजनाबद्ध रचना देखते ही गुरुवर फ्रेजर बोले, "यह सब बादशाह अकबर ने अपनी खास पसंद के अनुसार बनवा लिया होगा।" फिर उन्होंने बादशाह का वह महल देखा, जहां वह अपनी बेगमों के साथ एकांत में बैठकर विविध प्रकार के खेल खेलता था। उसके बाद सबने 'पंचमहल' देखा, जो राजघराने के बालकों का क्रीड़ा स्थान था। सम्राट अकबर का यह विलक्षण राजमहल अपने लाडले विद्यार्थियों समेत देखते समय फ्रेजर साहब सम्राट अकबर के कर्तृत्व और उदात्त चरित्र से प्रभावित होकर लिखते हैं, "राज-निर्माता के चारित्र्य की परिपूर्ण कल्पना देने वाला इसके जैसा दूसरा राजमहल नहीं होगा।" उससे भी महत्त्वपूर्ण बात यह है कि सम्राट अकबर की सर्वज्ञात धर्मसहिष्णुता का प्रत्यक्ष प्रमाण उन्हें और शाहू राजा को इसी स्थान पर देखने को मिला। सम्राट अकबर ने अपनी पुरानी मसजिद के पास ही अपनी महारानी जोधाबाई के लिए एक हिंदू मंदिर बनवाया था। उसके पास ही पुर्तगाली रानी का महल खड़ा था। वहीं पर बीरबल का रत्नमहल दिखाई देता था। पास ही एक गुरु के लिए बनवाई हुई सफेद रंग की जैन-मंदिर की इमारत आंखों में खुब जाती थी। परंतु बाद में औरंगजेब ने धर्मांधता से प्रेरित होकर उन सभी हिंदू मंदिरों की जो तोड़-फोड़ की थी वह भी उनकी नजर से छुट नहीं सकी। औरंगजेब बादशाह की यह विध्वंसक-दृष्टि सिर्फ हिंदू मंदिरों तक सीमित नहीं थी; बल्कि उस स्थान पर जो विशालकाय पत्थर के हाथी थे, उसने उनका भी विध्वंस किया था। चित्ताकर्षक और नाजुक नक्काशीदार इमारतों पर भी उसने सर्वनाश के लिए शस्त्र उठाया था। वास्तव में उसी के पुरखों द्वारा निर्मित वह सुंदर कलाकृति उसे जी-जान से जतन कर रखनी चाहिए थी; पर औरंगजेब बादशाह ने स्वयं उसके लिए भी जो गौरवास्पद स्थान थे, उन सब पर अपनी विध्वंसात्मक कुदृष्टि डालकर उन्हें कुरूप एवं तहस-नहस कर डाला था। उन भग्न इमारतों और मूर्तियों को देखकर शाहू राजा के चिंतनशील मन में धर्मसहिष्णु सम्राट अकबर और स्वधर्म अहंकारी औरंगजेब बादशाह की तुलना शुरू हुई। सम्राट अकबर सच्चा महात्मा था ऐसा पक्का विचार उनके मन में उसी क्षण दृढ़मूल हुआ। अपने भावी जीवन में धर्मनीति विषयक उसी आदर्श को प्रमाण मानकर शाहू राजा ने धर्मनीति संबंधी दायित्व को अंततक निभाया ऐसा दिखाई देता है।

शाहू राजा और उनके साथियों ने फिर एक बार आगरे का किला और ताजमहल देख लिया। आगरा की 'ग्वालियर कोठी' में खास उनके लिए इत्र-पान देने का सम्मानदर्शक समारोह संपन्न हुआ। उसके बाद वे सब 18 दिसंबर को दिल्ली पहुंचे। दिल्ली की हाड़-तोड़ ठंड के सामने उन्हें आगरे की ठंड फीकी-सी लगी। दिल्ली पहुंचते ही उन्होंने सर्वप्रथम मटियामेट हो रहे फिरोजाबाद शहर को देख लिया। लगे हाथ उन सबने अशोक स्तंभ भी देख लिया। फिर युधिष्ठिर द्वारा बनवाया हुआ इंद्रप्रस्थ का विशाल किला देख लिया। तब

उन्हें यह भी मालूम हुआ कि बादशाह हुमायूं ने वह किला खास जतन कर रखा था। फिर उन्होंने बादशाह हुमायूं की कब्र देखी। उसके बाद वे सभी दिल्ली के मशहूर 'कुतुबमीनार' के पास आए। तब उनमें उसकी ऊंचाई को लेकर तर्क-वितर्क शुरू हुए। इतनी ऊंचाई वाला 'कुतुबमीनार' आगरा के 'ताजमहल' की ऊंचाई से सात फीट कम ऊंचा है, इसमें उनका विश्वास नहीं हो सका।

दिल्ली की जाम्मा मसजिद देखना वे भूल नहीं सके। 'हिंदुराव का महल' उन्होंने बड़ी उत्सुकता से देखा। यह महल कागल के हिंदुराव घाटगे कागलकर का महल था। ये हिंदुराव घाटगे यानी शाहू राजा और बापूसाहब महाराजा के परदादा थे। वे हिंदुराव घाटगे निपुण खिलाड़ी के नाते जैसे मशहूर थे वैसे ही वे उदार और आतिथ्यशील तथा स्वाभिमानी व्यक्ति के रूप में भी दिल्ली में प्रख्यात थे। अपने पुरखों के उस महल को देखते समय शाहू राजा और बापूसाहब दोनों बहुत ही मगन हो गए।

21 दिसंबर को वे सभी गुलाबी शहर के नाम से प्रख्यात जयपुर में दाखिल हुए। उन सबके निवास का और वहां के दर्शनीय स्थान दिखाने का खास प्रबंध जयपुर दरबार द्वारा किया गया था। कुछ ही समय पूर्व वायसराय जयपुर देखने आए हुए थे। इसलिए मूलतः सुंदर और मोहक गुलाबी पत्थर की वे इमारतें अत्यधिक मनमोहक जंच रही थीं। उन्होंने देखा कि शहर में स्थान-स्थान पर राजपूत वीर हाथ में ढाल-तलवार लिए अपने हाथी-ऊंटों समेत भीड़-भाड़ के साथ खड़े थे। यह दृश्य देखकर शाहू राजा और उनके सभी साथियों की समझ में आया कि जयपुर अब भी पुरातन जमाने से बाहर आने के लिए तैयार नहीं था। उसके बाद उन सबने अंबर, अजमेर, राजकोट का दौरा द्रुतगति से पूर्ण किया। और वे सब 27 दिसंबर को बंबई में दादर आ पहुंचे। उसी दिन वे सभी वैज्ञानिक प्रदर्शनी देखने की तीव्र इच्छा से कोल्हापुर की ओर चल पड़े। इस प्रकार शाहू महाराजा और उनके संगी-साथियों की लगभग 5000 मील की प्रदीर्घ भारत यात्रा गुरुवर फ्रेजर के कुशल नेतृत्व एवं प्रेमपूर्ण मार्गदर्शन में अत्यंत सफलता के साथ संपन्न हुई। वैसे देखा जाय तो इतनी दूर की यात्रा इतने कम समय में पूर्ण होना बहुत ही मुश्किल बात थी; परंतु गुरुवर फ्रेजर ने आचार्य कृष्णाजी भिकाजी गोखले और आचार्य हरिपंत गोखले इन दो स्वामिनिष्ठ सहायकों की मदद से यह मुश्किल काम कुशलता के साथ पूर्ण किया। परिणामतः शाहू राजा और उनके सहाध्यायी बापूसाहब महाराजा, भाऊसिंगजी महाराजा आदि सभी शिष्यों की मात्र पुस्तकों की ऐतिहासिक और भौगोलिक जानकारी को साक्षात् विविध प्रकार के अनुभव और प्रत्यक्ष निरीक्षण का लाभ मिलने से उन सब के ज्ञान की सीमा का खूब विस्तार हुआ। गुरुवर फ्रेजर और आचार्य गोखलेद्वय को सिवा इसके और क्या चाहिए था!

1890 ई.की उत्तर प्रदेश की शीतकालीन पहली यात्रा गुरुवर फ्रेजर और अध्यापक गोखलेद्वय के कुशल मार्गदर्शन में बहुत ही सफल साबित हुई थी। इस यात्रा की बदौलत शाहू राजा को बहुत कुछ सीखने को मिल गया। विभिन्न प्रकार के अनुभव उनके पास जमा हो गए। इस पहली ही यात्रा में निरीक्षण की नवीनता उन्हें ज्ञात हुई। इन सब बातों को ध्यान

में रखकर गुरुवर फ्रेजर ने 1891 ई. के शीतकाल में दक्षिण भारत की शैक्षणिक-यात्रा का विचारपूर्वक नियोजन किया।

दीपावली के आनंदोत्सव के समाप्त होते-होते गुरुवर फ्रेजर अपने सभी शिष्यों को लेकर 5 नवंबर को दक्षिण भारत की यात्रा के लिए निकल पड़े। इस यात्रा में प्रारंभ में शाहू राजा के घनिष्ठ मित्र भाऊसिंगजी महाराजा नहीं थे। परंतु वे बाद में आकर उनसे आगे मिल गए। उत्तर भारत की पहली यात्रा के अनुभव को ध्यान में रखकर उन्होंने अपने साथ के सेवकों की भीड़ कम कर दी। परिणामस्वरूप उनकी यह यात्रा अधिक सुचारु रूप से और तेज गति से पूर्ण हुई।

कर्नाटक के बीजापुर-गदग क्षेत्र में पिछले अकाल में रोजगार हामी योजना के अंतर्गत बनाया हुआ रेलमार्ग आज कितना उपयुक्त सिद्ध हुआ है यह शाहू राजा की तथा उनके सभी साथियों की समझ में आया। क्योंकि रेल से यात्रा करते समय पटरी के दोनों तरफ जमीन में पड़ी हुई प्रचंड दरारें और बिना पानी के पूरी की पूरी सूखी हुई ज्वार की फसल देखकर उस क्षेत्र के अनाज की कमी की भीषणता उनकी समझ में आई। ऐसे संकट के समय अन्य प्रदेशों से रेलमार्ग से अनाज ले आना सस्ता और सुविधाजनक हो गया था।

6 नवंबर को सबेरे दस के दरमियान वे सभी बीजापुर में दाखिल हुए। इन सबके ठहरने का प्रबंध 'आनंदमहल' में किया गया था। वे सभी संध्या समय 'ताज-बावड़ी' की ओर घूमने निकले। पूरे बीजापुर शहर को पानी की सप्लाई करने वाला यह रचनाशास्त्र का एक अद्वितीय स्थान था। शाहू राजा तथा अन्य सबको एक ही प्रश्न बार-बार सता रहा था कि ऐसी सदैव अकाल से पीड़ित नगरी को राजधानी के रूप में क्यों भला चुना गया होगा? परंतु संपूर्ण शहर को पानी की सप्लाई करने वाली 'ताज-बावड़ी' के निर्माण में रचना-शास्त्रियों ने जिस बुद्धिकुशलता का परिचय दिया था उससे शाहू राजा आश्चर्यचकित हुए। उस जलाशय को देखने के लिए शाहू राजा इतने उत्सुक हुए थे कि दो मरियल घोड़ों का तांगा हांकने के लिए वे स्वयं बैठ गए। उसके बाद उन्होंने बीजापुर का मशहूर गोलगुंबज देखा। वहां की एक मसजिद की सुशोभित अटारी में तैयार कर रखा हुआ पत्थर का ऐसा सांकल था जो अखंड पत्थर को तराशकर बनाया गया था। शाहूराजा तथा उनके सभी संगीसाथी पत्थर में बने उस सांकल को बड़ी देर तक आश्चर्ययुक्त भाव से देखते रहे। बीजापुर की मुल्क-ए-मैदान ताप के गिर्द वे सभी बड़ी देर तक रेंगते रहे।

बीजापुर से विदा होते समय शाहू राजा के मन में यही प्रश्न बार-बार उठ रहा होगा कि वह प्रदेश इतना अकालपीड़ित होने पर भी मुस्लिम बादशाहों ने दरगाहों और मसजिदों को सुंदर बनाने का इतना घटाटोप भला क्यों किया होगा! उसके बाद वे सभी हैदराबाद पहुंचे। उसी दिन हैदराबाद के निजाम की वर्षगांठ थी। हैदराबाद शहर में खासकर मंडी में वहां के व्यापारियों ने खास रोशनी की थी। शाहू राजा और उनके संगीसाथी हाथी पर सवार होकर उस मंडी में से जाने लगे तब अल्लाह के नाम पर भीख मांगते हुए भटकने वाले फकीर शाहू राजा के हाथी के गिर्द ऐसे इकट्ठा हुए जैसे अपने भक्ष्य के गिर्द गिद्ध जमा होते हैं।

मंडी के दूसरे छोर तक जाने तक उन लालची फकीरों ने अल्लाह की दुआ की रट लगाते हुए शाहू राजा का पीछा किया। उनकी पिछली यात्रा के समय नासिक के तीर्थस्थान में दक्षिणा के लोभ में लड़ने-झगड़ने वाले वे दो लालची पुरोहित और यहां हैदराबाद में अल्लाह के नाम पर भीख मांगने वाले ये फकीर—इन दोनों की जाति एक ही थी।

हैदराबाद में विश्वविख्यात चारमीनार तथा अन्य दर्शनीय स्थान उन्होंने देख लिये। परंतु उन सबने निजाम की वर्षगांठ के अवसर पर आयोजित किए गए घोड़ों और ऊंटों की सहायता से पेश किए गए करतबों को देखने में विशेष रस लिया।

13 नवंबर को शाहू राजा और उनके संगीसाथी मद्रास शहर में घूम-फिर रहे थे। तब उनके मन में पिछले वर्ष देखे हुए बंबई और कलकत्ता शहर की स्मृतियां ताजा हो रही थीं। अनजाने में ही उनके मन में मद्रास और उन दो शहरों की तुलना शुरू हुई। बंबई और कलकत्ता ये दोनों शहर लोगों की भीड़भाड़ से सदैव गुंजित से लगते थे। उनकी तुलना में मद्रास में उतनी भीड़भाड़ नहीं दीखती थी। बंबई और कलकत्ता की इमारतों को देखकर ऐसा लगता था जैसे हाथ से चीजें गिरकर बिखर गई हों; पर मद्रास की इमारतों के समूह देखकर ऐसा लगता था जैसे उनका निर्माण नियोजनबद्ध रूप में किया गया है। बंबई-कलकत्ता में बड़े-बड़े रास्तों के जितनी ही तंग गली-कूचों की संख्या है; पर मद्रास के अधिकाधिक बड़े एवं चौड़े रास्ते मन को लुभा लेते थे। लगता है कि मद्रास में तंग गली-कूचे जैसा अजायबखाना है ही नहीं।

मद्रास के मुकाम में शाहू राजा और उनके संगी-साथियों ने बलवंत त्र्यंबक सहस्रबुद्धे के गायन-समाज को खास भेंट दी। वहां के शिक्षक और विद्यार्थियों ने वीणा, वायलिन और सरोद पर जब अलग-अलग रागों में संगीत पेश किया तब उस अभिजात भारतीय संगीत को सुनकर गुरुवर फ्रेजर बहुत ही प्रभावित हुए।

लोगों को गाड़ी में बिठाकर उन्हें बड़े कष्ट के साथ खींच ले जाने वाले दीन-दुखी लोगों को देखकर शाहू राजा और उनके साथियों को बहुत ही बुरा लगा। साथ ही मुक्त रूप से किया जाने वाला अंग्रेजी भाषा का सर्वाधिक प्रयोग भी उन्हें अच्छा नहीं लगा। वहां के कुली और भिखारी भी सहज रूप से अंग्रेजी बोल रहे थे। उसका कारण था कि शहर में ही नहीं; बल्कि ग्रामीण भाग में भी अंग्रेजी अनिवार्य रूप में पढ़ाई जाती थी। उसी का यह परिणाम था। मद्रास की स्त्रियों की विचित्र पोशाक, छोटी-छोटी एक्का गाडियां और जहां-तहां दिखाई देने वाले हाथी रोग से पीड़ित लोग। मद्रास में देखे हुए ये दृश्य शाहू राजा और उनके मित्रों को अखरते रहे, क्लेशदायी लगे।

मद्रास के बाद वे सभी फ्रेंच-नगरी पांडिचेरी आए। फ्रेंच शासनकर्ताओं ने उस नगरी पर जान बूझकर अपना प्रभाव छोड़ा है। इसी कारण पांडिचेरी का निर्देश फ्रेंच नगरी ऐसा होता है और वह अपरिहार्य भी है। परंतु शाहू राजा के मन को कचोट वाली बात यह थी कि फ्रेंच राजकर्ताओं द्वारा काले-गोरे लोगों के लिएह्नअलग-अलग बस्तियां शहर के मध्य की नहर के दो छोरों पर सुनियोजित रूप से बसाई गई थीं।

पांडिचेरी से चलकर शाहू राजा बड़े उत्साह से तंजावर नगरी में पहुंचे। छत्रपति शिवाजी महाराजा के छोटे भाई व्यंकोजीराव के लिए शहाजी राजा द्वारा स्थापित की गई यह गद्‌दी। दक्षिण के मराठों का यह राज शिव छत्रपति के कर्नाटक दिग्विजय के बाद बहुत ही वैभव-संपन्न हुआ। ''शहाजी राजा की हम संतान होने पर भी एक-दूसरे के लिए सहारा बनने के एवज आप उदास बन बैठे हैं, यह सुन और देखकर खेद होता है। यों उदास बन बैठने का आप पर कौन सा संकट आया है उसका कारण तुम लिख भेजोगे तो उसे दूर किया जाएगा।'' ऐसा पत्र लिखकर शिव छत्रपति ने व्यंकोजीराव का धीरज बंधाया था और तंजावर का मराठा-राज संभाला था। तंजावर में शाहू राजा और उनके सभी साथियों का बंधुभाव से स्वागत किया गया।

तंजावर के राजमहल के विविध दीवानखाने और उन दीवानखानों की कौशल्यपूर्ण रचना आदि देखकर शाहू राजा बहुत ही खुश हुए; पर एक दरबार हॉल में स्थापित किया हुआ शिव छत्रपति का पुतला देखकर ही वे बहुत ही प्रभावित हुए। एक दूसरे कक्ष में सरफोजी भोंसला के 20,000 से भी अधिक संस्कृत भाषा के ग्रंथों का प्रचंड संग्रहालय देखकर उनका मन भोंसले घराने के प्रति होने वाले अभिमान से खिल उठ। उस प्रचंड संग्रहालय में 20,000 से अधिक संस्कृत ग्रंथों के अलावा अनेक दुर्लभ अंग्रेजी ग्रंथ भी थे, जिन्हें क्षणभर कम से कम उलटकर देखने की फ्रेजर साहब को इच्छा हुई। परन्तु समयाभाव के कारण उन्हें अपनी ज्ञानलालसा पर रोक लगानी पड़ी। उसके बाद उन सबने तंजावर के अनेक देवालय और ऐतिहासिक स्थान देखे। तंजावर में प्रशस्त मंदिर, भव्य राजमहल और अनेक मनमोहक सुंदर इमारतें होने के कारण तंजावर का 'उल्लेख दक्खन की दिल्ली' के रूप में किया जाता था।

तंजावर में ज्येष्ठ बंधु के नाते वहां के राजघराने के प्रतिष्ठितों से शाही ठाठ से विदा लेकर शाहू छत्रपति तंजावर से निकले और वे थोड़े ही दिनों में सिलोन अर्थात् लंका आ पहुंचे। लंका का प्राकृतिक सौंदर्य उन्हें लुभा रहा था; पर साथ ही घाटी-उपत्यकाएं और जंगल शाहू राजा की शिकार की अंतस्थ प्रवृत्ति को ललकार रहे थे। परिणामस्वरूप शाहू राजा अपनी शिकार खेलने की तीव्र इच्छा को दबाकर रख नहीं पाए। ब्रिटिश गवर्नर ने शाहू राजा के लिए शिकार का अच्छा-खासा प्रबंध किया था। शिकार का भरपूर मजा लूटा और उन सबने लंका से विदा ली।

गुरुवर फ्रेजर के मार्गदर्शन में शाहू राजा अपने साथियों समेत 13 दिसंबर को विश्वविख्यात सोने की खदान वाले कोलार शहर आ पहुंचे। वहां के रेजिडेंट मैजिस्ट्रेट ह्यूम राईट शाहू राजा के खास इंतजाम में स्वयं कष्ट उठा रहे थे। वहां पर शाहू राजा के लिए एक खास खेमा तैयार किया गया था। छत्रपति के वहां पधारते ही उनके सम्मानार्थ 19 डायनामाइट के विस्फोट किए गए। उसके बाद स्वयं मिस्टर राईट ने उन्हें सोने की खदान का संपूर्ण सूबा दिखाया। नंदीदुर्ग नामक स्थान पर 170 फीट नीचे उतरकर हर एक ने हाथ में पकड़ी मोमबत्ती के प्रकाश में प्रत्यक्ष देखा कि उस गहरी अंधेरी सोने की खदान में मजदूर

कैसे काम करते हैं। उनकी संपूर्ण यात्रा में सबके लिए यह अनुभव बिलकुल निराला था। अंत में उन सबने बंगलोर और मैसूर के दर्शनीय स्थान बार-बार देखे। मैसूर के राजा ने उन सबकी जो खातिर-तवज्जो की वह सबको बहुत पसन्द आई। उसी स्नेहपूर्ण वातावरण में वे सब 'मैसूर के शेर' के नाम से प्रख्यात टीपू सुलतान के श्रीरंगपट्टणम् में आ पहुंचे। वहां उन्होंने हैदरअली का किला और टीपू सुलतान की काले पत्थर को तराशकर बनाई हुई कब्र को बड़ी श्रद्धा के साथ देखा।

24 दिसंबर को वे सब धारवाड़ पहुंचे। इस प्रकार उनकी दक्षिण भारत की संस्मरणीय यात्रा समाप्त हुई। उस स्मरणीय यात्रा में देखे हुए अविस्मरणीय स्थल, तंजावर, मैसूर और बंगलोर में वहां के राजघरानों द्वारा किया गया हृद्य स्वागत और उनका दिया हुआ हार्दिक प्रेम, कोलार की सोने की खदानों में काम करने वाले वे जिंदामुर्दे मजदूर और हाथ रिक्शा पर मनुष्यों की सवारी लेकर एड़ी-चोटी का पसीना बहाकर उन्हें खींचते ले जाने वाले मद्रास के अस्थिकंकाल कुली आदि ऐसी अनगिनत घटनाएं और दृश्य शाहू राजा के चिरकालीन स्मरण में रहे।

ब्रिटिश सरकार की मंशा थी कि 1893 ई. में शाहू राजा और उनके संगीसाथी इंग्लैंड की यात्रा करें। सरकार उसके लिए बहुत ही प्रयत्नशील थी; परंतु शाहू राजा की इच्छा थी कि अपने राज के आप जब तक पूर्णरूप से मुख्तार घोषित नहीं होते तब तक विदेश यात्रा पर जाना ठीक नहीं। ब्रिटिश सरकार की तरफ से प्रत्यक्ष और अप्रत्यक्ष रूप से बहुत बड़ा राजनीतिक दबाव शाहू राजा पर डाला जा रहा था; पर उन्होंने ब्रिटिश सरकार की मंशा सफल नहीं होने दी।

पहली दो यात्राओं में शाहू राजा ने लगभग दो-तिहाई हिंदुस्तान देख लिया था। अब सिर्फ राजपूताना, पंजाब और सिंध के इलाके देखना बाकी था। अतः गुरुवर फ्रेजर साहब की इच्छा थी कि यथाशीघ्र तीसरी यात्रा का प्रबंध किया जाए और अपना शिष्योत्तम शाहू राजा राज-कारोबार अपने हाथ में लेने से पहले संपूर्ण हिंदुस्तान के दर्शन कर लें।

शाहू राजा, बापूसाहब और काकासाहब सब के विवाह होने के कारण उन सबकी घरगृहस्थी पर राजघराने के रीतिरिवाजों का बंधन आने लगा। अतः पहले जिन-जिन धार्मिक कार्यों को टाला गया था, वे सभी कार्य उनकी तीसरी यात्रा के लिए प्रस्थान करने से पहले ही राजघराने के पुरोहितों द्वारा विधिवत् पूरे कर लिए गए। शाहू राजा और उनके साथियों का यात्रा के लिए प्रस्थान उनके राजपुरोहित द्वारा पंचांग के आधार पर निश्चित किए गए शुभमुहूर्त पर होने वाला था। पर ठीक उसी शुभ शुक्रवार के मुहूर्त पर मूसलाधार वर्षा हुई और पुरोहित के निकाले हुए शुभ शुक्रवार के मुहूर्त पर पानी फिर गया। अक्टूबर का महीना होते हुए भी उनके प्रस्थान के समय पर ही धुआंधार बारिश हुई और सारा मजा किरकिरा हो गया। इससे सभी निराश हुए। फिर उन सबने पुरोहित की सलाह को ठुकराकर शुभ मुहूर्त की प्रतीक्षा किए बिना 28 अक्टूबर, 1892 ई. को अपनी यात्रा शुरू की। यह यात्रा दिसंबर की 24 तारीख को समाप्त हुई। इस यात्रा में न कोई रुकावट आई, न ही कोई

संकट ! यात्रा बहुत ही सुखदायी हुई और अच्छी तरह से संपन्न हुई। यह सब देख और अनुभव कर शाहू राजा की समझ में आया कि तथाकथित 'मुहूर्त' कितना झूठा होता है !

शाहू राजा और उनके सभी साथीदार पुणे-बंबई के मार्ग से होते हुए रेल से नवंबर की 1 तारीख को बडोदरा आए। पिछली यात्रा के समय वे सभी बडोदरा भेंट से वंचित रह गए थे। परंतु इस बार की भेंट मात्र दस मिनट की और वह भी रेल-स्टेशन पर होने पर भी अच्छी तरह से संपन्न हुई। बडोदरा के दीवान, अहल्या रानीसाहिबा की माताश्री महारानी लक्ष्मीबाई के मैके के अन्य लोग आदि सब से शाहू राजा ने अधूरा ही सही; पर थोड़ा-थोड़ा संवाद किया। उस छोटी-सी रेल-स्टेशन पर हुई मुलाकात से बडोदरा के राजघराने के सभी लोग शाहू छत्रपति के व्यक्तित्व से बहुत ही प्रभावित हुए से दिखाई दिए। कुल मिलाकर बडोदरा की शाहू राजा की यह यात्रा स्नेहशील और आदरशील वातावरण में संपन्न हुई।

उसी दिन वे सभी सबेरे नौ बजे अहमदाबाद पहुंचे। वहां से आबू पहाड़ पर पहुंचते-पहुंचते रात हो गई। जैसा कि पहले तय हुआ था, शाहू राजा के प्राणप्रिय मित्र भाऊसिंगजी महाराजा और उनके अन्य सहयात्री मित्र आबू स्टेशन के अहाते में उन सबकी प्रतीक्षा करते खड़े थे। शाहू राजा और भाऊसिंगजी दोनों घनिष्ठ मित्र थे। उन दोनों मित्रों और बाकी साथियों की यात्रा बहुत ही आनन्ददायी और सुखदायी रही।

आबू पहाड़ के जैन मंदिरों पर संगमरमर को काट-तराशकर की गई शानदार नक्काशी को देखकर शाहू राजा और उनके साथी बहुत ही चकित हुए। वह संगेमरमर इर्दगिर्द तीन सौ मील तक कहीं मिलता नहीं था, फिर इतनी दूर से और इतनी ऊंचाई पर उस संगमरमर को लाने में कितनी अड़चनें और रुकावटें आई होंगी? इसी विचार में वे सभी खो गए। उस मंदिर के गिर्द के बरामदे के वर्तुलाकार खंभों की छत में महाभारत के विविध प्रसंगों को चित्रित किया गया था। उस छत की गहराई इतनी थी कि उसमें चिडियों ने अपने घोंसले बनाए थे।

शाहू राजा आबू पहाड़ के उन जैन मंदिरों की सूक्ष्म एवं शानदार कारीगरी को निहार रहे थे, तब गुरुवर फ्रेजर को क्षणभर लगा कि आगे चलकर अपनी कोल्हपुर नगरी में ऐसा ही नक्काशीदार मंदिर बनवाने का विचार शाहू राजा के मन में आए तो वे निश्चित ही उन कारीगरों को आबू के मंदिर देखने के लिए भेज देंगे।

आबू से चलकर वे सभी दिसंबर की 5 तारीख को जोधपुर आए। जोधपुर राठौर घराने का मूल स्थान है। शाहू छत्रपति के घराने का मूल पुरुष राणा हाडा राठौर घराने का ही था। इसी कारण घाटगे कुल के ये राजपुत्र जोधपुर की इस प्रथम भेंट में ही झन्ना उठे। जोधपुर के महाराजा जसवंतसिंग और उनके भाई कर्नल सर प्रतापसिंग इन दोनों ने शाहू राजा और उनके सभी साथियों की खातिरदारी में रंचमात्र कसर नहीं छोड़ी। शाहू राजा के स्वागत से लेकर उन्हें जोधपुर से विदा करने तक जसवंतसिंग और प्रतापसिंग दोनों ने क्षणभर के लिए भी उनका साथ नहीं छोड़ा। शाहू राजा के साथ आखिर तक वे दोनों साये की तरह चिपके रहे। जोधपुर की ख्याति सूअर के शिकार के लिए थी। शाहू राजा के शिकार के शौक को

ध्यान में रखते हुए कर्नल सर प्रतापसिंगजी ने जोधपुर में सूअर के शिकार खेलने का प्रबंध किया था। उन दोनों ने शिकार की अनेक सूक्ष्मताओं की एक-दूसरे को जानकारी देते हुए उस शिकार का छककर लुत्फ उठाया। जोधपुर से विदा लेते समय शाहू राजा और उनके सभी मित्रों के मन में शिकार की निर्भय और निर्मल यादों का हुजूम उमड़ा हुआ था।

जोधपुर के शिकार की गप्पें हांकते-हांकते शाहू छत्रपति और उनके सभी साथी अलवर कब पहुंचे, इसका उन्हें पता ही नहीं चला। वहां पहुंचते ही उन्हें महामाया शराब के कारण घटित एक करुण और दुखदायी घटना सुननी पड़ी।अलवर के राजा ने शराब के नशे में अपने ही एक सहयोगी की हत्या की थी और अपने उस कुकृत्य को भूलने के लिए फिर से शराब पी ली और उसी में उनकी मृत्यु हो गई।

भरतपुर का किला देखकर उन सबने राजपूताना के लश्करी प्रबंध और उस लश्कर की सामर्थ्य देखकर उसकी भूरि-भूरि प्रशंसा की। परंतु शिक्षा, दवाखाने, रास्ते आदि लोकोपयोगी काम उत्तर की तुलना में दक्षिण की रियासतों में अधिक मात्रा में हुए हैं, यह ध्यान में आने पर उन्हें एक अनोखी शांति के समाधान का अनुभव हुआ। उसके बाद उन सबने दिल्ली में मुकाम किया। शाहू राजा का दिल्ली में यह दूसरा मुकाम था। दिल्ली के उन्हीं दर्शनीय स्थानों को दुबारा देखने की अपेक्षा शाहू राजा ने अपने संगी-साथियों को साथ लेकर शिकार के बहाने प्राकृतिक सौंदर्य का छककर आनंद उठाया।

दिल्ली से वे सभी श्रीकृष्ण के गोवर्धन पर्वत के पास आए। उस पवित्र पर्वत के पास पंडों-भिक्षुओं ने अपने नित्य के असंस्कृत रिवाज के अनुसार शाहू राजा तथा उनके साथियों को घेर लिया। उनके चंगुल से छुटकारा पाने के लिए गुरुवर गोखले को तांबे के सिक्के देकर उन भिक्षुकों का मुकाबला करने के लिए भेजा गया था। नासिक में जैसे दो भिक्षुओं का अपनी-अपनी नामावली सूची में दस्तखत पाने के लिए घिनौना झगड़ा हुआ था, यहां मथुरा में भी उसकी पुनरावृत्ति हुई। वह सब कुछ देखने के पश्चात् उन पंडों-भिक्षुओं के गिद्ध-हमले से बचने और तीर्थस्थानों का शुद्ध आनंद उठाने के लिए राजा-महाराजाओं को अपने साथ पुलिस-दल को रखना चाहिए, ऐसा विचार गुरुवर फ्रेजर के मन में आया हो तो आश्चर्य नहीं। मथुरा से विदा होते समय शाहू राजा के मन में वहां के आर्य-समाजियों ने उनका जो स्वागत किया था वह और उन्होंने उनको जो सम्मानपत्र अर्पण किया था उसकी स्मृतियां उनके मन में रेंगती रहीं।

बौद्धधर्म के शरणपुर और हिंदुओं के हरिद्वार जाकर खड़े-खड़े दर्शन कर शाहू राजा और उनके साथियों ने सिक्खों के पवित्रस्थान अमृतसर आकर विश्राम किया। अमृतसर सिर्फ सिक्खों के पवित्र स्थान के रूप में नहीं; बल्कि पंजाब के एक महत्त्वपूर्ण व्यापार-केंद्र के रूप में भी प्रख्यात था। सभी व्यापारी लोगों का कश्मीर या मध्य एशिया के प्रदेशों के आवागमन का यही मुख्य केंद्र था। अमृतसर की उस बड़ी मंडी में ऊंचे-पूरे और हट्टे-कट्टे अफगानों और सरहद के पठानों की भीड़ देखते-देखते उन बड़े-बड़े रास्तों से, छोटे तंग गली-कूचों से सिक्खों के विश्वविख्यात स्वर्णमंदिर के पास वे सब कब पहुंच गए, इसका

उन्हें पता ही नहीं चला। ''ऐसे बहुत ही कम स्थान होते हैं जिनके बारे में उन्हें देखने से पहले, हम जो कल्पना करते हैं उसमें दरार न पड़ती हो। अमृतसर का स्वर्णमंदिर उनमें से एक है।'' गुरुवर फ्रेजर ने स्वर्णमंदिर को देखते ही इन शब्दों में अपनी पसंदगी व्यक्त की।

अतिभव्य चौकोर जलाशय में सोने से मढ़वाया हुआ वह मंदिर डूबते हुए सूरज की किरणों में देखते समय शाहू राजा को एक अजीब-सा आनन्द और समाधान प्राप्त हुआ। उसके बाद उन्होंने सिक्खों के धर्मगुरु जिन्होंने नर्म धर्म पंथ का रूपांतर उग्र लश्करी पंथ में किया उन गुरु गोविंदसिंहजी की तलवार के दर्शन किए। फिर उन्होंने जिसके दोनों ओर सुवर्णदीप जल रहे थे उस संगमरमर के बने छोटे-से रास्ते से होते हुए एक छोटे-से कमरे में प्रवेश किया। उस शांत और सुशोभित कमरे में गुरुनानक का 'ग्रंथसाहब' अगरबत्तियों के आनंदप्रद वातावरण में ऐसा लग रहा था मानो वह समाधिस्त हो गया हो! वहीं पर पास ही मंदस्वर में 'गुरु ग्रंथसाहब' का भक्तिभाव से पाठन चल रहा था। एक लड़ाके जैसा दीखने वाला दाढ़ीधारी, हृष्टपुष्ट धर्मगुरु शाहू राजा तथा उनके सभी साथियों को स्वर्णमंदिर के सभी पवित्र स्थल घूम-फिरकर बड़े अदब के साथ दिखा रहा था। घूम-फिरकर सभी पवित्र स्थान दिखाते समय उस धर्मगुरु के चेहरे पर याचक के घिनौने भाव का नामोनिशान नहीं था। भगवद्दर्शन के लिए आए हुए यात्रियों को लूटने की घिनौनी प्रवृत्ति यहां लेशमात्र दिखाई नहीं दे रही थी।

अपने प्रदेश की भिक्षुक-प्रवृत्ति की अनेक घटनाओं को याद कर सिक्ख धर्मगुरु के इस सुसंस्कृत बर्ताव से तुलना करने का मोह शाहू छत्रपति रोक रख नहीं सके।

उसके बाद वे सभी पेशावर पहुंचे। तब शाहू राजा को पेशावर के दर्शन से ही कल्पना आई कि वहां के उत्तुंग गिरिशिखरों ने भारत की उत्तर सीमा को किस प्रकार बंदिस्त कर सुरक्षित किया है। वे सभी पेशावर से लाहौर पहुंचे। फिर उन्होंने अपना मुकाम मुलतान में किया, जो मिट्टी पर कलाकौशल किए हुए बहुत ही मुलायम और खूबसूरत बर्तनों के लिए मशहूर है। मिट्टी के बर्तन बनाने वाले उन्हें वहां तीन-चार ही परिवार दिखाई दिए। दर पुश्त मिट्टी के बर्तन बनाने वाले उन कारीगरों के तेज गति से, पर सहज रूप से हिलने वाले वे हाथ देखते हुए शाहू राजा और उनके सभी साथी चकित हुए। मुलतान शहर की वह भयावह गर्मी उन सबको बहुत ही परेशान कर रही थी। गुरुवर फ्रेजर साहब को वहां की गर्मी के बारे में एक बहुत ही रोचक किंवदंती सुनने को मिली। मुलतान में शामन-ई-ताब्रीझ नामक एक साधु आया। उससे द्वेषभाव रखने वाले वहां के स्थानीय साधुओं ने उसे भोजन भी नहीं दिया। इसलिए उस साधु ने नदी पर जाकर मछलियां पकड़ीं। परंतु मछलियां पकाने के लिए उसे अग्नि भी न मिले ऐसा प्रबंध स्थानीय साधुओं ने किया। तब ताब्रीझ ने साक्षात् सूर्य को ही धरती पर बुला लिया और मछलियों का अच्छा-सा भोजन पका लिया। वह भोजन इतना सुस्वादु हुआ कि ताब्रीझ सूर्य को आकाश भेज देना भूल गया। तब से वहां भयावह गर्मी महसूस होने लगी, ऐसी लोगों की श्रद्धा थी। उस लोककथा को सुनकर शाहू राजा और उनके सभी मित्रों का अच्छा-खासा मनोरंजन हुआ।

16 दिसंबर को वे सब कराची में आए। कराची में उनका मुकाम मेरी वेदर बगीचे के एक मराठानुमा रचना के बंगले में किया गया। कराची के उस मराठानुमा बंगले की रचना उन सबके लिए कुतूहल का विषय बना हुआ था। शाहू राजा और उनके सभी मित्रों ने जब उस बात का पता लगाने की कोशिश की तो उन्हें मालूम हुआ कि उसी बंगले में शाहू छत्रपति के परदादा शिवाजी तृतीय अर्थात् बाबासाहब के भाई स्वतंत्रता सेनानी चिमासाहब महाराजा को 1857 के स्वतंत्रता संग्राम में शरीक होने के कारण नजरकैद में रखा गया था। उस स्वतंत्रता सेनानी को 1859 से 1869 ई. तक उनकी मृत्यु होने तक इसी बंगले में बंदी बनाकर रखा गया था। अपने परदादा की स्वतंत्रता की वह शौर्यगाथा सुनने पर शाहू राजा ने वहीं पास में बनी हुई स्वतंत्रता सेनानी चिमासाहब की समाधि के दर्शन बड़े ही श्रद्धा एवं भक्तिभाव से किए।

कराची से जहाज द्वारा शाहू राजा अपने साथियों समेत जब बंबई पहुंचे तब उनकी समझ में आया कि समूचे हिंदुस्तान में बंबई जैसा सुंदर और बहुरंगी-बहुढंगी आकर्षण वाला दूसरा कोई शहर नहीं।

अध्याय : 4

राज्याभिषेक

गुरुवर फ्रेजर और आचार्य कृष्णाजी भिकाजी गोखले के कुशल मार्गदर्शन और कठोर अनुशासन में शाहू राजा की धारवाड़ में चल रही शिक्षा-दीक्षा के अब थोड़े ही दिन बचे थे। शाहू राजा अपनी उम्र के ग्यारहवें वर्ष से अर्थात् दिसंबर 1885 ई. से शिक्षा के लिए कोल्हापुर रियासत के बाहर ही थे। प्रारंभिक चार वर्ष उन्हें राजकोट में, उसके बाद चार वर्ष धारवाड़ में रहना पड़ा। इस कालावधि में उन्होंने दोनों गुरुवरों की देखरेख में दो बार उत्तर भारत और एक बार दक्षिण भारत घूम-फिरकर देखा। इन तीन यात्राओं में उन्हें भारतीय संस्कृति के दर्शन का उनके भावी जीवन में मौलिक मार्गदर्शन होने वाला था।

शाहू राजा की धारवाड़ की शिक्षा की कालावधि समाप्त हो रही थी और उधर आचार्य गोखले को अपनी सेवानिवृत्ति की चिंता होने लगी। उन्होंने सेवानिवृत्ति के पहले छुट्टी ली और अपने शिष्योत्तम से विदा ली। ऐसा दिखाई देता है कि आचार्य गोखले ने अपने कर्तव्यपालन में रत्तीभर भी कोर-कसर बाकी नहीं रखा। अत उनका गौरवपूर्ण उल्लेख करते समय फ्रेजर लिखते हैं, "श्रीमान गोखले शाहू राजा को बचपन से पहचानते हैं। वे शाहू राजा के स्वास्थ्य और शिक्षा के बारे में सदैव मुस्तैद रहे। वे बहुत अच्छे चालचलन वाले व्यक्ति हैं। साथ ही जितने दयालु उतने ही कठोर अनुशासनप्रिय, पुरातन ढंग के; पर उदात्त विचारशील व्यक्ति हैं। अपने शिष्य के भविष्यकालीन श्रेष्ठत्व संबंधी उनका ध्येय बहुत ऊंचा था। निर्भय, उदारमतवादी, गरीबों और दुर्बलों का रक्षक ऐसे शाहू राजा के प्रभावपूर्ण व्यक्तित्व का गठन करने में आचार्य कृष्णाजी भिकाजी गोखले का कार्य महान होते हुए भी उनके नाम का कहीं डंका पिटा हुआ दिखाई नहीं देता। स्ववर्णजाति-अभिमान और अहंकार के कारण निर्मित महाराष्ट्र के इतिहास शिवाजी और समर्थ रामदास गुरु-शिष्य विवाद अब भी घुघुआ रहा है। ऐसी स्थिति में शाहू छत्रपति के गोखले नामक गुरु का नाम विस्मृत होना भी महाराष्ट्र के इतिहास का एक सामाजिक चमत्कार है !"

आचार्य गोखले के स्थान पर 1893 ई. के जनवरी महीने में शाहू राजा के राजगुरु के रूप में रघुनाथ व्यंकोजी सबनीस की नियुक्ति हुई। धारवाड़ जिले के गजेंद्रगड जिले में 1 अप्रैल, 1857 ई. को एक गरीब कायस्थ प्रभु परिवार में रघुनाथराव क जन्म हुआ। अपनी खस्ता हालत को सहते-सहते उन्होंने कागल, कोल्हापुर, बंबई में अपनी शिक्षा पूर्ण की।

बंबई यूनिवर्सिटी से उन्होंने उपाधि प्राप्त की। अंग्रेजी और संस्कृत पर उनका विशेष प्रभुत्व था। बंबई सरकार के शिक्षा विभाग में 1879 ई.में उन्होंने अपनी नौकरी शुरू की। 1892 ई. में इसी विभाग से मुक्त होते समय वे ठाणे के सरकारी हाईस्कूल में प्रभारी मुख्याध्यापक के रूप में काम कर रहे थे। वहां से उनकी नियुक्ति शाहू छत्रपति के राजगुरु के रूप में हुई। ऐसा दिखाई देता है कि आचार्य गोखले के स्थान पर उतनी ही पात्रता का समर्थ राजगुरु नियुक्त करते समय गुरुवर फ्रेजर ने अपार कष्ट उठाए हैं। इसी से शाहू छत्रपति को सबनीस जैसा सतत परिश्रमी, अध्ययनशील, निर्भय, निर्व्यसनी, श्रद्धावान, दृढ़निश्चयी, कुशल, चौकन्ना, सत्यप्रेमी और सज्जन राजगुरु मिला।

अप्रैल, 1891 ई. में अपने विवाह के तुरंत बाद शाहू राजा ने लक्ष्मीबाई रानीसाहिबा की शिक्षा का खास प्रबंध किया था। वह प्रबंध सिर्फ तभी तक नहीं किया था जब तक उन दोनों का पति–पत्नी के रूप में मिलन नहीं होता; बल्कि उसके बाद भी रानीसाहिबा की शिक्षा जारी रहनी चाहिए, ऐसी शाहू राजा की हार्दिक इच्छा थी। उसके अनुसार कुछ बातों की चर्चा उन्होंने अपने गुरुवर फ्रेजर के साथ की थी।

शाहू राजा की गोद ली हुई माताश्री आनंदीबाई रानीसाहिबा को बुनाई तथा अन्य विषयों की शिक्षा लड़कियों की पाठशाला की मुख्याध्यापिका दिया करती तो महारानी लक्ष्मीबाई को मिस लिटल, जो स्त्री–शिक्षा विषयक काम करने वाली पर्यवेक्षक थीं, स्वयं पढ़ाया करतीं। सकवारबाई रानीसाहिबा का यानी शाहू राजा की गोद ली हुई नानी–साहिबा का अपनी नतिनी बहू की शिक्षा पर विशेष ध्यान था। अपना समय बुनाई, रिश्तेदारों और मित्रों से मिलने–जुलने, देव–धर्म आदि में व्यतीत करती थीं। इन सब से समय निकालकर वह अपनी नतिनी–बहू की शिक्षा पर विशेष ध्यान दिया करती थीं। परिणामतः लक्ष्मीबाई रानीसाहिबा की शिक्षा में विशेष प्रगति हुई, साथ–साथ वे बुनाई, संगीत और विविध खेलों आदि में भी निष्णात एवं ज्ञानी बनीं।

1893 ई. के फरवरी महीने के पहले सप्ताह में चिंचली गांव में घोड़ों और खेती के लिए उपयुक्त जानवरों की भव्य प्रदर्शनी लगी हुई थी। शाहू छत्रपति ने उस प्रदर्शनी को खास भेंट दी। पिछले दो वर्ष जनगणना और अकाल के कारण यह प्रदर्शनी लगी ही नहीं थी। शाहू राजा ने प्रदर्शनी में घोड़ों और खेती के लिए उपयुक्त जानवरों को बार–बार सूक्ष्मता से देखा–परखा। उन्होंने राजनीतिक प्रतिनिधि वुडहाउस के कैंप पर राज्यपाल लॉर्ड हैरिस के लिए दरबारी ठाठ के खास भोजन का प्रबंध किया। प्रदर्शनी का उद्घाटन करने के लिए राज्यपाल लॉर्ड हैरिस अपनी पत्नी के साथ आए थे। कर्नल वुडहाउस के कैंप में दरबारी ठाठ के खाने का जो प्रबंध किया था, उसका उद्देश्य जैसा राज्यपाल हैरिस के स्वागत करने का था उसी तरह उस खास भोजन प्रबंध के पीछे ब्रिटिश महासम्राज्ञी के आयुआरोग्य के लिए सदिच्छा प्रकट करने का भी था। अपने प्रास्ताविक भाषण में शाहू छत्रपति ने सबका हार्दिक स्वागत किया और उस खास भोजन के आयोजन का उद्देश्य बताया। प्रत्युत्तर में अपने भाषण में लॉर्ड हैरिस ने कहा, "महाराष्ट्र के इस खास प्रदेश को अपनी पत्नी के साथ भेंट देते

समय मुझे विशेष आनंद हो रहा है। इस प्रदर्शनी के उद्घाटन के कारण मुझे किसानों की इस रैली में उपस्थित रहने का मौका मिल रहा है, इसकी मुझे बेहद खुशी है क्योंकि कृषक समाज ही इस देश के व्यापार एवं उद्योग का मुख्य आधार है।'' इसके बाद उन्होंने अपने भाषण में, ब्रिटिश पूंजीवाद ने कोल्हापुर रियासत में कैसे कैसे सुधार किए हैं, यह बताकर ब्रिटिश पूंजीवाद का गौरव एवं समर्थन किया। उसके बाद उन्होंने अपने भाषण में फ्रेजर के मार्गदर्शन में शाहू राजा कैसे तैयार हुए, यह स्पष्ट कर वुडहाउस की मित्रता शाहू छत्रपति को किस प्रकार उपयुक्त साबित हुई, यह भी बताया। शाहू छत्रपति ने उनके साथ सदैव जो स्नेहपूर्ण बर्ताव रखा और आगे भी उनसे वैसे ही संबंध चाहते हैं, यह स्पष्ट कर उन्होंने कहा, ''अपने बर्ताव द्वारा उन्होंने जो उत्सुकता प्रकट की है, उससे यही स्पष्ट होता है कि औरों के प्रति उनके दिल में सहानुभूति, लगन और चाव है।'' यह कहकर उन्होंने शाहू छत्रपति की दयालु-वृत्ति की भूरि-भूरि प्रशंसा की। फिर उन्होंने कहा, ''ब्रिटिश सरकार की इच्छानुसार शाहू छत्रपति जल्द ही कोल्हापुर की गद्दी का राजकारोबार अपने हाथ में लेंगे। उस समय उन्हें प्रजा के प्रेम और विश्वास का पूरा-पूरा लाभ मिलेगा, इसका मुझे विश्वास है।''

राज्यपाल लॉर्ड हैरिस के उस भाषण से वहां उपस्थित प्रजा बहुत खुश हुई क्योंकि शाहू छत्रपति कोल्हापुर रियासत का कारोबार जल्द ही अपने हाथ में लेने वाले थे। कोल्हापुर रियासत की प्रजा जिस मंगल और महत्त्वपूर्ण क्षण की प्रतीक्षा कर रही थी वह क्षण अब देहरी पर आकर खड़ा था।

शाहू छत्रपति कोल्हापुर के राजाराम हाईस्कूल के वार्षिक पुरस्कार वितरण समारोह के प्रमुख अतिथि के रूप में 3 अप्रैल, 1893 ई. को उपस्थित थे। शाहू छत्रपति ने राजाराम हाईस्कूल के प्रांगण में प्रवेश किया तब हट्टीकट्टी शरीरयष्टि और उनके रोबीले व्यक्तित्व से विद्यार्थी बहुत ही प्रभावित हुए। विद्यार्थियों ने उन्हें संगीत के ताल पर मानवंदना दी। महाराजा के आसन पर स्थानापन्न होने पर पुरस्कार वितरण समारोह शुरू हुआ। प्रथम प्राचार्य कंडी ने अहवाल का पठन किया। उसके बाद विद्यार्थियों ने अपने राजा के कर-कमलों द्वारा तरह-तरह के पुरस्कार बड़े आनंद और उत्साह से ग्रहण किए। अंत में 19 वर्ष की उम्र भी जिसने पूर्ण नहीं की थी वह ऊंचा-पूरा और हट्टाकट्टा राजा बोला, ''मेरे बालप्रजाजनो-छात्रो तुम अपने बौद्धिक विकास की ही तरह शारीरिक विकास की ओर भी ध्यान दो। बलवान शरीर में ही बलवान मन का निवास होता है।'' अंत में उन्होंने बोट क्लब के लिए बहियों का एक संग्रह भेंट देने का अभिवचन देकर अपना भाषण पूर्ण किया। मुख्य अतिथि के नाते उस पुरस्कार वितरण-समारोह में शाहू छत्रपति का जो प्रभावपूर्ण बर्ताव हुआ, साथ ही उनका जो बहुत छोटा, पर धीर-गंभीर भाषण हुआ, उससे वहां उपस्थित जनसमूह को पक्का विश्वास हुआ कि शाहू राजा अब राजकारोबार सम्हालने में पूर्णतया समर्थ हैं।

शाहू राजा और उनके सहाध्यायियों के धारवाड़ के शैक्षिक अभ्यासक्रम में गुरुवर फ्रेजर ने राज-कारोबार, कानून व्यवस्था और प्रशासन के प्रमुख अधिकारी एवं उनकी

भूमिका आदि से उन सबको परिचित कराने के लिए न्यायदान-पद्धति, कानून, भारतीय राजनीतिक निर्बंध आदि विषयों पर अनेक व्याख्यान दिए। उसी तरह उन्होंने कोल्हापुर रियासत के साथ ब्रिटिश सरकार के कौन-कौन से करार हुए उससे संबंधित इतिहास भी बताया। इतना ही नहीं; बल्कि गुरुवर फ्रेजर ने शाहू राजा और बापूसाहब महाराजा इन दोनों भाइयों को ग्रामीण तथा जिला पुलिस यंत्रणा संबंधी जानकारी दी। उन्हें दीवानी और दारोगा के दंडविधान संबंधी कानून से अवगत कराया। साथ ही उन्हें अदालत में ले जाकर न्यायाधीश न्याय कैसा देते हैं, सबूत कैसे लेते हैं, आदि के बारे में विविध प्रकार के ज्ञान से अवगत कराया। इसके बाद गुरुवर फ्रेजर ने शाहू राजा और बापूसाहब महाराजा को पुरानी और नई राजस्व पद्धति में जो फर्क था वह स्पष्ट कर बताया। ग्रामीण विभाग और खानगी या निजी विभाग के लगान का हिसाब-किताब किस प्रकार रखा जाय, इसका भी ज्ञान उन्हें दिया गया ।

उन्हें राज-कारोबार विषयक उपर्युक्त ज्ञान देते समय आचार्य फ्रेजर ने अंकगणित, बीजगणित, प्राथमिक तंत्रज्ञान, इंग्लैंड का इतिहास आदि अनेक विषयों को दुहरवा लिया। अर्थशास्त्र विषय के नोट्स भी दिए। साथ-साथ उन्हें हिंदू कानून और मुस्लिम कानून का साम्य और भेद समझाकर कहा। इसमें सब से महत्त्वपूर्ण बात यह है कि महात्मा फुले के एक मित्र एवं चहेते और उस काल में राजनीतिक ऋषि के रूप में जिनकी ख्याति थी उन मामा परमानंद का 'लेटर्स टू ॲन इंडियन राजा' ग्रंथ 1891 ई. में प्रकाशित हुआ था। वह ग्रंथ उन्होंने बडोदरा के सयाजीराव गायकवाड को संबोधित कर पत्र रूप में लिखा था। वह ग्रंथ भी गुरुवर फ्रेजर ने अपने शिष्योत्तम शाहू राजा से जान-बूझकर पढ़वा लिया था। उस ग्रंथ के एक पत्र में शिव छत्रपति कैसे प्रजाहितदक्ष राजा थे और उनका आदर्श सभी भारतीय राजाओं को कैसे अमल में लाना चाहिए, यह स्पष्ट किया गया था। उसी ग्रंथ के एक दूसरे पत्र में सम्राट अकबर की न्यायप्रियता बताई गई थी।

शाहू छत्रपति ने दो बार उत्तर भारत और एक बार दक्षिण की यात्रा की थी। अब उन्हें अपनी रियासत की मिट्टी और लोगों से मिलने की चिंता और तीव्र इच्छा हुई। आज तक किसी भी राजा ने कोल्हापुर रियासत के सभी तहसील घूम-फिरकर देखे नहीं थे। उनके अधिकार क्षेत्र के अंतर्गत आने वाली जागीरें भी उन्हें ज्ञात नहीं थीं परंतु शाहू छत्रपति ने गुरुवर फ्रेजर के मार्गदर्शन में और राजगुरु सबनीस के प्रेमयुक्त और प्रेरणादायी सहवास में अपनी रियासत का दौरा 1893 के नवंबर में शुरू किया। उनके साथ बापूसाहब महाराजा भी थे। कभी पैदल, तो कभी घोड़े पर सवार होकर दौरा शुरू हुआ। इस दौरे में शाहू छत्रपति ने हातकणंगले, इचलकरंजी, शिरोल, कुरुंदवाड, निपाणी, गडहिंग्लज, आजरा, गारगोटी, दाजीपुर, आंबोली आदि गांवों को भेंट दी। वे उनके अधिकारक्षेत्र के अंतर्गत आने वाले जागीरदारों के गांवों में भी जा पहुंचे। इचलकरंजी के जागीरदार के भव्य स्वागत का जैसे उन्होंने सादर स्वीकार किया वैसे मलकापुर के जागीरदार की आदर-भावना से वे प्रभावित हुए।

अपनी रियासत के पूर्व के काले उपजाऊ मैदान जैसे उन्होंने रौंद डाले, उसी तरह सह्याद्रि पर्वत की काली चट्टानों से भी उन्होंने मन की बातें कीं। अपना राजा हमसे मिलने आ रहा है ऐसा सुनते ही लोगों के झुंड के झुंड रास्ते पर आकर अपने राजा का स्वागत करने लगे। सुहागिनें अपने राजा के स्वागत में उनके पांवों पर पानी के घड़े उंड़ेलने लगीं। कुंकुम-तिलक लगाकर उनकी आरती उतारने लगीं। कहीं-कहीं पर पटाखों की आतिशबाजी भी होती थी। उस मुलाकात में शाहू राजा सरकारी कचहरियां देखते, दवाखानों का निरीक्षण करते। वहां डॉक्टरों, मरीजों और अन्य सेवकों से बातें करते, उनकी पूछताछ करते। उनकी अड़चनों को सुन-जान लेते। हर गांव की पाठशाला में तो वे अवश्य जाते। अपनी ही रियासत की प्रायमरी स्कूलों की दयनीय स्थिति देखकर वे दुखी होते। बीच ही में उनका चेहरा धीर-गंभीर हो जाता। अपनी प्रजा से सुसंवाद स्थापित करने और उसके सुख-दुखों को समक्ष देखने की इच्छा से शाहू राजा का यह दौरा था। ऐसे में जब दुपहर के भोजन का समय होता और यह दीन-दुर्बलों का राजा पास ही के खेत में कंबल बिछाकर बैठे हुए किसान के पास बैठकर उसकी पोटली की बासी रोटी के टुकड़े प्याज-मिर्च के साथ चाव से खाता और दुपहर की धूप सहते हुए उन किसानों अर्थात् अपनी प्रजा के साथ उन्हीं की-सी ग्रामीण भाषा में प्रेम भरी बातें करता, तो उस समय शाहू राजा की भोलीभाली प्रजा उनकी ओर आश्चर्य से मुंह खोले देखती रहती।

करवीर के छत्रपति की हैसियत से शाहू राजा अपनी रियासत का पहला दौरा पूरा कर कोल्हापुर लौट आए। उन्हें अपनी प्रजा की आशा-आकांक्षाओं का पता लग गया। उनके सुख-दुख की टोह लेना संभव हुआ। उस दौरे में उन्हें यह भी मालूम हुआ कि उनकी प्रजा अपने राजा पर जान निछावर करने के लिए किस तरह तैयार है। अपनी रियासत की मिट्टी और प्रजा से सुख-संवाद करते समय शाहू राजा उनके प्रेम और अपूर्व आदर भाव से गद्गद हो उठते। राजा को ही भगवान का न केवल अवतार मानने वाली; बल्कि साक्षात् भगवान ही मानने वाली प्रजा ने उन्हें अंतर्मुख होने के लिए बाध्य किया।

अब उन्हें प्रतीक्षा थी अपनी रियासत का कारोबार अपने हाथ में आने की और करवीर के छत्रपति की राजगद्दी पर विराजमान होने की।

शाहू राजा के राज्य के मुख्तार-पद का दिन समीप आ रहा था तभी बंबई के राज्यपाल लॉर्ड हैरिस ने 1 फरवरी,1894 ई. को शाहू राजा को एक विस्तृत पत्र लिखा था, जिसमें उन्होंने शाहू राजा को राज-कारोबार के लिए अत्यंत उपयुक्त सूचनाएं दी थीं। उस पत्र में लॉर्ड हैरिस ने लिखा था कि वे सूचनाएं उन्होंने राज्यपाल की हैसियत से नहीं बल्कि शाहू राजा के एक मित्र के नाते हैं। आगे उन्होंने लिखा है, ''शाहू राजा राज्य का सर्वाधिकारी पद ग्रहण करने से पहले ही काम का विभाजन कर डालें। क्योंकि राजा की हैसियत से छोटे-बड़े सभी कामों का निर्णय स्वयं ही जांच-परख लेना मुमकिन नहीं होता. इसलिए कुछ काम उन्हें अपने अधिकारियों पर सौंप देने चाहिए।

''बड़े और महत्त्वपूर्ण कामों के कागजातों पर मंजूरी के दस्तखत करने से पहले उसका गंभीरता से अभ्यास करने के बाद ही दस्तखत करें वरना बाद में राजा को पछताना पड़ता

है। आपके राज्य-ग्रहण समारोह में राज्यपाल की हैसियत से मैं जो भाषण देने वाला हूं उसमें मैं कुछ सूचनाएं देने ही वाला हूं; परंतु एक मित्र के नाते उसके पहले ही ये कुछ बातें सुझा रहा हूं।''

शाहू राजा के राज्य-ग्रहण के लिए (राज्याभिषेक के लिए) 2 अप्रैल, 1894 का दिन निश्चित किया गया। कार्यक्रम का संपूर्ण विवरण देने वाला 28 मार्च, 1894 का वह पत्र कोल्हापुर के पुराभिलेखागार में आज भी उपलब्ध है। इतना ही नहीं; बल्कि राज्याभिषेक के उस महत्त्वपूर्ण समारोह में उपस्थित रहने वालों की नामसूची भी उपलब्ध है। वह समारोह एक वर्ष बाद हो तो अच्छा होगा, ऐसा गुरुवर फ्रेजर को दिल से लग रहा था क्योंकि उन्हें अपने प्रिय शिष्य को और कुछ बातें सिखानी थीं; पर कोल्हापुर के राजनीतिक प्रतिनिधि कर्नल वुडहाउस और राज्यपाल लॉर्ड हैरिस को शाहू छत्रपति का यह राज्याभिषेक समारोह कुछ समय बाद हो, ठीक ऐसा नहीं लगता रहा था। इसलिए शाहू छत्रपति का राज्य-ग्रहण (राज्याभिषेक) समारोह 2 अप्रैल, 1894 को ही निश्चित कर उसके अनुसार राजनीतिक और राजपारिवारिक स्तर पर समारोह की तैयारी बड़े उत्साह के साथ शुरू हुई। उस समारोह के उपलक्ष्य में रियासत का कारोबार सम्हालने वाली कौन्सिल ऑफ एडमिनिस्ट्रेशन द्वारा 2 अप्रैल से 5 अप्रैल तक करवीर इलाके के सभी सरकारी दफ्तरों और पाठशालाओं में 4 दिन की छुट्टी एक खास प्रस्ताव पारित कर घोषित की गई थी।

आखिर करवीर की प्रजा के लिए जो सोने का दिन था, वह 2 अप्रैल, 1894 को उगा। उस पवित्र दिन शाहू छत्रपति को उनके राज्य की पूर्ण मुख्तारी बहाल करने का अभूतपूर्व समारोह बंबई राज्य के राज्यपाल लॉर्ड हैरिस द्वारा आयोजित एक खास दरबार में संपन्न हो रहा था। पिछले लगभग तीस वर्षों तक करवीर के छत्रपति की राजगद्दी दुर्दैव के फेरे में फंस गई थी। पिछले तीस वर्षों से छत्रपति शिवाजी राजा की इस पवित्र राजगद्दी के लिए समर्थ एवं स्थिर वारिस मिल नहीं रहा था। वारिस के होते हुए भी शिव छत्रपति की इस कर्तृत्वसंपन्न गद्दी की स्थिति लावारिस गद्दी से भी भयावह थी। पिछले तीस वर्षों की नौकरशाही के स्वार्थी, गैरजिम्मेदार और भावनाशून्य कारोबार के उपरांत एक दीन-दुर्बलों का दाता, जनता का हितू, उदार, सादगी से रहने वाला; पर आचार-विचार की दृष्टि से बहुत ही सक्षम-ऐसे एक उम्दा राजपुरुष के हाथों में करवीर का राजकारोबार पूर्णरूपेण सौंपा जा रहा था। इसलिए यह अभूतपूर्व समारोह देखने के लिए करवीर के सर्वधर्मीय प्रजाजन बड़े उत्साह और आनंद से समारोह में शामिल हुए थे। अपने दुर्दिन अब समाप्त होंगे, अपनी बदबख्ती का शीघ्र ही अंत होगा, उसकी लावारिसी अब खत्म होगी, इस विचार से करवीर की प्रजा की मनोदशा ऐसी बनी जैसे आनंद के जलाशय में आनंद की ही लहरें उठती हैं।

2 अप्रैल, 1894 को सबेरे बंबई के राज्यपाल लॉर्ड हैरिस के निवासस्थान पर शाहू छत्रपति को उनकी मुख्तारी बहाल करने का सादा, पर सम्मानपूर्ण कार्यक्रम संपन्न हुआ। उसी दिन संध्या समय पांच बजे शाहू छत्रपति के राज्यारोहण का खास समारोह राजमहल

पर संपन्न हुआ। राजमहल के बाहर करवीर नगरी और इर्दगिर्द के प्रदेशों से आए हुए लोगों की भीड़ उमड़ी हुई थी। उनके उत्साह और आनंद की कोई सीमा नहीं थी। राजमहल के भीतर यह पवित्र और प्रेरणाप्रद समारोह मनाने के लिए जमखंडी, कुरुंदवाड़, मुधोल, सांगली, मिरज (जूनियर, सीनियर) आदि रियासतों के अधिपति सरदार, रियासत कौन्सिल के सदस्य, इचलकरंजी के जागीरदार, ब्रिटिश सरकार के असैनिकी और सैनिकी प्रशासक, कागल के बापूसाहब महाराजा, कागल (जूनियर) के काकासाहब महाराजा, रियासतों के प्रमुख, राजघरानों के सम्मानित स्त्री-पुरुष, उदाजीराव चौहान, हिम्मतबहादुर, नागोजीराव पाटणकर, हणमंतराव सरलश्कर, गुणाजीराव खानविलकर, विट्ठलराव शिंदे अर्थात् नेसरीकर, दत्ताजीराव सावर्डेकर, नारायणराव इंगले, व्यंकटराव भोंसले अर्थात् खानवटकर आदि सभी अपनी अपनी जगह पर स्थानापन्न हुए थे।

बंबई के राज्यपाल लॉर्ड हैरिस अपने सचिव, लश्कर और खानगी सेक्रेटरी, अन्य अफसर, अपने शरीर संरक्षकों के साथ राजमहल में दाखिल हुए तब राज्यपाल के सम्मान में 17 तोपों की सलामी दी गई। शाहू छत्रपति ने उन सबका दरबार के रिवाजानुसार स्वागत कर खास जुलूस द्वारा ले जाकर उन सभी लब्धप्रतिष्ठितों को स्थानापन्न किया। उनके दाहिनी ओर सुशोभित कर सिंहासन रखा हुआ था। उस सिंहासन पर शाहू राजा के आसीन होते ही राज्यपाल लॉर्ड हैरिस ने अपना भाषण शुरू किया। अपने अभ्यासपूर्ण और मार्गदर्शक भाषण में उन्होंने शाहू छत्रपति को संबोधित कर अनेक बातों का उल्लेख किया। राजा की हैसियत से शाहू राजा को अब किस प्रकार मार्गक्रमण करना चाहिए, यह स्पष्ट किया। उन्होंने कहा, ''पिछले 30 वर्षों के भुक्त अनुभव से उकताकर कोल्हापुर की जनता सुयोग्य वारिस के हाथ में अधिकार-सूत्र आने की उत्सुकता से प्रतीक्षा कर रही थी। उसे अब शाहू छत्रपति जैसा राजा मिल रहा है, यह अत्यंत आनंद और भाग्य की बात है। जो कार्य और कर्तृत्व से अजर-अमर बने हुए हैं उन छत्रपति शिवाजी राजा के सिंहासन के वारिस के रूप में शाहू छत्रपति को उस राजगद्दी पर विराजमान होने का मौका मिल रहा है, इसका ब्रिटिश सार्वभौम सरकार को बहुत आनंद हो रहा है। अब शाहू राजा द्वारा रियासत के सूत्र, अपने हाथ में लिये हुए क्षण से ही, रिजन्सी कौन्सिल अर्थात् रियासत का कारोबार सम्हालने वाला मंडल बर्खास्त हुआ ऐसा समझें।'' शाहू राजा के शारीरिक और बौद्धिक विकास एवं कल्याण की अहर्निश जिम्मेदारी निभाने वाले गुरुवर फ्रेजर, राजनीतिक प्रतिनिधि वुडहाउस और ली वॉर्नर को उन्होंने महाराज्यपाल का इस शुभ अवसर पर आया हुआ शुभ संदेश पढ़कर बताया और वह शाहू राजा को सुपुर्द किया। अंत में उन्होंने अपने भाषण में शाहू राजा को बहुत ही आत्मीयता से कहा कि वे निष्पक्ष रूप से राज-कारोबार करें और सत्य के मार्ग से कभी विचलित न हों। वे ऐसा राज-कारोबार करें कि संतुष्ट और तृप्त प्रजा द्वारा आदर और प्रेम, इन दो बातों का राजा को जो पुरस्कार मिलता है, वह उन्हें मिले।

राज्यपाल के इस अंग्रेजी भाषण का मराठी अनुवाद राज्यपाल के प्रभारी सचिव श्री जी. सी. व्हाइटवर्थ ने पेश किया। उसके बाद दरबार में उपस्थित सभी प्रतिष्ठित लोग

विनम्रता के साथ खड़े रहे। राज्यपाल हैरिस ने शाहू राजा को सम्मानपूर्वक राजसिंहासन पर विराजमान किया। उसी समय इर्दगिर्द का वातावरण तुरही की आवाज से गूंज उठा। प्रभारी सचिव व्हाइटवर्थ 'कोल्हापुर के शाहू छत्रपति महाराजा' ऐसा उद्‌घोष कर ही रहे थे तभी दरबार में उपस्थित सभी प्रतिष्ठितों को सुनाई दिया :

"जय भवानी हे बोलके छत्रपति महाराज बैठे हैं तख्त पर, दलभार खड़े हैं निहाल तो पर वाला, जरीपटका चमकते है हत्ती उप्पर, सो जनी लोड तक्या, बालिश्ता सदर, सदरका गुल, जमीन का फूल, चार बाजू को चार जलते हैं अगर, साब रखते हैं मगरीबकी खबर, हिरे कंकर, पाच और लाल जड़े हैं तख्त पर, खड़े हैं हुजरे उड़ाते हैं चौरिया और मौर्चेल छत्रपति हिंदूपद पातशहा के ऊपर, हात में माला, गले में हार, चमकते हैं पिशजीका चांद, हमारे छत्रपति हिंदूपद पातशहा बड़े धर्मावतार तेग तीर फताली पातशहा, नित्य मांगे सरस्वती ग्यान ध्यान, सदा रहे महाराज सरपेच भगवान, महाराज हिंदूपद पातशहा।"

यह ललकार समाप्त भी नहीं हुई थी तभी महाराजा के लिए बैंडबाजे पर सम्मान सूचक धुन बजाई जाने लगी। यह मानवंदना समाप्त भी नहीं हुई थी तभी शाहू छत्रपति के सम्मानार्थ 21 तोपों की सलामी दी गई। सभी दरबारी फिर अपने-अपने आसनों पर विराजमान हुए। सोने के थाल में जो सम्मानसूचक तलवार लाई गई थी, बड़ी नम्रता के साथ राज्यपाल हैरिस ने शाहू राजा के हाथों में सौंपी और फिर उनके कंधों पर बहुत ही कीमती शाल बड़ी अदब के साथ डाल दी। ये सभी राज-नियम समाप्त होते ही जिन्होंने अपनी उम्र के अभी बीस वर्ष भी पूरे नहीं किए थे वे ऊंचे पूरे और हृष्टपुष्ट शरीरयष्टि के शाहू छत्रपति उठ खड़े हुए। समूचा दरबार शांत हो गया। बड़े ही धीर-गंभीर स्वर में शाहू छत्रपति बोलने लगे, "आदरणीय राज्यपाल लॉर्ड हैरिस ने मेरे और मेरी प्रजा के हित में जो अनमोल सलाह दी उसके लिए मैं उनका आभारी हूं। सार्वभौम ब्रिटिश सरकार ने मेरी तथा मेरे राज्य की जो सदैव फिक्र की और मार्गदर्शन किया उसके लिए मैं उनका सदैव ऋणी रहूंगा।" फिर उन्होंने कहा, "इस आनंद के अवसर पर मुझे अपने परमपूज्य पिताश्री के ऋण का स्मरण होता है।" अंत में उन्होंने सर जेम्स फर्ग्युसन, लॉर्ड रे, कर्नल हंटर, कर्नल वुडहाउस–इन सबके प्रति कृतज्ञता व्यक्त की और गुरुवर फ्रेजर का उनके चरित्रगठन में मौलिक हिस्सा कैसा था, उसका कृतज्ञतापूर्वक उल्लेख कर एवं महाराज्यपाल ने इस समारोह के लिए अभिनंदन पर संदेश भेजा इसलिएह्व उनके प्रति आभार प्रकट कर उन्होंने अपना भाषण समाप्त किया।

शाहू राजा का यह भाषण दरबार के सभी प्रतिष्ठित जन खड़े रहकर बड़े अदब के साथ भाषण सुन रहे थे। उसके बाद राज्यपाल लॉर्ड हैरिस ने महाराजा को अत्यंत नम्रता के साथ इत्र-फुलेल लगाकर इत्रपान दिया। उस समय "इत्र मुदत गुलाल, मुस्सा देखत दररुमाल सीथा कत्‌म् अत्तर, अबजाबाद और पान सीधाकत निशियान सुपियारी कत्ता मूशक आबशान एक रंग है पान, पान से मान देते हैं, महाराज छत्रपति हिंदूपद पातशहा" ऐसी ललकारें दी जा रही थीं। उस समय राजनीतिक सचिव ने समारोह में उपस्थित सभी रियासतों

के प्रमुख जागीरदारों, इनामदारों को राजनीतिक सचिव द्वारा इत्रपान देने के बाद उस दिन का समारोह समाप्त हुआ।

फिर दूसरे दिन अर्थात् 3 अप्रैल को राज्यपाल लॉर्ड हैरिस ने राजमहल आकर शाहू छत्रपति से खास भेंट की। उसी दिन मेन गर्ल्स हाईस्कूल में कढ़ाई–बुनाई की प्रदर्शनी लगाई थी उसका उद्घाटन राज्यपाल लॉर्ड हैरिस की पत्नी के शुभ करकमलों द्वारा हुआ।

मंगलवार दिनांक 3 अप्रैल,1894 ई.को कोल्हापुर इलाका और कोल्हापुर नगरपालिका द्वारा नगरद्वार पर खास शामियाना बनवाकर शाहू राजा को सम्मानपत्र अर्पण किया गया। शाहू राजा ने उन सम्मानपत्रों के लिए उत्तर देते हुए अत्यंत विनम्रता के साथ कहा कि वे प्रजा के कल्याणार्थ पूर्ण रूप से वचनबद्ध हैं और उसके पालन में रत्तीभर की भी कसर नहीं होगी। तत्पश्चात् सबेरे ठीक दस बजे से दुपहर तीन बजे तक शाहू खासबाग मैदान में लगभग ग्यारह हजार ब्राह्मणों को भोजन करवाया गया। इतना ही नहीं; रिसाले और हाथीमहल में उन्हें खूब दक्षिणा भी बांटी गई।

उसी दिन रात के समय बंबई के राज्यपाल लॉर्ड हैरिस के सम्मानार्थ कोल्हापुर के टाउन हॉल में शाहू छत्रपति ने खास भोज दिया।

उस समय जयंती नाले से लेकर टाउन हॉल तक के लंबे रास्ते पर दीपों की आकर्षक रोशनी की गई थी। भोजन के अवसर पर अपने छोटे से भाषण में शाहू छत्रपति ने लॉर्ड हैरिस के प्रति उनके सहयोग के लिए हार्दिक आभार प्रकट किया, साथ ही ब्रिटिश महासम्राज्ञी की दीर्घायु की कामना की। इस सद्भावपूर्ण भोजन के उपरान्त पटाखों की आतिशबाजी से उपस्थित मेहमानों का खास मनोरंजन भी किया गया।

बुधवार 4 अप्रैल को ठीक तीन बजे पुराने राजमहल में सरदार–जागीरदारों द्वारा शाहू छत्रपति को सम्मानपत्र अर्पण करने का समारोह संपन्न हुआ। उसी समय पुणे की सार्वजनिक सभा ने तथा अन्य अनेक संस्थाओं ने शाहू छत्रपति के राजाभिषेक के शुभ अवसर पर अपने–अपने सम्मानपत्र अर्पण कर उनके दिलों में बसने वाला आदरभाव प्रकट किया। रात के समय नए राजमहल पर लब्धप्रतिष्ठित मेहमानों के लिए नृत्य–गायनादि का खास कार्यक्रम संपन्न हुआ।

शाहू छत्रपति के राज्यारोहण का अभूतपूर्व समारोह इधर करवीर रियासत में संपन्न हो रहा था उसी समय समूचे महाराष्ट्र में लोगों के आनंद–सागर में उफान आया हुआ था। इसका सबूत लोकमान्य तिलक द्वारा बहुत ही संतोष और समाधान से 'केसरी' में लिखा गया मराठी अग्रलेख 'करवीर क्षेत्री राजकीय कपिलाषष्ठीचा योग' में प्रकाशित हुआ। उसमें तिलक लिखते हैं :

"कोल्हापुर की गद्दी पर शाहू महाराजा छत्रपति को प्रस्थापित किया गया, यह देखकर करवीर रियासत की प्रजा को प्रतिपच्चंद्र दर्शन जैसा आनंद हुआ होगा, इसमें शक नहीं। समूचे महाराष्ट्र वासियों के लिए गौरवास्पद बने हुए श्री शिव छत्रपति के ही वंश के पुरुषों को अब भी अपनी रियासत की, महाराष्ट्र की, हिंदुस्तान की प्रजा के कल्याण के

लिए बहुत-से काम करने लायक हैं। हिंदुत्व का उचित अभिमान रखकर उनके अभ्युदय के लिए निष्काम बुद्धि से कष्ट करते रहना यह कोल्हापुर के महाराजा का कुलव्रत है। उसका पालन करने के लिए श्रीमान शाहू छत्रपति महाराजा को ईश्वर सद्बुद्धि, धैर्य और प्रदीर्घ आयु प्रदान करें और उसके अनुसार महाराजा को यशप्राप्ति होकर उनका सदैव उत्कर्ष होता रहे ऐसी मंगल प्रार्थना आज के शुभ अवसर पर कर, यह छोटा-सा अभिनंदन लेख यहीं पर समाप्त करता हूं।''

2 अप्रैल, 1894 को शाहू छत्रपति को करवीर राज्य की पूर्ण मुख्तारी प्राप्त हुई। शाहू राजा अब उम्र की दृष्टि से 'सज्ञान' और बालिग बने ऐसा जानकर 'कौन्सिल ऑफ एडमिनिस्ट्रेशन' से अधिकार लेकर वे शाहू छत्रपति के हाथों सौंपे गए। करवीर की आम जनता को इस घटना की जानकारी हो इसलिए शाहू छत्रपति ने अपना प्रथम आज्ञापत्र प्रकाशित किया :

सोमवार, दिनांक 2, अप्रैल 1894 ई., भाग-1

स्वस्तिश्री राज्याभिषेक

शालिवाहन शक 220 विजयनाम संवत्सरे फागुन वद्य 11 इंदुवासरे क्षत्रिय कुलावतंस श्री राजा शाहू छत्रपति स्वामी की तरफ से इस आज्ञापत्र द्वारा कोल्हापुर की आम प्रजा के लिए घोषित किया जाता है कि आज तक हम नाबालिग थे अतः कोल्हापुर रियासत का राजकारोबार कौन्सिल ऑफ एडमिनिस्ट्रेशन द्वारा चलाया जाता था, पर अब हम बालिग बन चुके हैं अतः आज से उनका अधिकार खत्म होकर वह अब हमारे हाथ आया है। उसके अनुसार आज दिनांक 2 अप्रैल, 1894 ई. से हमने उसे चलाना प्रारंभ किया है।

हमारी समूची प्रजा सदैव तृप्त रहे, सुखी रहे, उसके कल्याण की सदैव वृद्धि होती रहे और हमारी रियासत की हर तरह से सदैव प्रगति होती रहे, ऐसी हमारी उत्कट इच्छा है। हमारी इस इच्छापूर्ति में पूरी तरह से अंजाम देने वाले हमारी सेवा में रत छोटे-बड़े जागीरदार, रिश्तेदार, सरदार, सम्मान के हकदार, इनामदार, कारीगर, सौदागर आदि सभी प्रजानन शुद्ध अंतःकरण से और असीम राजनिष्ठा से हमारी सहायता करेंगे, इसका हमें पूरा विश्वास है। हमारा शासनकाल प्रदीर्घ काल तक चलाकर वह सफल करें, ऐसी मैं उस जगन्नियंता परमात्मा से दिल से प्रार्थना करता हूं। (कोल्हापुर-नया राजमहल, दिनांक 2 अप्रैल, 1894)

1894 से 1922 तक के 28 वर्षों तक शाहू छत्रपति ने 'बहुजन हिताय, बहुजन सुखाय' सूत्र को मद्देनजर रखकर सदैव जनकल्याण का ही राजकारोबार किया। अपने आज्ञापत्र में दिए हुए अभिवचन के अनुसार, 'हमारी प्रजा सदैव तृप्त रहे, सुखी रहे, उसके कल्याण की सदैव वृद्धि होती रहे और हमारी रियासत की हर तरह से और लगातार प्रगति होती रहे—ऐसी हमारी तीव्र इच्छा है।' मात्र उपचार के लिए शाहू छत्रपति ने उपर्युक्त शब्दों को प्रयोग अपने घोषणापत्र में नहीं किया था, यह सहज ही ध्यान में आता है।

शिव छत्रपति के व्यक्तित्व एवं कार्य से प्रभावित होकर समर्थ रामदास ने उत्स्फूर्तता से अपना अजर-अमर काव्य लिखा था :

'यशवंत कीर्तिवंत । सामर्थ्यवंत वरदवंत।
पुण्यवंत नीतिवंत। जाणता राजा।।'

(छत्रपति शिवाजी एक ऐसे ज्ञानी आदर्श राजा हैं, जिन्होंने खुद यश, कीर्ति अर्जित की है। जो स्वयं सामर्थ्यशाली हैं, पुण्यवंत हैं, नीतिवंत हैं, साथ ही जरूरतमंदों की इच्छा पूर्ण करने का वर देने वाले हैं।)

उन शिवप्रभु ने अपने हिंदवी स्वराज को सार्वभौमत्व प्राप्त हो इस भावना से जून 1674 ई.में अपना राज्याभिषेक करवा लिया। उन्होंने उस शुभ एवं सामर्थ्यशाली समारोह की कालमुद्रा जनमानस में चिर स्वरूप में सदैव के लिए अंकित हो इसलिए जानबूझकर एवं सोच-समझकर 'राज्याभिषेक शक' शुरू किया। यह शक 1777 ई. तक दूसरे शाहू के राजगद्दी पर आने तक अखंड रूप से अमल में था। परंतु दूसरे शाहू जब राजगद्दी पर बैठे तब वह राज्याभिषेक शक बंद करने का निर्णय पुणे के नाना फडणवीस और सखाराम बापू बोकील ने ले लिया। नाना और बापू इन दोनों को राज्याभिषेक शक जो शिव छत्रपति ने शुरू किया था वह असुविधायुक्त क्यों जंचा, इसका कारण आज तक अज्ञात है। शिवराज्याभिषेक शक का क्षात्रतेज क्या नाना और बापू से सहा नहीं जाता था? समझ में नहीं आता! उसके बाद की ब्रिटिश सल्तनत में यह 'राज्याभिषेक शक' महाराष्ट्र के जनमानस के लिए अज्ञात ही रहा। परंतु स्मरणीय है कि शाहू छत्रपति ने जान-बूझकर और सोच-समझकर इस 'राज्याभिषेक शक' को अपने पहले ही राजपत्र में बड़े सम्मान के साथ दर्ज किया। छत्रपति शिवाजी राजा की महान विरासत की खोखली अकड़ दिखाने में शाहू राजा ने अपना गौरव कभी नहीं माना। परंतु राजा शिवाजी ने जैसे दुष्टों के संहार में और दुर्बलों की रक्षा में अपने सिंहासन की बाजी लगाई थी, उसी आदर्श का पालन एवं समर्थन शाहू छत्रपति ने अपने कार्यकाल में सदैव किया है, इसके अगणित सबूत आज उपलब्ध हैं। 1894 ई. में 'राज्याभिषेक शक' का फिर से प्रारंभ कर उन्होंने शिव छत्रपति की स्मृति जनमानस में जाग्रत् की। साथ-साथ उन्होंने बहुजन समाज के प्रथम शिव-चरित्र-लेखक कृष्णाजी अर्जुन केळुसकर को शिवचरित्र लिखने के लिए प्रोत्साहन देकर उनसे विस्तृत और साधार शिवचरित्र पूर्ण करवा लिया। गुरुवर केळुसकर को उस कार्य के लिए 1000/ रु.का पुरस्कार दिया, साथ ही उस शिव-चरित्र की 1000 कॉपियां भी उन्होंने खरीद लीं। महर्षि विट्ठल रामजी शिंदे शिव-चरित्र लिखें, इसके लिए राजर्षि शाहू छत्रपति ने उन्हें खास विनती की थी। शाहू छत्रपति अपने भाषणों में और पत्राचार में शिवछत्रपति के संदर्भ में आदर और अभिमान प्रकट करते थे। अपने महान पराक्रमी पूर्वज शिव छत्रपति के बारे में उनके मन में खोखला आदर और अभिमान नहीं था, न वे वैसा कभी प्रदर्शन करते थे। न ही उसमें वे संतुष्ट रहते थे; बल्कि शिव छत्रपति का आदर्श सामने रखकर उन्हीं के समान अपनी सार्वभौम सत्ता का उपयोग वे अधिक से अधिक लोक-कल्याण के लिए किया करते

थे। इससे संबंधित राजर्षि शाहू राजा के जीवन–कार्य के अनेक उदाहरण यहां दिए जा सकेंगे पर बानगी के तौर पर इन दोनों राजाओं के 'बहुजन हिताय, बहुजन सुखाय' इस जनकल्याणकारी दृष्टिकोण में जो समानता थी, उसकी टोह लेनी है।

अपनी प्रजा के अंतिम स्तर के निचले हिस्से के व्यक्ति को भी सुख का कौर मिले, उसे उसके जानो–माल की सुरक्षा मिले, उसके धन और उसकी साख को धक्का न लगे, उसे भी स्वतंत्रता, समानता और न्याय के अमृतफल चखना मुमकिन हो, इसलिए शिव छत्रपति और राजर्षि शाहू छत्रपति इन दोनों लोकनायकों ने अपने सिंहासन दांव पर लगाए थे, ऐसा दिखाई देता है। उन दोनों लोकनायकों ने दुर्बलों की सर्वांगीण सुरक्षा इसी उद्देश्य को मन में रखकर, जो दो आज्ञापत्र प्रकाशित किए थे, उनसे यही सिद्ध होता है कि वे दोनों राजा कितने प्रजाहितदक्ष थे! इसीलिए उन दोनों आज्ञापत्रों की मूल संहिता को ही सामने रखकर उनका तुलनात्मक विचार करना निश्चित किया है।

शिवाजी महाराजा के सैनिकों की छावनी का मुकाम चिपळूण तहसील के मौजा हलवण इस गांव में था। वे गर्मी के दिन थे। अपनी सेना ने आने वाली बरसात के लिए जिस अनाज का संग्रह कर रखा है वह अनाज और जानवरों की घास बरसात के पहले ही खत्म कर डालेंगे और बाद में अनाज तथा घास के लिए प्रजा पर जुल्म–जबर्दस्ती कर उसे सताएंगे ऐसा विचार मन में आते ही अपनी फौजों को महत्त्वपूर्ण सख्त सूचना देने वाला आज्ञापत्र शिवाजी महाराजा ने दि. 19 मई 1673 ई. को सैनिकों को भेजा था। उसमें उन्होंने लिखा था, ''ई. 1673, मई 19 मशरूल अनाम राजश्री जुमलेदारानी व हवालदारानी व कारकुनानी दिमत पायगो (फौज) मुक्काम मौजे हलवण, ता. चिपळूण मामले दाभोळ प्रति राजश्री शिवाजी राजे सु। अर्बा रूबैन व अलफ कसबे चिपळुणी साहेबी लश्कराची विले केली (व्यवस्था नेमून दिली) आणि या उपरि घाटावरी कटक जावे ऐसा मान नाही. म्हणून एव्हा छावणीस रवाना केले. ऐसियास, चिपळूणी कटकाचा मुक्काम होता. या करिता दाभोळच्या पावसाळ्याकारणे पागेस सामा व दाणा व वरकड केला होता. तो कित्येक खर्च होऊन गेला व चिपळुणास आसपास विलातीत लश्कराचीत सवीस व गवताची व वरकड हरएक बाव लागली. त्याकरिता हाल काही उरल नाही. ऐसे असता वैशाखाचे वीस दिवस, उनाळा, हेही पागेस अधिक बैठी पड़ली. परंतु जरूर जाले. त्याकरिता कारकुनाकडून व गडोगडी गल्ला असेल तो देववून जैसी तैसी पागेची बेगमी केली आहे. त्यास, तुम्ही मनास ऐसा दाणा, रातीब, गवत मागाल, असेल तोवरी धुंदी करून चाराल, नाहीसे जाले म्हणजे मग काही पड़त्या पावसात मिळणार नाही, उपास पड़तील, घोड़ी मरायास लागतील.म्हणजे घोडी तुम्हीच मारिली ऐसे होईल व विलातीस तसवीस देऊ लागला. ऐशास लोक जातील, कोणी फटे, कोणी भाजी, कोण्ही पाले ऐसे करू लागलेत म्हणजे जी कुणबी घर धरून जीव मात्र घेऊन राहिले आहेत तेही जाऊ लागतील. कितेक उपाशी मराया लागतील.म्हणजे ऐसे होईल की मोगल मुलकात आहे त्याहूनही अधिक तुम्ही! ऐसा तळतळाट होईल! तेव्हा रयतीची व घोड़ी यांची सारी बदनामी तुम्हावरी येईल हे तुम्ही बरे

जाणून, सिपाही हो अगर पावखलक हो, गाव राहिले असाल त्याणी रयतेस काडीचा अजार द्यावया गरज नाही. साहेबी खजानांतून वाटणीस पदरी घातलीया आहे ती ज्याला जे पाहिले दाणा हो अगर गुरे ढोरे वागतील असाल त्यांस गवत हो, अगर फाटे, भाजीपाले व वरकड विकायला येईल ते, रास घ्यावे, बाजारात जावे, रास विकत आणावे, कोण्हावरी जुलूम अगर ज्याजती अगर कोण्हासी कलागती करावयाची गरज नाही व पागेस सामा केला आहे तो पावसाळा पुरला पाहिजे. ऐसे तजविजीने दाणा रातीब कारकून देत जातील तेणे प्रमाणे घेत जाणे.की उपास न पड़ता रोज बरोज खायाला सापडे आणि होत होत तवाना (सशक्त) होत ऐसे करणे.''

शिवाजी राजा ने इस आज्ञापत्र में स्पष्ट आदेश दिया है कि फौज के लिए आवश्यक जो भी चीजें हों—अनाज, ईंधन, घास, सब्जी-तरकारी आदि सब बाजार में जाकर खरीद लो। उसमें उन्होंने ऐसा भी कहा है कि अगर फौज ने ये सब चीजें लोगों से जबर्दस्ती ले लीं तो लोग कहेंगे कि तुमसे तो वे मुगल अच्छे ! उसी तरह शाहू छत्रपति ने अपने शिकार के दौरे में दीन-दुर्बल प्रजा को दारोगा, तहसीलदार, पटेल और पटवारी ये सब अनाज, सब्जी-तरकारी, भेड़-बकरी, मुर्गी, ईंधन की सामग्री, दूध तथा दूध से बनी चीजें, आदि के लिए कैसे सताते हैं इसका स्वयं अनुभव कर दिनांक 14 अप्रैल,1894 ई. को यह आज्ञापत्र निकाल—श्रीमन्महाराज छत्रपतीसाहेब यांची खुद्द स्वारी शिकारीकरिता वगैरे दूर एक कारणासाठी इलाखे मजकुरी होईल तेव्हां व तसेच इलाखे मजकुरचे लहान थोर अमलदार पेट्यानिहाय वगैरे सरकारी कामाकरिता फिरत असता सामग्री जमा करण्याचे तजविजीबद्दल नियम।

(दि. 14 अप्रैल, 1894 ई. छत्रपति शाहू राजा अथवा रियासत के कोई छोटे-बड़े अफसर सरकारी काम के लिए आएं तो उनके खाने-पीने की चीजें जुटाने के इंतजाम के बारे में नियम)

अनुभवाअंती असे दिसून आले की, सरकारची खुद्द स्वारी इलाखे मजकुरी शिकारी करिता होते तेव्हां ज्या पेट्याचे हद्दीत मुक्काम पड़तो त्या पेट्याचे मामलेदार त्या पेट्याचे फौजदारास सरबराई ठेवण्याबद्दल हुकूम करतात. फौजदार आपल्या ताब्यातील पोलिसाकडे हे काम सोपवितात. मग ते पोलिस सभोवारचे खेड्यापाड्यांनी जाऊन एके ठिकाणी बकरी, दुसरे ठिकाणी अंडी, कोंबड़ी वगैरे जिन्नस सापडेल तो घेतात. हुजूरचे स्वारीचा त्या तालुक्यातून कूच होण्याच्या वक्ती स्वारीबरोबर जो खासगी खात्यातील कारकून कामगिरीवर असतो तो मामलेदार फौजदाराकडे, फौजदार आपले शिपायाकडे, शिपाई गावगन्नांचे पाटलांकडे आणि पाटील ज्या इसमाकडून जिन्नस घेतले त्या इसमास आदा करितात. अशी काल्पनिक समज आहे. परंतु ज्या गोरगरीब इसमाकडून जिन्नस विकत घेण्यात येतात त्या इसमास तो सर्व किंवा त्यातील काहीतरी पैसा पोहोचतो किंवा कसे याजबद्दल वानवा वाटतो असे होऊ नए व ज्या गोरगरिबांचा माल घेतला त्यास भरपूर पैसा पोहोचावा व आपल्या स्वारीच्या निमित्ताने कोणास उपसर्ग यत्किंचितही होऊ नये,

अशी खुद्द श्रीमन्महाराज सरकारची इच्छा आहे. सबब खाली लिहिल्याप्रमाणे सामग्रीचा पुरवठा करण्याबद्दल नियम करण्यात येत आहेत :

1. गहू, ज्वारी, तांदूळ, डाळ वगैरे धान्ये, पीठ, साखर, मसाला वगैरे सामग्री खुद्द मुदपाकखान्याकडे स्वारीचे लोकांकरिता लागेल तो यथाशक्य सर्व कोल्हापुराहून खासगी खात्याकडून नेण्यात यावी।
2. बकरी, कोंबड़ी, अंडी हे जिन्नस घेण्याकरिता स्वारी निघण्याचे अगोदर खासगी कडील मुद्दाम एक कामगार पाठविण्यात यावा. त्याने मुक्कामाचे ठिकाणा नजिक जो बाजाराचा गांव असेल त्या गावी बाजाराचे दिवशी जाऊन सर्व जिन्नस मालकाला रोख पैसे जेव्हाचे तेव्हा जेथल्या तेथे देऊन घ्यावे. सर्पणाबद्दलही त्याचप्रमाणे आगाऊ तजवीज करावी. सामानाचे पैशाचा बटवडा करणे तो त्या वेळी मुलकी कामगार गांवी हजर असल्यास त्याचेसमोर पैसा आदा करून त्याची सही घ्यावी. तसा कोणी नसल्यास गाव कामगार पाटील, कुलकर्णी यांचे समक्ष पैसा आदा करून मालकाची पावती घ्यावी व कामगाराची साक्ष घ्यावी. दुधाबद्दल खासगी थट्टीपैकी म्हशी सवारी बरोबर नेण्याची तजवीज ठेवावी. किंवा कारकुनाने नजीकचे गावचे इसमाकडून स्वतः दूध घेऊन मालकास गावी भाव असेल त्याप्रमाणे ताबडतोब जेथल्या तेथे सर्व पैसा चुकवून द्यावा. स्वारीचा कूच होईपर्यंत ठेवू नये...
3. माननीय पोलिटिकल एजेंट साहब बहादुर प्रांत करवीर व कर्नाटक यांची अथवा इतर इलाखे मजकूरसाहेब लोकांच्या अथवा ब्रिटिश सरकारचे अमलातील साहेब लोकांच्या स्वा-या आल्यास ठिकठिकाणचे संबंध असणारे मामलेदार, शिरस्तेदार वगैरे याणी, रोख पैसा बाजारभावाप्रमाणे जेव्हाचे तेव्हा साहेब लोक किंवा त्यांचेकडील जे इसम माल घेतील त्याजकडून घेऊन ज्याचा त्यास आदा करण्याची तजवीज बिनचूक ठेवावी. हुकुमावरून दिवाण सरकार करवीर.

('शाहू छत्रपति अपनी रियासत के गांवों के किसी प्रमुख स्थान पर कभी जाते हैं, तो वहां के तहसीलदार वहां के दारोगा को आवश्यक सभी प्रबंध करने के लिए उन्हें हुक्म देते हैं। दारोगा अपने अधीन पुलिस को वह काम सौंपता है। वह पुलिस इर्दगिर्द के देहातों में जाकर भेड़-बकरी, अंडे, मुर्गी आदि बलजोरी से इकट्ठा करती है। ऐसा माना जाता है कि जमा की हुई इन सभी वस्तुओं के दाम क्लर्क तहसीलदार-दारोगा को, वह अपने सिपाही को, सिपाही चौधरी को और चौधरी जिस ग्रामीण से वस्तु ले ली उसे अदा करता है। वास्तव में प्रश्न यह है कि जिससे चीज ली गई, उसे पैसा मिला या नहीं; पर शाहू छत्रपति की यह इच्छा है कि जिससे माल लिया उसे उसका उचित मूल्य दिया जाना चाहिए। इसलिए खुद शाहू छत्रपति की यह इच्छा है कि चीजों की सप्लाई करने के बारे में निम्न नियम लागू किए जा रहे हैं :

1. गेहूं, ज्वार, चावल, दाल, आटा, शक्कर, मसाले आदि वस्तुएं कोल्हापुर से खानगी विभाग से ले ली जाएं।
2. बकरी, मुर्गी, अंडे आदि वस्तुएं खरीदने के लिए खानगी विभाग के एक व्यक्ति को भेजकर वहां के बाजार के दिन मालिक को पैसा देकर खरीद ली जाएं। उसकी रसीद स्थानीय कर्मचारी के सामने पैसा चुकाकर उसके दस्तखत लें। अगर वह उपस्थित न हो तो, गांव के चौधरी या कुलकर्णी के सामने उसका पैसा अदा किया जाय और उसकी गवाही ली जाय। दूध के लिए भैंसें साथ में ले जाने का इंतजाम किया जाय अथवा जिससे दूध लिया जाएगा उतना पैसा उसे तभी चुका दिया जाए।
3. माननीय पोलिटिकल एजेंट साहब, करवीर परगने का या कर्नाटक का कोई अधिकारी, कोई अन्य अफसर या ब्रिटिश सरकार का कोई साहब किसी काम से आए तो उस स्थान से संबंधित तहसीलदार, सरिश्तेदार आदि जो साहब माल लेंगे उनसे या उनके हस्तकों से नकद रकम लें और बाजार के मूल्य के अनुसार जिससे माल लिया उसे तभी दे दें। दीवान सरकार करवीर के हुक्म से।')

अपने राज्य की नौकरशाही की भ्रष्टाचार की प्रवृत्ति को जानकर ही इस आज्ञापत्र द्वारा उन दुष्ट अधिकारियों का पर्दाफाश कर दीन-दुर्बल प्रजाजन को पूर्णतया अभयदान देने वाला शाहू छत्रपति का यह आज्ञापत्र अपने आपमें इतना स्पष्ट है कि उस पर अलग से व्याख्या करने की आवश्यकता नहीं।

अध्याय : 5

समर्थ प्रशासक

'इस कलम के कौशल्य से जो था ही नहीं वह था और जो था वह था ही नहीं, ऐसा चमत्कार कर दिखाया जा सकता है। जादूगर की चोंगी जैसी बित्तेभर की कलम में कैसे-कैसे हुनर ठसाठस भरे हुए हैं, इसका तुझे पता नहीं ! जादूगर की दृष्टि बांधने की क्रिया से दृष्टि धोखा खा जाती है, पर बाबू की बाबूगीरी की स्वल्प समय की करामात भी किसी का पूरा जीवन ध्वस्त कर देती है। दोस्तों की दगाबाजी से आपके नाम पर धब्बा लगे तो वह भी धोया जा सकता है ; पर बाबू की लेखनी से आपका नाम लिखते समय उसके गिर्द अगर चार काले छींटे छिटक दिए तो वे कल्पांत तक नहीं मिटते। तलवार-बहादुरों का गिरोह अगर आप पर आक्रमण करे तो घुड़दौड़ की आवाज से सतर्क होकर आपको कहीं छुप बैठने का तो मौका मिल सकता है; पर कलमबहादुर आपके घरबार पर अपनी कलम के कागजी घोड़े नचाने लगा, तो उनकी टापों की आहट भी लगने नहीं देगा ! ...पागल लड़के! किसी क्लर्क को डराना आसान काम नहीं। स्याही का सोमरस और कलम की समिधा बनाकर एकाध की आहुति देने के लिए बाबू ने अगर एक पंक्ति भी लिख डाली तो उससे किसी वेद पारंगत के भाग्य का ब्रह्मलिखित टल सकेगा; पर क्लर्क द्वारा लिखा हुआ अटल, अमिट होता है। बाबू की गद्दी का कोना अर्थात बारहों महीने फसल देने वाले धन का खेत!'

मराठी के मशहूर नाटक लेखक स्व. राम गणेश गडकरी ने शिव छत्रपति के प्रशासन के क्लर्कों की करतूतों पर प्रकाश डालने के लिए 'राजसंन्यास' नामक अपने विचारसंपन्न नाटक में जिवाजी कलमदाने नामक बाबू का जो चित्र खींचा है, उपर्युक्त संवाद उसी से उद्धृत है। उसे सुन या पढ़कर बाबू की काली करतूतों का चित्र उभरकर सामने आता है। उसका अनुभव शाहू राजा अपने बचपन से ही करते आए थे।

शाहू छत्रपति के उसी अनुभव का वर्णन उनके एक प्रिय सखा एवं सलाहकार भास्करराव जाधव के ही शब्दों में पढ़ना उचित होगा, "महाराजा 9-10 साल के होंगे। जयसिंगराव आबासो घाटगे—महाराजा के पिताश्री को ही कोल्हापुर रियासत के रीजंट नियुक्त किया गया था। प्रतिमास 5,000/-रु. वेतन पर उनकी नियुक्ति हुई थी।

शाहू महाराजा अल्पवयस थे तभी उनकी माताश्री का देहांत हुआ। इसी कारण, शाहू और बापूसाहब, ये दोनों बालक अपने पिताश्री के बहुत ही लाडले थे। वे दोनों हमेशा अपने

पिता के साथ ही रहा करते थे। सरकारी कामकाज के समय भी वे दोनों पिता के साथ होते थे इसलिए बाबू लोगों के स्वभाव और उनके दांव-पेचों से वे भलीभांति परिचित थे।

दुख के समय दस्तखत करा लेना, खुशी के समय दस्तखत करा लेना, चिढ़े होने पर दस्तखत करा लेना—ये काम बाबू कब और कैसे करवा लेता है यह सब उन्होंने बड़ी सूक्ष्मता से देख रखा था।

वह बाबू ब्राह्मण था। जब महाराजा थके होते, त्रस्त होते उस समय मराठों के काम सामने रखता था और भोजन के बाद, विश्राम के समय जब महाराजा खुश होते तब वह ब्राह्मणों के काम दस्तखत के लिए उनके सामने रखता था। क्लर्क के दांवपेच ध्यान में आने पर शाहू राजा ने मराठा लोगों को उनके काम करवाने के लिए महाराजा की खुशी के समय ही सामने जाने की सलाह दी। कभी-कभी तो वह स्वयं ही उन मराठों के आने की खबर पिता को देने लगे।

इसी कारण उनके हाथ राज्याधिकार के सूत्र आने पर शाहू राजा ने उन पदों पर बहुजन समाज के लोगों को नियुक्त करने का प्रयत्न किया। पढ़े-लिखे मराठों को ऊंचे पदों पर बिठा दिया; पर चिढ़कर उन्होंने ब्राह्मणों से बदला नहीं लिया, न ही उन्हें नौकरी से हटाया।''

शाहू राजा जब स्वयं राज-कारोबार सम्हालने लगे, तब उन्हें अपनी प्रशासनिक-व्यवस्था की कार्यक्षमता और उसकी मर्यादा का पूरा-पूरा अंदाज लेना संभव हुआ। सूक्ष्म निरीक्षण से उनकी समझ में आया कि अपने राज-कारोबार में उद्दंड और अकड़खोर अंग्रेज अफसरों का प्रजा के साथ होने वाला बर्ताव उन्मत्तता का है और पारसी नौकरों को अपने हित के सामने जनता नगण्य-सी लगती है; और घुटे हुए ब्राह्मण नौकर बहुजन समाज के अज्ञान का अधिक से अधिक अनुचित लाभ उठाकर मनमाना, अनिर्बंध बर्ताव कर रहे हैं।

शाहू छत्रपति के गोद लिये हुए पिताश्री शिवाजी चतुर्थ जब राजगद्दी पर थे तब वहां माधवराव बर्वे नामक एक षड्यंत्री दीवान थे। उन्होंने अपने अधिकार में अनेक ब्राह्मणों को रियासत में नौकरी दी थी। माधवराव बर्वे के बाद मेहेरजीभाई कुंवरजी तारापूर वाला दीवान की हैसियत से काम करने लगे। उस समय मुख्य न्यायाधीश बी. एन. जोशी थे पुलिस प्रमुख के अधिकार दोराबजी पट्टणजी के पास थे। शेनॉन नामक एक अफसर मुख्य अभियंता थे। डॉ. सिंक्लेअर दरबार के शल्यचिकित्सक थे। मिस. लिटल नाम की महिला शिक्षा-विभाग में अधीक्षक की जिम्मेदारी निभा रही थी। श्रीमान कंडी राजाराम महाविद्यालय के प्राचार्य पद की जिम्मेदारी निभा रहे थे। गोडसे, आळतेकर, थत्ते, भावे, गोळवलकर, बावडेकर अफसरों के इन नामों पर नजर डालने पर स्पष्ट होता है कि उस समय कोल्हापुर रियासत में कार्यरत नौकरशाही का अंतरंग क्या और कैसा था?

1894 ई. में कोल्हापुर रियासत के राज-कारोबार में कुल 71 अफसर थे, उनमें 60 ब्राह्मण थे और महाराजा की खानगी नौकरी में 52 में से 45 ब्राह्मण थे। कोल्हापुर रियासत की कुल नौ लाख की बस्ती में ब्राह्मण और तत्सम ऊंची श्रेणी के लोगों की संख्या सिर्फ

छब्बीस हजार थी। इस प्रकार शाहू छत्रपति के हाथों में राजकारोबार के सूत्र आने के पहले दरबार और खानगी कारोबार उन अभिजनों की बपौती बना हुआ था। उस समय कोल्हापुर में शिक्षित ब्राह्मण 79.1 प्रतिशत, तो मराठा 8.6, किसान–कुर्मी 1.5, मुस्लिम 7.5 और जैन लिंगायत 10.1 प्रतिशत शिक्षित थे।

शाहू छत्रपति के राजगद्दी पर आने के पहले राजा के हाथ राज्य–कारोबार का अधिकार नहीं था। इसलिए रियासत के जागीरदार जैसे उन्मत्त बने हुए थे, वैसे ही ब्रिटिश राजनीतिक प्रतिनिधि भी स्वच्छंद और अनिर्बंध बने हुए थे। उन सबकी ऐसी धारणा बनी हुई थी कि कोल्हापुर के छत्रपति और वे समान स्तर के हैं। अतः उन सबकी ऐसी मांग थी कि वे जब–जब नमस्कार करेंगे तब राजा भी उन्हें प्रति नमस्कार करे, साथ ही वे जब कभी रियासत से बाहर जाएंगे या बाहर से रियासत में प्रवेश करेंगे तब उन्हें विदा करने के लिए और उनका स्वागत करने के लिए स्वयं राजा को उपस्थित रहना चाहिए। अपनी अनिर्बंध सत्ता से उन्मत्त बने हुए ब्रिटिश अफसर मामूली सी बात के लिए राजनीतिक प्रतिनिधि के पास शिकायत लेकर जाया करते। सारांश यह कि एक ओर साम्राज्य के सार्वभौम सामर्थ्य से उन्मत्त बने हुए ब्रिटिश शासक, दूसरी ओर भ्रष्टाचार को ही सदाचार मानकर बेलगाम बने हुए उच्चवर्णीय नौकरशाह, तीसरी ओर मद्य और मदिराक्षी से वासनांध बने हुए अकार्यक्षम जागीरदार और चौथी ओर बहुजन समाज में व्याप्त अज्ञान और अंधश्रद्धा–इस चक्रव्यूह में कोल्हापुर रियासत का प्रशासन फंसा हुआ था। इस चक्रव्यूह को भेदने के लिए शाहू छत्रपति अपने शारीरिक और मानसिक सामर्थ्य की बाजी लगाने के लिए पूरी तैयारी के साथ सुसज्ज बने हुए थे। शाहू छत्रपति ने अपनी पूर्णतया नवीन प्रशासन व्यवस्था की दिशा में संयम से, बड़ी सूझ–बूझ से दृढ़ संकल्प के साथ कदम उठाना प्रारंभ किया।

1884 से 1895 ई. की कालावधि में कोल्हापुर रियासत का राजकारोबार चलाने के लिए शाहू छत्रपति के अधिकार ग्रहण तक की कालावधि में दीवान, सरसुभे और सर न्यायाधीश का एक प्रशासन मंडल बनाया गया था, उसे उन्होंने बर्खास्त किया और उस मंडल का रूपांतर अपनी सलाहकार समिति में किया। दीवान, सर न्यायाधीश और सरसुभे (राजस्व, लगान विभाग प्रमुख)–इन तीन विभाग प्रमुख अफसरों की सलाहकार समिति का अध्यक्ष पद उन्होंने दीवान को सौंपा। इसी में से राज–कारोबार में अपनी सहायता के लिए उन्होंने 'हुजूर कार्यालय'–नई कार्यप्रणाली का प्रारंभ किया। उस कार्यालय में 'हुजूर सचिव' पदाधिकारी को कार्यालय प्रमुख नियुक्त किया। इसके अलावा हुजूर की सेवा में वित्त सचिव और खानगी सचिव थे। उसके बाद 1920 ई.में 'हुजूर क्लर्क' पद का निर्माण किया गया। इस नए हुजूर कार्यालय के हर कनिष्ठ अफसर द्वारा अपने वरिष्ठ अफसर को 'हुजूर' संबोधित किए जाने पर शाहू छत्रपति ने 1894 ई. में एक हुक्म निकालकर फरमाया कि 'हुजूर' नामाभिधान श्रीमन्महाराज छत्रपति साहब सरकार करवीर रियासत के साथ ही प्रयुक्त किया जाय।

शाहू छत्रपति ने 'हुजूर ऑफिस' के नाम से जो नया सचिवालय अपने राज-कारोबार के लिए शुरू किया था, उसके प्रमुख के पद पर अर्थात् हुजूर चिटणीस (सेक्रेटरी) के रूप में गुरुवर फ्रेजर की सलाह के अनुसार पहले से ही कार्यरत रघुनाथ व्यंकोजी सबनीस को 14 अप्रैल, 1894 ई. को एक खास आदेश निकालकर नियुक्त किया गया। कायस्थ प्रभु के परिवार में जन्मे हुए रघुनाथराव सबनीस ने शाहू छत्रपति के कारोबार में ईमानदारी के साथ उनकी मृत्यु तक सोहबत की। शाहू छत्रपति सबनीस की नियुक्ति वरिष्ठ पद पर न हो, इसलिए कुछ ब्राह्मण अधिकारियों ने खूब प्रयत्न किए थे। ब्राह्मण मुत्सद्दी और कायस्थ मुत्सद्दी में ऐसी सत्ता-स्पर्धा शिवाजी छत्रपति के समय से ही शुरू थी। उस स्पर्धा में आखिर रघुनाथ व्यंकोजी सबनीस ही बढ़कर साबित हुए। इसलिए शाहू छत्रपति को 'बहुजन हिताय, बहुजन सुखाय' अनुसार राज-कारोबार चलाना अधिक सुविधाजनक लगा। यह स्पष्ट रूप से मान्य करना चाहिए।

राज-कारोबार पूर्ण रूप से हाथ में आने पर शाहू छत्रपति छोटे-छोटे कामों में भी स्वयं ध्यान देने लगे। उसके पहले जिसके जिम्मे कारोबार था, उस प्रशासन मंडल के कारोबार में सैकड़ों काम ज्यों के त्यों बिना निर्णय के पड़े हुए थे। लोगों पर हुए अन्याय के खिलाफ दरबार में न्याय की मांग करने वाले हजारों प्रार्थनापत्र पड़े हुए थे। प्रशासन मंडल और राजनीतिक ब्रिटिश प्रतिनिधि मामूली से मामूली काम के लिए भी लोगों को हजारों चक्कर काटने के लिए बाध्य करते थे। सामान्य लोगों की किसी भी काम में न पूछ थी, न न्याय। रिश्वतखोरी और कार्यालयीन अक्षम्य देरी तो नित्य की बात थी। शासन की बागडोर सम्हालते ही बिना किसी शोर-शराबे के शाहू छत्रपति ने लोगों के प्रलंबित और अनिर्णीत याचिकाओं पर सुनवाई शीघ्र करने का निश्चय कर काम की शुरुआत की।

प्रशासन के विविध स्तर पर अपनी प्रशासनिक कार्यक्षमता बढ़े इस उद्देश्य से शाहू छत्रपति हर तरह से प्रयत्न कर रहे थे। हुक्म की तामील होती है या नहीं यह देखने के लिए उन्होंने खास अधिकारी इन्स्पेक्टर ऑफ ऑर्ड्र्स नियुक्त किया था। शाहू छत्रपति जब स्वयं उपस्थित रहते थे, तब उस कामकाज के हुक्म का लिखित टिप्पणी करना पड़ता था। इसकी तामील न करने वाले अफसर को 15 रु. जुर्माना लगाया जाता था। काम में अगर विलंब हो तो प्रतिदिन एक रुपए जुर्माना लगाया जाता। कोई भी काम आरंभ से अंत तक मराठी या अंग्रेजी किसी एक ही भाषा में चलाया जाए ऐसा भी निर्बंध था। मात्र छुट्टी के लिए अर्जी भेजकर कोई भी छुट्टी पर नहीं जा सकेगा, उस अर्जी पर वरिष्ठ अफसर के हस्ताक्षर होने पर ही कोई छुट्टी पर जा पाएगा, ऐसा भी सख्त नियम बनाया गया था। हर नौकर को निश्चित किए हुए समय पर ही कार्यालय में आना चाहिए। तबादला अगर नहीं चाहिए तो पदोन्नति भी नहीं मिलेगी। राज-कारोबार में मोडी लिपि के बदले देवनागरी लिपि का प्रयोग किया जा सकेगा; पर प्रत्यक्ष कारोबार में हस्ताक्षर मोडी लिपि में ही करने चाहिए, आदि अनेकानेक नियमों द्वारा शाहू छत्रपति ने अपना प्रशासन अधिक गतिमान तो किया ही; पर साथ ही रिश्वतखोर, भ्रष्टाचारी और उन्मत्त नौकरशाही के अजगरी-शिकंजे से

प्रशासन को मुक्त भी किया। इसमें खुशी की बात यह थी कि शाहू छत्रपति के संयमपूर्ण प्रयत्नों को यश मिल रहा था।

1894 ई. के गर्मी के मौसम में शाहू छत्रपति ने अपना मुकाम जान-बूझकर पन्हाला हिल स्टेशन पर रखा। वे 19 अप्रैल से 6 जून, 1894 ई. तक वहीं पर रहे। उस मुकाम में उन्होंने अपने अधिकारियों की सहायता से प्रतिदिन छः के हिसाब से लगभग 300 पुराने प्रश्नों का निर्णय दे डाला। अब लोगों को विश्वास हुआ कि हमारी फरियाद सुनने वाला राजा कोल्हापुर की गद्दी पर विराजमान हुआ है। प्रजा को उसके जान और माल की सुरझा मिली। सर्वत्र उत्साह का वातावरण निर्मित हुआ। अपने शासनकाल के प्रारंभिक दो ही वर्षों में शाहू छत्रपति ने जनहित के अनेक निर्णय लिये और उनको बड़ी तत्परता के साथ कार्यान्वित भी किया। उन्होंने जनकल्याण की जो योजनाएं कार्यान्वित की, उनमें से कुछ निम्न प्रकार हैं:

1. बेगार की जुल्मी-पद्धति बंद की।
2. मंडी में ग्राहकों के साथ होने वाली धोखेबाजी और व्यापारियों का भ्रष्टाचार रोका।
3. राज्य के अधिकार के चरागाहों में गरीबों के जानवरों को चरने की इजाजत दी।
4. जागीरदारों और इनामदारों को वे जल्द से जल्द कर्जे से मुक्त हों इसलिए उन्हें कम ब्याज से कर्ज दिया गया।
5. गरीबों के बीमार जानवरों को दवाइयां और चारा-पानी देने का खास प्रबंध किया गया।
6. जंगल विभाग के कुछ अधिकारियों को चाय-कॉफी की बुआई की विशेष ट्रेनिंग दी गई। पन्हाला के पहाड़ पर चाय और भुदरगड के कई गांवों में कॉफी की फसल उगाने का सफल प्रयोग किया गया।
7. राज्य के सभी उद्योगों का पूर्ण सर्वेक्षण किया गया।
8. कोल्हापुर के रेलवे स्टेशन के पास शाहूपुरी नामक नई बस्ती का निर्माण किया गया।
9. गुड़ की नई मंडी शुरू की गई।
10. राज्य के शैक्षिक सुधार की गति बढ़े इसलिए एक खास समिति नियुक्त की गई।
11. राजाराम कॉलेज में उपाधि तक की पूर्ण शिक्षा मिलनी चाहिए, ऐसा प्रबंध किया गया।
12. पहाड़ी प्रदेश और जंगल विभाग में रहने वाले आदिवासियों को राज्य की सेवाओं में नौकरियां देने का प्रबंध किया गया।

नौकरशाहों ने हमेशा की तरह अपनी बेफिक्र और लापरवाह वृत्ति के अनुसार राज्य का पहला बजट तैयार कर उसे शाहू छत्रपति के दस्तखत के लिए पेश किया। गुरुवर फ्रेजर के मार्गदर्शन में अर्थशास्त्र का अभ्यास कर चुके शाहू छत्रपति अपने शासनकाल

का पहला बजट बड़े उत्साह के साथ देखने-परखने लगे। उनके ध्यान में आया कि पहला ही बजट प्रचंड घाटे का दिखाया गया था। शाहू छत्रपति के विचारी मन ने जाना कि उन्मत्त नौकरशाहों को ठिकाने पर लाने और उनकी आंखों में अंजन डालने का यह सुनहरा मौका है। इस समय अगर मैं गाफिल रहा तो उसका मुझे जीवनभर पछतावा करना पड़ेगा इसलिए उन्होंने वह घाटे का बजट तुरंत खारिज करने के लिए कहकर नया बनाने का हुक्म दिया। शाहू छत्रपति का यह निशाना ठीक लगा था। लापरवाह नौकरशाही को सीधे रास्ते पर लाने के लिए शाहू छत्रपति ने जो पहला फंदा फेंका था वह उनके गले के गिर्द अचूक कस गया था। शाहू छत्रपति का यह अपूर्व विजय था। उनकी जनकल्याणकारी नीति की ही वह जीत थी। अपनी भ्रष्ट नौकरशाही के विरोध में शाहू छत्रपति ने जो जंग छेड़ी थी उसमें वे विजयी बने थे। उस लड़ाई की यशोगाथा उन्हीं के शब्दों में पढ़ना उचित होगा, ''बजट जब मेरी स्वीकृति के लिए पेश किया गया तब उनमें साठ लाख रुपयों का घाटा दिखाया गया था। उसमें कहां, क्या बदलाव करें, उसी तरह कुछ विभागों पर जो अधिक रकमों का प्रावधान था वह कितना कम करें, यह भी लिखित सूचनाओं द्वारा मैंने बता दिया। कुछ मदों पर स्वीकृत रकमें दिखाई गई हैं, वह असंगत हैं, यह भी मैंने लिखित रूप में बता दिया। साथ ही कौन्सिल को मैंने ऐसी भी सूचना दी कि संकल्पित योजनाओं के कार्यान्वयन में कहीं भी बाधा नहीं आएगी। इस प्रकार गृहीत रकम में जहां कहीं कटौती करना संभव हो, वह भी देखा जाए। तीर निशाने पर लगा । इसका परिणाम यह हुआ कि साठ हजार का घाटा नदारद हो गया। सुधार कर नया बजट मंजूरी के लिए पेश किया गया। उसमें आय और व्यय का संतुलन बराबर रखा गया था। मैंने प्रत्यक्ष पचास हजार रुपयों का बचा हुआ बजट अनुमानित किया था; पर बाद में मैंने उसे अधिक नहीं ताना।''

अपने संयमी स्वभावानुसार शाहू छत्रपति राज्य-प्रशासन पर अपनी गिरप्त सुदृढ़ कर रहे थे। उस पर अपना पूर्ण अधिकार प्राप्त हो इसके लिए उनके अनेक प्रकार के प्रयत्न चल रहे थे। वे अनेक साहसी निर्णय लेकर बिना चुप बैठे स्वयं उनका पीछा करते।

कोल्हापुर रियासत में रचाई (इमारत की) विभाग में आर. जे. शॅनॉन प्रमुख के नाते काम करते थे। वे अपनी मनमानी के लिए प्रख्यात थे। उनके विभाग में धन अमर्यादित रूप में लुटाया जा रहा था। उनके भ्रष्टाचार के अनेक किस्से शाहू राजा के कान में आ रहे थे। अपने संयमी स्वभाव के अनुसार शॅनॉन साहब को ठिकाने पर लाने के मौके की वे प्रतीक्षा में थे। आखिर वह मौका उन्हें मिला। एक कुएं की खुदाई में निश्चित की हुई रकम से भी अधिक खर्चा करने के कारण हुजूर ऑफिस ने उनसे बाकायदा खुलासा मांगा। इस प्रकार का खुलासा मांगने के कारण शॅनॉन साहब को बड़ा अपमान-सा लगा। वह तभी शाहू छत्रपति से मिला और बड़े क्रोध से, उद्दंडता से उनसे कहने लगा, ''इस कुएं की खुदाई पर जितना आवश्यक था, उतना ही खर्चा मैंने किया है। ऐसा होने पर भी हुजूर ऑफिस शक क्यों करता है? उसे यह अधिकार किसने दिया?''

शॅनॉन जितने क्रोध से बोल रहा था उतनी ही गंभीरता और पक्के निश्चय के साथ शाहू छत्रपति ने उत्तर दिया, ''मिस्टर शॅनॉन, कुओं की खुदाई के लिए जितनी रकम मंजूर थी, उससे अधिक खर्च कर तुमने गैरजिम्मेदाराना और अनुशासनहीनता का बर्ताव किया है, वह मुझे बिलकुल मंजूर नहीं। अतः मेरे आदेश पर ही तुमसे स्पष्टीकरण मांगने वाला पत्र तुम्हें भेजा गया है।''

क्रोध से तमतमाता आया हुआ शॅनॉन शाहू छत्रपति का यह उत्तर सुनकर अपना-सा मुंह लेकर, गर्दन झुकाकर लौट गया। शॅनॉन साहब की अंग्रेजी मस्ती शाहू छत्रपति ने पलभर में कैसे उतार दी, उसकी कथाएं दरबार के नौकरों में फैलने में देर नहीं लगी।

भ्रष्ट अफसरों को ठिकाने पर लाने के लिए शाहू छत्रपति के ऐसे दृढ़ कदम उठाने की शुरुआत करते ही अनेक अंग्रेज अधिकारी रियासत की नौकरी छोड़कर जाने लगे। शाहू छत्रपति के आद्य चरित्रकार आण्णासाहब लठ्ठे ने लिखा है, ''मिस्टर शॅनॉन प्रथम छुट्टी पर गए और वहां से उन्होंने 1896-1897 ई.में अपना इस्तीफा भेज दिया।''

अपने प्रशासन में सभी जातिधर्म के लोगों को समाविष्ट करने की नियोजनबद्ध कोशिश शाहू छत्रपति करने लगे। परिणामस्वरूप प्रशासन में जड़ जमा बैठे अंग्रेज, पारसी और ब्राह्मण अभिजनों की प्रभुता कम होने लगी। शाहू छत्रपति के एक मित्र ने उन्हें विस्तृत पत्र लिखकर शिकायत की थी कि रियासत के अंग्रेज अफसरों को जान-बूझकर तकलीफ दी जाती है, उनका अनादर किया जाता है। पत्र के उत्तर में शाहू छत्रपति ने लिखा, ''राज-कारोबार में विविध जाति के लोगों का होना मुझे भाता है, यह आप जानते हैं। यहां अंग्रेज अफसरों ने जो कार्य किया, उसके बारे में और उनके अनुशासन के बारे में मुझे आदर है। राजमहल-अफसर नियुक्त करने के इरादे से मैंने एक अंग्रेज की मांग की। पुणे से आया हुआ वह अंग्रेज अफसर किस कारण से नौकरी छोड़ गया वह आपने सुना ही होगा। मेरे कुछ अंग्रेज अफसर बिलकुल मामूली कारण लेकर राजनीतिक प्रतिनिधि के पास शिकायत करते हैं। यही बात मुझे खलती है।''

राज-कारोबार में समाज की सभी इकाइयों का समावेश करने का शाहू राजा का संकल्प अटूट था। उस नीति का जिंदगीभर अमल करने की उन्होंने जी-जान से कोशिश की। इसी नीति के अनुसार पुणे के एक प्रख्यात वकील और ब्राह्मणेतर समाज के नेता गंगाधर भाऊ म्हस्के को पत्र लिखकर प्रार्थना की थी कि वे बहुजन समाज के उपाधिधारियों और नौकरी के लिए योग्य व्यक्तियों के नाम लिख भेजें। गंगाधर भाऊ म्हस्के ने 1883 ई.में डेक्कन मराठा एजुकेशन सोसाइटी की स्थापना कर उस संस्था द्वारा अनेक गरीब और होनहार विद्यार्थियों की शिक्षा के लिए मदद की थी। उन्होंने दाजीराव अमृतराव विचारे और भास्करराव विट्ठलराव जाधव, इन दो होनहार युवकों के नाम शाहू छत्रपति को सूचित किए थे।

छत्रपति शिवाजी महाराजा के प्रशासन में भी ब्राह्मणी नौकरशाही की प्रभुता बहुत थी। उनके प्रधान-मंडल की सूची देखने से ही यह बात ध्यान में आ जाती है। प्रशासन में

अपनी जाति के अलावा अन्य जातियों का प्रवेश न होने पाए, यह उच्च वर्णियों का दृष्टिकोण नया नहीं है ! क्योंकि मोरोपंत पिंगले ने छत्रपति शिवाजी महाराजा से जो प्रश्न पूछा था, ''तुम शूद्र मराठों और कायस्थ प्रभुओं के अधीन होकर हम ब्राह्मण काम कैसे करें ?'' उससे समझ में आता है कि ब्राह्मणों की वह प्रवृत्ति कोई नई नहीं है। शाहू छत्रपति ने अपने प्रशासन में सभी जाति-उपजातियों के लोगों को समा लेने का प्रारंभ करते ही उनके विरोध में अंग्रेज और ब्राह्मण अधिकारियों ने झूठी अफवाहें फैलाकर उनके खिलाफ हंकवा करना शुरू किया। उच्च वर्णियों के हाथ में तब जो समाचार-पत्र थे उन्होंने शाहू राजा के विरोध में कागजी घोड़े खूब नचाए, पर शाहू छत्रपति अपनी नीति पर अडिग थे। उसी के अनुसार उनका मार्गक्रमण चालू था।

भास्करराव जाधव का जन्म महाड के पास नागाव में 17 जून, 1867 ई. को एक गरीब मराठा परिवार में हुआ। उनकी प्राथमिक शिक्षा पंढरीनाथ सुदामे नामक एक अत्यंत उदारमतवादी ब्राह्मण शिक्षक की निगरानी में हुई। भास्करराव 1888 ई. में मैट्रिक की परीक्षा प्रथम श्रेणी लेकर उत्तीर्ण हुए। 1892 ई.में वे प्रथम श्रेणी में बी.ए. हुए। 1894 ई.में एम. ए. की परीक्षा में भी उन्होंने प्रथम श्रेणी प्राप्त की। शाहू छत्रपति की तीव्र इच्छा थी कि अपने राज्य में बहुजन समाज में शिक्षा का प्रचार-प्रसार हो। उसके लिए उनकी तीव्र इच्छा थी कि एकाध सुशिक्षित ब्राह्मणेतर अधिकारी होना चाहिए। संयोग से तभी उन्होंने सुना कि भास्करराव जाधव एम. ए. की परीक्षा में प्रथम श्रेणी में उत्तीर्ण हुए हैं। शाहू राजा ने रघुनाथराव सबनीस द्वारा तुरंत भास्करराव से संपर्क स्थापित किया। भास्करराव को महात्मा फुले के सहयोगियों का सहवास प्राप्त हुआ था। उन्होंने म.फुले का कालखंड समीप से देखा था। रामय्या व्यंकय्या अय्यावरू और कृष्णाजी अर्जुन केळुसकर जैसे म.फुले के सहयोगियों का सहवास उन्होंने प्राप्त किया था। भास्करराव जाधव बहुजन समाज में शिक्षा का प्रचार-प्रसार होना चाहिए, इस विचार से प्रभावित होकर बहुजन सनाज के लिए काम करना चाहते थे। इसलिए शाहू छत्रपति ने भास्करराव जाधव की 8 जून, 1895 ई. को असिस्टेंट सरसुभे के रूप में कोल्हापुर रियासत में नियुक्ति की। 1895 ई. से 1921 ई. तक भास्करराव जाधव ने करवीर दरबार में असिस्टेंट सरसुभे, डिस्ट्रिक्ट मजिस्ट्रेट, असिस्टेंट जज, नायब दीवान, सरसुभे, नगरपालिका के सर्वाधिकारी आदि अनेक अधिकार के पद समर्थ रूप में विभूषित किए।

कोल्हापुर रियासत में भास्करराव विठोजी जाधव इस ब्राह्मणेतर युवक की असिस्टेंट सरसुभे के पद पर जो नियुक्ति हुई वह प्रस्थापितों की परंपरा पर किया हुआ मर्मभेदी प्रहार था। पुश्त-दर-पुश्त की सत्ता की विरासत के खातमे के लिए किया हुआ वह एक जबर्दस्त प्रहार था। इसलिए इस नई नियुक्ति का स्वागत कोल्हापुर रियासत के प्रस्थापित सफेदपोश श्रेणी के लोगों द्वारा तो हुआ ही नहीं; बल्कि महादेव गोविंद रानडे जैसे उदारमतवादी विचारवंत सुधारक को भी भास्करराव जाधव की यह नियुक्ति उतनी पसंद नहीं आई। फलतः उनके द्वारा भास्करराव की नियुक्ति का दिखावटी भी स्वागत नहीं हुआ। उलटे

ब्राह्मणेतरों की बौद्धिक क्षमता संबंधी उनके मन के तल में कुंडली मारकर बैठा हुआ शंकासुर जाग्रत् हुआ। उन्होंने अपने पूर्वपरिचित रघुनाथराव सबनीस से इसके बारे में पूछताछ की, "सबनीस जी, हम, आप जैसे चोखा काम करते हैं, वैसा क्या जाधव कर पाएंगे? न्यायमूर्ति रानडे जैसा उदारमतावलंबी सुधारवादी नेता अगर ब्राह्मणेतरों की बौद्धिक क्षमता के बारे में अपने मन के दूषित पूर्वग्रह का त्याग करने के लिए जहां तैयार नहीं था, वहां अन्य लोगों की क्या कहें?"

दाजीराव अमृतराव विचारे नामक मराठा समाज के एक युवक को, जो एल.सी.ई. था, उसे शाहू छत्रपति ने बड़े उत्साह तथा बड़ी समझदारी और सूझबूझ से अपनी रियासत में अधिकारी के रूप में चयन किया। शीघ्र ही दाजीराव विचारे की नियुक्ति शॅनॉन, जो स्थायी विभाग के प्रमुख अफसर थे, के स्थान पर की गई। शॅनॉन ने अपने उस पद से इस्तीफा दिया था अतः शाहू छत्रपति ने उस पद पर अपने विश्वास के व्यक्ति के नाते विचारे की नियुक्ति की थी। पर उनकी नियुक्ति होते ही प्रस्थापितों ने शोर मचाना शुरू किया। ब्रिटिश राजनीतिक प्रतिनिधि तो बहुत ही व्याकुल और आगबबूला हो गए। शाहू राजा की सलाहकार मंडली की एक तूफानी सभा हुई और उसमें विचारे की नियुक्ति शाहू छत्रपति का अविचार है, ऐसी तीखी आलोचना की गई। विचारे की नियुक्ति पर विरोधकों ने शाहू छत्रपति पर आलोचना की झड़ी लगा दी। दिन-ब-दिन उन पर दबाव बढ़ता ही गया। शाहू राजा ने बड़ी शांति के साथ दाजीराव विचारे की राज्य के कार्यकारी अभियंता के रूप में की हुई नियुक्ति रद की। उसके बाद कुछ समय के लिए कार्यकारी अभियंता का पद उन्होंने रिक्त ही रखा। उस दरमियान शाहू छत्रपति ने दाजीराव विचारे को अपने हुजूर कार्यालय में रख लिया। कुछ समय बीत जाने दिया और उन्होंने उस महत्त्वपूर्ण पद पर फिर दाजीराव विचारे को सम्मान के साथ नियुक्त कर प्रस्थापितों को सबक सिखाया।

शाहू छत्रपति की सलाहकार समिति के सदस्य, राजस्व विभाग प्रमुख राजाराम खंडेराव वैद्य 24 जून, 1896 ई. को सेवानिवृत्त हुए। शाहू छत्रपति ने उनके स्थान पर हुजूर-सचिव के पद पर काम करने वाले रघुनाथराव सबनीस को नियुक्त कर दिया। रघुनाथराव सबनीस जैसा कार्यक्षम, एकनिष्ठ और वफादार साथी राज्य की सलाहकार समिति में आने से शाहू छत्रपति को 'बहुजन हिताय, बहुजन सुखाय' सूत्र को सामने रखकर राज-कारोबार करना सुकर हुआ। शाहू छत्रपति ने रघुनाथराव सबनीस की नियुक्ति इतनी सूझबूझ के साथ की थी कि उस नियुक्ति के खिलाफ प्रस्थापितों को चुप्पी साधकर बैठे बिना कोई चारा नहीं था।

शाहू छत्रपति सोच-समझकर अपने प्रशासन में उच्चवर्णियों का जो एकाधिकार था उसे खत्म करने के लिए हर तरह से कोशिश कर रहे थे। इससे समाज की सभी इकाइयों को प्रशासन के महत्त्वपूर्ण पदों पर सम्मान के साथ बैठाना संभव होगा। उन्हें भी सत्ता में अपना सहयोग होने का आनंद प्राप्त होगा। उसी दृष्टिकोण के कारण धीरे-धीरे राज्य-प्रशासन के पारंपरिक स्वरूप में परिवर्तन नजर आने लगा। इतना ही कर शाहू छत्रपति रुके नहीं;

बल्कि उन्होंने अपनी खानगी सेवा में समाज के दीन-दलितों को नौकरियां दीं। उसमें महार, मांग, बेरड, चमार आदि सभी पिछड़ी जातियों के लोग होते थे। महाराजा ने कई गरीबों को अपनी सेवा में नियुक्त किया। परिणामस्वरूप उन्हें इस बात का पता चलने लगा कि जनहित के लिए बनाए गए नियम एवं कानून का पालन हो रहा है या नहीं, उन राजाज्ञाओं के पालन में कोई विरोध तो नहीं कर रहा है? इन सभी बातों की यथातथ्य जानकारी उन्हें मिलती थी। शाहू छत्रपति अपने प्रशासन की छोटी-मोटी सभी बातों पर सतर्क रहकर ध्यान देते थे। एकाध नौकर उनके सामने अपना जाली बिल दस्तखत के लिए रखता तो वे जाली बिल ढूंढ़ निकालते और उस पर दस्तखत नहीं करते। ऐसी स्थिति में उस घबड़ाए हुए नौकर से पूछते, ''क्यों रे, तूने मुझे सातारा का शाहू महाराजा समझ रखा है ?''

प्रशासन में काम करने वाले नौकर भी आखिर इन्सान ही हैं, भगवान नहीं, उनमें भी राग-द्वेष भाव होता है। इसलिए उनसे कुछ गलतियां होंगी ही। उन गलतियों का ढिंढोरा न पीटना, उन गलतियों को सुधारने का उन्हें मौका देना, गलती किए हुए को क्षमा करना अथवा विनोद का आधार लेते हुए उसे उसका दोष दिखा देना—ऐसा शाहू महाराजा सदैव किया करते थे।

एक दिन की घटना है। शाहू महाराजा नए राजमहल से शहर की ओर आ रहे थे। वह हफ्ते के बाजार का दिन था। अनेक ग्रामीण स्त्रियां उपले बेचकर अपनी जीविका के लिए आवश्यक चीजें खरीदकर अपने-अपने गांव लौट रही थीं। उस समय ऐसी ही एक ग्रामीण स्त्री उपलों से खचाखच भरा टोकरा अपने सिर पर लादे चली जा रही थी। वह बोझ उससे सहा नहीं जा रहा था। उस असह्य बोझ से परेशान वह स्त्री जैसे-तैसे, पसीने से तर-बतर होकर रास्ते से चली जा रही थी। शाहू छत्रपति को उस स्त्री की दशा पर दया आई। उन्होंने अपना रथ रोक लिया और उस ग्रामीण स्त्री से कहा, ''फेंक दे वह सिर का उपलों का बोझ। यह ले दो रुपए और जा अपने घर। यह बोझ बाजार तक ले जाते-जाते बीच रास्ते में ही बेहोश होकर गिर जाएगी।''

वह स्त्री तनिक गुस्से में बोली, ''उपले फेंककर मुफ्त के पैसे क्यों लूं? चाहें तो ये उपले आप खरीद लीजिए।''

''हां-हां, ठीक है, मैं इसे खरीद ही लेता हूं। रथ में रख दे ये उपले और ले ले ये रुपए।''

''मुझे नहीं चाहिए आपके दो रुपए। उपलों की कीमत है सिर्फ बारह आने।'' वह स्त्री बोली।

शाहू छत्रपति ने तनिक गुस्से में कहा, ''दो रुपए दिए तो तुझे लेने में क्या हर्ज है? ले ले चुपचाप।''

शाहू छत्रपति के धमकाने से डरी हुई वह ग्रामीण स्त्री गिड़गिड़ाती बोली, ''ना-ना यह नहीं होगा। पाप का पैसा मैं कैसे ले लूं ?''

विवश होकर महाराजा बोले, ''ठीक है! तो ले बारह आने बस!''

वह स्त्री बारह आने लेकर खुशी से चली गई।

शाहू राजा का रथ आगे बढ़ा। रथ में उनके साथ कुछ सहयोगी और कुछ नौकर भी थे। महाराजा ने हंसकर उनसे कहा, ''क्यों रे! अपने इस रथ में उस स्त्री जितना ईमानदार है कोई ? हाथ लगी कोई चीज लौटाते हो क्या कभी?''

ऐसे प्रसंगों में शाहू छत्रपति अपने सहयोगियों और सेवकों को अप्रत्यक्ष रूप में कुछ न कुछ अवश्य सिखाते। अपने नौकरों के दोष जैसे ही उन्हें मालूम होते, वैसे ही उन्हें उनकी घर–गृहस्थी की छोटी–मोटी आवश्यकताएं भी ज्ञात होतीं। एक बार उनके एक सेवक की पत्नी प्रसूत हुई थी इसलिए उसने राजमहल में घी और कीमती चावल की चोरी की। बदकिस्मती से चोरी करते हुए वह सेवक पकड़ा गया। डरे हुए उस सेवक को महाराजा के सामने ला खड़ा किया गया। वह अपराधी सेवक थर–थर कांपता हुआ सामने खड़ा था। अब पीठ पर कोड़े की असह्य मार पड़ेगी, ऐसा उसे लग रहा था। तभी उसकी पीठ को शाहू छत्रपति के प्रेमपूर्ण हाथ का स्पर्श हुआ। अपने आंसुओं को रोकते हुए शाहू छत्रपति ने उससे कहा, ''जा ! फिर ऐसा मत करना।'' इतना ही कहकर महाराजा चुप नहीं रहे; बल्कि उस गरीब सेवक के घर उन्होंने उसी दिन असली घी का एक डिब्बा और महंगे खुशबूदार चावल की एक बोरी भेज दी। ऐसा जवान–कर्तृत्ववान राजा भ्रष्टाचारी नौकरशाही से जूझते समय–नौकरशाही कोई बेजान यंत्र नहीं होती बल्कि वह मनुष्यों का एक संगठन होता है–इसका भान रखकर उस बात को भुला नहीं देता था कि उनका वह युद्ध धर्मयुद्ध था।

राजर्षि शाहू छत्रपति ने राज्याधिकार अपने हाथ आते ही प्रशासन का पारंपरिक, दकियानूसी स्वरूप पूर्णतया बदलकर प्रशासन पर अपनी पकड़ को अधिकाधिक मजबूत करना शुरू किया। कोल्हापुर की राजगद्दी पर शाहू छत्रपति के विराजमान होने से पहले ब्रिटिशों ने जान–बूझकर ऐसी कोशिश की थी कि शाहू राजा का 'छत्रपति' खिताब सिर्फ नाम के वास्ते रहेगा। अपने राज्य के किसी गुनहगार को फांसी की सजा देने के लिए कोल्हापुर के छत्रपति को ब्रिटिश सरकार और कोल्हापुर रियासत में 1862 ई.में हुए इकरार के अनुसार ब्रिटिश सरकार की मंजूरी लेनी पड़ती थी। ऐसा राजा प्रशासन पर अपनी धाक कैसे जमा पाएगा! इसका विचार कर शाहू छत्रपति ने तत्कालीन बंबई के गवर्नर लॉर्ड हैरिस को 14 नवंबर, 1894 ई. को एक विस्तृत पत्र लिखकर अपने राज्य के गुनहगार को फांसी देने का अधिकार प्राप्त करने के लिए जोरदार मांग की। उस पत्र में उन्होंने इस बात की भी मांग की थी कि उनकी रियासत के जागीरदारों पर उन्हीं की पूरी हुकूमत चले। शाहू छत्रपति की दृढ़तापूर्वक की हुई मांग और उनकी कार्यक्षमता का विचार कर उन्हें दोनों बातों के पूर्ण अधिकार बहाल किए जाने की घोषणा 31 मई, 1895 ई. को की गई। बंबई के तत्कालीन गवर्नर लॉर्ड सैंढर्स्ट ने एक खास पत्र लिखकर शाहू राजा को उनके महत्त्वपूर्ण अधिकार फिर से मिल जाने के कारण उनका हार्दिक अभिनंदन किया।

शाहू छत्रपति के चरित्र गठन में गुरुवर फ्रेजर का महत्त्वपूर्ण रोल रहा। उन दोनों में जो हार्दिक संबंध थे उसे आश्चर्यपूर्ण बात समझना चाहिए। उन दोनों में मृत्यु–पर्यंत पत्र–व्यवहार चलता रहा। अड़चन के समय शाहू राजा गुरुवर फ्रेजर के पास जाते। वे उनसे न केवल

महत्त्वपूर्ण; बल्कि छोटी-छोटी बातों में भी सलाह-मशविरा लिया करते। गुरुवर फ्रेजर भी शाहू छत्रपति को समुचित सलाह देते। शाहू छत्रपति कई बार ब्रिटिश अधिकारियों के उद्धत बर्ताव से तंग आ जाते। तब वे गुरुवर फ्रेजर से संपर्क स्थापित कर अपनी अड़चनों को दिल खोलकर बता देते, उनके बारे में गुरुवर की राय पूछ लेते। एक पत्र में उन्होंने यह भी लिखा था कि ब्रिटिश अफसर जब-जब कोल्हापुर आते या कोल्हापुर से बाहर जाते तब उनका स्वागत करने या उन्हें विदा करने क्या छत्रपति का हाजिर रहना आवश्यक है? शाहू छत्रपति ने अन्य अनेक महत्त्वपूर्ण प्रश्नों में गुरुवर फ्रेजर के मार्गदर्शन की अपेक्षा की थी।

गुरुवर फ्रेजर ने 25 अक्तूबर, 1894 ई.को लिखे हुए एक सविस्तार पत्र में शाहू राजा की महत्त्वपूर्ण अड़चनों का मौलिक एवं महत्त्वपूर्ण मार्गदर्शन किया था। उस सनय कोल्हापुर रियासत में दीवान के पद पर खान बहादुर मेहेरजीभाई कुंवरजी तारापुर वाला थे। उनके अनैतिक चालचलन के बारे में कोल्हापुर में अनेक अफवाहें फैली हुई थीं। शाहू छत्रपति तब इस फिक्र में थे कि दीवान तारापुर वाला के बारे में कौन सी कार्यवाही की जाय। गुरुवर फ्रेजर ने उस बारे में लिखा था कि उनके पद में तुरंत कोई परिवर्तन मत कीजिए। उन पर जो इलजाम हैं उनका स्पष्टीकरण देने का उन्हें मौका दीजिए। सभी संदेहयुक्त अभियुक्तों को अपना बचाव करने का मौका मिले, इस नियम का ठीक पालन होना चाहिए । आप उन्हें अच्छा बर्ताव करने की सलाह दीजिए। उस सलाह के अनुसार अगर उनका बर्ताव न हो तो आप उस बारे में अंतिम निर्णय ले सकते हैं। उस पत्र में उन्होंने ऐसी भी स्पष्ट सलाह दी थी कि अगर कोई नया ब्रिटिश राजनीतिक प्रतिनिधि आया हो और वह आपके राज्य में पहली ही बार आ रहा हो तो आप उसके स्वागत में अवश्य जाइएगा या वह आपका राज्य छोड़कर हमेशा के लिए जाने वाला हो तो उसे विदा करने के लिए उपस्थित रहिएगा; पर अन्य समय उनके आगत-स्वागत के लिए आपके उपस्थित रहने की बिलकुल आवश्यकता नहीं।

अपनी प्रजा के साथ मिल-जुलकर रहना, उससे कमीबेशी के बारे में पूछते रहना, जिस राजा का यह स्वभावधर्म था, उस राजा के विरोध में कुछ नौकरों ने नाहक शोर मचाना शुरू किया कि वे प्रजा से नहीं मिलते, उनकी फरियाद नहीं सुनते। शाहू छत्रपति को बदनाम करने के लिए ही वह षड्यंत्र था, तो भी गुरुवर फ्रेजर ने उस पत्र में अपनत्व से लिखा था, ''राजा ! आप इससे संबंधित मामा परमानंद का 'लेटर्स टू ॲन इंडियन राजा', यह ग्रंथ फिर से ध्यानपूर्वक पढ़िए। लोगों से मिलने का दिन और समय निश्चित कर दीजिए। उस समय के अलावा जिन्होंने मिलने का पूर्वनियोजित समय निश्चित किया हो, उनसे भी मिलिए। दीनदुर्बलों के लिए आपके राजमहल के दरवाजे सदैव खुले रहने चाहिए, यह हमेशा ध्यान में रखिएगा। उसी पत्र में उन्होंने लिखा है, जागीरदारों के बारे में अगर कुछ शिकायतें हों, तो आप अपना व्यक्तिगत कौशल दांव पर लगाकर उनको सुलझाएं; परंतु एक बात ध्यान में रखनी चाहिए कि उनके जो भी राजनीतिक या प्रशासकीय मतभेद हों, उनका निराकरण मित्रत्व के संबंध पर नहीं होना चाहिए।''

अंत में गुरुवर फ्रेजर शाहू छत्रपति को फांसी की सजा देने का अधिकार तथा कुछ अन्य महत्त्वपूर्ण अधिकार मिलने पर आनंद प्रकट करते हैं और सलाह देते हैं कि वह पत्र फाड़ दें।

राजकारोबार का पूर्ण अधिकार प्राप्त होते ही शाहू छत्रपति ने राज्य के प्रशासन तंत्र पर अपना प्रभुत्व रखने की दृष्टि से सुदृढ़ कदम उठाना शुरू किया। अपनी प्रजा की फरियाद जानने के लिए वे कभी नौकरों के कागजी विवरण पर निर्भर नहीं रहते थे। राजमहल में ऐशआराम में रहकर, सिंहासन से नीचे न उतरते हुए राज-शकट हांकना उन्हें बिलकुल मंजूर नहीं था। बल्कि उनके साथ हार्दिक गपशप कर, उनके सुख-दुख जान लेने में शाहू छत्रपति को अधिक रस था। छत्रपति शिवाजी का अधिक से अधिक समय रायगढ़ में व्यतीत हुआ था। जब भी उनका मुकाम रायगढ़ होता तब संध्या समय वे एक सार्वजनिक कुएं के चबूतरे पर बैठकर वहां आने-जाने वाले स्त्री-पुरुषों से प्रेम से बातें करते, ऐसा एक प्रख्यात इतिहास-तज्ञ ने लिख रखा है। ऐसा प्रतीत होता है कि शाहू छत्रपति ने भी वही पारंपरिक आदर्श अपने सम्मुख रखा था। उनका मुकाम जब कभी सोनतली के कैंप पर होता तब वे एक बरगद के चबूतरे पर बैठ आने-जाने वाले लोगों से दिल खोलकर बातें करते। लोगों के सुख-दुख उन्हीं के मुंह से सुनते समय वे उसमें मग्न हो जाते।

शाहू राजा अपना अधिक समय या तो जंगल में बिताते या देहातों में घूमने में बिताते। शिकार खेलने के बहाने अपनी रियासत के जंगलों में उनका दौरा हमेशा चलता रहता। राज्याधिकार ग्रहण करने के बाद थोड़े ही दिनों में उन्होंने शिरोल, जत, गडहिंग्लज, गारगोटी गांवों का दौरा किया।

शिरोल के मुकाम में उन्होंने इर्दगिर्द के कई देहात देख लिये। सबेरे-सबेरे वे जब घुड़दौड़ के लिए निकलते तब उन्हें तरह-तरह के लोग दिखाई देते। दीन-दुर्बल लोग किस प्रकार के कपड़े पहनते हैं, उनकी झोंपड़ी में कौन-सा खाना पकता है, कुल मिलाकर उनका जीवन कैसा है यह वे अपनी आंखों से देखते। शिकार के समय उनके साथ जितने लोग होते उनसे अधिक लोगों का खाना पकाने का वे इंतजाम करते। इतना ही नहीं, सिर्फ एक ही स्थान पर नहीं; बल्कि 2-3 स्थानों पर खाना पकाकर रखा जाता। उससे कई बार जंगल-देहात के गरीब लोगों को भोजन करने का मौका मिलता।

जब उनका मुकाम शिरोल में था, तब शाहू छत्रपति ने बड़ी श्रद्धा के साथ नृसिंहवाडी में जाकर दत्त-दर्शन किए। कृष्णा और पंचगंगा के संगम पर स्थित श्री दत्त मंदिर के रमणीय वातावरण में शाहू छत्रपति स्वयं को भुलाना चाहते थे। परंतु लाख कोशिश करने के बावजूद दत्त मंदिर की ओर जाने वाले रास्ते के दोनों ओर दीन-हीन अवस्था में भीख मांगते बैठे हुए कोढ़ियों को वे भुला नहीं पाते थे। नृसिंहवाड़ी के पवित्र तीर्थक्षेत्र में उनका रोग ठीक होगा ऐसा अंधविश्वास उन रोगियों के मन में घर कर बैठा था। परिणामस्वरूप वहां दिन-ब-दिन रोगियों की संख्या बढ़ती ही जा रही थी। शाहू राजा के मन में एक ओर उन रोगियों के दर्शन से बेचैन होने वाले श्रद्धालु लोगों का विचार आ रहा था तो दूसरी ओर उस दुर्धर रोग से

पीड़ित, अगतिक, दीन–हीन रोगियों के लिए वे क्या कुछ कर सकेंगे, यह विचार उन्हें अशांत बना रहा था। फिर उन्होंने वहीं पर महत्त्वपूर्ण निर्णय ले लिया कि वहां भीड़ करने वाले उन लाल कोढ़ियों की अलग बस्ती का निर्माण होना चाहिए। उस निर्णय की कार्यवाही भी उन्होंने तुरंत की। थोड़े ही दिनों में 22 जून, 1897 ई. को कोल्हापुर में उन्होंने 'विक्टोरिया लेपर असायलम' नामक लाल कोढ़ियों की एक अलग बस्ती स्थापित की। बाद में उन्होंने शेंडापार्क की उनकी बस्ती सह्याद्रि की पहाड़ी–घाट में अणुस्कुरा नामक स्थान में स्थलांतरित की।

गडहिंग्लज के इर्दगिर्द के गांवों के समूह में सुतकट्टी की बारी में (दो पहाड़ों बीच की भयंकर घाटी में) बेरडों द्वारा लोगों को लूटा जाता है, ऐसा शाहू राजा के कान में बार-बार आता इसलिए उन्होंने उस क्षेत्र का दौरा करने का निश्चय किया। यथाशीघ्र उन्होंने उस क्षेत्र के बेरडों से प्रत्यक्ष मुलाकात की। साथ ही गडहिंग्लज और आसपास के परिक्षेत्र के बेरडों से सुसंवाद किया। परिणामस्वरूप उन्हें पापी पेट के लिए चोरी और लूटपाट करने वाले बेरडों का यथार्थ जीवन–दर्शन हुआ। उसी तरह उन्हें इस बात का भी पता चला कि अपने प्रशासन के भ्रष्ट अफसर अपने अपराधों और कामचोरी को छुपाते, उस पर पर्दा डालने के लिए निरपराध बेरड लोगों को बिना किसी पूछताछ या जांच के जेलखाने में बंद कर देते हैं। उनको बेवजह सताते हैं, यह भी उनकी समझ में आया। इसलिए शाहू छत्रपति ने एक सरकारी विशेषाज्ञा (ऑर्डिनेंस) द्वारा ऐसा घोषित किया कि पूछताछ के लिए एक महीने से अधिक समय के लिए जेल में बंद कैदियों की मासिक रिपोर्ट स्पष्टीकरण सहित हर मजिस्ट्रेट पेश करे।

इसी दौरे में शाहू छत्रपति गडहिंग्लज से गारगोटी की तरफ अपना मोर्चा ले गए। लोगों को जब पता चला कि शाहू राजा उनके गांव की ओर आ रहे हैं तो उनसे मिलने के लिए लोगों के झुंड के झुंड आने लगे। लोग कुतूहल के साथ अपने राजा को देख रहे थे, आंखों में समा ले रहे थे। राजा से अनेक शिकायतें की जा रही थीं। उस भाग में प्राथमिक शिक्षा की थोड़ी सुविधा थी; पर लड़कियों को सहज रूप से शिक्षा का लाभ मिल नहीं रहा था। इसलिए लोगों ने राजा के सामने लड़कियों की पाठशाला की मांग की। महाराजा ने वहीं निर्णय दिया कि लड़कियों की पाठशाला शुरू की जाय। वहां पीने के पानी की किल्लत थी। अतः उन्होंने पास के एक झरने का पानी गारगोटी में लाने के नियोजन का विचार किया। फिर वहां से नजदीक के शेणगांव के कत्थे के कारखाने को भेंट देकर वह दौरा समाप्त कर वे कोल्हापुर लौट आए।

बंबई के रामचंद्र भास्कर गुप्ते ने 23 फरवरी, 1895 ई. को शाहू छत्रपति को एक पत्र लिखकर 7000 रु. कर्ज के रूप में देने की मांग की थी, ऐसा दिखाई देता है। 14 मार्च, 1895 ई. को एक पत्र लिखकर पुणे के फर्ग्युसन कॉलेज के प्राचार्य गोपाल कृष्ण गोखले ने रघुनाथराव सबनीस से यह पूछा था कि शाहू छत्रपति अपने कॉलेज की नई इमारत के उद्घाटन के लिए कब आने वाले हैं? 24 अप्रैल,1896 ई. के अपने पत्र में राजघराने के

पुरोहित नारायण राजापाध्ये ने अपने लड़कों के मौजी–बंधन समारोह में उपस्थित रहकर उनके घर पर थोड़ा अल्पापहार भी ग्रहण करें ऐसी विनम्र प्रार्थना शाहू छत्रपति से की है, ऐसा दिखाई देता है। सारांश शाहू छत्रपति को राज्य का पूर्ण अधिकार प्राप्त होते ही पारंपरिक भ्रष्ट राज्यतंत्र के स्थान पर जनकल्याणकारी राज्यतंत्र की प्रस्थापना कर अपना राज्य–कारोबार अधिक से अधिक जनताभिमुख कैसे होगा, इसी विचार में महाराजा मग्न रहे हैं, ऐसा दिखाई देता है।

राजर्षि शाहू छत्रपति को मिले हुए सिर्फ दो ही वर्षों में उन्होंने अपने राज–काज का प्रबंध बहुत ही अच्छा कर उसे सुराज्य का स्वरूप दे दिया। प्रजा के हित के लिए सदैव सर्वस्व का त्याग करने के लिए तैयार रहने वाला राजा प्रजा को मिला था, इसलिए अब किसी संकट का उसे डर नहीं रहा था। उस दृष्टि से प्रजा को पूरा अभय मिल चुका था। प्रजा अब सुख से रहने लगी थी। लोगों का यह सुख आसमानी आपत्ति ने अधिक समय टिकने नहीं दिया। 1896 ई. में बरसात ही नहीं हुई। धूप से जमीन सूख जाने लगी। खेतों के झाड़–झंखाड़ सूखने लगे। नदी–नालों, तालाबों और कुओं में पानी की बूंद नहीं बची। लोगों की आंखें आसमान ताकने लगीं। वे राजा वरुण की कृपा के लिए तरह–तरह से प्रार्थना करने लगे। देवताओं को पानी में डुबोकर वे बारिश के लिए संकट दूर करने की प्रार्थना करने लगे। पर राजा वरुण प्रसन्न हुआ नहीं। उसका दिल पसीजा नहीं। गरीब जनता अकाल के संकट में पिसती रही पर सेठ,साहूकार, इनामदार और अन्य अभिजनों के ऐशआराम को अकाल का धक्का नहीं लगा। किसानों के अनाज के भंडार खत्म हो गए। अपने पापी पेट को पालने के लिए वे चोरी–मारी करने लगे। जी–जान से भी ज्यादा प्यारे जानवर उन भूमिपुत्रों के सामने बिना चारे–पानी के तड़प–तड़प कर दम तोड़ने लगे। लोगों के झुंड के झुंड अपने प्राणों से भी प्रिय गांवों को अपनी जान बचाने के लिए छोड़कर जाने लगे। अपने पांढरी गांव से विदा लेने लगे। देखते–देखते अनेक गांव निर्जन होने लगे।

अकाल में अनाज की कीमतें दुगुनी होने लगीं। एक मन ज्वार की बोरी जो 1 रुपए 14 आने में मिलती, वही अब 4 रुपए मन कीमत लेकर बेची जाने लगी। एक मन गेहूं जो पहले पौने तीन रुपए लेकर बेचा जाता था, उसकी कीमत अकाल में साढ़े चार रुपए से अधिक हो गई। जो चावल साढ़े तीन रुपए मन था, वह साढ़े चार रुपए मन हुआ। सामान्य जनता हैरान हुई। 1896 ई. के भीषण अकाल से संपूर्ण कोल्हापुर रियासत और इर्दगिर्द के प्रदेश में कुहराम मच गया। उस अकाल से समूचा महाराष्ट्र परेशान हो गया था।

उस आसमानी आपत्ति की आहट लगते ही शाहू छत्रपति उस भयावह अकाल से मुकाबला करने के लिए पक्का निश्चय कर तैयार हुए। अकाल का भीषण रूप और परिणाम जानने के लिए 1896 ई. के नवंबर महीने में उन्होंने गडहिंग्लज, रायबाग और कटकोल जैसे अकालपीड़ित गांवों का स्वयं दौरा किया। यह दौरा समाप्त होते ही 1897 ई.के जनवरी महीने में उन्होंने भुदरगढ़ और पन्हाळापेटा के हालात भी देख लिये। अकालपीड़ित गावों का मुआयना करते समय शाहू राजा के साथ लवाजमा नहीं था। शाहू राजा अपने इनेगिने

अधिकारियों को साथ लेकर कभी घोड़े पर तो कभी पैदल दौरा करते हुए, धूप या गर्मी की चपेट की परवाह न करते हुए अकालपीड़ित किसानों से उनके खेतों पर जाकर मिलते। गर्मी से सूखी जमीन, उसमें पड़ी हुई प्रचंड दरारें, सूखे हुए झाड़-झंखाड़, खाली पड़े हुए चौपालों के गोठ और उदास-हताश बैठे हुए भोले-भाले किसानों को देखकर शाहू राजा दुखी हो जाते। दुखी मन से वे सब देखते। किसानों के मुंह से अकाल की करुण कथाएं सुनकर शाहू राजा का दिल दहल जाता। परंतु अगर राजा ही हताश-निराश हो जाए तो दीन-दुर्बल प्रजा कहां जाए? क्या करे! आदर्श राजा के लिए जय-पराजय, सुख-दुख को अधिक समय तक छाती से लगाए बैठने की स्वतंत्रता नहीं होती। इसलिए शाहू राजा अकाल से सर्वस्व ध्वस्त हुए लोगों को धीरज बंधाते हुए उनके डगमगाते नीतिधैर्य को बढ़ाने की कोशिश करते। साथ-साथ उसी समय वे आसमानी दुविधा से पीड़ित प्रजा को लूटने-खसोटने में लगे हुए भटजी-सेठजी लोगों की खबर भी लेते। अनाज का काला बाजार करने वाले वैश्य व्यापारी, लोगों की असहायता से लाभ उठाने वाले भ्रष्ट अधिकारी तथा असहायों की अंधश्रद्धा से लाभ उठाकर उन्हें लूटने-खसोटने वाले देव-देवर्षि आदि सभी समाज-कंटकों के दुष्कृत्यों पर पाबंदी आ जाए, ऐसे-ऐसे निर्णय वहीं पर लेकर तुरंत उसकी तामील हो इसके लिए वे जी तोड़कर कोशिश करते थे।

एक ओर जहां वे ऐसी कोशिश कर रहे थे कि अकाल पीड़ितों को अपने राजा पर विश्वास हो, वहीं दूसरी ओर अकाल का फायदा उठाकर गरीबों को लूटने-खसोटने वाले समाजद्रोही दुष्टों पर अंकुश लगाते हुए छत्रपति का अकाल दौरा चालू था। उस दौरे के बाद उन्होंने अकाल पर काबू पाने के लिए अनेकानेक उपायों को अमल में लाना शुरू किया।

अकाल की परिस्थिति से अनुचित लाभ उठाने की चाह रखने वाले व्यापारी अनाज का अनधिकृत संग्रह करने लगे। अनाज और जीवनोपयोगी वस्तुओं की कालाबाजारी जोरों पर थी। इन सभी वस्तुओं की कीमतें बेहद बढ़ रही थीं। जीवनावश्यक वस्तु और अनाज जुटाना लोगों को मुश्किल हो रहा था। लोग परेशान हो गए थे। अनाज की तंगी दूर करने के लिए उन्होंने अनाज के वितरण की पुनर्रचना करने का निर्णय लिया। इसके लिए उन्होंने सर्वप्रथम रियासत के व्यापारियों को विश्वास में लिया। महाराजा ने आह्वान किया कि सर्वप्रथम वे अनाज की बढ़ाई हुई कीमतें कम करें। उन्होंने व्यापारियों को हुक्म दिया कि वे खरीदे हुए मूल्य पर ही अनाज बेचें। समय पड़ने पर वे घाटा सहकर ही सही अनाज बेचें, दरबार की ओर से उनके घाटे की रकम अदा की जाएगी। महाराजा के इस आह्वान पर व्यापारियों ने अनुकूल सहयोग दिया। परिणामस्वरूप अनाज की दुगुनी हुई कीमतें कम होने लगीं और लोगों को आवश्यकता के अनुसार अनाज मिलने लगा।

शाहू छत्रपति से प्रेरणा लेकर शहर के कुछ व्यापारियों और कुछ अमीर लोगों ने 8500 रु. इकट्ठा किए। उस रकम से उन्होंने कोल्हापुर शहर में सस्ते अनाज की दुकान शुरू की। उसका परिणाम अन्य व्यापारियों पर हुआ और उन्होंने भी न लाभ न घाटा इस तत्त्व पर

अनाज बेचने के लिए अनेक दुकानें खोलीं। दरबार की ओर से कुछ व्यापारियों को अनाज खरीदने के लिए बिना ब्याज कर्ज का वितरण किया गया।

अकाल निवारण के लिए शाहू छत्रपति रियासत के बाहर के अनेकानेक प्रदेशों से अनाज लाते; पर वह भी कम पड़ने लगा। अंत में उन्होंने अनाज की सप्लाई के लिए मैसूर के महाराजा से प्रार्थना की। तो उसने कोल्हापुर रियासत को अनाज की सप्लाई कर दी। इतना ही नहीं; शाहू छत्रपति ने उस संकट में ब्रिटिश सरकार से भी अनाज मंगा लिया था। अन्यान्य स्रोतों से मंगाया हुआ अनाज अकालपीड़ितों को सही रूप से वितरित किया जाता है या नहीं, यह शाहू छत्रपति स्वयं देखते थे।

अकाल के समय अकालपीड़ितों को अनाज का वितरण करना प्रयत्न करने से संभव हो सकता है; पर पीने के पानी का वितरण करना बहुत मुश्किल होता है। लगभग सौ साल पहले का यह अकाल है। आज की तरह उस समय पानी का वितरण करने के लिए टैंकर उपलब्ध नहीं थे। आज की तरह तब रेल का भी जाल नहीं बिछा हुआ था। इसलिए अन्य प्रदेशों से पानी लाना और उसका वितरण करना संभव नहीं था। रियासत में उपलब्ध साधनों का उचित उपयोग कर पानी की किल्लत का प्रश्न हल करना उसका एकमात्र इलाज था। अब उस दृष्टि से शाहू छत्रपति ने काम शुरू किया। जिन गांवों में कुएं थे; पर जिनका पानी सूख गया था, ऐसे कुओं का कीचड़, कचरा निकालना, उन कुओं की लंबाई-चौड़ाई बढ़ाना-विस्तृत करना, नदी-किनारे के गांवों में नए कुएं खुदवाना आदि काम दरबार के खर्चे से और लोगों के श्रमदान से शुरू किए। इससे गांवों में जो कुएं थे उनका स्वरूप पूर्णतया पलट गया। पुराने सूखे हुए कुएँ पानीदार बन गए। इतना ही कर शाहू छत्रपति रुके नहीं; बल्कि रियासत के नदी-नालों पर जहां भी आवश्यक था वहां बांध बनवाकर पानी को रोका गया, पानी का संचय किया गया। साथ ही शिरोल, रुकडी और वडगांव में नवीन तालाब बनाने की योजना कार्यान्वित की।

किसान को उनके पशु साक्षात् लक्ष्मी जैसे धनदायी लगते हैं। अकाल में उनकी खूब उपेक्षा हो रही थी। चारा-पानी के बिना दम तोड़ने वाले जानवर शाहू छत्रपति ने अपनी आंखों से देखे थे। दरबार की तरफ से कम मूल्य में अकाल पीड़ित जानवरों को घास वितरित की जाने लगी। जो अपने जानवरों को पालपोस नहीं सकते वे अपने जानवरों को रियासत की पशुशाला में रखें और जब भी वे अपने जानवर वापस ले जाना चाहें ले जाएं, ऐसा भी फरमान निकाला। रियासत द्वारा किए गए जानवरों की छावनी के प्रबंध का फायदा पड़ोस के कर्नाटक के अकाल पीड़ित किसानों ने भी उठाया। वहां से अनेक जानवर यहां भेजे जा रहे थे। कुछ लुच्चे लोग दूसरों के जानवर अपने बताकर वहां से ले गए। तब शाहू छत्रपति ने दरबार की ओर से जानवरों के मूल मालिकों को जानवर देने की व्यवस्था की। उस काल में लोगों को उनके जानवर चराने के लिए रियासत के जंगल में ले जाने की अनुमति दी गई।

अकालपीड़ितों के लिए सस्ते अनाज की दुकानें खोलकर और अन्य जीवनावश्यक चीजों को वितरित कर अकाल पर काबू नहीं पाया जा सकता। वे चीजें खरीदने के लिए

लोगों के हाथ में पैसा होना आवश्यक होता है अर्थात् लोगों के हाथ में पैसा हो इसलिए शाहू छत्रपति ने विविध रास्तों का, साथ ही पुलों का निर्माण-कार्य हाथ में लिया और अकालपीड़ितों को नौकरी उपलब्ध करा दी।

रियासत की रोजगार सुरक्षा योजना के अंतर्गत सिर्फ कोल्हापुर रियासत के ही रास्तों का काम करवाना काफी नहीं था; बल्कि ब्रिटिश हद के आवश्यक रास्तों का भी काम उपलब्ध करा देना आवश्यक था; इसलिए वहां भी काम शुरू किया गया। 1896-97 ई. में शाहू छत्रपति ने रास्तों के बनवाने पर चालीस हजार से भी अधिक रुपए खर्च किया। 1897-98 ई. में हाथकणंगले से वड़गांव तक, वड़गांव से कोडोली तक, शिरोल रेलवे स्टेशन से उदगांव तक, तारदाळ से हाथकणंगले तक, कटकोल से मनोली तक और मनोली से मुनाल तक कुल मिलाकर 75 मील के नए रास्ते बनवाए गए। इन रास्तों पर शाहू छत्रपति ने लगभग डेढ़ लाख रुपए खर्च किए थे। 1899-1900 ई. में उन्होंने निपाणी-फोंडा के पक्केरास्ते को बनवाना प्रारंभ किया।

रोजगार सुरक्षा योजना और भ्रष्टाचार में एक अटूट रिश्ता होता है। वह कल भी था और आज भी है। शाहू राजा के समय में भी लुच्चे और दुष्ट प्रवृत्ति के लोगों ने रोजगार सुरक्षा योजना की गंगा में अपने हाथ धो लेने की शुरुआत की। जाली उपस्थिति पत्र तैयार करना, जो काम पर आए ही नहीं उनकी मजदूरी ले लेना, बड़े-भले घरानों की जिन स्त्रियों ने अपने घर की देहरी भी नहीं लांघी थी, उनके भी नाम उपस्थिति पत्र में दीखने लगे। शाहू छत्रपति के ध्यान में यह दुर्व्यवहार आते ही उन्होंने 1899 ई. के अकाल में ऐसा निर्णय लिया कि स्थानिक लोगों को उन्हीं के गांव में इस योजना के अंतर्गत काम नहीं मिलेगा; बल्कि उन्हें दूर-दराज के गांवों में भी जाकर काम करना होगा।

अकाल में जीना महत्त्व का होता है। उसके लिए प्रौढ़ लोग रोजगार सुरक्षा योजना के अंतर्गत काम पर जाते हैं; परंतु उस समय छोटे बच्चों की बड़ी दुर्दशा होती है। कुछ अभागिनें छोटे बच्चों को लेकर काम पर आतीं। उन बच्चों को आसपास के पेड़ों की छांव में छोड़कर वे काम करती थीं। उन बच्चों की देखभाल करने के लिए कोई भी नहीं होता था, इसलिए उनकी भूख-प्यास की ओर लापरवाही होती थी। शाहू छत्रपति ने बाल-बच्चों की यह खस्ता हालत अपनी आंखों से देखी और तत्काल ऐसे बच्चों के लिए काम के स्थान पर शिशु संगोपन गृहों की स्थापना की। और वहां उन बच्चों की सुविधा के लिए खास आयाओं को नियुक्त किया। उन बच्चों के लिए आवश्यक दूध तथा अन्य चीजें दरबार द्वारा वितरित की जातीं।

अकाल में हट्टकट्टे लोग जिस-तिस तरह जीते रहते हैं; पर अनाथ अपंग, व्याधिग्रस्त और वृद्ध लोगों को भगवान भरोसे छोड़ देने की प्रवृत्ति समाज में कुछ व्यक्तियों में दिखाई देती है। ऐसे सभी लोगों की समस्या को ध्यान में लेकर शाहू छत्रपति ने उनके लिए कटकोल, पन्हाला, बांबवडा, बाजारभोगाव, गारगोटी, वलीवडा, तिरवडा, गडहिंग्लज और कोल्हापुर में कुल नौ आश्रम 1896-97 ई. में खोले और 1899-1900 ई. में शिरोल और

वड़गांव में दो निराधाराश्रम शुरू किए गए। उन आश्रमों में उन्हें खाना और कपड़ा-लत्ता दिया जाता। उनके दवा-पानी का भी वहां प्रबंध किया जाता। उपलब्ध लिखित जानकारी के अनुसार 1896-97 ई. में खोले गए आश्रमों में कुल 48,785 कंगाल लोगों ने आश्रय लिया था, ऐसा दिखाई देता है। इसके साथ ही अंध-अपंग और बूढ़े व्यक्तियों को अगर अकाल सहायता केंद्र में दाखिल होना मुमकिन न होता, तो उनके रहने के स्थान पर अनाज पहुंचाने का अलग से प्रबंध किया गया था।

इसके अलावा गरीब किसानों के खेती के विकास के लिए तकावी भी दी जाती थी। शाहू महाराजा का ध्यान सिर्फ अकालपीड़ित किसानों और उनके जानवरों पर केंद्रित नहीं था; बल्कि अपनी रियासत के नौकरों और उत्पादन प्रक्रिया के मजदूरों की खस्ता हालत की ओर भी था। उन पर भी विचार महाराजा ने ध्यान में रखकर किया था। उन सभी नौकरों को उन्होंने 1 नवंबर, 1896 ई. से अकाल-भत्ता देना आरंभ किया। अकाल भत्ते पर उन्होंने 31 मई, 1900 ई. तक 15,000/- रुपयों से भी अधिक खर्च किया है, ऐसा दिखाई देता है।

अकाल का निवारण करने के लिए प्रधान कार्यालय में ही खास कचहरी खोली गई थी और उस कचहरी का सूत्र संचालन 1 जनवरी,1900 ई. से भास्करराव जाधव को सौंपा गया था। सभी तहसीलदार-कचहरियों में खास अकाल विभाग खोले गए। इन सभी कचहरियों में अकाल निवारण के लिए विविध प्रकार के हथियार-औजार की खरीद पर एक वर्ष में 26000 रुपयों से भी अधिक खर्च किया गया। 1899 ई. का अकाल पूरे भारत में था। उसमें 10 लाख से भी अधिक लोग मर गए थे। परंतु 1897-99 ई. के कोल्हापुर में पड़े अकाल में एक भी अकाल-मृत्यु नहीं हुई। इसका संपूर्ण श्रेय शाहू महाराजा को देना होगा; क्योंकि उन्होंने अपना सर्वस्व दांव पर लगाकर अकाल से टक्कर ली थी और उसमें वे पूर्णतया सफल हुए थे।

ताऊन जैसे लाखों-करोड़ों की जान लेने वाले महा भयावह मर्ज का आज नामोनिशान भी नहीं है; परंतु चालीस-पचास साल पहले उस मर्ज ने दुनिया भर में कुहराम मचाया था। कोल्हापुर रियासत में ताऊन की हर महामारी में नौ-दस हजार लोग उसके शिकार होते। मानो 1897 ई. के अकाल का हाथ बंटाने के लिए ही महामारी का प्रकोप कोल्हापुर रियासत में हुआ हो! महामारी दैवी प्रकोप है, ऐसी अंधश्रद्धा लोगों के मनो में घर कर बैठी थी, इसलिए उस बीमारी के महाभयानक संकट से मुकाबला करते हुए शाहू छत्रपति को बहुत कष्ट होते थे। 1896 ई. में प्रथम कराची, भिवंडी, पुणे में महामारी फैली। उसके बाद वह सातारा, बेलगांव में शुरू हुई। धीरे-धीरे कोल्हापुर में फैली। अज्ञानी लोग शुरू-शुरू में देव-देवर्षि, धूप-भभूत, जादू के डोरे-बलि के ही उपायों से उस विनाशकारी महामारी से मुकाबला कर रहे थे। परंतु महामारी का दानव लोगों को निगलता ही जा रहा था। उस महामारी के बकासुर को मात देने शाहू छत्रपति के रूप में मानो भीम ही मिल गया। महामारी के अजस्र मर्ज को रोकने के लिए शाहू छत्रपति ने जल्द से जल्द अनेक इलाज किए।

10 दिसंबर, 1898 ई. को उन्होंने एक आज्ञापत्र प्रकाशित किया। उसमें महामारी के विषाणुओं को नष्ट करने की विस्तृत जानकारी दी है। उसमें अन्य जानकारी एवं सूचनाएं दी गई हैं। जैसे अपने घर-बार को साफ कैसे रखा जाय? महामारी का चूहा जला कैसे डाले? उसके लिए कौन सी दवा उपयोग में लाई जाए? आदि । महामारी के शिकार बने गांव के लोग गांव के बाहर बन-जंगल में बस्ती बनाकर रहें। वहां उनकी झोंपड़ियां बनाने की वस्तुएं दरबार की तरफ से कम मूल्य में दी गईं। लोगों के घर निर्जंतुक हों, इसलिए आवश्यक दवाइयां गरीबों को मुफ्त बांटी गईं। गांव के बाहर रहने के लिए गए हुए लोगों के घरों और संपत्ति की रक्षा करने की जिम्मेदारी दरबार ने उठाई।

महामारी से पीड़ित 18 देहातों में एक भी आदमी रह नहीं पाएगा; बल्कि वह गांव के बाहर बनाई हुई बस्ती में ही रहेगा, ऐसा प्रबंध किया गया। महामारी से पीड़ित गांव से अगर कोई कोल्हापुर शहर में आना चाहता तो ऐसे लोगों के लिए क्वारनटीन कैंप खोले गए। जिस व्यक्ति पर शक होता, उसे उस कैंप में 3-4 दिन तक रहना पड़ता। मिशनरी लोगों को भी शहर में प्रवेश करते समय जांच करवानी पड़ती कि वे रोगमुक्त हैं। इतना ही नहीं, महामारी का मरीज अगर कोई बता दे, तो उसे 10-15 रुपए पुरस्कार देना घोषित किया गया। महामारी की विस्तृत जानकारी देने वाली पत्रिकाएं बांटी गईं।

कोल्हापुर के महामारीग्रस्त मरीजों के लिए कोटितीर्थ में एक खास अस्पताल खोला गया। महामारी के मर्ज को काबू में लाने के प्रयत्नों में तेजी लाने के लिए शाहू छत्रपति ने पन्हाला-कोल्हापुर रेसिडेंसी में टेलीफोन का प्रबंध कोल्हापुर में पहली बार किया। महामारी के समय शाहू छत्रपति का मुकाम पन्हाला गढ़ पर था। दिन में एक बार शहर में आकर महामारी पर इलाज के बारे में वे आवश्यक सूचनाएं देते। उसके बाद कोटितीर्थ के अस्पताल में जाकर बीमारों की पूछताछ करते। राजनीतिक प्रतिनिधि कर्नल रे को उनके लिखे हुए 25 नवंबर, 1899 ई. के पत्र से मालूम होता है कि आगे चलकर शाहू छत्रपति की अस्पताल भेंट में अनियमितता-सी आ गई। बाद में कोल्हापुर रियासत में 1910-11 ई. के महामारी के अंतिम चरण में सब लोग स्वेच्छा से महामारी का टीका लगवा लें इसलिए शाहू छत्रपति ने स्वयं और राजमहल के सभी परिजनों तथा नौकरों ने महामारी का टीका लगवा लिया।

यह पचीस साल का जवां मर्द शाहू राजा अकाल और महामारी जैसे आसमानी संकटों से प्राणपण से जूझ रहा था। यद्यपि उस लड़ाई में कई बार जीत उसके पलड़े में होती, तो कई बार उसे हार का भी दुख सहना पड़ता था।

अध्याय : 6

पारिवारिक जीवन और रहन-सहन

समाज या राज्य कुछ और न होकर होता है–अनेक परिवारों का एकत्रीकरण! उन सभी परिवारों के प्रमुख और पालनहार के रूप में 'राजा' नाम की संस्था का उदय हुआ। जहां राजा नहीं होता उस समाज में 'जिसकी लाठी उसकी भैंस' वाली बात चरितार्थ होती है। इसलिए दुर्बलों की सुरक्षा के लिए 'राजा' का निर्माण हुआ। राजा संपूर्ण समाज का बोझ संभालता है। संपूर्ण समाज ही उसका परिवार होता है। हमारे सामने राजा का यही चित्र हुआ करता है। इसलिए हम भूल जाते हैं कि राजा और प्रजा के सार्वजनीन संबंध से परे उसका भी अपना खानगी जीवन होता है, वह भी किसी का पति होता है, उसे भी पिता की भूमिका निभानी पड़ती है, उसे भी भाई-भाई का वैर और बंधु-प्रेम इन दोनों परस्पर विरुद्ध छोरों की प्रवृत्ति में उलझकर रह जाना पड़ता है। वह भी किसी का दामाद होता है या उसे भी 'जामाता' नामक दशग्रह परेशान करता रहता है, इसे हम भूल जाते हैं। राजर्षि शाहू छत्रपति ने 'आदर्श राजा' बनने की दृष्टि से जैसे अपनी पूरी जिंदगी दांव पर लगा दी थी, उसी तरह 'आदर्श गृहस्थ' होने की भी उन्होंने भरसक कोशिश की थी, ऐसा दिखाई देता है। इसीलिए अपने पारिवारिक जीवन में पुत्र, पति, पिता और बंधु आदि आत्मीय भूमिका शाहू छत्रपति समरसता के साथ अदा कर सके, ऐसा दिखाई देता है।

आधुनिक महाराष्ट्र के सामाजिक इतिहास में शाहू छत्रपति और उनके छोटे भाई पिराजीराव अर्थात् बापूसाहब महाराजा, इन दोनों भाइयों की जोड़ी अविस्मरणीय साबित हुई है। बापूसाहब शाहू छत्रपति से लगभग डेढ़ साल छोटे थे। बापूसाहब का जन्म 3 जनवरी, 1876 ई. को हुआ। भले ही उन दोनों की उम्र में विशेष अंतर नहीं था, तो भी बापूसाहब शाहू छत्रपति का न केवल बड़े भाई के नाते सम्मान करते थे; बल्कि वे उन्हें अपने पिता के स्थान पर मानते थे और हमेशा उनकी साया बनकर रहा करते थे। 1877 ई. में उनकी माताश्री राधाबाई की मृत्यु हुई। उसके बाद उनके पिताश्री जयसिंगराव अर्थात् आबासाहब ही उन दोनों के माताश्री और पिताश्री थे। परंतु 20 मार्च, 1886 ई. को उनकी मृत्यु होने पर शाहूराजा और पिराजीराव अनाथ हो गए। ऐसे संकट के समय बड़े भाई को पिता की भूमिका निभानी पड़ती है। उसे अपना बचपन भूलकर असमय प्रौढ़ बनना पड़ता है।

शाहू छत्रपति के बारे में भी यही हुआ। उन्होंने बापूसाहब को न केवल अपने छोटे भाई की हैसियत से प्रेम किया; बल्कि उन्हें स्वर्गस्थ पिता का अभाव महसूस ही नहीं होने दिया। उन दोनों की शिक्षा धारवाड़ में साथ-साथ ही हुई। शिक्षा के साथ भारत दर्शन के लिए गुरुवर फ्रेजर और शिक्षक गोखलेद्वय के मार्गदर्शन में जो यात्राएं कीं तब भी उन दोनों भाइयों का साथ नहीं छूटा। 1902 ई. में शाहू छत्रपति इग्लैंड गए तब भी बापूसाहब उनके साथ थे। शिक्षा, यात्रा, शिकार, खेल, मनोरंजन, सामाजिक, राजनीतिक कार्य में—सारांश यह कि हर क्षेत्र में उन दोनों की जोड़ी अभंग रही।

11 मई, 1891 को यानी शाहू छत्रपति के विवाह के एक महीने बाद बापूसाहब का विवाह संपन्न हुआ। उसके बाद धारवाड़ में दोनों भाइयों की फिर शिक्षा शुरू हुई। 2 अप्रैल, 1894 ई. को शाहू छत्रपति कोल्हापुर की राजगद्दी पर विराजमान हुए। उन्होंने कागल सीनियर जागीर के सर्वाधिकार बापूसाहब महाराजा को सम्मान के साथ सुपुर्द किए।

शाहू छत्रपति ने अपने कार्यकाल में 'बहुजन हिताय, बहुजन सुखाय' सूत्र को ध्यान में रखकर जो भी सामाजिक और राजनीतिक कार्य किया उसमें सहयोगी और सलाहकार की भूमिका निभाने वाले गुरुवर फ्रेजर, दीवान रघुनाथराव सबनीस, भास्करराव जाधव, रावसाहब विचारे और इनके साथ बापूसाहब महाराजा का भी समावेश था। शाहू छत्रपति और बापूसाहब महाराजा बंधुओं के आपसी प्रेम और त्याग की अनगिनत यादें आज उपलब्ध हैं। शाहू छत्रपति के शिक्षा-प्रसार के कार्य में महत्त्वपूर्ण योगदान देने वाले उनके सहयोगी वासुदेव तोपखाने की सदैव तारीफ होती रहती है। स्वयं शाहू छत्रपति उनका उल्लेख 'महात्मा' के रूप में करते थे। तोपखाने ने 'राजर्षि श्री शाहू यांचे अंतरंग' नामक जो ग्रंथ लिखा था उसमें उन्होंने शाहू छत्रपति और बापूसाहब महाराजा के बंधुप्रेम की अनेक घटनाएं लिखी हैं। उनमें से एक घटना का उल्लेख शाहू छत्रपति सदैव श्री तोपखाने गुरुजी के पास कृतज्ञतापूर्वक करते। वह घटना है—शाहू छत्रपति जब कभी शिकार खेलने जाते तब बापूसाहब उनके साथ हमेशा रहा करते। एक-दो बार शिकार खेलते सम्य शाहू छत्रपति का निशाना चूका और उन्हीं पर शिकार होने की नौबत आ गई, उस समय अपनी जान पर खेलकर बापूसाहब महाराजा ने शाहू छत्रपति को बचाया था।

यह सच है कि शाहू छत्रपति के बारे में उनकी निष्ठा में खोट नहीं थी। उनका बंधुप्रेम निःसंदेह आदर्शवत् था। परंतु कई बार अति प्रेम और अति उत्साह के आवेग में अनुचित बर्ताव बापूसाहब से हो जाता। ऐसे समय शाहू छत्रपति का संयमी स्वभाव थोड़ा संतप्त हो जाता। तब क्रोध से वे अपने बंधु पर बरस पड़ते, कहते, ''क्या मुझे तंग करने के लिए ही आपने जन्म लिया है?''

पिछले चालीस-पचास वर्षों में कोल्हापुर के राजमहल में पालना नहीं झूला था। रियासत के राजा को जनकपिता होने का भाग्य प्राप्त नहीं हुआ था। कोल्हापुर की गद्दी पर पिछली अर्द्ध सदी से गोद लिये वारिस की परंपरा चलती आई थी। शाहू छत्रपति ने कोल्हापुर रियासत के राज-सूत्र अपने हाथ में लेने के पहले ही वह परंपरा खंडित कर दी।

1894 ई. से 1899 ई. तक लगभग 5 वर्षों में महारानी लक्ष्मीबाई ने दो पुत्र और दो कन्याओं को जन्म दिया। 10 मार्च, 1894 ई. को उनकी पहली कन्या ने जन्म लिया। शाहू छत्रपति ने अपनी इस पहली कन्या को अपनी मां का नाम रखा। वे ही प्रख्यात राधाबाई अर्थात् आक्कासाहब रानी सरकार हैं। उसके बाद 23 मई, 1895 ई. को उनके दूसरी कन्या हुई। उनका नाम आऊबाई रखा था; परंतु वह कन्या अधिक समय जी नहीं सकी।

लक्ष्मीबाई रानीसाहिबा की कोख खुलने से कोल्हापुर का छत्रपति परिवार बाललीलाओं और 'बालहठ' से गुंजरित होने लगा। राजगृह के छोटे-बड़े सभी स्त्री-पुरुष वह आनंद उठा रहे थे। शाहू छत्रपति की परनानी अर्थात् बाबासाहब महाराजा अर्थात् शिवाजी तृतीय की पत्नी अहल्याबाई रानीसाहिबा उस असीम आनंद में डूबी हुई थीं। शाहू छत्रपति को उनका असीम प्रेम प्राप्त होता था। मुसीबत-संकट में शाहू छत्रपति राजगृह की पारिवारिक अड़चनों को सुलझाने में उनकी सलाह लेते या यों कहिए कि उन्हीं का शब्द घरेलू प्रश्नों का अंतिम उत्तर होता था। शाहू राजा को भी अहल्याबाई रानीसाहिबा से आत्मीय प्रेम था। परंतु बदकिस्मती से शाहू राजा को अपनी परदादी के प्रेम को हमेशा के लिए खोना पड़ा। 14 दिसंबर, 1895 ई. को अहल्याबाई रानीसाहिबा अर्थात् बडोदाकरीन की मृत्यु हुई। तब शाहू छत्रपति को कोल्हापुर रियासत का राजकारोबार हाथ में लिये सिर्फ डेढ़ साल ही हुआ था। इस बीच उन्हें कई सामाजिक और राजनीतिक समस्याओं का सामना करना पड़ा था। तभी उनकी पारिवारिक आपत्तियों में जिनका पुख्ता आधार था, वह अहल्याबाई रानीसाहिबा इस दुनिया में नहीं रहीं। उनकी मृत्यु से शाहू छत्रपति को असीम दुख हुआ। अपनी परदादी अहल्याबाईजी रानीसाहिबा का विशुद्ध प्रेम और निस्सीम उदारता वे कभी भूल नहीं पाते थे। उनका स्मरण उन्हें सदैव होता था। अतः शाहू छत्रपति ने अहल्याबाई रानीसाहिबा की स्मृति में उनके नाम पर एक कन्याशाला और एक देसी दवाइयों का दवाखाना शुरू किया।

शाहू छत्रपति अकाल और महामारी जैसे अजस्र संकटों से जूझ रहे थे। संपूर्ण कोल्हापुर रियासत में मृत्यु का तांडव शुरू था। सभी लोग सदैव चिंता और तनाव में जीवन-यापन कर रहे थे। सर्वत्र जीवन-मरण का झगड़ा चल रहा था। लोगों को सब कुछ अंधकारमय लग रहा था। शाहू राजा स्वयं चिंताग्रस्त थे। पर इस दुखदायी वातावरण को चीरकर जाने वाली एक अविस्मरणीय घटना शाहू छत्रपति और कोल्हापुर की प्रजा के जीवन में घटित हुई। वह आनंददायी घटना थी शाहू छत्रपति के पुत्र-जन्म की। श्रावण महीने के एक शुक्रवार के दिन अर्थात् 31 जुलाई, 1897 ई. को शाहू छत्रपति को पहले पुत्र-रत्न की प्राप्ति हुई। लगभग पचास साल बाद कोल्हापुर के छत्रपति की राजगद्दी को औरस पुत्र की प्राप्ति हुई। करवीर की राजगद्दी की गोद लेने की परंपरा खंडित हुई। कोल्हापुर रियासत में सर्वत्र आनंदोत्सव मनाया गया। कोल्हापुर में कुछ प्रमुख स्थानों पर रोशनी की गई। सर्वत्र मिठाई बांटी गई। शाहू छत्रपति जब अपने रथ पर सवार होकर नगर से गुजरते तो सुहागिनें उनका रथ रोककर, उनके चरणों पर पानी की गगरियां रीती करने लगीं—उनकी आरती उतारने

लगीं। उस मंगल-प्रसंग पर गरीबों को अन्नदान दिया गया। उन्हें कपड़े बांटे गए। अच्छा बर्ताव करने वाले कैदियों को उनकी सजा पूर्ण होने के पहले ही मुक्त किया गया। जहां-तहां सर्वत्र आनंददायी माहौल था।

एक मंगल मुहूर्त पर शाहू छत्रपति के इस पुत्र का नामकरण संस्कार बड़े उत्साह और आनंदपूर्ण वातावरण में संपन्न हुआ। कोल्हापुर शहर में इस आनंद के अवसर पर घर-घर पर विजय के प्रतीक के रूप में ध्वजारोहण किया गया। दीपों की जगमगाहट की गई। पटाखों की आतिशबाजी शुरू हुई। शहनाई और छोटे नगाड़े की मधुर-मंगल ध्वनि गूंज उठी। ऐसे मंगल, अनुपमेय समारोह में शाहीर झक्की हैदर गाने लगे उसका आशय ऐसा है :1897 ई. में करवीर में सबको बहुत आनंद हुआ। सावन महीने के पहले शुक्रवार के दिन शाहू राजा के पुत्र हुआ, जैसे लक्ष्मी-महल में चंद्रमा उगा हो। शाहू छत्रपति पुण्यवान है। शहर भर में घर-घर ध्वजारोहण किया गया है, तोपें दागी जा रही हैं। सर्वत्र आनंद की लहर दौड़ गई है, पान-सुपारी, शक्कर बांटी जा रही है। देवी अंबाबाई के सामने मंगल सूचक छोटा नगाड़ा बजाया जा रहा है।

लगभग अर्द्ध सदी के बाद कोल्हापुर की गद्दी के लिए औरस वारिस शाहू छत्रपति के जिस प्रथम पुत्र के कारण प्राप्त हुआ उसका नाम बड़े आनंद और प्रेम से राजाराम रखा गया। युवराज राजाराम महाराजा के दो वर्ष पूर्ण होने के पहले ही 15 अप्रैल, 1899 ई. को शाहू छत्रपति के दूसरा पुत्र हुआ। उस पुत्र का नाम शिवाजी रखा गया। ये ही आगे चलकर प्रिंस शिवाजी के नाम से मशहूर हुए। सिर्फ पांच-छः वर्ष में कोल्हापुर के राजगृह में पालना अखंड रूप से झूलने लगा। राजमहल के भीतर बालक के तोतले शब्द गूंजने लगे। बाललीलाएं आरंभ हुईं। अकाल और महामारी के कारण राजमहल और शहर में फैली हुई उदासी इन बालकों के आगमन से खत्म हुई और हर कहीं चैतन्य के दर्शन होने लगे।

युवराज राजाराम और राजकुमार शिवाजी, इन दोनों भाइयों के स्वभाव में जमीन-आसमान का अंतर था। बड़े राजाराम महाराजा लजीले, शांत, भावुक थे, तो प्रिंस शिवाजी स्पष्टवक्ता, मुंहफट, हाजिरजवाब और साहसी स्वभाव के थे।

शाहू छत्रपति ने दोनों पुत्रों की शिक्षा की ओर विशेष ध्यान दिया था। उन्हें अपने राजकोट के राजकुमार कॉलेज का अनुभव अच्छा नहीं था। इसलिए उन्होंने अपने पुत्रों को शिक्षा के लिए राजकोट नहीं भेजा। उन दोनों की शिक्षा की जिम्मेदारी उन्होंने डॉ. आयर्विन को सौंपी। डॉ. आयर्विन की अकाल मृत्यु के कारण वह जिम्मेदारी उनकी पत्नी मिसेस आयर्विन ने बखूबी निभाई, ऐसा दिखाई देता है। शाहू छत्रपति ने दीवान सबनीस के मार्गदर्शन में एक युवराज विद्यालय की स्थापना की। वहीं पर दोनों राजपुत्रों की शिक्षा का प्रबंध किया।

शारीरिक दृष्टि से युवराज राजाराम उतने सुदृढ़ नहीं थे, अतः शाहू छत्रपति ने उन्हें शिक्षा के लिए विलायत भेजना मुनासिब नहीं समझा। उनमें स्थित राजा वह साहस करने के लिए तैयार नहीं था, जबकि उनमें स्थित पिता राजाराम महाराज की सेहत का सदैव

ख्याल रखता था। धीरे-धीरे राजाराम महाराजा के स्वास्थ्य में काफी सुधार हुआ। इसलिए शाहू छत्रपति ने अपने दोनों पुत्रों को 11 मई, 1912 ई. को अगली शिक्षा के लिए इंग्लैंड रवाना किया। उनके साथ बापूसाहब महाराजा और दीवान सबनीस को भी भेजा गया। इंग्लैंड में दोनों राजपुत्रों को अध्ययन में मार्गदर्शन करने के लिए मिसेस आयर्विन भी साथ में थीं। वह दोनों राजकुमारों से विशेष लाड़-प्यार करती थीं, साथ ही उन दोनों के साथ अन्य विद्यार्थियों से अलग तरह का बर्ताव करती थीं, यह समझने पर शाहू छत्रपति ने उन्हें वैसा न करने के लिए एक कठोर पत्र भेजा था। उस पत्र में शाहू छत्रपति ने लिखा था-

"मेरे दोनों पुत्रों के साथ तुम जो खास अलग तरह का बर्ताव करती हो वह मुझे बिलकुल पसंद नहीं, यह तुम जानती हो। इसलिए स्कूल के अन्य विद्यार्थियों के साथ तुम जैसा बर्ताव करती हो वैसा ही मेरे लड़कों के साथ भी करो। मेरे दोनों पुत्र प्रतिदिन एक बार का भोजन तुम्हारे घर पर करते हैं, यह भी मुझे पसंद नहीं। सप्ताह में एकाध बार अगर वे भोजन करें तो हर्ज नहीं। उनका खास लाड़-दुलार तुम बिलकुल न करो। उससे लड़के बिगड़ते हैं। इंग्लिश लड़कों में मेरे लड़के और अन्य भारतीय लड़के भी दिल खोलकर घुलमिल जाएं, ऐसा प्रयास करो।"

आगे चलकर युवराज राजाराम को ऑक्सफोर्ड के सेंट एडवर्ड स्कूल में और प्रिंस शिवाजी को ब्रॉम्स ग्रुव्ह के किंग एडवर्ड स्कूल में दाखिल किया गया। शाहू महाराजा की हार्दिक इच्छा थी कि उसके लड़के खेती विषयक शिक्षा को आत्मसात् करें। वैसा आग्रह करने वाला पत्र उन्होंने मिसेस आयर्विन को 24 जुलाई, 1914 ई. को भेजा था।

युवराज राजाराम और प्रिंस शिवाजी इंग्लैंड में जब शिक्षा के लिए रह रहे थे, तभी 1914 ई. में प्रथम महायुद्ध शुरू हुआ। इंग्लैंड से अपने दोनों सुपुत्र सुरक्षित रूप से लौट आने तक शाहू छत्रपति सदैव चिंताग्रस्त रहते थे। खुशकिस्मती से दोनों राजकुमार 1915 ई.में सकुशल स्वदेश लौट आए। उसके बाद उन्होंने अपने दोनों सुपुत्रों को खेतीविषयक शिक्षा प्राप्त करने के लिए इलाहाबाद के यूविंग क्रिश्चयन कॉलेज में भेज दिया।

युवराज राजाराम और प्रिंस शिवाजी सकुशल वापस आवें इसलिए रथोत्सव मनाने की मन्नत मानी गई। मन्नत उतारने के लिए शाहू छत्रपति ने हिंदवी स्वराज संस्थापक शिव छत्रपति और करवीर राज-संस्थापिका श्री महारानी ताराबाई साहिबा का रथोत्सव शुरू किया। इस संदर्भ में निम्न हुक्म सबके लिए घोषित किया गया था:

'श्री अंबाबाई देवी के रथोत्सव के दूसरे दिन करवीर राज्य संस्थापिका श्री ताराबाई साहिबा का रथोत्सव और तीसरे दिन हिंदवी स्वराज्य संस्थापक छत्रपति शिवाजी महाराजा का रथोत्सव मनाने के बारे में श्री पिराजीराव बापूसाहब सरजाराव वजारत माआब सी.आय.ई.सी.एस.आय.के पास रिवाज के अनुसार लिखित रूप में भेज दिया जाए। दोनों राजकुमार और उनके साथ हमारे कुछ लोग विलायत में हैं उन सबकी सुरक्षा के लिए इस प्रकार का रथोत्सव करने की मन्नत मनाई गई थी। इसलिए रथोत्सव प्रतिवर्ष पीढ़ी-दर-पीढ़ी किए जाने का है।"

शिव छत्रपति के वंशज की हैसियत से कोल्हापुर के राजसिंहासन पर विराजमान हुए शाहू छत्रपति ने 28 वर्ष राजकारोबार किया; परंतु यह सादगीप्रिय राजा छत्रपति के ठाठबाट में कभी रहा ही नहीं। सिंहासन की गरम गद्दी, चंवरों का डुलना, चोबदारों की पुकार और पालकी में बैठकर सारी दुनिया को हेय समझते हुए अकड़-तकड़ के साथ शान बघारते हुए चलना उन्हें अच्छा नहीं लगता था। मैं किसान हूं, ऐसा वे बड़े गर्व के साथ कहते थे। इसका उच्चार वे बार-बार करते थे कि उन्हें स्वयं को मजदूर कहलाने में या सिपाही कहलाने में आनंददायी लगता है। उन्होंने खामगांव में 1917 ई. में संपन्न हुए मराठा शिक्षा परिषद के अध्यक्ष के नाते बोलते समय यह प्रकट रूप में कहा था। उस समय उन्होंने कहा था, "आप चाहे तो मुझे सिपाही कहिए या काश्तकार कहिए या और जो भी आपको रुचे सो कहिए। मेरी कुल परंपरा की प्रथा के अनुसार आपमें से रणशूर मुझे सिपाही मानेंगे और जो किसान होंगे वे पटेल या काश्तकार मानेंगे। कार्यबहुलता के कारण अंतिम समय तक इस परिषद में उपस्थित रहने के बारे में मैं निर्णय कर नहीं पा रहा था। मेरा पैतृक गांव वेरुल से नजदीक ही है। यहीं पर मेरे खानदान का प्रथम उत्कर्ष हुआ यानी हमने पटेल का पैतृक अधिकार प्राप्त किया। इस पैतृक अधिकार का, जागीर का मुझे आज तक बड़ा गर्व है, अभिमान है। इसीलिए मैं मेरे अपने लोगों में एक काश्तकार और पटेल की हैसियत से आया हूं। इसलिए मुझे दुगुना आनंद हुआ है।"

शाहू छत्रपति के आचार-विचार में मेल होता था। वे अपने को काश्तकार और सिपाही कहलवाने में आनंदित थे। वे मात्र ऐसा कहलवाने में ही आनंदित नहीं होते थे; बल्कि वास्तव में काश्तकार और सिपाही जैसा जीवन व्यतीत करते थे। उनकी जीवन-पद्धति बहुत ही सीधी-सादी थी। इसके सबूत लिखित रूप में तो हैं ही; परंतु सामान्य लोगों में जो कथाएं या किंवदंतियां प्रचलित हैं, वे भी उनकी सामान्य-सी जीवन-पद्धति पर प्रकाश डालने वाली हैं।

दक्खन के देवता ज्योतिर्लिंग! उसकी पहाड़ी की तलहटी में और पन्हालगढ़ तथा राजधानी करवीर के मध्य में पंचगंगा नदी के तीर पर सोनतली नामक प्राकृतिक सौंदर्य से युक्त स्थान है। शाहू छत्रपति के जीवन का अधिकांश समय सोनतली के आश्रम में ही व्यतीत हुआ, ऐसा दिखाई देता है। राजा की छावनी यहीं पर हुआ करती। राजमहल नया हो या पुराना, शाहू राजा का मन वहां अधिक समय तक लगता नहीं था। उनका मुकाम सोनतली में ही हुआ करता। वहां एक सादी सी दुमंजली इमारत थी जिसका मुख पूरब की ओर था। उस इमारत के मुख्य द्वार को छोड़कर तीनों ओर ढालू छप्पर के बंद वरांडे ही उस इमारत की सीमा थी। उस इमारत का साधारण-सा शहाबादी फर्श ही शाहू राजा का कालीन था। ऐसा था शाहू छत्रपति का राजमहल! उस इमारत के सामने एक छोटा-सा बगीचा था। उस बगीचे में ही शाहू छत्रपति खेती के अनेक प्रयोग करते थे। समाजरूपी वृक्ष में लगे हुए वर्ण-वर्चस्व और धार्मिक अंधभक्ति के घुन को नष्ट करने के लिए शाहू छत्रपति ने अपने जीवन में जो अनेक सामाजिक और शैक्षिक कार्य हाथ में लिये उन सबके प्रारंभिक प्रयोग

इसी इमारत को गवाह रखकर किए। वेदोक्त-विवाद का जानलेवा संघर्ष, अस्पृश्यता और जाति-विषमता के विरोध में किया हुआ मुकाबला, उन्मत्त अंग्रेजी साम्राज्य को उलटने के लिए किए हुए इरादे, बहुजन-समाज के अंधकारपूर्ण जीवन में ज्ञान का प्रकाश दिखाई दे इसलिए ज्ञान के द्वार सबके लिए खोलने के क्रांतिपूर्ण विचार, दीन-दुर्बल भी स्वाभिमानपूर्ण जीवन जी सके इसके लिए कार्यान्वित की हुई अनेक योजनाएं और पहलवान, संगीतज्ञ, गायक, अभिनेता, चित्रकार, लेखक, इतिहास लेखक इन सबकी कला जिंदा रहनी चाहिए, वे सब कलाकार सम्मान के साथ जीवन का आनंद लूट सकें इसलिए शाहू छत्रपति ने उन सब पर की हुई प्रेम की बौछार, उनके लिए दिल खोलकर खाली किया हुआ अपना खजाना और प्रत्यक्ष कार्यान्वित की हुई अनेक कल्पनाएं ऐसे कई घटित घटनाक्रमों का प्रत्यक्ष गवाह था सोनतली का वह मामूली सा महल ! शाहू राजा के उस विश्रामस्थान का गौरवपूर्ण उल्लेख करना पड़ता है। सोनतली की मुख्य इमारत से बीस-पचीस हाथ के फासले पर था एक प्राकृतिक चौकोर टीला। उसके चहुंओर थे मजबूत खंभे और उन खंभों पर था शानदार छप्पर। चारों ओर से खुला वह स्थान ही था शाहू छत्रपति का शयनगृह ! वहां रखी थी एक काफी लंबी-चौड़ी चारपाई। उस पर बारहसिंगे के सात-आठ चमड़े सीकर बिछाए गए थे। वही था शाहू छत्रपति का बिछौना ! वे सोने के लिए नर्म गद्दी का इस्तमोल कभी नहीं करते थे। बारहसिंगों के चमड़े ही उनका बिछौना था और मोटा-खुरदरा कम्बल ही उनका ओढ़ना था। वर्षाकालीन थोड़े दिनों को छोड़ महाराजा इसी स्थान पर विश्राम करते। उनका दिन-रात के लगभग आठ-साढ़े आठ बजे खत्म होता था। उस समय उनके साथ वहां पर गिने-चुने साथी और उन्हें समाचार-पत्र, ग्रंथ पढ़ सुनाने वाले बुकटे नामक गृहस्थ रहा करते थे।

शाहू राजा के उस शयनगृह के पास ही थोड़े फासले पर एक पेड़ के गिर्द बनाया हुआ चबूतरा था। वह उनके बैठने का स्थान था। शाहू छत्रपति के एक अंतरंग सखा वा.द. तोपखाने के लिखे हुए 'श्री शाहू छत्रपति का अंतरंग' आत्मचरित्र में छत्रपति के बैठने के एक अन्य स्थान का बड़ा ही मनोरंजक वर्णन किया हुआ है। सोनतली के आश्रम में खुले स्थान पर कुछ खटोले रखे होते थे। एक खटोले पर महाराजा स्वयं बैठते और पास ही के खटोलों पर पूरी तरह हिलमिल गए दो चीते विराजमान हुए होते। राजा से मिलने के लिए आए हुए प्रजाजन या सहयोगी, अधिकारी, मेहमान आदि सभी उनके सामने रखे हुए खटोलों पर बैठ जाते। ऐसी इस मामूली-सी बैठक में बैठकर शाहू छत्रपति प्रजा के दुख-फरियाद ध्यान देकर सुनते। उनके साथ उन्हीं की ग्राम्य-भाषा में सुख-दुख की बातें करते। अपने सीधेसादे; पर चुटकी लेने वाले स्वभावानुसार सहयोगी के नाते साथ रहने वाले दोस्तों और चालाक-लुच्चे अधिकारियों की खिल्ली उड़ाते।

बड़े सबेरे, पांच बजने के पहले ही ब्राह्म मुहूर्त में शाहू राजा जाग जाते। हमेशा खुले वायुमंडल में सोने वाला यह राजा हमेशा ठंडे पानी से नहाता था। सोनतली में एक लंबा-चौड़ा स्नानगृह बनाया गया था। उस स्नानगृह के हौज पर शाहू राजा का स्नान होता था।

शाहू राजा को हर रोज नहलाने का काम राघू आबदार नामक एक इनामदार, स्नेहशील वृद्ध व्यक्ति बड़ी निष्ठा के साथ करते थे। राघू आबदार महाराजा को देवा के नाम से ही पुकारा करते थे। सोनतली में ही निवास करने वाले राघू आबदार महाराजा के पहले ही जग जाते। जगते ही वह महाराजा को पुकारते 'क्या जाग गए देवा?' उसके बाद 6 फीट 5 इंच ऊंचाई के हट्टे-कट्टे शाहू छत्रपति और उनके विश्वासपूर्ण सेवक राघू इन दोनों का स्नान के समय होने वाला संवाद बहुत ही रंजक होता था।

कई बार राघू के हाथ का घड़ा महाराजा के सर तक पहुंच नहीं पाता, वह उनके सर से टकराता, तब शाहू राजा हंसते हुए कहते, ''क्यों राघू, तेरा इरादा मुझे मार डालने का तो नहीं है?'' तब पिता की ममता से राघू आबदार कहते, ''मुझसे क्या गलती हुई देवा ? तू ही नीचे नहीं झुकता तो मैं क्या करूं ?'' वह सुन राजा आज्ञाकारी बालक जैसे पालथी मारकर बैठ जाते और राघू आबदार हौज से निकाल-निकालकर ठंडे पानी के कई घड़े राजा के सिर पर उड़ेल देता। लगभग एक घंटा तक नहाने का यह सिलसिला चलता। गरमी, वर्षा और जाड़ा, इन तीनों ऋतुओं में शाहू छत्रपति ठंडे पानी से ही नहाया करते। एक बार दिल्ली में साम्राज्य सरकार के एक महत्त्वपूर्ण दरबार के लिए भारत के सभी रियासतों के राजा इकट्ठा हुए थे। दिल्ली के सख्त जाड़े में भी शाहू छत्रपति ने ठंडे पानी से ही स्नान किया। उनके अत्यंत प्रिय मित्र भावनगर के भाऊसिंगजी महाराजा अपने युवराज को ठंडे जल से स्नान करते शाहू राजा की ओर दिखाते हुए कहते, ''देखो युवराज ! कोल्हापुर के छत्रपति ठंडे पानी से स्नान करते हैं और तुम गरम पानी मांगते हो।''

शाहू छत्रपति नहाने के बाद नियमित रूप से मिट्टी के बने शिव की पूजा करते थे। उनके बाएं हाथ पर शिवमूर्ति का चित्र गुदा हुआ था। शिवमूर्ति की पूजा तो वे करते ही थे; पर शहर में आकर पुराने राजमहल की भवानी माता के दर्शन करते।

शाहू छत्रपति की पोशाक बहुत सादी हुआ करती। उनके सहयोगी वा.द. तोपखाने ने उनकी पोशाक के बारे में लिख रखा है। उनके बदन पर महीन मलमल का कुरता होता, जो बबूल के छिलकों के रंग में रंगा हुआ होता, सादा पाजामा, सिर पर कत्थई रंग का साफा। वे सिर पर साफा ऐसी कुशलता से बांध लेते कि सामने वालों की समझ में न आता। उनकी हट्टी-कट्टी शारीरिक गठन के कारण सिर पर बांधा हुआ उनका साफा बहुत ही सुंदर लगता था। पांवों में वे कोल्हापुरी जूते ही पहनते थे।

मशहूर संशोधक द.ग. गोडसे ने अपने 'नांगी असलेले फुलपांखरू' (जहरीले कांटे वाली तितली) ग्रंथ के ब्रह्मावर्ताचा पेन्शनर (ब्रह्मावर्त का पेन्शनर) लेख में बाजीराव पेशवा के भोगविलासपूर्ण जीवन के इतिहास के सबूत देकर विस्तृत वर्णन किया है। उसमें उन्होंने बाजीराव के भोजन के ठाठ का वर्णन किया है, ''बाजीराव दो बार भोजन करता था। भोजन के अलावा वह पानी नहीं पीता था। भोजन का ठाठ पेशवाई होता था। भोजन का थाल सोने का, उसमें सोने की अट्ठाईस प्यालियां होती थीं, सोने के अट्ठाईस चम्मच और यह थाल रखने के लिए चांदी की चौकी होती थी। घर के रिश्तेदारों के लिए थाल, प्यालियां

होती थीं और औरों के लिए सवा हाथ लंबा केले का पत्तल होता। भोजन में दस सब्जियां, दस चटनियां होतीं। कढ़ी और घी के लिए दोने होते। घी चाहे जितना खाओ। संपूर्ण रसोई में घी का छौंक होता। हर पंगत के लिए रंगोली, पीढ़ा, केशरी गंध, अगरबत्तियां होतीं। हर रोज सेर भर केशर खर्च होता। आधा सेर अगरबत्ती और आरती उतारने के लिए आधा सेर कपूर लगता। अष्टगंध भी लगता। फूल तो लाखों अर्पित होते। भोजन के बाद बाजीराव मुखशुद्धि के लिए मकई के कोमल भुट्टे खाता। उसके बाद रामटेक के खास पान से बनी गिलौरी चबाता। वह भी दस पान से बनी होती। खास लोगों के लिए बने हुए भोजन में बऱ्हानपुर की अरहर की दाल और दिल्ली के एक रुपए सेर वाले महंगे चावल होते। सिवा इसके हर रोज कलकत्ता का एक कच्चा नारियल भी दिया जाता। खास लोगों की पंक्ति में सौ पात्र होते। रसोइए, पानी पांडे आदि सब मिलाकर हर रोज सात सौ लोग भोजन करते। सालभर के भोजन का खर्चा एक लाख बत्तीस हजार रुपए होता था।''

इसकी तुलना में जो प्रत्यक्ष छत्रपति थे, उस शाहू राजा का भोजन कितना सादा और सामान्य था ! छत्रपति भोजन के लिए केले का पत्ता और इनामेल के कटोरों का इस्तेमाल करते। उनके भोजन में मोटा चावल, चटनी और दही की कटोरी होती–यही उनकी खास पसंद थी। गोश्त–रोटी ही उनका पंचपकवान था। गड़रिये का डांगर, काश्तकार की प्याज–रोटी और गरीब के घर में पकने वाली आंबील (मड़ुआ के आटे से पकाया पतला पेय) उन्हें मिल जाती तो वे आनंद से भोजन करते। शाहू महाराजा के सादे भोजन का वर्णन उनके सहयोगी रायबहादुर पी.सी. पाटील के ही शब्दों में देखना उचित होगा, ''छत्रपति के दुपहर के भोजन का स्थान निश्चित होता। वहां आसपास के किसान अपनी–अपनी पोटलियां लिये आते ही थे–लगभग यह नित्यक्रम था। हमने हाथ–पांव धोए। महाराजा एक बड़े पत्थर पर जा बैठे और उन्होंने सेवक से कहकर मेरे भोजन का प्रबंध किया। महाराजा जिस पत्थर पर बैठते थे उसके इर्दगिर्द थोड़ी दूरी पर काश्तकार खड़े रहते थे। शिकार के समय का उनका भोजन देखने लायक होता। एक अलग सी गाड़ी में पुलाव का एक हंडा, चपातियों से भरी हुई एक परात, शोरबे का एक छोटा–सा हंडा और एक गाड़ी में दोने होते, पत्तलें होतीं। महाराजा के गिर्द सभी काश्तकार बैठे होते। पुलिस परेड का निरीक्षण जैसे किया जाता है, वैसे ही, 'तू यह क्या लाया है?' ऐसा पूछते हुए घूमते, किसी की रोटी पर का अचार उठाते, किसी की रोटी पर रखा प्याज उठा लेते, किसी के मिट्टी के घड़े का छाछ प्याले में भर लेने के लिए रसोइए से कहते। तदुपरांत वे अपने उस पत्थर के आसन पर बैठ जाते। उसके बाद 'हां, करो शुरुआत' कहते ही लोग अपनी–अपनी जगह पर बैठे जाते। उन्हें एक सरकारी नौकर चपाती परोसता, दूसरा पुलाव परोसता, तीसरा रस्सा परोसता। उन गरीब किसानों को भोजन करते देखकर महाराजा को खूब संतोष होता और उनका भोजन तो किसानों की थालों से इकट्ठा किए हुए पाथेय से ही हो जाता। भोजनोपरांत लोगों के आपस में बोलते समय मैं भी उनमें घुलमिल जाता। कोई कहता, ''इतना बड़ा राजा, पर उसने मेरी रोटी पर परोसा हुआ उड़द के आटे का रायता ले लिया।'' कोई कहता, ''मेरी रोटी पर

रखा हुआ प्याज लिया।'' तो तीसरा कहता, ''मेरे मिट्टी के घड़े का खट्टा छाछ भी महाराजा ने पी लिया। अब अगले शिकार के समय मैं उनके लिए मीठा-सा दही ले आऊंगा।''

जो महत्त्वपूर्ण पत्राचार होता, वह महाराजा अपने हस्ताक्षर में ही करते और सबेरे दस बजे के दरमियान सोनतली से कोल्हापुर शहर में रथ में बैठकर आते। उनका रथ प्रथम टाउन हॉल के पास की कचहरी के पास थमता। वहां के अधिकारियों को आवश्यक सूचनाएं देकर वे सायं चार-पांच बजने तक शहर के विविध व्यक्ति और संस्थाओं से मिलते। उस भेंट में दीवान सबनीस, भास्करराव जाधव, रावसाहब विचारे, बाबूराव यादव आदि का निश्चित समावेश होता था। कुछ समय के बाद वे नियमित रूप से भाऊसिंगजी रोड पर गंगाराम कांबले हरिजन का जो होटल था, वहां चाय पीने के लिए जान-बूझकर थमते। बाद में राजमहल पर आकर वे सायं समय लगभग सात-साढ़े सात बजे सोनतली की ओर प्रयाण करते।

अध्याय : 7

वेदोक्त संघर्ष

राजर्षि शाहू छत्रपति के जीवन में घटित 'वेदोक्त' प्रकरण अर्थात् आधुनिक महाराष्ट्र के सामाजिक जीवन में आया हुआ एक प्रचंड तूफान था। वेदोक्त के उस तूफान ने न सिर्फ शाहू छत्रपति के ही जीवन में; बल्कि समूचे महाराष्ट्र के सामाजिक जीवन में आमूलचूल क्रांति की थी। महाराष्ट्र के बहुजनों को पूर्णतया पराधीनता में जकड़ डालने वाली साहुकारों और पुरोहितों की दुष्ट प्रवृत्ति के विरोध में सबसे पहले महात्मा फुले ने बगावत का ध्वज फहराया। बहुजनों की संपूर्ण मुक्ति के लिए उन्होंने 24 सितंबर, 1873 ई. को पुणे में 'सत्यशोधक समाज' की नींव डाली। 27 नवंबर, 1890 ई. को महात्मा फुले की मृत्यु हुई। उनकी मृत्यु के बाद लगभग 12 वर्ष सत्यशोधक आंदोलन पूर्णतया ठप-सा रहा था। बहुजनों को जानवरों से भी बदतर जीवन जीने को बाध्य करने वाली उच्चवर्णियों की जुल्मी प्रभुता के विरोध में महात्मा फुले ने जो लड़ाई छेड़ी थी क्या वह समाप्त होगी ? और फिर उन्हें क्या उच्चवर्णियों की धार्मिक और सामाजिक गुलामी में जकड़े हुए रहना होगा? ऐसी कठिन स्थिति थी। ऐसे संकट के समय कोल्हापुर में राजर्षि शाहू छत्रपति के शासनकाल में वेदोक्त प्रकरण का निर्माण हुआ। फलतः बहुजनों की सर्वांगीण मुक्ति का, उच्चवर्णियों के वर्चस्व-विरोध में महात्मा फुले द्वारा घोषित संग्राम चालू रहा। यही कारण है कि 'भारतीय राष्ट्रवादाचा इतिहास' ग्रंथ में उसके लेखक और श्रेष्ठ इतिहास संशोधक न. र. फाटक ने स्पष्ट रूप से उल्लेख किया है कि कोल्हापुर के वेदोक्त प्रकरण ने सत्यशोधक आंदोलन को जिंदा रखा।

आधुनिक महाराष्ट्र के सामाजिक इतिहास की अत्यंत विवादास्पद और तूफानी घटना के रूप में राजर्षि शाहू छत्रपति के जीवन के वेदोक्त प्रकरण की टोह लेते हुए इस घटना की पार्श्वभूमि का अध्ययन अत्यंत आवश्यक और महत्त्वपूर्ण लगता है। उसके बिना वेदोक्त प्रकरण का अर्थ और संदर्भ समझना कठिन है।

वेदोक्त प्रकरण की जड़ की खोज हिंदुओं की वर्णव्यवस्था पर आधारित समाज-रचना में करनी पड़ती है। हिंदू समाज का विभाजन आर्य और अनार्य इन दो प्रमुख गुटों में किया जाता है। सामाजिक प्रतिष्ठा और अधिकार की दृष्टि से आर्य उच्च श्रेणी के माने जाते हैं और अनार्य निम्न श्रेणी में गिने जाते हैं। इनमें सिर्फ आर्यों को ही वेदपठन का अधिकार दिया

गया है। वेदों को हिंदुओं के सर्वश्रेष्ठ ग्रंथों में गिना जाता है। वेद मानव निर्मित नहीं हैं, वे अपौरुषेय हैं, ऐसा भी माना जाता है। इन वेदों के मंत्रों के अनुसार जो धार्मिक संस्कार किए जाते हैं उन्हें वेदोक्त कहा जाता है। सिर्फ आर्य ही अपने धार्मिक संस्कार वेदों के अनुसार करवा सकते हैं। इसी को वेदोक्त अधिकार कहते हैं। आर्यों में ब्राह्मण, क्षत्रिय और वैश्य इन तीन वर्णों का समावेश होता है। वास्तव में इन तीनों वर्णों को वेदोक्त का अधिकार मान्य किया गया था; पर जो आर्य नहीं हैं उन्हें अपने धार्मिक संस्कार वेदोक्त-पद्धति के अनुसार करने का अधिकार नहीं था। जो अनार्य या आर्येतर थे उन्हें शूद्र कहा जाता था। शूद्र अपने धार्मिक संस्कार पुराणोक्त पद्धति से ही कर सकते थे। जो धार्मिक संस्कार वेदों के नहीं; बल्कि पुराणों के अनुसार किए जाते हैं उन्हें पुराणोक्त कहते हैं। वेद अपौरुषेय हैं पर 18 पुराण मानव निर्मित हैं। ऐसा कहा जाता है कि वेद-मंत्रों की दुरूहता निकाल डालने के लिए ब्राह्मण पुरोहितों द्वारा पुराणों की रचना हुई। संक्षेप में वेदोक्त का अर्थ है वेद-मंत्रों के आधार पर किए जाने वाले धार्मिक संस्कार और पुराणों के आधार पर मंत्रों द्वारा जो धार्मिक संस्कार किए जाते हैं वे पुराणोक्त संस्कार।

हिंदू समाज में प्राचीन काल से चातुर्वर्ण्य व्यवस्था के अनुसार समाज का चार गुटों में विभाजन किया जाता है। वे चार गुट हैं–ब्राह्मण, क्षत्रिय, वैश्य और शूद्र। ब्राह्मण विद्या संपादन करे। वह सदैव अध्ययन और अध्यापन में मग्न रहे। वह प्रेम-लोभ का त्याग करे। वह चारित्र्यसंपन्न हो। क्षत्रिय समाज की रक्षा करे। वह शूर और दानशूर हो। वैश्य समाज की खेती और व्यापार सम्हाले। शूद्र इन सबकी सेवा करे। ये उद्दिष्ट सामने रखकर निर्माण की हुई यह चातुर्वर्ण्य व्यवस्था व्यक्ति के गुण-कर्म पर आधारित थी। वह व्यक्ति के जन्म पर आधारित नहीं थी। इसका अर्थ स्पष्ट है कि हर एक को उसके गुण–कर्म पर आधारित वर्ण प्राप्त होता था। इतना ही नहीं; बल्कि पहले तीन वर्णों में (ब्राह्मण, क्षत्रिय और वैश्य) रोटी-बेटी व्यवहार भी होते थे ऐसा कुछ सूज्ञ लोग कहते हैं।

हिंदू समाज की वर्णव्यवस्था का पहला स्पष्टीकरण और उसके श्रेष्ठ या कनिष्ठत्व के क्रम का खुलासा करने वाला सबूत ऋग्वेद में मिलता है। ऋग्वेद के दसवें मंडल में एक ऋचा है-'ब्राह्मणोऽस्य मुखमासीद्बाहू राजन्य कृतः। उरु तदस्य यद्वैशः पदभ्यां शूद्रो अजायतः।' इसका अर्थ है-ब्राह्मण भगवान का मुख है, या उनका उद्भव भगवान के मुख से हुआ है। क्षत्रियों का निर्माण भगवान की भुजाओं से हुआ है, वैश्यों का निर्माण भगवान के उदर से हुआ है और शूद्रों की निर्मिति भगवान के चरणों से हुई; अर्थात् इन सबमें ब्राह्मण सर्वश्रेष्ठ है, ऐसा माना गया था; परंतु ऋग्वेद के दसवें मंडल में यानी पुरुषसूक्त में वर्णव्यवस्था का स्पष्टीकरण करने वाली यह ऋचा ऋग्वेद में पहले से ही है या बाद में जोड़ी गई है यह विवादग्रस्त विषय है। इसके बारे में डॉ. सुमंत मुरंजन अपने 'पुरोहित वर्गवर्चस्व व भारताचा सामाजिक इतिहास' प्रसिद्ध ग्रंथ में लिखते हैं, 'ऋग्वेद की यह ऋचा यानी एक आलंकारिक उपमा है। इसके अतिरिक्त उसका कुछ अधिक अर्थ ढूंढ़ने की कोशिश तर्कसंगत नहीं।' और तो और, इस ऋचा में क्षत्रिय शब्द नहीं है; बल्कि राजन्य–इतना, ही शब्द है। कुछ

भी हो, इस ऋचा के कारण ऋग्वेद की चातुर्वर्ण्य को मान्यता प्राप्त थी, ऐसा लगता है। ऐसे लोगों की धारणा को दृढ़मूल करने में पुरोहितों को जीत हासिल थी, इस व्यावहारिक सत्य से हम इनकार नहीं कर सकते।

कालांतर में ब्राह्मण और क्षत्रिय इन दो वर्णों में श्रेष्ठता के लिए स्पर्धा शुरू हुई। यथावकाश उस स्पर्धा का रूपांतर तीव्र संघर्ष में होने में देर नहीं लगी। इस संदर्भ में पुराण और इतिहास के कुछ उदाहरण दिए जाएंगे। जैसे राजर्षि विश्वामित्र और वसिष्ठ, इन दोनों के बीच का संघर्ष, प्रभु रामचंद्र और रावण में हुआ युद्ध, इसके सिवा बली राजा और बटु वामन या नंदराजा और आर्य चाणक्य अर्थात् कौटिल्य का संघर्ष–ये कुछ पौराणिक उदाहरण दिए जा सकते हैं। उसी तरह शिव छत्रपति और उनके राजाभिषेक का विरोध करने वाले ब्राह्मण, सातारा के छत्रपति प्रतापसिंह महाराजा और अंतिम पेशवा भगोड़ा बाजीराव, बडोदा के सयाजीराव गायकवाड और उन्हें वेदोक्त का अधिकार देने से इनकार करने वाले ब्राह्मण–ये कुछ आधुनिक इतिहास के उदाहरण सबूत के रूप में दिए जा सकते हैं। यह संघर्ष दिन-ब-दिन तीव्रतर होता गया। क्षत्रियों को युद्ध में परास्त करना या उनका प्रभाव कम करना यह बात ब्राह्मणों को असंभव लगती थी। 'शतपथ' ग्रंथ में ब्राह्मणों ने स्वीकार किया था कि राजा होने की उनकी योग्यता नहीं है। परंतु वर्णवर्चस्व के अहंकार से अंध बने हुए ब्राह्मण क्षत्रियों के सामने घुटने टेकना नहीं चाहते थे। इसलिए उन्होंने क्षत्रियों को पराजित करने की अनेकानेक तरकीबें ढूंढ़ निकालीं। उसके लिए उन्होंने कई दांवपेच लड़ाए। उन्हीं में से एक महत्त्वपूर्ण दांवपेच क्षत्रियों को वेदोक्त का अधिकार न देने का था। परिणामस्वरूप क्षत्रिय भी शूद्रों में गिने जाने लगे। इसलिए वह अपने आप अनेक प्रकार के धार्मिक और सामाजिक अधिकारों से वंचित हो जाते और योग्यता के होते हुए भी सर्वसत्ताधीश होना उनके लिए असंभव होता।

देव-धर्म से संबंधित कर्मकांड या तरह-तरह के धार्मिक विधि करने के अधिकार पूर्णतया ब्राह्मण वर्ण को ही प्राप्त होने से उस अधिकार का उन्होंने दुरुपयोग शुरू किया। मंत्रों की सहायता से हम भगवान को भी अपनी मुट्ठी में कर सकते हैं। उस पर हम अपना अधिकार जमा सकते हैं। इसलिए इस धरती के हम ही भगवान हैं ऐसा विचार ब्राह्मण पुरोहितों द्वारा पेश किया जाने लगा। वर्णवर्चस्व की ब्राह्मणों की यह अहंकारी भूमिका डब्ल्यू.जे. विलकिन्स ने अपने मशहूर ग्रंथ 'आधुनिक हिंदुत्ववाद' में इन शब्दों में व्यक्त की है :

'The whole world is under the power of the Gods. The Gods are under the power of the Mantras. The Mantras are under the power of the Brahmins. The Brahmins are therefore our God.'

(इस विश्व पर परमात्मा का स्वामित्व है। परमात्मा पर मंत्रों का स्वामित्व है और मंत्रों पर ब्राह्मणों का प्रभुत्व है इसीलिए ब्राह्मण ही हमारे देवता-ईश्वर हैं।)

महाराष्ट्र के संत रामदास स्वामी ने अपने ग्रंथ 'दासबोध' में इन भूदेवों अर्थात् ब्राह्मणों के श्रेष्ठत्व इन शब्दों में व्यक्त किया है, 'ब्राह्मण सब लोगों का गुरु है। भले ही वह क्रियाहीन

हो, तो भी सबको अनन्य भाव से उसी की शरण में जाना चाहिए। ब्राह्मण साक्षात् वेद है। ब्राह्मण भगवान है। ब्राह्मण के एक शब्द से सभी मनोरथ पूर्ण होते हैं। ऐसे महामहिम ब्राह्मण को जहां भगवान भी वंदन करते हैं वहां सामान्य मानव की बात ही क्या है ! ब्राह्मण भले ही मूर्ख हो तो भी वह जगद्वंद्य है।'

संक्षेप में हिंदू समाज-रचना में हम सर्वश्रेष्ठ हैं, सबके गुरु हैं। सबका नेतृत्व करने का हमारा सदैव पैतृक अधिकार रहना चाहिए। सब हम ही को सदैव मानें। हमसे निषिद्ध बर्ताव हो जाय तो भी हमारे श्रेष्ठत्व को कभी बाधा नहीं पहुंच सकती, ऐसी अड़ियल भूमिका ब्राह्मणों द्वारा पेश की जाने लगी। इस दर्पोक्ति में ही 'भले ही ब्राह्मण हुआ भ्रष्ट! तो भी तीनों लोकों में श्रेष्ठ!' उनका यही ब्रीदवाक्य (निश्चित) होना चाहता था।

शाहू छत्रपति युवावस्था में बहुत ही धार्मिक और श्रद्धालु थे। वे हर रोज प्रातःकाल उठकर नियमित रूप से भगवान की पूजा करते थे। उन्होंने अपने बाएं हाथ पर बड़ी श्रद्धा के साथ शिव का चित्र गुदा लिया था। उसकी भी वे हररोज भक्तिभाव से पूजा करते थे। कोल्हापुर शहर में तथा शहर के आसपास के पवित्र स्थानों को निश्चित समय भेंट देने की उनकी प्रथा थी। 22 अक्तूबर, 1920 ई. को खासेराव जाधव को लिखे हुए एक विस्तृत पत्र में वे बताते हैं कि कोल्हापुर के नजदीक प्रयाग का जो संगम है उसमें स्नान करने की उनकी कैसी प्रथा है।

शाहू छत्रपति प्रतिवर्ष नियमित रूप से कार्तिक महीने में पंचगंगा नदी में पवित्र स्नान का लाभ उठाने से न चूकते। कार्तिक महीना अंग्रेजी अक्तूबर या नवंबर महीने के आसपास पड़ता है। धर्मशास्त्र में बताया गया है कि इस महीने में तथा चातुर्मास में खान-पान में अनेक पदार्थों का त्याग किया जाए, कार्तिक-स्नान किया जाय, अनेक दान दिए जाएं, पुराणों का श्रवण किया जाय, आकाशदीप लगाए जाएं।

1899 ई. का कार्तिक महीना। कड़ाके की ठंड थी। सुबह का अंधेरा अभी छंटा नहीं था। ऐसी हाड़तोड़ ठंड में सुबह के उस अंधेरे में पचीसी की देहरी पर खड़ा जवां मर्द शाहू राजा पंचगंगा नदी के ठंडे पानी में पवित्र धार्मिक स्नान करने के लिए उतरा हुआ था। शाहू राजा जब पवित्र स्नान कर रहे थे तब नारायण पुरोहित मंत्रोच्चार कर रहे थे। उस दिन पवित्र कार्तिक-स्नान के लिए शाहू छत्रपति के साथ उनके बंधु बापूसाहब महाराजा, महाराजा के साले साहब मामासाहब खानविलकर और बंबई के प्रख्यात विद्रोही समाजसुधारक राजाराम शास्त्री भागवत आदि सज्जन पंचगंगा के घाट पर उपस्थित थे। राजाराम शास्त्री भागवत धर्मशास्त्र के प्रकांड पंडित, अनेक भाषाओं के ज्ञाता और निष्पक्ष इतिहास लेखक के रूप में प्रख्यात थे।

उस सुबह के अंधेरे में शाहू छत्रपति जब पंचगंगा नदी के ठंडे पानी में, मंत्रघोष में डुबकी लगा रहे थे तब राजाराम शास्त्री भागवत की चौकन्नी नजर चारों ओर चकर-मकर देख रही थी। उनकी धूर्त नजर ने लक्ष्य को अचूक बेधा। उतावली कर मंत्रोच्चार करने वाले नारायण पुरोहित उनके शिकंजे में आ गए। उसी क्षण शास्त्रीबुवा के ध्यान में आया कि

नारायण पुरोहित बिना स्नान किए ही बदनपर रात के पहने कपड़ों में मंत्र पढ़ रहे हैं। उनके शरीर पर गरम कोट था, उस पर एक ढीलाढाला उपरना, सिर पर पगड़ी, पांव में गरम जुर्राबें और नखरैल जूते और सबसे महत्त्वपूर्ण बात यह कि स्वयं स्नान किए बिना ही नारायण भटजी जो मंत्रोच्चार कर रहे थे वे मंत्र पुराणोक्त थे। राजाराम शास्त्री भागवत ने नारायण पुरोहित के इस उद्धत बर्ताव की ओर शाहू महाराज का ध्यान आकर्षित किया; पर शाहू छत्रपति आपे से बाहर नहीं हुए। वे स्वयं शांत और संयत स्वभाव के थे। इसलिए शाहू छत्रपति ने अत्यंत शांत स्वर में पूछा, ''पुरोहित जी, लगता है, आपने स्नान नहीं किया है!''

''नहीं !'' पुरोहित ने बिलकुल ठंडा उत्तर दिया।

''बिना स्नान किए ही आप मंत्रोच्चार कर रहे हैं?'' शाहू छत्रपति ने उनसे दूसरा प्रश्न पूछा। ''पुरोहितजी, आप कौन से मंत्रों का उच्चारण कर रहे थे—वेदोक्त या पुराणोक्त ?''

नारायण पुरोहित ने उद्धतता से उत्तर दिया ''निश्चित ही पुराणोक्त !''

''पुराणोक्त क्यों ?'' ऊंचे स्वर में शाहू राजा ने पूछा।

उस प्रश्न का उत्तर उद्दंड नारायण शास्त्री ने दिया, ''अर्थात् पुराणोक्त।''

''क्यों ?'' शाहू छत्रपति ने ऊंचे स्वर में प्रश्न किया।

अनिर्बंध नारायण पुरोहित ने उत्तर दिया, ''वेदोक्त मंत्र क्षत्रियों के लिए होते हैं, शूद्रों के लिए पुराणोक्त मंत्र ही कहने पड़ते हैं।''

''क्या आप हमें शूद्र समझते हैं?'' शाहू छत्रपति के हर शब्द से अंगार बरस रहे थे। धर्माधिकार से उद्दंड बने हुए नारायण पुरोहित बोले, ''हां, हां।''

''यानी आपकी राय में हम शूद्र हैं ? क्षत्रिय नहीं ?'' क्रोध पर काबू पाते हुए शाहू छत्रपति पूछ रहे थे।

शाहू छत्रपति के आश्रित नारायण पुरोहित की अभद्र वाणी से शब्द निकले, ''जब तक सर्वशक्तिमान ब्राह्मणवृंद आपको क्षत्रिय के रूप में मान्यता प्रदान नहीं करता तब तक भले ही आप क्षत्रियकलावतंस घोर विरुदावली धारण करें तो भी मैं आपको शूद्र ही मानूंगा।''

शाहू छत्रपति को ऐसा लगा मानो वे शब्द तपे हुए सीसे की तरह उनके कान में उतर गए हों! उनका चेहरा भभक उठा था। एक राजाश्रित पुरोहित ने शाहू छत्रपति का घोर अपमान किया था। उनके मन में इस घटना से विविध घटनाओं की अग्नि प्रज्वलित हो गई थी। पर शाहू छत्रपति संयम कर यह जताने की कोशिश कर रहे थे कि वे शांत हैं। असह्य अपमान का जहर उन्होंने निगल लिया था, पर उनके मन में एक ऐसी चिनगारी कल की समाजक्रांति को जगाने के लिए धीरे-धीरे सुलग रही थी।

राजर्षि शाहू छत्रपति जब कोल्हापुर की गद्दी पर बैठे, तब शुरू-शुरू में बहुत ही सनातनी विचार के थे। नासिक में 15 अप्रैल, 1920 ई. को अपने एक भाषण में उन्होंने स्पष्ट कहा था, ''मैं प्रारंभ में बिलकुल सनातनी यानी पुरातन मतों का दृढ़ अभिमानी था। जातिभेद सदैव रहना चाहिए और उसका सबको पालन करना चाहिए, ऐसा मेरा मत था।''

इसका अर्थ यही था कि प्रारंभ में हिंदू समाज की चातुर्वर्ण्य व्यवस्था में उनका विश्वास था और वह व्यवस्था उन्हें मंजूर थी। पर नारायण पुरोहित ने उन्हें 'शूद्र' कहकर अपमानित किया तब जैसे उन पर गाज गिर गई ; उस पुरोहित के उद्दंड, बेतुके बर्ताव के खिलाफ शाहू छत्रपति ने तुरंत कोई कठोर उपाय नहीं किया; परंतु नारायण पुरोहित के बारे में पूरी जानकारी इकट्ठा करने की जोरदार कोशिश शुरू की।

राजर्षि शाहू छत्रपति क्षत्रिय थे; पर उन्हें 'शूद्र' कहकर अपमानित करने वाला नारायण पुरोहित व्यभिचारी था, वेश्यागामी था, ऐसा शाहू छत्रपति के समकालीन विद्वान बालाचार्य खुपेरकर शास्त्री ने लिखा है। नारायण पुरोहित को वेश्यागमन का बेहद व्यसन था। उसकी हर रात हमेशा नगरवधुओं के रंगीन सहवास में बीतती थी। अपने याचक पुरोहित के इन अवगुणों को जानकर शाहू छत्रपति का क्रोध भभक उठा था। परंतु घटित घटना का वे गंभीरता से विचार करते रहे। उसके बाद वे स्वयं हर घटना पर सूक्ष्म नजर रखने लगे।

छत्रपति घराने की धार्मिक विधि करने के लिए वंशपरंपरा से राजपुरोहित का काम शाहू छत्रपति के शासनकाल में नारायण सदाशिव अर्थात् आप्पासाहब राजोपाध्ये के जिम्मे था। वहां वे अलग-अलग पुरोहितों को भेज देते। शाहू छत्रपति के पवित्र कार्तिक स्नान के समय नारायण पुरोहित नारायण अर्थात् आप्पासाहब राजोपाध्ये द्वारा भेजा गया था। उसी नारायण पुरोहित ने शाहू छत्रपति को 'शूद्र' कहकर अपमानित किया था। उस पुरोहित के उद्दंड और बेजा बर्ताव के बारे में जवाब-तलब करना तो दूर, आप्पासाहब राजोपाध्ये उसी का समर्थन कर रहे थे। शाहू महाराजा उनकी सारी बातें समझ रहे थे, फिर भी शांत बने रहे।

उस समय कोल्हापुर-नगरपालिका में उच्चवर्ण के लोगों का वर्चस्व था। वे सभी जान-बूझकर इसी बात की कोशिश करते कि चातुर्वर्ण्य-व्यवस्था कैसे अबाधित रहे ! उसी से पंचगंगा नदी के घाट पर ब्राह्मण समाज के स्नान के लिए खास आरक्षित घाट का निर्माण किया गया था। वहां अन्य जाति के लोग स्नान नहीं कर सकते थे। उस घाट पर जाने की ब्राह्मणेतरों को मनाही थी। इस आशय की तख्तियां वहां लगाई गई थीं।

1900 ई. का नवंबर महीना था। पंचगंगा के घाट पर कार्तिक एकादशी के पवित्र स्नान के लिए लोगों की बड़ी भीड़ उमड़ी हुई थी। शाहू छत्रपति का अपमान करने वाली पिछले वर्ष की घटना लोगों के दिलों में बार-बार चुभ रही थी। उनका ध्यान खास ब्राह्मणों के लिए आरक्षित उस घाट पर लगे हुए सूचना फलक की ओर गया। भीड़ या समूह का मनोविज्ञान हमेशा कुछ और ही होता है। लोगों ने अनिर्बंध और मतवाले होकर खास आरक्षित घाट पर लगी तख्तियों को उखाड़कर तोड़ दिया और पंचगंगा में फेंक दिया। इतना ही कर वे लोग रुके-थमे नहीं, खास आरक्षित घाट पर उन्होंने स्नान करना शुरू कर दिया। अब तक वह आरक्षित घाट समाज में वर्णभेद को जिंदा रखने का कारण बना हुआ था। वही वर्णभेद-जातिभेद लोगों ने उस घाट पर स्नान की शुरुआत कर पंचगंगा में डुबो दिया। उसी दिन सच्चे अर्थों में कोल्हापुर के बहुजनों की सब प्रकार से मुक्ति का सबेरा हुआ। इस परम मंगल और उदात्त क्षण की गवाह वही पंचगंगा थी।

1901 ई. का सावन आया। नित्यनैमित्तिक प्रथा के अनुसार घर-घर धार्मिक त्योहार मनाए जाने लगे। लोगों का व्रत-नियम रखना शुरू हुआ। महालक्ष्मी के मंदिर में अभिषेक-अनुष्ठानादि में उफान आया। हिंदू धर्मशास्त्र के अनुसार श्रावणी अर्थात् गले में जनेऊ धारण करने के कार्यक्रम उच्चवर्णीय परिवारों में शुरू हुए। वास्तव में ब्राह्मण, क्षत्रिय और वैश्य इन सबको श्रावणी मनाने का हक होता है।

कोल्हापुर शहर में नारायण शास्त्री गोविंद सेवेकरी नामक एक विद्वान ब्राह्मण श्रावणी का कार्यक्रम बड़े उत्साह के साथ मनाया करते थे। 1901 ई. के सावन महीने में उन्होंने कुछ मराठों की श्रावणी वेदोक्त पद्धति से की। उनमें शाहू छत्रपति के बंधु बापूसाहब महाराजा का भी समावेश था। मात्र इतना ही कर नारायण शास्त्री सेवेकरी थमे नहीं, बल्कि उन्होंने ऋग्वेद पठन समाप्ति-समारोह में कुछ मराठों को भी निमंत्रित किया। उनका यह कार्य सनातनी ब्राह्मणों को मंजूर नहीं था। मराठा लोग क्षत्रिय नहीं हैं, शूद्र हैं, तब भी उनकी श्रावणी नारायण सेवेकरी ने की यह उन सनातनी ब्राह्मणों को पसंद नहीं था। उनका मत था कि मराठा शूद्र हैं अतः उन्होंने शास्त्री सेवेकरी से जवाब-तलब किया, ''जबकि मराठा शूद्र हैं, फिर तुमने उनकी श्रावणी क्यों की?''

उसका उत्तर देते हुए नारायण शास्त्री ने कहा, ''मराठा क्षत्रिय हैं इसलिए मैंने उनकी श्रावणी की। वेदमंत्रों का श्रवण करने के लिए मैंने उन्हें निमंत्रित किया।''

उनके इस दो-टूक जवाब पर सनातनी ब्राह्मणों ने नापसंदगी जताई। प्रारंभ में इसके अलावा वे कुछ कर नहीं सके। उससे नारायण शास्त्री सेवेकरी को ऐसा लगा कि सनातनी ब्राह्मणों को मराठों का क्षत्रियत्व मान्य हुआ होगा। मराठा क्षत्रिय हैं, इस तथ्य से उनकी मूक सहमति होगी। परंतु नारायण शास्त्री का वह भ्रम था। क्योंकि शीघ्र ही सनातनियों ने उन्हें जाति-बहिष्कृत कर दिया। सनातनियों को देर से सूझा कि यह सयानापन उनका नहीं था। इस षड्यंत्र के पीछे छिपी हुई शक्ति कोई और थी।

छत्रपति घराने के राजपुरोहित नारायण सदाशिव अर्थात् आप्पासाहब राजोपाध्ये उसके बाद राजमहल जाने में टालमटोल करने लगे। कोई न कोई बहाना बनाकर वे शाहू छत्रपति के सामने जा नहीं रहे थे। शाहू छत्रपति से वह बात छिप नहीं सकी। 7 अक्तूबर, 1901 ई. को उनका मुकाम पन्हाला किले पर था। उन्होंने वहां से अपने खानगी प्रधान मंत्री के दस्तखत से नारायण राजोपाध्ये के नाम एक पत्र भेजकर उन्हें चेतावनी दी थी कि राजप्रासाद में होने वाले सभी धार्मिक कार्य वेदोक्त पद्धति से किए जाते हैं या नहीं, यह ध्यानपूर्वक देखें।

शाहू छत्रपति ने इस बारे में नारायण शास्त्री राजोपाध्ये को हर तरह से समझाने की कोशिश की ! पर वे धार्मिक विधि वेदोक्त पद्धति से न करने के अपने ही दुराग्रह पर अड़े रहे। उन्होंने अंग्रेजी विषय में बी. ए. की उपाधि प्राप्त की थी। उसके बाद वे विधि विषय का अध्ययन कर रहे थे। इससे स्पष्ट है कि पाश्चात्य शिक्षा के संस्कारों और विचारों से वे अज्ञात नहीं थे। तो भी ऐसा विचार मन में उभरता है कि शाहू छत्रपति शूद्र हैं, उन्हें वेदोक्त

का अधिकार नहीं है, ऐसा वे क्यों कह रहे थे ? शाहू छत्रपति मराठा हैं अत: शूद्र हैं इसलिए उन्हें वेदोक्त का अधिकार नहीं है, ऐसा दुराग्रही दृष्टिकोण छत्रपति के राजपुरोहित नारायण शास्त्री राजपुरोहित का था। उसके विपरीत मराठा लोग क्षत्रिय हैं, उन्हें वेदोक्त का अधिकार है ऐसा दृढ़ मत नारायण शास्त्री गोविंद सेवेकरी का था।

पन्हाला से भेजे गए शाहू छत्रपति के पत्र में राजप्रासाद के सभी धार्मिक कार्य वेदोक्त पद्धति से किए जाएं, इस आदेश के बारे में राजपुरोहित ने विनती की थी कि शाहू छत्रपति उस आदेश को कुछ दिन के लिए स्थगित रखें। इसमें एक ओर राजपुरोहित द्वारा कालहरण की नीति स्पष्ट दिखाई दे रही थी तो दूसरी ओर मराठा लोग क्षत्रिय हैं और उन्हें वेदोक्त का अधिकार है, इस मत के समर्थकों के पीछे सनातनी ब्राह्मण हाथ धोकर पड़े हुए थे, अर्थात् नारायण शास्त्री सेवेकरी ही उनका लक्ष्य बने हुए थे।

इसलिए 13 अक्तूबर, 1901 ई. को नारायण शास्त्री सेवेकरी के विरोध में कुछ सनातनी ब्राह्मणों ने शाहू छत्रपति के खानगी प्रधान मंत्री के पास लिखित शिकायत-पत्र भेजा। उसमें उन्होंने लिखा था, "नारायण शास्त्री सेवेकरी और उनके कट्टर अनुयायियों को श्री देवी महालक्ष्मी के मंदिर में कोई भी धार्मिक विधि करने की और श्री महालक्ष्मी को स्पर्श करने की मनाही की जाय, क्योंकि ब्राह्मणों ने नारायण शास्त्री सेवेकरी को बहिष्कृत कर दिया है।" लेकिन शाहू छत्रपति ने उस अर्जी पर ध्यान ही नहीं दिया। उन्हें निराश कर दिया। राजपुरोहित नारायण शास्त्री राजोपाध्ये ने भी कह दिया कि ब्राह्मणों की वह अर्जी कोई महत्त्व नहीं रखती। विख्यात शाहू चरित्र लेखक धनंजय कीर ने लिखा है कि नारायण शास्त्री राजोपाध्ये की वह भूमिका दिखावटी थी, हृदयतल से नहीं थी।

14 अक्तूबर, 1901 ई. को नवरात्र का आरंभ हुआ। नारायण शास्त्री सेवेकरी ने श्री महालक्ष्मी के मंदिर जाकर देवी की पूजा की। पूजा के समय जो सनातनी ब्राह्मण वहां उपस्थित थे, उन्होंने नारायण शास्त्री को पूजा करने तो दी और उसके बाद पूरे कोल्हापुर में ऐसा शोर मचाया कि नारायण शास्त्री सेवेकरी के श्री महालक्ष्मी को स्पर्श करने से वह भ्रष्ट हो गई है। नारायण शास्त्री सेवेकरी जैसे वेदशास्त्रसंपन्न ब्राह्मण ने मराठों को वेदज्ञान सुनाने का महापाप किया था, इसलिए वह अपवित्र और अमंगल हुआ था और उसके अपवित्र स्पर्श से साक्षात् जगदंबा भ्रष्ट हुई। वह अपवित्र हुई। सर्वशक्तिमान श्री महालक्ष्मी देवी को अपवित्र करने की विपरीत शक्ति एक मामूली मानव को अर्थात् भूतल के ब्राह्मण-देवता को किसने प्रदान की ? यह अकल्पनीय है।

शाहू छत्रपति दशहरे के दिन रूढ़ि-परंपरा के अनुसार राजप्रासाद में सौ-डेढ़ सौ ब्राह्मणों के भोज का आयोजन करते थे। अत: उन्होंने दशहरे के दिन भोज का आयोजन किया। नारायण शास्त्री सेवेकरी को भी सम्मान के साथ निमंत्रित किया गया था। पंक्ति में भोजन परोस दिया गया था। वातावरण में पकवानों और अगरबत्तियों की सुगंध महक रही थी। सभी ब्राह्मण प्रतीक्षा में थे कि यजमान की भोजन की आज्ञा कब मिलती है ! तभी उन ब्राह्मणों को दिखाई दिया कि भोजन के लिए नारायण शास्त्री सेवेकरी भी उपस्थित हैं।

उन्हें देखते सभी सनातनी ब्राह्मण आगबबूला हो उठे। जाति-बहिष्कृत किए हुए नारायण शास्त्री सेवेकरी के साथ पंक्ति में बैठकर भोजन करने का पाप करने की अपेक्षा उस भोजन का त्याग करना अधिक पुण्यकारक कृत्य होगा, ऐसा विचार कर वे सनातनी ब्राह्मण भोजन छोड़कर चले गए। बेचारे नारायण शास्त्री सेवेकरी हताश होकर उन सनातनी ब्राह्मणों के उन्मत्त कुकृत्य की ओर देखते रहने के सिवा कुछ कर नहीं सके।

थोड़े ही दिनों में उन ब्राह्मणों ने राजनीतिक प्रतिनिधि को एक शिकायती-अर्जी पेश की। उसमें उन्होंने लिखा था, "जिस नारायण शास्त्री सेवेकरी को वेदोक्त प्रकरण में हमने जाति-बहिष्कृत कर दिया था, उन्हें शाहू छत्रपति द्वारा जान-बूझकर इस भोजन के लिए निमंत्रित करना हमें अपमानित करने के लिए था। जान-बूझकर हमारी भावनाओं को ठेस पहुंचाना था।"

प्रतिवर्ष की परंपरानुसार ही शाहू छत्रपति ने अनेक ब्राह्मणों को निमंत्रित किया था। नारायण शास्त्री सेवेकरी उन्हीं में से एक थे। परंतु सनातनी ब्राह्मणों ने उसका गलत अर्थ निकालकर वेदोक्त प्रकरण को फूंक-फूंककर भभकाना शुरू कर दिया। अपना अपमान भूलकर अब तक बहुत ही शांतचित्त रहकर, बड़े संयम के साथ शाहू राजा वेदोक्त प्रकरण को सुलझा रहे थे, लेकिन अब वे उन ब्राह्मणों के कुकृत्य से आपे से बाहर हो गए। उन्हें उन सनातनी ब्राह्मणों की तानाशाही पर क्रोध हो आया। अब वे उन सनातनी ब्राह्मणों के अन्यायपूर्ण वर्चस्व के विरोध में ताल ठोंककर बगावत करने के लिए पूरी तैयारी के साथ तनकर खड़े हो गए। परिणामस्वरूप पंचगंगा नदी के तीर पर बसे करवीर में अर्थात् दक्षिण काशी में वेदोक्त संघर्ष की ज्वाला तीव्रता से भभक उठी।

वैसे देखा जाय तो राजपुरोहित आप्पासाहब राजोपाध्ये छत्रपति घराने के इनामदार नौकर थे और उनकी नौकरी करने वाले नारायण भटजी ने शाहू छत्रपति क्षत्रिय नहीं हैं अतः उन्हें वेदोक्त का अधिकार नहीं है, ऐसा कहा था। तब भी शाहू छत्रपति संयम और शांति से घटित घटना से जूझ रहे थे।

एक प्राध्यापक विजापूरकर ने वेदोक्त विवाद में सनातनी ब्राह्मणों का पक्ष लेकर उस विवाद को फूंक-फूंक कर भड़काया था। उसके बाद उस विवाद में लोकमान्य तिलक, भाऊशास्त्री लेले, राजारामशास्त्री भागवत, महादेव शास्त्री दिवाकर, भारताचार्य चिं. वि. वैद्य, वि. का. राजवाड़े, महादेव गणेश डोंगरे, भास्करराव जाधव आदि दिग्गजों को मजबूरन समाविष्ट होना पड़ा। उस समय महाराष्ट्र के अधिकांश समाचार-पत्र अभिजनों के हाथ में थे अतः उन्होंने शाहू छत्रपति के विरोध में जबर्दस्त प्रचार मुहिम शुरू की थी। 'मराठा दीनबंधु' एकमात्र समाचार-पत्र ऐसा था जिसका संपादनकार्य सावलाराम अमृतराव विचारे सम्हाल रहे थे, सिर्फ उसमें शाहू छत्रपति के पक्ष में लिखा जाता था।

वेदोक्त विवाद में शाहू छत्रपति ने शुरू से ही अत्यंत समझदारी से काम लिया, समझौते किए और सब्र की भूमिका निबाही; परंतु नारायणराव राजोपाध्ये और सभी सनातनी ब्रह्मवृंद अपनी हठधर्मी से रत्ती भर भी पीछे हटने को तैयार नहीं थे इसलिए मजबूर होकर

शाहू छत्रपति को इस मामले में आक्रामक भूमिका निभानी पड़ी। इसीलिए 8 नवंबर, 1901 ई. को इस संदर्भ में फिर एक बार लिखित रूप में चेतावनी दी गई। तब अपने प्रतिपक्ष को कमजोर बनाने के लिए सनातनी ब्रह्मवृंद ने शाहू छत्रपति के गुट में फूट डालने की कोशिश शुरू कर दी। इस दृष्टि से उन्होंने अपना शिकार खोजना शुरू किया। सनातनियों की कोशिश सफल हुई और यथाशीघ्र उनके हाथ एक शिकार लग गया। और वह थीं शाहू छत्रपति की दादी–सकवारबाई रानीसाहिबा यानी महाराजा शिवाजी चतुर्थ को गोद ली हुई मांसाहिबा। वह बहुत ही धार्मिक प्रवृत्ति की थीं; परंतु उन पर अंधश्रद्धा का भी बहुत बड़ा प्रभाव था। सनातनी ब्राह्मणों ने उसी का अनुचित लाभ उठाया।

1901 ई. का दशहरे का नवरात्रोत्सव धूमधाम से शुरू हुआ। करवीर की महालक्ष्मी के मंदिर में भक्तों के उत्साह में उफान आया। राजप्रासाद में भी नवरात्रि के उत्सव की तैयारी शुरू हुई। शाहू छत्रपति ने राजमहल के सभी धार्मिक कार्य वेदोक्त पद्धति से ही संपन्न करने का निश्चय किया था। दो वर्ष पूर्व उन्हीं के एक सेवक ने पंचगंगा नदी के घाट पर कार्तिक महीने में बड़े तड़के जो जघन्य अपराध किया था उसे वे कैसे भूल सकते थे? नारायण शास्त्री राजोपाध्ये को मौखिक और लिखित रूप में चेतावनी देकर उन्हें वेदोक्त पद्धति से नवरात्रि के धार्मिक कार्य करने के लिए बुलाने के प्रयत्न शुरू किए थे। परंतु नारायण शास्त्री अनेक बहाने बनाकर राजप्रासाद में वेदोक्त संस्कार करने में टालमटोल कर रहे थे। तब भी शाहू छत्रपति उनके विरोध में कोई कठोर कदम उठाकर नारायण शास्त्री सेवेकरी जैसे वेदशास्त्र संपन्न पंडित की मदद लेकर ही वेदोक्त पद्धति से राजप्रासाद का नवरात्रि उत्सव मनाने की कोशिश में थे। वैसी सूचनाएं उन्होंने राजघराने के सभी व्यक्तियों को दी थीं।

नवरात्र उत्सव प्रारंभ होने के एक दिन पहले शाहू छत्रपति तैयारी का जायजा ले रहे थे। तब उन्हें मालूम हुआ कि उत्सव की सभी धार्मिक विधि वेदोक्त पद्धति से कराने में राजघराने की महिलाओं को आपत्ति है। उनका मत है कि सभी धार्मिक विधि पहले जैसे ही पुराणोक्त पद्धति से हों। उन महिलाओं का नेतृत्व शाहू छत्रपति की दादी सकवारबाई रानीसाहिबा कर रही थीं। शाहू छत्रपति से उन्होंने कहा, ‘‘बाबासाहब! हमारी पहले की पीढ़ी से पुराणोक्त विधि चलती आई है, अतः तुम अपने दिमाग से वेदोक्त का विचार पूर्ण रूप से निकाल दो। चलती आई परंपरा खंडित मत करो।’’

शाहू छत्रपति ने उनसे आदरपूर्वक प्रश्न पूछा, ‘‘पुराणोक्त परंपरा खंडित कर अगर वेदोक्त संस्कार आरंभ करें तो क्या होगा?’’

तब कठोर निश्चय के साथ सकवारबाई रानीसाहिबा ने कहा, ‘‘मैं पूछती हूं, आखिर जहर की परीक्षा किसलिए? पुरानी परंपरा को हटाकर देवता और ब्राह्मणों के शाप के भागी तुम क्यों बनना चाहते हो?’’

ये शब्द सुनते ही शाहू छत्रपति को तुरंत ध्यान में आया कि इसके पीछे किसका हाथ है। उन्होंने अपनी चतुर बुद्धि से भांप लिया कि यह बदमाशी राजमहल में हमेशा आने वाले पुरोहित की ही होगी। दकियानूसी ब्राह्मणों की सांठगांठ से उसीने राजगृह की स्त्रियों में

बुद्धिभेद किया है। सकवारबाई रानीसाहिबा पर अंधश्रद्धा का बड़ा प्रभाव था, वे उसी का शिकार हुई थीं।

शाहू छत्रपति ने बहुत ही शांत रीति से सकवारबाई रानीसाहिबा तथा अन्य स्त्रियों को वेदोक्त प्रकरण का पूरा इतिहास बता दिया। उस विवाद में उन्होंने अपनी भूमिका स्पष्ट की। साथ-साथ उन्होंने यह भी बता दिया कि वेदोक्त संस्कारों के बारे में संपूर्ण जानकारी इकट्ठा करने के लिए उनके प्रतिनिधि उदेपुर, सातारा और बडोदरा भेजे गए हैं । इतना ही नहीं; उन्होंने यह भी बता दिया कि वेदोक्त विवाद में बडोदरा के सयाजीराव गायकवाड का उन्हें जबर्दस्त समर्थन है और उन्होंने भी अपने सभी धार्मिक विधि वेदोक्त पद्धति से ही शुरू किए हैं। शाहू छत्रपति की इस जानकारी का सकवारबाई रानीसाहिबा पर ऐसा प्रभाव पड़ा कि राजप्रासाद में सभी धार्मिक विधि वेदोक्त पद्धति से करने के लिए उनका जो तीव्र विरोध था, वह पूर्णतया शांत हो गया। राजघराने की स्त्रियों को अंधश्रद्धा और पुरातन रूढ़ि परंपरा की गुलामी से मुक्त करने में शाहू छत्रपति को पूर्णतया सफलता मिली। फलतः उन्होंने उस वर्ष नवरात्र उत्सव और दशहरे का त्योहार बड़े उत्साह और आनंद के साथ मनाया।

कोल्हापुर दरबार की ओर से नारायणराव राजोपाध्ये को चेतावनी दी गई थी कि राजप्रासाद के सभी धार्मिक विधि वेदोक्त पद्धति से ही करवा लिये जाएं। महीना बीत जाने पर भी उनसे कोई उत्तर नहीं आया, या यों कहना उचित होगा कि कोल्हापुर दरबार द्वारा भेजे गए पत्र को उन्होंने गंभीरता से नहीं लिया। अतः कोल्हापुर दरबार ने नायब खानगी प्रबंधक के दस्तखत से दूसरी लिखित चेतावनी 8 नवंबर, 1901 को नारायणराव राजोपाध्ये को इस प्रकार दी :

"इसके पहले 2-3 बार मौखिक और एक बार लिखित सूचना दी गई थी कि राजमहल के सभी धार्मिक विधि बाबासाहब महाराजा के समय से वेदोक्त पद्धति से किए जाते थे, वैसे ही तुम करने के लिए तैयार हो या नहीं, यह बता दो। वास्तव में वैसा करने में नया कुछ भी नहीं है। इसके बाद जवाब देने के लिए तुम्हें समय नहीं दिया जाएगा, इस बात को गंभीरता से ध्यान में लिया जाए। राजप्रासाद पर आकर वेदोक्त पद्धति से सभी विधि करने की तुम्हारी तैयारी हो तो अविलंब आकर सभी विधि करने लगो।

अगर राजप्रासाद के सभी विधि वेदोक्त पद्धति से करने की तुम्हारी इच्छा न हो तो वैसा स्पष्ट लिखित रूप में विदित किया जाए, ऐसी हुजूर सरकार की आज्ञा है।"

पर आश्चर्य और खेद की बात है कि इस लिखित सूचना की ओर भी नारायणराव राजोपाध्ये ने गंभीरता से ध्यान नहीं दिया। इसलिए शाहू छत्रपति ने इस संपूर्ण प्रश्न का गंभीरता से अध्ययन कर विवरण (रिपोर्ट) देने के लिए एक समिति का गठन किया, जिसमें रायबहादुर कृष्णाजी नारायण पंडित, सर न्यायाधीश विश्वनाथ बलवंत गोखले और स्वयं नारायणराव राजोपाध्ये ये तीन लोग थे । उस समिति का कामकाज नारायणराव राजोपाध्ये के ही निवास स्थान पर पांच महीने चलता रहा। उसमें अनेक विज्ञ लोगों की गवाहियां ली गईं । अंत में उस समिति ने निर्णय दिया कि शाहू छत्रपति को वेदोक्त का अधिकार है और

वे उसके अनुसार अपने सभी धार्मिक विधि करें। परंतु उस अंतिम निर्णय पर अपने हस्ताक्षर करने से नारायणराव राजोपाध्ये ने इनकार कर दिया।

अप्रैल महीने के अंत में शाहू छत्रपति समिति का यह निर्णय महाबलेश्वर जाकर बंबई के गवर्नर को बताने वाले थे और इस बारे में विचार-विमर्श करने वाले थे। यह भनक कोल्हापुर के सनातनी (दकियानूसी) ब्राह्मणों के कान में पड़ते ही उन्होंने 28 अप्रैल, 1902 ई. को गवर्नर साहब को तार देकर बिना उनका पक्ष सुने अपना निर्णय न देने का आग्रह किया।

लगभग दो-ढाई साल से भी अधिक समय से शाहू छत्रपति राजपुरोहित नारायण राजोपाध्ये को मनाने की कोशिश कर रहे थे, उन्हें लिखित एवं मौखिक संदेश पहुंचा रहे थे कि राजप्रासाद के धार्मिक विधि वेदोक्त पद्धति से करें, परंतु नारायणराव राजोपाध्ये अपनी हठधर्मी से बाज आने के लिए तैयार नहीं था। कोल्हापुर दरबार के पत्रों का उत्तर भेजने की भलमनसी भी वे दिखा नहीं रहे थे।

नारायण सदाशिव अर्थात् आप्पासाहब राजोपाध्ये को वंशपरंपरा से राजपुरोहित की हैसियत से काम करने के उपलक्ष्य में सालाना लगभग 30,000 रुपए की जागीर थी। राजप्रासाद में वेदोक्त संस्कार करने की शाहू छत्रपति की न तो यह मांग मंजूर करते और न ही प्रा. विजापुरकर की सलाह मानकर छत्रपति की बहाल की हुई जागीर का त्याग करते, जबकि इसके विपरीत बडोदरा में सजायीराव गायकवाड महाराजा की वेदोक्त संस्कार करने की मांग स्वीकृत नहीं करने पर वहां के राजपुरोहित राजाराम शास्त्री टोपले ने अपने पद को त्याग दिया था।

कोल्हापुर के राजपुरोहित नारायणराव राजोपाध्ये न छत्रपति की आज्ञा का पालन कर रहे हैं और न ही छत्रपति द्वारा प्रदान की हुई जागीर का त्याग ही कर रहे हैं, इसका विश्वास होते ही शाहू छत्रपति ने मन ही मन कुछ विचार कर खानगी प्रधानमंत्री को हुक्म दिया कि राजपुरोहित को लिखित रूप में अंतिम चेतावनी दी जाए।

शाहू छत्रपति की आशा के अनुसार राजपुरोहित नारायणराव को 1 मई, 1902 ई. को निर्णायक अंतिम चेतावनी लिखित रूप में दी गई। उस पत्र में कहा गया था, "हुजूर सरकार की आज्ञा के अनुसार नित्य और नैमित्तिक धार्मिक विधि वेदोक्त पद्धति से की जाए, यह बार-बार कहने के बावजूद तुमसे उसका पालन हो नहीं रहा है। इतना ही नहीं; बल्कि अनेक बार मौखिक और लिखित संदेश देने पर भी तुम ध्यान नहीं दे रहे हो, लिखित उत्तर भी तुम नहीं भेजते हो। इसलिए तुम्हें राजोपाध्ये के पद से क्यों न हटाया जाए, इसका उत्तर चार दिन के भीतर दे दो। दिए हुए समय के भीतर तुमसे उचित स्पष्टीकरण न मिलने पर तुम पर कठोर कार्यवाही की जाएगी।"

शाहू छत्रपति की ऐसे कठोर शब्दों में दी गई अंतिम चेतावनी प्राप्त होते ही नारायणराव राजोपाध्ये को सही मायने में होश आया। उनकी समझ में आया कि अब वे कालहरण का खेल अधिक समय तक खेल नहीं सकेंगे। उन्हें अब पक्का विश्वास हो गया

कि शाहू छत्रपति के पत्र का उत्तर देने के सिवा कोई चारा नहीं। इसलिए नारायणराव राजोपाध्ये ने शाहू छत्रपति को अपना पहला लिखित स्पष्टीकरण 5 मई, 1902 ई. को भेज दिया। उसमें उन्होंने लिखा था, ''आपके भेजे हुक्मनामे के गृहीतकृत्य तथ्यहीन हैं। राजप्रासाद में जो हव्यादि धार्मिक विधि वेदोक्त या पुराणोक्त पद्धति से होती होगी, उसे करने का काम मेरा नहीं है। फिर भी सभी धार्मिक विधि वेदोक्त पद्धति से ही किए जाएं यदि ऐसी छत्रपति की इच्छा हो तो वैसा करने में मुझे कोई आपत्ति नहीं पर उसके लिए शास्त्राधार हो और वैसा करना सरकार के परिवार के लिए कल्याणप्रद हो...। इस धर्मविधि का प्रत्यक्ष पौरोहित्य करने वालों के समाधान के लिए शंकराचार्य और काशी, वाई, नासिक आदि स्थानों के पंडितों की राय आवश्यक है। उसे हुजूर की मान्यता चाहिए।''

इस उत्तर में व्यंग्य था; अर्थात् वे कालहरण की ही चाल चल रहे थे। उसी पत्र में नारायण राजोपाध्ये ने ऐसी प्रार्थना की भी थी कि उनके पुत्र का विवाह 15 मई को है, अतः हुजूर उन्हें थोड़ा अवकाश दे दें। अब तक शाहू छत्रपति ने अपने मन पर खूब संयम रखा था। नारायण राजोपाध्ये और उनके समर्थक दकियानूसी विचार वाले ब्राह्मण मानो छत्रपति की सहनशीलता की परीक्षा ले रहे थे। पर अब शाहू छत्रपति के लिए राजोपाध्ये की सम्मति की प्रतीक्षा करना असंभव था।

छत्रपति के कुल का पौरोहित्य ईमानदारी के साथ करने के लिए नारायण राजोपाध्ये के परिवार को कुलपरंपरा से वार्षिक 30,000 रुपए की जागीर प्रदान की गई थी। अतः उनका यह कर्तव्य बनता था कि छत्रपति के धार्मिक संस्कारों का पौरोहित्य शास्त्रोक्त पद्धति से करें। राजप्रासाद में की जा रही धार्मिक विधि वेदोक्त पद्धति से हो रहे हैं या नहीं, यह देखना, उसकी खबर रखना उनकी जिम्मेदारी थी । इस बारे में उनसे कसूर हुआ था। इसलिए राजमहल में होने वाली धार्मिक विधि पुराणोक्त पद्धति से ही हो रही थी। अतः राजपुरोहित द्वारा हुई भूल सुधारने का मौका शाहू छत्रपति ने उन्हें दिया था। परंतु दिए गए मौके से लाभ उठाने की बजाय नारायणराव राजोपाध्ये जब चार लोगों में बैठे होते तब इस विषय को लेकर शाहू छत्रपति की खिल्ली उड़ाया करते। उन्हें शाहू छत्रपति का क्षत्रियत्व मान्य नहीं था। इसलिए शाहू छत्रपति को वेदोक्त के अधिकार देने की उनकी इच्छा नहीं थी। ऐसा सुनने में आया है कि इस संबंध में नारायणराव राजोपाध्ये को उनकी माताजी का अधिक प्रोत्साहन था। साथ ही सनातनी ब्राह्मणों का भी उन्हें बढ़ावा था। और तो और, लोकमान्य तिलक का भी उन्हें आशीर्वाद प्राप्त था। इसी से नारायणराव राजोपाध्ये अपनी गलती सुधारना नहीं चाहते थे। अंत में अन्य कोई चारा न देखकर शाहू छत्रपति ने नाक दबाने पर ही मुंह खुलता है, ऐसा सोचकर नारायणराव राजोपाध्ये की जागीर मजबूर होकर जब्त करने का कठोर निर्णय ले लिया।

शाहू छत्रपति सातवें एडवर्ड बादशाह के राज्यारोहण समारोह में उपस्थित रहने के लिए विलायत जाने की हड़बड़ी में थे, उसी समय वेदोक्त का संघर्ष चरमसीमा पर पहुंच गया था। अब तक इस विवाद में सनातनी ब्राह्मण समाज आक्रामक की भूमिका निभा रहा

था, पर अब शाहू छत्रपति आक्रामक बने हुए थे। 6 मई, 1902 ई. को उन्होंने राजोपाध्ये को नौकरी से हटा देने और उनकी जागीर जब्त किए जाने का पत्र भेजा। उस पत्र में ऐसा स्पष्ट लिखा हुआ था कि राजोपाध्ये के प्रशासनिक, दंडविधान और राजस्व विषयक सभी हक रद किए गए हैं।

शाहू छत्रपति 14 मई को जहाज से इंग्लैंड जाने के लिए तैयार हुए। उनके साथ बापूसाहब महाराजा, दीवान सबनीस, बालासाहब गायकवाड, दत्ताजीराव इंगले, डॉ. बोरकर आदि लोग जाने वाले थे। शाहू छत्रपति का यह पहला ही विलायत दौरा था इसलिए उन्हें अधिक उत्सुकता थी। विलायत जाने से पहले राजोपाध्ये से संबंधित वेदोक्त प्रकरण का अंतिम निर्णय लेना अत्यंत आवश्यक और महत्त्वपूर्ण था। इसीलिए उन्होंने राजोपाध्ये की जागीर जब्त करने का हुक्म दिया। अपनी अनुपस्थिति में रियासत का कारोबार सम्हालने की जिम्मेदारी मुख्य न्यायाधीश कृष्णराव पंडित, रामचंद्र रघुनाथ शिरगांवकर और कृष्णाजी मराठे–इन तीनों की राज्य प्रतिनिधि समिति गठित कर उन्हें सौंपी गई। कोल्हापुर के राजनीति प्रतिनिधि कर्नल फेरिस की सूचनानुसार मराठे के स्थान पर समिति में भास्करराव जाधव को शामिल किया गया।

शाहू छत्रपति को कोल्हापुर लौट आने में लगभग तीन–चार महीने का समय लगने वाला था। इसलिए जाते समय उन्होंने अपने सहयोगियों को अनेक सूचनाएं दी थीं। उनमें से एक महत्त्वपूर्ण सूचना वेदोक्त प्रकरण के बारे में सनातनियों का पक्ष लेने वाले समाचार-पत्र चाहे जितनी आलोचना करें तो भी शांत रहने की थी।

भास्करराव जाधव प्रभृति ने उस सूचना पर अमल शत प्रतिशत किया ऐसा दिखाई देता है। नारायणराव राजोपाध्ये के पुत्र का विवाह पंत अमात्य बावडेकर की कन्या से होने वाला था। उसके बारे में नारायणराव ने पहले ही अपने लिखित उत्तर में शाहू छत्रपति को जानकारी दी थी। शाहू छत्रपति 14 मई को ही कोल्हापुर से विलायत जाने के लिए बंबई जाने वाले थे। इसलिए नारायण राजोपाध्ये की जागीर जब्त करने की कार्यवाही उसके पहले ही करना आवश्यक था। करवीर तहसील (पेटा) के तहसीलदार 7 मई को सबेरे ही नारायणराव के महल में पुलिसदल के साथ घुस गए। पुलिस ने राजोपाध्ये के महल के सभी महत्त्वपूर्ण कागजात जब्त कर लिये। वे कागज उसी महल के दूसरे कमरों में रखकर उन्हें सील किया गया। उन पर मुहर लगाई गई। इतना ही नहीं, बल्कि उन कमरों पर स्थायी रूप में पहरेदार बिठाए गए। ऐसा दिखाई देता है कि वह पहरा आगे बहुत समय तक बना रहा, क्योंकि राजोपाध्ये ने 23 मई, 1903 ई. को बंबई के तत्कालीन गवर्नर नॉर्थकोट को जो शिकायती अर्जी भेजी थी उसमें उन्होंने 7 मई, 1902 ई. से अब तक उनके घर पर अपमानजनक ढंग से पहरेदार बिठाए जाने का जिक्र किया था।

नारायणराव राजोपाध्ये की जागीर जब्त करते ही कोल्हापुर के सनातनी ब्राह्मणों ने शाहू छत्रपति के विरोध में प्रचार मुहिम तेज कर दी। शहर में अफवाहें फैलाना, समाचार-पत्रों को झूठी खबरें और जानकारी देते रहना, साथ ही शाहू छत्रपति और राजपरिवार की

स्त्रियों को कलंकित करने वाले नाम–पता–रहित पत्र शाहू छत्रपति को भेजना आदि अनेकानेक अवैध मार्गों से उनके विरोध में गंदा प्रचार अभियान शुरू कर दिया।

राजोपाध्ये की जागीर जब्त करते ही कोल्हापुर के 'ब्रह्मोदय', 'विद्याविलास', 'समर्थ', वाई का 'मोदवृत्त', सोलापुर का 'कल्पतरु', ठाणे का 'अरुणोदय' और बंबई का 'गुराखी'–इन सभी सनातनी विचारों के समाचार–पत्र के साथ लोकमान्य तिलक के 'केसरी' शाहू छत्रपति पर जहरीली आलोचना करने लगे। ऐसा दिखाई देता है कि कुछ समाचार–पत्रों ने बहुत ही अशिष्ट भाषा में शाहू छत्रपति की बदनामी की अश्लाघ्य कोशिश की है।

इस प्रकार शाहू छत्रपति पर बदनामी का पहाड़ टूट पड़ा था। उसी समय उनकी विलायत जाने की तैयारी शुरू थी। कुल मिलाकर कोल्हापुर का माहौल बहुत ही अशांत और अस्थिर था। उसी से अनुचित लाभ उठाते हुए दकियानूसी वालों ने नारायणराव राजोपाध्ये के हित का विचार कर आखिरी पासा फेंका।

शाहू छत्रपति आरंभ से ही धार्मिक वृत्ति के थे। सगुन–असगुन, शाप, आशीर्वाद आदि बातों पर शाहू छत्रपति का विश्वास था। महाराजा के विलायत दौरे पर जाने के दो दिन पहले एक बड़ा ब्राह्मण अधिकारी उनसे मिलने आया। शाहू छत्रपति ने उसे बैठने के लिए कहा। बैठे–बैठे वह अधिकारी आसपास की टोह ले रहा था। उसके चेहरे पर चिंतायुक्त भाव थे। उसे अधिक समय तक प्रतीक्षा न करनी पड़े, अतः शाहू छत्रपति ने पूछा, "क्यों आए हो? क्या काम है ?"

"आपके हितू के नाते मुझे कुछ कहना है।" वह अधिकारी सहमते हुए बोला।

"फिर देर किस बात की ! बोलिए न !" महाराजा ने कहा।

"आबासाहब और आपके दादा राजाराम महाराजा पर विलायत में सफर करते समय अनेक मुसीबतें आईं। राजाराम महाराजा की तो वहीं मृत्यु हो गई।" एक ही सांस में वह अधिकारी बोला।

"फिर?" महाराजा ने शांति के साथ पूछा।

तब धैर्य के साथ वह अधिकारी बोला, "महाराज ! आप विलायत दौरे पर जा रहे हैं। मुझे लगता है कि वैसा कोई अशुभ प्रसंग आपके जीवन में घटित न हो।"

"फिर आप ही बताइए, वैसा कोई वाकया मेरे जीवन में न हो, इसके लिए क्या करना चाहिए?" शाहू छत्रपति ने पूछा।

उस पर वह अधिकारी उत्साह के साथ बोला, "विलायत जाते समय आप अपने माथे पर ब्राह्मणों के शाप न लेकर जाएं।"

शाहू छत्रपति ने उस अधिकारी पर अपनी नजर गड़ाते हुए उत्तर दिया, "हमारे दादा ब्राह्मणों के आशीर्वाद लेकर ही विलायत गए हुए थे। तब भी वहां उनकी मृत्यु हो गई। अतः मैंने निश्चय किया है कि ब्राह्मणों के आशीर्वाद लिए बिना ही मैं उनसे शाप लेकर जाऊंगा और देखूंगा कि क्या कुछ अच्छा या बुरा होता है !"

शाहू छत्रपति का स्पष्ट उत्तर सुनते ही वह ब्राह्मण अधिकारी गर्दन झुकाकर वहां से चला गया। दकियानूसियों की राजोपाध्ये को छत्रपति की ओर से अभय प्रदान करने की यह दयनीय कोशिश बेकाम हुई।

शाहू छत्रपति बंबई से जहाज से लंदन के लिए रवाना हो गए। उनके जाते ही कोल्हापुर और कोल्हापुर के बाहर के सनातनी ब्राह्मणों के कुकृत्यों में उफान आ गया। कोल्हापुर दरबार द्वारा 20 मई, 1902 ई. को राजोपाध्ये की जागीर जब्त किए जाने के तुरंत बाद ही, 'केसरी' में लिखा गया, "कोल्हापुर के महाराजा पिछले हफ्ते जहाज से राज्यारोहण समारोह में उपस्थित रहने के लिए विलायत गए। जाने से पहले उन्होंने यहां जो एक काम किया है, हमारे विचार से वह पूर्णतया अन्यायपूर्ण है। किसी भी मनुष्य को अपने घर के धार्मिक कृत्य वेदोक्त पद्धति से करने का इस राज में अनियंत्रित अधिकार है। पर जो ब्राह्मण इस प्रकार किसी के भी घर वेदोक्त कर्म करेगा, उसे ब्रह्मवृंद को अपने समाज में ही रखना होगा, ऐसा आग्रह कोई भी कर नहीं सकता। अगर कोई पुरोहित आपके घर में वेदोक्त कर्म करना नहीं चाहता तो उसके स्थान पर दूसरे पुरोहित को नियुक्त करे; पर उसकी जागीर को जब्त करना जुल्म करने जैसा है।...आज वेदोक्त का विद्रोह उपजा है, अगली पीढ़ी में कोई और उपद्रव उपस्थित होगा।"

2 जून को शाहू छत्रपति लंदन पहुंच गए। उनके लंदन प्रवास के दौरान कोल्हापुर दरबार द्वारा रियासत की गतिविधियों की सभी खबरें उन्हें भेजी जातीं। भास्करराव जाधव समाचार-पत्रों में छत्रपति के विरोध में जो-जो खबरें छपतीं, उन्हें काट-काटकर लंदन भेज देते और छत्रपति का वफादार जासूस दत्तू पोतनीस वेदोक्त-विवाद से संबंधित सनातनियों की गतिविधियों की विस्तृत जानकारी पत्र में लिखकर भेज देता।

शाहू छत्रपति की अनुपस्थिति में उनके विरोध में सनातनी ब्राह्मणों ने मोर्चाबंदी शुरू कर दी। राजोपाध्ये की जब्त हुई जागीर के बारे में बंबई के एक ब्रिटिश बैरिस्टर से सलाह-मशविरा किया जा रहा था। अगली अदालती कार्रवाई के लिए राजोपाध्ये को दिए गए जागीर के अधिकारपत्रों का अंग्रेजी में अनुवाद करवाया जा रहा था। अदालत के खर्च के लिए गुप्त रूप से राशि इकट्ठा की जा रही थी। शाहू छत्रपति के इंग्लैंड से लौट आने के पहले ही 28 जुलाई, 1902 ई. को राजोपाध्ये ने अपनी जागीर-जब्ती पर फिर से विचार करने के लिए एक शिकायती अर्जी पेश की थी। 1 सितंबर, 1902 को शाहू छत्रपति विलायत से सकुशल कोल्हापुर लौट आए।

विलायत जाते समय शाहू छत्रपति ने ब्राह्मणों की गालियां और उनके शाप लेकर प्रस्थान किया था, तब भी उनकी यात्रा आनंददायी और सकुशलता से संपन्न हुई थी। इसलिए सगुन-असगुन और शाप-आशीर्वाद आदि बातों से उनका विश्वास उठ गया था। इसीलिए विलायत से अपनी राजधानी कोल्हापुर लौट आनेपर किसी भी प्रकार का प्रायश्चित्त लिए बिना, वे महालक्ष्मी देवी के दर्शन के लिए प्रथम मंदिर में गए और उसके बाद उन्होंने राजमहल में प्रवेश किया। विलायत से लौट आने पर बिना प्रायश्चित्त किये शाहू

छत्रपति ने महालक्ष्मी देवी के मंदिर में प्रवेश किया, इससे उनकी निंदा और बदनामी करने का एक और मौका सनातनियों को मिल गया।

शाहू छत्रपति के कोल्हापुर लौटते ही वेदोक्त विवाद से संबंधित घटनाएं फिर से तेज हो गईं। 10 सितंबर को राजोपाध्ये ने अपनी जागीर-जब्ती पर पुनर्विचार करने की अर्जी दी थी, वह खारिज कर दी गई। दो-चार दिन बीते भी नहीं थे कि 14 सितंबर, 1902 ई. को छत्रपति की माताश्री आनंदीबाई रानीसाहिबा का दीर्घकालीन बीमारी के बाद निधन हो गया। इस घटना से लाभ उठाते हुए सनातनी ब्राह्मणों ने शोर मचाना शुरू कर दिया कि आनंदीबाई रानीसाहिबा की मृत्यु शाहू छत्रपति को उनके धर्मबाह्य बर्ताव के लिए भगवान द्वारा दी गई कठोर सजा है। इसलिए उन्हें अब वेदोक्त का दुराग्रह छोड़ देना चाहिए। इतना ही नहीं; बल्कि उन ब्राह्मणों ने आनंदीबाई रानीसाहिबा के अंत्यविधि वेदोक्त मंत्रों से करने से साफ इनकार कर दिया। सनातनी ब्राह्मणों की हठधर्मी के कारण मृतक की अंत्यविधि करने के लिए दुपहर तक किस प्रकार रुक जाना पड़ा, इसका वर्णन शाहू छत्रपति द्वारा 20 सितंबर, 1902 ई. को ब्रिटिश अधिकारी एजरली को लिखे गए पत्र से मिल जाता है। परंतु शाहू छत्रपति ने एक अन्य पुरोहित की मदद से आनंदीबाई रानीसाहिबा की अंत्यविधि वेदोक्त मंत्रों द्वारा ही की।

14 सितंबर, 1902 ई. को सवेरे आनंदीबाई रानीसाहिबा का निधन हुआ। बदकिस्मती से पुराने राजमहल का कुछ हिस्सा रात के समय अचानक आग लगने से जल गया। मांसाहिबा की अंत्यविधि पूरी कर दुपहर शाहू छत्रपति लौट आए थे। दुखी मन से रात को वे सोने की कोशिश कर रहे थे। वे अधूरी नींद की अवस्था में थे, तभी पुराने राजमहल में जहां महत्त्वपूर्ण कागजात थे, वही भाग आग की चपेट में आ गया था। आगजनी के उस षड्यंत्र के गुनहगारों की तलाश का काम जारी था।

15-20 दिन यों ही जल्दी और धूमधड़ाके में बीत गए। एक दिन शाहू छत्रपति खुशनुमा सुबह को राजमहल में चक्कर लगा रहे थे। पीठ पीछे हाथ बांधकर, जमीन पर मजबूत कदम रखते हुए वे टहल रहे थे। उनके मन में विचारों का तूफान चल रहा था। सहज ही उनकी नजर राजप्रासाद की दीवार पर गई। उन्होंने जो देखा वह बड़ा विचित्र था। उस दीवार पर लहू में सने ठप्पे दिखाई दे रहे थे। उन्हें देखते ही शाहू छत्रपति के चेहरे पर आश्चर्य और भयमिश्रित भाव फैल गए। परंतु दूसरे ही क्षण वहां दृढ़ एवं निर्भयता के भाव दिखाई देने लगे। तब उन्होंने स्वयं से कहा, ''अब यह लड़ाई जीतनी ही चाहिए। कतई पीछे हटना नहीं है।''

विष्णु गोविंद विजापूरकर का जन्म 1863 ई. में कोल्हापुर में हुआ था। 1889 ई. में कोल्हापुर के राजाराम कॉलेज में वह प्राध्यापक के रूप में काम कर रहे थे। मराठी के सिद्धहस्त लेखक विष्णुशास्त्री चिपळूणकर की कृति 'निबंधमाला' का विजापुरकर पर बड़ा प्रभाव था। उसी से प्रेरणा लेकर उन्होंने 1894 ई. में 'निबंधमाला' जैसी ही एक मासिक पत्रिका 'ग्रंथमाला' नाम से कोल्हापुर में शुरू की। 'स्वदेश, स्वधर्म, स्वभाषाविदों का दुनिया

में सम्मान हो, ऐसा उद्देश्य है,' ऐसा उस पत्रिका के मुखपृष्ठ पर छपा हुआ होता था। यह मासिक पत्र प्रा. विजापुरकर ने शाहू छत्रपति के राजसत्ताग्रहण के दिन अर्थात् 2 अप्रैल, 1894 ई. को शुरू किया था। अपनी रियासत की इस ग्रंथमाला के लिए शाहू छत्रपति ने सालाना 500 रुपयों की अनुदान-राशि मंजूर की थी। उस ग्रंथमाला के प्रवेशांक में ही लोकमान्य तिलक का एक लेख छपा था। इसके बाद 1898 ई. में प्रा. विजापुरकर ने 'समर्थ'नामक अंग्रेजी-मराठी साप्ताहिक शुरू किया था।

कोल्हापुर में वेदोक्त का विवाद शुरू होने पर प्रा. विजापुरकर अपनी 'ग्रंथमाला' के माध्यम से वेदोक्त का अधिकार मांगने वाले शाहू छत्रपति और मराठा समाज की खिल्ली उड़ाने लगे। अपनी 'ग्रंथमाला' के माध्यम से वे शाहू छत्रपति की कटु आलोचना करने लगे। ग्रंथमाला के एक अंक में उन्होंने लिखा था, ''वेदोक्त-पुराणोक्त विवाद हमें वृथा लगता है। जिन्होंने कल ही अपना कार्य शुरू किया है, वे भला ऐसा आग्रह क्यों करें ? हमारी इस नगरी में पहले वेदोक्त कर्म होते थे। आगे चलकर बाबासाहब महाराज के समय बंद कर गायत्री के स्थान पर उसी के जैसे अर्थ के अनुष्टुप छंदों का उपदेश शुरू हुआ, ऐसी परंपरा की जानकारी है।

आज के समय में जहां छापाखानों, स्कूलों, पाठशालाओं का बाहुल्य हो, वेदपठन का अधिकार मुझे है और तुझे नहीं है ऐसा कहना यानी बुढ़िया द्वारा मुर्गे को ढांककर रखने के जैसा है। यूरोप में आजकल अनगिनत ऋषि बने हुए हैं, ऐसे माहौल में हमारे सुभानजी, तानाजी अगर वेदपठन करें या अपने घर यज्ञ करें तो हम सच्चे ब्राह्मण उसे दोष क्यों दें ?''

शाहू छत्रपति का वेदोक्त संस्कारों पर हक बताना प्रा. विजापुरकर को मान्य नहीं था। इसलिए उन्होंने अपने इस लेख में लिखा है कि छत्रपति शिवाजी महाराजा क्षत्रिय न होकर शूद्र थे और इसी कारण वेदोक्त पद्धति से उनका राज्याभिषेक करने वाले गागाभट्ट की मृत्यु पाखाने से सने पहने कपड़े में हुई, ऐसी जनश्रुति है। उस लेख में उन्होंने आगे यह भी बताया है कि जो ब्राह्मण वेदोक्त संस्कार करने से इनकार करेंगे उनकी तनख्वाह अथवा आय पर रोक लगाने का उपाय शाहू छत्रपति अमल में न लाएं। अगर वे उस पर अमल करेंगे तो वह अविचार होगा। प्रा. विजापुरकर ने उसी लेख में मराठों को ऐसी बेतुकी और निरर्थक सलाह दी थी कि वे ब्राह्मणों के देवभोलेपन को स्वीकार न करें। ब्राह्मणों को अगर वेदोक्त विवाद में अपनी भूमिका सत्य होने का विश्वास हो तो वे अपने मत के अभिमान की खातिर जागीर का त्याग कर दें, प्रा. विजापुरकर का ऐसा भी आग्रह था।

प्रा. विष्णु गोविंद विजापुरकर को वेदोक्त का विवाद निरर्थक लगता था। उसमें उन्हें गंदी राजनीति की बू महसूस होती थी। इसलिए उन्होंने शाहू छत्रपति पर कटु आलोचना की झड़ी लगा दी। उनके वेदोक्त संस्कार करने के संकल्प की वे खिल्ली उड़ाने लगे। सनातनी ब्राह्मणों की साफ-साफ गलतफहमी थी कि शुद्ध लिखना और शुद्ध बोलना ही परिपूर्ण सुसंस्कृतता और सभ्यता का चिह्न है। इसलिए वे शाहू राजा और उनके समर्थकों का 'येदोक्त' कहकर मजाक उड़ाने लगे।

प्रा. विष्णु गोविंद विजापुरकर की 'ग्रंथमाला' मासिक पत्रिका की सौ कॉपियां पांच रुपए प्रति कापी के हिसाब से कोल्हापुर रियासत की तरफ से खरीदी जाती थीं। 1894 ई. में 'ग्रंथमाला' की शुरुआत हुई। तब से शाहू छत्रपति प्रति वर्ष 500 रुपयों की प्रा. विजापुरकर की जो आर्थिक सहायता करते थे, वह सहायता जून 1901 ई. से बंद करने का निर्णय शाहू छत्रपति ने लिया। 'ग्रंथमाला' की सहायता के बंद होते ही प्रा. विजापुरकर शाहू छत्रपति से मिलने गए। तब उनकी सभी बातें शाहू छत्रपति ने शांति से सुन लीं। उनकी मुलाकात लगभग एक घंटा चली। प्रा. विजापुरकर ने अपनी 'ग्रंथमाला' द्वारा शाहू छत्रपति का खूब मजाक उड़ाया था, बदनामी की थी; पर शाहू छत्रपति तब भी उनके साथ भलमनसी से पेश आए, ऐसा स्वयं प्रा. विजापुरकर ने माननीय गोपालकृष्ण गोखले को भेजे गए व्यक्तिगत पत्र में लिखा है। उसके बाद करमरकर वकील ने प्रा. विजापुरकर के बारे में शाहू छत्रपति से अनुनय-विनय करने की कोशिश की। परंतु शाहू छत्रपति टस से मस नहीं हुए, 'ग्रंथमाला' का अनुदान बंद करने के अपने निर्णय पर वे डटे रहे। परिणामतः वेदोक्त का विवाद खूब भभक उठा। उस संघर्ष की ज्वालाएं वनाग्नि की तरह फैलने लगीं। शाहू छत्रपति और करवीर के सनातनी धर्ममार्तंड—ये दोनों दल एक दूसरे को मात देने की व्यूह-रचना करने में जुट गए।

वेदोक्त के विवाद में सनातनी ब्राह्मणों का समर्थन करते हुए लोकमान्य तिलक का 'केसरी' शाहू छत्रपति के विरोध में दहाड़ने लगा तब महाराष्ट्र के अन्य सियार भी जाग उठे। उनमें से एक थे वाई के सनातनी विचारों के अर्क समझे जाने वाले 'धर्म' पत्रिका के संपादक काशीनाथ वामन अर्थात् भाऊशास्त्री लेले। उन्हें इसमें अग्रक्रम देना होगा। वाई से प्रकाशित होने वाले साप्ताहिक 'मोदवत्त' के वे संपादक थे। शाहू छत्रपति पर हमला करने वालों में ये समाचार-पत्र थे-शिवरामपंत परांजपे का 'काल', पुणे से प्रकाशित होने वाला गोंधलेकर का 'जगद्धितेच्छु', खांडवा का 'सुबोधसिंधु', ग. बा. फणसालकर का सातारा से प्रकाशित होने वाला 'प्रेक्षक', भिकाजीपंत सामंत का बेलगांव से प्रकाशित होने वाला 'बेलगांव समाचार' और कोल्हापुर के सनातनी ब्राह्मणों ने अपने ही समर्थन में जो शुरू किया था, वह 'ब्रह्मोदय' साप्ताहिक। ये सभी पत्रिकाएं शाहू छत्रपति पर निशाना साधकर करारा हमला करने लगीं। शाहू छत्रपति को वेदोक्त का अधिकार क्यों नहीं दिया जा सकता, इसके बारे में सनातनी ब्राह्मणों की तरफ से तरह तरह की दलीलें दी जाने लगीं, तरह-तरह के दांवपेच लड़ाए जाने लगे। उनमें से एक मुख्य दांवपेच यह था कि कलजुग में सिर्फ ब्राह्मण और शूद्र ये दो ही वर्ण अस्तित्व में हैं इसलिए शाहू छत्रपति क्षत्रिय हो ही नहीं सकते।

वीर परशुराम ने 21 बार पृथ्वी निःक्षत्रिय की यह ब्राह्मणों की बहुत ही प्रिय कथा है, ऐसा मत प्रा. नरहर कुरुंदकर ने व्यक्त किया है। उसी कथा का आधार लेकर सनातनी ब्राह्मण बार-बार यही दुहराते रहे कि शाहू छत्रपति क्षत्रिय नहीं हैं। वह कथा संक्षेप में इस तरह है :

''किसी जमाने में अनूप देश का राजा कार्तवीर्य अर्थात् सहस्रार्जुन शिकार की तलाश में जंगल में भटक रहा था। शिकार की तलाश में वह परशुराम के पिता जमदग्नि के आश्रम में आ पहुंचा। उस समय आश्रम में जमदग्नि और उनकी पत्नी रेणुका सिर्फ ये दोनों थे। उनका सुपुत्र परशुराम और उसके भाईबंद कंदमूल, समिधा आदि वस्तुएं लाने के लिए जंगल में गए हुए थे। 'अतिथिदेवो भव' की भावना से जमदग्नि ऋषि ने कार्तवीर्य का स्वागत और आदरातिथ्य किया; परंतु सत्ता और संपत्ति से उन्मत्त (मदांध) बना हुआ कार्तवीर्य आदरातिथ्य के लिए जमदग्नि ऋषि के प्रति आभार प्रकट न करते हुए उनके आश्रय को तहस-नहस कर उनकी इच्छा के विरुद्ध कामधेनु को भी भगा ले गया। इसके थोड़े ही समय बाद वहां परशुराम पहुंचा। अपने माता-पिता का कार्तवीर्य द्वारा हुआ अपमान और उसका कृतघ्न बर्ताव सुनकर परशुराम आगबबूला हो उठा। क्षत्रिय कार्तवीर्य द्वारा अपने माता-पिता का हुआ अपमान परशुराम से सहा नहीं गया। कार्तवीर्य का पीछा कर परशुराम ने उसे पकड़ ही लिया। ब्राह्मण परशुराम और क्षत्रिय कार्तवीर्य में घमासान युद्ध हुआ। परशुराम के शस्त्रास्त्र कौशल्य के सामने कार्तवीर्य की दाल गली नहीं, वह पूरी तरह हार गया। उस पहले ही युद्ध में परशुराम ने कार्तवीर्य को हराकर, उसका वध कर अपने पिता के अपमान का बदला लिया।

राजा कार्तवीर्य के साथ उसके पुत्र भी थे। परशुराम की युद्धनिपुणता देखकर वे वहां से भाग गए थे। थोड़े ही समय में उन्हें परशुराम द्वारा उनके पिता का वध किए जाने का समाचार मिला। इसलिए वे सभी क्रोधित हो उठे। क्रूरकर्मा परशुराम ने उनके पिता की हत्या की थी उसका उन्हें बदला लेना था। परशुराम के सामने जाकर लड़ने की बजाय उन्होंने उसके पिता जमदग्नि के आश्रम पर परशुराम की अनुपस्थिति में हमला बोल दिया। वृद्ध और हतबल जमदग्नि परशुराम-परशुराम पुकारते रहे; परंतु कार्तवीर्य के पुत्र उन्हें मार डालने के इरादे से कष्ट दे रहे थे, मार-पीट रहे थे। अंत में उन्होंने अपने शस्त्रों का इक्कीस बार प्रयोग कर जमदग्नि को क्षत-विक्षत कर उनका शिरच्छेद किया।

कार्तवीर्य के पुत्रों ने जमदग्नि की बहुत ही अमानुषता से हत्या की थी। जिससे परशुराम आपे से बाहर हो गया। पति के निधन से शोकाकुल रेणुका ने परशुराम को आज्ञा दी, 'कुरु निःक्षत्रियां महीम्।' फिर क्रूरकर्मा परशुराम का भयावह प्रतिशोध कांड शुरू हुआ। अपने पिता की हत्या करने वाले कार्तवीर्य के सभी पुत्रों की हत्या तो उसने की ही, साथ ही समूचा हैहय कुल ही उसने निर्वंश कर दिया। इतना कर परशुराम ने अपना रक्त में सना परशु नीचे नहीं रखा। उस समय पृथ्वी पर जितने भी क्षत्रिय थे उन सबको उनके बीवी-बच्चों सहित मार डाला। परशुराम और किसी का नहीं, जमदग्नि का पुत्र जो ठहरा। उसका रक्त में नहाया परशु क्षत्रियों का संहार करता ही रहा-करता ही रहा। बदले की भावना से बेसुध बने हुए परशुराम ने 21 बार पृथ्वी को निःक्षत्रिय किया। अतः इस पृथ्वी पर कोई क्षत्रिय बचा नहीं। इसलिए शाहू छत्रपति क्षत्रिय हो ही नहीं सकते, ऐसा सनातनी ब्राह्मणों का अभियोग था।''

दाजी पणशीकर जैसे विद्वान को यह पूरी कथा मनगढ़ंत तो लगती ही है; साथ ही तर्कविसंगत और हास्यास्पद भी लगती है। क्योंकि अगर परशुराम ने एक बार समूची पृथ्वी

को निःक्षत्रिय कर दिया (पृथ्वी पर एक भी क्षत्रिय बचा नहीं था) तो फिर 21 बार निःक्षत्रिय करने का अर्थ क्या है? पर ऐसे विद्वानों के बुद्धि-अधिष्ठित प्रश्न भी अंध-धर्मसत्ता के सामने निरर्थक हो जाते हैं।

परशुराम ने 21 बार पृथ्वी को निःक्षत्रिय किया—इस मत का आधार जिस तरह सनातनी ब्राह्मण लेते थे, उसी तरह वे 'नंदात् क्षत्रियकुलम्' अर्थात् नंदराजा के बाद क्षत्रिय बचे ही नहीं—ऐसा भी दुराग्रही मत बार-बार व्यक्त किया करते।

17वीं सदी में काशी में कमलाकर भट्ट नामक एक महाराष्ट्री पंडित रहता था। उसने 'शूद्रकमलाकर' नामक एक ग्रंथ लिखा था। उसमें उसने लिखा था, 'कलियुग में सिर्फ ब्राह्मण और शूद्र ये दो ही वर्ण हैं।' सनातनी ब्राह्मण हमेशा अपने मत की पुष्टि में इसी 'शूद्रकमलाकर' ग्रंथ का आधार लेते।

छत्रपति शिवाजी महाराजा के राज्याभिषेक के समय वेदोक्त का विवाद महाराष्ट्र में पहली बार शुरू हुआ था। बीच-बीच में उस विवाद की ध्वनि-प्रतिध्वनि उठती थी। 1828 ई. के दरमियान सातारा के भोंसला छत्रपति प्रतापसिंह महाराजा के शासनकाल में वेदोक्त का विवाद फिर शुरू हुआ। इसलिए उस विवाद का हमेशा के लिए निबटारा करने के उद्देश्य से सातारा के प्रतापसिंह महाराजा ने उस पर विशेष ध्यान दिया।

छत्रपति प्रतापसिंह महाराजा के समय सनातनी ब्राह्मणों ने संकेश्वर के शंकराचार्य से ऐसा आज्ञापत्र लिया, "कलियुग में क्षत्रिय नहीं हैं। शिवाजी महाराजा आदि क्षत्रिय नहीं थे। इसलिए प्रतापसिंह महाराजा अपने नाम के साथ 'क्षत्रियकुलवतंस' विरुदावली का प्रयोग न करें, साथ-साथ अपने महल में वेदोक्त संस्कार न करें।"

वेदोक्त के विवाद को हमेशा के लिए खत्म करने के इरादे से सातारा के प्रतापसिंह महाराजा ने सातारा की संस्कृत पाठशाला के सनातनी ब्राह्मणों का प्रतिनिधित्व करने वाले विद्वान पंडितों की—जो कलियुग में सिर्फ ब्राह्मण और शूद्र ये दो ही वर्ण हैं, ऐसा प्रतिपादन कर रहे थे—और क्षत्रियों का अस्तित्व मान्य करने वाले पंडितों की एक सभा बुलाई। दोनों पक्षों के विद्वान अपने-अपने पक्ष के समर्थन और प्रतिपक्ष के विरोध में जो मत व्यक्त करने वाले थे उसे सुनने के लिए महाराष्ट्र के कोने-कोने से संस्कृत पाठशाला के सामने भीड़ उमड़ी हुई थी। सभा में सनातनियों का पक्ष रखने का काम वेदशास्त्रसंपन्न राघवाचार्य गजेंद्रगडकर के नेतृत्व में किया गया, तो विठ्ठल सखाराम अर्थात् आबा पारसनीस चांद्रसेनीय कायस्थ प्रभु पंडित ने क्षत्रियों का पक्ष बहुत ही जोरदार ढंग से प्रस्तुत किया। कलियुग में क्षत्रियों का अस्तित्व है ही नहीं, यह सिद्ध करने के लिए वेदशास्त्रसंपन्न गजेंद्रगडकर ने भी बड़ी कुशलता से युक्तिवाद किया। अंत में उनका युक्तिवाद निष्प्रभ एवं असफल सिद्ध हुआ और पंडित आबा पारसनीस की जीत हुई।

उस सभा में सनातनी ब्राह्मणों की अप्रत्याशित हार के बाद उन्हें बिना शर्त यह मानना पड़ा कि कलियुग में क्षत्रियों का अस्तित्व है। यह सभा तूफानी होने वाली थी अतः संपूर्ण सातारा शहर में शुरू से ही तनावपूर्ण वातावरण बना हुआ था। इसलिए वह सभा जब शुरू

हुई तब स्वयं छत्रपति प्रतापसिंह महाराजा नंगी तलवार हाथ में लिए नियंत्रण के लिए सावधानीपूर्वक चक्कर लगा रहे थे। आखिर उस सभा में सनातनी ब्राह्मणों की हार हुई और उन्हें क्षत्रियों का अस्तित्व मान्य करना पड़ा। इतना ही नहीं; बल्कि 'सिद्धांत विजय' ग्रंथ के अनुसार मराठा क्षत्रिय हैं, यह सिद्धांत भी मान्य करना पड़ा। फलस्वरूप सिर्फ छत्रपति ही नहीं; बल्कि उनके सभी रिश्तेदार घाटगे, माने, शिर्के, मोहिते, जाधव, पालकर, महाडिक, खानविलकर—ये सभी खानदान क्षत्रिय हैं, ऐसा सिद्ध हुआ।

वेदोक्त के विवाद में एक ओर थे राजपुरोहित नारायण राजोपाध्ये जैसे मामूली जागीरदार नौकर जिसके हाथ में न सत्ता, न संपत्ति और दूसरी ओर थे शाहू छत्रपति जैसे शक्तिशाली सत्ताधीश–जिन्हें सार्वभौम ब्रिटिश सत्ता का पुरजोर समर्थन था। यह संघर्ष हर तरह से विषम पक्ष का था, ऐसा आभास करने में तत्कालीन समाचार–पत्रकर्ता सफल रहे हैं, ऐसा दिखाई देता है। वेदोक्त के संघर्ष में न केवल कोल्हापुर के बल्कि समूचे भारत के सनातनी ब्राह्मण और उनके दुराग्रही नेता एक ओर और दूसरी ओर सिर्फ शाहू छत्रपति, जिनका समर्थन करने के लिए कोई भी आगे नहीं आता था, ऐसा कहने वाले ब्राह्मणेतरों के नेता अब आवाज उठा रहे थे।

यथार्थ दृष्टिकोण से विचार करने पर ऐसा दिखाई देता है कि उपर्युक्त दोनों मत परिपूर्ण नहीं हैं, वे एकांगी हैं। शाहू छत्रपति की दृष्टि से विचार करें तो ऐसा दिखाई देता है कि शाहू छत्रपति के लिए वेदोक्त के संस्कार अस्वीकृत करने वाले प्रा. विजापुरकर य भाऊशास्त्री लेले जैसे कर्मठ धर्मपंडित थे, उसी तरह शाहू छत्रपति क्षत्रिय हैं और उन्हें वेदोक्त का अधिकार है, ऐसा मान्य कर उसका दृढ़तापूर्वक समर्थन करने वाले भारताचार्य चिंतामणि वैद्य या वाई के महादेव दिवेकरशास्त्री जैसे धर्माभ्यासक थे, इसे भी आंखों से ओझल नहीं किया जा सकता। दिवेकर शास्त्री के मतानुसार सनातनी ब्राह्मण जिस कमलाकर भट्ट के 'शूद्रकमलाकर' ग्रंथ का संदर्भ देकर कलियुग में सिर्फ ब्राह्मण और शूद्र ये दो ही वर्ण अस्तित्व में हैं, ऐसा कहते हैं, वह अर्धसत्य है, क्योंकि कमलाकर भट्ट ने अपने पिता का मत आधारभूत मानकर कलियुग के कुछ क्षत्रिय और वैश्यों का अस्तित्व मान्य किया था। इसलिए पंडित दिवेकर शास्त्री की तरह सनातनियों के विचारों में तथ्य दिखाई नहीं देता था। पंडित दिवेकर शास्त्री के जैसे ही नागपुर के कृष्णाशास्त्री घुले भी क्षत्रियों के अस्तित्व का जोरदार समर्थन कर रहे थे।

भारताचार्य चिंतामणि वैद्य जैसे रामायण–महाभारत के प्रकांड पंडित के रूप में जाने जाते थे, वैसे ही वे प्रख्यात इतिहासतज्ञ के रूप में भी पहचाने जाते थे। धर्मशास्त्र का भी उनका गहन अध्ययन था। बडोदरा दरबार के विद्वान ग्रंथपाल वासुदेवराव लिंगाजी बिर्जे ने मराठी में 'क्षत्रिय और उनका अस्तित्व' नामक एक अभ्यासपूर्ण ग्रंथ लिखा था। ('क्षत्रिय आणि त्यांचे अस्तित्व')

भारताचार्य वैद्य ने उस ग्रंथ की विस्तृत समीक्षा 1905 ई. में 'विविधज्ञानविस्तार' मासिक पत्रिका में प्रकाशित की थी। उनकी समीक्षा पर भाऊशास्त्री लेले ने कड़ी आलोचना

की। भारताचार्य वैद्य ने उस आलोचना का विस्तृत उत्तर 'विविधज्ञानविस्तार' में लिखा। उस लेख में भारताचार्य वैद्य ने कलियुग में क्षत्रिय हैं, यह सोदाहरण सिद्ध किया ही, इसके साथ-साथ मराठा क्षत्रिय ही हैं, यह विचार निःसंदिग्ध रूप से स्पष्ट किया। भारताचार्य वैद्य का स्पष्ट मत है कि शिव छत्रपति का राजाभिषेक काशी के गागाभट्ट ने वेदोक्त पद्धति से ही किया था, इसलिए शिव छत्रपति के वंशजों को वेदोक्त का अधिकार प्राप्त होता है।

'धर्म' पत्रिका के संपादक भाऊशास्त्री लेले का मत था कि कोल्हापुर के छत्रपति घराने और मराठा समाज में बहन के लड़के को गोद लेने की प्रथा प्रचलित थी। उस प्रथा के कारण वे शूद्र ही हैं, अपने इस मत को बदलने के लिए भाऊशास्त्री बिलकुल तैयार नहीं थे। इसके विपरीत भारताचार्य वैद्य की निःसंदिग्ध और निर्णायाक भूमिका थी कि, "सभी मराठे क्षत्रिय हैं। उनके संस्कार बेशक लुप्त हो गए हों तो भी उनके क्षत्रियत्व को बाधा नहीं आ सकती, क्योंकि यथोचित प्रायश्चित्त करके मराठों को फिर से वैदिक संस्कार करने में धर्मशास्त्र की दृष्टि से कोई अड़चन नहीं।"

"मराठे क्षत्रिय न होकर शूद्र हैं। शूद्रों को वेदोक्त पद्धति से अपने धार्मिक संस्कार करने का अधिकार नहीं। शाहू छत्रपति का जन्म घाटगे नामक मराठा कुल में हुआ है, इसलिए वे क्षत्रियों की वेदोक्त संस्कार पद्धति से अपने धार्मिक विधि नहीं करवा सकते।" ऐसी दुराग्रही भूमिका राजपुरोहित नारायण राजोपाध्ये ने निभाई थी। प्रा.विजापुरकर नारायण राजोपाध्ये और सनातनी ब्राह्मणों की भूमिका का समर्थन करने लगे। सनातनी ब्राह्मणों के उन अड़ियल विचारों को प्रा. विजापुरकर ने पहली बार अपनी ग्रंथमाला द्वारा समर्थन प्रकट किया। उनके समर्थन का सहारा मिलते ही नारायण राजोपाध्ये और सनातनी ब्राह्मण बार-बार पुनरुच्चार कर रहे थे कि शाहू छत्रपति शूद्र हैं, इसलिए उन्हें वेदोक्त का अधिकार नहीं दिया जा सकता। तो दूसरी ओर 'मैं क्षत्रिय हूं अतः वेदोक्त पद्धति से संस्कार करवाने का मुझे पूर्ण अधिकार है; राजप्रासाद की सभी धार्मिक विधि वेदोक्त पद्धति से ही होनी चाहिए,' ऐसा आग्रह शाहू छत्रपति व्यक्त कर रहे थे। पंचगंगा के घाट पर शाहू छत्रपति को 'तुम शूद्र हो' कहकर अपमानित करने की घटना के एक वर्ष बाद भी राजप्रासाद में वेदोक्त पद्धति से धार्मिक विधि करने के लिए नारायण राजोपाध्ये को विनती कर रहे थे। उन्हें मनाने की कोशिश कर रहे थे। उनसे मिलकर उन्हें समझाने-बुझाने की अथक कोशिश की थी। इतना ही नहीं; बल्कि शाहू छत्रपति की तरफ से कई लब्धप्रतिष्ठ व्यक्ति नारायण राजोपाध्ये को समझाने की जी-तोड़ कोशिश कर रहे थे, पर नारायण राजोपाध्ये किसी भी तरह मनाने के लिए तैयार नहीं थे। मनुष्य का विनाशकाल जब समीप आता है तो उसकी बुद्धि ठीक से काम नहीं करती। वह विपरीत हो जाती है। ठीक यही बात नारायण राजोपाध्ये के साथ हो रही थी।

प्रा. विजापुरकर 'ग्रंथमाला' के साथ-साथ 'विश्ववृत्त' नाम की एक मासिक पत्रिका भी प्रकाशित करते थे। अपनी दोनों पत्रिकाओं द्वारा वे नारायण राजोपाध्ये और सनातनी ब्राह्मणों के विचारों की ही जोरदार पुष्टि करते थे। 'विश्ववृत्त' की एक पत्रिका में उन्होंने पंडित सातवलेकर का शाहू छत्रपति की बदनामी करने वाला एक लेख प्रकाशित कर नथ

में से तीर चलाने की व्यर्थ कोशिश की थी। उनका साथ देते हुए शंकरशास्त्री गोखले का 'विद्याविलास' साप्ताहिक शाहू छत्रपति पर हमले कर ही रहा था। प्रा. विजापुरकर का 'समर्थ' साप्ताहिक शाहू छत्रपति पर शब्दरूप में हमले करने का एक भी मौका हाथ से जाने नहीं देता था। इसी से 'समर्थ' साप्ताहिक का उल्लेख 'ब्रह्मवृंद का मुखपत्र' के रूप में किया जाता था।

प्रा. विजापुरकर के साथ लोकमान्य तिलक का समाचार-पत्र 'केसरी' वेदोक्तवाद में उतर पड़ा तो वेदोक्त संघर्ष के सनातनी ब्राह्मणों का नेतृत्व अपने आप लोकमान्य तिलक के पास आ गया। उससे वेदाक्त विवाद अधिक भभका। समाज-परिवर्तन के बारे में तिलक की भूमिका शुरू से ही प्रगतियुक्त रही है। इस संदर्भ में लोकमान्य तिलक एक खास युक्तिवाद लड़ाते थे। वह ऐसा था, ''जो समाज सुधार करना है वह लोगों का रुख देखकर, लोगों को विश्वास में लेकर आहिस्ता-आहिस्ता करें। समाजसुधार के लिए राजसत्ता का या कानून का इस्तेमाल नहीं करना चाहिए।'' लोकमान्य तिलक की इस नीति को जानते हुए भी शाहू छत्रपति को लगता था कि इस प्रश्न लोकमान्य उनका पक्ष लेंगे, क्योंकि इसके पहले तिलक ने उनकी पचीसी में कोल्हापुर के शिवाजी महाराजा चतुर्थ यानी शाहू छत्रपति को गोद लेने वाले पिता की प्रतिष्ठा का पर्दाफाश करने की चाह रखने वाले दीवान माधवराव बर्वे के विरोध में 'केसरी मराठा' में आलोचना की थी। इसके लिए उन्हें और आगरकर को कारावास भुगतना पड़ा था। कोल्हापुर की राजगद्दी के लिए सर्वाधिकारी के रूप में शाहू छत्रपति को जब गोद लिया गया तब उनका अभीष्टचिंतन कर 'केसरी' में 'करवीर क्षेत्र में राजनीतिक कपिलाषष्ठी का योग' अग्रलेख बड़े गर्व और आनंद से लिखा था। तिलक की डेक्कन एजुकेशन सोसाइटी को कोल्हापुर दरबार ने प्रचंड आर्थिक मदद दान के रूप में दी थी। कोल्हापुर के छत्रपति उस संस्था के आजीवन अध्यक्ष थे और हैं। कोल्हापुर का छत्रपति घराना और लोकमान्य तिलक के बीच सौहार्दपूर्ण और हार्दिक रिश्ता था। उनमें छत्रपति के प्रति हमेशा आदर और अभिमान की भावना थी। इसी कारण शाहू छत्रपति को ऐसा लगना स्वाभाविक था कि वेदोक्त के विवाद में लोकमान्य तिलक निश्चित ही उनका समर्थन करेंगे; परंतु तिलक की भूमिका से शाहू छत्रपति की आकांक्षा को ठेस लगी, वे एकदम निराश हो गए। इस विवाद में लोकमान्य तिलक ने नारायण राजोपाध्ये और सनातनी ब्राह्मणों का पक्ष लिया और वे विशेष ध्यान देकर उनका मार्गदर्शन करने लगे। कोल्हापुर के ताईमहाराज-प्रकरण के हेतु वे जब-जब कोल्हापुर आते तब कोल्हापुर के सनातनी ब्राह्मणों को उनके सहवास और सलाह का लाभ होता।

वेदोक्त-विवाद को लेकर लोकमान्य का 'केसरी' शाहू छत्रपति के विरोध में दहाड़ने लगा। 22 और 29 अक्तूबर, 1901 ई. के 'केसरी' समाचार-पत्र में तिलक ने 'वेदोक्ताचे खूळ' (वेदोक्त का पागलपन) शीर्षक से दो अग्रलेख लिखकर अपनी भूमिका स्पष्ट की। उन दो लेखों में उन्होंने सनातनी ब्राह्मणों का जोरदार समर्थन कर वेदोक्त पद्धति से संस्कार करने की शाहू छत्रपति की मांग पर तीव्र विरोध दर्शाया था।

लोकमान्य तिलक के मतानुसार, ''वेदोक्त संस्कार का पागलपन सर्वप्रथम बडोदरा के सयाजीराव गायकवाड के सिर पर सवार हुआ। अगर वह उन्हीं तक सीमित होता तो उस ओर ध्यान देने की आवश्यकता नहीं थी। परंतु कोल्हापुर में भी शाहू छत्रपति ने वेदोक्त के अधिकार की मांग कर उनके भी सिर पर यह पागलपन सवार है, यह दिखा दिया है। उनके द्वारा यह पागलपन सर्वत्र फैलकर समाज की हानि होने से पहले हम इस विवाद का इतिहास और नीति स्पष्ट करना चाहते हैं।''...''ऐसा लिखने में किसी व्यक्ति की भावना को ठेस पहुंचानेका हमारा इरादा नहीं'', ऐसा भी वे कहते हैं।

आगे उन्होंने लिखा है,''धर्मशास्त्र पर लिखे हुए मशहूर और सर्वमान्य ग्रंथकारों की राय है कि सच्ची क्षत्रिय और वैश्य ये जातियां पूर्णतया नष्ट हो चुकी हैं और अब सिर्फ ब्राह्मण और शूद्र ये दो ही जातियां अस्तित्व में हैं।'' ऐसा लिखकर तिलक ने अप्रत्यक्ष रू प से ऐसा सूचित किया है कि मराठा क्षत्रिय न होकर शूद्र हैं।

इसीलिए शाहू छत्रपति को धर्मशास्त्रानुसार वेदोक्त का अधिकार दिया नहीं जा सकता। वे आगे लिखते हैं, ''आजकल जिन मराठा लोगों ने वेदोक्त का पागलपन फैलाया है वे स्वयं को शिवाजी महाराजा की अपेक्षा अधिक श्रेष्ठ समझते हों, ऐसा हमें नहीं लगता। इसी तरह उस जमाने में भोंसला कुल पर महाराष्ट्र के लोगों की जो श्रद्धा थी और तब महाराष्ट्र के सभी आबाल-वृद्ध, स्त्री-पुरुष हिंदू धर्म की रक्षा करने वाले पुरुष को व्यावहारिक दृष्टि से और शास्त्र के आधार पर जो भी सहूलियतें देने लायक हों, वे सभी या उससे भी थोड़ी अधिक देने के लिए जितनी उत्सुकता से, उमंग से और कृतज्ञता-बुद्धि से राजी थे, वैसा अब किसी भी मराठा को अधिकार नहीं रहा है।''

अपने दोनों अग्रलेखों में सनातनी ब्राह्मणों का जोरदार समर्थन करते हुए वे ऐसी सलाह बार-बार देते हैं, ''शाहू छत्रपति और मराठों की वेदोक्त का मांग करना पागलपन है। अनैतिक है। वे अपना पागलपन छोड़ दें।'' ऐसा प्रतिपादन करते हुए लोकमान्य तिलक प्रश्न करते हैं, ''शाहू छत्रपति और आजकल के मराठा क्या स्वयं को शिव छत्रपति से भी श्रेष्ठ समझते हैं?'' आगे चलकर तिलक अपना अंतरंग खोलते हुए कहते हैं, ''छत्रपति शिवाजी का जो राज्याभिषेक हुआ, वह वेदोक्त मंत्र द्वारा हुआ...व्रतबंध भी उसी तरह किया गया। इतिहास में इसका स्पष्ट उल्लेख है। परंतु इस बात का कहीं भी सबूत नहीं है कि उनके घर के सभी संस्कार वेदोक्त पद्धति से होते थे। उलटे सातारा के महाराजा के घर में जो परंपरा शुरू है वह बीच में कभी विच्छिन्न हुई थी, ऐसा कहने के लिए कोई सबूत उपलब्ध नहीं है। उससे ऐसा दिखाई देता है कि भोंसले कुल के गृह्यसंस्कार पुराणोक्त पद्धति से ही होते थे। जब ऐसा है, तब शिवाजी महाराजा से जिनकी जाति या कुल अधिक श्रेष्ठ नहीं है, वे वेदोक्त का पागलपन फैलाकर लोगों की शांति बेवजह भंग करें और रियासत के सुशिक्षित अधिपति अपनी रियासत में ऐसा होने दें और उन्हें प्रोत्साहन दें, यह हमारी नजर में पूर्णतया अनुशासनहीनता का परिचायक है।...और तो और वैदिक मंत्रों द्वारा संस्कार होने पर मराठा और ब्राह्मण एक जाति के होंगे, ऐसी अगर किसी की कल्पना हो

तो वह पूर्णतया निर्मूल है। ब्राह्मण जाति की स्त्रियों को वेदोक्त मंत्रों का उच्चारण करने का अधिकार नहीं है, तब भी वे जाति से ब्राह्मण हैं और भले ही मराठा लोग वेदोक्त मंत्र रटें तो भी वे मराठा ही रहेंगे, यह ध्यान में रखना चाहिए।''

मराठा क्षत्रिय नहीं हैं, उनकी गिनती शूद्र वर्ण में ही होती है इस मत का उद्घोष तिलक बार-बार कह रहे थे। भले ही यह सच हो तो भी तिलक के मन में मराठा जाति के बारे में द्वेष या घृणा का भाव था, ऐसा विचार व्यक्त करना तिलक जैसे महापुरुष के समूचे जीवन-कार्य का घोर अपमान साबित होगा। तिलक को मराठों का क्षत्रियत्व भले ही स्वीकृत न हो तो भी मराठों के शौर्य पर उनका विश्वास था इसलिए वे लिखते हैं, ''कुछ मराठा लोगों ने हठ के साथ यद्यपि वेदोक्त क्रिया की, तो भी उन्हें सामाजिक या राष्ट्रीय दृष्टि से कोई लाभ नहीं क्योंकि आजकल कई यूरोपीय लोग भी वेदपठन करते दिखाई देते हैं, उसी तरह वेदोक्त कर्म करने वाले मराठों की भी स्थिति होगी; पर इसमें न कुछ बहुमानास्पद और न ही यह कोई देशकार्य है। महाराष्ट्र में मराठा लोगों का जो बहुमान है, वह उन्हें उनके पुरखों के शौर्य के कारण प्राप्त हुआ है। उस तरह का शौर्य, ढाढ़स और देशाभिमान, ये गुण जब तक उनमें जाग्रत् रहेंगे तब तक उनका सम्मान कभी नहीं घटेगा। वेदोक्त कर्म करने वाले ब्राह्मण औरों की अधीनता स्वीकार करते हैं और पुराणोक्त कर्म करने वाले मराठा राजपद का आस्वाद चखते हैं, यह सब हम अपनी खुली आंखों से देख रहे हैं, तो वेदोक्त मंत्रों से ही अपने संस्कार होने चाहिए ऐसा आग्रह मराठा करें, क्या यह गलत नहीं है?''

इस अग्रलेख के अंत में लोकमान्य ने शाहू छत्रपति की ओर इशारा करते हुए लिखा है, ''मराठा रियासतों के अधिपतियों को अगर पुराणोक्त कर्म करने वाले ब्राह्मण उपाध्यायों की आवश्यकता न हो, तो वे उन्हें न बुलावें; पर वह उपाध्याय जब तक प्रथा के अनुसार अपने कर्म करने के लिए राजी हो, तब तक उसका वेतन बंद किया नहीं जा सकेगा।'' तिलक के अनुसार वैसा करना व्यक्ति की स्वतंत्रता पर बंधन लाने का अन्यायपूर्ण कार्य होगा।

लोकमान्य तिलक को ओछा आंकने के उद्देश्य से नरम दल के लोग उन्हें 'तेली-तंबोलियों के नेता' कहकर लज्जित करते थे। वैसे देखा जाय तो लोकमान्य तिलक समाज की सभी इकाइयों को अपने साथ लेकर राजनीति करते थे। नरम दल ने उन्हें चिढ़ाने के लिए ही सही लोकमान्य को 'तेली-तंबोलियों के नेता' कहा हो तो भी वह उनका यथार्थ गौरव ही था, यह स्वीकार करना होगा। लोकमान्य सदैव समूचे समाज के साथ रहे। सबको सम्हालते हुए वे आगे बढ़ते थे। इसीलिए उन्होंने बाद में सनातनी ब्राह्मणों के 'शाहू छत्रपति क्षत्रिय नहीं हैं, वे शूद्र हैं।' इस मत को अग्राह्य ठहराया। तब भी सनातनी ब्राह्मणों का थोड़ा बहुत दबाव उन पर होने से उन्होंने एक तरकीब लड़ाई। वह तरकीब ऐसी थी, ''शाहू राजा छत्रपति हैं इसलिए उन्हें वेदोक्त पद्धति से संस्कार करने का अधिकार है!'' अपनी यह परिवर्तनीय भूमिका लोकमान्य प्रकट रूप से कहने लगे। जब शाहू छत्रपति ने लोकमान्य से भेंट होने पर इस बारे में पूछा तब लोकमान्य तिलक ने कहा, ''छत्रपति के नाते आप

वेदोक्त संस्कार करवा ले सकते हैं–इसका यह अर्थ था कि जो कोई छत्रपति होगा उसी को यह वेदोक्त का पवित्र संस्कार करने का अधिकार होगा; परंतु उसी घराने के अन्य व्यक्तियों को वेदोक्त के अधिकार नहीं होंगे। इसका अर्थ स्पष्ट था कि शाहू छत्रपति के ज्येष्ठ सुपुत्र राजाराम महाराजा तिलक के मतानुसार क्षत्रिय होंगे तो कनिष्ठ पुत्र प्रिंस शिवाजी शूद्र। वाह, क्या न्याय था!''

लोकमान्य तिलक की यह चाल शाहू छत्रपति को जंची नहीं। उन्होंने लोकमान्य से पूछा, ''भविष्य में एकाध मुस्लिम व्यक्ति अगर छत्रपति बन जाए तो क्या उसे वेदोक्त के पवित्र संस्कार करवा लेने का अधिकार दिया जाएगा?'' लोकमान्य में छिपा हुआ चालाक नेता बोला, ''तत्संबंधी निर्णय उस काल के ब्राह्मण करेंगे।'' शाहू छत्रपति और लोकमान्य तिलक की इस भेंट का वृत्तांत शाहू छत्रपति द्वारा कर्नल फेरिस को 12 नवंबर, 1907 ई. को लिखे हुए पत्र में देखने को मिलता है।

संक्षेप में इतना कहा जा सकता कि लोकमान्य तिलक जैसा बुद्धिमान नेता और प्रकांड धर्मपंडित समाज की सभी इकाइयों को सम्हाल लेने की कोशिश में वेदोक्त विवाद के चक्रव्यूह में उलझ गया था! वास्तव में परास्त हुआ था, यही कटु सत्य है!

नारायणराव राजोपाध्ये ने अपनी जागीर जब्ती के संबंध में सहानुभूति से पुनर्विचार करने के लिए कोल्हापुर दरबार को जो अर्जी दी थी, शाहू छत्रपति ने वह अस्वीकृत कर दी। तब सभी सनातनी ब्राह्मण बौखला उठे। तब उन्होंने वेदोक्त विवाद में भारत की ब्रिटिश सत्ता से न्याय मांगने का निश्चय किया। तब नारायणराव राजोपाध्याय ने कोल्हापुर के ब्रिटिश राजनीतिक प्रतिनिधि कर्नल फेरिस के पास अर्जी भेजना तय किया।

शाहू छत्रपति का क्षत्रियत्व मान्य कर उन्हें वेदोक्त संस्कारों का लाभ उठाने की स्वीकृति देने वाले धर्मपंडितों और पुरोहितों को सनातनी ब्राह्मणों द्वारा एक ओर पीड़ित किया जा रहा था तो दूसरी ओर वे सनातनी तरह-तरह के हथकंडे अपनाकर शाहू छत्रपति को भी सता रहे थे। वे उनके वेदोक्त अधिकार की मांग की निंदा कर रहे थे, हंसी उड़ा रहे थे। सनातनियों ने उसमें राजाराम कॉलेज के विद्यार्थियों को भी शामिल कर लिया था। राजाराम कॉलेज के प्राचार्य एफ. अडेर के विदाई समारोह के अवसर पर वासुदेव रंगनाथ शिरवलकर के पांच अंक के 'श्री तुकाराम' नाटक का विद्यार्थियों ने मंचन किया था। उस नाटक में संत तुकाराम महाराज को उनका एक कठोर विरोधी रामेश्वर भट, 'तू शूद्र है इसलिए तुझे वेदोक्त का अधिकार दिया नहीं जा सकता' कहकर चिढ़ाता है, लज्जित करता है। नाटक की पुस्तक में ऐसा संवाद था ही नहीं। शाहू छत्रपति की बदनामी करने के इरादे से ही यह वाक्य बाद में जोड़ा गया था। इस तथ्य का असली सबूत 25 नवंबर, 1902 ई. को शाहू छत्रपति के बंबई के राजनीतिक विभाग के सी.एच. हिल को लिखे हुए पत्र में मिलता है। नाटककार ने वह नाटक पुस्तक रूप में छापकर शाहू छत्रपति के तत्कालीन गुप्त विरोधी इचलकरंजीकर घोरपड़े जागीरदार को अर्पित किया था। परंतु बाद में नाटक में जोड़ा गया अंश परिशिष्ट में छापा गया था।

शिरवलकर के 'श्री तुकाराम' नाटक के तुकाराम को वेदोक्त के अधिकार देने से इनकार करने वाला यह नाट्य अंश राजाराम कॉलेज के कुछ विशिष्ट विद्यार्थी अन्य विद्यार्थियों को जान-बूझकर दिखाते थे। परंतु शाहू छत्रपति ने इस संदर्भ में कोई कार्रवाई नहीं की। वे शांत रहकर सनातनियों की ये मर्कटलीलाएं देख रहे थे। परंतु कोल्हापुर के बहुजन समाज ने इस नाटक के विरोध में जोरदार आवाज उठाई। नाटक लेखक शिरवलकर का उन्होंने विरोध प्रकट किया और शाहू छत्रपति की बदनामी करने वाला वह प्रसंग नाटक से निकाल डालने के लिए उन्हें कड़े शब्दों में फटकारा गया।

शाहू छत्रपति अपने राजकारोबार के संबंध में या अन्य महत्त्वपूर्ण घटनाओं के बारे में इंग्लैंड में स्थित अपने गुरुवर फ्रेजर साहब को आवश्यक जानकारी लिख भेजते थे। वेदोक्त विवाद की संपूर्ण जानकारी उन्हें मिल चुकी थी। एक पत्र में गुरुवर फ्रेजर ने वेदोक्त विवाद में शाहू छत्रपति को सब्र से चलने की सलाह दी है। उसी पत्र में उन्होंने लिखा था, "हे राजा! इस विषय में कोई भी निर्णय जल्दबाजी में मत कीजिए। इस मामले में राजनीति की दखलअंदाजी हो रही है अतः इससे 'ब्राह्मण विरुद्ध मराठा' के रूप में संघर्ष होने की संभावना हो सकती है। वह न हो इसकी सावधानी बरतिए। आपका बर्ताव ऐसा हो कि ब्राह्मण प्रजा को आपके बारे में पहले जितना ही आदर और विश्वास हो।" गुरुवर फ्रेजर के साथ शाहू छत्रपति का होने वाला विचार-विनिमय उनका आत्मविश्वास बढ़ता था। गुरुवर फ्रेजर के लंबे-चौड़े पत्र उन्हें हमेशा ढाढ़स बंधाते थे।

शाहू छत्रपति को गोद लेने वाली माताश्री आनंदीबाईजी की अकाल-मृत्यु से वे थोड़े विचलित हुए से लगते हैं। पल-पल उनकी याद उन्हें आती थी। जो जी-जान से भी अधिक प्रिय होते हैं, जिनकी ममता के स्पर्श की हमेशा इच्छा होती है, ऐसे व्यक्ति की मृत्यु होने पर, उसके अनंत में विलीन होने पर, उनके पीछे रहने वाले व्यक्ति की स्मृति सदैव जाग्रत् रहे, इसके लिए हर तरह से प्रयत्नशील रहता है। शाहू छत्रपति भी उसके लिए अपवाद नहीं थे। इसीलिए राजमाता आनंदीबाई रानीसाहिबा की सुखद और हार्दिक स्मृति ताजा रखने के लिए महालक्ष्मी मंदिर में 1200 रु. लागत का एक विशाल घंटा टांगा गया था।

वेदोक्त विवाद का निर्णय अपने पक्ष में नहीं होने पर, शाहू छत्रपति जागीर-जब्ती पर पुनर्विचार करने के लिए तैयार नहीं हैं और इस बात का पक्का विश्वास होने पर, नारायणराव राजोपाध्ये ने भारत की ब्रिटिश सरकार से न्याय मांगना शुरू किया कि शाहू छत्रपति उनकी जागीर-जब्ती पर पुनर्विचार करें। उन्होंने सर्वप्रथम कोल्हापुर और दक्षिण मराठा रियासतों के राजनीतिक प्रतिनिधि कर्नल फेरिस के समक्ष एक प्रदीर्घ शिकायती अर्जी 9 जनवरी, 1903 ई. को पेश की। उस अर्जी में उन्होंने सरकार से शाहू छत्रपति को यह समझाने के लिए प्रार्थना की थी कि उनकी जागीर उन्हें वापस दे दी जाए और पहले जैसे ही लगान और आरक्षी विभाग के अधिकार उन्हें दिए जाएं।

कर्नल फेरिस ने एक महीने के भीतर ही उस अर्जी पर अपना निर्णय दिया। वह अर्जी नामंजूर करते हुए उन्होंने स्पष्ट कहा, "राजपुरोहित नारायणराव राजोपाध्ये ने अर्जी के

साथ जागीर के जो अधिकार–पत्र संलग्न किए थे उनका पूर्ण अध्ययन करने के बाद हमें पक्का विश्वास हो गया है कि इस बारे में शाहू छत्रपति ने राजोपाध्ये की जागीर जब्त करने की जो कार्यवाही की, वह पूर्णतया उचित और न्यायपूर्ण है। क्योंकि वह जागीर राजोपाध्ये को छत्रपति के धार्मिक संस्कार योग्य पद्धति से करने के लिए दी गई थी। राजोपाध्ये से उसके बारे में टालमटोल हुई है। इसलिए शाहू छत्रपति ने जागीर–जब्ती की जो कृति की है, वह उचित है, गलत नहीं है। इसलिए इस विषय में हस्तक्षेप करने की हमारी इच्छा नहीं है।'' संक्षेप में कर्नल फेरिस ने नारायणराव राजोपाध्ये की शिकायती अर्जी पूर्णतया अस्वीकार कर शाहू छत्रपति के वेदोक्त संस्कार की मांग का हक पूर्णतया उचित है, ऐसा मान्य किया।

शाहू छत्रपति अपने धार्मिक संस्कार वेदोक्त पद्धति से हों इसलिए सब कुछ दांव पर लगाकर सनातनी ब्राह्मणों से संघर्ष कर रहे थे। इसलिए राजप्रासाद के अतिरिक्त अन्यत्र होने वाले धार्मिक कार्य या पूजा–अर्चना आदि के बारे में भी वे उतने ही सावधान–सतर्क दिखाई देते हैं। रियासत के कुछ गांवों में छत्रपति के द्वारा होने वाली देवपूजा, कचनार–पूजा और तुलसी विवाह आदि धार्मिक संस्कार सरकारी जोशी (पुरोहित) द्वारा पुराणोक्त पद्धति से होते हैं, यह समझते ही शाहू छत्रपति ने अपने हस्ताक्षर से निम्न हुक्म जारी किया, '' हर गांव में तुलसी विवाह, कचनार–पूजा और गांव के देव मंदिरों में पूजा–अर्चना वेदोक्त पद्धति से होती ही है; पर गांव के सरकारी पुजारी (जोशी) द्वारा सरकारी धर्मसंबंधी कृत्य, पूजा–अर्चना आदि धर्मकृत्य जहां वेदोक्त पद्धति से न किए जाते हों वहां वे विधि वेदोक्त पद्धति से ही करवा लेने की हुजूर की आज्ञा हुई है। उसके अनुसार संबंधितों द्वारा हुक्म बजाकर पूजा–अर्चना करवा ली जाय। उसी तरह आळते ग्रामसमूह के हेर्ले गांव के निवासियों को तुलसी–विवाह–विधि वेदोक्त पद्धति से ही हो, इसलिए आज ही उन्हें हुक्म देने की कार्यवाही करें।''

कोल्हापुर के राजनीतिक प्रतिनिधि कर्नल फेरिस द्वारा नारायणराव राजोपाध्ये की पुनर्विचार की अर्जी अस्वीकार करने के बाद उन्होंने 23 मई, 1903 ई. को बंबई के गवर्नर लॉर्ड नॉर्थकोट के पास इस संदर्भ में विस्तृत अर्जी भेजकर न्याय की मांग की। परंतु गवर्नर नॉर्थकोट ने भी वेदोक्त विवाद में शाहू छत्रपति की ही भूमिका मान्य कर नारायणराव राजोपाध्ये की अर्जी अस्वीकार कर दी। यहां भी नारायणराव राजोपाध्ये को मुंह की खानी पड़ी।

16 अक्तूबर, 1903 ई. को बंबई सरकार ने शाहू छत्रपति की ही भूमिका न्यायसंगत मानकर राजोपाध्ये के विरोध में निर्णय दिया। सनातनी ब्राह्मणों को बड़ी उम्मीद थी कि कम से कम बंबई सरकार तो उनके पक्ष का समर्थन करेगी, परंतु वहां भी उनके पल्ले निराशा ही पड़ी। सनातनी ब्राह्मण हतबल हुए, हिम्मत हार बैठे। अंत में आखिरी उपाय के रूप में उन्होंने भारत सरकार के पास अर्थात् वायसराय लॉर्ड कर्जन के पास लंबी–चौड़ी अर्जी पेश कर वेदोक्त विवाद में न्याय की मांग की। 5 जनवरी, 1905 ई. को नारायणराव राजोपाध्ये ने वायसराय लॉर्ड कर्जन के पास बंबई सरकार द्वारा दिए गए निर्णय के बारे में पुनर्विचार करने के लिए अर्जी पेश की।

वेदोक्त विवाद संबंधी बंबई सरकार का दिया निर्णय वायसराय लॉर्ड कर्जन बदल देंगे ऐसी आशा राजोपाध्ये और सभी सनातनी ब्राह्मणों को थी। आंखों में प्राण समेटे हुए वे सभी वायसराय लॉर्ड कर्जन के निर्णय की प्रतीक्षा कर रहे थे। यह निर्णय अपने ही पक्ष में होगा ऐसा मानकर सनातनी ब्राह्मणों ने खूब मनोरथ रचे थे। अपनी अर्जी में उन्होंने वायसराय लॉर्ड कर्जन से प्रार्थना की थी कि वे शाहू छत्रपति के राजकारोबार की संपूर्ण जांच करें।

वेदोक्त विवाद में न्याय की मांग करने के लिए नारायण राजोपाध्ये को आगे कर सनातनी ब्राह्मणों ने जो विस्तृत अर्जी सुघड़ अंग्रेजी में पेश की थी उस अर्जी की मंजी हुई अंग्रेजी भाषा और कानून पर आधारित दांवपेच देखकर नामदार गोपाल कृष्ण गोखले की कलम और बुद्धि के करिश्मे की दाद देनी पड़ती है। उस अर्जी में अपने पक्ष का समर्थन करते हुए सनातनी ब्राह्मणों ने अनेक मनगढ़ंत बातें उसमें जोड़ दी थीं। उस अर्जी में साफ दिखाई दे रहा था कि अनेक स्थानों पर सत्य का विपर्यास हुआ है। अतः शाहू छत्रपति ने कोल्हापुर दरबार की तरफ से 6 मई, 1905 ई. को वायसराय लॉर्ड कर्जन के पास राजोपाध्ये की अर्जी के बारे में अपना मत व्यक्त करने के लिए एक विस्तृत अर्जी दर्ज की। उस अर्जी में उन्होंने सनातनी ब्राह्मणों की अनेक झूठी शिकायतों पर प्रकाश डाला था। उसमें उन्होंने स्पष्ट किया था कि शाहू छत्रपति को शूद्र साबित करने का षड्यंत्र सनातनी ब्राह्मणों ने किस प्रकार रचा था।

वायसराय लॉर्ड कर्जन ने उस विस्तृत अर्जी पर अंतिम फैसला 9 मई, 1905 ई. को दिया। उस फैसले में उन्होंने बंबई सरकार का इसके पहले दिया हुआ निर्णय ही वैध ठहराकर शाहू छत्रपति की भूमिका न्यायसंगत है, ऐसा स्पष्ट किया था। आगे उन्होंने ऐसा भी स्पष्ट किया था कि वेदोक्त विवाद में सरकार की हस्तक्षेप करने की बिलकुल इच्छा नहीं। इस प्रकार भारत सरकार के इस निर्णय से सनातनी ब्राह्मणों की वेदोक्त विवाद में पूर्णतया हार हुई। इस विवाद में शाहू छत्रपति की भूमिका न्यायपूर्ण होने की बात भारत सरकार ने मान्य की थी। लॉर्ड कर्जन के इस निर्णय से वेदोक्त संघर्ष में शाहू छत्रपति की जीत की मुहर लग गई। 5 वर्षों से भी अधिक समय तक चले वेदोक्त संघर्ष पर सदैव के लिए पटाक्षेप हुआ।

वास्तव में राजर्षि शाहू छत्रपति और सनातनी ब्राह्मणों के बीच चला हुआ वेदोक्त संघर्ष पूर्णतया हिंदू धर्मांतर्गत मामला था। उसका न्याय-निर्णय करने के लिए ब्रिटिश सत्ता का हस्तक्षेप अनुचित था; परंतु उसका ध्यान न रखते हुए सनातनी ब्राह्मणों ने ब्रिटिश सरकार के पास न्याय की मांग कर स्वयं की पोल खुलवाकर हंसी करवा ली।

वेदोक्त विवाद में लॉर्ड कर्जन द्वारा दूध का दूध और पानी का पानी करने पर नारायणराव राजोपाध्ये के पास जब और कोई चारा नहीं रहा तब उन्हें शाहू छत्रपति के साथ समझौता करने की इच्छा हुई। उनकी तरफ से बंबई के नरम दल के डॉक्टर सर भालचंद्र भाटवडेकर और महादेव राजाराम बोडस ने शाहू छत्रपति के साथ समझौते के प्रयत्न शुरू किए।

संकेश्वर के शंकराचार्य गुरुस्वामी भिलवडीकर और उनके शिष्य स्वामी ब्रह्मनालकर, इन दोनों ने वेदोक्त विवाद में शाहू छत्रपति का अकारण विरोध करने की भूमिका छोड़ दी।

आखिर शिरोल के आसपास के गांवों के प्रमुख स्थान उदगांव में विद्यानृसिंहभारती श्री शंकराचार्य (ब्रह्मनालकर) ने इस विवाद से संबंधित सभी असल दस्तावेजों का गहन अध्ययन कर 10 जुलाई, 1905 ई. को यह स्पष्ट करने वाला आज्ञापत्र दे दिया जिसमें स्पष्ट किया गया था कि शाहू छत्रपति क्षत्रिय हैं और उन्हें वेदोक्त का पूर्ण अधिकार है। इतना ही नहीं; बल्कि 25 दिसंबर, 1905 ई. को कोल्हापुर में विद्वान ब्राह्मणों ने एक खास सभा का आयोजन किया और उस सभा में सर्वानुमत से शाहू छत्रपति का क्षत्रियत्व मान्य कर उनके वेदोक्त के अधिकार पर धर्मपीठ की मुहर लगाई। ब्रह्मवृंद के उस प्रस्ताव में कहा गया है, ''श्री शाहू छत्रपति महाराजा सरकार करवीर क्षत्रिय हैं। इस राजघराने के नित्य नैमित्तिक गृहकृत्य और हव्यकव्यादि धर्मकृत्य मन्वादि स्मृति प्रतिपादित प्राचीन समय से चली आ रही प्रथा के अनुसार क्षत्रियोचित वेदोक्त पद्धति से होते रहें। इस बारे में किसी के भी मन में संदेह न रहे। अगहन कृष्ण 9 शालिवाहन शक, 1827।''

इस प्रस्ताव पर आत्मारामशास्त्री पित्रे, बालशास्त्री हुपरीकर, कृष्णाजी नारायण पंडितराव, विश्वनाथ बल्लाल गोखले, जगन्नाथ रामचंद्र धर्माधिकारी, माधवराव भास्करराव जोशीराव, कृष्णशास्त्री विठ्ठलशास्त्री सेवेकरी, बाबाचार्य नागाचार्य खुपेरकर, बाबूशास्त्री गुलवणी आदि गण्यमान्यों के दस्तखत हैं। इनके सिवा और लगभग 200 विद्वान ब्राह्मणों के भी उस पर हस्ताक्षर हैं। संक्षेप में लगभग 5 वर्षों से भी अधिक समय तक चले जानलेवा वेदोक्त के संघर्ष में अंतिम जीत शाहू छत्रपति की ही हुई!

अंत में शाहू छत्रपति का क्षत्रियत्व महाराष्ट्र के सभी ब्राह्मणों ने मान्य किया। मराठों का क्षत्रियत्व इस अग्निपरीक्षा के पश्चात् सिद्ध हुआ। सनातनी ब्रह्मवृंद की करारी हार हुई। आज से लगभग सौ साल पहले घटित वेदोक्त के संघर्ष में शाहू छत्रपति की विजय हुई। परंतु उनकी यह विजय वेदोक्त संघर्ष का लौकिक अर्थ में अन्त था तो भी वह ऐतिहासिक विजय शाहू छत्रपति के क्रांतिकारी पुरोगामी जीवन का शुभारंभ था। महात्मा जोतिराव फुले की मृत्यु के बाद शवावस्था में सुस्त होकर पड़े हुए बहुजन समाज को हड़बड़ाकर जगाने वाला और उनकी अस्मिता को फूंककर भभकाने वाला प्रेरणादायी विजय का क्षण था, यह मान्य करना ही होगा।

पुरातन काल से हिंदुओं की चातुर्वर्ण्य समाजव्यवस्था में क्षत्रियों और ब्राह्मणों में अपना वर्चस्व प्रस्थापित करने के लिए संघर्ष हुआ है। क्षत्रियों को हमेशा के लिए नाउम्मीद करने के लिए उनका अस्तित्व ही इस पृथ्वीतल पर रहा नहीं, वह पूर्णतया विनष्ट हो चुका है, क्षत्रिय धरातल से पूर्णतया मटियामेट हो चुके हैं। पृथ्वीतल पर सिर्फ ब्राह्मण और शूद्र, ये दो ही वर्ण अब अस्तित्व में हैं। यह बात लोगों के गले उतारने में ब्राह्मण सफल होना चाह रहे थे।

इससे हिंदू समाज में उनकी तथाकथित श्रेष्ठता अबाधित रह सकती थी। महाराष्ट्र में छत्रपति शिवाजी के राजाभिषेक से लेकर जो अनेक वेदोक्त विवाद होते रहे उनकी टोह लेने पर पता चलता है कि ब्राह्मणों की ऐसी तीव्र महत्त्वाकांक्षा थी कि समाज में उनके श्रेष्ठत्व

को धक्का न लगे। महाराष्ट्र के वेदोक्त संघर्ष का मुख्य कारण यही है। वेदोक्त प्रकरण का शास्त्रार्थ समझाते हुए तर्कतीर्थ लक्ष्मणशास्त्री जोशी लिखते हैं, ''वेदोक्त विवाद के दो कारण हैं, पहला कारण यह है कि महाराष्ट्र के मराठों के वेदोक्त कर्म का अधिकार मान्य किया जाय तो समाज में उनकी और ब्राह्मणों की प्रतिष्ठा की श्रेणी में कोई अंतर नहीं रहता (दोनों की श्रेणी समान होती है।) विशेषकर ब्राह्मणों में से जिन्होंने पौरोहित्य कर्म छोड़ दिया है वे गृहस्थ ब्राह्मण और वे ब्राह्मणेतर जो वेदोक्त कर्म के अधिकारी हैं उनकी प्रतिष्ठा की श्रेणी लगभग समान हो जाती है। प्रतिष्ठा का ब्राह्मणी अहंकार इस संघर्ष का पहला मुख्य कारण है। दूसरा महत्त्वपूर्ण कारण यह है कि परंपरागत रूढ़ि को ही तत्त्व समझ उससे चिपककर बैठने की ब्राह्मणों की अंधश्रद्धामूलक प्रवृत्ति रही है। इस अंधश्रद्धा के कारण हम प्राचीन भारतीय समाजसंस्था के आधारभूत या मौलिक धार्मिक तत्त्वज्ञान को नकारते हैं, यह तथ्य भी इन महाराष्ट्रीय दकियानूसिवादियों की समझ में नहीं आता।''

वेदोक्त संघर्ष जैसे ब्राह्मण और क्षत्रिय के बीच श्रेष्ठत्व के लिए चला हुआ संघर्ष था, वैसे ही वह संघर्ष दूसरे शब्दों में राजसत्ता और धर्मसत्ता के बीच का पुरातन संघर्ष था, ऐसा भी कहा जा सकता है। वेदोक्त संघर्ष में महाराष्ट्र का ब्राह्मण समाज अपना क्षत्रियत्व मान्य करे, छत्रपति शाहू राजा का ऐसा आग्रहपूर्ण प्रतिपादन था, उसे महाराष्ट्र के तत्कालीन और आज के भी पुरोगामी सुज्ञों ने अपनी आलोचना का लक्ष्य बनाया है। इस संदर्भ में शाहू छत्रपति के समकालीन सुज्ञ और बहुजन-समाज की शैक्षिक सांस्कृतिक प्रगति की जिन्हें लगन लगी हुई थी, वे साहित्यिक वि. द. घाटे लिखते हैं, ''इस विषय को लेकर शाहू महाराजा की भूमिका के बारे में लोगों के मन में गलतफहमी है। शाहू छत्रपति भास्करराव जाधव की तरह धर्म को तुच्छ मानने वाले नहीं थे। भास्करराव अज्ञेयवादी थे। शाहू छत्रपति कर्मकांडी थे। वेदों में उनकी श्रद्धा थी। इसी श्रद्धाभाव के कारण आगे चलकर उन्होंने ब्राह्मसमाज और थियोसॉफी, इन पंथों को दूर हटाकर आर्यसमाज की दीक्षा ली। शाहू छत्रपति ने वेदोक्त के लिए जो अथक कोशिश की, वह इसलिए कि उस पर उनका अटूट विश्वास था। वेदोक्त के लिए उनका आग्रह उनकी उग्र विचारशीलता का दांवपेच बिलकुल नहीं था।''

वेदोक्त के प्रश्न पर अड़े बैठे शाहू महाराजा और तत्कालीन मराठा समाज ब्राह्मणों और उनके ब्राह्मणत्व को दूर नहीं रखता था। हमारे धार्मिक विधि वेदोक्त पद्धति से करो ऐसा वे ब्राह्मणों से कहते थे। हमें क्षत्रिय कहा करो, ऐसा वे ब्राह्मणों से ही कह रहे थे। यानी मराठा समाज उस समय ब्राह्मणों का ब्राह्मणत्व जैसे मान्य करते हुए चल रहा था उसी तरह हिंदुओं का चातुर्वर्ण्य भी मान्य करते हुए चल रहा था। वेदोक्त संघर्ष ब्राह्मणी पुरोहितशाही के विरोध में कोई बगावत नहीं थी। आगे चलकर उसे वैसा स्वरूप प्राप्त हुआ। चातुर्वर्ण्य की बाड़ के भीतर का वह झगड़ा था। वैसे झगड़े हिंदू समाज में अनेक सदियों तक हुए थे, यह तथ्य बहुतांश लोग भूल जाते हैं। लोकमान्य तिलक भी भूल गए थे।

शिव छत्रपति की राजगद्दी पर उन्हीं के वंशज के रूप में विराजमान हुए शाहू छत्रपति को उन्हीं के एक सेवक 'तुम क्षत्रिय नहीं हो इसलिए मैं पुराणोक्त पद्धति से ही धार्मिक विधि

करूंगा, शूद्रों के लिए वेदोक्त का अधिकार नहीं है' ऐसा कहकर उनका अपमान करने के बाद ही उन्होंने अपने क्षत्रियत्व की रक्षा की खातिर दकियानूसी विचारों वाले ब्राह्मणों से संघर्ष किया था। इसलिए शाहू छत्रपति की यह भूमिका पूर्णतया गलत थी, प्रतिगामी थी, ऐसा कहना उचित नहीं होगा। एक राजा को शूद्र कहकर अपमान करने के बाद अपना क्षत्रियत्व सिद्ध करने के लिए अगर उन्होंने बड़े संयम के साथ उन दकियानूसी ब्राह्मणों का प्रतिकार किया,तो उसमें इनका वह बर्ताव उचित नहीं था, गलत था या प्रतिगामी था ऐसा कहना न्यायसंगत नहीं होगा। सभी सनातनी ब्राह्मणों ने एकजुट होकर एक राजा का शूद्र कहकर अपमान किया हो और तब उस राजा ने अपना क्षत्रियत्व सिद्ध करने के लिए उनका प्रतिकार संयम के साथ किया हो तो यह बर्ताव उचित नहीं था, गलत था अथवा प्रतिगामी था, ऐसा कहना उचित नहीं होगा। वेदोक्त संघर्ष प्रकरण में शाहू राजा के मुख्य विरोधी प्रा. विष्णु गोविंद विजापुरकर ने भी उनकी क्षात्रवृत्ति की भूरि-भूरि प्रशंसा की थी । डॉ. बाबासाहब आंबेडकर जैसे प्रकांड पंडित ने अपने 'शूद्र पूर्वी कोण होते? (शूद्र पहले कौन थे?) ग्रंथ में शूद्र पहले क्षत्रिय थे, ऐसा विचार व्यक्त किया है, और उस विचार का जोरदार समर्थन भी किया है। ऐसी स्थिति में शाहू छत्रपति ने अपने क्षत्रियत्व की स्वीकृति के लिए अगर थोड़ी आग्रही भूमिका निबाही हो तो उसमें उन्होंने कोई गलती की, ऐसा समझना ठीक नहीं।

इस वेदोक्त विवाद ने शाहू छत्रपति के जीवन का छः वर्ष से भी अधिक समय बरबाद किया था। इस जानलेवा संघर्ष में उन्हें शारीरिक, मनोवैज्ञानिक और राजनीतिक दृष्टि से बहुत ही तकलीफ उठानी पड़ी। 1905 ई. में इस विवाद पर पर्दा पड़ा। 25 दिसंबर,1905 ई. को करवीर के ब्रह्मवृंद ने उनके क्षत्रियत्व पर मुहर लगाई। ब्रह्मवृंद द्वारा उनका क्षत्रियत्व मान्य करने के बाद शाहू छत्रपति अगर वहीं पर थमते, अगर बहुजनों के शैक्षिक, आर्थिक और राजनीतिक विकास-आंदोलन का नेतृत्व न करते, उच्चवर्णियों की सब तरह की गुलामी से बहुजन समाज की मुक्ति के लिए बगावत का ध्वज अपने हाथ में न लेते तो निश्चित ही उनका उल्लेख प्रतिगामी, सनातनी और गंदले, पिछड़े विचारों के राजा के ही रूप में करना पड़ता। परंतु संपूर्ण महाराष्ट्र के भाग्य से वैसा नहीं हुआ। वेदोक्त विवाद का प्रारंभ, पंचगंगा के घाट पर घटित शाहू छत्रपति का असह्य अपमान, उनके जीवन का क्रांतिकारी क्षण था। राजा उपभोगशून्य स्वामी होता है। वह 'श्रीमान योगी' होता है। यह सिद्ध करने वाला वह क्षण था। क्योंकि तभी से शाहू छत्रपति को बहुजन समाज के सर्वांगीण विकास की लगन लगी। बहुजनों के लिए सदियों से बंद रहे ज्ञान के दरवाजे खोलने की आस उनके मन में घर कर बैठी। शूद्रों के सुख-दुख उन्हें मालूम हुए। शूद्र मात्र दुख के स्वामी होते हैं, इसकी भी उन्हें आत्मप्रतीति हुई।

कोल्हापुर के वेदोक्त विवाद में शाहू छत्रपति के विरोध में लोकमान्य तिलक ने सनातनी ब्रह्मवृंद का नेतृत्व न किया होता तो महाराष्ट्र में ब्राह्मण-ब्राह्मणेतरों में संघर्ष के स्थान पर आपसी सहयोग की भावना निर्मित होती, उससे समूचे महाराष्ट्र का हित होता। वेदोक्त

विवाद में लोकमान्य तिलक ने अगर शाहू महाराजा का साथ दिया होता तो उससे महाराष्ट्र की जो सर्वांगीण अधोगति हुई, हर क्षेत्र में प्रगति के जो के पर काटे गए और आज भी वही सिलसिला जारी है, उसे वहीं रोक दिया गया होता। उसके बारे में 'चित्रपट' आत्मचरित्र में लेखक श्री म. माटे लिखते हैं, "इस विवाद के समय नगण्य तफसील को टालकर तिलक अगर गरजकर कहते कि छत्रपति क्षत्रिय ही हैं और उन्हें वेदोक्त का अधिकार है, तो महाराष्ट्र के जातीय विचारों को एक अलग ही दिशा मिल गई होती।"

एक अन्य लेखक वि. द. घाटे इस संदर्भ में स्पष्ट कहते हैं, "वेदोक्त प्रकरण में लोकमान्य तिलक का बर्ताव एक नेता को शोभा देने वाला नहीं था। सच देखा जाय तो उन्हें शाहू छत्रपति का ही साथ देना चाहिए था...तिलक जीर्णोद्धारवादी थे। प्रथा और परिपाटी पर वे विशेष जोर देते थे। किसी भी स्थिति में उन्हें हानि नहीं पहुंचनी चाहिए, ऐसी चेतावनी देने से भी वे न चूकते। मराठों के तत्त्वयुक्त और तथ्यपूर्ण प्रश्न से भी अधिक मूल्यवान उन्हें कर्तव्यच्युत राजोपाध्ये की जागीर लगी। लोकमान्य तिलक को चलती आई प्रथा और परंपरा ब्राह्मण-ब्राह्मणेतर की एकता से भी अधिक महत्त्वपूर्ण जंची। वास्तव में समाज प्रवाही है। वह सदैव परिवर्तित होता रहता है। उसके हित और सामर्थ्य के लिए परंपराओं को बदलना पड़ता है; पर तिलक ने सारा मामला ही बिगाड़ दिया।"

मराठी के एक अन्य लेखक ग.त्र्यं. मांडखोलकर कुछ इसी प्रकार का विचार प्रकट करते हैं। वे लिखते हैं, "लोकमान्य तिलक की वेदोक्त विवाद विषयक भूमिका मात्र सहज दृष्टि से ही प्रतिगामी नहीं थी; बल्कि वह शास्त्रसिद्ध और तर्कशुद्ध भी नहीं थी, ऐसा लगता है।"

हिंदू समाजरचना में हर व्यक्ति का सामाजिक स्तर निश्चित करने का ब्राह्मणों का जो सार्वभौम अधिकार था, उसी अधिकार को चुनौती देकर उनकी प्रभुता को घटाने की जबर्दस्त कोशिश वेदोक्त विवाद से शाहू छत्रपति ने शुरू की। शाहू छत्रपति अपना क्षत्रियत्व सनातनी ब्रह्मवृंद द्वारा प्रमाणित करवा लेने के बाद अगर वहीं पर थमे रहते तो हिंदू समाज में चातुर्वर्ण्य व्यवस्था को अधिक सुदृढ़ करने में उन्होंने अपना योग दिया, ऐसा कहा जाता। परंतु खुशकिस्मती से वैसा कुछ नहीं हुआ। वेदोक्त कांड में शाहू छत्रपति को दिव्यदृष्टि प्राप्त हुई। परिणामस्वरूप उन्होंने अपनी सत्ता और संपत्ति शूद्रातिशूद्रों के कल्याणार्थ उपयोग में लाने का अलौकिक कार्य अपने हाथ में लिया।

वेदोक्त संघर्ष में सनातनी ब्राह्मणों ने चारों ओर से शाहू छत्रपति का दम घोंटकर उन्हें असीम शारीरिक और मानसिक यंत्रणा दी। इस संघर्ष में उन्हें अपार कष्ट सहने पड़े। इसी कारण उन्हें पिछड़ी जातियों को शिक्षा देकर, सुबुद्ध बनाकर संघटित करने की प्रेरणा मिली। इतना ही नहीं; बल्कि उनके आर्थिक विकास के लिए अपनी रियासत की नौकरियों में उनके लिए कुछ पद आरक्षित रखने की भी उन्हें इच्छा हुई। इसी में से उन्होंने 1901 ई. से 1922 ई. तक अपनी राजधानी अर्थात् कोल्हापुर शहर में मराठा, जैन, लिंगायत, मुस्लिम, ईसाई, महार, सुतार, दर्जी, पांचाल ब्राह्मण, सारस्वत ब्राह्मण, प्रभु, वैश्य, ढोर-चमार, बढ़ई आदि अनेक धर्मों और विभिन्न जातियों के विद्यार्थियों के लिए 23 छात्रालय शुरू किए। प्राथमिक

शिक्षा अनिवार्य और मुफ्त की। अस्पृश्यों के लिए शिक्षा के द्वार तो उन्होंने खोले ही, साथ-साथ कोरवी, वडार, फासेपारधी जैसी गांव की सीमा के बाहर रहने वाली जातियों के बच्चों को पाठशाला में लाने की कोशिश की।

शाहू छत्रपति ने अपनी रियासत की नौकरियों में पिछड़ी जाति के लोगों के लिए 50% स्थान आरक्षित रखा। यह महत्त्वपूर्ण निर्णय उन्होंने 26 जुलाई, 1902 ई. को लिया और उसका कार्यान्वयन भी तभी से शुरू किया। वैसे देखा जाय तो हिंदुओं की वर्णव्यवस्था भी आर्थिक, धार्मिक, राजनीतिक और सामाजिक आदि सभी क्षेत्रों में चुनी हुई जातियों के लिए आरक्षित स्थान निर्मित करने वाली प्राचीन व्यवस्था थी। परंतु जिनके लिए आरक्षित स्थान रखा गया था उनकी संख्या समाज की कुल संख्या के लगभग साढ़े तीन से चार प्रतिशत तक ही थी। शाहू छत्रपति ने उस प्राचीन नियम को थोड़ा-सा उलटा घुमाया और No cake to few until all are served with bread, इस तत्त्व को वे प्रत्यक्ष अमल में ले आए।

शाहू छत्रपति ने अपनी रियासत में प्रार्थनासमाज, आर्यसमाज, थियोसॉफी संप्रदाय और सत्यशोधक समाज, इन सभी धार्मिक सामाजिक सुधार आंदोलनों को बढ़ावा दिया था। परंतु उन सभी आंदोलनों में से सत्यशोधक समाज का शूद्रातिशूद्रों के सर्वांगीण कल्याण का तत्त्वज्ञान और कार्य उन्हें अधिक प्रिय था। इसी कारण उन्होंने सत्यशोधक आंदोलन को प्रोत्साहन देने के लिए अपनी सत्ता और संपत्ति का पर्याप्त उपयोग किया इसके अनेक प्रमाण-सबूत उपलब्ध हैं। इसी कारण न. र. फाटक जैसे विद्वान ने अपने प्रसिद्ध ग्रंथ 'भारतीय राष्ट्रवादाचा विकास' में वेदोक्त विवाद संबंधी अपना स्पष्ट मत इन शब्दों में व्यक्त किया है, ''वेदोक्त प्रसंग के कारण सत्यशोधक आंदोलन के अस्तित्व का फिर से भान होने लगा। परंतु आगे चलकर शाहू छत्रपति को जब इस बात का भान हुआ कि सत्यशोधक आंदोलन पर सरंजामदार मराठा प्रवृत्ति की प्रभुता दिखाई दे रही है तो उन्होंने उस आंदोलन से अपना हाथ खींच लिया, इस तथ्य को भी ध्यान में लेना होगा।''

उच्चवर्णियों का धार्मिक अत्याचार और उनकी ठेकेदारी खत्म करने के लिए शाहू छत्रपति ने क्षात्रजगद्गुरुपीठ की स्थापना की। स्वयं शाहू छत्रपति के लिखे हुए ऐसे दो पत्र आज उपलब्ध हैं, जिनमें स्पष्ट रूप से लिखा गया है कि जगदगुरु और क्षात्रजगद्गुरुओं को इस उदात्त उद्देश्य से कार्य करना है कि उन्हें देवता और मानव के बीच के मध्यस्थ को हटाना है और अस्पृश्यों को मनुष्य के नाते जीने का मौका उपलब्ध करा देना है। उन्हीं के द्वारा संचालित शिवाजी वैदिक स्कूल के छात्र आपके घर की धार्मिक विधि पुरोहित के बिना भी कैसे की जाए, इसकी शिक्षा देने के लिए पूर्णतया वचनबद्ध हैं। इस बात को स्पष्ट करने वाला इस संस्था का विवरण आज उपलब्ध है। यहां यह कहने की आवश्यकता नहीं है कि इन दोनों संस्थाओं का निर्माण करने की प्रेरणा उन्हें वेदोक्त विवाद से ही प्राप्त हुई थी।

शाहू छत्रपति को इस बात का पूर्ण ज्ञान हुआ था कि वेदोक्त कांड के ही कारण हिंदुओं की चातुर्वर्ण्य समाज-व्यवस्था में शूद्रातिशूद्र को कैसा भयावह और घिनौना जीवन

जीना पड़ता है। उन्हें इस बात का भी पूरा अनुभव हुआ कि हमारी जाति-विषमता मनुष्य को जानवर की तरह व्यवहार करने को कैसे बाध्य करती थी। इसी कारण उन्होंने अपने जीवन के अंतिम समय तक जातिधर्मनिरपेक्ष समाज-रचना अस्तित्व में लाने के लिए जी-तोड़ काम किया।

देवता और धर्म के नाम पर भोले-भाले बहुजनों को फिर से सामाजिक, धार्मिक गुलामी की बेड़ियों में जकड़ डालने के लिए बहुजन समाज में फूट डालने की कोशिश में लगी जात्यंध शक्तियां आज फिर से सिर उठा रही हैं। ऐसे समय लगभग 70-80 वर्ष पूर्व कोल्हापुर रियासत में स्थापित की गई सर्वधर्मसमभाव और जातीय विषमता को हमेशा के लिए दफना देने के लिए सनातनी ब्रह्मवृंद और तथाकथित कुलीन मराठों के खिलाफ किए गए संघर्ष के पीछे वेदोक्त संघर्ष की ही प्रेरणा थी, इसे भूला नहीं जा सकता।

अध्याय : 8
विदेश दौरा

14 मई, 1902 का प्रभात समय। गरमी के दिन थे, अतः ऐसा लग रहा था, जैसे दुपहर का समय हो ! धूप तपी हुई थी। गर्मी की पर्वाह न करते हुए कोल्हापुर में लोगों के उत्साह में जैसे ज्वार आया था। राजपथ पर दुतरफा कोल्हापुर की प्रजा भीड़ लगाए खड़ी थी। रास्ते के दोनों ओर इमारतों की अटारियों–छतों पर लोग खड़े थे। लोगों की यह भीड़ अपने लाडले राजा के दर्शन के लिए उमड़ी हुई थी। करवीर के राजा शाहू छत्रपति 26 जून को इंग्लैंड में संपन्न होने वाले सातवें एडवर्ड के राज्यारोहण समारोह में उपस्थित रहने के लिए इंग्लैंड के दौरे पर निकले थे। थोड़े ही समय में शाहू छत्रपति का राजपथ पर आगमन हुआ। राजा अपने रथ पर खड़े थे। उनके साथ बापूसाहब महाराजा, दीवान सबनीस, दत्ताजीराव इंगले, बालासाहब गायकवाड और डॉ. बोरकर थे। पत्रपुष्प से सजाये हुए रथ पर खड़े होकर शाहू छत्रपति उपस्थित जनता के अभिवादन का हाथ जोड़कर, प्रसन्न मुद्रा से स्वीकार कर रहे थे। उपस्थित जनसागर शाहू छत्रपति की जय के नारे लगा रहा था। थोड़े ही समय में शाहू छत्रपति अपने साथियों समेत कोल्हापुर रेल–स्टेशन पर पहुंचे।

अपने राजा को इंग्लैंड दौरे के लिए विदा करने आए जनसागर के जय के नारों से आकाश गूंज उठा। शाहू छत्रपति अपने साथी और नौकरों समेत आरक्षित रेल के डिब्बे के सामने प्लेटफार्म पर खड़े हाथ हिलाते हुए लोगों से विदा ले रहे थे। वहां उपस्थित लोगों में अपने राजा के दर्शन के लिए मानो होड़–सी लगी हुई थी। बेकाबू भीड़ के लोग एक दूसरे को धकेलते हुए आगे बढ़ने की कोशिश कर रहे थे। उस भीड़ में से राह निकालते हुए शाहू छत्रपति के पास पहुंचना कोल्हापुर के राजनीतिक प्रतिनिधि कर्नल फेरिस के लिए बहुत मुश्किल हुआ। जब वे किसी तरह शाहू राजा के डिब्बे के पास पहुंचे तब गुस्से से लाल–पीले थे। अपना गुस्सा उन्होंने कोल्हापुर के मुख्य पुलिस अफसर पेंढारकर पर निकाला। लोगों की भीड़ को काबू में न रख सकने के कारण उन्होंने उनसे अगले स्टेशन पर मिलने के लिए कहा। चतुर शाहू राजा की पैनी नजर से यह बात छुप नहीं सकी। उन्होंने तुरंत पेंढारकर को अपने साथ रखकर उनके उत्साह पर पानी न फेरने के लिए कहा था। रेल के प्रस्थान करने तक हाथ ऊपर उठाकर लोग अपने राजा को विदा कर रहे थे। छत्रपति की जय के नारे थमे नहीं थे। थोड़े ही समय में रेल ने प्रस्थान किया। आंख से ओझल होने तक

शाहू राजा डबडबाई आंखों से हाथ हिलाते हुए लोगों से विदा ले रहे थे। प्रजा के इस असीम प्रेम को देखकर वे बहुत ही प्रभावित थे। हाल ही में घटित वेदोक्त संघर्ष में सनातनी ब्रह्मवृंद द्वारा उनके प्रति प्रकट हुआ डाह और शत्रुत्व का प्रदर्शन और अपनी भोली-भाली प्रजा द्वारा प्रकट किया गया निश्छल प्रेम और अपने राजा के प्रति उनके अभिमान की तुलना करने में वे स्वयं में खो गए।

शाहू छत्रपति 15 मई को बंबई पहुंचे। वहां उन्होंने दो दिन मुकाम किया। वहां उनसे द.ब.पारसनीस आ मिले। इंग्लैंड में आवश्यक कागजात संकलित करने के लिए वे शाहू छत्रपति के साथ इंग्लैंड जाने वाले थे। प्रायः अपने संकल्पित शिवचरित्र के ऐतिहासिक कागजात तलाशने के लिए वे शाहू छत्रपति के साथ इंग्लैंड जाना चाहते थे। अमेरिका में स्थित डॉ. टेंगशे शाहू छत्रपति से इग्लैंड में मिलने वाले थे।

17 मई को एस.एस. पेनिन्सुलर जहाज से शाहू छत्रपति का यात्रारंभ हुआ। उस यात्रा में उनकी गुरु-पत्नी मिसेस फ्रेजर भी शामिल हुई थीं। लगभग दो हफ्तों की यह प्रदीर्घ जलयात्रा शाहू छत्रपति और उनके सभी संगी-साथियों के लिए आनंददायी साबित हुई। इसी यात्रा के दौरान शाहू राजा से इंदौर के महाराजा प्रतापसिंहजी आ मिले। दो हफ्तों के सफर में उन दोनों में विविध विषयों पर खूब चर्चा, विचार-विमर्श हुआ। उन्ही मुलाकात में प्रतापसिंह महाराजा ने वेद को प्रमाण मानकर उसे महत्त्व देने वाले आर्य स्माज के समता के तत्त्व पर शाहू छत्रपति से विशद चर्चा की। इस बात की स्वीकृति शाहू छत्रपति ने बाद में परेल (बंबई) में हुई मजदूर सभा में प्रकट रूप से दी थी।

2 जून को शाहू छत्रपति अपने संगी-साथियों समेत लंदन पहुंचे। इंग्लैंड के राजा के अतिथि की हैसियत से वे तीन सप्ताह वहां रहने वाले थे। उनके इंग्लैंड के निवास का प्रबंध ब्रिटिश सरकार ने क्लॉड हिल को सौंपा था। इस विदेश-यात्रा के संबंध में शाहू छत्रपति और क्लॉड हिल में जो पत्राचार हुआ उसके अध्ययन से पता चलता है कि विदेश यात्रा का शाहू छत्रपति का मुख्य उद्देश्य क्या था और वहां उनका बर्ताव कैसा रहा। 17 अप्रैल, 1902 ई. को शाहू छत्रपति ने क्लॉड हिल को एक विस्तृत पत्र लिखकर कुछ सूचनाएं दी थीं, जैसे, "मेरा प्रबंध करते समय ध्यान रखा जाय कि रात के समय मुझे कोई काम न करना पड़े, क्योंकि रात के समय जागने की हमें आदत नहीं है। खेती-बाड़ी के जानवरों, मुर्गी-बतखों की पैदाइश, दूध और दूध से बनी हुई चीजें आदि के साथ खेती से संबंधित व्यवसाय जहां छोटे-बड़े पैमाने पर चल रहे हों ऐसा एकाध स्थान देखूं, ऐसी मेरी इच्छा है। इससे संबंधित कार्यक्रम मेरे वहां आने पर अवश्य ही करवाएं।" इस पत्र से इस बात का भी पता चलता है कि उनके साथ के नौकर-चाकरों का भी वे कितना ख्याल रखते थे। उस पत्र में उन्होंने लिखा था, "मुझे लगता है कि हिंदी जानने वाले एकाध नौकर की आवश्यकता पड़ेगी। हमारे आबासाहब जब इंग्लैंड आए हुए थे, तब फुल्लर नामक व्यक्ति की इसी दृष्टि से नियुक्ति की गई थी। हमारे नौकर-चाकरों को साथ में लेकर वह वहां के दर्शनीय स्थान दिखाता था।"

सातवें एडवर्ड का जो राज्यारोहण समारोह शाही ठाठबाट से 26 जून को होने वाला था, शाहू छत्रपति उत्सुकता से उसकी प्रतीक्षा कर रहे थे। परंतु ऐन समय पर राजपुत्र एडवर्ड बीमार हो गए। इसलिए राज्यारोहण समारोह 26 जून की बजाय 9 अगस्त को निश्चित किया गया। इस कारण शाहू छत्रपति का इंग्लैंड का मुकाम बढ़ने वाला था। इसलिए समय के सदुपयोग के उद्देश्य से उन्होंने वहां के दर्शनीय स्थान देखना पसंद किया।

शाहू छत्रपति का लंदन का यह पहला ही दौरा था। इसलिए जिस तरह इग्लैंड के दर्शन के लिए उत्सुक थे, उसी तरह वहां के आबासाहब के मित्र, शाहू राजा का छत्रपति की हैसियत से सम्मान करने वाली शैक्षिक और सामाजिक संस्थाएं, भारत में जिन्होंने पहले निवास किया था, उन ब्रिटिश अधिकारी आदि को भी शाहू छत्रपति के आगमन की बड़ी उत्सुकता थी। इसी से शाहू छत्रपति के लंदन पहुंचते ही एक हफ्ते के भीतर वहां के विश्वविख्यात केंब्रिज विश्वविद्यालय ने शाहू छत्रपति के तत्काल शुरू किए गए शैक्षिक और सांस्कृतिक कार्य को बढ़ावा देने के उद्देश्य से उन्हें एल.एल.डी. की सम्माननीय उपाधि एक शानदार समारोह में प्रदान की।

शाहू छत्रपति को प्रदान की गई सम्मान की उपाधि से गुरुवर फ्रेजर को बहुत आनंद हुआ। अपने शिष्य की तारीफ करते हुए उन्होंने लिखा, "हे राजा! विश्वविद्यालयीन सम्मान के कारण अब कोल्हापुर रियासत का कोई भी ब्राह्मण आपकी बराबरी नहीं कर सकेगा।" गुरु द्वारा शिष्य के सम्मान में की गई सराहना के साथ-साथ अतिशयोक्ति की थोड़ी झलक भी है, इसे स्पष्ट रूप से स्वीकार करना होगा।

उसके बाद 12 जून को शाहू छत्रपति और उनके साथी इतिहास-विख्यात शहर विंचेस्टर गए। एक जमाने में सैक्सन लोगों की राजधानी रह चुके इस शहर को उन्होंने आनंद मिश्रित आश्चर्य से देखा। वहां उन्होंने किंग ऑर्थर और किंग ऑल्फ्रेड जैसे पराक्रमी राजपुरुषों की समाधियों के दर्शन किए। इसी शहर के विंचेस्टर कॉलेज में एक शानदार समारोह में शाहू छत्रपति का सम्मान किया गया। उस समारोह में ग्वालियर के महाराजा, आगाखान और अन्य अनेक नरेश उपस्थित थे। उस सत्कार समारोह में सी.एच.मालन ने शाहू छत्रपति के बारे में सम्मानपूर्ण भाषण किया। पर वह भाषण हमेशा की तरह उन्होंने अंग्रेजी में नहीं किया; बल्कि लैटिन में किया। शाहू छत्रपति ने अपने व्यंग्यपूर्ण स्वभाव के अनुसार प्रत्युत्तर में अंग्रेजी में भाषण नहीं किया; बल्कि मराठी में भाषण कर अपने विचार प्रकट किए। उनके साथ रहने वाले पूर्व ब्रिटिश अधिकारी और आबासाहब के पुराने मित्र विलियम लीवॉर्नर ने उस मराठी भाषण का अंग्रेजी अनुवाद पेश किया।

लंदन की रॉयल एशियाटिक सोसायटी और रॉयल एग्रिकल्चर सोसायटी–इन दो महत्त्वपूर्ण संस्थाओं ने भी शाहू छत्रपति को सम्मानित किया।

हिंदुस्तान के भूतपूर्व गवर्नर जनरल नॉर्थब्रुक, केंब्रिज विश्वविद्यालय के सदस्य सर ऑल्फ्रेड पीज और करवीर रियासत के भूतपूर्व राजनीतिक प्रतिनिधि और आबासाहब के

घनिष्ठ मित्र सर विलियम लीवॉर्नर शाहू छत्रपति को उनके सम्मान के खातिर खास प्रीतिभोज दिया। भोजनोपरान्त विलियम लीवॉर्नर और शाहू छत्रपति में जो दिल खोलकर गपशप हुई उसमें आबासाहब की स्मृतियां ताजा हो गईं।

शाहू राजा जब तक लंदन में रहे तब तक कोल्हापुर की ब्यौरेवार खबर राजनीतिक अधिकारी कर्नल फेरिस और छत्रपति के खास जासूस दत्तू पोतनीस उन्हें देते थे। 26 जून 1902 ई. को शाहू राजा को लिखे गए एक पत्र में कर्नल फेरिस ने 'राज्यारोहण समारोह अगर स्थगित हो गया हो, तो इंग्लैंड के सभी दर्शनीय स्थान देख लीजिएगा' —ऐसी हार्दिक इच्छा प्रकट की है। इसी पत्र में कर्नल फेरिस ने शाहू छत्रपति की दादी सकवारबाई रानी साहिबा, राजकुमारी आक्कासाहब और युवराज राजाराम तथा प्रिंस शिवाजी आदि सभी परिजनों की अधीरता से प्रतीक्षा करने के बारे में भी आत्मीय भाव से लिखा है।

जुलाई के तीसरे सप्ताह में शाहू छत्रपति ने इंग्लैंड से यूरोप के दौरे के लिए प्रस्थान किया। पेरिस में उन्होंने प्रवेश किया। साहित्य, संगीत और सौंदर्यपूर्ण कला-वस्तुओं के संगमस्थान पेरिस में उन्होंने एक चक्कर लगाया। परंतु वहां उनका क्षात्रवृत्ति का मन उतना नहीं लगा जितना फ्रांस के ठिंगने अश्वारोही लड़ाकू नेपोलियन बोनापार्ट की समाधि के दर्शन करते समय लगा। उस समाधि के पास ही नेपोलियन की अनेकानेक वस्तुओं की जो सजावट की गई थी, उसे उन्होंने सूक्ष्मता से देखा-परखा।

पेरिस का दूसरा महत्त्वपूर्ण दर्शनीय स्थान है आयफेल टॉवर जो पेरिस के हर पर्यटक को कहीं से भी दिखाई देता है। पर सच तो यह है कि उसकी वास्तविक ऊंचाई का अनुभव उसके पास जाने पर ही महसूस होता है। शाहू छत्रपति को भी वह अनुभव उसके पास पहुंचने पर ही हुआ।

पेरिस से विदा लेकर शाहू छत्रपति मिलान शहर में दाखिल हुए। लगे हाथ उन्होंने वेनिस भी देख लिया। उसके बाद वे 24 जुलाई को पवित्र शहर फ्लोरेन्स में आए। शाहू राजा की दृष्टि से यह शहर इसलिए पवित्र था कि उनके दादा श्रीमंत राजाराम छत्रपति की इसी शहर में अचानक मृत्यु हुई थी।

छत्रपति राजाराम महाराजा को भगवान ने ऐसा रूप प्रदान किया था, कि उन्हें 'मर्दाना सौंदर्य का आदर्श' कहकर सम्मानित किया जा सकता है। वेनिस में हुई उनकी अचानक मृत्यु शाहू राजा के लिए एक पहेली बनकर रह गई थी। अपने दादा की पेरिस में हुई मृत्यु प्राकृतिक थी या वह हत्या थी—यह प्रश्न उन्हें हमेशा परेशान करता था। पेरिस में हुई मृत्यु के पश्चात् फ्लोरेन्स शहर में अर्ना नदी के तीर पर उनकी चित्ताकर्षक समाधि बनाई गई है। अर्ना नदी के तीर पर सुंदर बगीचे में खुदे हुए पत्थरों का एक ऊंचा चबूतरा बनवाकर उस पर राजाराम छत्रपति का सजा-धजा पत्थर का पुतला स्थापित किया गया है। पुतले के गले में मोतियों का हार और कौड़ियों की माला है। सिर पर पगड़ी, उस पर सिरपेंच और मोतियों का तुर्रा बिराज रहा है। उस पुतले के ऊपर सुंदर खुदाई की हुई पत्थर की छतरी स्थापित की गई है। उस पर सुनहरी नक्काशी बनाई हुई दिखाई देती है। इस पुतले

और बगीचे की देखरेख उस शहर की नगरपालिका करती है। शाहू छत्रपति और उनके सभी साथियों ने उस समाधि पर पाश्चात्य रिवाज के अनुसार पुष्पगुच्छ चढ़ाए, साथ-साथ भारतीय (हिंदू) पद्धति के अनुसार धूप-अगरबत्ती जलाकर अपने दादा के पुतले की यथोचित पूजा की। धूप-अगरबत्ती की सुगंध में शाहू छत्रपति स्वयं को खो बैठे। लेकिन अपने दादा की स्मृति-प्रित्यर्थ वे वहां के दीनों-गरिबों को भोजन देना भूले नहीं। बल्कि वहां दान-धर्म करने से भी वे चूके नहीं।

26 जुलाई को वे सभी नेपल्स के माउंट विसुवियस ज्वालामुखी को देखने गए। उस समय उनके सभी मित्रों और ब्रिटिश सहायक के मना करने के बावजूद शाहू छत्रपति ने ज वालामुखी के मुंह में झांककर देखने का साहस किया।

वेनिस में कांच के सामान का कारखाना शाहू छत्रपति को खूब भाया। वहां उन्होंने भारत के कांच के सामान के कारखानों की स्थिति और प्रगति की पूछताछ की। उस समय उनके मन में कोल्हापुर में कांच के सामान का कारखाना शुरू करने के विचार आए हों तो आश्चर्य नहीं। उस कारखाने से उन्होंने दरबार और परिवार के उपयोग के लिए मूल्यवान कांच की चीजें भी खरीदीं ।

नेपल्स के बाद शाहू छत्रपति रोम आए। रोम शहर में शौर्य और सौंदर्य का मानो संगम हुआ है। प्राचीन काल में वहां द्वंद्वयुद्ध हुआ करते थे। वह विशाल और सुंदर ढलानयुक्त अर्धमंडलाकार अखाड़ा उन्हें सब से अधिक पसंद आया। कोल्हापुर का खासबाग-अखाड़ा बनवाने की प्रेरणा उन्हें उस अखाड़े को देखने पर ही मिली। रोम के उस अखाड़े में शाहू राजा बड़ी देर तक घूमते रहे। उनके संगी-साथी अगर उन्हें अगली यात्रा की याद न दिलाते तो पता नहीं वे वहीं अखाड़े में कितनी देर तक टहलते रहते!

उसके बाद उन्होंने स्कॉटलैंड का शिकार का विस्तीर्ण पार्क देखा। इटली के मधुमक्खी-पालन-गृह को भेंट देना भी वे नहीं भूले।

उस सारी दौड़ धूप में पता ही नहीं चला कि 1 अगस्त कब आया। उस दिन वे इंग्लैंड वापस लौटे। इस दौड़-धूप में भी इंग्लैंड में पढ़ने वाले भारतीय विद्यार्थियों से मिलकर उनकी अड़चनों की उन्होंने जानकारी ली। इतना ही नहीं; बल्कि उन सभी विद्यार्थियों को उन्होंने आत्मीयता से दावत दी और उनके साथ दिल खोलकर बातें भी कीं। उसमें गाडगिल, ढवले, कोलासकर आदि विद्यार्थी भी शामिल हुए थे।

इस यात्रा में बापूसाहब बीमार हो गए। तब शाहू छत्रपति रात के समय जागकर 2-3 बार सिरहाने बैठकर उनकी सेवा करते। वहां उन्हें पहली बार होमियोपैथिक उपचार पद्धति की जानकारी मिली।

इंग्लैंड के मुकाम में शाहू छत्रपति सादी पोशाक पहनते, भोजन भी सादा ही लेते, इधर-उधर प्रायः पैदल ही आते-जाते। ऐसा सादा जीवन वहां वे व्यतीत करते। हाइडपार्क से 6 फीट 5 ईंच ऊंचे, और मोटे शाहू राजा जब मर्दाना ठाठ से इंग्लैंड के अपने बंगले के रास्ते पर चलते तब राहगीर स्त्री-पुरुषों की नजर सहज ही उनकी ओर मुड़ जाती।

आखिरकार 9 अगस्त को सातवें एडवर्ड के राज्यारोहण का समारोह संपन्न हुआ। 14 अगस्त को शाहू छत्रपति ने भारत आने के लिए इंग्लैंड से विदा ली। वापसी–यात्रा के दौरान उनका मन अनेकानेक विचारों से भर गया था। एक ओर उन्हें याद आ रही थी उस यात्रा की अपमानकारी घटना अर्थात् 4 जुलाई को इंडिया ऑफिस के अहाते में ब्रिटिश और 3000 विदेशी प्रतिनिधियों के सामने ब्रिटिश युवराज को सभी भारतीय रियासतों के अधिपतियों द्वारा झुककर किया गया प्रणाम जिनमें वे भी शामिल थे, तो दूसरी ओर सभी सहयात्री मित्रों से मिला निस्सीम स्नेह। साथ ही इंग्लैंड के मुकाम में क्लॉड हिल जैसे ब्रिटिश अधिकारी से मिला प्रेम और सौहार्द !

अध्याय : 9

कोल्हापुर : छात्रावासों की जननी

वेदोक्त घटना में अपमानित हुए शाहू छत्रपति बहुत ही अंतर्मुख होकर उस घटना पर विचार कर रहे थे। क्षत्रिय कुलावतंस उपाधि धारण कर अपने को शिव छत्रपति के वारिस कहलाकर बड़े अभिमान के साथ चलने वाले राजा को उसी के एक मामूली आश्रित ने वर्णवर्चस्व का हौवा दिखाकर जुल्मी धर्मसत्ता के सामने कुछ समय के लिए पीछे हटने के लिए बाध्य किया था, वह घटना शाहू राजा को सबक सिखाने वाली सिद्ध हुई थी। उस अकल्पित, अनपेक्षित घटना से मानो सोया हुआ राजा जाग्रत हुआ था। सत्ता और संपत्ति का वरदहस्त प्राप्त राजा की यह दशा! तो मेरी भोली-भाली प्रजा का हाल क्या होगा? यह सारा समाज ही पूर्ण निरक्षर, पूर्ण अज्ञानी है अतः यह जुल्मी धर्मसत्ता कभी उसका न्याय भी नहीं करेगी। चहुं ओर से इस अज्ञानी समाज की लूट-खसोट ही होगी। क्या उसे सभी तरफ से यों ही निचोड़ा जाएगा? राजा के नाते क्या मेरा कोई कर्तव्य नहीं है? क्या इन भोलेभाले बहुजनों का जीवन यों ही अज्ञान के अंधकार में पड़ा सड़ता रहेगा? क्या उनके जीवन में ज्ञान का, सुख-शांति का प्रकाश कभी नहीं दिखेगा? ऐसे अनेकानेक प्रश्नों ने उनके दिमाग में कुहराम मचाया था। बहुजन समाज के हजारों वर्षों के दुख-दारिद्र्य दूर करने, उनकी सामाजिक और धार्मिक गुलामगीरी से मुक्ति दिलाने की दिशा में उन्हें एक उपाय सूझा था। और वह उपाय था बहुजनों की शिक्षा! बस्स! इसके बाद उन्हें अपने जीवन का उद्देश्य मिल गया। बहुजन समाज को शिक्षित करना। उनकी शिक्षा के लिए अपनी सत्ता और संपत्ति का सदुपयोग करना। शाहू छत्रपति ने इस बात का निश्चय किया और 'शुभस्य शीघ्रम्' की राह पर चलते हुए उन्होंने बहुजनों की शिक्षा का श्रीगणेश किया।

बहुजन समाज की शैक्षिक, सांस्कृतिक और आर्थिक विकास का कार्य शाहू छत्रपति ने जीवन भर किया, इसके लिए उन्होंने जो राह चुनी उसे सर्वप्रथम ढूंढ़ निकालने का श्रेय जोति गोविंद फुले नामक महामानव को जाता है। जोतिराव फुले ने जब वे मात्र चौबीस वर्ष के थे तब पुणे शहर में पहले लड़कियों के लिए और बाद में शूद्रातिशूद्रों के लिए पाठशालाएं शुरू की थीं। 1883 ई. में उन्होंने 'शेतकऱ्यांचा असूड' (किसानों का कोडा) नामक ग्रंथ लिखा। उस ग्रंथ में बहुजन समाज की सर्वांगीण मुक्ति का मूलमंत्र इन शब्दों में घोषित किया गया है, ''बिना विद्या के मति मारी गई, मति के बिना नीति गई, नीति के बिना गति गई,

गति के बिना धन (संपत्ति) गया, धन के बिना शूद्र हार गए, इतने सारे अनर्थ एक अविद्या ने किए।'' परंतु इतिहास में कहीं लिखा हुआ नहीं है कि बहुजनों के कल्याण का यह मूलमंत्र शाहू छत्रपति को कब ज्ञात हुआ। इसलिए कुछ तो तर्क और कुछ कल्पना के सहारे ही आगे बढ़ना पड़ता है। परंतु शाहू छत्रपति के मन में जब पिछड़ी जातियों के लिए शिक्षा देने का कार्य करने का विचार जगा तब उन्होंने उस विषय में तत्कालीन नरम दल के नेता न्यायमूर्ति महादेव गोविंद रानडे और नामदार गोपाल कृष्ण गोखले के साथ दिल खोलकर चर्चा की थी। 10 नवंबर, 1918 ई. को परेल (बंबई) में आयोजित की गई कामगार सभा में शाहू छत्रपति ने उन दोनों के प्रति कृतज्ञता प्रकट की थी। उन्होंने कहा था, ''पिछड़े हुए लोगों की उन्नति के लिए मेरे स्वर्गीय मित्र न्या. रानडे और ना. गोपालराव गोखले ने बहुत कष्ट उठाये। पिछड़ी जाति के लोगों में विद्या का प्रसार हो इसलिए विशेष कष्ट उठाने चाहिए, यह प्रेरणा मुझे रानडे-गोखले से मिली।''

मराठा समाज के विद्यार्थियों को शैक्षिक सहायता करने के लिए न्यायमूर्ति रानडे की प्रेरणा से पुणे में 'डेक्कन मराठा एजूकेशन एसोसिएशन' की स्थापना हुई थी। गंगारामभाऊ म्हस्के उस संस्था के प्रमुख थे। म्हस्के की प्रार्थना के अनुसार शाहू छत्रपति ने कोल्हापुर दरबार की तरफ से उस संस्था को 30 रुपयों का वार्षिक अधिदेय मंजूर किया था। न्यायमूर्ति रानडे ने अपने नाम से प्रतिमाह तीन रुपयों की छात्रवृत्ति घोषित की थी। अत: यह कहना उचित होगा कि पिछड़े हुए समाज के लिए शैक्षणिक कार्य करने की प्रथम प्रेरणा शाहू छत्रपति को न्यायमूर्ति रानडे, गोपाल कृष्ण गोखले और गंगारामभाऊ म्हस्के से मिली थी।

कोल्हापुर में विविध जाति-धर्मों के छात्रावास शुरू करने से पहले छात्रों को उनकी शिक्षा में सुदृढ़ सहारा मिले, इस भावना से सर्वप्रथम शाहू छत्रपति ने अपना राजमहल ही खोल दिया। अपने भावी शैक्षिक प्रयोग के सूत्रपात के रूप में उन्होंने अपने सरदारों, जागीरदारों और नौकरों के लड़कों को शिक्षा के लिए अपने महल में ही रख लिया। उन्हें अपनी थाली का कौर खिलाया। उन्हें आराम से रहने के लिए राजमहल के कुछ कमरे निश्चित कर दिए। इतना ही नहीं; उन्हें स्कूल जाने के लिए तांगा-बग्घी का भी प्रबंध किया। अल्पायु में ही बड़े बने हुए इस राजा ने उन बालकों पर पिता की नजर रखी थी। उनकी एकमात्र यही इच्छा थी कि मेरा सारा समाज ज्ञानी बने। वह अपनीय शैक्षिक उन्नति कर ले। अपने इर्दगिर्द के ये सभी बालक मां सरस्वती की मन लगाकर आराधना करें। ज्ञान की ज्योति सब एक साथ मिलकर बहुजनों में, घर-घर में प्रज्वलित करें और समूचा बहुजन समाज ज्ञान के प्रकाश से भर जाए। पर हाय! शाहू छत्रपति का पहला ही जनहितकारी प्रयोग विफल हुआ। राजमहल में रहकर सरदार, जागीरदारों के बालक शिक्षा में कुछ प्रगति नहीं कर सके। उन्होंने शिक्षा की बजाय अन्य पुरी बातें ही आत्मसात् कीं। मां सरस्वती की उपासना उन्होंने की ही नहीं। अपने राजमहल को छात्रालय का स्वरूप देकर उन्होंने बहुजनों की शिक्षा का प्रयोग कार्यान्वित किया; पर उसमें उन्हें सफलता मिल नहीं पाई। इससे शाहू छत्रपति थोड़े निराश हुए।

अपने ही राजमहल में विद्यार्थियों को रखकर उन्हें सज्ञान बनाने का उनका प्रयत्न असफल हुआ था। वह समय था 1897 ई. का ; समूचे राज में अकाल का तांडव चला था। अनाज की प्रचंड कमी थी। अनाज के दाम आकाश छू रहे थे। करवीर नगरी में भोजनालयों में मासिक पांच रुपए की दर सात रुपए हो गई थी। दूर गांव के माता-पिता के लिए अपने बाल-बच्चों को कोल्हापुर में रखना बहुत मुश्किल हो गया था। इसका उपाय तलाशकर ऐसे आवश्यकताग्रस्त विद्यार्थियों के लिए करवीर दरबार ने राजाराम कॉलेज के साथ ही एक छात्रालय शुरू किया। वहां रहने वाले विद्यार्थियों के लिए मासिक मात्र दो रुपयों में भोजन दिया जाता था। उस पर होने वाला ज्यादा खर्चा कोल्हापुर दरबार उठाता था। उस छात्रावास में ब्राह्मणों से लेकर शूद्रों तक सभी जातियों के विद्यार्थियों का मुक्त प्रवेश रखा गया था। इतना ही नहीं; बल्कि उस छात्रालय में हिंदू विद्यार्थियों के साथ-साथ मुस्लिम, जैन, पारसी, इसाई आदि सभी धर्मों के विद्यार्थियों के लिए मुक्त प्रवेश था। छात्रावास के प्रबंध के लिए जो समिति गठित की गई थी, उसके अध्यक्ष थे न्यायमूर्ति विश्वनाथ गोखले। इस अभिनव छात्रालय में अपेक्षानुसार शुरू-शुरू में सभी जाति-धर्म के विद्यार्थी आकर रहने लगे। ब्राह्मण, मराठा, अन्य पिछड़ी जाति के छात्र के अतिरिक्त मुसलमान, जैन, इसाई छात्र भी उनमें शामिल हो गए थे। पर दुख की बात है कि उच्चवर्णीय विद्यार्थी अन्य विद्यार्थियों के साथ भेदभाव का बर्ताव करते थे। एक पंक्ति में बैठकर भोजन करने से वे कतराते थे। अपना पानी का प्याला कोई अन्य प्रयुक्त न करे इसके लिए वे सतर्क रहते। छुआछूत और स्पर्शदोष तो नित्य की बात बन गई थी। इन सबका परिणाम भी उन्हें दिखाई देने लगा। एक-एक ब्राह्मणेतर छात्र छात्रावास छोड़कर जाने लगा। अंत में वहां बचे सिर्फ उच्चवर्ण के विद्यार्थी। इससे अभिजनों का जो सुप्त अभीष्ट था वह सफल हुआ। जाति-धर्म-निरपेक्ष छात्रालय का शाहू छत्रपति का सपना पूरा नहीं हो पाया। तब उन्हें छात्रालय बंद करने के अलावा कोई चारा नहीं रहा। तब भी संयमी शाहू छत्रपति ने वह प्रयोग 1911 ई. तक जारी रखा था। उन्हें लग रहा था कि आज न सही, कल वर्णवर्चस्व का अहंकार दूर होगा। शूद्रातिशूद्रों को शिक्षा का लाभ होगा। उन्हें लग रहा था कि उसके लिए उच्च वर्ण के लोग उदारता बरतेंगे; पर वैसा हुआ नहीं। इसलिए उन्होंने राजाराम कॉलेज का छात्रालय बंद कर दिया और वह पैसा उन्होंने मराठा, जैन, लिंगायत, मुस्लिम, प्रभु, दर्जी, महार, शेणवी आदि छात्रालयों में बांट दिया। सभी जाति-धर्मों के लिए शुरू किए गए छात्रालय का प्रयोग कैसे असफल हुआ, इसका विस्तृत वृत्तांत उनके 13 अप्रैल, 1911 ई. के सर डब्ल्यू टी. मॉरीसन को लिखे गए पत्र में पढ़ने को मिलता है।

1899 ई. के दिसंबर महीने का एक खुशनुमा सबेरा ! शाहू छत्रपति अपने रथ पर सवार होकर नगर का चक्कर लगा रहे थे। रथ में उनके हमेशा के संगी-साथी थे। महाराजा को हमेशा समाचार-पत्र पढ़कर सुनाने वाले बुगटे नामक एक व्यक्ति भी थे। वे शाहू छत्रपति को मराठी-अंग्रेजी समाचार-पत्र और अन्य ग्रंथ भी पढ़कर सुनाने का काम बड़ी कुशलता से किया करते थे। उस दिन उन्होंने एक स्थानीय समाचार-पत्र की महत्त्वपूर्ण खबर उच्च स्वर

में पढ़ी। वह खबर ऐसी थी, ''कोल्हापुर के राजाराम हाईस्कूल से वडगांव-निवासी विद्यार्थी पांडुरंग चिमणाजी पाटील मैट्रिक की परीक्षा में अच्छे अंकों में उत्तीर्ण हुआ है। खबर सुनते ही शाहू छत्रपति का चेहरा आनंद से खिल उठा और उन्होंने अपने रथ को तेज गति से राजमहल की ओर मोड़ दिया। रास्ते के दोनों ओर खड़े लोगों और अपनी दुकानों के बाहर खड़े व्यापारियों के प्रणाम स्वीकारने का भी भान उन्हें नहीं रहा। तुरंत वे महल में आए। मैट्रिक की परीक्षा में उत्तीर्ण हुए उस पाटील के लड़के को लिवा लाने के लिए उन्होंने घुड़सवार भेजा। वह घुड़सवार आज्ञा होते ही उस लड़के के गांव बझार वडगांव गया, वहां उसे पांडुरंग चिमणाजी पाटील का पुत्र मिला ही नहीं। फिर दूसरा घुड़सवार वाघमारे के वडगांव गया। उसे भी वहां से निराश होकर लौटना पड़ा। फिर एक दूसरा घुड़सवार भिकार वडगांव गया। उसे भी वहां वह पाटील का पुत्र मिला नहीं। अंत में हाईस्कूल की व्यायामशाला में उस पाटील का अचूक पता मिल गया। शाहू छत्रपति का घुड़सवार आ धमका मलकापुर जागीर के सरूड वडगांव में। मैट्रिक उत्तीर्ण विद्यार्थी पांडुरंग चिमणाजी उसे वहां मिल गया। कोल्हापुर रियासत में मैट्रिक परीक्षा उत्तीर्ण होने वाला वह मराठा समाज का पहला विद्यार्थी था। आनंदातिशय में उस लड़के के साथ-साथ उसका मराठों की चाल-ढाल वाला समूचा घर भी नाच रहा था। उनके आनंद की कोई सीमा नहीं थी। उसी समय महाराजा का घुड़सवार उसे राजदरबार में चलने के लिए कह रहा था। उस पाटील के लड़के के अभूतपूर्व यश से शाहू छत्रपति मानो अधीर बने हुए थे। उस लड़के से मिलने के लिए वे उतावले थे।

उस समय ताऊन की महामारी का प्रकोप जोरों पर था। शाहू छत्रपति का मुकाम पन्हालगढ़ में था। गढ़ के नीचे जो क्वारंटाइन कैंप था वहां दस दिन रहने के बाद ही कोई गढ़ में प्रवेश पा सकता था। छत्रपति तो पांडुरंग चिमणाजी पाटील से मिलने के लिए बहुत ही अधीर बने हुए थे। सरूड वडगांव का वह पाटील का छोरा चकरा ही गया था। इसलिए गढ़ की तलहटी तक आते ही उसे गढ़ पर जाने दिया गया। इसके पहले राजा से उसकी एक बार मुलाकात हुई थी। परंतु आज राजा से उसकी यह भेंट बहुत ही निराली थी। उसने बड़े उत्साह से महल में प्रवेश किया। शाहू छत्रपति के साथ उनके बंधु बापूसाहब, मामासाहब खानविलकर और आप्पासाहब म्हैसालकर आदि चुनिंदा लोग थे। खड़े-खड़े ही उनकी बातें हो रही थीं। उसी समय पांडुरंग चिमणाजी (पी.सी.) ने प्रवेश किया और झुककर छत्रपति को प्रणाम किया। महाराजा ने बहुत ही प्रसन्नता से उस प्रणाम को स्वीकार किया और पास ही खड़े बापूसाहब महाराजा से उन्होंने कहा, ''बापूसाहब, देखिए यह पाटील का लड़का मैट्रिक उत्तीर्ण होकर आया है। बहुत अच्छा हुआ है न? हमने शहर और देहात के अनेक मराठा लड़कों को महल में रखकर, उन्हें पढ़ा-लिखाकर आगे लाने की भरसक कोशिश की; पर हमें उसमें खास सफलता नहीं मिली। कुछ लड़कों ने शिक्षा तो प्राप्त की; पर उनमें से कोई मैट्रिक नहीं हुआ। इसलिए उन शिक्षित विद्यार्थियों को क्लर्क के पद पर नियुक्त करना पड़ा।'' फिर उनकी नजर पी.सी. पाटील की ओर मुड़ी। उन्होंने उनके पारिवारिक

खेती की आय के बारे में पूछताछ की। तब उन्हें मालूम हुआ कि वडगांव के उस पाटील के लड़के की आर्थिक स्थिति कोई खास नहीं है। पूछताछ के बाद ऐसी आशंका होने लगी कि उसकी अगली शिक्षा होगी या नहीं ! बहुत ही आस्था और आत्मीयता से शाहू छत्रपति पाटील ने उस लड़के से प्रश्न पूछ रहे थे। उस लड़के से शाहू छत्रपति ने पूछा, ''किस भोजनालय में तुम भोजन करते थे ? उसके लिए तुम्हें कितने रुपए देने पड़ते थे ?''

''शहर में मराठों के भोजनालय नहीं हैं सिर्फ ब्राह्मणों के ही हैं। उन्हें महीना पांच रुपए देना पड़ता है। और तो और भोजनोपरांत मराठों को अपनी पत्तलें स्वयं उठानी पड़ती हैं। इसलिए मैंने ब्राह्मणों के भोजनालय से रिश्ता तोड़ दिया और एक परिचित मराठा परिवार में प्रतिमास साढ़े तीन रुपए देकर भोजन का प्रबंध कर लिया है।'' एक ही सांस में पाटील के उस लड़के ने शाहू छत्रपति को भोजन की अपनी होने वाली दुर्दशा कह डाली। अब वह पाटील का लड़का थोड़ा ढीठ बन गया था। उसने साफ-साफ बता दिया कि उसे अध्ययन करने के लिए जगह नहीं है। सोने के लिए भी उसे जगह नहीं है। इसलिए उसने अपना बिछौना एक परिचित के हवाले से सरकारी तालीमखाने में रखा है।

कोल्हापुर रियासत के दूर-दराज गांवों से पी.सी. पाटील जैसे होशियार और परिश्रमी विद्यार्थी आते हैं। उन्हें शिक्षा में रुचि है। पर कोल्हापुर में आने पर उन्हें निवास और भोजन की मुसीबतें झेलनी पड़ती हैं। अपने राजमहल में विद्यार्थियों को रखकर और उन्हें सभी सुविधाएं मुहैया कराकर उसके जो दुष्परिणाम हुए,उन्होंने स्वयं महसूस किए थे। इसलिए उनके मन में यह विचार दृढ़मूल हुआ कि विद्यार्थी अपनी शिक्षा के काल में अगर संतोष के साथ रह सके, अगर वह थोड़ी गरीबी की स्थिति में रहे तो उसकी शिक्षा पूर्ण हो सकेगी। अतः उन्होंने इस बारे में रावसाहब भास्करराव जाधव (असिस्टेंट सरसूबा) और जीवाजीराव सावंत जैसे अपने अधिकारियों और सहयोगियों से विस्तृत विचार-विमर्श किया। उसी में से पहले मराठा छात्रावास का मनोदय साकार हुआ। यह मराठा छात्रावास पहले शुरू हुआ पन्हाला गढ़ की कचहरी के पास के दत्तमंदिर में। उस छात्रावास के प्रथम छात्र थे सरूड वडगांव के पांडुरंग चिमणाजी पाटील। ये वही पाटील हैं जो आगे चलकर रावबहादुर पी. सी. पाटील के नाम से मशहूर हुए। उनके बाद सातारा के पी. के. शिंदे और एस.बी.जाधव और साथ-साथ तासगांव के आर. आर. पवार भी उस मराठा छात्रावास में दाखिल हुए। यथाशीघ्र उस छात्रावास का कोल्हापुर में स्थलांतर कर दिया गया। छात्रावास के छात्रों का भोजन खर्च प्रारंभ में हुजूर खानगी खर्चे से किया जाता था।

18 अप्रैल, 1901 के दिन राजनीतिक प्रतिनिधि सर डब्ल्यू.टी. मॉरिसन द्वारा मराठा छात्रावास का उद्घाटन हुआ। उसे 'महारानी विक्टोरिया मराठा बोर्डिंग इन्स्टीट्यूशन' नाम दिया गया। शाहू छत्रपति ने दसरा चौक में स्थित दरबार का भव्य बंगला बोर्डिंग के लिए दे दिया। इतना ही नहीं; बल्कि उन्होंने उस छात्रालय को 4000 रुपयों का अनुदान भी दिया। साथ ही छात्रावास के विस्तार-वृद्धि के लिए 800 रुपए लागत की इमारत की धन-दौलत छात्रावास को सौंप दी।

इस तरह बहुजन समाज की शिक्षा के लिए शाहू छत्रपति का यह अभिनव प्रयोग शुरू हुआ; पर हमेशा की तरह ही शाहू छत्रपति का यह प्रयोग भी सनातनी ब्राह्मणों और लोकमान्य तिलक के लिए मजाक उड़ाने का विषय बना। परंतु 'समर्थ' पत्रिका के संपादक विजापुरे ने शाहू छत्रपति के इस कार्य की भूरि-भूरि प्रशंसा की और ब्राह्मणों की गुणग्राहकता अब कम होती जा रही है ऐसा लिखकर उन्हें दोष दिया।

शाहू छत्रपति द्वारा प्रथम शुरू किया हुआ 'विक्टोरिया मराठा बोर्डिंग' जो कि मराठा समाज को ध्यान में रखकर ही शुरू किया गया था तो भी उस छात्रालय में कुछ महार और मुस्लिम विद्यार्थियों को रख लेने का प्रयोग भी उन्होंने कर देखा था। परंतु इस प्रयोग का अनुभव भी राजाराम कॉलेज के छात्रावास से अलग प्रकार का नहीं था। इसलिए हर जातिधर्म के विद्यार्थियों के लिए अलग-अलग छात्रावास शुरू करने का अंतिम निर्णय लेकर शाहू छत्रपति ने कोल्हापुर शहर में छात्रावास-आंदोलन का कार्यारंभ किया। मराठा बोर्डिंग के प्रथम छात्र रह चुके पांडुरंग चिमणाजी पाटील अपने 'माझ्या आठवगी' चरित्र ग्रंथ में लिखते हैं, ''मैं पन्हाला गढ़ में जब आया तब मैंने महसूस किया कि महाराजा के दिमाग में मराठा छात्रावास के ही विचार हावी थे। मित्रों के साथ उनकी इसी विषय को लेकर हर रोज चर्चा होती रहती।'' उन्होंने आगे लिखा है, ''थोड़े ही दिनों बाद महाराजा ने अलग-अलग जातियों के नेताओं को बुलाकर उन्हें अपनी-अपनी जातियों के लिए छात्रावास बनवाने के लिए प्रोत्साहन देकर कहा कि ऐसे सभी छात्रावासों के लिए दरबार की ओर से वार्षिक अनुदान दिया जाएगा।'' इसका ऐसा परिणाम हुआ कि कोल्हापुर में मराठा, लिंगायत, जैन, सुनार, मुसलमान, महार आदि लगभग सभी जातियों के छात्रालय बन गए। इस प्रकार के इतने छात्रालय महाराष्ट्र के किसी भी शहर में स्थापित नहीं हुए थे।''

1900 ई. की यह घटना है। शाहू छत्रपति का मुकाम तब बंबई में था। श्रावण पूर्णिमा का वह दिन था। शाहू छत्रपति अपने किसी काम से संध्या समय बग्घी पर जा रहे थे। बग्घी पर सवार अपने साथियों से बातें करते जाते समय उन्होंने देखा कि कोल्हापुरी साफे बांधे युवाओं के एक समूह ने उन्हें झुककर प्रणाम किया। प्रणाम कर वे युवक रास्ते पर आगे बढ़ते चले। शाहू छत्रपति ने तुरंत अपनी बग्घी को उन युवकों के पास रोक लिया। बग्घी से वे नीचे उतरे। यह देख सभी युवक चकित हुए। शाहू छत्रपति ने बड़ी आत्मीयता से उनकी पूछताछ की। तब उन्हें मालूम हुआ कि बंबई के हीरे के मशहूर व्यापारी माणिकचंद हीराचंद ने जैन विद्यार्थियों के लिए बंबई में ताड़देव पुल के पास लॅमिंग्टन रोड पर बनाई इमारत में 'शेठ हीरानंद गुमानजी जैन बोर्डिंग' शुरू किया था। वे विद्यार्थी उसी बोर्डिंग के उद्घाटन समारोह के लिए कोल्हापुर से आए हुए थे। उनके कोल्हापुरी साफों से स्पष्ट था कि वे कोल्हापुर से आए हुए थे। जैन विद्यार्थी छात्रावास में रहने के लिए आए हुए थे। अपने राजा को झुककर प्रणाम करने वाले विद्यार्थीयों से यह जानकर शाहू छत्रपति को खूब आनंद हुआ, संतोष हुआ, क्योंकि मराठा बोर्डिंग की स्थापना के बाद जैन बोर्डिंग की स्थापना का विचार उनके मन में घर कर बैठा था। शाहू छत्रपति ने वह नया छात्रावास देखने की

इच्छा व्यक्त की। सेठ माणिकचंद ने शाहू छत्रपति की भेंट का दूसरे ही दिन आयोजन किया। अपने सहयोगियों के साथ उन्होंने शाहू छत्रपति का बड़े उत्साह से स्वागत किया। छात्रालय की वह विशाल और हवादार इमारत, वहां का सुसज्जित ग्रंथालय, छात्रों को धार्मिक शिक्षा देने का प्रबंध और गरीब विद्यार्थियों को छात्रवृत्ति देने का प्रावधान आदि देखकर शाहू छत्रपति को काफी संतोष हुआ। यह देखकर वे इतने प्रभावित हुए कि उस ग्रंथालय के लिए उन्होंने वहीं पर 1000 रुपए की राशि दे डाली। तब से उनका और सेठ माणिकचंद का स्नेह बढ़ता ही गया।

रायबाग-परगने के प्रमुख श्री पाटील जैन समाज के थे। शाहू छत्रपति ने उन्हें निपाणी के नजदीक स्तवनिधि में आयोजित जैन धर्मियों की परिषद में उपस्थित रहने के लिए प्रोत्साहित किया। इस जैन परिषद में तय हुआ कि कोल्हापुर में 'दिगंबर जैन छात्रावास' की स्थापना की जाय। उसके अनुसार 1901 ई. के अप्रैल महीने में कोल्हापुर में दिगंबर जैन बोर्डिंग की शुरुआत हुई। उस जैन बोर्डिंग के लिए शाहू छत्रपति ने दसरा चौक में मराठा बोर्डिंग के सामने की विस्तृत जगह और वार्षिक 350 रु. का अनुदान दिया। जैन बोर्डिंग के लिए दी हुई यह जगह मराठा बोर्डिंग की तुलना में अधिक प्रशस्त और हवादार थी। इसलिए वह जगह जैन बोर्डिंग को शाहू छत्रपति न दें ऐसी कोशिश कुछ मराठा नेताओं ने की; पर शाहू छत्रपति अपने निर्णय से टस से मस नहीं हुए और उन नेताओं की वह मांग उन्होंने रफादफा कर दिया। 'हम केवल मराठों के राजा नहीं हैं; बल्कि कोल्हापुर की सभी जातियों के राजा हैं'—इस तथ्य को उन्होंने प्रमाणित कर दिखाया। कोल्हापुर के राजनीतिक प्रतिनिधि फेरिस को पत्र लिखकर उन्होंने स्पष्ट किया, "शिक्षा के बारे में मेरी ऐसी तीव्र इच्छा है कि किसी एक विशिष्ट जाति की ठेकेदारी शिक्षा के क्षेत्र में न हो। इसलिए जैन बोर्डिंग के लिए जो जगह मैंने दे दी है उसके बारे में कोई भी शिकायत आप न सुनें। आप समझ जाइए कि वे शिकायतें झूठी हैं।" शाहू छत्रपति ने यह सब सोच-समझकर अपने पत्र में स्पष्ट किया था।

आगे चलकर 1905 ई. में उसी स्थान पर शेठ माणिकचंद हीराचंद ने जैन बोर्डिंग के लिए 24 कमरों वाली दुमंजिली विशाल इमारत बनवा दी। शाहू छत्रपति के हाथों ही उस छात्रावास का उद्घाटन हुआ। 1909 ई. में लड़कियों के लिए 'श्राविकाश्रम' नामक छात्रावास का खास विभाग शुरू किया गया। उस छात्रावास में पहले वर्ष 16 छात्राओं ने प्रवेश लिया। 1912 ई. में जैन बोर्डिंग के दो छात्र चित्रकला की शिक्षा के लिए इटली गए। यह घटना सबके लिए एक महत्त्वपूर्ण एवं ऐतिहासिक घटना थी। सातारा की रैयत शिक्षण संस्था के संस्थापक जिन्होंने 'स्वावलंबन द्वारा शिक्षा' और 'श्रम ही ईश्वर है' का मूलमंत्र समूचे महाराष्ट्र को दिया, वे कर्मवीर भाऊराव पाटील 1902 से 1907 तक इसी जैन बोर्डिंग के एक विद्रोही छात्र रह चुके थे।

शाहू छत्रपति का आशीर्वाद मिल चुके दिगंबर जैन छात्रालय के निर्माण एवं विस्तार में आण्णासाहब लठ्ठे का कार्य चिर स्मरणीय है। इस कार्य में उनके साथ रियासत के दीवान सबनीस और भास्करराव जाधव भी थे।

कोल्हापुर रियासत में मराठा और जैन समाज की तुलना में मुस्लिम समाज संख्या की दृष्टि से कम था। वह समाज शैक्षिक प्रगति की दृष्टि से भी पिछड़ा हुआ था। लगभग पूर्णतया निरक्षर–ऐसा ही उसका स्वरूप था। छत्रपति शिवाजी महाराजा ने अपने जीवन के अंत तक औरंगजेब बादशाह के साथ जो जंग लड़ी उसका स्वरूप धार्मिक नहीं था। इसका भान रखने वाले शाहू छत्रपति कोल्हापुर की मुस्लिम प्रजा से उतना ही प्रेम करते थे, जितना वे हिंदू प्रजा से करते थे। कोल्हापुर रियासत की मुस्लिम प्रजा की वे एक पिता की भावना से फिक्र रखते थे। उन्हीं की प्रेरणा से 15 नवंबर, 1906 ई. में दि किंग एडवर्ड मोहामेडन एजूकेशन सोसाइटी की नींव पड़ी। इसी संस्था द्वारा मुस्लिम विद्यार्थी छात्रालय शुरू करना निश्चित हुआ। मुस्लिम नेताओं के उस निर्णय को शाहू छत्रपति ने बढ़ावा दिया। मुस्लिम बोर्डिंग के लिए उन्होंने दसरा चौक ही में 25,000 वर्ग फीट की न केवल जमीन दी; बल्कि लगभग 7000 रुपयों की सालाना आय की जमीनें भी दीं और साथ–साथ वार्षिक 250 रुपयों का अनुदान भी मंजूर किया।

प्रारंभ में छात्रावास के प्रबंधक के रूप में शेख युसूफ अब्दुल्ला नामक एक युवक काम किया करता था; पर उसे विशेष अनुभव न होने से शाहू छत्रपति ने छात्रावास की जिम्मेदारी अमृतराव विचारे को सौंपी। शाहू छत्रपति की अध्यक्षता में पॅलेस थिएटर में 5 जुलाई, 1919 ई. को मुस्लिम समाज की एक सभा हुई। उस सभा में शाहू छत्रपति ने ऐसा घोषित किया कि बोर्डिंग के लिए अगर मुस्लिम समाज 6000 रुपए इकट्ठा करता है तो उतनी रकम मैं दूंगा। परंतु मुस्लिम समाज के असीम उत्साह को देखते हुए शाहू छत्रपति ने 4000 रुपए देने की घोषणा की। इसके साथ उन्होंने बाबू जमाल, बारा इमाम, घोडणपीर आदि मसजिदों, दरगाहों की जमीनों की आय और उन इमारतों के किराए की समूची रकम उस छात्रालय की संस्था को मिलती रहे, ऐसा खास प्रबंध किया। थोड़े ही दिनों में छात्रावास की इमारत बनाने की तैयारी शुरू हुई। अपने गुरुवर फ्रेजर के करकमलों द्वारा मुस्लिम बोर्डिंग की इमारत की नींव डालने का शुभकार्य शाहू छत्रपति के निर्णय एवं प्रयत्नों से संपन्न हुआ। छात्रावास की इमारत यथाशीघ्र तैयार करने के काम पर इंजीनियर रावसाहब गुप्ते को नियुक्त किया गया। मुस्लिम बोर्डिंग की इमारत के लिए सागवान की लकड़ी की मांग रियासत की ओर से पूरी करने का 11 अक्तूबर, 1919 का आज्ञापत्र आज भी देखने को मिलता है।

राजाराम महाविद्यालय के साथ–साथ शुरू किए गए छात्रावास में अस्पृश्य छात्र रह नहीं सकते थे, अभी–अभी शाहू छत्रपति को इसका अनुभव हुआ था। उसके बाद उन्होंने विक्टोरिया मराठा बोर्डिंग में महार और मुस्लिम विद्यार्थियों को रखने का प्रयोग किया। परंतु वहां भी उन्हें उसी प्रकार का कटु अनुभव हुआ, अतः शाहू छत्रपति अस्पृश्य समाज के विद्यार्थियों के लिए एक अलग छात्रालय शुरू करने के संबंध में गंभीरता से विचार करने लगे।

थोड़े ही दिनों में एक विशेष अचरज की बात घटित हुई। दिगंबर जैन बोर्डिंग में प्रोफेसर आण्णासाहेब लठ्ठे की अध्यक्षता में 9 फरवरी, 1908 ई. को एक सभा हुई। उस सभा में

अस्पृश्य समाज में शिक्षा का प्रसार हो, इस उद्देश्य से अस्पृश्य मानी गई जातियों में विद्या-प्रसार करने वाली मंडली नाम की संस्था की स्थापना की गई। उस संस्था के अध्यक्ष थे दीवान सबनीस। गणपतराव कदम सेक्रेटरी की हैसियत से काम कर रहे थे। शाहू छत्रपति से प्रेरणा प्राप्त कर इस संस्था द्वारा अस्पृश्य समाज के विद्यार्थियों के लिए छात्रालय शुरू किया गया। शाहू छत्रपति द्वारा दिए गए रविवार पेठ में स्थित एकेश्वरी के मंदिर में उस छात्रावास की तैयारी का काम 14 अप्रैल, 1908 ई. को शुरू हुआ। वहां शुरू में सिर्फ दो ही विद्यार्थी थे। क्योंकि अस्पृश्य समाज के अभिभावक स्पृश्य समाज के बारे में अभी भी सशंक थे। उन्हें अब भी उनका विश्वास नहीं था।

1908 ई. में आक्कासाहब महाराज के विवाह के उपलक्ष्य में बंबई के राज्यपाल सर जॉर्ज क्लार्क आए हुए थे। उनके साथ उनकी कन्या मिस व्हायोलेट क्लार्क भी आई हुई थी। वह स्वयं संगीत और नृत्य में निपुण थी। नृत्य और संगीत के कार्यक्रम कर वह अस्पृश्यों के उद्धार और उन्नति के लिए धन इकट्ठा कर रही थी। पर बदकिस्मती से उस समाजसेविका की अचानक मृत्यु हो गई। दलितोद्धार के उस युवती के कार्य को शाहू छत्रपति भूल नहीं पाए थे। इसलिए उसकी स्मृति को चिरंतन रखने के लिए उन्होंने उस छात्रालय का नामकरण मिस क्लार्क होस्टल कर दिया। उस छात्रावास का कार्य सुचारु रूप से चलता रहे, इसके लिए शाहू छत्रपति के साथ नामदार भास्करराव जाधव, 'विजयी मराठा' के संपादक श्रीपतराव शिंदे, खंडेराव बागल, रावबहादुर डोंगरे आदि के परिश्रम मूल्यवान साबित हुए।

जिन विविध जाति-धर्मों के छात्रावासों का निर्माण शाहू छत्रपति ने बड़ी सूझ-बूझ के साथ किया था, वे इस प्रकार हैं–विक्टोरिया मराठा बोर्डिंग (1901), दिगंबर जैन बोर्डिंग (1901), मुस्लिम बोर्डिंग (1906), लिंगायत बोर्डिंग (1907), मिस क्लार्क होस्टल (1908), नामदेव बोर्डिंग (1911), कायस्थ प्रभू बोर्डिंग (1912), सारस्वत बोर्डिंग (1912), पांचाल ब्राह्मण बोर्डिंग (1912), इंडियन क्रिश्चन होस्टल (1915), दैवज्ञ बोर्डिंग (1916), आर्य समाज गुरुकुल (1918), वैश्य बोर्डिंग (1918), ढोर-चमार बोर्डिंग (1919), शाहू वैदिक बोर्डिंग (1920) और सोमवंशीय आर्य क्षत्रिय बोर्डिंग (1920)। इन भिन्न-भिन्न जाति-धर्मों के छात्रावासों की स्थापना भले ही शाहू छत्रपति ने स्वयं ध्यान देकर की थी तो भी जो छात्र बहुत ही गरीब थे, वे इन छात्रावासों में रह नहीं सकते थे। लक्ष्मीदेवी का साथ न होने से उनकी सरस्वती की उपासना में बाधा आ खड़ी हुई थी। शिक्षा के द्वार उनके लिए कभी भी खुलने वाले नहीं थे। ऐसे निर्धन शिक्षार्थियों के लिए शिक्षा के बंद द्वार खोलने का विचार शाहू छत्रपति के मन में अहर्निश था।

गरमी के दिन थे। एक दिन सबेरे शाहू छत्रपति अपने रथ पर सवार होकर सोनतली कैंप की तरफ जा रहे थे। 12-14 साल के दो लड़के उनके रथ के पीछे दौड़ते आ रहे थे। कैंप पर पहुंचने तक शाहू छत्रपति को मालूम ही नहीं हुआ कि दो लड़के उनके रथ के पीछे दौड़ते आ रहे थे। उनके रथ में और उन लड़कों में फासला भी खूब था। सोनतली कैंप पर रथ के

रुकने पर उन्होंने देखा, दो लड़के पसीने में सराबोर वहां पहुंच गए। आश्चर्य से शाहू छत्रपति ने उन लड़कों से पूछा, ''क्यों रे, क्या चाहते हो?''

''हमें पढ़ना है।''

''फिर...क्या चाहते हो?''

''हमें बोर्डिंग में रहना है।''

''फिर अड़चन किस बात की?''

''हम गरीब हैं। बोर्डिंग के पैसे हम दे नहीं सकते।''

उनकी अड़चन शाहू छत्रपति की समझ में आ गई। उन्होंने तुरंत राजमहल के रसोईघर में उनका प्रबंध किया; पर वह प्रबंध अस्थायी था। ऐसे गरीब विद्यार्थियों के लिए क्या प्रबंध किया जा सकता है इसी उधेड़बुन में शाहू छत्रपति थे, तभी वहां 'विजयी मराठा' के संपादक श्रीपतराव शिंदे आ पहुंचे। उक्त विषय की चर्चा होने पर श्रीपतराव शिंदे ने शाहू छत्रपति को बताया कि पुणे में गुरुवर बापूराव बच्चाजी शिंदे गरीब विद्यार्थियों के लिए एक बहुत ही अलग तरह का छात्रालय चला रहे हैं। शाहू छत्रपति उस छात्रालय को अवश्य देखें। तब वे अविलंब पुणे गए। उन्होंने देखा कि गुरुवर शिंदे के छात्रालय के विद्यार्थी एक निश्चित दिन निश्चित कर दिए व्यक्ति के घर दो बड़े-बड़े संदूक और एक बड़ा बर्तन लेकर जाते। एक संदूक में रोटियां, दूसरे में भात और बड़े बर्तन में दाल मांगकर इकट्ठा करते। मांगकर इकट्ठा किया हुआ भोजन लेकर वे बोर्डिंग पर आते। वहां सभी विद्यार्थी इकट्ठा बैठकर भोजन करते और स्कूल चले जाते। इसी प्रकार उनका रात का भी भोजन होता।

एक दिन शाहू छत्रपति श्रीपतराव शिंदे को साथ में लेकर पुणे के उस छात्रालय की इमारत के सामने खड़े होकर निहारने लगे। छात्रालय उस इमारत के दूसरे तले पर था। वहां जाने के लिए जीना भी नहीं था। एक मामूली सीढ़ी थी। अपने भारी-भरकम डीलडौल को किसी तरह सम्हालते हुए शाहू छत्रपति ऊपर पहुंचे। छात्रालय के लड़के उस भोजन का श्रेणीबद्ध विभाजन करने में जुट गए थे। उनमें से कुछ बक्से बंद थे। शाहू छत्रपति ने पूछा ''क्यों रे लड़को ! ये बक्से कैसे? खोलो, देखें।'' छात्रों ने वे बक्से खोले। उनमें भी भोजन की सामग्री थी। इस बीच श्रीपतराव शिंदे शाहू छत्रपति को पहनाने के लिए एकाध हार की तलाश में नीचे गए हुए थे। अपनी बुलंद आवाज में शाहू छत्रपति ने उन्हें पास बुला लिया और गद्गद होकर बोले, ''श्रीपतराव ! मराठों के ये लड़के भीख मांगकर विद्या सीखने लगे हैं, यह देखकर मुझे बहुत आनंद हुआ है।''

एक क्षण रुककर वे बोले, ''अब मेरी बिरादरी के लोग यों ही कहीं निष्क्रिय पड़े नहीं रहेंगे।''

उस घटना के बाद शाहू छत्रपति ने श्रीपतराव शिंदे के पास खबर भिजवाई कि कोल्हापुर में भी इस प्रकार का बोर्डिंग शुरू किया जाय। फलस्वरूप कोल्हापुर में 'प्रिंस शिवाजी मराठा फ्री बोर्डिंग' शुरू हुआ। गरीब विद्यार्थियों के भोजन के लिए कोल्हापुर के अमीर नगरवासी दिन निश्चित कर दें, यह बताने के लिए जिन गलियों में श्रीपतराव शिंदे

सभा का आयोजन करते उसमें उनके साथ बाबूराव यादव, खंडेराव बागल, रामचंद्र बाबाजी जाधव अर्थात् दासराम, पुणे के गुरुवर बाबूराव जगताप आदि के भाषण होते। शाहू छत्रपति ने उस बोर्डिंग के खर्चे के लिए भी 7 एकड़ जगह और आमदनी की जमीन प्रदान की।

1 जुलाई, 1920 ई. को 'प्रिंस शिवाजी मराठा बोर्डिंग हाउस' की स्थापना होने के बाद सुतार बोर्डिंग (बढ़ई बोर्डिंग, 1921 ई.), नाभिक बोर्डिंग (1921 ई.), श्री देवांग बोर्डिंग हाउस (1921 ई.), भोरी समाज बोर्डिंग (1921 ई.), राजपूतवाडी बोर्डिंग (1921 ई.) और रुकड़ी बोर्डिंग आदि कुल मिलाकर 23 छात्रालय शाहू छत्रपति ने कोल्हापुर में निर्माण किए ही, साथ-साथ पुणे, नासिक, अहमदनगर, पंढरपुर और नागपुर आदि शहरों में भी ऐसे छात्रालय शुरू हों, इसके लिए दिल खोलकर सहायता की।

जाति आधारित छात्रालय शुरू करने का अपना उद्देश्य स्पष्ट करते हुए नासिक के उदाजीराव मराठा छात्रावास के शिलान्यास के समय, 15 अप्रैल,1920 ई. को अपने भाषण में शाहू छत्रपति ने कहा, "अंग्रेज तथा अन्य लोग ब्रिटिश पार्लियामेंट को 'मदर ऑफ पार्लमेंट्स' बड़े अभिमान के साथ कहा करते हैं, उसी तरह कोल्हापुर को 'मदर ऑफ बोर्डिंग हाउसिस' ऐसा सार्थक नाम मिल गया है। सभी जातियों के नेताओं से मुझे कहना है कि अपनी नजर दूर तक रखें, सिर्फ अपना ही विचार न करें। जातिभेद रखना पाप है। इस बात को ध्यान में रखकर ही जाति-परिषदों का आयोजन किया जाय। इन परिषदों में जातिबंधन सुदृढ़ बनाने या जातिभेद तीव्र करने के प्रयत्न न किए जाए, यह सावधानी बरतना आवश्यक है।"

अध्याय : 10

शैक्षिक आंदोलन

शिक्षा एक ऐसी प्रदीर्घ प्रक्रिया है, जो मानवी जीवन को सर्वांग सुंदर और शक्तिशाली बनाने वाली होती है। जिस समाज में बहुजनों को शिक्षा से पूर्णतया वंचित रखा जाता है उस समाज में एक विशिष्ट समूह अल्पसंख्यक होता है और वह समूह सुख-संतोष और ऐशो-आराम का जीवन जीता रहता है। उसी समूह ने शिक्षा का सामर्थ्य जाना होता है और तौला भी होता है। उस समाज को पूर्णतया यह भी ज्ञात होता है कि समाज की शिक्षा-दीक्षा का नेतृत्व जब तक अपने अधीन रहेगा तब तक समाज के हर क्षेत्र में सत्ता सच्चे अर्थों में अपने ही हाथ में रहेगी।

उन्नीसवीं शताब्दी में समूचे महाराष्ट्र में बहुजन समाज को शिक्षा से पूर्णतया वंचित रखने में तथाकथित अभिजनों को सफलता भी मिली थी। ब्रिटिशों ने समूचे महाराष्ट्र में हाल ही में अपनी सत्ता प्रस्थापित की थी। इस देश की जनता को शिक्षा का लाभ मिलना चाहिए, इस भावना से एल्फिन्स्टन जैसा अंग्रेज अधिकारी प्रामाणिक रूप से कोशिश कर रहा था। महात्मा जोतिबा फुले जैसा समाज क्रांतिकारी महामानव बुलंद आवाज में कह रहा था, ''बिना विद्या के मति मारी गई, मति के बिना नीति गई, बिना नीति के प्रगति गई! बिना गति के धन गया, बिना धन के शूद्र पस्त हुए। इतने सारे अनर्थ एक अविद्या ने किए!'' अगर इस देश में ब्रिटिशों की हुकूमत न होती तो महात्मा फुले का वह गरजकर कहना बेकाम ही होता। बहुजनों की खुशकिस्मती से वैसा कुछ हुआ नहीं। इसीलिए महात्मा फुले पुणे-सातारा क्षेत्र में कुछ पाठशालाएं शुरू कर सके। 1882 ई. में हंटर कमीशन के सामने उन्होंने गवाही देकर जोरदार मांग की थी कि 12 साल तक शिक्षा अनिवार्य की जाय, सरकार बहुजनों को उद्योग की शिक्षा दे और उच्च शिक्षा की अपेक्षा सरकार प्राथमिक शिक्षा पर अधिक खर्च करे।

सारांश में महाराष्ट्र में शूद्रातिशूद्रों को सरस्वती के मंदिर में प्रवेश मिलने लगा था। बहुजनों को शिक्षा का सामर्थ्य समझ में आने लगा था। इसी कारण कोल्हापुर की गद्दी पर जब से शाहू छत्रपति को गोद लिया गया तब से कोल्हापुर रियासत में शिक्षा का पौधा लहलहाने लगा। 1883-84 ई. में कोल्हापुर में राजाराम हाईस्कूल और राजाराम कॉलेज शुरू हुए थे। पुरुषों के लिए जैसा एक ट्रेनिंग कॉलेज था, वैसा ही एक स्त्रियों के लिए भी

शुरू हुआ था। उच्च और माध्यमिक शिक्षा की सुविधा सीमित थी; पर प्राथमिक शिक्षा की सुविधाएं तुलना में अधिक थीं। मराठी प्राथमिक पाठशालाओं की संख्या कुल 154 थी। इतना ही नहीं; बल्कि कोल्हापुर रियासत में 1871 ई. में मजदूर, कारीगर और किसानों की शिक्षा के लिए रातशाला शुरू की गई थी। 1883-84 ई. में ऐसी रातशालाओं की संख्या 19 थी। उनमें से तीन रातशालाएं कोल्हापुर शहर में थीं।

शाहू छत्रपति का राज-कारोबार 2 अप्रैल, 1894 ई. से शुरू हुआ। कोल्हापुर रियासत की जनसंख्या उस समय 9 लाख से अधिक थी। पाठशालाओं की संख्या 224 थी। उन पाठशालाओं में शिक्षा का लाभ उठाने वाले विद्यार्थियों की संख्या 15 हजार थी। कोल्हापुर रियासत की कुल आय 38,90,085 रुपए थी। उनमें से शिक्षा पर होने वाला खर्च सिर्फ 1,45,720 रुपए था। इसका अर्थ है शिक्षा पर कुल आय का 3.75% ही खर्च होता था।

1880 ई. में विष्णुशास्त्री चिपळूणकर ने पुणे शहर में न्यू इंग्लिश स्कूल शुरू किया। बाद में उस स्कूल के विकास में लोकमान्य तिलक, आगरकर, आपटे आदि का सहयोग प्राप्त हुआ। उसके बाद पुणे में डेक्कन एजूकेशन सोसायटी की स्थापना हुई। उसमें न्यायमूर्ति महादेव गोविंद रानडे का सहयोग प्रशंसनीय था। उस संस्था द्वारा एक कॉलेज शुरू किया गया। वही फर्ग्यूसन कॉलेज है। शाहू छत्रपति डेक्कन एजूकेशन सोसाइटी के आजीवन अध्यक्ष थे। शाहू छत्रपति के जनक पिता आबासाहब घाटगे ने डेक्कन एजूकेशन सोसाइटी को हजारों रुपयों की ठोस सहायता की थी। उस संस्था के वे ही अध्यक्ष और प्रमुख आश्रयदाता थे। उसी परंपरा को आगे भी जारी रखने का कार्य शाहू छत्रपति ने किया। विष्णुशास्त्री चिपळूणकर के नेतृत्व में पुणे में शुरू हुआ यह आंदोलन मुख्य रूप से उच्च शिक्षा से संबंधित था। उस शिक्षा का लाभ अधिकांश रूप में उच्चवर्णियों के लिए ही होने वाला था। इसके विपरीत बहुजनों की आवश्यकता प्राथमिक शिक्षा की थी। यही कारण है कि महात्मा फुले ने सरकार से आग्रह किया था कि 12 साल की उम्र तक प्राथमिक शिक्षा अनिवार्य की जाय।

निम्न वर्ग के लोगों की बुद्धि पर जो बोझिल और जुल्मी जुआ लादा गया है उसे उठा फेंकने की शक्ति समाज में लाने के लिए अनिवार्य और मुफ्त प्राथमिक शिक्षा की नितांत आवश्यकता है, ऐसे प्राथमिक शिक्षा संबंधी विचार शाहू छत्रपति ने 15 अप्रैल, 1920 ई. को नासिक के श्री उदाजी मराठा विद्यार्थी छात्रावास की इमारत की नींव रखते समय मुख्य अतिथि के रूप में भाषण में व्यक्त किए थे।

राज-कारोबार के सूत्र ग्रहण करते ही शाहू छत्रपति ने अपने राज्य की शिक्षण व्यवस्था में एक महत्त्वपूर्ण परिवर्तन किया। उन्होंने रियासत का उपशिक्षणाधिकारी पद खारिज कर उसके बदले प्रमुख सर्वोच्च शिक्षाधिकारी पद निर्माण कर उस पद पर वी. के. कीर्तिकर की नियुक्ति की। इसी पद पर आगे चलकर प्रा. आण्णासाहब लठ्ठे, रावबहादुर महादेव गणेश डोंगरे और डी. आर. डोंगरे ने अपने पदचिह्न अंकित किए हैं, ऐसा दिखाई देता है। उपशिक्षाधिकारी का पद खारिज कर उसके बदले प्रमुख शिक्षाधिकारी का पद निर्मित करने

वाले प्रभारी दीवान बी. एन. जोशी का हस्ताक्षरयुक्त हुक्म 'राजर्षि शाहू छत्रपति पेपर्स खंड 2' ग्रंथ में उपलब्ध है। इसी हुक्म में सौ. रखमाबाई अर्थात् राधाबाई केलवकर जैसी साहसी महिला की स्त्री शिक्षा अधीक्षक के रूप में 1 सितंबर, 1895 ई. से नियुक्ति की गई, ऐसा पढ़ने को मिलता है।

शाहू छत्रपति के हाथ कोल्हापुर रियासत का राज-कारोबार आने के पहले यहां राजाराम कॉलेज था जहां उच्च शिक्षा का प्रबन्ध था और माध्यमिक शिक्षा के लिए राजाराम हाईस्कूल था। कोल्हापुर रियासत में प्राथमिक स्कूलों की संख्या 224 थी। परंतु इन शैक्षिक संस्थाओं में पढ़ने वाले अधिकांश विद्यार्थी उच्चवर्णीय ही थे। बहुजन समाज के लोगों में सही मायने में ज्ञान की किरणें अभी पहुंची ही नहीं थीं। 1881 ई. के जनगणना विवरण में इसका ठोस सबूत उपलब्ध है। कोल्हापुर रियासत में 1881 ई. में साक्षरता का प्रमाण ब्राह्मण समाज में 79.1 था, वहीं मराठा समाज में 8.6 था, कुणबी (कुर्मी) में 1.5, मुसलमान में 7.5 और जैन-लिंगायत में 10.60 था। उसी वर्ष राजाराम हाईस्कूल में कुल विद्यार्थी 441 थे। उनमें ब्राह्मण विद्यार्थी 368 थे। राजाराम कॉलेज में कुल 61 विद्यार्थी थे, उनमें 55 विद्यार्थी ब्राह्मण समाज के थे।

अपनी प्रजा में शिक्षा के संदर्भ में जो भयावह विषमता थी वह शाहू छत्रपति की पैनी नजर से छुप न सकी। समाज की सभी इकाइयों को शिक्षा का लाभ मिलना चाहिए, ऐसा आग्रहपूर्ण विचार शाहू छत्रपति के मन में घर कर बैठा था। उसी दिशा में उनके प्रयत्न शुरू हुए। यह सच है कि हिंदू समाज में हजारों वर्ष शिक्षा का पैतृक अधिकार ब्राह्मण वर्ण के हाथ था; पर ऐसा कहना सही नहीं होगा कि उसके लिए ब्राह्मण ही जिम्मेदार थे। दरअसल बहुजनों की अज्ञान की विरासत थोड़ी-बहुत बहुजनों की निर्धनता से निर्मित थी। इस कारण ब्रिटिश सरकार द्वारा शिक्षा के द्वार सबके लिए खोले जाने पर भी सरस्वती के मंदिर में उच्चवर्ण के लोगों की ही भीड़ थी। बहुजनों की शिक्षा से वंचितता के दुष्चक्र को बेधने का निश्चय कर शाहू छत्रपति ने अपनी प्रजा की शिक्षा का एक कार्यक्रम कार्यान्वित किया।

1901 ई. से 1921 ई. तक के 20 वर्षों में शाहू छत्रपति ने जो 23 छात्रालय विभिन्न जातियों के विद्यार्थियों के लिए शुरू किए थे उसके पीछे उनका उद्देश्य जिस तरह हर जाति को अपने शैक्षिक विकास के लिए मौका उपलब्ध करा देने का था, उसी तरह बहुजनों की शिक्षा उनकी गरीबी के कारण बाधित न होने पाए, ऐसा भी था। कम से कम पैसों में इन सभी छात्रालयों में विद्यार्थियों के भोजन और निवास का प्रबंध किया जाता था। जिन विद्यार्थियों को इन छात्रालयों में रहना उनकी आर्थिक स्थिति के कारण असंभव होता, उनके लिए 'प्रिंस शिवाजी मराठा फ्री बोर्डिंग' जैसी संस्था का सोच-समझकर ही निर्माण किया गया था। इसका सबूत श्री क्षात्रजगद्गुरु के 1924 ई. के विजयी मराठा में प्रकाशित हुए एक भाषण में मिलता है।

कोल्हापुर में छात्रालयों का जाल-सा बुनकर शाहू छत्रपति जैसे गरीब विद्यार्थियों की ज्ञान-लालसा पूर्ण कर रहे थे, उसी तरह वे विविध जाति-धर्म के विद्यार्थियों को छात्रवृत्ति

देने के बहाने आर्थिक सहायता भी कर रहे थे। जिनगर समाज के छात्र गणपत मार्तंड माने को मेकैनिकल इंजीनियरिंग कोर्स के लिए 10 रुपयों की शिष्यवृत्ति मंजूर किए जाने का 12 अप्रैल, 1909 ई. का उनका आदेश है। उसी तरह वासुदेव सदाशिव भिडे नामक एक ब्राह्मण विद्यार्थी को प्रतिमास 10 रुपए की शिष्यवृत्ति उन्होंने 23 जनवरी, 1906 ई. को मंजूर की थी। वीरशैव छात्रावास में छह विद्यार्थियों को मुफ्त में रहने की उन्होंने इजाजत दी थी ऐसा 28 अक्तूबर, 1911 ई. का टिप्पण आज उपलब्ध है। बंबई के ग्रांट मेडिकल कॉलेज में पढ़ने वाले नारायण मारुती चव्हाण को प्रतिमास 25 रुपयों की छात्रवृत्ति शाहू छत्रपति दिया करते थे। 1914 ई. के मई महीने में रामचंद्र धोंडो शेलके को खेतीशास्त्र विषयक उच्च शिक्षा के लिए अमेरिका जाना था। इसके लिए उन्होंने शाहू छत्रपति से प्रार्थना की थी। अतः शाहू राजा ने शेलके को 1500 रुपए बिना ब्याज के कर्ज के रूप में मंजूर किए थे। सीताराम रामचंद्र तावडे को उनकी अमेरिका की शिक्षा के लिए 2000 रुपयों की मदद दिए जाने का 12 अगस्त, 1920 ई. का हुक्म है। ये ही सी. रा. तावडे आगे चलकर महाराष्ट्र के शिक्षा-क्षेत्र के एक होनहार व्यक्ति साबित हुए। पुणे में इंजीनियरिंग का अध्ययन करने वाले रामचंद्र दत्तात्रेय महाजन को प्रतिमास 10 रुपयों की शिष्यवृत्ति देने के लिए रियासत के अनुमानपत्र में खास व्यवस्था कर दी गई थी। ऐसी ही खास व्यवस्था कर पटवारी का प्रशिक्षण लेने वाले अस्पृश्य विद्यार्थियों को प्रतिमास 8 रुपयों की छात्रवृत्ति 1919 ई. में दी गई थी। इतना ही नहीं, 16 अक्तूबर, 1921 ई. को हैदराबाद में वैद्यक शिक्षा लेने वाले रमाकांत तु. कांबले को प्रतिमास 10 की छात्रवृत्ति बहाल की गई थी। आर्थिक दृष्टि से ग्रस्त विद्यार्थियों की शिक्षा के लिए जैसे वे मदद दिया करते उसी तरह माधवराव बागल जैसे उच्चभ्रू परिवार में जन्मे अनेक कलाओं में पारंगत विद्यार्थी को उसकी कला साधना को अधिक प्रोत्साहन देने के लिए भी वे प्रयत्नशील थे। माधवराव बागल बंबई के जे. जे. स्कूल ऑफ आर्ट्स में जब पढ़ रहे थे, तब उन्हें प्रतिमास 25 रुपयों की मदद दी जाती थी। यह 21 दिसंबर, 1921 ई. की युवराज राजाराम महाराजा की हस्ताक्षर-युक्त आज्ञा से स्पष्ट होता है।

समाज के उच्च वर्ग के लोगों को पढ़ा-लिखाकर सयाने करने पर वे स्वयं निम्न वर्ग के लोगों को शिक्षा देकर बुद्धिमान कर देंगे, ब्रिटिशों के शिक्षा विषयक इस सिद्धांत पर महात्मा फुले की ही तरह शाहू छत्रपति का भी विश्वास नहीं था। इसी कारण शाहू छत्रपति अपनी प्रजा को कम से कम प्राथमिक शिक्षा तो मिलनी ही चाहिए। इस दिशा में सोच-विचार कर कदम बढ़ा रहे थे। बहुजन समाज के सर्वांगीण कल्याण का उनका यह दृष्टिकोण उनके नासिक में दिए गए एक भाषण में इन शब्दों में व्यक्त हुआ है, "मेरी राय है कि प्रजा का थोड़ा सा हिस्सा पूर्ण सुशिक्षित होने की अपेक्षा समूची प्रजा को प्राथमिक शिक्षा का थोड़ा-सा तो अंश मिलना चाहिए। प्रजा का बहुत बड़ा हिस्सा अगर अशिक्षित रहा और थोड़े से लोग विचारसंपन्न हुए और ऐसी स्थिति में प्रजा को राज्याधिकार दिए गए तो स्पष्ट है कि वे बहुत थोड़े लोगों को प्राप्त होंगे। इससे 'स्वदेशी ब्यूरोक्रेसी' का निर्माण होगा। ऐसी 'सुशिक्षित ब्यूरोक्रेसी' के कारोबार से हम अच्छी तरह परिचित हैं," उसी भाषण में उन्होंने

आगे कहा, ''एक विशिष्ट समूह के पास शिक्षा की ठेकेदारी केंद्रित होने से नौकरशाही पर उन्हीं का संपूर्ण कब्जा प्रस्थापित हुआ। उसी में से जातिभेद और अस्पृश्यता ये दो समाज-विघातक तत्त्व अधिक तीव्र बने।'' इसलिए समाज की सभी इकाइयों को शिक्षा का लाभ मिलना चाहिए, इसी दृष्टिकोण से शाहू छत्रपति ने बहुजनों को प्राथमिक शिक्षा पर अपना सर्वाधिक ध्यान केंद्रित किया था।

बहुजनों को प्राथमिक शिक्षा का कम से कम अंश ही सही, प्राप्त हो इसलिए शाहू छत्रपति ध्यानपूर्वक नए-नए प्रयोग कर रहे थे। सर्वप्रथम उन्होंने पाठशाला के 15 विद्यार्थियों को उनकी पूरी फीस माफ करने का निर्णय 21 मई, 1911 ई. को लिया। परंतु जब उनकी समझ में यह आया कि उस निर्णय का लाभ सुशिक्षित जाति के ही विद्यार्थियों को मिल रहा है तो उन्होंने यह नियम बनाया कि उन 15 प्रतिशत विद्यार्थियों में आधे विद्यार्थी शैक्षिक दृष्टि से पिछड़े वर्ग के होने चाहिए।

बहुजनों को मात्र साक्षरता और गणित के जमाखर्च की शिक्षा देकर कुछ लाभ नहीं; बल्कि उन्हें व्यवसाय, उद्योग की शिक्षा देना आवश्यक है, यही शाहू छत्रपति की तीव्र इच्छा थी। यही कारण है कि उन्होंने बारामती के महादेव नारायण देवधर की 'शेती सुधारणा' (खेती सुधार) पुस्तक देहात के हर स्कूल में भेजने का आज्ञापत्र 20 जनवरी, 1913 ई. को वितरित किया। अपनी रियासत के हर देहात में एक स्कूल तो होना ही चाहिए, ऐसी सख्ती उन्होंने की थी। उस स्कूल के कारोबार पर उस गांव का पूर्ण नियंत्रण रहे इसलिए उन्होंने तहसीलदार अथवा परगने के अधिकारी की अध्यक्षता में स्थापित एक पंच-समिति का निर्माण प्रारंभ में ही किया था। उस पंच-समिति में गांव कामगार पटेल एक पदसिद्ध सदस्य होता था। पर इस समिति में पटेल-देशमुख प्रभृति का प्रभुत्व कम हो, ऐसा आग्रह महात्मा फुले ने हंटर कमीशन को किया था।

प्राथमिक शिक्षा के संदर्भ में शाहू छत्रपति ने एक और साहसी प्रयोग किया और वह था देहातों की पाठशालाओं में जागीरदार शिक्षक की नियुक्ति। इस पद्धति में वंश-परंपरा से एक ही परिवार के व्यक्ति को शिक्षक के रूप में नियुक्त करना और उसके लिए उन्हें जमीन जागीर के रूप में देना शामिल था। जागीर प्राप्त शिक्षक पूर्णतया नवीन पद्धति को अमल में लाएं, इसके लिए शाहू छत्रपति ने 1913 ई. के प्रारंभ में बापूसाहब महाराजा के नेतृत्व में एक समिति का गठन किया। जागीरदारी पद्धति में अक्षम व्यक्ति के उद्धत बर्ताव से न केवल समाज का बल्कि उस जागीरदार परिवार का भी विशेषकर उस जागीरदार महार परिवार का अपरिमित नुकसान होता है, इस बात को ध्यान में रखकर शाहू छत्रपति ने आगे चलकर कुलकर्णी जागीर और महार जागीर कानून नष्ट कर दिया था। कुलकर्णी और महार जागीरी के दुष्परिणाम ज्ञात होते हुए भी जागीरदार शिक्षक नियुक्त करने की वह अजीब पद्धति उन्हें कैसे सूझी, पता नहीं। जागीरदार शिक्षक की वह सर्वांगपूर्ण सदोष पद्धति 1916 ई. तक किसी तरह बनी रही। उसके बाद वह बंद कर दी गई। संक्षेप में शाहू छत्रपति का जागीरदार शिक्षक का प्रयोग पूर्णतया असफल हुआ था।

जागीरदार शिक्षक के प्रयोग की कार्यवाही के साथ ही शिक्षकों को प्रशिक्षित करने का प्रयोग भी किया जा रहा था। कोल्हापुर रियासत में शिक्षक के रूप में काम करने वाले लोग गुमराह बने ही हुआ करते थे। उन्हें चाहिए होती सरकारी प्रतिष्ठा की नौकरी; परंतु वर्नाक्युलर फाइनल की परीक्षा उत्तीर्ण न होने के कारण वे निरुपाय होकर शिक्षक बन जाते थे। इन अकुशल शिक्षकों को कुशल बनाने के लिए छः महीने का प्रशिक्षण देने के लिए नवंबर 1912 ई. से क्लास शुरू किए गए थे।

1893 ई. के नवंबर महीने में शाहू छत्रपति ने अपनी रियासत का दौरा किया था। तब वे हातकणंगले, इचलकरंजी, शिरोल, कुरुंदवाड, निपाणी, गडहिंग्लज, आजरा, गारगोटी, दाजीपुर, आंबोली आदि गांवों में गए। उन्होंने वहां के सरकारी कार्यालय, पाठशालाएं, देवालय आदि का निरीक्षण किया, अपनी प्रजा से संभाषण किया, उनकी अड़चनों-असुविधाओं को जाना। उनकी पैनी नजर से देहात की पाठशालाओं की खस्ता हालत छुप नहीं सकी । अनेक देहातों में पाठशाला के लिए स्वतंत्र जगह नहीं थी। पाठशाला की इमारत स्वतंत्र और हवादार हो तभी वहां की शिक्षा का स्तर ऊंचा होता है, ऐसी उनकी धारणा बिलकुल नहीं थी। सबसे पहले उन्होंने इस बात की ओर ध्यान दिया कि ऊंची श्रेणी की स्तरीय शिक्षा बहुजनों को देनी हो तो इसके लिए शिक्षक और विद्यार्थी—इन दोनों के मन सुदृढ़ होने चाहिए और उसी के लिए शाहू छत्रपति अनेक प्रयोग कर रहे थे।

अपनी प्रजा को शिक्षा का अधिक से अधिक लाभ हो इसके लिए शाहू राजा तरह-तरह की योजनाएं बनाकर स्वयं उनको कार्यान्वित करते। उनकी सभी योजनाएं भान रखकर ही बनाई जातीं या वे सभी सही होतीं, ऐसा कहा नहीं जा सकता , पर यह सौ फीसदी सही है कि उन योजनाओं का कार्यान्वयन वे सुध-बुध खोकर करते थे। इतना सब कुछ होने पर भी प्रजा में शिक्षा के प्रति जो रुचि होनी चाहिए थी, वह नहीं थी। इसी कारण 25 जुलाई, 1917 ई. को उन्होंने अपने दरबार में मुफ्त और अनिवार्य प्राथमिक शिक्षा का प्रस्ताव पारित करवा लिया। 8 सितंबर, 1917 ई. को यह अनिवार्य प्राथमिक शिक्षा की योजना 30 सितंबर से गणेश चतुर्थी के शुभ मुहूर्त पर शुरू हो, ऐसा घोषणा-पत्र भी उन्होंने प्रकाशित किया।

इस मुफ्त और अनिवार्य प्राथमिक शिक्षा की योजना का कार्यान्वयन कैसे किया जाए और उसके नियम क्या होने चाहिए, यह निश्चित करने के लिए रा. सा. हरि भिकाजी करमरकर, रा.सा. कृष्णाजी धोंडो मराठे और प्रोफेसर पंडितराव की समिति बनाई गई थी। कोल्हापुर रियासत के घर-घर में 30 सितंबर, 1917 ई. के दिन श्री गणेशजी के आगमन के साथ-साथ देवी सरस्वती की आराधना शुरू हुई । हर बच्चे की तख्ती पर श्री गणेशा लिखा गया था। 4 मार्च, 1918 ई. को करवीर तहसील के एक प्रमुख स्थान चिखली गांव में अनिवार्य योजना की पहली पाठशाला का आरंभ शाहू छत्रपति के शुभ हाथों हुआ। ऐसे स्कूलों की संख्या 1919 ई. तक 95 हो गई।

शिक्षा-अभियान के कारण स्कूलों की संख्या तेजी से बढ़ने लगी। परिणामतः विज्ञ, शिक्षकों की कमी महसूस होने लगी। इस समस्या से निजात पाने के लिए तेज गति से नए

शिक्षकों की नियुक्ति की जाने लगी। परंतु इन नए शिक्षकों के लिए 1918 ई. के जून महीने में फर्स्ट क्लास पब्लिक सर्विस परीक्षा के स्तर की परीक्षा उत्तीर्ण होना आवश्यक था। इस संदर्भ में 15 मार्च, 1918 ई. का आदेश 'शाहू छत्रपतींचे निवडक आदेश, खंड 1' ग्रंथ में देखा जा सकता है।

अनिवार्य और मुफ्त शिक्षा का कानून पारित होने पर भी अनेक देहातों के अभिभावकों से स्कूलों में बच्चों को भेज देने में टालमटोल होने लगी। यह बात ध्यान में आते ही शाहू छत्रपति ने अगला हुक्म जारी किया था, ''शिक्षा के लिए योग्य बच्चों की सूची प्रकाशित होते ही 30 दिन के भीतर माता-पिता अपने बच्चों को पाठशाला में दाखिल करें। उस सूची के विरोध में अगर किसी को अपील करना हो तो वे तीन दिन के भीतर करें। पाठशाला में आने की अंतिम तारीख से सात दिन के भीतर अगर वे बच्चे स्कूल नहीं आए तो उन बच्चों और उनके माता-पिता के नाम स्कूल के मुख्याध्यापक तहसीलदार के पास भेज दें।''

उसमें जो अभिभावक दोषी साबित होते उनसे हर छात्र के पीछे प्रति मास एक रुपए जुर्माना लिया जाता। परंतु देहात के छात्रों को खेती के भी काम करने पड़ते हैं। इसलिए उनके लिए शिक्षक की अनुमति लेकर 15 दिन अनुपस्थित रहने की उस हुक्म में छूट दी गई थी। वह हुक्म जारी करते समय शाहू छत्रपति ने विचार किया था कि सख्ती कर ही क्यों न हो, बहुजनों के बच्चों को शिक्षा का लाभ मिलना चाहिए। इसी तरह यह विचार भी शाहू छत्रपति ने किया था कि बहुजनों के बच्चों को भू-माता की सेवा करने में बाधा नहीं आनी चाहिए, क्योंकि भू-माता की सेवा ही उनकी उपजीविका का एकमात्र साधन था। इसीलिए खेती के काम के कारण बच्चे अगर स्कूल में अनुपस्थित रहें तो भी उनके अभिभावकों पर लगाया गया जुर्माना माफ करना अथवा वह जुर्माना सिर्फ दो आने लेने का प्रावधान उस कानून के अंतर्गत कर शाहू छत्रपति ने यह सिद्ध कर दिखाया कि राजा न केवल शासक होता है; बल्कि वह जनता का सच्चा सेवक होता है।

अपनी रियासत के हर गांव के देवस्थान और इमारतों की आय का भी प्रजाजन की शिक्षा के लिए अधिकाधिक उपयोग होना चाहिए, इस ओर शाहू छत्रपति ने सूक्ष्म रूप से ध्यान दिया था, ऐसा दिखाई देता है। 9 जुलाई, 1917 ई. को उन्होंने देवस्थान के प्रबंध संबंधी जो नियमावली तैयार की है, उसमें ऐसा आदेश दिया गया है कि अगर कोई नया मंदिर बनावे तो उसके दाहिनी ओर पाठशाला के लिए एक कमरा बनावें और देवालय के नित्य और नैमित्तिक खर्च कर जो रकम बचे उसका उपयोग स्कूल के लिए करें। उस बची हुई रकम का उपयोग अन्य जनोपयोगी कामों के लिए भी कर लिया जाय, ऐसा आदेश दिया गया है। इसी तरह पंढरपुर की देवस्थान कमेटी में देव-प्रसाद पर होने वाला अनावश्यक खर्च कम कर वह पैसा विद्यार्थियों के लिए उपयोग में लाया गया। यह बात उन्होंने बड़े गर्व के साथ बडोदरा के एक स्नेही खासेराव जाधव को 22 अक्तूबर 1920 ई. को भेजे गए एक पत्र में लिखकर बताई है।

मुफ्त एवं अनिवार्य प्राथमिक शिक्षा के अंतर्गत खर्चे के लिए रियासत का हर घर पर सरकारी राजस्व एक रुपए बढ़ाया गया। इसके साथ शाहू छत्रपति ने 25 जुलाई, 1917 ई. को देवस्थान निधि से 20,000 रु. और दरबार के खजाने से 80,000 रु. की मंजूरी दी थी। इतना कुछ कर शाहू छत्रपति थमे नहीं थे; बल्कि उन्होंने मुफ्त और अनिवार्य प्राथमिक शिक्षा के लिए एक अलग विभाग खोलकर उस विभाग के संचालक के पद पर प्रा. र. ना. आपटे की नियुक्ति की थी।

4 मार्च, 1918 ई. को जब प्रत्यक्ष रूप से प्राथमिक शिक्षा मुफ्त और अनिवार्य हुई तब 27 पाठशालाओं में 1296 छात्र शिक्षा प्राप्त कर रहे थे, वहीं स्कूलों की संख्या 1922 ई. में 420 होकर विद्यार्थियों की संख्या 22,000 से भी अधिक हो गई।

लड़कों की मुफ्त और अनिवार्य शिक्षा पर शाहू छत्रपति ने कितना ध्यान केंद्रित किया, यह दिखाई नहीं देता, पर लड़कों के स्कूलों में पढ़ने वाली लड़कियों और उन्हें पढ़ाने वाले शिक्षकों की तारीफ वे अवश्य करते। ऐसे शिक्षकों को पुरस्कृत करने के लिए 512 रुपयों की राशि 24 मई, 1917 ई. को मंजूर करने वाला हुक्म 'शाहू छत्रपतीं चे निवडक आदेश खंड 1' में दर्ज है। मुफ्त और अनिवार्य प्राथमिक शिक्षा के कानून में लड़कियों को छोड़ दिया गया था, पर अपनी रियासत के बाहर की स्त्री शिक्षा की संस्थाओं को वे बड़ी रकमों का दान देते थे। 3 मई, 1918 ई. को उन्होंने हिंगणे के महिलाश्रम को 500 रु की मदद दी थी। कोल्हापुर रियासत की स्त्री शिक्षा अधीक्षिका सौ. रखुमाबाई केलवकर की कन्या कृष्णाबाई को बंबई के ग्रंट मेडिकल कॉलेज में शिक्षा प्राप्त करने के लिए आर्थिक सहायता तो दी ही; उच्च शिक्षा के लिए विदेश जाते समय उन्हें भारतीय स्त्रियों के लिए आरक्षित शिष्यवृत्ति भी दिला दी। यहां स्मरणीय है कि गोपाल कृष्ण गोखले जैसे समाज-सुधारक ने भी इसका विरोध किया था। इसके विपरीत शाहू छत्रपति ने कृष्णाबाई को उनकी शिक्षा में तो मदद दी ही; पर कोल्हापुर के सरकारी अस्पताल में 200 रु. मासिक वेतन पर उनको नियुक्त भी किया।

प्रिंस शिवाजी की मृत्यु के बाद इंदुमति रानीसाहिबा शिक्षा ले लें, इसके लिए उन्होंने सोनतली में खास प्रबंध किया था। परंतु बहुजन समाज में स्त्री-शिक्षा का दृढ़ता से प्रचार-प्रसार हो, इसके लिए शाहू छत्रपति बहुत प्रयत्नशील थे, ऐसा दिखाई नहीं देता। जो स्त्रियां शिक्षा लेने के लिए खुद सामने आतीं उनकी मदद वे अवश्य करते। "पिछड़ी जाति की स्त्रियों में परदा नहीं है अतः उन्हें विद्या प्राप्त करने की इच्छा हो तो वे आप्पासाहब मामासाहब सुर्वे के पास अर्जी दें ताकि वे उनके भोजन और निवास की सुविधा कर सकें। इस हुक्म का गैजेट में अवश्य समावेश किया जाय।" शाहू छत्रपति के हस्ताक्षर की यह आज्ञा उनका स्त्री-शिक्षाविषयक दृष्टिकोण जानने के लिए काफी है।

शाहू छत्रपति मुफ्त और अनिवार्य प्राथमिक शिक्षा का शासकीय स्तर पर कार्यान्वयन कर रहे थे, साथ ही रियासत की खानगी शिक्षा संस्थाओं की भी सहायता कर रहे थे। जब कभी उन खानगी संस्था-संचालकों के लिए उनकी पाठशालाएं चलाना मुश्किल होता, तो शाहू छत्रपति दरबार द्वारा उनकी आर्थिक सहायता करते। केर्ले और कोल्हापुर शहर

की ऐसी दो पाठशालाओं को प्रतिवर्ष तीन हजार रुपयों और 30 विद्यार्थियों के भोजनखर्च के लिए दो हजार रुपयों का प्रबंध अगले बजट में किया जाय, ऐसा हुक्म उन्होंने 23 जनवरी, 1918 ई. को दिया था।

वास्तुविद्या में पारंगत कोल्हापुर का एक ध्येयवादी युवक वासुदेव दत्तात्रेय तोफखाने मद्रास में एनी बेसेंट की थियोसॉफिकल सोसाइटी में काम करता था। एक बार वह उस संस्था के शैक्षिक कार्य हेतु आर्थिक मदद के लिए शाहू छत्रपति से मिला था। उसी समय शाहू छत्रपति ने तोफखाने की शिक्षा में जो रुचि थी उसे जाना था। उससे बिना चर्चा किए ही उन्होंने एनी बेसेंट को तार देकर तोफखाने को नौकरी से मुक्त करने को कहा था। एनी बेसेंट ने उनका कहा मान लिया और अड्यार से तार देकर बता दिया कि शैक्षिक कार्य के लिए तोफखाने कोल्हापुर में ही रहे। तोफखाने की पत्नी सरस्वतीबाई ने 'माझी जीवनगाथा' (आत्मचरित्र) में इस प्रसंग का जो वर्णन किया है वह उन्हीं के शब्दों में देना उचित होगा। सबेरे उठकर वे (पति) महाराजा से मिलने गए। ''आं ? तोफखाने, अब तक तुम यहीं हो? अड्यार नहीं गए?'' ऐसा कहते हुए महाराजा हंसने लगे।

''आप ही ने तार देकर मुझे यहां रोक रखा राजासाहब, और आप ही पूछ रहे हैं... !''

''तोफखाने, सच है। मैंने ही तार दिया था। अजी, आप जैसे गुणी जनों की हमें आवश्यकता है, समाज को बदलना जो है, उसके लिए यहां तुम्हारी आवश्यकता है। तुम्हें जो कार्य करना है वह यहीं रहकर करो, तुम्हारे लिए मेरा प्रोत्साहन हमेशा रहेगा।'' महाराजा ने कहा।

थियोसॉफिकल सोसाइटी के वातावरण में मग्न हुए तोफखाने को विश्वबंधुत्व पर आधारित एकाध शिक्षा संस्था कोल्हापुर में स्थापित करने की तीव्र इच्छा हुई। एक दिन अपने निकटस्थ मित्र गंगाधर दीक्षित को साथ लेकर वासुदेवराव तोफखाने महाराजा से मिलने गए। उस दिन उन दो ध्येयवादी युवकों ने अपनी नई शिक्षा संस्था की और उस संस्था द्वारा शुरू की जाने वाली आदर्श पाठशाला की योजना उन्हें पूरी तरह से बता दी। उस नई पाठशाला की प्रशस्त इमारत, क्रीड़ांगण के लिए विस्तृत खुली जगह और थोड़ी आर्थिक सहायता की मांगें उन्होंने शाहू छत्रपति के सामने रखीं। उनके खेल के मैदान की मांग तुरंत मंजूर हो गई। तोफखाने अपने चरित्र में लिखते हैं, ''विद्यापीठ संस्था के विद्यार्थियों को खेलने के लिए दी गई कळंबा गांव के पास की 48 एकड़ जमीन का कब्जा मिलने में अधिक समय नहीं लगा। परंतु पाठशाला के लिए विशाल इमारत प्राप्त होने में बहुत दिक्कतें आईं।''

शाहू छत्रपति ने पाठशाला के लिए लॉ कॉलेज की आज की इमारत को देना चाहा था, परंतु तोफखाने को वह इमारत पसंद नहीं थी। उन्होंने महाराजा से महालक्ष्मी मंदिर के पास महारानी सकवारबाई साहिबा की थट्टी की खास जगह की मांग की। वह जगह शाहू छत्रपति की नानीसाहिबा महारानी सकवारबाईजी के नित्य उपयोग की थी। वे वहां लोगों को प्रतिदिन दूध और गोबर दान में देती थीं। उनके अन्य सभी धार्मिक कार्य उसी जगह हुआ करते। इसलिए खानगी की उस इमारत को देने के लिए शाहू छत्रपति थोड़े नाराज थे; पर

तोफखाने के प्रेम की खातिर उन्होंने वह इमारत तोफखाने को सुपुर्द करने के लिए अपने निजी प्रबंधक को हुक्म दिया।

राज की अपेक्षा राजनिष्ठा को महत्त्व देने वाले खानगी प्रबंधकों ने तोफखाने को सकवारबाईजी की वह खास जगह सुपुर्द करने में थोड़ा विलंब कर दिया। पाठशाला का उद्घाटन दिन नजदीक आ रहा था। संस्कारशील नई पीढ़ी के निर्माण की लगन से पागल हुए तोफखाने को अपने पर काबू करना मुश्किल हुआ। उन्होंने उस स्थान के ताले की चाभी प्राप्त की। बिना किसी की इजाजत के उस इमारत की दूसरी मंजिल का दरवाजा खोला। पाठशाला के लिए जैसे चाहिए वैसे कमरे तैयार किए जाएं इसलिए उन्होंने गिराना–ढहाना स्वयं ही कर दिया। उस गैरकानूनी काम में उनके सहयोगी दीक्षित और गुलवणी का भी उतना ही योगदान था। सबेरे आठ के दरमियान शुरू हुए गिराव–ढहाव की समाप्ति शाम चार बजे के आसपास समाप्त हुई। उसके बाद उसी दशा में वासुदेवराव तोफखाने ने अपने कपड़े पहने और साइकिल पर सवार होकर वे सोनतली पहुंचे। वहां शाहू छत्रपति थे। बंगले के दरवाजे पर ही वे मिले। महाराजा के साथ कुछ और लोग थे। उन लोगों को इशारा कर महाराजा ने जाने के लिए कहा। पसीने और मिट्टी में लथपथ तोफखाने को महाराजा ने पूछा, ''अब कैसे आना हुआ ? बोलिए, क्या हुआ ?''

तोफखाने बोले, ''फौजदारी गुनाह कर आपको उसका विवरण देने आया हूं महाराजा।'' फिर उन्होंने उनकी इजाजत लिये बिना थट्टी की इमारत कहां–कहां पर ढहाई गई, वह सब संक्षेप में बताया। शाहू छत्रपति ने उनका कहा बहुत गंभीरता और शांति से सुना। तोफखाने को उन्होंने चाय पिलाई। उनकी साइकिल वहां रख ली और मोटर में उन्हें घर पहुंचाने का प्रबंध किया। तोफखाने से मोटर में बैठते समय उन्होंने पूछा, ''तुम कल अपनी पाठशाला के पास कब मिलोगे ?''

तोफखाने बोले, ''सबेरे छः बजे से मैं वहां रहूंगा।'' दूसरे दिन स्कूल के अहाते में साफ–सफाई कर तोफखाने और उनके सहयोगी महाराजा की प्रतीक्षा करते बैठे। थोड़ी ही देर में वहां एक के बाद एक कैदियों के समूह आने लगे। कुल 90 कैदी फावड़े और टोकरियां लिये दाखिल हुए। सबेरे लगभग साढ़े सात बजे शाहू छत्रपति आए और उसी अहाते के एक मंदिर की दीवार को टेककर खड़े हो गए। कैदियों ने वहां गिरा हुआ सभी सामान उठाकर सामने के गणेश बाग में रख दिया। कैदियों ने दुपहर डेढ़ बजे तक अहाते के भीतर की जमीन साफ की। लगभग छः घंटे तक गंभीर एवं मौन धारण किए हुए शाहू महाराजा वहीं खड़े रहे। तोफखाने ने उनके पास कुर्सी रख दी थी; पर छत्रपति कुर्सी पर नहीं बैठे। ''तुम्हारी सभी जमीन खुली हो गई न ? मैं अब चलता हूं। कुछ अड़चन आए तो अवश्य बता देना।'' ऐसा कहकर महाराजा सोनतली की ओर चल पड़े।

तोफखाने की उनके साथ अभी उतनी गाढ़ी मित्रता नहीं थी इसलिए वे हाथ पकड़ शाहू छत्रपति को कुर्सी पर बिठा नहीं सके। शाहू छत्रपति बिना बोले, गंभीर बने खड़े थे इसलिए तोफखाने को लगा, सकवारबाईजी की इमारत अपनी पाठशाला के लिए मांगकर उन्होंने

गलती तो नहीं की ? पर तोफखाने का वह सोचना सरासर गलत था। अगर वैसा होता तो एक राजा, जो एक ध्येयवादी नगरवासी को उसकी खानगी पाठशाला ठीक तरह से चलाई जा सके इसलिए अपनी नानीसाहिबा की प्रिय जगह पूर्णतया खाली करवा लेने तक स्वयं उस अहाते में खड़ा न रहता ! उनकी गंभीर मुद्रा और मौन का एकमात्र कारण यह हो सकता है कि उनके खानगी प्रबंधक की अक्षमता की वजह से तोफखाने जैसे ध्येयवादी युवक को अकारण मानसिक पीड़ा भुगतनी पड़ी। क्योंकि तोफखाने स्वयं 'श्री शाहू छत्रपति यांचे अंतरंग' आत्मचरित्रात्मक ग्रंथ में लिखते हैं, ''अपने निजी प्रबंधक की अक्षमता के कारण जगह खाली करा देने का काम छः घंटे स्वयं धूप में खड़े रहकर एक राजा ने स्वयं कर दिया, यह उदाहरण कम से कम इस देश में तो पहला ही और अंतिम भी होगा।'' वह सप्ताह समाप्त होने के पहले ही निजी प्रबंधक के पद पर एक सुयोग्य अधिकारी की नियुक्ति हुई, यह भी मालूम हुआ।

और थोड़े ही दिनों में 3 सितंबर, 1917 ई. को 'भक्ति ईश्वर की और सेवा मानव की' बोधवाक्य को हमेशा अपनी आंख के सामने रखकर कार्य करने की इच्छा रखने वाले कोल्हापुर के विद्यापीठ हाईस्कूल की प्रत्यक्ष शुरुआत हुई ।

कोल्हापुर का राजाराम कॉलेज न केवल कोल्हापुर का बल्कि समूचे महाराष्ट्र का आदरणीय स्थान ! साहित्य, विज्ञान, संगीत, समाजकार्य और राजनीति में आज के जो दिग्गज हैं, वे कल के राजाराम कॉलेज के ही छात्र थे। 1851 ई.में स्थापित एक अंग्रेजी स्कूल का 1880 ई. में कॉलेज में रूपांतर किया गया। यह वही आज का राजाराम कॉलेज है। कोल्हापुर रियासत के कुछ जागीरदार भी राजाराम को चालू रखने के लिए कुछ आर्थिक बोझ वहन करते थे। परंतु शाहू छत्रपति ने जब कोल्हापुर रियासत का कारोबार अपने हाथ में लिया, तब उन्होंने जागीरदारों से मिलने वाली आर्थिक सहायता बंद कर दी। शाहू छत्रपति को उच्च शिक्षा की अपेक्षा बहुजनों की अनिवार्य और मुफ्त शिक्षा में अधिक रुचि थी। इसलिए उन्होंने 1918 ई. के जून महीने से राजाराम कॉलेज बंद करने का निर्णय लिया था। उस निर्णय पर सभी समाचार-पत्रों ने आलोचना की झड़ी लगा दी। शाहू छत्रपति का यह निर्णय ब्रिटिश सरकार को भी अच्छा नहीं लगा था। राजाराम कॉलेज के बंद होने पर कोल्हापुर विभाग की उच्च शिक्षा की सुविधा समाप्त होने वाली थी। इसका दूसरा महत्त्वपूर्ण परिणाम (दुष्परिणाम) शाहू छत्रपति द्वारा अत्यंत परिश्रम के साथ छात्रालयों के निर्माण का जो आंदोलन शुरू किया गया था, वह संकट में आने वाला था। इसलिए पूर्ण विचार कर शाहू छत्रपति ने राजाराम कॉलेज बंद करने का जो निर्णय लिया था, वह पूर्णतया बदलकर जून 1919 ई. से राजाराम हाईस्कूल और राजाराम कॉलेज—ये दोनों संस्थाएं चलाने की जिम्मेदारी 'आर्य प्रतिनिधि सभा' को सौंपी गई।

शिक्षा का प्रचार और प्रसार सिर्फ कोल्हापुर रियासत में ही हो, इसके लिए शाहू छत्रपति हाथ-पैर नहीं मार रहे थे। नासिक के उदाजी मराठा विद्या छात्रालय को उन्होंने 19,000 रु. से भी अधिक रकम दान के रूप में दी थी। साथ-साथ नासिक के संत सेना

नाभिक छात्रालय के लिए उन्होंने 5,000 रु. दिए थे। पुणे के नूतन मराठी विद्यालय को 2,000 रु. की सहायता दिए जाने का टिप्पण उपलब्ध है। उसकी तारीख है 26 जुलाई, 1916 ई.। नागपुर के अस्पृश्य छात्रालय को उन्होंने रु. 5000 भेज दिए थे। इसके अतिरिक्त पुणे की शिवाजी एजूकेशन सोसाइटी और अमरावती की डॉ. पंजाबराव देशमुख की शिक्षा संस्था को भी शाहू छत्रपति की प्रेरणा और उनका सक्रिय सहयोग था। इसके साथ-साथ अहमदनगर, जलगांव, पंढरपुर ही नहीं; बल्कि कराची की अनेक शिक्षण संस्थाओं के निर्माण में शाहू छत्रपति का आर्थिक सहयोग था। समूचे महाराष्ट्र को स्वावलंबन द्वारा शिक्षा का मूलमंत्र देने वाले कर्मवीर भाऊराव पाटील के सातारा के श्री छत्रपति शाहू बोर्डिंग हाउस को देखने महात्मा गांधीजी 25 फरवरी, 1927 ई. को पधारे थे। तब बड़ी उत्सुकता से महात्मा गांधी ने कर्मवीर भाऊराव पाटील से पूछा, ''भाऊरावजी, आपने इस बोर्डिंग को राजर्षि छत्रपति शाहू महाराजा का नाम दिया है। उन्होंने आपको कितने पैसे दिए हैं ?'' एक पल ही में भाऊराव ने बड़े गर्व से कहा, ''उनसे कुछ भी पैसा नहीं लिया, पर उनसे बड़ा दिल ले आया हूं।''

कर्मवीर भाऊराव के इस उद्गार में शाहू छत्रपति ने बहुजन समाज के लिए जो शिक्षा का अमूल्य कार्य किया है, उसकी महत्ता दिखाई देती है। पर दुख की बात है कि शाहू छत्रपति के शिक्षा विषयक कार्य का जितना उल्लेख होना चाहिए, उतना नहीं हुआ है। सबूत के तौर पर हम बता सकते हैं कि कोल्हापुर जो कुछ समय के लिए उनकी कर्मभूमि थी वहां के मशहूर शिक्षाविद् जे.पी. नाईक और नुरुला के ग्रंथ (A History of Education in India during the British Period) में शाहू छत्रपति के महनीय कार्यों की तो बात ही छोड़िए उनके नाम तकका उल्लेख नहीं है। बड़े दुख के साथ इस बात का यहां उल्लेख करना पड़ता है।

अध्याय : 11
भारतीय स्वतंत्रता संग्राम

महात्मा फुले, लोकहितवादी देशमुख, न्यायमूर्ति रानडे, लोकमान्य तिलक, राजर्षि शाहू छत्रपति, महर्षि विठ्ठल रामजी शिंदे, डॉ. बाबा साहब आंबेड़कर, स्वनंत्रता-वीर सावरकर आदि सभी महाराष्ट्र के सामाजिक और इतिहास के समादरणीय और वंदनीय व्यक्ति हैं। उनके कार्य के बारे में सामान्य लोगों के मन में सदैव आदर-भावना होती है। परंतु महाराष्ट्र में स्वजाति-वर्ण के गलत और वृथा अभिमान की खातिर जो अनेक अनुचित और अन्यायपूर्ण कार्य हुए उनसे अपना इतिहास भी अछूता रह नहीं सका। हमारे इतिहास संशोधकों के सिर पर वर्ण-अहंकार का जो भूत सवार हुआ है, वह अपनी पकड़ ढीली ही नहीं करता। इसी कारण "श्रीवर्धनकार कुलकर्णी का पड़पोता शाहजहां के तख्त पर जा बैठा, ऐसी गप्पें सत्य मानकर स्वीकृत की जाती हैं। कर्तृत्ववान और वीर पुरुषों को उनकी जाति की सलाखों के भीतर बंदी बना दिया जाता है।" ऐसा विचार प्रख्यात इतिहासविद् शेजवलकर ने व्यक्त किया था।

समाचार-पत्र, आकाशवाणी, दूरदर्शन, प्रकाशन संस्थान आदि प्रसार माध्यमों के साधनों पर एक विशिष्ट वर्ण की ठेकेदारी होने पर समाज का विनाश वह किस प्रकार करती है इसका मर्मभेदी विश्लेषण महाराष्ट्र के एक प्रख्यात विचारक गं. बा सरदार ने अपने एक भाषण में किया था। इसी ठेकेदारी की वजह से एक ओर अपने हो हित-संबंधी नेताओं की व्यक्ति-पूजा की झूठी प्रशंसा के पुल बांधे जाते हैं, वहीं दूसरी ओर अपने हित में बाधक होने वाले नेताओं और समाज-सुधारकों की दिल खोलकर बदनामी की जाती है। इस न्याय के आधार पर लोकमान्य तिलक मात्र लोकमान्य नहीं रहते; बल्कि वे भगवान तिलक बन जाते हैं। उनको देवता का स्वरूप देकर उनके चित्र का कैलेंडर छापकर वितरित किया जाता है। वह चित्र वि. ह. कुलकर्णी द्वारा लिखित 'संदेश' कार अच्युत बळवंत कोल्हटकर-चरित्र में देखने को मिल सकता है। कोई, रा. स. भट नामक व्यक्ति 'भगवान सावरकर' ग्रंथ की रचना करते हैं। तो दूसरी ओर महात्मा फुले एक दुरात्मा, ईसाई मतावलंबी, अज्ञानी और ब्रिटिशों के समर्थक होते हैं। राजर्षि शाहू छत्रपति स्वराजद्रोही, उपभोग-मग्न रियासतदार होते हैं। इस तरह अपने वर्ण के व्यक्ति को भगवान बनाकर उनका गुणगान करना और अन्य वर्ण की महान विभूतियों को नगण्य मानकर उनकी निंदा करने की यह

दुष्परंपरा विष्णुशास्त्री चिपळूणकर से शुरू होती है। इस दुष्परंपरा के अनुगामी आज भी हैं। वे शाहू छत्रपति को स्वराज्यद्रोही ठहराकर उनके भारतीय स्वतंत्रता-संग्राम के योगदान से इनकार करते हैं। इसलिए शाहू छत्रपति ने भारतीय स्वतंत्रता-संग्राम में निश्चित रूप से कौन-सी भूमिका निभाई, इसका जायजा लेना आवश्यक है।

शिव छत्रपति को डाकू-लुटेरा कहकर हमेशा लज्जित करने वाले ब्रिटिश, जिन्होंने शाहू छत्रपति को गोद लेने वाले दादा छत्रपति राजाराम महाराजा और उनको गोद लिए हुए पिताश्री शिवाजी चतुर्थ की मृत्यु दुर्घटना द्वारा कराई थी, उन ब्रिटिशों के प्रति शाहू छत्रपति के मन में चरम सीमा का घृणाभाव था। भारतीय जनता का न केवल आर्थिक शोषण करने वाले बल्कि उद्दाम ब्रिटिश शासक शाहू छत्रपति के मन में कांटे की तरह चुभते थे; साथ-ही-साथ उनके जैसे बलशाली शासक के साथ आमने-सामने लड़ना नामुमकिन न सही, पर मुश्किल अवश्य है और वह ठीक मौके पर कर्तव्य से मुकर जाने के बराबर है, यह तथ्य चतुर शाहू छत्रपति पूर्णतया जान गए थे। और तो और, यह भी भूला नहीं जा सकता कि शाहू छत्रपति अंतिमतः ब्रिटिश-रियासत के नरेश थे। ब्रिटिश उनका शासन जब जाहे तब बर्खास्त कर सकते थे। ऐसी स्थिति में ब्रिटिश सरकार आंखों में तेल डालती है, बस, उसी अनोखे मौके की प्रतीक्षा थी , ऐसा कहना ही अधिक उचित होगा। यही कारण है कि शाहू छत्रपति भारतीय स्वतंत्रता-संग्राम में ब्रिटिश राजकर्ताओं के विरोध में बहुत ही सतर्कता और सावधानी के साथ हाथ-पांव हिला रहे थे।

1893-94 से 1896 ई. के दरमियान कोल्हापुर में क्रांतिकारियों का एक गुप्त संगठन शुरू किया गया। शाहू छत्रपति ने लगभग उसी समय अपना कार्यभार संभाला था। भीमराव अण्णाजी अर्थात् हणमंतराव कुलकर्णी मुर्किभावीकर जब राजाराम हाईस्कूल के विद्यार्थी थे तभी उन्होंने कोल्हापुर में प्रथम 'बाल गोरक्षण सभा' स्थापित की। उसी समय दत्तोपंत लेले ने नासिक के 'बाल समाज' जैसा ही 'बालमित्र समाज' स्थापित किया। कुछ समय बाद ये दोनों संस्थाएं एक हो गईं । इस नए संस्था का नामकरण 'शिवाजी मित्र समाज' किया गया। यही कोल्हापुर का 'शिवाजी क्लब' है। यह घटना लगभग 1893 ई. की है।

उत्तम देसी तमंचा बनाने वाले दामू सुनार अर्थात् दुसाने के बाबूजमाल दरगाह के पास के घर में गुप्त बैठकें हुआ करती थीं। उन बैठकों का नेतृत्व हणमंतराव कुलकर्णी अर्थात मुर्किभावीकर किया करते थे। उस शिवाजी क्लब के दामू सुनार, उत्तमराव शेणोलीकर, भाऊसाहब घाटगे, गोपालराव गुणे, रंगनाथ खानविलकर, शंकर बेडेकर, जयवंत देशपांडे, वामन आपटे, चिंतामणि करंदीकर, दत्तात्रेय कीर्तिकर, गोविंदराव गोखले, रामचंद्र सबनीस, दत्ताजीराव जाधवराव, अमृतराव भीमराव चुडे, गणेश आबाजी वडणगेकर, शिवराम बक्षी, शिवगिरि गोसावी, बालासाहब गायकवाड, नानासाहब गायकवाड, दत्तात्रेय शेट्टी, बालाचार्य खुपेरकरशास्त्री, रघु चव्हाण, दामू जोशी, गोपालराव, केशवराव पलसुले, गोपीनाथ सासणे, गणपतराव आठले, हिंदुराव भोसले, विष्णुपंत कशालकर, आबासाहब मोहित आदि युवा सदस्य थे।

शिवाजी क्लब में दाखिल हुए सभी युवकों को तालीमखाने का और व्यायाम का बहुत शौक था। उस क्लब द्वारा शिवाजी-उत्सव और गणेश-उत्सव ठाठबाट से मनाए जाते। उस क्लब के सदस्यों को ब्रिटिशों की शासन-सत्ता को उखाड़कर उसके स्थान पर शिव छत्रपति के वारिस शाहू छत्रपति का एकच्छत्र राज स्थापित करना था। उस क्लब का यही प्रमुख और प्रेरक उद्दिष्ट था। कोल्हापुर के क्रांतिकारियों का वह संगठन राजर्षि शाहू छत्रपति के सहयोग और बढ़ावे पर ही स्थापित हुआ था। उस शिवाजी क्लब में शाहू छत्रपति के कनिष्ठ बंधु बापूसाहब महाराजा तो थे ही; उनके साथ उस समय शाहू छत्रपति के दरबार में महत्त्वपूर्ण पदों पर नौकरी करने वाले अफसरों के लड़कों और अन्य नज्दीकी रिश्तेदारों का भी समावेश था। उनमें से एक रामचंद्र रघुनाथ सबनीस थे जो रियासत के दीवान रघुनाथराव सबनीस के सुपुत्र थे। दत्तात्रेय कीर्तिकर हुजूर के सचिव विठ्ठल खंडेराव कीर्तिकर का सुपुत्र था। जयवंत देशपांडे मुख्य राजस्व अधिकारी शिरगांवकर की बहन का लड़का था।

बालासाहब गायकवाड शिवाजी क्लब के प्रभावी संगठक और महत्त्वपूर्ण नेता थे। वे तो कुछ समय के लिए शाहू छत्रपति के प्रबंधक थे। उन्हीं की तरफ से शिवाजी क्लब के सदस्यों को अभ्यास के लिए घोड़े, बंदूकें आदि हथियार मिला करते थे। इतना ही नहीं; बल्कि उन सबमें उम्र में जो छोटा था, वह साहसी युवक दामू जोशी शाहू छत्रपति को अधिक भाता था।

शाहू छत्रपति के आद्य चरित्रकार आण्णासाहब लठ्ठे ने लिखा है कि 1901 ई. तक शिवाजी क्लब को शाहू छत्रपति का खुल्लम खुल्ला सहयोग था। कोल्हापुर के शिवाजी क्लब को बाल गंगाधर तिलक का आशीर्वाद मिला हुआ था। शिवाजी क्लब और भारतीय स्वतंत्रता के संदर्भ में लोकमान्य तिलक और शाहू छत्रपति का गुप्त सहयोग था। भारतीय स्वतंत्रता संग्राम में शाहू छत्रपति और लोकमान्य तिलक का सहयोग किस तरह का था इस संदर्भ में उन दोनों के समकालीन और निकटस्थ सहयोगियों ने अपनी स्मृतियों या आत्मचरित्रों में जो विपुल लेखन किया है, वह आज भी उपलब्ध है। परंतु जिन पूर्वग्रह दूषित लेखकों को शाहू छत्रपति को जानबूझकर 'स्वराज्यद्रोही' ही मुकर्रर करना है, उन पूर्वग्रह दूषित दृष्टिकोण वाले सभी लेखकों ने उन सभी पुरानी स्मृतियों को आज रद्दी और बेसिरपैर की कहकर झुठला दिया है। लोकमान्य तिलक के भारतीय स्वतंत्रता संग्राम के कार्य का वर्णन करने वाली उनके सहयोगी कृष्णाजीपंत खाडीलकर की संस्मरण-पुस्तक 'खाडीलकर स्मरणी' का सबूत के तौर पर उपयोग किया जाता है; परंतु शाहू छत्रपति का भारतीय स्वतंत्रता-संग्राम में सहयोग था, इसे स्पष्ट करने वाले शाहू छत्रपति के लाडले सहयोगी वा. द. तोफखाने द्वारा लिखित आत्मचरित्रात्मक ग्रंथ 'राजर्षि शाहू छत्रपति यांचे अंतरंग' और प्रबोधनकार ठाकरे के ग्रंथ 'माझी जीवनगाथा' को आधारभूत मानने में कुछ विद्वान लेखकों को हिचकिचाहट होती है, ऐसा बड़े दुख के साथ कहना पड़ता है।

बालाचार्य खुपेरकर शास्त्री ने, जो शिवाजी क्लब के सदस्य थे, इस संदर्भ में 15 मई, 1977 ई. को 'केसरी' में लिखा है, जो शाहू छत्रपति, लोकमान्य तिलक और शिवाजी क्लब

से संबंधित सच्चाई पर प्रकाश डालता है। वे लिखते हैं, "आरंभ में तिलक और शाहू महाराजा में गुप्त रीति से सहयोग था, यह सच है। मैं स्वयं शिवाजी क्लब में था। हाल के एक मंत्री उदयसिंग गायकवाड के पिता नानासाहब, हमारे हमसाथी, भी शिवाजी क्लब के सदस्य थे। उनके भाई बालासाहब शाहू महाराजा के एक प्रबंधक थे। उनके द्वारा क्लब के सदस्यों को घोड़े, बंदूकें, हथियार आदि अभ्यास के लिए दिए जाते। एक बार शाहू छत्रपति ने हमारा अभ्यास देखा। वे बहुत ही प्रभावित हुए। अतः उन्होंने पोलिटिकल एजेंट के सामने चौफाले के मैदान पर उनके खेल दिखाए। जब चार घुड़सवार हाथों में भाले लेकर हणमंतराव मुर्किभावीकर पर टूट पड़े, तब हाथों की ईंटें चलाकर उन्होंने घुड़सवारों को दूर ही रखा; फिर हाथापाई हुई, और बदन पर तने हुए भालों के ऊपर से छलांग मारकर वे घेरे के बाहर आ गए और खेल थम गया। पोलिटिकल एजेंट भौचक्का रह गया ; पर यह लड़ाई की तैयारी चल रही है ऐसा सोचकर उसने ऊपर शिकायती रिपोर्ट भेज दी। इससे महाराजा पर दबाव आ गया और शिवाजी क्लब बंद हो गया। हम महाराजा और तिलक दोनों का आदर करते थे। इस क्लब का एक हट्टा-कट्टा युवक दामू जोशी महाराजा का बहुत ही प्रिय स्नेही था।" खुपेरकर शास्त्री आगे लिखते हैं, "कर्नल फेरिस (कोल्हापुर का पोलिटिकल एजेंट) खानगी चर्चा में कहा करता, शककर्ता शिवाजी महाराजा डाकू थे इसलिए उनका और तुम्हारा (शाहू का) भी राज डाकुओं का राज है। तब शाहू महाराजा को बहुत गुस्सा आता, पर उन्हें चुप बैठना पड़ता। जब उन्होंने दामू जोशी से वह बात कही तब वह बोला, "फेरिस को मैं खत्म कर डालता हूं।" फेरिस को उसने मार डालने की कोशिश की; पर उसमें वह असफल रहा।

प्रख्यात संशोधक य. दि. फड़के ने अपने 'शाहू छत्रपति और लोकमान्य तिलक' ग्रंथ में स्पष्ट किया है कि शाहू छत्रपति और कोल्हापुर के तिलक के मित्रों के आपसी संबंध मित्रता के और प्रेम के थे, ऐसा उपलब्ध सबूतों के आधार पर स्पष्ट होता है। कोल्हापुर के ज्ञानकोश-लेखक ग. रं. भिडे शाहू छत्रपति और लोकमान्य तिलक के पारस्परिक सहयोग के बारे में लिखते हैं, "विठ्ठल विनायक भिडे मेरे दादा के खानदान के थे। वे कागल में रहते थे। शाहू महाराजा और बापूसाहब महाराजा का उनके साथ दृढ़ संबंध था। आगे चलकर शाहू महाराजा तिलक के षड्यंत्र में शामिल हुए, पर वे बहुत ही सतर्कता के साथ पेश आते। स्वयं शाहू महाराजा ने चुपचाप 5-7 किस्तों में कुछ बंदूकें तिलक की सूचना के अनुसार भेज दी थीं। कुछ पैसे भी भेजे थे। विठ्ठल चाचा 1897 ई. में तीन-चार बार तिलक के पास स्वयं पैसे लेकर आए।"

ब्रिटिश राजकर्ताओं को इस विठ्ठल चाचा पर जब संदेह हुआ तो उन्होंने विठ्ठल चाचा को पुलिस द्वारा सताना शुरू कर दिया। अगर वे पकड़े गए तो शाहू राजा खतरे में आ जाएंगे, यह ध्यान में आते ही उन्होंने त्र्यंबकवाडी की कृष्णा नदी में कूदकर खुदकुशी कर ली, ऐसा ग.रं. भिडे बताते हैं।

लोकमान्य तिलक का संदेश शाहू छत्रपति तक पहुंचाने का महत्त्वपूर्ण काम गणपतराव जांबोटकर नामक तिलक के एक वफादार साथी करते थे। उनका एक साक्षात्कार 'केसरी'

के 1 अगस्त, 1971 ई. के अंक में प्रकाशित हुआ था। उसमें उन्होंने कहा था, ''लगभग 1903 ई. से 1908 ई. तक भावी सशस्त्र स्वतंत्रता संग्राम के लिए तिलक ने एक गुप्त संगठन की स्थापना कर उसे बड़ी चतुराई के साथ चलाया था। उस संगठन के लिए आर्थिक सहायता के रूप में छत्रपति शाहू महाराजा प्रतिवर्ष पांच सौ रुपए भेज देते थे।'' शाहू छत्रपति के एक अधिकारी दाजीराव अमृतराव विचारे की पुस्तकों में ऐसा भी सबूत उपलब्ध होता है कि शाहू छत्रपति लोकमान्य तिलक और उनके क्रांतिकारियों को बड़ी-बड़ी रकम भेजा करते थे।

भारतीय स्वतंत्रता-संग्राम में महत्त्वपूर्ण भूमिका निभाने वाला शिवाजी क्लब शाहू छत्रपति और लोकमान्य तिलक के बीच की कड़ी था। आज इस संदर्भ में एक से बढ़कर एक असली सबूत सामने आ रहे हैं। इन सबूतों के आधार पर सहज ही में समझ में आता है कि शाहू छत्रपति की भारतीय स्वतंत्रता संग्राम में कितनी महत्त्वपूर्ण साझेदारी थी।

शिवाजी क्लब के एक प्रमुख सदस्य उत्तमराव शेणोलीकर ने अपने आत्मचरित्र में इसकी पुष्टि की है। शेणोलीकर ने 1915 ई. में बापू पाध्ये की सहायता से आजीविका के साधन के रूप में कोल्हापुर में 'वनिता वस्त्र भंडार' शुरू किया। शाहू महाराजा अपने कपड़ों की खरीद-फरोख्त इसी दुकान से करते। इस संदर्भ में शेणोलीकर लिखते हैं, ''जब भी अच्छा माल आता तब मैं चुना हुआ माल लेकर राजमहल पहुंच जाता था। शाहू छत्रपति हर बार दो-तीन सौ रुपयों का माल खरीद लेते और पैसा भी नकद चुकाते। यह सच है कि मेरी सहायता करने के लिए ही वे वस्तुएं खरीद लेते।'' इस आत्मचरित्र का संपादन करने वाले वि. श्री जोशी लिखते हैं, ''सच तो यह है कि इस दुकान से (शेणोलीकर की कपड़े की दुकान) ही कपड़ा खरीदा जाए, ऐसा आदेश शाहू महाराजा ने दिया था। अतः महाराजा की ही तरह महारानीसाहिबा और राजकन्या आक्कासाहिबा भी इस काल में इसी दुकान से वस्तुएं खरीदती थीं।'' युवा क्रांतिकारी के जेलखाने से रिहा होकर लौटने पर कोल्हापुर के ब्रिटिश अफसर जिस तरह उन्हें तंग करते थे वैसा शाहू छत्रपति ने उन्हें तंग तो किया ही नहीं; वे शेणोलीकर को ऊपर बताए अनुसार हर संभव सहायता देने के लिए तैयार रहते थे।''

क्रांतिकारी शेणोलीकर की पत्नी पेट की बीमारी से बहुत परेशान रहती थी। उस संकट के समय भी शाहू महाराजा ने उनकी खूब मदद की थी। शेणोलीकर के शब्दों में उसका वर्णन पढ़ना उचित होगा, ''मेरी पत्नी के पेट-दर्द की व्यथा बढ़ती ही गई, कम नहीं हुई। मिरज के प्रख्यात डॉ. वेल को दिखाया। मेरे ससुर डॉ. हरिभाऊ गुणे कोल्हापुर-राजघराने के पर्सनल डॉक्टर थे। उन्होंने शाहू छत्रपति का पत्र डॉ. वेल को भेजा था। हम मिरज गए। डॉक्टर वेल ने तबीयत की जांच-परख की और कहा—ऑपरेशन करना आवश्यक है। ओवरी के पास गांठ है अत: ऑपरेशन करना निश्चित हुआ। आज जहां डनिंग का दवाखाना है, उस कावलानाका के बंगले में खास इंतजाम किया गया। उस समय डॉ. डनिंग का अस्पताल नहीं था। संयोग की बात है कि उसी बंगले में मुझे गिरफ्तार कर रखा गया था। डॉ. वेल ने सफलतापूर्वक ऑपरेशन किया। उसका संपूर्ण खर्चा शाहू महाराजा ने ही दिया।''

उत्तमराव शेणोलीकर की तरह नारायण बालाजी अंबपकर नाम का युवक शिवाजी क्लब का सदस्य था। शाहू छत्रपति ने उसे एक बार बुलाकर नौकरी की आवश्यकता के बारे में पूछा था। उस समय अंबपकर ने नम्रता के साथ कहा था कि पेट भरने लायक खेतीबाड़ी है और रहने के लिए घर भी है अतः उसे नौकरी की आवश्यकता नहीं।

लोकमान्य तिलक प्रकट रूप से–''मैं ब्रिटिश सरकार का हितचिंतक हूं।'' कहकर अपनी राजनिष्ठा व्यक्त करते थे; पर अंदर ही अंदर ब्रिटिश सरकार को उलटने के लिए उनके हर संभव प्रयत्न जारी रहते। उन प्रयत्नों का पता वे सरकार को लगने नहीं देते। उसी तरह गुप्त रीति से उन्होंने नेपाल में बंदूकों का कारखाना शुरू करने की कोशिश जारी रखी थी। उन्हीं के प्रोत्साहन से नाट्याचार्य कृष्णाजीपंत प्रभाकर अर्थात् काकासाहब खाडीलकर 1902 ई. से 1904 ई. तक वहां ठहरे हुए थे। कोल्हापुर के शिवाजी क्लब के नेता हणमंतराव कुलकर्णी मुर्किभावीकर वहां उनसे आकर मिले हुए थे। इस प्रकार इन दो क्रांतिकारियों ने नेपाल में बंदूकों का कारखाना शुरू करने की कोशिश की।

क्रांतिकारी स्वतंत्रता आंदोलन के लिए आवश्यक पैसा इकट्ठा करने के लिए राजनीतिक डाके डालते थे। शिवाजी क्लब के कुछ क्रांतिकारियों ने निजाम के राज्य के बीड देहात के इर्द–गिर्द ऐसे डाके डाले थे। उसमें हणमंतराव कुलकर्णी अर्थात मुर्किभावीकर का योगदान सबसे अधिक महत्त्वपूर्ण था। डाका डालने के बाद हणमंतराव अज्ञातवास में थे। कुछ दिन तक वे नगर जिले के राहुरी तहसील के बेलापुर के स्वामी के मठ में रहे थे। उसके बाद वे जबलपुर गए। वहां वे बर्न नामक एक यूरोपियन कंपनी के खपरैल कारखाने में मजदूर के रूप में काम करने लगे; परंतु पता नहीं अंग्रेजों को कैसे पता चला कि वे एक मामूली मजदूर नहीं हैं; बल्कि एक उग्र क्रांतिकारी हैं। तब वे वहां से पुणे आकर लोकमान्य तिलक से मिले। तिलक से विचार–विमर्श के समय उन्होंने बताया कि आधुनिक शस्त्रास्त्रों का कारखाना अपने पास अगर नहीं होगा तो स्वतंत्रता प्राप्ति के अपने प्रयत्न सफल नहीं होंगे। उसके बाद हणमंतराव नेपाल के लिए रवाना हुए। नेपाल में उन्होंने पशुपतिनाथ के मंदिर के पुजारी अर्थात् उन्हीं के साले के घर मुकाम किया। उनकी बहन का विवाह उस पुजारी के साथ हुआ था। थोड़े ही दिनों में कृष्णाजीपंत खाडीलकर और हणमंतराव कुलकर्णी वहां बंदूकों का कारखाना शुरू करने का प्रयत्न शुरू किया।

कुछ विद्वानों के मतानुसार नेपाल के इस बंदूक–निर्माण के कारखाने की यथातथ्य खबर शाहू छत्रपति ने ब्रिटिश सरकार को दे दी; परंतु प्रत्यक्ष रूप में जो सत्य सामने आया है, वह कुछ और ही है। शिवाजी क्लब के एक संगठक डॉ. गोपालराव पलसुले के सुपुत्र ने अपने पिता की जो स्मृतियां लिखी हैं, उनमें उन्होंने बताया है, ''शाहू छत्रपति ने इस बंदूक के कारखाने के लिए पांच हजार रुपयों की सहायता मिरज के राजासाहब द्वारा लोक मान्य तिलक के पास पहुंचा दी थी।'' शिवाजी क्लब के दो और सदस्य गणेश आबाजी वडणगेकर और दामू दुसाने अर्थात् सुनार–इन दोनों से परिचित अनेक लोग आज भी मिलते हैं। उन दोनों के वारिस क्रमशः सुभाष वडणगेकर (गणेश आ. वडणगेकर का चचेरा पोता)

और हणमंतराव दुसाने अर्थात् चिकसकर (दादू सुनार के पुत्र), ये दोनों उन दोनों की यादें बताते हैं, उनसे यही स्पष्ट होता है कि उन क्रांतिकारियों को शाहू छत्रपति का पूर्णतया सहयोग था।

शिवाजी क्लब के एक प्रमुख नेता दामू जोशी को एक प्रसंग में कारावास की सजा हुई थी। वे ब्रिटिश राजनीतिक अधिकारी की निगरानी में कोल्हापुर रियासत के जेलखाने में थे। शाहू छत्रपति को कर्नल वुडहाउस को सबक सिखाना था। यह मुश्किल काम दामू जोशी ही कर सकेंगे, ऐसा उन्हें विश्वास था। इसलिए उन्होंने दामू जोशी को जेल से भाग जाने का मौका मुहैया करा दिया। यह बात दामू जोशी ने लिख रखी है। दामू जोशी के इस कथन का समर्थन करने वाला शंकर हरि खरे का 9 अगस्त, 1906 ई. का एक अस्ल पत्र कोल्हापुर अभिलेखागार में आज भी उपलब्ध है। उस पत्र में दामू जोशी ने ऐसा पूछा है कि श्री खरे शिवाजी क्लब के सदस्य भी नहीं थे, तो फिर शाहू छत्रपति ने उन्हें कैद से रिहा क्यों किया?

राजर्षि शाहू क्रांतिकारियों की आर्थिक सहायता करते हैं इसलिए वैसी ही सहायता की अपेक्षा नारायण बालकृष्ण खोपकर ने भी की है, ऐसा दिखाई देता है। नारायण खोपकर ब्रिटिशों का शासन उखाड़ फेंकने के लिए भारत की रियासतों के नरेशों से आर्थिक सहायता इकट्ठा करते थे। जिन भारतीय रियासतों के अधिपतियों से आर्थिक सहायता मिल सकती है, ऐसे लोगों की जो सूची उन्होंने बनाई थी, उसमें शाहू छत्रपति का भी नाम था। इसलिए उस बारे में पूछताछ करने वाले कर्नल फेरिस का 17 जून, 1906 ई. को दीवान सबनीस को लिखा हुआ पत्र आज कोल्हापुर अभिलेखागार में उपलब्ध है। ये दोनों पत्र अब तक अप्रकाशित ही थे।

भारतीय स्वतंत्रता संग्राम के प्रथम क्रांतिकारी और अंत में महान योगी के रूप में प्रख्यात हुए अरविंद घोष का यशोगान करते हुए उनके चरित्र-लेखक प्राचार्य शिवाजीराव भोंसले लिखते हैं, ''उन्होंने राजनीतिक कार्य को देशकार्य का, देशकार्य को धर्मकार्य का और धर्मकार्य को विश्व कल्याण का रूप दिया। राजनीतिक स्वतंत्रता को परब्रह्म समझकर और पूर्ण स्वराज्य को उसका सगुण रूप समझकर श्री अरविंद ने उसकी आराधना शुरू की। अन्य देशभक्तों की तरह स्वदेशी, बहिष्कार, असहयोग और निःशस्त्र प्रतिकार—इन साधनों का उन्होंने भी अवलंब किया। साधनों की शुचिता साध्य की श्रेष्ठता पर अवलंबित होती है, ऐसी योगी अरविंद की धारणा होने से उनकी राजनीति समकालीन विचारकों से भिन्न थी। मात्र निःशस्त्र प्रतिकार से देश मुक्त होगा इस पर उनका विश्वास नहीं था। उनका दृढ़ मत था कि समय पड़ने पर सशस्त्र आंदोलन भी किया जाए। इसी कारण देश के सभी भूमिगत (गुप्त) तथा सशस्त्र संगठनों के साथ उनका प्रत्यक्ष या अप्रत्यक्ष संबंध था ही।''

कलकत्ता के मानिकतोला उद्यान में अरविंद बाबू के बंधु बारिंद्र ने बम विस्फोट की परीक्षा करने के उद्देश्य से प्रत्यक्ष रूप में एक प्रयोग कर देखा। उस बम विस्फोट में बारिंद्र का एक साथी प्रफुल्लकुमार चक्रवर्ती मारा गया। उस प्रसंग में अरविंद बाबू को राजद्रोही ठहराकर गिरफ्तार कर लिया गया। इसके पहले अरविंद बाबू देशभर के क्रांतिकारियों के

संगठनों का मार्गदर्शन करते थे। कुछ संगठनों के तो वे प्रत्यक्ष नेता थे। इन सभी बातों को ध्यान में रखकर सरकार ने उनके विरोध में काफी सबूत इकट्ठा कर लिये थे। अरविंद बाबू घोष पर दायर किया हुआ मुकद्दमा शुरू हुआ। उस मुकद्दमे का खर्चा बहुत था। ब्रिटिश सरकार ने उन पर वह मुकद्दमा तिल का ताड़ बनाकर दायर किया था। सरकार ने ठान लिया था कि अरविंद बाबू उस मुकदमे से किसी भी तरह बरी न होने पाए। ऐसे समय अरविंद बाबू को एक नामी वकील को देने के लिए बहुत बड़ी रकम की आवश्यकता थी। उनकी सहायता करने के लिए बड़ौदा नरेश सयाजीराव गायकवाड तो थे ही, उस मुकद्दमे में शाहू छत्रपति ने भी 5000 रु. की ठोस मदद की थी। इधर 1921 ई. में न. चिं. केलकर और कॉमरेड श्रीपाद डांगे जैसे सफेदपोश नेता शाहू छत्रपति को स्वराज-द्रोही सिद्ध करने की जानबूझकर कोशिश में जुट गए थे। उस समय अत्यंत दुख के साथ शाहू छत्रपति ने उनके सहयोगी वा. द. तोफखाने के साथ उस संदर्भ में चर्चा की थी। चर्चा में उन्होंने तोफखाने से पूछा था, "ब्रिटिश सरकार ने बाबू अरविंद घोष पर राजद्रोह का जो मुकद्दमा दायर किया था, इसके लिए बड़ौदा के श्रेष्ठ रावसाहब जाधव के भाई कैप्टन माधवराव के पास पांच हजार रुपए मैंने अरविंद बाबू की मदद के लिए भिजवाए थे और इस बात की भी मैंने तैयारी की थी कि जैसे-जैसे पैसे लगेंगे, मैं भेजता रहूंगा। क्या महाराष्ट्र के वे सफेदपोश समाज के लेखक यह बता सकेंगे कि मेरे द्वारा की गई मदद स्वराजद्रोह की कौन-सी धारा के अंतर्गत आती है?"

धनंजय कीर द्वारा लिखित 'राजर्षि शाहू छत्रपति' ग्रंथ में उन्होंने राजर्षि शाहू छत्रपति के स्वदेश और स्वराज से संबंधित अभिमान (गर्व) की अनेक घटनाओं का उल्लेख किया है। प्रथम महायुद्ध में संस्थानों के कई अधिपति ब्रिटिशों की तरफ से प्रत्यक्ष युद्धभूमि में लड़ रहे थे। उन सभी अधिपतियों की उनकी तस्वीरों समेत पूरी जानकारी 'चित्रमय जगत्' के सितंबर 1914 ई. के अंक में छपी हुई है! परंतु शाहू छत्रपति अपनी ही रियासत में रहकर ब्रिटिशों की सेना की भर्ती के लिए मदद करने का नाटक कर रहे थे। कीर ने इस संदर्भ में लिखा है, "सेना भर्ती के काम में शाहू छत्रपति मनोयोग से (?) सरकार की सहायता कर रहे थे; पर ब्रिटिश सरकार के मन में उनके बारे में संदेह था।" इसका अर्थ यही है कि चालाक ब्रिटिश सरकार के सामने उनका अंतस्थ इरादा प्रकट हो गया था। कोल्हापुर के अनेक ज्येष्ठ लोगों ने तथा महादू गवंडी ने ब्रिटिशों की सेना-भर्ती के समय तीव्र विरोध किया था। बड़ी गड़बड़ी की थी, हंगामा मचाया था। उस समय महादू गवंडी को बंदी बनाने का बहाना कर शाहू छत्रपति ने उसे तुरंत रिहा भी कर दिया था। इस घटना से यही सिद्ध होता है कि शाहू छत्रपति ब्रिटिश सरकार का समर्थन नहीं; बल्कि विरोध ही कर रहे थे।

ब्रिटिशों की अन्यायपूर्ण राजकीय सत्ता पूर्णतया समाप्त कर भारत को स्वतंत्रता प्राप्त करा देने वाले संग्राम के प्रमुख नेता के रूप में जन-मानस में लोकमान्य तिलक और महात्मा गांधी को असाधारण महत्त्व प्राप्त हुआ था; परंतु स्वतंत्रता के इस संग्राम में बहुतांश रियासतों के अधिपतियों की भूमिका ब्रिटिश साम्राज्यवाद का समर्थन करने की थी। इसके

कारण सामान्य मनुष्य के मन में कुछ प्रश्न यक्षप्रश्न बनकर सामने खड़े रहते हैं। एक : इस लड़ाई में शाहू छत्रपति किसका पक्ष लेकर लड़ रहे थे? यह देश विदेशियों के चंगुल से मुक्त होना चाहिए, उन्हें ऐसा लगता था या नहीं? इस स्वतंत्रता संग्राम के प्रमुख सेनापति लोकमान्य तिलक को वे सहयोग करते थे या नहीं ? इत्यादि प्रश्न सामान्य जनता के मन में हमेशा गड़बड़ी मचा देते हैं। इसलिए भारतीय स्वतंत्रता-संग्राम में शाहू छत्रपति और लोकमान्य तिलक के संबंध किस प्रकार के थे, इस महत्त्वपूर्ण घटना की टोह लेते हुए अन्य प्रश्नों के भी उत्तर खोजने पड़ते हैं।

शिव छत्रपति तो लोकमान्य तिलक के आराध्य देवता थे! शिव छत्रपति ही उनके कार्य के प्रेरणास्रोत थे। इसीलिए ऐसा दिखाई देता है कि आरंभ से ही महाराष्ट्र के जनमानस में शिव छत्रपति के कार्य और उनके नामस्मरण की अविरत जागृति कैसे होगी? उस दृष्टि से उन्होंने कोशिश की है। रायगढ़ स्थित शिव छत्रपति का समाधि-स्थल न केवल महाराष्ट्र के लोगों के लिए; बल्कि स्वतंत्रता प्रिय समूची जनता के लिए तीर्थस्थान होना चाहिए, ऐसी बात महात्मा ज्योतिराव फुले ने सोची थी। उन्होंने स्वयं रायगढ़ जाकर शिव छत्रपति की समाधि की तलाश की। उस प्रातःस्मरणीय पवित्र स्थान से उन्होंने महाराष्ट्र को अवगत करा दिया। लोकमान्य तिलक ने उसी विरासत को संभाला। 1895 ई. में शिव-समाधि के जीर्णोद्धार का आंदोलन लोकमान्य तिलक ने शुरू किया। तिलक का स्वभाव ऐसा नहीं था कि 'आस्ते कदम' का कानून आड़े आए और काम मंद गति से चले। एकाध काम की शुरुआत गति से हो, ऐसा लोगों की नजर के सामने लगातार आना चाहिए। इसके लिए त्वरा, जोश, लेखन और व्याख्यान आदि अपने गुणों का उपयोग करने का उनका स्वभाव था। 1895 ई. के अप्रैल महीने के आखिर से 'केसरी' समाचार-पत्र में 'शिवस्मारक' पर लेख प्रकाशित होने लगे, ऐसी जानकारी श्री न. र. फाटक ने अपने 'तिलक-चरित्र' में दी है।

शाहू छत्रपति को गोद लेने वाले पिता शिवाजी चतुर्थ को पागल साबित करने का प्रयत्न 1882 ई. में कोल्हापुर रियासत के दीवान माधवराव बर्वे ने ब्रिटिशों की सहायता से किया था। उसी दरमियान 'केसरी' और 'मराठा' (अंग्रेजी) समाचार-पत्र शुरू करने वाले युवा पत्रकार बालगंगाधर तिलक और गोपाल गणेश आगरकर ने शिवाजी चतुर्थ का पक्ष लिया और दीवान बर्वे को मुंहतोड़ जवाब दिया। इस मामले में ध्येयवादी युवा पत्रकार तिलक और आगरकर को डोंगरी के जेलखाने में 101 दिनों की सख्त सजा भुगतनी पड़ी थी। इस प्रकरण में शाहू छत्रपति के जन्मदाता पिता श्रीमंत जयसिंगराव आबासाहब घाटगे ने अपने राजनीतिक उद्देश्य की सफलता के लिए तिलक-आगरकर का चतुराई से उपयोग किया था इसीलिए उन्होंने बाद में तिलक-आगरकर की 'डेक्कन एज्यूकेशन सोसायटी' की विपुल आर्थिक सहायता की। कोल्हापुर के छत्रपति इस संस्था के आजीवन अध्यक्ष हैं।

2 अप्रैल, 1894 ई. को शाहू छत्रपति ने जब कोल्हापुर रियासत की गद्दी का राज अपने हाथ में लिया, उस समय उनका राजतिलक समारोह बड़े ठाठबाट से संपन्न हुआ तब अपने समाचार-पत्र 'केसरी' में 'करवीर क्षेत्र में राजनीतिक कपिलाषष्ठी योग' जैसा

अर्थपूर्ण और गौरवपूर्ण संपादकीय लेख लिखकर शाहू छत्रपति का अभीष्ट चिंतन किया गया था। उस महत्त्वपूर्ण अवसर पर तिलक ने लिखा, ''कोल्हापुर का राज जिन्होंने स्थापित किया, उनके वंश के लोगों ने जो महत्कृत्य किए, जो देशाभिमान दिखाया और जो कीर्ति पाई वह इतिहासविश्रुत है। यह सच है कि आज जमाना बदल गया है, तो भी समूचे महाराष्ट्रवासियों के लिए अभिमान बने हुए श्री शिवछत्रपति के वंश के पुरुषों को अब भी अपनी रियासत की प्रजा के लिए, महाराष्ट्रवासियों के लिए, साथ ही भारतवासियों के कल्याण के लिए कई काम बाकी हैं। हिंदुत्व का सार्थक अभिमान रखकर उनके अभ्युदय के लिए निष्काम बुद्धि से अपना जीवन समर्पित करना कोल्हापुर के महाराजा का कुलधर्म है। उसका पालन करने के लिए श्रीमंत शाहू छत्रपति महाराजा को भगवान सुबुद्धि, धैर्य और दीर्घायु प्रदान करें, ऐसी आज के मंगल अवसर पर प्रार्थना कर यह छोटा-सा लेख समाप्त करता हूं।''

जिस तरह कोल्हापुर के क्रांतिकारियों के संगठन 'शिवाजी क्लब' की स्थापना में लोकमान्य तिलक की प्रेरणा थी, उसी तरह प्रारंभिक समय में शाहू छत्रपति का उस संगठन को भारी सहयोग था। भारतीय स्वतंत्रता-युद्ध में लोकमान्य तिलक और शाहू छत्रपति के सहयोग की वह अनोखी शुरुआत थी। आगे भी शाहू छत्रपति स्वयं ब्रिटिशों के संस्थान-नरेश होने की मर्यादा को ध्यान में रखते हुए लोकमान्य तिलक के साथ-साथ अन्य क्रांतिकारियों को प्रत्यक्ष-अप्रत्यक्ष रूप से आर्थिक सहायता देते ही थे। उस आर्थिक सहयोग के अनेक सबूत आज उपलब्ध हैं। संक्षेप में इस प्रकार लोकमान्य तिलक और शाहू छत्रपति में जो सहयोग और एक दूसरे के प्रति विश्वास और प्रेम था, वह विभिन्न अवसरों पर प्रकट हो रहा था। तब भी उन दोनों के आपस के सहयोग और पारस्परिक आदर्श-प्रेम की मिसाल के रूप में शाहू छत्रपति ने चिरोल-मुकद्दमे में लोकमान्य तिलक की जो गुप्त रूप से मदद की थी, उसका उल्लेख करना आवश्यक है।

तिलक राजनीतिक दृष्टि से बहुत ही तेज-तर्रार और व्यक्तिगत रूप से सात्त्विक चरित्र के पुरुष हैं—ऐसा दिखाने का महान प्रयत्न प्रथम 'टाइम्स' में लेखमाला लिखकर वेलेंटाइन चिरोल नामक लेखक ने किया था। वही लेखमाला बाद में 'हिंदुस्तान की अशांति' (Indian Unrest) शीर्षक से पुस्तक के रूप में प्रकाशित हुई। उस पुस्तक में मिस्टर चिरोल ने सचमुच तिलक की अप्रतिष्ठा करने की कोशिश की थी। ब्रिटिश सत्ता के दबाव के कारण शाहू छत्रपति को उस अंग्रेजी पुस्तक का मराठी में अनुवाद करवाना पड़ा था। महादेव गणेश डोंगरे ने वह अनुवाद प्रकाशित किया था। उस ग्रंथ के दो भाग हैं। सतही नजर डालने पर भी पता चलता है कि लोकमान्य तिलक की बदनामी करने का ही उस ग्रंथ का मुख्य उद्देश्य है। उस ग्रंथ में डोंगरे ने लोकमान्य तिलक का जैसे उल्लेख किया है, वह किसी भी सुसंस्कृत व्यक्ति के मन में क्षोभ उत्पन्न करने वाला है। शाहू छत्रपति को उस ग्रंथ के लिए आर्थिक सहायता नहीं करनी चाहिए थी; पर शाहू छत्रपति को ब्रिटिश सरकार के दबाव के सामने झुककर वह गलती करनी पड़ी थी, ऐसा दिखाई देता है।

चिरोल द्वारा लिखित Indian Unrest ग्रंथ द्वारा बदनामी होने के कारण तिलक ने चिरोल पर अपनी बेइज्जती की नालिश दायर की। 19 जनवरी, 1919 ई. को न्यायालय में उसकी पेशी हुई। उस मुकद्‌दमे से चिरोल निर्दोष मुक्त हो जाए, उनकी जीत हो इसलिए शाहू छत्रपति ने बहुत कोशिश की थी, ऐसा मत प्रख्यात संशोधक य. दि. फडके ने अपने ग्रंथ 'शाहू छत्रपति और लोकमान्य' में व्यक्त किया है। परंतु इस संदर्भ में शाहू छत्रपति के एक विश्वासपात्र लेखक प्रबोधनकार ठाकरे ने अपने आत्मचरित्र 'माझी जीवनगाथा' में चिरोल कांड का विस्तृत विवरण दिया है। उसे पढ़ने पर यह ध्यान में आता है कि शाहू छत्रपति की यह तीव्र इच्छा थी कि उस मुकद्‌दमे में चिरोल की हार हो और लोकमान्य तिलक की विजय।

बंबई के हाईकोर्ट में चिरोल मुकद्‌दमा चल रहा था। उसमें लोकमान्य तिलक के वकील दादासाहब करंदीकर विरुद्ध पक्ष के महादेव गणेश डोंगरे से जिरह कर रहे थे कि 'सर ली वॉर्न का एक पत्र महाराजा के पास आया था या नहीं ?' (उस पत्र में चिरोल की मदद करने का आदेश था।)

वास्तव में वह पत्र शाहू छत्रपति को मिला था। वह पत्र एक खास अलमारी में रखा हुआ था। उसकी एक चाभी पत्राचार विभाग के खास सचिव अर्थात् डोंगरे के पास थी और मास्टर चाभी महाराजा के पास । इसीलिए उस पत्र की जानकारी इन दोनों के अतिरिक्त अन्य किसी को होना मुमकिन नहीं था। इसीलिए जिरह के समय डोंगरे तिलक के वकील करंदीकर को वैसा कोई पत्र आया ही नहीं, ऐसा छाती ठोंककर कह रहे थे। तभी वह महत्त्वपूर्ण पत्र करंदीकर वकील ने डोंगरे के हाथ में थमा दिया और गरजकर पूछा, "यही वह पत्र है न ?" कड़ी सुरक्षा में रखा हुआ वह पत्र तिलक के वकील को कैसे मिला, डोंगरे की समझ में नहीं आया। इस घटना से वे हक्के-बक्के रह गए ।

उस मुकद्‌दमे में दादासाहब करंदीकर, बंबई सरकार के सचिव एल. रॉबर्टसन से जिरह कर रहे थे कि रॉबर्ट साहब ने शाहू छत्रपति के पास चिरोल साहब की मुकद्‌दमे में मदद करने के लिए आवश्यक कागजात पहुंचाने का हुक्म देने वाला पत्र भेजा था। वकील करंदीकर रॉबर्टसन से बार-बार पूछ रहे थे कि क्या वैसा हुक्म देने वाला पत्र उन्होंने लिखा था या नहीं ? प्रश्न का उत्तर रॉबर्टसन 'नहीं', 'नहीं' ही दे रहे थे। अंत में वह आदेश-पत्र रॉबर्टसन के हाथ में थमाते हुए करंदीकर ने पूछा, "यह आदेश-पत्र आप ही के दस्तखत का है न ?" अब तक 'नहीं-नहीं' की रट लगाने वाले रॉबर्टसन चुप्पी साधे बैठे रहे। डोंगरे की ही तरह रॉबर्टसन की आंखों के सामने दिनदहाड़े चिनगारी छूटने लगी।

'चिरोल मुकद्‌दमे' में लोकमान्य तिलक की हार हो गई। उस मुकद्‌दमे में शाहू छत्रपति के हाथ आए गोपनीय पत्र लोकमान्य तिलक के वकील को कैसे मिले, यह रहस्य प्रबोधनकार ठाकरे की समझ में नहीं आ रहा था। अंत में शाहू छत्रपति के खानगी पत्राचार सम्हालने वाले श्री डोंगरे से उन्होंने उसके बारे में स्पष्ट पूछा। तब श्री डोंगरे बोले, "ब्रह्म-माया जैसा गूढ़ रहस्य उसमें कुछ नहीं है। स्वयं महाराजा ने ही वे दो गुप्त पत्र किसी खास

दूत द्वारा तिलक के पास पहुंचाए होंगे, वरना वे कैसे लगते तिलक के हाथ ? महाराजा ऐसा ही कुछ चुपचाप किया करते हैं और हम जैसों को अपमानित होना पड़ता है !''

कुछ दिनों बाद बंबई के पन्हाला लॉज पर शाहू छत्रपति से मिलने का प्रबोधनकार को मौका मिला। वैसे वे छत्रपति से हमेशा ही मिला करते थे। वैसी मुलाकात के समय शाहू छत्रपति, दीवान साहब और प्रबोधनकार के अतिरिक्त चौथा व्यक्ति न होता। उस मुलाकात में उनके साथ महाराजा दिल खोलकर बातें करते। उनकी गप्पें और विनोद से हंसी-मजाक का माहौल बन आया था। ''बचपन में हम ऐसे गधे जैसे थे, कोदंड !'' (प्रबोधनकार का वह उपनाम था।) अपने बचपन की कुछ यादें कहकर वे थोड़ा रुक जाते। शाहू छत्रपति को खुश देखकर प्रबोधनकार ने दो गुप्त पत्र तिलक के वकील के हाथ कैसे पहुंच गए छत्रपति से पूछा। तैश में आकर शाहू छत्रपति बोले, ''फिर पत्र दबाकर क्या हम तिलक को संकट में डालते ? उनसे हमारा कोई डाह-द्वेष तो है नहीं। वह बेचारा देश की खातिर जान लड़ा रहा है और हम वेदोक्त के वैरभाव का राजनीति में भी डंका बजाएं? वाद-विवाद सीमा में हो, उतना ही अच्छा कोदंड!''

साम्राज्यवादियों के साथ लड़ते समय ऐसा दिखाई देता है कि अनेक वीर स्त्री-पुरुषों ने तरह-तरह के दांवपेच अपने शत्रु के विरोध में लड़ाए हैं। उन्हीं में से एक दांव कुछ समय तक हम गुलाम अथवा मित्र हैं, ऐसा दिखावा करने के लिए ही उस पत्र का भेजा जाना हो सकता है। ऐसा ही एक पत्र शिव छत्रपति ने औरंगजेब को लिखा था, वह आज भी उपलब्ध है। झांसी की रानी लक्ष्मीबाई और नानासाहब पेशवा का हम 1857 के गदर के स्वतंत्रता-योद्धा के रूप में डंका पीटते हैं, उन दोनों के ब्रिटिश राजकर्ताओं से क्षमा-याचना करने वाले पत्र पं. प्रेमनाथ बजाज के एक ग्रंथ में पढ़ने को मिल जाते हैं। इसी प्रकार के कुछ पत्र स्वतंत्रता संग्राम के काल में शाहू छत्रपति ने ब्रिटिश सरकार को लिख भेजे थे। उन्हीं पत्रों के सहारे मराठी में साहित्य-सम्राट कहलाने वाले न. चिं. केलकर ने 1921 ई. के 'केसरी' में 'हमारे समाजद्रोही छत्रपति' शीर्षक से एक संपादकीय लेख लिखकर शाहू छत्रपति को समाजद्रोही साबित करने का एक कुटिल दांव खेला था। उस समय अगर लोकमान्य तिलक जीवित होते तो अपनी लेखनी को शाहू छत्रपति के लिए स्वराजद्रोही जैसा अभद्र विशेषण प्रयुक्त कर भ्रष्ट होने से बचाते।

महाराजा शिवाजी तृतीय के बंधु चिमासाहब 1857 ई. के विद्रोह में शामिल हुए थे इसलिए अंग्रेजों ने उन्हें आजीवन नजरबंद रखा और महाराजा शिवाजी चतुर्थ की हत्या की। बड़ौदा के सयाजीराव गायकवाड़ को खूब कष्ट दिए। इस तथ्य को शाहू छत्रपति भूल नहीं सकते थे। एक ओर ब्रिटिशों का डर, दूसरी ओर उसी ब्रिटिश सरकार के अधीन संस्थान के नरेश होने पर भी शाहू छत्रपति ने कई बार उसके विरोध में जाकर कार्य किया। परंतु यह भी सच है कि उन्हें हमेशा अंग्रेज राजनिष्ठा का नाटक भी करना पड़ता था। परंतु उनके विरोधियों ने तथ्य को ध्यान में न लेते हुए उन तथाकथित पत्रों के आधार पर उन्हें स्वराजद्रोही ठहराने का अश्लाघ्य प्रयत्न किया था।

लोकमान्य तिलक भी अंग्रेज सरकार के साथ स्वयं एकनिष्ठ होने का 1914 ई. तक आश्वासन देते रहे थे। प्रत्यक्ष में वे राजद्रोह की गतिविधियों में संलग्न रहते थे। परंतु उनका वह राजद्रोह कभी सिद्ध नहीं हो सका। सबूत ब्रिटिशों को न मिले, ऐसी सावधानी वे बरतते थे। ऐसा बर्ताव वे करते थे कि प्रख्यात मराठी लेखक न. चि. केलकर कहा करते, "बलवंतराव (तिलक) को पूर्ण रूप से पहचान पाना मुश्किल ही होगा।" शाहू महाराजा तो ब्रिटिश-संस्थान के राजा होने से ब्रिटिशों के विरोध में लिखित पत्र-व्यवहार अपने पास रख ही नहीं सकते थे। इसलिए उनका बर्ताव भी रहस्यपूर्ण लगता था। शिवाजी क्लब के एक संगठक उत्तमराव शेणोलीकर लिखते हैं, "शाहू महाराजा एक पहेली थे। संक्षेप में शाहू छत्रपति के उपलब्ध पत्राचार को सतही नजर डालकर जांचा-परखा जाए तो लगता है कि वे अंग्रेजों के मित्र थे; पर वही पत्राचार राजर्षि शाहू छत्रपति के ऊपर समय और परिस्थिति का जो दबाव था, उसे ध्यान में रखकर जांचा-परखा जाए तो राजर्षि शाहू छत्रपति भारतीय स्वतंत्रता संग्राम के विरोधी थे, ऐसा कहने का साहस कोई भी व्यक्ति नहीं कर सकता।"

लोकमान्य तिलक और शाहू छत्रपति दोनों को नजदीक से जानने वाले शाहू छत्रपति के वफादार सहयोगी प्रबोधनकार ठाकरे कहते हैं, "महाराष्ट्र के इन दो महानायकों का एक दूसरे से आपसी रिश्ता कैसा था, यह आज तक न सुलझी हुई पहेली है। तिलक ब्राह्मण और शाहू महाराजा ब्राह्मणेतर-मराठा थे, मात्र ऐसा चश्मा लगाने से न यह उलझन सुलझी है और न ही सुलझेगी। उन दोनों ने अपने इर्द-गिर्द के लोगों को कभी उसका पता भी लगने नहीं दिया, ऐसा दिखाई देता है। पता लगाने की कोशिश करने वालों को शाहू छत्रपति के उखड़े-उखड़े दिए हुए उत्तर निश्चित ही बहुरंगी होते थे।"

कुछ ऐसा ही मत लोकमान्य तिलक और राजर्षि शाहू के आपसी संबंधों के बारे में लेखक न. चिं. केलकर ने भी व्यक्त किया है। उनके मतानुसार भले ही शाहू छत्रपति ने ऐसा बर्ताव किया कि वे तिलक के शत्रु हैं तो भी अंग्रेज सरकार का मन शाहू छत्रपति के बारे में साफ नहीं था।

आज भी ऐसी चर्चा होती रहती है कि लोकमान्य तिलक और शाहू छत्रपति के आपसी संबंध सचमुच प्रेम-सहयोग के थे या शत्रुता के; परंतु प्रबोधनकार ठाकरे और वा. द. तोफखाने पति-पत्नी—इन तीनों के आत्मचरित्र ध्यानपूर्वक पढ़ने पर समझ में आता है कि शाहू छत्रपति की ब्रिटिशों के प्रति राजनिष्ठा और लोकमान्य तिलक का विरोध शाहू छत्रपति का यह एक नाटक ही था। प्रत्यक्ष में तिलक के स्वतंत्रता संग्राम के कार्य के प्रति उन्हें न केवल आदर था; बल्कि उनके कार्य के लिए प्रत्यक्ष या अप्रत्यक्ष रूप से वे हर तरह की मदद दिया करते थे। बंबई में तिलक मरणोन्मुख अवस्था में थे, उस समय उनके हालात का वृत्तांत लगातार जानने के लिए उन्होंने अपने बंबई के पन्हाला बंगले में एक खास आदमी को तार द्वारा समाचार देने के लिए बिठा रखा था, ऐसा प्रबोधनकार ठाकरे बताते हैं। इतना ही नहीं; बल्कि उनका लोकमान्य के सुपुत्र श्रीधरपंत को लिखा हुआ एक असल पत्र उपलब्ध है। उस पत्र में शाहू छत्रपति ने ऐसा कहा है कि जल्द से जल्द आराम मिले इसलिए तिलक

को मिरज की गरम हवा में रहना आवश्यक है। उसके लिए उन्होंने कहा था, ''अपने मिरज के बंगले में मैं उनका खास इंतजाम करूंगा।''

31 जुलाई, 1920 ई. की मध्यरात्रि स्वतंत्रता युद्ध के इतिहास में एक कालरात्रि साबित हुई। क्योंकि उसी रात सुबह होने से पहले स्वातंत्र्यसूर्य लोकमान्य तिलक का अस्त हुआ। लोकमान्य तिलक की मृत्यु का समाचार जब मिला तब शाहू छत्रपति अपना सबेरे का भोजन ले रहे थे। उस दुखद समाचार के सुनते ही शाहू छत्रपति ने अपने सामने से भोजन का थाल हटा दिया। इतने में वहां दीवान सबनीस आए। उन्हें देखते ही रुंधी हुई आवाज में बड़े दुख से उन्होंने कहा, ''मास्टर ! मर्दाना आदमी आज हमें छोड़कर चला गया! अब हम किससे लड़ेंगे? उनके बाद सारे लड़के ही लड़के !'' शाहू छत्रपति के उद्‌गार शत प्रतिशत सही साबित हुए, क्योंकि लोकमान्य तिलक की मृत्युपरांत (उन्हीं के सहयोगी) न. चिं. केलकर ने तिलक को 'स्वराज्यद्रोही छत्रपति' कहकर शोर मचाने की घिनौनी कोशिश की।

अध्याय : 12

सत्यशोधक समाज और आर्यसमाज

वेदोक्त-कांड की वजह से शाहू छत्रपति की सामाजिक और धार्मिक विचार-प्रणाली में आमूलचूल परिवर्तन हुआ। उन्होंने अपने विद्यार्थी जीवन में परंपरागत-धर्म की कुछ अनिष्ट प्रथाओं के विरोध में अपनी विद्रोही प्रवृत्ति के दर्शन कराए थे। नासिक जैसे पवित्र स्थान में शाहू छत्रपति से राजशाही दक्षिणा प्राप्त करने के लिए उनकी वंशावली को लेकर झगड़ने वाले दो ब्राह्मणों को उन्होंने भगा दिया था। इसी तरह उन्होंने काशी के मणिकर्णिका कुंड के गंदे पानी में स्नान करने से स्पष्ट इनकार किया था।

वेदोक्त प्रकरण में उन्हें अपनी समाज-रचना में अभिजनों की धार्मिक प्रभुता और उनके असंस्कृत अहंकार के असली रूप के दर्शन हुए थे। उन्हीं की नौकरी करने वाले राजोपाध्ये नामक सेवक ने छत्रपति का असहनीय अपमान किया था। प्रारंभ में शाहू छत्रपति द्वारा बहुत ही सब्र और धीरज दिखाए जाने के बावजूद मगरूर धर्ममार्तंड अपनी अहंमन्यता-तानाशाही रत्तीभर भी कम करने के लिए तैयार नहीं थे। उनके राजा होने पर भी ये धर्ममार्तंड उनकी यह दयनीय अवस्था कर रहे हैं तब उनकी भोली-भाली प्रजा की कैसी दुरवस्था होती होगी, इसका एहसास शाहू छत्रपति को हो गया था। अतः इस सनातन धर्म के विरोध में बगावत का ध्वज फहराने की आवश्यकता अब महत्त्वपूर्ण थी। शाहू छत्रपति उस मौके की ताक में थे। उसी के लिए उनकी तलाश जारी थी।

हिंदू समाज के शूद्रातिशूद्रों को धार्मिक और सामाजिक यंत्रणाओं से मुक्त करने के लिए, हिंदू समाज के दकियानूसी विचारों के धर्ममार्तंडों के विरोध में संघर्ष कर, उनकी हर तरह की गुलामी से बहुजनों को मुक्त करने के लिए महात्मा जोतिराव फुले ने विविध जाति-धर्म के अपने सहयोगियों को साथ लेकर 24 सितंबर, 1873 ई. को पुणे में सत्यशोधक समाज की स्थापना की। 'सर्वसाक्षी जगत्पती। त्याला नको मध्यस्थी।।' (सर्वसाक्षी परमात्मा को किसी मध्यस्थ की आवश्यकता नहीं होती।) इस समाज का यह प्रमुख तत्त्व था। सभी मानव उस ईश्वर की संतान हैं। वही उनका माता और पिता भी है। माता या पिता को संतुष्ट करने के लिए जैसे बालक को किसी मध्यस्थ की आवश्यकता नहीं होती, वैसे ही भक्त और भगवान के बीच किसी मध्यस्थ की आवश्यकता नहीं होती। जिस किसी को यह तत्त्व मान्य होगा, वही सत्यशोधक समाज का सदस्य हो सकता था। इस तत्त्व का स्वयं महात्मा फुले

ने प्रत्यक्ष आचरण कर दिखाया। वही बोलना है, जो करना है, यही महात्मा फुले का प्रण था। इसी से 1873 ई. के कार्तिक महीने में तुलसी-विवाह किसी ब्राह्मण पुरोहित को बुलाकर नहीं; बल्कि उन्होंने स्वयं संपन्न किया। आगे चलकर उन्होंने अपने गोद लिये पुत्र यशवंत का विवाह भी बिना किसी ब्राह्मण पुरोहित को बुलाए स्वयं ही सत्यशोधक पद्धति से संपन्न किया। इस प्रकार स्वयं को इस भूतल के देवता कहलाने वाले भूदेव पुरोहित-भिक्षुकों के विरोध में सर्वप्रथम विद्रोह का झंडा फहराया। परंतु महात्मा फुले का सत्यशोधक समाज यानी मात्र भगवान और मानव के बीच की मध्यस्थ भट-पुरोहित संस्था नष्ट करने वाला आंदोलन नहीं था, बल्कि वह आंदोलन दकियानूसी हिंदू धर्म और काल-बाह्य धर्म के आधार पर पुष्ट होने वाली जातीय विषमता को नष्ट करने की चाह रखने वाले बहुजन समाज के उद्धार का सर्वतलस्पर्शी आंदोलन था। समाज की दुर्बल इकाइयों के आर्थिक, सामाजिक और धार्मिक विकास का कार्य सत्यशोधक समाज बड़े जोश के साथ चला रहा था।

27 नवंबर, 1890 ई. को महात्मा फुले की मृत्यु हो गई। उनकी मृत्यु के पश्चात् उनके एक अत्यंत प्रिय सहयोगी तथा महाराष्ट्र के पहले मजदूर नेता नारायण मेघाजी लोखंडे ने सत्यशोधक समाज का कार्य बड़ी निष्ठा के साथ जारी रखा। बदकिस्मती से कुछ समय के बाद लोखंडे में और महात्मा फुले के एक अन्य सहयोगी कृष्णराव भालेकर में विवाद शुरू हो गया। परिणामस्वरूप महाराष्ट्र के इस प्रथम पुरोगामी आंदोलन ने एक भयावह मोड़ ले लिया। 2 फरवरी, 1896 ई. की 'दीनबंधु' पत्रिका के एक इश्तिहार में यह पढ़ने को मिलता है, जिसमें स्पष्ट लिखा था कि सत्यशोधक समाज की सभा में महार, मांग आदि शूद्र जातियों के प्रवेश पर पाबन्दी लगाई गई है। सत्यशोधकों की वह सभा पुणे की भवानी पेठ के नॉवेल्टी थिएटर में हुई थी। सारांश यह कि महात्मा फुले की मृत्यु के बाद सत्यशोधक आंदोलन मृतवत् होता चला गया था।

परंतु उसी समय बंबई, पुणे, बड़ौदा, कोल्हापुर, नासिक, सातारा, मराठवाड़ा, खानदेश आदि स्थानों पर सत्यशोधक समाज के श्रद्धावान कार्यकर्ता समाज में फैली हुई पुरोहितशाही के विरोध में प्रचार करते घूम-फिर रहे थे। 1910 ई. में कर्मवीर महर्षि विठ्ठल रामजी शिंदे की अध्यक्षता में बंबई में एक प्रकट सभा हुई और उसमें सत्यशोधक समाज का पुनः संस्थापन किया गया।

कोल्हापुर के सत्यशोधक समाज का संस्थापन करने का प्रस्ताव 11 जनवरी को श्रीमंत परशरामराव घोसरवाडकर इनामदारसाहब की अध्यक्षता में हुई सभा में रखा गया। तब अध्यक्ष के रूप में भास्करराव जाधव को और उपाध्यक्ष के रूप में आण्णासाहब लठ्ठे को मनोनीत किया गया। सेक्रेटरी के पद पर हरिभाऊ लक्ष्मण चव्हाण को चुना गया। सदस्य के रूप में गोविंदराव और विठ्ठलराव जाधव, सासने गुरुजी, गणपतराव कदम वकील को चुना गया।

सत्यशोधक समाज की स्थापना जब कोल्हापुर में हुई तब से राजर्षि शाहू छत्रपति ने समाज के कार्य में व्यक्तिशः ध्यान देना शुरू किया था। महात्मा फुले द्वारा स्थापित

सत्यशोधक समाज की जानकारी शाहू छत्रपति को, संभव है, उनके खास सहयोगी भास्करराव जाधव द्वारा प्रथम मिली हो। क्योंकि भास्करराव जाधव अपने विद्यार्थी जीवन में महात्मा फुले के एक सहयोगी स्वामी रामय्या व्यंकय्या अय्यावारू के घर पर रहते थे। वहां अक्सर महात्मा फुले आया करते थे। अतः भास्करराव जाधव ने महात्मा फुले को प्रत्यक्ष देखा था। इसी तरह बंबई के मशहूर इतिहासज्ञ, बहुजन समाज के प्रथम शिवचरित्र-लेखक कृष्णाजी अर्जुन केलुसकर के साथ भास्करराव जाधव के स्नेह-संबंध थे केलुसकर महात्मा फुले के सहयोगी के रूप में काम करते थे। अतः हो सकता है कि निश्चित ही स्वामी रामय्या व्यंकय्या अय्यावारू और शिवचरित्र-लेखक केलुसकर ने महात्मा फुले के कार्य की जानकारी भास्करराव जाधव को दी होगी। अतः ऐसा तर्क किया जा सकता है कि शाहू छत्रपति को महात्मा फुले के कार्य का परिचय निश्चित ही भास्करराव जाधव ने करा दिया होगा।

कोल्हापुर के सत्यशोधक समाज के सर्वाधिकारी रावबहादुर डोंगरे थे। परंतु सत्यशोधक समाज के विचारों का प्रचार और प्रसार करना इक्के-दुक्के का काम नहीं, इस बात को ध्यान में रखकर गड़रिया समाज के विठ्ठल बिराजी डोणे को सत्यशोधक समाज का कार्य करने के लिए नियुक्त किया गया। ये डोणे मास्टरजी शाहू छत्रपति की दरबारी नौकरी करते थे। शाहू छत्रपति ने दरबार की नौकरी से मुक्त कर उन्हें सत्यशोधक समाज का कार्य करने के लिए कहा। तब भी उनकी तनख्वाह करवीर दरबार द्वारा ही दी जाती थी। डोणे गुरुजी का कोल्हापुर में शुरू किया गया सत्यशोधक समाज का कार्य देखकर उनके साथ श्रीपती रामजी चव्हाण, रामचंद्र बाबाजी जाधव, विष्णु सरनाईक, सुबराव निकम, नरहरि रामजी चव्हाण, दत्तू चंद्रा पाटील, गणपतराव भिमराव जाधव आदि विश्वासी कार्यकर्ता आ मिले।

1913 ई. में कोल्हापुर के सत्यशोधक समाज द्वारा 5163 धार्मिक कार्य संपन्न किए गए; अर्थात् विवाह, वास्तुशांति, पूजा-अर्चना आदि कार्य ब्राह्मण पुरोहित के बिना सत्यशोधक की पद्धति से किए गए। फलस्वरूप लोगों की लगभग 3000/- रुपयों की बचत हुई। समाज के सदस्यों के चंदे, पुस्तकों की बिक्री, धार्मिक विधि आदि द्वारा सत्यशोधक समाज के पास लगभग 700-800 रुपए जमा हुए। सत्यशोधक समाज के समूचे खर्चे के बाद लगभग 400/- रुपए उस साल बचे हुए दिखाई देते हैं।

शाहू छत्रपति के हार्दिक सहयोग से कोल्हापुर में सत्यशोधक समाज का कार्य बड़े जोश के साथ शुरू हुआ। परंतु उसके पास दैनंदिन कार्य के लिए न अपनी जगह थी, न कार्यालय। साथ-साथ सत्यशोधक समाज के तत्त्वों के अनुसार धार्मिक विधि करने वाले पुरोहित तैयार करने के लिए उनके प्रशिक्षण का प्रबंध करना अत्यावश्यक था। शाहू छत्रपति के सामने जब ये दो मांगें रखी गईं तो उन्होंने तुरंत पुरोहित तैयार करने की पाठशाला के लिए प्रतिमास 40/- रुपयों की मदद शुरू कर दी और सत्यशोधक समाज की इमारत यथाशीघ्र बनवाने के लिए गंगावेश में मुफ्त में जगह भी दे दी।

सत्यशोधक समाज के लिए शाहू छत्रपति से मुफ्त में जगह मिलते ही समाज की अपनी इमारत हो उसके लिए समाज के कार्यकर्ताओं के पुरजोर प्रयत्न शुरू हो गए। ऐसे पुरजोर प्रयत्न करने वालों में अगुआ थे ढोणे गुरुजी और हरिभाऊ चव्हाण। इन दोनों ने करवीर की धर्मविधि–पाठशाला की जिम्मेदारी श्रीपतराव चव्हाण, गणपतराव जाधव और रामचंद्र बाबाजी जाधव–इन तीन कार्यकर्ताओं को सौंपी और स्वयं वे दोनों इमारत के लिए पैसा इकट्ठा करने के लिए देहात–देहात घूमने लगे। उन्होंने लगभग 1000/- रुपयों की निधि इकट्ठा की; परंतु जब उन्हें मालूम हुआ कि इमारत बनवाने के लिए और पैसों की जरूरत है तो डोणे गुरुजी, हरिभाऊ चव्हाण और श्रीपतराव चव्हाण जैसे श्रद्धावान कार्यकर्ताओं ने एक खानगी साहूकार से अपनी तनख्वाह के एवज में एक वर्ष की अवधि के लिए कर्जा लिया। ये तीनों त्यागी कार्यकर्ता एक वर्ष तक बिना तनख्वाह के अपने परिजनों का जीवन-यापन करते रहे।

डोणे गुरुजी और हरिभाऊ चव्हाण के जुझारूपन के कारण ही कोल्हापुर में यथाशीघ्र सत्यशोधक समाज की नई इमारत तैयार हुई। गंगावेश में समाज की बनी हुई नई इमारत में सत्यशोधक धार्मिक विधि का प्रशिक्षण देने वाली पाठशाला, मुफ्त ग्रंथालय और साप्ताहिक व्याख्यानमाला के कार्यक्रम धूमधाम से शुरू हो गए। उस व्याख्यानमाला में खंडेराव बागल, कृष्णराव सावंत, गुंडोपंत पिशवीकर, गणपतराव कदम वकील, सासने गुरुजी आदि विद्वान आत्मीयता से आकर समाज के सदस्यों को उपदेश देने का बहुमूल्य कार्य किया करते थे।

कोल्हापुर के सत्यशोधक समाज के कार्य को शाहू छत्रपति का आशीर्वाद तो मिला ही था; परंतु उसके साथ–साथ भास्करराव जाधव से लेकर हरिभाऊ चव्हाण तक के अनेक त्यागी और वफादार कार्यकर्ताओं की सेना की एक पंक्ति ही उस कार्य में अपना तन, मन, धन लगाकर काम कर रही थी। सत्यशोधक समाज अर्थात् सिर्फ महात्मा फुले– ऐसा गलत समीकरण हम अपने मन में जतन कर रखते हैं। य. दि फड़के जैसे कर्मठ विद्वान ने यह समीकरण किस तरह गलत है, यह सिद्ध कर दिखाया है। कुछ इसी तरह कोल्हापुर के सत्यशोधक आंदोलन के बारे में भी है। कुछ अनभिज्ञ और अहंकारी लोगों द्वारा ऐसा ढिंढोरा पीटा जाता है कि कोल्हापुर के सत्यशोधक समाज का कार्य कुछ विशिष्ट व्यक्तियों के नाम का ढिंढोरा पीटने का कार्य है। परिणामस्वरूप डोणे गुरुजी, सासने गुरुजी, हरिभाऊ चव्हाण, सुबराव निकम जैसे लोगों के महनीय कार्य को सहज ही भुला दिया जाता है।

सत्यशोधक समाज को शाहू छत्रपति की कृपा–दृष्टि प्राप्त होने के कारण भास्करराव जाधव, महादेवराव डोंगरे और आण्णासाहब लठ्ठे अपनी दरबार की नौकरी सम्हालकर सत्यशोधक समाज के विचारों का प्रचार–प्रसार करने के लिए देहात–देहात जाते थे। हरिभाऊ चव्हाण, जो कोल्हापुर के सत्यशोधक समाज के सचिव थे, बताते हैं कि श्री शाहू छत्रपति की कृपा से सत्यशोधक समाज का काम बड़े उत्साह के साथ शुरू हुआ है। 1913

ई. में सत्यशोधक समाज के सदस्यों की संख्या डेढ़ सौ हो गई थी। इन सदस्यों में तीन सदस्य कुलकर्णी थे। इसका अर्थ है कि सत्यशोधक समाज का पुरोगामी विचार सभी ब्राह्मणों को अस्वीकृत था, ऐसा नहीं है। शाहू छत्रपति का भारी-भरकम सहारा होने से ही कोल्हापुर में सत्यशोधक समाज के स्थापित होने के छः महीने के भीतर इस समाज का कार्य कुरुंदवाड, सातारा, ठाणे तक पहुंच पाया। वहां तक सत्यशोधक का कार्य पहुंचाने वालों में भास्करराव जाधव, रावबहादुर डोंगरे और आण्णासाहब लठ्ठे का महत्त्वपूर्ण योगदान था। इसी कारण सत्यशोधक आंदोलन के विरोधी उन तीन दिग्गजों की तुलना कफ, वात और पित्त के त्रिदोष के रूप में करते थे।

शाहू छत्रपति को बहुजनों के कल्याण का मूलमंत्र वेदोक्त-प्रकरण से ही प्राप्त हुआ था। धर्मसत्ता के बल पर गर्वोन्मत्त बने हुए अभिजनों के अहंकार का पहला झपट्टा शाहू छत्रपति पर पड़ते ही मानो उनकी आंख खुल गई। सोया हुआ राजा जाग्रत हो उठा। उन्हें विश्वास हो गया कि महात्मा फुले के बहुजनों की स्वतंत्रता और समता के विचार ही हमारे लिए ग्राह्य होने चाहिए। इसी से प्रेरित होकर उन्होंने 1902 ई. में कोल्हापुर रियासत के दरबार की नौकरी में पिछड़ी हुई जातियों के लिए पचास प्रतिशत पद आरक्षित रखने का पहला क्रांतिदर्शी आज्ञापत्र प्रकाशित किया और इस बात का आश्वासन दिया कि वे महात्मा फुले के पुरोगामी विचारों और उनकी विरासत को दृढ़ता के साथ आगे ले जाएंगे। महात्मा फुले ने सत्यशोधक समाज की स्थापना कर बहुजन-समाज के जीवन में प्रबोधन और प्रगति का उजाला फैलाया। मनुष्य को मनुष्य की तरह जीने दो। उसे परंपरागत धर्म के निर्मम चंगुल में रौंदो नहीं। वर्ण वर्चस्व का हौवा उसके सामने खड़ा कर उसे डराओ-धमकाओ नहीं। देवता और धर्म के नाम पर मनुष्यों को पशुओं का-सा जीवन जीने के लिए बाध्य मत करो। महात्मा फुले को इसी बात की लगन लगी थी कि दुर्बल से दुर्बल मनुष्य भी स्वाभिमान से अपना जीवन यापन करे। यही उनका सपना था; परंतु महात्मा फुले की मृत्यु के पश्चात् बहुजन समाज की समता और स्वतंत्रता के विचार को क्या रौंद तो नहीं डाला जाएगा? ऐसी भयावह स्थिति पैदा हो गई थी। परंतु बहुजन समाज की खुशकिस्मती से नारायण मेघाजी लोखंडे और कृष्णराव भालेकर जैसे नेता सत्यशोधक समाज को मिले, जिन्होंने जिंदगीभर समूची मानव-जाति के कल्याण का जाप किया। 7 मई, 1910 ई. को कृष्णराव भालेकर की मृत्यु हो गई। शाहू छत्रपति ने इससे पहले ही 'बहुजन हिताय, बहुजन सुखाय' के विचारों की ध्वजा अपने कंधे पर लेकर मार्गभ्रमण शुरू कर दिया था। 1911 ई. में कोल्हापुर रियासत में सत्यशोधक समाज की स्थापना करने का प्रस्ताव रखा गया तो शाहू छत्रपति ने महात्मा फुले के समता के कार्य में सबसे आगे रहकर सत्यशोधक समाज का झंडा अपने सुदृढ़ कंधे पर रखकर वे स्वयं उसे आगे ले जाने वाले हैं, ऐसा उन्होंने जाहिर कर दिया। इतना ही नहीं; बल्कि उन्हें उनके जीवन के अंत तक इन्हीं विचारों की लगन लगी रही थी। समता और स्वतंत्रता के वे विचार प्रत्यक्ष अमल में आवे इसके लिए उन्होंने आवश्यकता पड़ने पर अपने सिंहासन को भी ठुकराने की हिम्मत दिखा दी।

शाहू छत्रपति के एक चरित्रवान और त्यागी सहयोगी प्रख्यात 'विजयी मराठा' के श्रीपतराव शिंदे ने शाहू छत्रपति की प्रशंसा करते हुए 11 मार्च, 1923 के 'विजयी मराठा' पत्र में बड़े अभिमान से लिखा है, ''योगेश्वर फुले ने सत्यशोधक के रूप में जनकल्याण का सुयोग निर्मित तो किया; पर उस कार्य का समूचे राष्ट्र में प्रसार होने के लिए शाहू छत्रपति के रूप में धनुर्धर पार्थ का ही सहयोग प्राप्त हुआ। भले ही शाहू छत्रपति किसी सत्यशोधक मठ के महंत नहीं थे, किसी भी सत्यशोधक समाज के सदस्य नहीं थे और उन्होंने स्वयं को सत्यशोधक कहलवाया भी नहीं था तब भी महात्मा फुले ने जिस सत्यशोधक योग का उपदेश दिया था उसका जितना रहस्य शाहू छत्रपति को विदित था उतना आज तक के अपने सत्यशोधक समाज के अनुयायी कहलाने वालों में से बहुत थोड़े लोगों को विदित होगा। सत्यशोधक समाज की प्रगति का इतिहास देखने पर पता चलता है कि उसकी सही मायने में प्रगति और जनता में उसका प्रसार शाहू छत्रपति का आश्रय मिलने के बाद ही हुआ है। इसके पहले सत्यशोधक समाज की परिषद के लिए प्रार्थना सभागार की तरह एक छोटा-सा कमरा भी काफी होता था। शाहू छत्रपति की सहायता मिलने के पहले सत्यशोधक समाज की जो प्रगति हो नहीं पाई उसका कारण यह था कि महात्मा फुले के पश्चात् उसे उतना एकनिष्ठ, उतना हार्दिक सहयोग देने वाला, उतना दूरदर्शी बुद्धिमान और उतना कर्तृत्ववान नेता मिल नहीं पाया था। एकाध महान कार्य के प्रसार के लिए उपर्युक्त गुणों से युक्त किसी राज-पुरुष की आवश्यकता होती है, यह बात सम्राट अशोक द्वारा बौद्ध धर्म के प्रचार-प्रसार का जो महत्कार्य हुआ, उससे सिद्ध होती है।''

महात्मा फुले ने सत्यशोधक समाज की स्थापना कर उच्चवर्णियों की धार्मिक, सामाजिक और आर्थिक गुलामी से बहुजन समाज की मुक्ति को ध्यान में रखकर जो पुरोगामी विचार प्रस्तुत किए हैं, उन पुरोगामी विचारों को क्रियान्वित करने का दायित्व राजर्षि शाहू छत्रपति सामर्थ्य के साथ निभा नहीं सके क्योंकि वे सत्यशोधक समाज के विचारों वाले नहीं थे, सत्यशोधक आंदोलन को उनका समर्थन नहीं था, वे सत्यशोधक समाज के चहेते नहीं थे; बल्कि वे आर्यसमाज के चहेते थे। उन्होंने आर्यसमाज के विचारों का प्रचार किया—ऐसे विचारों का आग्रह के साथ प्रतिपादन करने वाले लोगों का एक बड़ा गुट पिछले 15-20 वर्षों में शक्ति के साथ उभरकर सामने आ रहा है। राजर्षि शाहू छत्रपति सत्यशोधक विचारों वाले नहीं थे, ऐसा प्रतिपादन करने वाले जो प्रमुख लोग हैं, उनमें तर्कतीर्थ लक्ष्मणशास्त्री जोशी, य. दि. फडके, स. मा. गर्गे, नलिनी पंडित आदि के नाम शामिल हैं। इनमें से स. मा. गर्गे का यह विचार कि शाहू छत्रपति सत्यशोधक नहीं थे, इसे इस मत के विद्वानों के प्रातिनिधिक मत के रूप में अंकित किया जा सकता है। स. मा. गर्गे इस संदर्भ में लिखते हैं, ''साधारणतया लोगों में ऐसी धारणा है कि शाहू महाराजा ने महात्मा फुले द्वारा स्थापित सत्यशोधक समाज से प्रेरणा ली थी। उन्हीं का कार्य शाहू छत्रपति ने आगे बढ़ाया था। शाहू महाराजा ने सामाजिक और धार्मिक विचारों

की नींव सत्यशोधक समाज के विचारों से ही बनी हुई थी। ये वक्तव्य वास्तविकता से कितना मेल खाते हैं और सत्यशोधक समाज के प्रवक्ताओं ने अपनी राजनीतिक सुविधा के लिए जो विचार प्रस्तुत किए हैं इसकी जांच होना आवश्यक है।''

राजर्षि शाहू छत्रपति आर्यसमाज के चहेते थे, आर्यसमाज का विचार उन्हें समाज में फैलाना था, उसी समाज के लिए उन्होंने अपना सर्वस्व समर्पित किया था, ऐसा विचार साग्रह प्रतिपादन करने वाले विद्वान अपनी तरफ से मुख्य रूप से जो सबूत पेश करते हैं, उनमें पहला सबूत है—कोल्हापुर के प्रथम रेसिडेंट कर्नल डब्ल्यू.बी. वुडहाउस को 19 फरवरी, 1919 ई. को शाहू छत्रपति ने जो विस्तृत पत्र लिखा था, उसमें वे यह बताते हैं कि वे स्वयं आर्यसमाज के चहेते क्यों बने और दूसरा सबूत यह बताते हैं कि महात्मा फुले को हिंदुओं के पवित्र ग्रंथ वेद मान्य नहीं थे। वे वेद का उल्लेख भेद के रूप में करते थे। इसके विपरीत वेदों को ही पवित्र मानकर उनके विचारों को अग्रहक देने वाले आर्यसमाज को शाहू छत्रपति ने अपना लिया। महात्मा फुले ने देवता और मनुष्य के बीच के मध्यस्थ आढ़तेया को हटाने के लिए सत्यशोधक समाज की स्थापना की, पर शाहू छत्रपति ने छात्र जगदगुरुपीठ की स्थापना कर चोटी वाले पुरोहितों के स्थान पर साफे वाले नए पुरोहितों का निर्माण किया। उन्होंने महात्मा फुले के विचार को नष्ट किया। इतना ही नहीं; बल्कि सत्यशोधक आंदोलन में नए जागीरदारों का वर्चस्व निर्मित हुआ। इन नए जागीरदारों ने महात्मा फुले का जातीय विषमता विनष्ट करने का संग्राम ही विनष्ट कर समाजपरिवर्तन के चाक को उलटा घुमाया। यह तीसरा सबूत वे बार-बार प्रस्तुत करते हैं।

नागपुर विश्वविद्यालय के कुलगुरु तथा महानुभाव-पंथ साहित्य के गहन अध्येता डॉ. वि.भि. कोलते ने ऐसा मत व्यक्त किया है कि वेदोक्त प्रकरण के कटु अनुभव के कारण शाहू छत्रपति का रुख सत्यशोधक समाज की ओर होता जा रहा था। राजर्षि शाहू छत्रपति ने जीवन के अंत तक सत्यशोधक समाज के विचारों के अनुसार कार्य तो किया ही; परंतु सत्यशोधक समाज के विचार उन्हें किस प्रकार मान्य थे, उसे भी उन्होंने अनेक बार स्पष्ट किया है। इसके सिवा उस आंदोलन के कार्यकर्ताओं की सहायता वे किस तरह करते थे, उसके कई सबूत उपलब्ध हैं। उनमें से कुछ चुने हुए सबूत यहां उद्धृत किए जा रहे हैं :

1. सत्यशोधक समाज के एक संभ्रांत नेता बाबूराव यादव को सत्यशोधक समाज के काम के लिए शाहू छत्रपति ने 17 दिसंबर, 1917 ई. से 2 महीनों की छुट्टी मंजूर की थी।
2. शाहू छत्रपति ने अपने एक भाषण में स्वामी दयानंद सरस्वती, बाबू केशवचंद्र सेन और महात्मा फुले के कार्य की तुलना की है। उसमें महात्मा फुले के बारे में कहा है, ''वे बड़े अन्वेषक, विचारी थे। ब्राह्मणों की चालवाजी उन्हें पूरी तरह समझ में आ गई।'' आगे उन्होंने लिखा है, ''वहां मीठे बोल और दांवपेच उपयुक्त नहीं हैं। ब्राह्मण ब्यूरोक्रेसी के साथ ऐसा ही बर्ताव करना चाहिए, यह तथ्य जोतिराव फुले और उनके अनुयायियों को अच्छी तरह ज्ञात था। इसीलिए

उन्होंने ब्राह्मणों के विरोध में जैसे को तैसा बर्ताव करने का उपदेश देना शुरू कर दिया। सच्ची विद्या और सच्चे धर्म का प्रवेश अगर इस दक्षिण भूमि में होना है तो सत्यशोधक समाज को इस भूमि को उसके अनुकूल बनाने की कोशिश करनी चाहिए। इस प्रकार जमीन की घास उखाड़ने और चट्टानों को तोड़ने पर ही आर्य धर्म का बीज यहां अच्छी तरह जमेगा और विकसित होकर हम सबको सुकून देगा।

3. शाहू छत्रपति के सत्यशोधक ब्राह्मणेतर आंदोलन के लिए भास्करराव जाधव जैसा पूर्णतया बुद्धिवादी और चारित्र्यसंपन्न समर्थ सेनानायक मिला। उसी से न केवल कोल्हापुर में; बल्कि समूचे महाराष्ट्र में सत्यशोधक विचार और कार्य का प्रचार-प्रसार तेज गति से होने लगा। भास्करराव जाधव जैसे बुद्धिमान और कार्यक्षम अध्यक्ष कोल्हापुर के सत्यशोधक समाज को उपलब्ध होने से वह आंदोलन बड़े जोश के साथ कोल्हापुर तथा उसके इर्द-गिर्द फैलने लगा। धीरे-धीरे सत्यशोधक आंदोलन समूचे महाराष्ट्र में फैल गया। इसका परिणाम यह हुआ कि सनातनी ब्राह्मण भास्करराव जाधव के प्रति द्वेष की भावना फैलाने की मुहिम में जुट गए। उन पर कठोर आलोचना की बौछार होने लगी। करवीर पीठ के विद्याशंकर भारती स्वामी महाराज और डॉ. कुर्तकोटी भी भास्करराव जाधव के सत्यशोधक कार्य को देखकर खार खाने लगे।

प्रथम महायुद्ध 1918 ई. में समाप्त हुआ। उसके बाद ब्रिटिश पार्लियामेंट ने राजनीतिक सुधारों का प्रस्ताव सामने रखा। परिणामस्वरूप सत्यशोधक आंदोलन को प्रोत्साहन मिला। भास्करराव जाधव की अध्यक्षता में पुणे के जाधव मॅन्शन में 4 जुलाई, 1920 ई. को सत्यशोधक समाज की कार्यकारिणी सभा में तय किया गया कि सदस्यों की संख्या बढ़ाने के लिए 5000 प्रतिज्ञा-आवेदन-पत्र छपवा लिये जाएं। उसी सभा में समाज के पेट्रन, आजीवन सदस्य और सामान्य सदस्य बना लेने के लिए सदस्यता-शुल्क निश्चित किया गया। भास्करराव को सत्यशोधक समाज के खजांची के रूप में नियुक्त किया गया। समाज के प्रचार के लिए मनोरंजन के जो कार्यक्रम किए जाते थे उन कार्यक्रमों में सुधार करने के लिए जो समिति नियुक्त की गई थी, उस समिति के अध्यक्ष भास्करराव जाधव थे। उनके अध्यक्ष बनने से सत्यशोधक समाज के कार्यक्रमों का स्तर निश्चित ही ऊंचा होगा, ऐसी अपेक्षा 'जागृति' पत्रिका के संपादक भगवंतराव पालेकर ने की थी।

भास्करराव की अध्यक्षता में सातारा में 17 और 18 जुलाई, 1920 ई. को सत्यशोधकों की विशाल सभा संपन्न हुई थी। उसमें लगभग 4000-5000 लोग उपस्थित थे। सभा में उपस्थित लोगों को सत्यशोधक समाज के उद्देश्य के बारे में भास्करराव जाधव ने बहुत ही आत्मीयता के साथ बहुत आसान भाषा में जानकारी दी । संक्षेप में भास्करराव जाधव सत्यशोधक समाज के कार्य के लिए न केवल शारीरिक कष्ट सहन करते थे; बल्कि मानसिक कष्ट भी सहते थे। 1907 ई. के अंत में कुछ सनातनी गुंडों ने उन्हें मारा-पीटा भी

था। इतना ही नहीं; बल्कि वे समय पड़ने पर आर्थिक नुकसान भी सहन करते थे। भास्करराव जाधव द्वारा सत्यशोधक समाज के लिए तहेदिल से शुरू किया गया कार्य शाहू छत्रपति की तेज नजर से छूटना मुमकिन नहीं था। इसलिए उन्होंने सत्यशोधक समाज के कार्य के लिए भास्करराव जाधव को सरसुभे की नौकरी से 15 अगस्त, 1920 ई. को एक महीने की छुट्टी मंजूर कर ली, इतना ही नहीं बल्कि शाहू छत्रपति ने भास्करराव जाधव को समाज के कार्य के लिए 1500 रुपए भी दिए।

4. 1920 ई. के अगस्त महीने में शाहू छत्रपति का मुकाम रायबाग में था। अॅडम नामक ब्रिटिश अधिकारी को वहां से लिखे हुए पत्र में उन्होंने स्पष्ट रूप से कहा है कि उन्हें सत्यशोधक समाज के सिद्धांत पूर्णतया मान्य हैं। उस पत्र में आगे उन्होंने स्पष्ट किया है, ''सत्यशोधक समाज के सिर्फ मनोरंजन के कार्यक्रम का स्वरूप हमें मान्य नहीं है। ''
5. शाहू छत्रपति ने न सिर्फ समाजकार्य और राजनीति में ही अपना ध्यान केंद्रित किया था; बल्कि उनकी तीव्र इच्छा थी कि बहुजनों की सांस्कृतिक प्रगति हो। उसी दृष्टिकोण से उन्होंने अनेक इतिहास-लेखकों को लिखने के लिए प्रवृत्त किया। अनेक लेखकों को आर्थिक सहायता दी। अनेक कवियों और शायरों को हर तरह का प्रोत्साहन दिया। उनमें से शायर लहरी हैदर को शाहू छत्रपति का खास प्रेम और प्रोत्साहन प्राप्त हुआ था। लहरी हैदर सत्यशोधक समाज के विचारों से काफी प्रभावित थे। लहरी हैदर और उनके शिष्य सत्यशोधक समाज के भजन गाते थे। उनके वे भजन शाहू छत्रपति को किसी न किसी कार्यक्रम में सुनने को मिल जाते थे। लहरी हैदर जैसे कलाकार अपनी कला का प्रयोग सत्यशोधक समाज के मत के प्रचार और प्रसार के लिए कर रहे हैं, यह देखकर शाहू छत्रपति को बहुत संतोष होता था। इसीलिए उन्होंने 30 अक्टूबर, 1921 ई. को कोल्हापुर नगरपालिका के चेयरमैन को जो आज्ञापत्र दिया था, उसमें लिखा हुआ है, ''रा.रा. चेयरमैन म्युनिसिपल कमेटी को आज्ञा की जाती है कि पेठ नवा बुधवार की संध्यामठ गली के रास्ते के ओर की पाखाने के पास की खुली जगह दक्षिणोत्तर 20 फीट की जगह छोड़कर, नई इमारत बनाकर सत्यशोधक समाज-मत के भजन गाने के लिए लिए मि. लहरी हैदर की शिष्य मंडली को मुफ्त में दी गई है। अतः उन्हें म्युनिसिपल कमेटी की ओर से कोई विरोध नहीं होना चाहिए, यह ज्ञापित हो।''

शाहू छत्रपति और दीवान रघुनाथराव सबनीस—ये दोनों एक दूसरे की साया बनकर विचरण करते थे। दीवान सबनीस शाहू छत्रपति की सेवा में 1894 ई. से थे और उनकी मृत्यु तक दीवान की हैसियत से काम करते थे। उसके बाद भी कोल्हापुर दरबार को उनकी सेवा का लाभ हुआ था। अपने 'Notes on Kolhapur' लेख में दीवान सबनीस स्पष्ट रूप से मान्य करते हैं , ''राजर्षि शाहू छत्रपति ने अपनी रियासत में आर्यसमाज और सत्यशोधक

समाज–इन दोनों को समान मौका दिया था।'' शाहू छत्रपति और लोकमान्य तिलक के भक्त प्रख्यात लेखक और निष्णात वृत्तपत्रकार और 'संदेश' के संपादक अच्युत बलवंत कोल्हटकर जेधे–जवलकर इन दोनों श्रद्धावान सत्यशोधकों का बड़े उत्साह से समर्थन करते हुए बहुत ही आत्मीयता के साथ कहते हैं कि शाहू छत्रपति किस प्रकार सत्यशोधक थे, ''इस शर्मनाक स्थिति से सत्यशोधक आंदोलन जब फिर से शुरू हुआ तो वह शाहू छत्रपति के ही समय। रोका गया फव्वारे का पानी जैसे जोर से ऊपर उड़ने लगता है, उसी तरह बीच के दस–पंद्रह वर्ष के विश्राम के अनंतर सत्यशोधक आंदोलन शाहू छत्रपति के प्रोत्साहन से बड़ी शक्ति के साथ लहलहाया–फैला। सत्यशोधक आंदोलन को प्यार–दुलार करने वाला शाहू छत्रपति जैसा भावुक–दयालु राजा न मिलता, शाहू छत्रपति जैसा गर्वोन्मत्तों को चारों खाने चित करने वाला महावीर, माहीर इस आंदोलन को न मिलता तो इस सत्यशोधक समाज की अवस्था प्रार्थना सभागार जैसी ही लूली–लंगड़ी और नरम दल के सुधारकों जैसी एकांतप्रिय बन गई होती।''

1918 और 1919 ई. में शाहू छत्रपति द्वारा कर्नल वुडहाउस को लिखे गए तीन पत्रों से भले ही यह स्पष्ट होता है कि उन्होंने आर्यसमाज को क्यों बढ़ावा दिया था, तो भी उनका अधिक झुकाव सत्यशोधक समाज की ही ओर था। यह तथ्य उनके समकालीन व्यक्तियों के लेखन से सिद्ध होता है। वुडहाउस को लिखे गए पत्र में वे बताते हैं, ''पंडित आत्माराम जो आर्यसमाज के सदस्य हैं उनसे मैंने कहा है कि सत्यशोधक समाज के सदस्यों को वेद पढ़ाने के लिए किसी विज्ञ व्यक्ति को भेज दिया जाए।'' अपनी रियासत की शिक्षा संस्थाएं उन्होंने आर्यसमाज को इसलिए सौंपी कि राजाराम कॉलेज जैसी उच्च शैक्षिक संस्थाओं का प्रशासन करने वाले लोग बड़ी संख्या में आर्यसमाज में ही थे। डॉ. बालकृष्ण जैसे विद्वान और समर्थ प्रशासक आर्यसमाज के पास थे। अतः उन्होंने उन संस्थाओं को चलाने की जिम्मेदारी आर्यसमाज को सौंपी। आर्यसमाज के बारे में शाहू छत्रपति ने यह जो निर्णय लिया, उसे उनकी आर्यसमाज–निष्ठा के सबूत के रूप में बार–बार प्रस्तुत किया जाता है। परंतु यह बड़े दुख की बात है कि सत्यशोधक आंदोलन के कई लोगों को उनके द्वारा दी गई मदद या सत्यशोधक समाज के विचारों का प्रचार करने वाले ग्रंथों को उनके द्वारा दी गई आर्थिक मदद और प्रोत्साहन के बारे में सबके सामने बताया नहीं जाता।

शाहू छत्रपति आखिर में स्वयं आर्यसमाजी होने का ढिंढोरा पीटा करते थे, उसके पीछे राजनीतिक दांवपेच था। आर्यसमाज का एक गिरोह चुपचाप ब्रिटिशों की मदद किया करता था। इसलिए अपनी अंग्रेज–निष्ठा का झूठा प्रदर्शन करने के लिए स्वयं आर्यसमाज के चहेते होने का आभास वे कर रहे थे।

स्वामी दयानंद सरस्वती के स्थापित आर्यसमाज का मुख्य ध्येय था–हिंदुओं को संघटित करना। आर्यसमाज की यह भूमिका 'एक राष्ट्र–एक धर्म' जैसी थी। स्वयं स्वामीजी द्वारा लिखे गए 'सत्यार्थ प्रकाश' ग्रंथ को पढ़ने पर मालूम होता है कि उस ग्रंथ में उन्होंने बौद्ध, जैन, इस्लाम और ईसाई धर्मों के तत्त्वज्ञान की (कटु) आलोचना की है। अतः ऐसा

कहना पड़ता है कि आर्यसमाज राष्ट्रीय एकता को खतरे में डालने के मार्ग पर चल रहा था। इस संदर्भ में ऐसा दिखाई देता है कि शाहू छत्रपति का बर्ताव उनसे बिलकुल उलटा था। शहंशाह अकबर शाहू छत्रपति के अनेक श्रद्धालुओं में से एक था। सम्राट अकबर की ही तरह वे अपनी रियासत के सभी धर्मों के प्रति समभाव दृष्टि रखते थे। उन्होंने कोल्हापुर में अन्य समाजों की ही तरह जैन और मुस्लिम समाज के लिए भी जो छत्रावास शुरू किया था। वह शाहू छत्रपति के सर्वधर्म समभाव दृष्टिकोण का सुदृढ़ सबूत है। कुरान का मराठी अनुवाद करने के लिए उन्होंने एक समिति गठित कर उसके लिए पचीस हजार रुपए खर्च किए थे। इतना ही नहीं; बल्कि उन्होंने कई मसजिदों और दरगाहों को भेंट दी थीं। आर्यसमाज इस्लाम की ओर हमेशा शत्रुत्व की भावना से देखता था। इस्लाम के प्रति उनकी भूमिका हमेशा ही आक्रामक रही है। उसके बारे में नासिक के ख्यातनाम विद्वान प्रभाकर वैद्य लिखते हैं, ''अगले कुछ वर्षों में ये सुधारक आर्यसमाजी मुस्लिम द्वेष पर आधारित हिंदू राष्ट्रवाद के कट्टर समर्थक बने। उत्तर भारत में वे राष्ट्रीय स्वयंसेवक संघ—जनसंघ—के सुदृढ़ सहायक साबित हुए।''

अंतरराष्ट्रीय ख्यातिप्राप्त चरित्रकार धनंजय कीर ने आर्यसमाज और सत्यशोधक समाज के बारे में जो तुलनात्मक विचार पेश किया है, वह महत्त्वपूर्ण मानना पड़ेगा, ''आर्यसमाज की मत प्रणाली के साथ तुलना करने पर यह स्पष्ट होता है कि सत्यशोधक समाज की मत प्रणाली अधिक उदार, सहिष्णु और बुद्धिवादी थी। आर्यसमाज की मत प्रणाली थोड़ी संकुचित; परंतु आक्रामक थी; क्योंकि वह मत प्रणाली इस्लाम और ईसाई धर्मों ने हिंदू समाज पर जो आक्रमण शुरू किया था, उसका शौर्य के साथ प्रतिकार करने के लिए निर्मित हुई थी। परंतु महात्मा फुले ने अछूत, काश्तकार और श्रमिकों की उन्नति पर जैसा जोर दिया था, वैसा आर्यसमाज ने नहीं दिया था। विशेषतया महात्मा जोतिराव ने जिस धार्मिक सहिष्णुता और विश्वबंधुत्व का परिचय दिया था, उसका लेशमात्र आर्यसमाजियों में नहीं था। सत्यशोधक समाज का आधुनिक ज्ञान एवं विज्ञान पर विश्वास था; पर चार वेदों के बाहर कहीं ज्ञान ही नहीं है, ऐसा आर्यसमाजियों को लगता था।''

'विजयी मराठा' के संपादक श्रीपतराव शिंदे के कथनानुसार शाहू छत्रपति भले ही सत्यशोधक समाज के प्रत्यक्ष सदस्य न बने हों या उन्होंने स्वयं को सत्यशोधक न कहलवाया हो तो भी महात्मा फुले ने जीवनभर जो 'बहुजन हिताय, बहुजन सुखाय' सूत्र के अनुसार कार्य किया उसी जिम्मेदारी का स्वीकार राजर्षि शाहू छत्रपति ने तन, मन, हृदय से किया है, ऐसा दिखाई देता है। शिव छत्रपति का कार्य उन दोनों के लिए न केवल आदर का; बल्कि प्रेरणादायी था। 1869 ई. में महात्मा फुले ने शिव छत्रपति पर एक सुंदर पोवाडा रची थी। (शौर्य का वर्णन करने वाली एक कविता) उसी तरह शाहू छत्रपति ने भी शिव-स्मृति को संभालकर रखने की भरसक कोशिश की है, ऐसा दिखाई देता है। यही कारण है कि उन्होंने शिव-चरित्र प्रकाशित करने के लिए उन्हें बहुत बड़ी आर्थिक सहायता दी थी। उनका आग्रह था कि कर्मवीर विठ्ठल रामजी शिंदे स्वयं शिवचरित्र लिखें।

महात्मा फुले और शाहू छत्रपति ने बहुजनों की प्राथमिक शिक्षा की अत्यावश्यकता को देखते हुए कार्य किया। हिंदू धर्म की निरर्थक कथाओं और पुराणों पर दोनों ने तीखी आलोचना की। अस्पृश्यता और जातीय विषमता को हमेशा के लिए मिटा देने के लिए दोनों ने जीवन के अंत तक कठोर संघर्ष किया। दोनों ने ऐसा विचार प्रकट किया है कि किसानों के लड़कों के लिए छात्रावास शुरू किए जाएं। हर जाति को अगर सत्यशोधक समाज की पद्धति से विवाह की धार्मिक-विधि करनी हो, तो अपनी जाति के लड़कों और लड़कियों को प्रशिक्षित करने के लिए जाति-फंड में रुपए जमा करें और अपनी जाति-पंक्ति में वेदी पर बैठकर एक थाल में भोजन करें, ऐसा विचार दोनों ने व्यक्त किया है। राजर्षि शाहू छत्रपति ने कोल्हापुर में भिन्न-भिन्न जातियों के 23 छात्रावास बनवाए। महात्मा फुले आरक्षण की जगहों के लिए अप्रत्यक्ष रूप से अपने विचार व्यक्त करते हैं; जबकि इस विचार की प्रत्यक्ष कार्यवाही के लिए शाहू छत्रपति ने 1902 ई. में पिछड़ी जातियों के आरक्षण के लिए आदेश निकाला।

महात्मा फुले भारतीय किसान और उनकी खेती के विकास के लिए अंतिम सांस तक सक्रिय रहे, यही कारण है कि उन्होंने 1883 ई. में लिखे अपने 'शेतकऱ्यांचा असूड' (किसान का कोडा) ग्रंथ में भारतीय किसानों की विविध समस्याओं को तहेदिल से उद्धृत कर उनके निराकरण के कई व्यावहारिक उपाय भी सुझाए हैं। अपनी 'इशारा' पुस्तिका में उन्होंने स्पष्ट किया है कि पेशवाओं के राज में किसानों को कैसे सताया जाता था और कैसे वे साहूकार के शिकार होते थे। दुष्ट साहूकारों और उन्मत्त जमीदारों के अमानुष अत्याचारों का वर्णन करते हुए महात्मा फुले लिखते हैं, "उस समय उस सरकार में (शासन में) नालिश करने का रिवाज नहीं था। सरकार तो उनके घर में ही थी। जब इच्छा हो, किसानों की पिटाई हो जाती थी, उनका सामान लूट लिया जाता था। उनके बैल-चौपाये को बेच दिए जाते थे, उनके परिजनों को सताया जाता था, जान जाने तक उन्हें कष्ट दिए जाते थे। उनके सिर पर या पीठ पर भारी पत्थर रखकर उन्हें धूप में खड़ा कर नीचे से मिर्च का धुआं दिया जाता था। उनके गुप्तांगों में लकड़ी का टुकड़ा डाल दिया जाता और फिर उन्हें बेरहमी से पीटा जाता था।"

खेती के विकास के लिए महात्मा फुले अनेकानेक नए-नए प्रयोग सुझाते हैं और स्वयं प्रयोग कर वे उसकी उपयोगिता प्रत्यक्ष अनुभव करते हैं। छोटी नहर का पानी अपनी ऊख की खेती में देने के लिए जब किसान तैयार नहीं थे तब स्वयं महात्मा फुले ने पुणे के नजदीक मांजरी में उनका जो खेत था, उसमें मुला नदी की छोटी नहर के पानी का उपयोग कर किसानों के सामने ऊख की आधुनिक खेती का आदर्श रखा था। महात्मा फुले का आग्रह रहता था कि किसानों तक आधुनिक खेती-बारी का ज्ञान पहुंचाने के लिए प्रदर्शनी लगाने की आवश्यकता है। 1919 ई. में कानपुर शहर में अखिल भारतीय कुर्मी-क्षत्रियों की जो तेरहवीं सामाजिक परिषद का आयोजन किया गया था, उसमें अध्यक्ष की हैसियत से किए गए अपने भाषण में शाहू छत्रपति ने कहा था, "जिस कृषि-कर्म पर समूची मानवजाति अपना पेट पालती है, वह कृषि-कर्म निम्न श्रेणी का है, ऐसा मैं कतई नहीं मानता। मैंने

अपने युवराज को कृषि–विज्ञान का ज्ञान प्राप्त करने के लिए विलायत और इलाहाबाद के कृषि–स्कूल में भेजा था। आपको ज्ञात है कि कृषिकर्म से मनुष्य की दुहरी उन्नति होती है। उससे अपने सुख के साथ–साथ समूची मानव–जाति को सुख प्राप्त होता है। कृषिकर्म के साथ ही पशुपालन और पशुरक्षण का भी सवाल उठता है। इसके लिए हमें बहुत काम करना है। देश में दूध–घी की समृद्धि होनी चाहिए।''

शाहू छत्रपति के खेती–संबंधी विचार और महात्मा फुले के विचारों में बहुत ही साम्य है। शाहू छत्रपति ने चाय, कॉफी, कपास, गन्ने जैसी नकदी फसलों को प्रोत्साहन दिया। उर्वरकों का इस्तेमाल करने के लिए प्रोत्साहन देने में उनकी प्रयोगशीलता दिखाई देती है। किसानों की कर्जमुक्ति का प्रयोग भी उन्होंने कार्यान्वित किया। खेती के आधुनिकीकरण में राजर्षि को गहरी रुचि थी। उसके लिए जल–वितरण योजना, सहकारी अधिकोष, खेती–विषयक प्रदर्शनियां आदि अनेक योजनाएं उन्होंने कार्यान्वित कीं।

संक्षेप में, राजर्षि शाहू छत्रपति के जीवन और कार्य की टोह लेने पर स्वीकार करना पड़ता है कि उन्होंने महात्मा फुले के बहुजन के उद्धार की कार्य–परंपरा को समर्थता के साथ आगे बढ़ाया। इसी कारण मानना पड़ता है कि महात्मा फुले और शाहू छत्रपति के विचारों और कार्य में कोई फर्क नहीं; बल्कि साम्य ही है। सारांश स्पष्ट है कि शाहू छत्रपति सत्यशोधक समाज के साथ अपना वैचारिक गठबंधन स्वीकार करते थे।

राजर्षि शाहू आर्यसमाज के विचारों से ही अत्यधिक प्रभावित हुए थे, वे आर्यसमाज के ही चहेते थे, वे सत्यशोधक नहीं थे, ऐसा आग्रह के साथ प्रतिपादन करने वाले विद्वान शाहू छत्रपति द्वारा कर्नल वुडहाउस और खासेराव जाधव को लिखे हुए पत्रों का मजमून प्रस्तुत करते हैं। इन पत्रों में राजर्षि 'मैं सत्यशोधक समाज का नहीं हूं, उन्के साथ मेरा कोई लेना–देना नहीं', ऐसा बताते हैं, इसका अर्थ क्या है ? ऐसा प्रश्न कुछ विद्वान उठाते हैं। इस संदर्भ में राजर्षि शाहू के आद्य चरित्रकार लठ्ठे और अंतरराष्ट्रीय ख्याति के चरित्रलेखक धनंजय कीर का स्पष्टीकरण अधिक उचित लगता है। लठ्ठे लिखते हैं, ''1914 ई. में जनवरी महीने में एडवर्ड बादशाह के पुतले को तारकोल पोता दिया गया। इससे जो झमेले खड़े हुए, इसके चलते पूरे एक साल तक महाराजा का मन व्यग्र बना रहा। एक ब्राह्मण अफसर की सहायता से इन करतूतों का संबंध सत्यशोधकों के साथ जोडने की भी कोशिश की गई। परिणामस्वरूप उस आंदोलन में कुछ समय के लिए रुकावटें आईं।''

तारकोल के इस कांड में ब्रिटिश सरकार को सत्यशोधक समाज के कार्यकर्ताओं पर शक था। उसका परिणाम यह हुआ कि आण्णासाहेब लठ्ठे, भास्करराव जाधव और डोंगरे ने सत्यशोधक समाज से इस्तीफा दे दिया। उन्होंने घोषित किया कि इसके बाद वे सत्यशोधक समाज के कार्य से कोई संबंध नहीं रखेंगे। परिणामस्वरूप कोल्हापुर में सत्यशोधक समाज का कार्य कुछ ठंडा पड़ गया।

सत्यशोधक समाज के प्रचार के लिए महाराष्ट्र के देहातों में सत्यशोधक समाज का डफ गरजने लगा। घुंघरुओं के नाद का मधुर स्वर अब समाप्त होकर दीन–दुर्बलों का आक्रोश

उभरने लगा था। सत्यशोधक समाज के जलसों का जोर जैसे-जैसे बढ़ने लगा, वैसे-वैसे महाराष्ट्र में ब्राह्मण-ब्राह्मणेतर संघर्ष अधिक तीव्रतर होता गया। सत्यशोधक समाज के जलसों ने सभ्यता की मर्यादा का उल्लंघन कभी किया था, तो सनातनी ब्राह्मणों के समर्थक समाचार-पत्रों ने सत्यशोधकों के विरोध में तिल का ताड़ और राई का पहाड़ बनाना शुरू कर दिया था। कुछ समाचार-पत्रों ने तो 'सत्यशोधकों के अत्याचार' शीर्षक से खास स्तंभ शुरू कर दिए थे। उच्चवर्ण के लोगों द्वारा सरकार को लिखित निवेदन भी दिए जाने लगे थे। सत्यशोधकों के खिलाफ गंभीर दोषारोप, करने वाले तार ब्रिटिश सरकार को भेजे जा रहे थे। संक्षेप में महाराष्ट्र में धींगामुस्ती का वातावरण अपने उभार में था। परिणामतः शाहू छत्रपति पर सरकार की ओर से वह धींगामुस्ती रोकने का दबाव आ रहा था। यह आंदोलन बेशक शाहू छत्रपति से प्रेरित हो, तब भी सत्यशोधक आंदोलन पर पूर्णतया नियंत्रण रखना शाहू छत्रपति के लिए कठिन था। इसी कारण शाहू छत्रपति को मजबूरन ऐसा घोषित करना पड़ा था कि सत्यशोधक आंदोलन के साथ उनका तनिक भी संबंध नहीं है। उस आंदोलन के साथ उनका कोई संबंध नहीं है। यह बताने की शाहू छत्रपति कोशिश तो कर रहे थे; पर यह उनका बहाना था, यह तथ्य है।

ब्रिटिश सरकार उन्हें पदच्युत न कर दे, इसलिए शाहू छत्रपति जो अनेक दांवपेच लड़ा रहे थे, उन्हीं में से एक सत्यशोधक समाज से संबंध विच्छेद करने की घटना है, इस बात को ध्यान में रखना चाहिए। सच तो यह है कि शाहू छत्रपति ने अपने जीवन के अंत तक सत्यशोधक आंदोलन से उनका जो गठबंधन था, वह तोड़ा नहीं था। इसके सबूत उनकी मृत्यु के बाद प्रकाशित हुए सैकड़ों समाचार-पत्रों में मिलते हैं।

राजर्षि शाहू छत्रपति की मृत्यु के बाद महाराष्ट्र और महाराष्ट्र के बाहर फैली हुई सत्यशोधक समाज की शाखाओं ने जो शोक-प्रस्ताव पारित किए, उनमें 'हमारा दाता गुजर गया, हमारा संरक्षक चला गया, हम अनाथ हो गए' ऐसा उल्लेख तत्कालीन 'विजयी मराठा' जैसे समाचार-पत्रों में पाया जाता है।

राजर्षि शाहू छत्रपति की मृत्यु के बाद उसी वर्ष के अगस्त महीने में कोल्हापुर के सत्यशोधक समाज द्वारा जो सम्मानपत्र राजाराम महाराजा को प्रदान किया गया था, उसमें राजर्षि शाहू छत्रपति के अचानक और अकाल निधन से सत्यशोधक समाज की अपरिमित हानि हुई है, ऐसा दर्ज कर उनका निम्न शब्दों में गौरव गान किया गया है, "श्री शाहू महाराज ने सत्यशोधक समाज द्वारा सामाजिक और धार्मिक क्षेत्र में जो सुधार-कार्य करवाए हैं, उनसे उनका नाम समूचे भारत में गूंजता रहेगा है।" उस सम्मानपत्र का स्वीकार कर श्रीमंत राजाराम महाराज ने जो उत्तर दिया, उसमें उन्होंने आश्वासन दिया है, "अपने परमपूज्य पिताजी की ही तरह सत्यशोधक समाज के कार्य के लिए मेरा पूरा सहयोग रहेगा।"

'श्री शाहू सत्यसमाज', कोल्हापुर, संस्था द्वारा 1927 ई. में महात्मा गांधीजी को जो सम्मानपत्र दिया गया था, उसमें शाहू छत्रपति के प्रति ऐसे गौरवोद्गार प्रकट किए गए हैं, "यह समान हक़ का आंदोलन अछूतोद्धारक स्व. राजर्षि शाहू महाराजा ने शुरू किया।

करवीर राज में प्रमुख व्यवसाय खेती का है। ब्राह्मणेतर समाज और किसानों को मानसिक गुलामी से मुक्त करना अत्यावश्यक है, ऐसा महसूस होने पर शाहू छत्रपति ने सत्यशोधक आंदोलन को पूरा सहयोग दिया। पुण्यात्मा शाहू महाराजा की कृपा से ही इस समाज को स्थिरता प्राप्त हुई। उन्हीं के प्रोत्साहन से इस सत्यशोधक मंडली द्वारा थोड़ी-बहुत जन-सेवा हो रही है।''

सत्यशोधक समाज और राजर्षि शाहू छत्रपति के बीच अटूट रिश्ता था। इस समाज के अनुयायियों को शाहू छत्रपति का सहयोग प्राप्त होने से उनके प्रति आदर एवं अभिमान की भावना थी। इसी से कराची से एक सत्यशोधक के नाम से 'विजयी मराठा' के 1922 ई. की 27 नवंबर की पत्रिका में पत्र लिखकर एक व्यक्ति ने अपना मनोगत व्यक्त करते हुए लिखा है, ''महात्मा गांधीजी के अनुयायी अपनी पहचान के लिए अगर अपने सिर पर सफेद टोपी पहनते हैं, समर्थ रामदास स्वामी के शिष्य गेरुए वस्त्र पहनते हैं; परंतु सत्यशोधक समाज के अनुयायी अपनी पहचान के लिए किसी भी चिह्न का प्रयोग नहीं करते, यह बहुत बड़ी खामी है। इसलिए उन्हें शाहू छत्रपति की छपी तसवीर का उपयोग क्यों नहीं करना चाहिए ?'' खुशी की बात है कि उस सत्यशोधक की बात मान ली गई, ऐसा दिखाई देता है। उस समय राजर्षि शाहू छत्रपति के फोटो वाले पदक तैयार किए गए थे। उन पदकों की बिक्री का इश्तिहार विजयी मराठा के 4 दिसंबर, 1922 की प्रति में पढ़ने को मिलता है, ''राजर्षि शाहू लॉकेट विक्रय के लिए तैयार ! मूल्य सादा 10 आने, रंगीन 12 आने।''

महर्षि विठ्ठल रामजी शिंदे का मत था कि राजर्षि छत्रपति शाहू का रुझान आर्यसमाज के पक्ष में था, ऐसा सबूत पेश किया जाता है। महर्षि शिंदे का यह मत 1918 ई. का है। परंतु वऱ्हाड मध्यप्रांतीय सत्यशोधक हीरक महोत्सव के अध्यक्ष के नाते महर्षि शिंदे ने नागपुर में 1934 ई. में निम्न विचार व्यक्त किए थे, ''सत्यशोधक समाज का प्रसार खासकर साली, माली, कोली आदि वर्गों में ही था। परंतु 1907 ई. से राजर्षि शाहू छत्रपति के सत्यशोधक समाज में आ मिलने से ही उच्च वर्ग में विशेषतया मराठों में तीव्रता से प्रचार हुआ और इस प्रकार शाहू-युग का आरंभ हुआ।'' 'Caste and Race in India' इस अपने ग्रंथ में अंतरराष्ट्रीय ख्याति के भारतीय समाजशास्त्री डॉ.जी. एस. घुर्ये लिखते हैं, "Even among the Non-Brahmins the Progress of Phooley's idea was slow. It was the late Maharaja of Kolhapur who infused new life into the agitation so much so that Montagu and Chelmsford, in their Indian Political reforms, had a grant the demands" और इसीलिए 'विजयी मराठा' के संपादक श्रीपतराव शिंदे दृढ़ता के साथ कहते हैं, ''गौतम बुद्ध को जैसे उनके समता और शांति के तत्त्वज्ञान का प्रसार करने के लिए सम्राट अशोक मिले वैसे महात्मा जोतिराव फुले को उनके सत्यशोधक के विचारों का प्रचार करने के लिए शाहू छत्रपति के रूप में राजा उपलब्ध हुआ !''

अध्याय : 13
अस्पृश्यता निर्मूलन

"भले ही मैं हिंदू के रूप में पैदा हुआ हूं, तो भी मैं हिंदू कहलाकर मरूंगा नहीं।" ऐसी क्रांतिकारी घोषणा डॉ. बाबासाहेब आंबेडकर अनेक सार्वजनिक सभाओं और परिषदों में करते थे। डॉ. आंबेडकर सिर्फ यह क्रांतिकारी घोषणा करके रुके नहीं; बल्कि उन्होंने अपने लाखों अनुयायियों समेत नागपुर की नाग-भूमि पर 14 अक्टूबर, 1956 ई. के दिन समारोहपूर्वक हिंदू धर्म त्यागकर बड़े आनंद के साथ बौद्ध धर्म को स्वीकार कर लिया। उसके पीछे एकमात्र कारण था उनके और उनके अनुयायियों के पल्ले पड़ी हुई हिंदू समाज की भयावह अस्पृश्यता ! अस्पृश्यता के कारण खोजने का प्रयत्न आधुनिक महाराष्ट्र में सर्वप्रथम महात्मा फुले ने किया। महात्मा फुले ने हिंदू समाज की अस्पृश्यता की न केवल जानकारी प्राप्त की; बल्कि अपने जीवन के अंत तक अस्पृश्यता खत्म करने के लिए तीव्र संघर्ष किया। अस्पृश्यों के लिए शिक्षा की गंगा उनके द्वार तक ले जाने वाले और इसके लिए उच्चवर्णियों के क्रोध का शिकार बनने वाले महात्मा की प्रशंसा करते समय हमें यह नहीं भूलना चाहिए कि इस पृथ्वी-तल पर दीन-दुर्बलों की ज्ञान-जल की प्यास बुझाने वाला वह आधुनिक काल का भगीरथ है ! 1851 ई. में पुणे जैसी उच्चवर्णियों की नगरी में महार, मांग समाज के बच्चों के लिए पहली पाठशाला शुरू करने वाले भारतीय के रूप में भारत के शैक्षिक इतिहास को उनकी जानकारी देनी ही होगी। पर महात्मा सिर्फ इतना कर चुप नहीं रहे; बल्कि अन्य ब्राह्मणेतरों को संबोधित करते हुए उन्होंने कहा, "अजी! ये महार-मांग पराए नहीं हैं, तुम्हारे ही हैं। तुम्हारे ही वंश के, तुम्हारे ही खून के, तुम्हारे भाईबंद ! इन चालबाज सनातनियों ने तुममें और उनमें भेद किया। उन्हें तुमसे अलग किया। तुम उन्हें अपने पास कर लो।

महात्मा फुले को अपना गुरु मानकर डॉ. बाबा साहब आंबेडकर जीवन के अंत तक अस्पृश्यता खत्म करने के लिए लड़ते रहे। डॉ. बाबा साहब आंबेडकर ने अस्पृश्यता की असह्य आंच स्वयं सही। सनातनी हिंदू समाज-रचना का अस्पृश्यता का जहर स्वयं पचा लिया और अन्य कोई उस जहर का शिकार न बने, इसलिए वे अविरत जूझते रहे। परंतु गोविंद प्रभु से लेकर महर्षि विठ्ठल रामजी शिंदे की परंपरा में ऐसे अनेक समाजसुधारक रहे हैं, जिनका अस्पृश्यता का कोई स्वानुभव नहीं था, वह उनकी स्वयं की वेदना नहीं थी,

तो भी वे सभी महामानव अस्पृश्यता रूपी शैतान से अपनी जान की बाजी लगाकर मुकाबला किया। उन सबमें शाहू छत्रपति ने अस्पृश्यता के खिलाफ जो मुकाबला किया, वह अपने आपमें बहुत महत्त्वपूर्ण था। यदि उसे श्रेष्ठ कहें, तो यह गलत नहीं होगा, क्योंकि न वे केवल एक राजा; बल्कि छत्रपति होते हुए भी उन्होंने अस्पृश्यता के विरोध में जो युद्ध छेड़ा उसे एक चमत्कार ही मानना पड़ेगा। अस्पृश्यता के विरुद्ध जिन सवर्ण समाज सुधारकों ने जी-जान से प्रयत्न किए, उनके कार्य की खिल्ली उड़ाने की भरसक कोशिश करुणा के कुछ उत्तराधिकारी कर रहे हैं, महात्मा गांधीजी, महर्षि विट्ठल रामजी शिंदे और प्रा. श्री म. माटे जैसे समाज-सुधारकों के प्रयत्न जानबूझकर आंखों से ओझल किए जा रहे हैं। शाहू छत्रपति ने अस्पृश्यता खत्म करने के लिए अपने राज-सिंहासन की बाजी लगाई, उनके गगनचुंबी कार्य को आंखओट, पहाड़ओट करने के कुछ दुष्टों के प्रयत्न जानबूझकर चलते रहते हैं। इसलिए राजर्षि शाहू छत्रपति के कार्य की जानकारी बड़ी सतर्कता से लेनी पड़ती है, तभी उनका असली चरित्र सही मायने में उजागर हो सकता है।

जिस मंडल आयोग के बारे में आज भी उलटी-सीधी चर्चा चल रही है, उसके संबंध में अनुकूल-प्रतिकूल मत-मतांतर व्यक्त हो रहे हैं। उस मंडल आयोग के आरक्षित स्थानों का प्रस्ताव सर्वप्रथम महात्मा फुले ने अपने 'शेतकऱ्याचा असूड'(किसान का हंटर) ग्रंथ में दर्ज किया है। अस्पृश्यता खत्म करने के कार्य का प्रथम पुरजोर कदम शाहू छत्रपति ने 26 जुलाई, 1902 ई. को उठाया। अपनी रियासत की पिछड़ी जातियों की रियासत में नौकरियों के बारे में उन्होंने निम्न शब्दों में आज्ञापत्र प्रकाशित किया। उस समय वे स्वयं इंग्लैंड में थे-

''आजकल कोल्हापुर रियासत में सभी वर्ण की प्रजा को शिक्षा के लिए प्रोत्साहित करने के हरसंभव प्रयत्न किए जा रहे हैं; परंतु सरकार द्वारा पिछड़ी जातियों के लोगों के सुधार के लिए उठाए गए कदमों की जितनी सराहना होनी चाहिए थी, उतनी नहीं हुई, इस बात का सरकार को दुख है।

अतः बहुत सोच-विचार करने के बाद सरकार ने यह निष्कर्ष निकाला है कि वांछित सराहना न मिलने के पीछे ऊंची शिक्षा के लिए अनुदान की पर्याप्त मात्रा का होना है।

अतः ऐसी परिस्थिति में बीच का रास्ता निकालने के लिए आवश्चक है कि महाराजा के प्रजाजनों में से पिछड़े वर्ण के लोग ऊंची शिक्षा प्राप्त करें, इसलिए उनके प्रोत्साहन के लिए अपनी रियासत की नौकरियों का बहुत अधिक भाग उनके लिए अलग से आरक्षित रखना उचित होगा, ऐसा सरकार ने तय किया है।

अत: महाराजा ऐसा हुक्म फरमाते हैं कि इस हुक्म के प्राप्त होने की तारीख से रिक्त पदों में से पचास प्रतिशत पद पिछड़ी जातियों को दिए जाएं। अगर क्सिी दफ्तर में पिछड़ी जातियों के अधिकारियों की संख्या फिलहाल पचास प्रतिशत से कम हो तो उस पद पर अगली नियुक्ति पिछड़ी जाति के व्यक्ति की ही की जाए।''

इस हुक्म के प्रकाशन के पश्चात् की हुई सभी नियुक्तियों का त्रैमासिक पत्रक हर विभाग के प्रमुख सरकार के पास भेज दे।

सूचना : पिछड़े हुए वर्ण का अर्थ ब्राह्मण, प्रभू, शेणवी, पारसी और अन्य जो आगे जा चुके हैं, उन्हें खारिज कर अन्य सभी वर्णों के लिए ऐसा किया जाए।

हुजूर–आज्ञानुसार

नागेश पांडुरंग भिडे

खानगी प्रबंधक

शाहू छत्रपति जब इंग्लैंड में थे, तभी उन्होंने यह क्रांतिदर्शी आज्ञापत्र जारी किया था, जिसमें पिछड़े समाज के लिए रियासत की नौकरियों में आरक्षण का प्रावधान था। साढ़े तीन महीने का इंग्लैंड का अपना दौरा पूरा कर 31 अगस्त, 1902 ई. को छत्रपति कोल्हापुर आए। यात्रा से लौटते समय अनेक स्थानों पर उनका भव्य स्वागत हुआ। रियासत की नौकरियों में पचास प्रतिशत स्थान पिछड़ी हुई जातियों के लिए आरक्षित रखने का महत्त्वपूर्ण निर्णय लेकर दीन–दुखियों को स्वाभिमान से जीने का जो मौका उन्होंने दिया था, इसके लिए प्रकट रूप से कृतज्ञता व्यक्त करने का प्रथम सम्मान हाथकणंगले की नगरपालिका ने प्राप्त किया। खास सभा का आयोजन कर उन्होंने इस क्रांतिदर्शी आज्ञापत्र के लिए शाहू छत्रपति का अभिनंदन किया।

शाहू छत्रपति जब कोल्हापुर रियासत की गद्दी पर विराजमान हुए, तब कोल्हापुर रियासत की कुल जनसंख्या नौ लाख थी। उस नौ लाख आबादी में 97 प्रतिशत लोग ब्राह्मणेतर थे। बाकी 3 प्रतिशत लोग उच्च वर्ण के थे। वास्तव में देखा जाए तो शाहू छत्रपति ने कुल आबादी के 97 प्रतिशत लोगों के लिए अर्थात् ब्राह्मणेतर समाज के लिए कुल नौकरियों की 50 प्रतिशत नौकरियां आरक्षित रखकर बाकी 50 प्रतिशत नौकरियां जिनकी संख्या 3 प्रतिशत मात्र थी, उस प्रगत समाज के लिए दी थीं। इससे स्पष्ट होता है कि उसमें अगर सचमुच अन्याय होता है तो वह ब्राह्मणेतर समाज पर ही होता है। परंतु तब भी लोकमान्य तिलक के समाचार–पत्र 'केसरी' ने प्रस्तुत आज्ञापत्र का जिक्र अन्यायकारी और अदूरदर्शी योजना के रूप में करते हुए आगे लिखा था, ''यह आज्ञापत्र सिर्फ ब्राह्मणों को ही धक्का पहुंचाने वाला नहीं; अपितु रियासत के हितकर्ताओं को भी धक्का पहुंचाने वाला है। इसके साथ ही यह भी कभी सुनने में नहीं आया कि छत्रपति ने इसके पहले तेली, तमोली और मुसलमानों को शिक्षा देने का कभी प्रयत्न किया था।'' लोकमान्य तिलक ने अपने अंग्रेजी 'मराठा' साप्ताहिक पत्र में लिखा है, ''यह आज्ञापत्र घोषित कर शाहू छत्रपति ने राज–कारोबार में जातीयता का मुद्दा खड़ा कर दिया।'' इस आज्ञापत्र से प्रगत जातियों का सुखी जीवन, संकट में आ जाएगा यह ध्यान में आते ही 'केसरी' ने शाहू छत्रपति पर यह इलजाम लगाते हुए लिखा है, ''शाहू महाराजा पिछड़ी हुई जातियों के हित का बुरका ओढ़कर मात्र मराठा समाज का हित–रक्षण करना चाहते हैं।''

महाराष्ट्र के उच्चवर्णीय समाज में इस आज्ञापत्र का 'अपवित्र बात' कहकर निषेध होने लगा। प्रा. विजापुरकर की 'समर्थ' पत्रिका ने ऐसी आलोचना करते हुए लिखा है, ''इस आज्ञापत्र ने कानून की पवित्रता ही नष्ट कर दी है। शास्त्रों में उच्चवर्णियों को जो अधिकार प्रदान किए गए हैं, उन्हें उनसे वंचित कर दिया गया है।''

शाहू छत्रपति ने जीवनभर ब्राह्मणों से द्वेष किया, उनका तिरस्कार किया–वास्तव में यह सत्य नहीं है। संबंध में गलतफहमी है। क्योंकि उनके दरबार में अनेक ब्राह्मण ऊंचे ओहदे पर स्थानापन्न थे। तोफखाने, करमरकर, गोखले, भिडे जैसे ब्राह्मण लोग महाराजा के खास विश्वासपात्र के रूप में जाने जाते थे। सांगली के अभ्यंकर वकील महाराजा के खास स्नेही थे।

सांगली के प्रख्यात वकील एक बार शाहू छत्रपति से मिलने कोल्हापुर आए थे। उस भेंट में उन्होंने जातिगत छात्रवृत्ति देने की महाराजा की नीति के बारे में नापसंदगी व्यक्त की। शाहू छत्रपति को संबोधित कर वे बोले, ''महाराजा ! आप जाति देखकर छात्रवृत्ति देते हैं, यह ठीक नहीं है। व्यक्ति की योग्यता को देखकर स्कॉलरशिप या नौकरियां दी जानी चाहिए।''

शाहू छत्रपति ने शांत-चित्त से उनका कहा सुन लिया। उस समय अभ्यंकर वकील शाहू छत्रपति के रथ ही में बैठे हुए थे। अभ्यंकर वकील को कोई भी उत्तर दिए बिना उन्होंने अपना रथ घुड़साल की ओर ले जाने को कहा। घोड़ों को घास देने का वह समय था। घुड़साल के नौकरों से महाराजा ने घास-चने लाने के लिए कहा, सामग्री देखते ही खाने के लिए सभी घोड़े दौड़ते हुए आए; पर उनमें जो हृष्ट-पुष्ट, सशक्त थे आगे आकर सारे चने खा डाले। जो लूले, लंगड़े, अशक्त और रोगी थे, वे पीछे ही रहे। आगे आने की इच्छा होने पर भी वे घोड़े आगे आ नहीं पाए। उन्हें घास-चने मिल नहीं पाए।

अभ्यंकर को वह दृश्य दिखाकर शाहू छत्रपति बोले, ''देखा अभ्यंकर; जो होशियार, सशक्त और हृष्ट-पुष्ट थे उन्होंने ही सारे चने खा डाले और जिन्हें चनों की सख्त जरूरत थी वे घोड़े पीछे ही रहे। इसलिए उन्हें तोबड़े में से खिलाना पड़ता है। उन्हें अगर वैसा न खिलाया जाए तो उन बेचारों को कुछ भी नहीं मिलेगा। अब आप ही बताइए पिछड़े हुए समाज को आगे लाने के लिए क्या उन्हें ज्यादा सहूलियतें नहीं देनी चाहिए ?''

अभ्यंकर उत्तर सुनकर क्षणभर के लिए विचारमग्न हो गए, फिर बोले, ''आपका कहना सच है महाराजा !''

इस देश में उच्चवर्णियों द्वारा अस्पृश्यों को जो यंत्रणाएं सहनी पड़ती हैं, उनसे इन्सानियत छीनकर उनके साथ पशु जैसा व्यवहार किया जाता है, इसके लिए मुख्यतया जिम्मेदार है उनका अज्ञान, अशिक्षा ! विद्या के बिना ही वे अपना जीवन व्यतीत करते हैं। यही उनके समूचे दुख-दारिद्र्य का मूलभूत कारण है। इसकी टोह इस देश में सर्वप्रथम महात्मा फुले ने ली थी। इसी से 1883 ई. में उनके द्वारा लिखे गए 'शेतकऱ्यांचा असूड' (काश्तकार का हंटर) ग्रंथ में उन्होंने शूद्रातिशूद्रों को उच्चवर्णियों की सर्वांगीण गुलामी से पूर्णरूपेण मुक्त करने के लिए उन्हें ज्ञानी बनाना, उनका अज्ञान दूर करना, शिक्षा और ज्ञान की गंगा में उन्हें मुक्त रूप से विचरण करने देना यही एक प्रभावपूर्ण इलाज है, इसका अचूक अंदाज महात्मा फुले ने व्यक्त किया था। इसी से 1851 ई. में उन्होंने महार, मांग के लड़कों के लिए पुणे जैसे सनातनी समाज के अत्यंत सुरक्षित केंद्र में पहली पाठशाला शुरू कर अपने सामाजिक कार्य का श्रीगणेश किया। इतना ही नहीं; बल्कि उन्होंने मांग और चमार समाज के व्यक्तियों को शिक्षक के रूप में काम करने का मौका उपलब्ध करा दिया। उनके महार-

मांग समाज के लड़कों की पाठशाला में धुराजी आप्पाजी चमार और गणू शिवाजी मांग नामक शिक्षक अध्यापन करते थे, ऐसी जानकारी प्रख्यात संशोधक य. दि. फड़के ने अत्यंत परिश्रम के साथ संपादित अपने 'महात्मा फुले समग्र वाड्मय' ग्रंथ के चतुर्थ संस्करण में दी है। महात्मा फुले ने 1882 ई. में हंटर कमीशन को लिखित रूप में अंग्रेजी में दी हुई गवाही में आक्रोश के स्वर में बताया है कि मध्यम और कनिष्ठ जातियों की शिक्षा में कितना फर्क है ! इतना ही नहीं, महात्मा फुले ने अपने अंतिम ग्रंथ 'सार्वजनिक सत्यधर्म' में सत्यवर्तनी किसे कहा जाए, इस प्रश्न के उत्तर में उन्होंने जो 33 तत्त्व दिए हैं, उनमें से 24वें तत्त्व में उन्होंने बताया है, ''स्त्री अथवा पुरुष, जो अपने समाज के लोगों का वर्चस्व अबाधित रखने के लिए पाठशाला में पढ़ाते समय अन्य समाज के बालकों के साथ अपनापन का भाव नहीं रखते या पाठशाला में पढ़ाते समय द्वैतभाव की भर्त्सना करते हैं, वे सत्यवर्तन करने वाले कहलाते हैं।''

1894 ई. में शाहू छत्रपति जब कोल्हापुर की गद्दी पर बैठे तब महार, मांग, चमार, ढोर जैसे अस्पृश्य समाज की कोल्हापुर रियासत में जनसंख्या लगभग लाख भर थी। वेदोक्त प्रकरण में सनातनी ब्राह्मणों ने शाहू छत्रपति का जो असह्य अपनाम किया था, उससे उनकी आंख खुली थी । अपने जैसे क्षत्रिय छत्रपति राजा के साथ अगर वे ऐसा भयानक, असह्य दुर्व्यवहार कर सकते हैं तो जो साक्षात् शूद्रातिशूद्र हैं, उन्हें कैसी असह्य यंत्रणाएं सहनी पड़ती होंगी, ये बातें उन्हें अंदर तक झकझोर गईं।

एक बार शाहू छत्रपति अपने रियासती प्रदेश में शिकार के लिए घूम रहे थे। उस दौरान उन्होंने अनेक देहातों में अपनी आंखों से देखा था कि ब्राह्मण-मराठों जैसे ऊंचे वर्ण के कहलाने वाले लोग अस्पृश्यों के साथ कैसा अमानुष बर्ताव करते थे। उनकी समझ में आ गया कि अस्पृश्यों के लिए जब तक ज्ञान के द्वार खोले नहीं जाएंगे, तब तक उनका सर्वांगीण विकास नहीं होगा। जब तक उन्हें लिखा-पढ़ाकर ज्ञानसंपन्न नहीं बनाया जाता तब तक वे उच्चवर्णियों की गुलामी से मुक्त नहीं हो सकते। इसलिए महात्मा फुले के बहुजन समाज के कल्याणकारी विचारों की विरासत को आगे बढ़ाने के लिए शाहू छत्रपति ने अस्पृश्य समाज की शिक्षा का महान कार्य अपने हाथ में लिया। नासिक के श्री उदाजी मराठा छात्रावास की इमारत की नींव डालने के अवसर पर 15 अप्रैल, 1920 ई. को अपने अध्यक्षीय भाषण में उन्होंने कहा, ''निम्न जातियों के लोगों की बुद्धि पर जो बोझिल और जुल्मी जुआ लादा गया है उसे उतार फेंकने की शक्ति और मुफ्त की प्राथमिक शिक्षा की अत्यावश्यकता है। प्रजा को ऐसी शिक्षा देने की शुरुआत मैंने की है, इसके लिए अनिवार्य शिक्षा कानून पर अमल जारी रखा है। इससे उनकी अगली पीढ़ी शिक्षित होगी, ऐसा मुझे पूरा विश्वास है।''

विष्णुशास्त्री चिपळूणकर ने पुणे में न्यू इंग्लिश स्कूल की स्थापना की, उसकी प्रगति भी खूब हुई। उसके बाद तिलक और आगरकर ने डेक्कन एजूकेशन सोसाइटी की स्थापना कर 1885 ई. के जनवरी महीने में तत्कालीन बंबई इलाके के गवर्नर फर्ग्युसन के नाम से पुणे

में पहला महाविद्यालय शुरू किया। इससे ऐसा स्पष्ट होता है कि तिलक और आगरकर ने अपना ध्यान उच्च शिक्षा के प्रसार पर ही अधिक केंद्रित किया था। उनकी दृष्टि से उच्च शिक्षा की आवश्यकता महत्त्वपूर्ण थी। पर महात्मा फुले और शाहू छत्रपति ने बहुजन समाज की प्राथमिक शिक्षा की आवश्यकता को अत्यावश्यक और महत्त्वपूर्ण मानकर शिक्षण प्रसार का कार्य अपने हाथ में लिया, ऐसा दिखाई देता है।

करवीर-राज में 1896-97 ई.में अछूतों की पाठशालाएं 6 थीं और उनमें पढ़ने वाले विद्यार्थियों की संख्या कुल 196 थीं। यही संख्या शाहू छत्रपति के अथक परिश्रम से और दृढ़ प्रयत्न से 1910 ई. में 694 हुई और पाठशालाओं की संख्या 22 हो गई। उन्होंने अपने निजी खर्चे से सोनतली स्टेशन बंगला और रुकड़ी में अस्पृश्य-छात्रालय शुरू किए। इसके बाद कोल्हापुर में अस्पृश्य विद्यार्थियों के लिए मिस क्लार्क छात्रावास खोला गया। इसके अलावा 1918 ई. में आर्यसमाज गुरुकुल, वुडहाउस छात्रावास, 1919 ई. में ढोर-चमार तथा इंदुमती रानीसाहिबा छात्रावास के साथ पंढरपुर में सनातनियों के दूसरे अत्यंत सुरक्षित किले में—1920 ई. में अस्पृश्य छात्रालय शुरू किया। नागपुर और नासिक के अस्पृश्य छात्रावासों को शाहू छत्रपति ने पांच-पांच हजार रुपए देकर उनके व्यवस्थापन को अधिक सुदृढ़ और कार्यक्षम बनाने में सहायता की।

अस्पृश्यों के लिए सिर्फ छात्रालय की सुविधा मुहैया कर शाहू छत्रपति चुप नहीं बैठे; बल्कि 24 सितंबर, 1911 ई. को पिछड़ी जाति के विद्यार्थियों की फीस माफ करने का प्रस्ताव भी उन्होंने मंजूर कर लिया। राजाराम हाईस्कूल और राजाराम कॉलेज के अस्पृश्य विद्यार्थियों को मुक्त-प्रवेश दिया गया। उन्हें प्रोत्साहन देने के लिए खास छात्रवृत्ति भी दी गई थी। उन्होंने अपने लाडले सुपुत्र प्रिंस शिवाजी की स्मृति में दस हजार रुपए हुजूर-खजाने में अलग से रखकर उसके व्याज से हर अस्पृश्य विद्यार्थी को पांच रुपयों की छात्रवृत्ति देने का प्रबंध किया था।

22 अक्टूबर, 1920 ई. को बडोदरा के अपने खास स्नेही खासेराव जाधव को रजपूतवाडी से शाहू छत्रपति का लिखा हुआ एक विस्तृत पत्र आज भी उपलब्ध है। उसमें उन्होंने पंढरपुर के विठ्ठल मंदिर के नैवेद्य के लिए होने वाला खर्च बंद कर उसका उपयोग गरीब विद्यार्थियों की शिक्षा के लिए करने का हुक्म दिया है।

1919 ई. के सितंबर के अंत तक अस्पृश्य और सवर्णों की पाठशालाएं अलग-अलग होती थीं। मशहूर लेखक और शिक्षा विशारद श्री वि. द. घाटे ने अपने आत्मचरित्र 'दिवस असे होते' (दिन ऐसे थे) में शिक्षणाधिकारी के रूप में काम करते समय जो अनुभव किया, उसे बड़ी उदारता से रेखांकित किया है। सवर्णों की पाठशालाओं का निरीक्षण करने के लिए जब वे जाते थे तब अस्पृश्य शिक्षक कांख में मुर्गी दबाए (पाठशाला निरीक्षक को भेंट देने के लिए) अपने सारे छात्रों के साथ चिलचिलाती धूप में सवर्ण विद्यार्थियों के स्कूल के सामने खड़े होकर उनके भी स्कूल का निरीक्षण करने की अत्यंत दीनता के साथ प्रार्थना करते। इन घटनाओं का ऐसा प्रामाणिक चित्रण किया है कि पुस्तक पढ़ते ही बनती है।

अस्पृश्यता को समूल नष्ट करने का शाहू छत्रपति ने बीड़ा उठाया था, इसलिए वे अपने निजी नौकरों में अस्पृश्यों को अधिक मौका तो देते ही थे। इसके साथ ही खुलेआम अस्पृश्यता तोड़ने की घटनाओं का आयोजन भी करते थे। अस्पृश्यों के लिए अलग स्कूल का होना अब उनके लिए असह्य हो गया था। स्पृश्य और अस्पृश्य विद्यार्थी एक साथ सहशिक्षा का लाभ उठाएं यह उनकी आंख के सामने रहने वाला हमेशा का सपना था। उस सपने को वे व्यावहारिक रूप देना चाहते थे, इसलिए उन्होंने 1919 ई. के दशहरे के दिन इस जीर्ण और समाज-विघातक प्रथा को दफनाने का क्रांतिदर्शी फरमान निकाला। 30 सितंबर, 1919 ई. का वह फरमान इस प्रकार है, ''इस बार के दशहरे से करवीर राज की (जागीरें छोड़कर) अस्पृश्यों के लिए जो अलग स्कूल हैं, वे हमेशा के बंद किए जा रहे हैं। सरकारी स्कूल में जैसे अन्य जाति के विद्यार्थियों को दाखिल किया जाता है, वैसे ही अस्पृश्य विद्यार्थियों को भी दाखिल करना है। छुआछूत की प्रथा का पालन सरकारी स्कूलों में नहीं होना चाहिए। सभी जाति-धर्म के छात्रों को एक स्थान पर मिल-जुलकर बैठना है।

शाहू छत्रपति ने ऐसा फरमान भले ही निकाला हो तो भी प्रत्यक्ष में सवर्ण शिक्षक पाठशालाओं में अस्पृश्य विद्यार्थियों के साथ बहुत ही बुरा बर्ताव करते थे। उन्हें पाठशाला के अहाते में बिठाते थे। उनसे कोई गलती होने पर उन्हें मारने-पीटने के लिए अलग रखी छड़ी का इस्तेमाल करते थे। उन्हें सदैव डराया जाता था। उन्हें कभी किसी भी तरह का संम्मान प्राप्त नहीं होता था। इसलिए शाहू छत्रपति ने उनके लिए 28 अगस्त, 1921 ई. को यह हुक्म जारी किया, ''मिरज के अमेरिकन मिशन सेंट जेवियर, विल्सन कॉलेज, बेंगलोर, पांचगणी के मिशन स्कूल या आर्यसमाज के स्कूल और कॉलेज, गुरुकुल, रेल और सरकारी अफसर—ये सभी जिस तरह स्पृश्यास्पृश्य भेदभाव नहीं करते, उसी तरह का बर्ताव करवीर रियासत का शिक्षा विभाग करे। सरकार द्वारा सहायता-प्राप्त किसी भी स्कूल में अस्पृश्य विद्यार्थी के आने पर शिष्ट व्यक्ति की ही तरह उसके साथ बर्ताव कर उसे सम्मान के साथ स्कूल में प्रवेश दिया जाए। ऐसा बर्ताव करने के लिए शिक्षा विभाग के किसी व्यक्ति को एतराज हो तो वह इस आदेश के छः सप्ताह के भीतर अपना त्यागपत्र दे दे। स्मरण रहे, उस व्यक्ति को पेंशन नहीं मिलेगी। जिन शिक्षा संस्थानों को सरकारी मदद मिलती हो, अगर उन संस्थाओं को इससे इनकार हो, तो उनकी ग्रांट या अन्य सहायता भी दरबार की ओर से बंद कर दी जाएगी। कोई भी शिक्षक चाहे वह कितना भी थका-मांदा हो, अस्पृश्य विद्यार्थी के स्कूल में आते ही उसकी मदद करे। सभी शिक्षकों को चाहे वे सरकारी हों या अनुदानित संस्था में काम करने वाले हों, रायबहादुर डोंगरे उन सबको इस हुक्म की सत्यापित प्रति भेज देंगे।''

''मेरे तीसरे गुरु महात्मा जोतिबा फुले हैं। ब्राह्मणेतर समाज के सच्चे गुरु वे ही हैं। दर्जी, कुम्हार, नाई, मछुआ, महार, मांग, चमार—इन सभी जातियों को इनसानियत का पाठ महात्मा फुले ने ही पढ़ाया। राजनीति में हम पहले से ही जोतिबा के बताए मार्ग से चल रहे थे। कोई भले कहीं भी जाए, पर हम तो जाएंगे जोतिबा के बताए मार्ग से ही। साथ में कार्ल

मार्क्स को लेंगे या किसी अन्य को; पर जोतिबा का बताया मार्ग नहीं छोड़ेंगे। ऐसे मेरे तीन गुरु हैं। इन्हीं की सीख से मेरा जीवन गठित हुआ है।'' डॉ. बाबा साहब आंबेडकर ने 1954 ई. में अपने एक भाषण में महात्मा जोति बा फुले का ऐसा गौरवपूर्ण उल्लेख किया था।

नवसारी के 1918 ई. में दिए हुए अपने एक भाषण में शाहू छत्रपति ने कहा था, ''जोतिराव फुले और उनके अनुयायियों ने भली-भांति समझ लिया था कि वहां अब प्यारी-प्यारी बातों से काम सधने वाला नहीं, अतः ब्राह्मण ब्यूरोक्रेसी के साथ ऐसा ही बर्ताव करना चाहिए। अत: उन्होंने जैसे को तैसा की नीति से ब्राह्मणों के विरोध में उपदेश देना शुरू कर दिया। इस दक्षिण भूमि में सच्ची धर्म-विद्या और धर्म का प्रवेश अगर होना है तो सत्यशोधक समाज जैसों को इस भूमि पर उस काम के लिए अनुकूल वातावरण तैयार करना चाहिए।''

उपर्युक्त उद्गारों से सहज ही ध्यान में आता है कि राजर्षि शाहू छत्रपति और डॉ. बाबा साहब आंबेडकर के कार्यों का प्रेरणा-स्रोत महात्मा फुले के विचार थे। अतः ऐसा निश्चित रूप से कहा जा सकता है कि राजर्षि शाहू छत्रपति और डॉ. बाबा साहब आंबेडकर जैसे महापुरुषों का आपसी स्नेह सुदृढ़ होने में अधिक समय नहीं लगा होगा।

राजर्षि शाहू छत्रपति और डॉ. बाबा साहब आंबेडकर के आपसी स्नेह-संबंध कब शुरू हुए, इसके बारे में कोई निश्चित तारीख उपलब्ध नहीं है। परंतु 1902 ई. से 1920 ई. तक शाहू छत्रपति द्वारा अपनी रियासत में पिछड़ों के लिए आरक्षित स्थान, अस्पृश्यों के लिए मुफ्त शैक्षिक सुविधा, अपनी खानगी नौकरियों में उनकी भर्ती, अस्पृश्यता मानने को कानूनन गुनाह घोषित करना, महार जागीर नष्ट करना आदि अस्पृश्य समाज के आर्थिक और सामाजिक विकास के लिए किया हुआ उनका अपूर्व कार्य छत्रपति के एक श्रद्धावान सहयोगी दत्तोबा पोवार से डॉ. आंबेडकर को निश्चित ही मालूम हुआ होगा। दत्तोबा पोवार शाहू छत्रपति और डॉ. आंबेडकर इन दोनों के बीच की कड़ी थे। इन दोनों की प्रथम भेंट कराने वाले दत्तोबा पोवार ही थे। साथ ही साथ राजर्षि शाहू छत्रपति द्वारा अस्पृश्यों के उद्धार के लिए किए गए कार्यों की जानकारी देने का महत्त्वपूर्ण कार्य बहुजन समाज के प्रथम शिव-चरित्रकार कृष्णाजी अर्जुन केळुसकर और कर्मवीर विठ्ठल रामजी शिंदे ने किया होगा, इसे भी नकारा नहीं जा सकता। शाहू छत्रपति और डॉ. बाबा साहब आंबेडकर की प्रथम भेंट का आयोजन करने में कोल्हापुर के चित्रकार दत्तोबा दलवी का महत्त्वपूर्ण सहयोग था ऐसा मत 'छत्रपति शाहू महाराज आणि कायदेकानू' (छत्रपति शाहू महाराजा और कायदेकानू) ग्रंथ के लेखक श्री द. रा. बगाडे ने व्यक्त किया है।

उन दोनों में जो हार्दिक स्नेहभाव उत्पन्न हुआ था, स्वयं राजर्षि शाहू छत्रपति अपना नृपतिपद विस्मृत कर डॉ. आंबेडकर के साथ प्रगाढ़ संबंध बनाने की दिशा में प्रयत्नशील थे। डॉ. आंबेडकर के एक चरित्र लेखक चांगदेव भवानराव खैरमोडे अपने आंबेडकर चरित्र के दूसरे खंड में लिखते हैं, ''उनका (राजर्षि शाहू का) भीमराव से जो परिचय हुआ, उसे उन्होंने स्वयं वृद्धिंगत किया। राजर्षि जब कभी बंबई आते, तब पोयबावडी की भीमराव की सीमेंट चाल के नीचे अपनी मोटर खड़ी करते और वहीं से उन्हें पुकारते। वे उन्हें बंबई

के निवासस्थान पर ले जाते और अपनी दाईं ओर बिठाकर उनके साथ भोजन करते। राजर्षि की सुकन्या आक्कासाहिबा और सुपुत्र राजाराम महाराज–ये दोनों भीमराव को मामा कहकर पुकारते थे। भीमराव के छत्रपति के परिजनों के साथ ऐसे हार्दिक संबंध थे। राजर्षि और भीमराव के बीच ब्राह्मणेतर समाज की सर्वांगीण प्रगति के संबंध में खूब चर्चा होती थी और वे दोनों एक साथ कई योजनाएं भी बना डालते।''

राजर्षि शाहू के कार्यकाल के अंतिम 2-3 वर्षों में उनमें और डॉ. बाबा साहब आंबेडकर में जो पत्रव्यवहार हुआ वह आज उपलब्ध है। उन पत्रों से पता चलता है कि किस प्रकार राजर्षि शाहू तंगी के समय डॉ. आंबेडकर की आर्थिक सहायता करते थे। उनके नवोदित नेतृत्व की किस तरह सराहना करते थे। साथ–साथ यह भी समझ में आता है कि डॉ. आंबेडकर को महाराजा के बारे में कैसा आदरभाव था और राजर्षि का व्यक्तित्व उन्हें किस प्रकार प्रेरणादायी लगता था।

कोल्हापुर जिले के माणगांव नामक एक छोटे से देहात में 20 मार्च, 1920 ई. को अस्पृश्य–परिषद की पहली ही बार प्रचंड सभा संपन्न हुई। उस परिषद को प्रेरणा देने वाले शाहू छत्रपति ही थे। शाहू चरित्र–लेखक कृ. गो. सूर्यवंशी ने मत व्यक्त किया है कि माणगांव की अस्पृश्यों की परिषद का आयोजन राजर्षि शाहू ने ही करवाया था। उस परिषद में गंगाराम कांबले, दत्तोबा पोवार, डॉ. रमाकांत कांबले, दादासाहब शिर्के, तुकाराम गणाचार्य, शिवराम कांबले, निंगाप्पा ऐदाले, पंजाबराव ईश्वरा हुलस्वार हेर्लेकर आदि अस्पृश्य कार्यकर्ताओं के साथ–साथ माणगांव के समाज–सुधारक आप्पासाहब दादगोंडा पाटील, बंबई के बैरिस्टर तल्यारखान, भास्करराव जाधव आदि स्पृश्य समाज के नेतागण भी थे। उस परिषद के अध्यक्ष के रूप में डॉ. बाबा साहब आंबेडकर को चुना गया था।

माणगांव की परिषद के लिए जो 30 खंभों का प्रचंड मंडप तैयार किया गया था, उस मंडप को बनवाने के लिए कई अस्पृश्य तथा अन्य कार्यकर्ता लगातार 2-3 सप्ताह से कठोर मेहनत कर रहे थे। मंडप के भीतर मंच पर तथा पंडाल में सर्वत्र फूलों से लदे हुए गमले रखे गए थे। उस परिषद के लिए महाराष्ट्र और कर्नाटक से हजारों लोग आत्मीयता से आए हुए थे। 20 मार्च, 1920 ई. को परिषद के नियोजित अध्यक्ष डॉ. बाबा साहब आंबेडकर को खास जुलूस के साथ सभास्थान पर ले जाया गया। परिषद का मंडप लोगों से खचाखच भर गया था। स्वागताध्यक्ष आप्पासाहब दादगोंडा पाटील का स्वागत भाषण हुआ। उन्होंने सभा के सूत्र डॉ.आंबेडकर को सौंपे। इतने में सभास्थान पर शाहू छत्रपति आ धमके। उनके आते ही सभी उपस्थितों ने उनकी जय के नारे लगाने शुरू किए। थोड़े ही समय बाद फिर से सभा की कार्यवाही शुरू हुई। अपने उस ऐतिहासिक भाषण में खुले दिल से शाहू छत्रपति ने कहा कि वे डॉ. आंबेडकर का भाषण सुनने के लिए ही शिकार छोड़कर आए हैं। उसी भाषण में उन्होंने यह भी स्पष्ट किया कि अस्पृश्यों की हाजिरी–प्रथा बंद क्यों की गई ? उन्होंने कहा, ''हाजिरी–प्रथा के कारण इन गरीब लोगों पर गांव कामगार तथा अन्य अफसरों द्वारा बहुत जुल्म हुआ करते थे। यानी देहात में मजदूरी की दर बारह आने होने पर

भी अनुपस्थिति का डर दिखाकर वे अफसर गरीबों से मुफ्त में काम करवा लेते थे। कभी-कभार उनके पेट की खातिर थोड़ा-बहुत देते थे।'' आगे अपने भाषण में उन्होंने महार जागीर क्यों बंद करना चाहते हैं, इसको स्पष्ट किया और अप्रत्यक्ष रूप से सूचित किया कि अस्पृश्य लोग डॉ. आंबेडकर को ही अपना नेता क्यों चुनें ?और उन्होंने इस बारे में गंभीर शब्दों में चेतावनी दी, ''हमीं में से कुछ स्वार्थी लोग अयोग्य नेता को नियुक्त कर अज्ञानी लोगों को ठगते हैं। पशु-पक्षी भी अपनी जाति का अगुआ चुनते हैं। ध्यान रहे कि पंछियों का नेता कभी जानवर नहीं होता, पंछी ही होता है। गाय, बैल और भेड़ों का नेता गड़रिया होता है। परिणामस्वरूप उन्हें अंत में बूचड़खाने में जाना पड़ता है।

परिषद के समाप्त होने पर शाहू छत्रपति और डॉ. आंबेडकर ने अपने सहयोगियों के साथ सहभोज किया। माणगांव परिषद की ही तरह नागपुर, दिल्ली और नासिक में अस्पृश्य समाज की जो सभा हुई उनमें शाहू छत्रपति ने डॉ. आंबेडकर की खुले दिल से तारीफ ही की है, ऐसा दिखाई देता है।

31 जनवरी, 1920 ई. को मराठी समाचार-पत्र सृष्टि में 'मूकनायक' ने पहला कदम रखा। डॉ. आंबेडकर ने यह समाचार-पत्र शुरू किया था; पर वे तब सिडनेहॅम कॉलेज में प्राध्यापक के रूप में कार्यरत थे। इसलिए उन्हें उस पत्र के संपादक के रूप में अस्पृश्य समाज के एक सुविद्य कार्यकर्ता पांडुरंग नंदराम भटकर का नाम 'मूकनायक' संपादक के रूप में लिखना पड़ता था। उस पत्र के बोधवाक्य के रूप में महाराष्ट्र के संत कवि तुकाराम का निम्न अभंग पढ़ने को मिलता है :

'काय करू आता धरुनिया भीडा।
निःशंक हे तोंड वाजविले।।
नव्हे जगी कोणी मुकी यांचा जाण।
सार्थक लाजून नव्हे हित।।'

डॉ. गंगाधर पानतवणे ने अपने 'पत्रकार बाबा साहब आंबेडकर' ग्रंथ में लिखा है कि 'मूकनायक' पत्रिका में डॉ. आंबेडकर ने सिर्फ चौदह लेख लिखे हैं। इन पत्रों के मंतव्य में डॉ. आंबेडकर ने लिखा है, ''हमारे इन बहिष्कृत लोगों पर हो रहे और आगे भी होते रहने वाले अन्यायों से छुटकारा पाने के उपाय सुझाने और उनकी भविष्यकालीन उन्नति तथा उसके मार्गों के सही स्वरूप की चर्चा के लिए समाचार-पत्र जैसा अन्य कोई माध्यम है नहीं; परंतु बंबई इलाके में प्रकाशित होने वाले समाचार-पत्रों पर सूक्ष्मता से नजर डालने पर दिखाई देता है कि उनमें से बहुतांश समाचार-पत्र विशिष्ट जाति का हितरक्षण चाहने वाले हैं। उन्हें अन्य जातियों के हित की थोड़ी भी परवाह नहीं होती। इतना ही नहीं; बल्कि कभी-कभी तो उनके लिए अहितकारी प्रलाप भी व्यक्त होते हैं।'' अंत में उन्होंने इसके पूर्व के 'सोमवंशीय मित्र', 'हिंदू नागरिक विटाळ विध्वंसक' जैसे समाचार-पत्र कैसे बंद हुए, यह भी बताया; साथ ही सदस्यों से अगर उचित प्रोत्साहन मिलता रहा तो उनका 'मूकनायक' बिना डगमगाये स्वजनोद्धार का कार्य अपना महत्कार्य मानकर करेगा, ऐसा आश्वासन भी

उन्होंने दिया। परंतु ऐसा दृढ़ आश्वासन देने के पीछे शाहू छत्रपति का सुदृढ़ सहयोग था। समाचार-पत्र शुरू करने के उनके प्रयत्नों की खबर शाहू छत्रपति को मिली थी। अतः छत्रपति ने 2500 रुपयों की ठोस सहायता की थी। इसी सहायता की बदौलत डॉ. आंबेडकर का 'मूकनायक' बोलने लगा। इसके विपरीत लोकमान्य तिलक के 'केसरी' ने पैसे देने पर भी 'मूकनायक' का विज्ञापन छापने से इनकार कर दिया था।

13 जून, 1920 ई. को डॉ. आंबेडकर ने शाहू छत्रपति को पत्र लिखकर उनका एक फोटो मांगा था। उस पत्र में ऐसा उल्लेख है कि वे 'मूकनायक' का 'शाहू छत्रपति विशेषांक' प्रकाशित करना चाहते हैं। इतना ही नहीं; बल्कि डॉ. आंबेडकर छत्रपति के दर्शनार्थ भी आना चाहते हैं, ऐसा उल्लेख उस पत्र में है, यहां इस बात को ध्यान में रखना चाहिए कि छत्रपति शाहू महाराजा अर्थ-सहायता देकर 'मूकनायक' के पीछे समूची ताकत लगाकर खड़े हैं, तो दूसरी ओर लोकमान्य तिलक अपने 'केसरी' पत्र में अछूतों के समाचार-पत्र का विज्ञापन भी छापने के लिए तैयार नहीं हैं। भारतीय स्वतंत्रता संग्राम में लोकमान्य तिलक के असाधारण कार्य के लिए शाहू छत्रपति के मन में सदैव आदर की भावना थी। उनके उस कार्य में शाहू छत्रपति प्रत्यक्ष तथा अप्रत्यक्ष रूप से सर्वांगीण सहायता लोकमान्य तिलक की करते ही थे; परंतु सामाजिक सुधार के संबंध में तिलक के दकियानूसी मत उन्हें कभी भी मान्य नहीं थे। यही कारण है कि एक प्रकट सभा में लोकमान्य तिलक ने महार जाति को गुनहगार लोगों का समूह कहा था जो शाहू छत्रपति को बिलकुल नहीं रुचा था। डॉ. आंबेडकर के साथ पत्र-व्यवहार कर उन्होंने लोकमान्य तिलक के उन उद्‌गारों के खिलाफ क्या कानूनन कार्यवाही की जा सकती है, इसके बारे में बंबई की मेसर्स लिटल एंड कंपनी के साथ विचार-विमर्श के लिए उन्होंने संदेश भी दिया था।

ब्राह्मणेतर आंदोलन को समर्थ वैचारिक आधार प्राप्त हो इसलिए प्रबोधनकार ठाकरे, महर्षि शिंदे गुरुवर केळूसकर, भास्करराव जाधव, हरिभाऊ चव्हाण, महोदय गणेश डोंगरे, दिनकरराव जवळकर आदि समर्थ लेखकों को उनके लेखन के लिए शाहू छत्रपति सदैव प्रोत्साहन दिया करते। उसी के परिणामस्वरूप डोंगरे का 'सिद्धांन्त विजय', केळूसकर का साक्षेपी 'शिव चरित्र', मुकुंदराव पाटील का 'कुलकर्णी लीलामृत', भास्करराव जाधव और हरिभाऊ चव्हाण का 'घरचा पुरोहित' जैसे महत्त्वपूर्ण ग्रंथ प्रकाशित हो सके थे। डॉ. आंबेडकर का स्नेह जैसे-जैसे शाहू छत्रपति के साथ बढ़ने लगा, वैसे-वैसे छत्रपति उन्हें अपने बहुजन समाज के विकास-आंदोलन में अधिकाधिक सहभागी बनाने लगे। भारत के उच्चवर्ण के सनातनी लोग निम्न जातियों को किस प्रकार उत्पीड़ित करते हैं, इस तथ्य को उजागर करने वाला अंग्रेजी ग्रंथ आंबेडकर स्वयं लिखें ऐसा आग्रह शाहू छत्रपति बार-बार करते रहे। क्योंकि अपने को भूदेव समझने वालों द्वारा बहुजनों को दी जाने वाली यंत्रणाओं की जानकारी देने वाला ग्रंथ अंग्रेजी भाषा में ही चाहिए था, और वह काम डॉ. आंबेडकर ही कर सकते थे। इसलिए शाहू छत्रपति डॉ. आंबेडकर ही वह ग्रंथ लिखें, ऐसा आग्रह करते दिखाई देते हैं। इतना ही नहीं; बल्कि 23 जून, 1920 ई. को एक पत्र लिखकर उन्होंने इंग्लैंड

के अल्फ्रेड पीड को सूचना दी थी कि डॉ. आंबेडकर शिक्षा के लिए इंग्लैंड आ रहे हैं, उन्हें उस ग्रंथ के लिए हर तरह की सहायता करें।

बावड़ा के बंगले का अहाता। दुपहर की चिलचिलाती धूप। शाहू छत्रपति किसी काम से दिल्ली गए हुए थे। अतः नौकर-चाकरों के काम धीमी गति से चल रहे थे। भोजन कर नौकर-चाकर बंगले के अहाते के वृक्षों की छाया में आराम से गप्पें हांकते बैठे हुए थे। इतने में बंगले के अहाते में जो पानी का हौज था, वहां से कोलाहल मचने की आवाज सुनाई दी। पेड़ों की छाया में बैठे नौकरों की समझ में आया कि वहां मारपीट हो रही है, उसी से चीखने-चिल्लाने की आवाज आ रही है। सभी पानी के हौज की ओर भागने लगे। वहां पहुंचने पर सबने देखा कि संतराम नाम का एक मराठा सिपाही और अन्य कुछ तथाकथित खानदानी मराठा महार समाज के एक घोड़ेवाले गंगाराम कांबले को बेरहमी से मार-पीट रहे हैं। संतराम हाथ में चाबुक लेकर गंगाराम की पीठ की खाल उधेड़ रहा था। पीठ पर दोनों हाथ रखकर गंगाराम गिड़गिड़ाकर कह रहा था, ''मैंने आपका साफा नहीं चुराया।''

''सिर्फ साफा ही नहीं तूने पैसे भी चुराए हैं।''

''मुझ पर यकीन कीजिए, मैंने चोरी नहीं की।''

''चोरी की है, यह कुबूल करता है या नहीं ? पानी के हौज को छूना चाहता है क्या ?'' संतराम की डांट!

इतनी मारपीट होने के बावजूद, गंगाराम ने जो गुनाह किया नहीं था, वह कुबूल नहीं कर रहा था। संतराम और उसके साथी गुंडों ने गंगाराम को इतना मारा कि उसका कुरता तार-तार हो गया, शरीर पर जख्म ही जख्म दीखने लगे। सारा शरीर लहूलुहान हो गया। गंगाराम बार-बार गिड़गिड़ाकर प्रार्थना करता रहा; परंतु उन निर्बुद्ध सनातनी हिंस्र जानवरों में उसके प्रति दया-भाव उपज नहीं रहा था। वे गंगाराम को पीटते ही रहे।

चोरी के इस मामले में सच्चा चोर था संतराम सिपाही। किसन कोचमन का साफा और पैसे उसी ने चुराए थे। संतराम को जुआ खेलने की बुरी लत थी। एक बार तनख्वाह के दिन वह पूरी रकम जुए में गंवा बैठा। इसी से उसने वह चोरी की थी। अपनी चोरी उसने गंगाराम के मत्थे मढ़ने की कोशिश की। उसे अपनी चोरी को तो छिपाना ही था; पर उसी समय संतराम और उसके मराठा साथियों की दृष्टि में गंगाराम से एक अक्षम्य अपराध हुआ था। वह अपराध था कि गंगाराम कांबले ने उस दिन बावड़ा के बंगले के अहाते में जो पीने के पानी का हौज था, उसका स्पर्श किया था। दुपहर का भोजन कर गंगाराम इंतजार करता रहा कि क्या कोई उसे पानी परोसता है ? पर बड़ी देर तक उधर कोई आया ही नहीं, इसलिए गंगाराम ने थोड़ी हिम्मत कर उस हौज से अपने हाथों से पानी ले लिया। गंगाराम हौज से जब पानी ले रहा था तब किसी ने देख लिया था। एक महार उनके पीने के पानी के हौज को छूता है, इसका उन्हें क्रोध था; पर उसने हौज को छुआ इसलिए उसे मारना-पीटना मुमकिन नहीं था। क्योंकि शाहू छत्रपति ने खानगी और सार्वजनीन जीवन से अस्पृश्यता को खत्म करने की हर संभव कोशिश की थी। शाहू छत्रपति की इस नीति से परिचित होने से

गंगाराम ने उनके पीने के पानी के हौज को भ्रष्ट किया, इस कारण से मारपीट करना संभव नहीं था। इसी से संतराम और उसके गुंडे साथियों ने गंगाराम को चोर घोषित कर मारपीट की। गंगाराम के साथ की गई पशुतुल्य मारपीट को देखकर पुलिस–प्रमुख फर्नांडिस और म्हसकर दारोगा उसे गुनाह कबूल करने की सलाह दे रहे थे। असलियत यह थी कि गंगाराम ने चोरी की ही नहीं थी। वह कह रहा था, ''गुनाह कबूल कर क्या मुंह में कालिख लगा लूं ? क्या इसके बाद कोई मुझे फिर अपनी जात–बिरादरी में ले लेगा ? इसकी अपेक्षा मरना क्या बुरा है ?'' गंगाराम सचमुच निरपराध था, वह महाराजा के दिल्ली से लौटने की प्रतीक्षा कर रहा था।

शाहू छत्रपति दिल्ली से लौटे। सोनतली में उनका मुकाम था। गंगाराम उनकी ही प्रतीक्षा कर रहा था। महाराजा के आने की खबर मिलते ही अपने लोगों को साथ लेकर उनसे मिलने के लिए वह सोनतली पहुंचा। उसे देखते ही छत्रपति ने पूछा, ''बोल गंगाराम, क्यों आया था ?'' आंसुओं से उसका चेहरा भीग गया था। उसके रोके सिसकियां रुक नहीं रही थीं। बदन से तुरंत कुर्ता निकालकर उसने अपनी लहूलुहान हुई पीठ छत्रपति को दिखाई। घटित सारी घटना उसने छत्रपति को ज्यों की त्यों बता दी। गंगाराम कांबले पर किए गए मराठा लोगों के अत्याचार की कथा सुनते हुए शाहू छत्रपति की आंखों में क्रोध के अंगार भभक रहे थे। वे आपे से बाहर हो गए थे। उन्होंने फौरन उन सभी अपराधियों को बुला लिया और हाथ में घोड़े की कमची लेकर संतराम और उसके साथियों की पीठ उधेड़ डाली। क्रोध शांत होने पर ही छत्रपति का कोड़े बरसाना थमा। गंगाराम को उन्होंने पास खींच लिया और उसकी पीठ पर ममता से हाथ फेरकर गद्‌गद कंठ से बोले, ''गंगाराम ! जा, आज से तुझे नौकरी से मुक्त किया। तू जो चाहे, स्वतंत्र धंधा कर। जो चाहे सो मदद तू मुझसे मांग ले।''

उस घटना के थोड़े ही दिनों बाद में गंगाराम ने भाऊसिंगजी रोड पर होटल शुरू कर किया। जानबूझकर उसने उस होटल पर कोई बोर्ड नहीं लगाया था। उसके होटल में मिलने वाली लज्जतदार चाय और साफसुथरापन देखकर वहां लोगों की भीड़ उमड़ने लगी। सवर्ण लोगों को जब यह मालूम हुआ कि वह होटल गंगाराम कांबले का है, तब वे उस पर आगबबूला होने लगे। छत्रपति को भी उसके होटल की खबर मिली, साथ ही अन्य वृत्तांत भी मिला। दूसरे ही दिन उन्होंने अपना रथ (बग्घी) गंगाराम कांबले के होटल के सामने खड़ा किया। वहीं बैठे–बैठे उन्होंने आवाज दी, ''गंगाराम! मेरे सामने आ।'' अपने हाथ का काम बाजू में रखकर गंगाराम रथ के पास आ खड़ा हुआ। उसने कहा, ''आज्ञा छत्रपति !''

क्यों रे, तूने अपना होटल शुरू कर सबको भ्रष्ट कर दिया ? यह छत्रपति का होटल है, ऐसा बोर्ड तू लगा नहीं सकता था ?''

''मैं अदना–सा आदमी सरकार ! इस होटल पर कैसे बोर्ड लगाता? किसी पर सख्ती तो मैं कर नहीं सकता। क्या सभी होटलों पर बोर्ड लगे हुए हैं? फिर मैं ही अपने होटल पर बोर्ड कैसे लगाऊं ?'' गंगाराम बोला।

"हां ! हां ! सच है तेरा कहना। यह बता कि अब तक कितने लोगों ने चाय पी है तेरे होटल में ?" शाहू छत्रपति अत्यंत आत्मीयता और उत्सुकता से पूछताछ कर रहे थे।

"कई लोगों ने पी है सरकार! उनकी सूची मैंने नहीं रखी।" गंगाराम कह रहा था।

"लगता है, गंगाराम ! तूने तो सारे गांव को ही भ्रष्ट कर दिया है। ठीक है। अच्छी चाय बनाकर रख, लौटते समय पी लूंगा मैं !" महाराजा ने चाय का ऑर्डर दिया।

गंगाराम के होटल में स्वयं छत्रपति चाय पीने के लिए आने वाले हैं, यह खबर संपूर्ण शहर में पहुंचने में विलंब नहीं लगा। देखते-देखते गंगाराम के होटल के सामने लोगों का हुजूम उमड़ पड़ा। शाहू छत्रपति के आने की प्रतीक्षा में लोग खड़े थे। इतने में शाहू छत्रपति की बग्घी वहां पहुंच गई। बग्घी के रुकने पर छत्रपति ने आवाज दी, "गंगाराम! चाय ला।" गंगाराम चाय लेकर आया। छत्रपति ने अत्यंत आनंद के साथ चाय का कप अपने हाथ में लिया। उनकी बग्घी में अनेक सवर्ण मित्र थे। उनमें खलबली मच गई। छत्रपति ने उनके लिए भी चाय लाने के लिए गंगाराम से कहा। सबके हाथों में चाय के कप आने पर महाराजा ने आनंद से कहा, "हां, दोस्तो ! अब पी लीजिए चाय !" फिर सभी साथियों ने कड़वे मुंह से मीठी चाय पी ली। उन सबके साथ स्वयं महाराजा ने भी चाय पी। थोड़े ही दिनों बाद छत्रपति ने गंगाराम को सोडा वॉटर बनाने की मशीन दे दी। उसके बाद महाराजा की बग्घी चायपान के लिए गंगाराम के होटल के सामने रुकने लगी।

समाज-क्रांतिकारियों को क्रांति का शुभारंभ अपने घर से करना पड़ता है। तभी वे सच्चे समाज-सुधारक सिद्ध होते हैं ; जो कुछ इस तरह होता है, "मिस्सों से पेट भरता है, किस्सों से नहीं ! किसी भी क्रांति का ध्वज सर्वप्रथम अपने ही घर पर फहराना चाहिए ऐसी जिसकी बुद्धि होती है, वे ही महामानव समूचे समाज के लिए दीपस्तंभ साबित होते हैं ! सुधारों की शुरुआत अपने नहीं, पड़ोस के घर से करने वाले तथाकथित समाज-सुधारकों की महाराष्ट्र में कमी नहीं है। शाहू छत्रपति उनमें से नहीं थे। वे तो 'बोले वैसा चले' कथन के अनुसार चलनेवाले संत तुकाराम और महात्मा फुले के समकक्ष समाजसुधारक थे। यही कारण है कि वे मात्र महार, मांग, चमार, रामोशी (डाकू), बेरड आदि जातिसमूहों को गुलामी के शिकंजे से मुक्त कर रुके नहीं; बल्कि उन्होंने अपने राजमहल में अनेक महार, मांग, बेरड आदि जातियों के लोगों को अपनी खानगी नौकरियों में समा लिया था। शाहू छत्रपति ने सामाजिक परिवर्तन का यह जो असाधारण कार्य किया था, उसका वर्णन एक सरकारी सूचनापत्र में इस प्रकार किया गया है, "राजपूतवाडी के देव-देवियों, पीर, गजेंद्रलक्ष्मी आदि सबकी पूजा गणू महार ही करता है। उन देवी-देवताओं के दर्शन के लिए कैंप के सभी लोग जाते हैं, इतना ही नहीं; बल्कि स्वयं महाराजा भी जाते हैं। विवाह के बाद सभी बराती भी जाते हैं। आबा मांग और चंदा महार सरकार के शिकारखाने के नौकर हैं। दादू महार और रामू महार ये हाथी की देखरेख के लिए नियुक्त महावत हैं। हर शुक्रवार सरकार की अंबाबाई और शककर्ता शिवाजी महाराजा से लेकर शिवाजी चतुर्थ तक के जो जुलूस निकलते हैं उसमें शामिल लोग हाथी पर नौकरी करते हैं। इससे स्पष्ट होता है

कि श्री देवी अंबाबाई और महाराजा की पादुकाओं को छूने में कोई प्रतिबंध नहीं। उसी तरह क्लर्क, पटवारी, पुलिस आदि कम-अधिक दर्जे की नौकरियों में बहुत लोग हैं। छत्रपति का मोटर-ड्राइवर यल्लाप्पा बाळा नाईक, चाबूक-सवार दशरथा और कुछ कोचमन भी महार जाति के ही हैं। समय पड़ने पर ये लोग खास नौकर के रूप में भी काम करते हैं।

अछूतों को खानगी और सरकारी नौकरियों में भर्ती कर शाहू छत्रपति रुके नहीं। आज ही की तरह उस समय भी वकालत और डॉक्टरी—ये दोनों व्यवसाय सम्मानित और विपुल धन-प्राप्ति के थे। यही कारण है कि उन्होंने अनेक ब्राह्मणेतरों को वकालत करने के प्रमाणपत्र दे डाले। महार, मांग, चमार और ढोर आदि अस्पृश्य जातियों में से चार चुस्त युवकों को उन्होंने चुना। उन्हें विशेष शिक्षा देने का उन्होंने प्रबंध किया। मंडपालकर (महार), डी. एस. पवार (चमार), गणाचार्य (मांग) और रामू कारंडे (चमार)—ये वही चार खुशनसीब युवक हैं। इन चारों की शिक्षा के बाद छत्रपति ने इन्हें वकालत करने के प्रमाण-पत्र दे दिए। 30 मई, 1920 ई. को नागपुर में संपन्न हुए अखिल भारतीय बहिष्कृत समाज परिषद के अध्यक्ष की हैसियत से बोलते समय शाहू छत्रपति ने महार, मांग जाति के युवकों को वकालत करने के जो प्रमाणपत्र दिए थे, उसका समर्थन करते हुए उन्होंने कहा, ''जिन महार, मांग जैसी पिछड़ी जाति के युवकों को मैंने वकालत करने के प्रमाणपत्र दिए, उनकी तुलना में विद्या और अक्ल में बहुत ही साधारण ऊंची जाति के लोगों को कई देशी संस्थाओं द्वारा वकालत करने के प्रमाणपत्र बाटे जाते हैं। हमारे समाज को यह बात अखरती नहीं। समाज के किसी भी व्यक्ति को वकालत-पत्र किसी विशिष्ट व्यक्ति द्वारा ही दिया जाना चाहिए, ऐसा बंधन नहीं है। कोई भी व्यक्ति जो चाहे वकील चुने ऐसी छूट होती है। ऐसे वकीलों को प्रमाणपत्र देने में मेरा उद्देश्य यही है कि जो व्यवसाय रूढ़ि द्वारा, कानून द्वारा या जबर्दस्ती अस्पृश्यों के लिए बंद किए गए हैं, वे व्यवसाय करने के लिए उन्हें स्वीकृति दी जाय। उनकी आर्थिक स्थिति में सुधार होने पर ही उनमें ऐसा आत्मविश्वास पैदा हो सकता है कि हम भी अन्य लोगों के समान हैं।''

शाहू छत्रपति ने अपनी रियासत में वकालत करने के प्रमाणपत्र न सिर्फ ब्राह्मणेतर व्यक्तियों को दिए थे; बल्कि अनेक उच्चवर्ण के लोगों को भी प्रदान किए थे। उसका विस्तृत वृत्तांत वकील द. रा. बगाडे द्वारा लिखित 'छ.राजर्षि शाहू महाराज आणि कायदेकानू' मराठी ग्रंथ में उपलब्ध है।

हिंदू समाज की वर्णव्यवस्था ने मनुष्यों-मनुष्यों के खानपान, पोशाक, व्यवसाय, मनोरंजन, घरों की रचना, देव-देवता, अलंकार-गहने, यातायात के साधन, समारोहों का स्वरूप आदि में जैसा फर्क स्थापित किया है, वैसा ही फर्क उनके कुल-नामों में भी स्थापित किया है। यही कारण है कि व्यक्ति के कुलनाम से ही उसकी जाति का झट पता चल जाता है। ऐसे जाति-दर्शक कुलनामों से शाहू छत्रपति को बड़ी चिढ़ थी। व्यक्ति के नाम से उसकी जाति का बोध होने से लोग उसके साथ वैसा ही बर्ताव करते हैं। इसलिए कुश्ती के मैदान में महार, चमार, भंगी पहलवानों को कुश्ती लड़ने के लिए पुकारते समय क्रमशः जाट,

सरदार और पंडित कहकर पुकारने की पद्धति शाहू छत्रपति ने शुरू की। इतना ही कर शाहू छत्रपति रुके नहीं; बल्कि अछूतों को सूर्यवंशी कहकर पुकारने का हुक्म उन्होंने जारी किया। महात्मा गांधी ने उनके लिए हरिजन शब्द का प्रयोग किया था, उसकी तुलना में सूर्यवंशी शब्द अधिक सम्मान-दर्शक लगता है।

महार समाज को उसके गांव में परंपरागत जो काम करने थे, उनमें भली-बुरी खबर देने से लेकर मृत जानवरों को खींच ले जाकर गांव के बाहर फेंकने तक के सभी काम शामिल थे। उसे यदि कोई कभी भी काम करने को न कहे, उसे आलसी समझा जाता था। गांव के सभी काम करने के उपलक्ष्य में उन्हें थोड़ी जमीन पैतृक अधिकार (विरासत) के रूप में दी गई होती थी। उस जागीर की बदौलत उन्हें जानवर से भी बदतर जीवन जीना पड़ता था। 18 सितंबर, 1918 ई. को एक फरमान निकालकर राजर्षि शाहू छत्रपति ने उनकी इस गुलामी से मुक्त करने का निर्णय लिया।

महार जागीर खत्म करने की बात शाहू छत्रपति ने सबसे पहले डॉ. बाबासाहब आंबेडकर के सामने रखी थी। बाबासाहब को शाहू छत्रपति का विचार रुचा भी था। इसीलिए महार जागीर खत्म करने के कारण शाहू छत्रपति का अभिनन्दन करते हुए बाबासाहब 'जनता' पत्रिका में लिखते हैं, स्व. शाहू महाराजा जैसा सखा अछूतों को न इसके पहले मिला था और आगे मिलेगा भी या नहीं, इसका मुझे संदेह है। उन्हें अच्छी तरह मालूम था कि महारों को बहाल की गई जागीर के ही कारण उनकी अधोगति हुई। यही कारण है कि उन्होंने अपने अधिकार के बल पर कोल्हापुर रियासत के महारों की जागीरें जबर्दस्ती खारिज कर दी। महारों ने तब जाना कि उनकी जागीरों का खत्म होना उन्हीं के हित की बात है। तब उन्होंने अपनी जागीरें खत्म करने की अर्जियां स्वेच्छा से करवीर सरकार के पास भेज दीं। इसके बाद कोल्हापुर रियासत में महारों की स्थिति में जो सुधार हुआ, उसका मुख्य कारण है, उनकी जागीरों का बर्खास्त किया जाना!''

अस्पृश्यता निर्मूलन के कार्य के साथ शाहू छत्रपति ऐसे जुड़े हुए थे कि इसके लिए वे कुछ भी करने को तैयार थे। बाबासाहब ने अपनी डिप्रेस्ड क्लास इन्स्टीट्यूट संस्था के लिए निधि इकट्ठा करने के लिए संपूर्ण भारत का दौरा करने की इच्छा प्रकट की तो शाहू छत्रपति ने उन्हें बता दिया, ''हम आपकी संस्था के न सिर्फ अध्यक्ष बने रहना चाहते हैं; बल्कि सामान्य कार्यवाह के रूप में भी खुशी से काम करने के लिए तैयार हैं!''

पटवर्धन नामक दक्खिनी रियासत हितवर्धक सभा के सेक्रेटरी ने 'टाइम्स' में लेख लिखकर शाहू छत्रपति की अवमानना की थी। 26 जनवरी, 1922 ई. को डॉ. आंबेडकर ने शाहू छत्रपति को पत्र लिखकर बताया था कि पटवर्धन के उस लेख का वे मुंहतोड़ जवाब देने वाले हैं।

हजारों वर्ष उच्चवर्णियों की जुल्मी-सत्ता में पीसता हुआ बहिष्कृत समाज मूक बनकर अन्याय सह रहा था ; परंतु अब उन्हें डॉ. बाबासाहब आंबेडकर जैसे नेना और राजर्षि शाहू छत्रपति जैसे हितैषी मिल गए थे। उन दोनों के स्नेह संबंध बहिष्कृत समाज के लिए बहुत

ही मूल्यवान साबित हुए। यही कारण है कि 4 नवंबर, 1927 ई. की 'बहिष्कृत भारत' पत्रिका में राजर्षि शाहू छत्रपति का यथोचित शब्दों में स-म्मान किया गया था। ''श्रीमन्महाराजा छत्रपति ने हमारी ऊर्जितावस्था के लिए, हमारे सुधार के लिए अनेक तरह से प्रयत्न शुरू किए हैं। उन्होंने हमारे लिए छात्रावास शुरू किए, पाठशालाएं शुरू कीं, अनेक को नौकरियां दीं और कुछेक को तो वकालत जैसे संभ्रांत व्यवसाय में प्रवेश दिलाया। इतना ही नहीं; बल्कि स्पृश्यास्पृश्य भेदभाव को दूर रख सरकार ने हमारे साथ अपने ही बच्चों के समान बर्ताव किया। इसलिए हमारा समाज सरकार को देवता के समान पूजनीय मान रहा है। छत्रपति की इस उदार नीति के कारण हमारा समाज पुश्त-दर-पुश्त उनके चरणों का सदैव ऋणी रहेगा!''

अध्याय : 14

जातीय विषमता के साथ संघर्ष

हिंदू समाज की अस्पृश्यता खत्म करने के लिए शाहू छत्रपति अपने सिंहासन की भी बाजी लगाते थे। उसी समय लोकमान्य तिलक जैसे जनप्रिय नेता अपनी भूमिका इन शब्दों में व्यक्त कर रहे थे, ''राष्ट्र का असीम कल्याण होता हो तो मैं अछूतों के साथ सभी व्यवहार करने के लिए तैयार हूं। छत्रपति शिवाजी के समय कई ब्राह्मणों ने इस प्रकार अपना स्वार्थ-त्याग दिखाया है। मेरी दृष्टि से सर्वप्रथम राजनीतिक आजादी प्राप्त करनी चाहिए, अन्य किसी भी विचार की बाधा उसमें नहीं आनी चाहिए। आजकल के समाज में व्याप्त जो कृत्रिम ऊंच-नीच भाव हैं, वे खत्म होने चाहिए, कुछ समय बाद वे जाएंगे ही।''

6 मार्च, 1920 ई. को माननीय बेलवी जी की अध्यक्षता में संकेश्वर और हुक्केरी तहसील की तरफ से लोकमान्य तिलक को सम्मानपत्र दिया गया था, उस अवसर पर दिए गए उत्तर में लोकमान्य ने उपर्युक्त विचार व्यक्त किए थे।

संक्षेप में और स्पष्ट शब्दों में कहना हो, तो शाहू छत्रपति और लोकमान्य तिलक– इन दो महापुरुषों की विचारधारा एक दूसरे के अनुरूप न होने के कारण शाहू छत्रपति ने अस्पृश्यता खत्म करने के साथ ही हिंदू समाज की जाति-संस्था को भी खत्म करने की दिलोजान से जो कोशिश शुरू की थी, उसे जितना और जैसा यश मिलना चाहिए था, उतना और वैसा मिल नहीं पाया यह खुले दिल से मानना ही होगा। शाहू छत्रपति की मृत्यु के बाद न. चिं. केलकर ने 'केसरी' में जो लेख लिखा था, उसमें उन्होंने शाहू छत्रपति के जाति-संस्था खत्म करने के प्रयत्नों की खिल्ली उड़ाते हुए आसुरी आनंद प्राप्त किया था।

1900 से 1905 ई. के कालखंड में शाहू छत्रपति के जीवन में जो वेदोक्त प्रकरण हुआ उससे शाहू छत्रपति के आचार-विचार में पूर्णतया परिवर्तन आ गया था। इस प्रकरण के पहले शाहू छत्रपति पूर्णतया दकियानूसी विचारों के थे। वर्णव्यवस्था में उनका पूर्ण विश्वास था। इस संबंध में उनके विचार उन्हीं के शब्दों में सुनना आह्लादकारी होगा। 15 अप्रैल, 1920 ई. को नासिक के श्री उदाजी मराठा छात्रावास की इमारत की नींव रखते समय समारोह में मुख्य अतिथि के रूप में बोलते हुए शाहू छत्रपति ने कहा था, ''प्रारंभ में मैं पूर्णतया कॉन्जर्वेटिव अर्थात् पुरातन मतों का दृढ़ अभिमानी था। जातिभेद हमेशा के लिए रहना चाहिए और उसका पालन किया जाना चाहिए, ऐसा मेरा मत था। ऐसे दुरभिमान और

दुर्विचार के कारण औरों की प्रगति के मार्ग में मैं रुकावट डालता हूं, इसका मुझे भान नहीं था। अन्य जाति के लोगों की सभा में जाकर अध्यक्षस्थान भूषित करना यानी अपना धर्म डुबोने जैसा मुझे लगता था।''

शाहू छत्रपति के उपर्युक्त उद्‌गारों से कि वे कितने पुरातन विचारों के थे और उन्हें जाति–संस्था किस प्रकार मान्य थी, यह सहज ही ध्यान में आ जाता है। वेदोक्त प्रकरण के कटु अनुभव के पश्चात् शाहू छत्रपति जातीय विषमता खत्म करने की कोशिश में जुट गए। उनके मन में यह विचार दृढ़ता के साथ बैठ गया था कि जातीय समानता निर्मित करने का ही अर्थ है जाति–संस्था के अस्तित्व में सुरंग लगाना। यही कारण है कि उन्होंने सर्वप्रथम बहुजनों की शिक्षा का श्रीगणेश किया। सभी जातियों के विद्यार्थियों के लिए प्रारंभ में एक ही छात्रावास की शुरुआत कर उन्होंने जाति–संस्था खत्म करने का प्रयत्न किया। उस छात्रावास में ऊंची जाति के छात्र शिक्षा की बेशकीमती घास स्वयं खाकर अन्य जातियों के छात्रों के लिए सीट भी बचाकर रखने की भलमनसाहत नहीं दिखाते थे। शाहू छत्रपति के समझ में जब यह बात आई, तब उन्होंने हर जाति की अलग–अलग सभा ली और प्रत्येक जाति के विद्यार्थियों के स्वतंत्र छात्रालय शुरू किए। अपने जातिगत छात्रालय निर्माण का समर्थन करते हुए नासिक में दिए हुए भाषण में उन्होंने कहा, ''सभी जातियों के नेताओं से मैं कहना चाहता हूं कि तुम सभी अपनी संकुचित दृष्टि का त्याग करो। दूर–दृष्टि रखो। जातिभेद नष्ट करना इष्ट है, आवश्यक है। जातिभेद का पालन करना पाप है। देश की प्रगति के मार्ग का वह रोड़ा है। इसलिए यथाशीघ्र उसे हटाने की भरसक कोशिश करनी चाहिए। इस तथ्य को पूर्णतया ध्यान में रखकर इस दिशा में उठाए गए एक कदम के रूप में जाति–सभा का आयोजन करो; पर ध्यान में रखो, इन सभाओं का परिणाम जाति–बंधन दृढ़ करने में, जातिभेद–तीव्र होने में न हो।''

अस्पृश्यता को समूल खत्म करने के लिए शाहू छत्रपति जब जान की बाजी लगाकर जुटे हुए थे, उसी समय उच्चवर्णीय कहलाने वाले लोग उनके प्रयत्नों की खिल्ली उड़ा रहे थे और स्वयं को कुलीन मराठा समझनेवाले शाहू छत्रपति का गुप्त रूप से विरोध कर रहे थे। इस संदर्भ में अनेक उदाहरण दिए जा सकते हैं, परंतु शाहू छत्रपति को नागपुर–सभा में जो स्वानुभव मिला वह कुलीन मराठों की, अस्पृश्यता खत्म करने के दृष्टिकोण को, स्पष्ट करने के लिए काफी है।

30 मई से 1 जून, 1920 ई. तक शाहू छत्रपति की अध्यक्षता में नागपुर में अखिल भारतीय बहिष्कृत समाज की प्रचंड सभा संपन्न हुई। इस सभा में शाहू छत्रपति न आने पाएं, इसके लिए सनातनियों ने बेनामी पत्र भेजने का कायरतापूर्ण कार्य किया था। उस पत्र में उन्होंने तरह–तरह की धमकियां दी थीं। शाहू छत्रपति ने विरोधियों की गीदड़–भभकियों की ओर ध्यान ही नहीं दिया और बड़े उत्साह से वे सभा में उपस्थित हुए थे। नागपुर शहर में उनका प्रवेश होते ही नागपुर स्टेशन पर सभा के स्वागताध्यक्ष बाबू कालीचरण ने उन्हें पुष्पहार अर्पण कर उनका हार्दिक स्वागत किया। स्टेशन से ही उनका प्रचंड जुलूस निकाला

गया। 5 जून, 1920 ई. के डॉ.आंबेडकर के 'मूकनायक' पत्र में उस जुलूस का विस्तृत वर्णन पढ़ने को मिलता है, "छत्रपति की जय के नारों से आसमान गूंज रहा थ। छत्रपति स्टेशन के स्नानगृह में गए और स्नान के बाद थोड़ा फलाहार किया ही था कि तभी शहर के प्रमुख नागरिक उनका सत्कार करने पहुंच गए। फिर छत्रपति खास सजाए हुए रथ में आकर विराजमान हुए। इसके बाद महाराजा का जुलूस बैंड, ताशा, तथा अन्य वाद्यों की आवाज में एंप्रेस मिल से जुम्मा तालाब, महल सितार, इतवारी चौक, हंसापुरी इन मुख्य रास्तों से होता हुआ, स्थान-स्थान पर लोगों के स्वागत-सत्कार को स्वीकार करता हुआ साढ़े बारह बजे कैंप पर आ पहुंचा। वहां बैरिस्टर बुक ने महाराजा सरकार का बड़े प्रेम से स्वागत किया। यहां ध्यान देने योग्य खास बात यह है कि नागपुर शहर की तेज धूप और नीचे रास्ते पर तपी हुई धूल की परवाह न करते हुए दस हजार का जनसमुदाय उत्साह से छत्रपति की जय के नारे लगाते हुए जुलूस में चल रहा था। महाराजा के दर्शन के लिए शहर के महलों और अटारियों पर स्त्री-पुरुष बड़ी संख्या में भीड़-भाड़ में खड़े थे और वहां से वे छत्रपति पर पुष्पवृष्टि कर रहे थे। ऐसा अपूर्व आनंदोत्सव देखकर सभी छत्रपति को धन्यवाद दे रहे थे।"

नागपुर में एक ओर शाहू छत्रपति का प्रचंड स्वागत बड़े उत्साह और आनंद के साथ हो रहा था, तो दूसरी ओर असंतुष्ट सनातनियों ने शाहू छत्रपति को 'शूद्रों का राजा' की उपाधि देकर उनका निषेध करने वाले पोस्टर शहर के प्रमुख स्थानों पर चिपकाए थे।

नागपुर की उस ऐतिहासिक सभा में उपस्थित रहने के लिए अस्पृश्य समाज के प्रतिनिधि एवं नेता भारत भर के सभी राज्यों से आए हुए थे। बंबई से डॉ. बाबासाहब आंबेडकर आए थे। मध्य प्रदेश से ग. आ. गवई उपस्थित थे। बेलगांव से पापन्ना का भी आगमन हुआ था। शाहू छत्रपति के नागपुर पहुंचते ही उनके स्वागत के लिए बहुजन समाज बड़े उत्साह से इकट्ठा हुआ था। परंतु खेद की बात है कि नागपुर के राजा रघुजीराव भोंसले शिकार का बहाना बनाकर नागपुर शहर छोड़कर बाहर चले गए थे, क्योंकि उन्हें इस बात का डर था कि शाहू छत्रपति सभी अछूतों को लेकर उनके महल पर आएंगे, उनका महल अपवित्र होगा। उन पर आलोचना की बौछार होगी। अतः शाहू छत्रपति को मुकाम के लिए नागपुर के छत्रपति भोंसले का महल उपलब्ध न होने के कारण उन्हें ईसाई धर्म की एक संस्था के बंगले में ठहरना पड़ा। शिकार के बहाने नागपुर शहर से दूर जाकर भले ही रघुजीराव भोंसले ने अस्पृश्यों के संपर्क से स्वयं को मुक्त कर लिया था, तो भी शाहू छत्रपति उनकी दुष्ट चाल के सामने झुके नहीं। रघुनाथराव की अनुपस्थिति में उन्होंने अपने साथियों समेत उनके राजमहल को भेंट दी। राजमहल पर पहुंचते ही शाहू छत्रपति ने रघुजीराव भोंसले की माताश्री के पांवों को छूकर उन्हें साष्टांग नमस्कार किया। साक्षात् छत्रपति को चरण-स्पर्श करते हुए देखकर रघुनाथराव की माताश्री गद्गद हो उठीं। उनका पुत्र उनके स्वागत के लिए उपस्थित नहीं रहा इसलिए उन्होंने क्षमा-प्रार्थना की। इतना ही नहीं; बल्कि उन्होंने शाहू छत्रपति और उनके साथ आए हुए सभी स्पृश्य-अस्पृश्य साथियों को दावत देकर उनका स्वागत-सत्कार किया।

शाहू छत्रपति का दृढ़ विश्वास था कि जाति संस्था खत्म करने के लिए ऊंची समझी जाने वाली जातियों को ही अधिक से अधिक प्रयत्न करने चाहिए। नागपुर की बहिष्कृत समाज की सभा में इस संदर्भ में उन्होंने बड़े आग्रह के साथ अपने निम्न विचार रखे, ''आजकल बहुतांश लोगों ने यह माना है कि जाति-भेद खत्म होना चाहिए और वह सच है। पर असल में सवाल यह है कि उस काम की शुरुआत कहां से हो ? जिन लोगों को निम्न जाति के रूप में माना जाता है, वे लोग ऐसा कहें कि जाति-भेद नष्ट होना चाहिए, यह सहज-संभव है; परंतु उस दृष्टि से उनके द्वारा किए गए भगीरथ प्रयत्नों से लेशमात्र भी फ ायदा नहीं होगा। इसलिए इस काम में उच्च कहलाने वाली जातियों द्वारा ही शुरुआत होनी चाहिए। प्राचीन काल से पीढ़ी-दर-पीढ़ी चखे हुए प्रभुता के स्वाद को छोड़ देने के लिए उन्हें तैयार हो जाना चाहिए। उन्हीं को इस पवित्र स्वार्थत्याग के आदर्श को सबके सामने रखना चाहिए। जापान के जातिभेद के समूल नष्ट होने के पीछे मुख्य कारण है, वहां के उच्च वर्ण के समुराई लोगों द्वारा की गई शुरुआत ! अगर वह न हुआ होता तो जापान की हालत न सुधरी होती।''

जापान में समुराई एक क्षत्रिय जाति है। इसी जाति की अगुवाई से जापान की जाति-संस्था खत्म हो गई। छत्रपति शाहू राजा का यही आग्रह था कि हिंदू समाज की क्षत्रिय और ब्राह्मण जातियां भी वही आदर्श अपने सामने रखें। जातिभेद को खत्म करने के लिए निम्न-सामान्य जातियों द्वारा प्रयत्न किए जाएं तो उससे पहले की ही तरह कनिष्ठ और वरिष्ठ जातियों में संघर्ष शुरू हो सकता है। कनिष्ठ जातियां अपनी प्रगति करती हुई धीरे-धीरे ऊपर जाएं, इसके विपरीत वरिष्ठ जातियां कनिष्ठ जातियों की सहायता करने के लिए थोड़ा नीचे उतर आएं, वे थोड़ा त्याग करने के लिए तैयार हो जाएं, शाहू छत्रपति के यही हार्दिक विचार थे। उन्हीं विचारों को वे प्रत्यक्ष व्यवहार में लाने की कोशिश कर रहे थे। उनका यह दृढ़ विश्वास था कि सामाजिक सुधारों का शुभारंभ अपने ही परिवार से होना चाहिए। इसलिए उन्होंने मराठा राज-घरानों और कुलीन समझे जाने वाले मराठों के अंतर्गत उच्च-नीचता के जो दकियानूसी विचार थे उन्हीं पर प्रथम हमला बोल दिया। 'उनका हमारे अंतर्गत समावेश नहीं हो सकता' अथवा 'वे कम या निचली श्रेणी के हैं'—ऐसे विचारों से शाहू छत्रपति को बड़ी घृणा थी। शाहू छत्रपति की संगति में रहने वाले, स्वयं को ऊंचे खानदान के समझने वाले मराठा जब ऐसी बात करते तब शाहू छत्रपति उनकी खिल्ली उड़ाया करते। शाहू छत्रपति के समकालीन श्रीपतराव भाऊसाहब जाधव ने अपने आत्मचरित्र में ऐसा लिख रखा है।

डॉ. पी. सी. पाटील ने अपनी आत्मकथा 'माझ्या आठवणी' (मेरे जीवन की स्मृतियां) में विस्तार से लिखा है कि शाहू छत्रपति ने मराठा समाज में जड़ जमाए बैठी उच्च-नीचता की प्रवृत्ति को समूल नष्ट करने की सर्वप्रथम शुरुआत की। एक बार शाहू छत्रपति का मुकाम पुणे में था। तब की घटना का वर्णन पी. सी. पाटील के ही शब्दों में पढ़ना उचित होगा। पी.सी.पाटील लिखते हैं, ''शाहू छत्रपति ने एक बार मुझसे कहा—पाटील, इस बार

अपने पिताजी का श्राद्ध पुणे में करने का मेरा विचार है। अतः तुम और श्रीपतराव शिंदे दोनों मिलकर बाबूराव जेधे की सहायता से पुणे के लगभग सौ लोगों को श्राद्ध में बुलाने के लिए एक सूची बनाओ।''

मैंने कहा, ''सरकार! पुणे के बहुत कम मराठों की मुझे जानकारी है। जिन्हें खानदानी मराठा कहा जाए, ऐसे अधिक मराठा आज पुणे में रहते नहीं। कुछ तो बडोदरा, कुछ ग्वालियर, कुछ देवास और कुछ धार चले गए हैं। इसलिए आपके पितर के रूप में किसे बुलावें यह मेरी समझ में नहीं आता। इसलिए अच्छा होगा, आप खानगी से एकाध अनुभवी मराठा व्यक्ति को अगाऊ पुणे भेज देंगे, तो अधिक सुविधाजनक होगा।''

ठठाकर हंसते हुए महाराज बोले, ''अजी! मेरे पितर श्रीपतराव शिंदे, विट्ठलराव शिंदे और डी. आर. भोंसले तो यहीं पर हैं। पर तुम ढेरे, भिसे, जेधे, झेंडे, ठोसर जैसे कार्यकर्ताओं को ही मेरे पितर के रूप में बुलाओ। मुझे अगर पंचकुल, सप्तकुल ही देखना होता, तो कोल्हापुर में पितर के नाते किस किसको बुलाना होता, वह तो तय ही था। फिर मैंने पुणे का स्मरण भला क्योंकर किया होता?''

जैसा कि तय हो चुका था, शाहू छत्रपति के पिताश्री के श्राद्ध का कार्यक्रम छत्रपति के पुणे के बंगले में संपन्न हुआ। श्राद्ध के इस भोजन-समारोह के लिए पुणे में रहने वाले मराठा समाज के लोग इकट्ठा हुए थे। उनमें थे महर्षि विट्ठल रामजी शिंदे। बाबूराव जेधे भी समय निकालकर अवश्य उपस्थित थे। भोजन का ठाठ राजशाही था। पक्वान्न परोसने के बाद भोजन शुरू करें—ऐसा कहने के लिए स्वयं छत्रपति आए। तब उन्होंने देखा कि खाना परोसा हुआ उनका थाल एक चौकी पर रखा है और अन्य सबके थाल जमीन पर रखे हुए हैं। उन्होंने तुरंत सेवक से कहकर थाल के नीचे की चौकी को वहां से हटाने की आज्ञा की। फिर उन्होंने प्रत्येक पितर का यथोचित आदर सत्कार कर झुककर उन सबको प्रणाम किया और अत्यंत विनम्र स्वर में सबसे भोजन प्रारंभ करने की प्रार्थना की। पी.सी. पाटील आगे लिखते हैं, ''छत्रपति के ऐसे प्रेमपूर्ण और विनयशील बर्ताव का पुण्य-नगरी के मराठा समाज पर बहुत प्रभाव पड़ा। पुणे के ब्राह्मण समाज के नेताओं से आगे कई दिनों तक हम सुन रहे थे, आपके महाराजा कितने श्रद्धालु और विनयशील हैं!''

जाति अर्थात् वह, जो कभी भी नहीं जाती! जातिसंस्था की ऐसी विनोदपूर्ण परिभाषा प्रस्तुत की जा सकती है। हिंदू समाज की वर्ण-व्यवस्था और उसी से निर्मित जाति-संस्था वैसे देखा जाए तो तथाकथित उच्च जातियों के लिए सुख-समृद्धि का जीवन-यापन करना मुमकिन हो इसलिए सभी क्षेत्रों में निर्मित की हुई आरक्षित स्थानों की व्यवस्था थी। कोई भी जाति उस व्यक्ति के जन्म से निश्चित होती है और वह उस व्यक्ति को उसकी मृत्यु तक बदलना मुमकिन नहीं होता। अपना जीवन-साथी अपनी जाति का ही चुनना चाहिए, ऐसा कठोर बंधन जाति-संस्था द्वारा लादा गया है। इसलिए तथाकथित निचली जातियों को मंदिर में प्रवेश से या जाति-जाति के सहभोजन से अथवा एक गांव एक पनघट जैसे उपायों द्वारा भले ही जाति-संस्था की विषमता थोड़ी-बहुत खत्म करने में सफलता मिली हो तो

भी जाति वहीं होती है, जहां वह थी ! वह कभी नष्ट होती ही नहीं। ज्ञानकोश के निर्माता श्री केतकर ने जाति-संस्था की परिभाषा बनाते समय स्पष्ट किया था कि जाति अंतर्विवाही समूह होता है। डॉ. केतकर के मतानुसार, ''जिस विशिष्ट संघ में प्रवेश जन्म द्वारा ही होता है, किसी अन्य कारण से होता नहीं और जिस संघ के लोग उस संघ के बाहर के व्यक्ति के साथ विवाह कर नहीं सकते उस संघ को जाति कहा जाय।'' इस व्यवस्था में जाति के बाहर का, जन्मभर का साथी चुना नहीं जा सकता, इसलिए जाति सदैव विस्तारित होने वाला समूह बनता है। उसका अस्तित्व अबाधित रहता है। इसलिए जाति-संस्था को नष्ट करने का एकमात्र उपाय है कि जाति-जाति में ही विवाह करने को कानूनन गुनाह घोषित किया जाय। परंतु जनतंत्र-शासन-व्यवस्था में व्यक्ति की स्वतंत्रता का सम्मान करना यह हर एक कानून का मूलभूत आधार होता है। इसलिए जाति के बाहर जाकर विवाह करने के लिए व्यक्ति से जबर्दस्ती करना मुमकिन नहीं होता। इसलिए जाति के बाहर जाकर व्यक्ति को विवाह करने के लिए कानूनन सख्ती करना मुमकिन नहीं होता। इसलिए जाति के बाहर अर्थात् अंतरजातीय विवाह करने के लिए वैधता प्रदान कर संबंधित व्यक्ति को प्रोत्साहन देने का कार्य राज्य-शासन कर सकता है। ब्रिटिश सरकार ने इसी उद्देश्य से 1918 ई. में अंतरजातीय विवाह का कानून बनाया। इसे पटेल बिल के नाम से जाना जाता है। सरदार वल्लभभाई पटेल के ज्येष्ठ बंधु विट्ठलभाई पटेल ने इस कानून का प्रस्ताव रखा। इस प्रकार के कानून का प्रस्ताव इसके पहले ना. भूपेंद्रनाथ बसु ने रखा था। परंतु तब इस कानून से धर्म डूबेगा, ऐसा शोर मचाकर सनातनियों ने उसका जोरदार प्रतिकार किया था। परिणामतः ना. बसु द्वारा प्रस्तावित कानून का वह विधेयक प्रत्यक्ष कानून के रूप में अमल में आ नहीं सका।

एक ओर महात्मा फुले को मार्गदर्शक मानकर महाराजा सयाजीराव गायकवाड, शाहू छत्रपति, महर्षि शिंदे, डॉ. बाबासाहब आंबेडकर जैसे समाज सुधारक हिंदू-समाजांतर्गत वर्ण-व्यवस्था और उससे निर्मित हुए जाति-भेद पर प्रहार कर रहे थे, तो दूसरी ओर लोकमान्य तिलक के नेतृत्व में सनातनी समूह वर्ण-व्यवस्था, जाति-संस्था का समर्थन करने में अपने जीवन की कृतकृत्यता मानने में व्यस्त था। बडोदरा के महाराजा सयाजीराव गायकवाड एक बार अपने एक भाषण में जाति-संस्था पर बरस पड़े थे। बड़ी आस्था से उन्होंने कहा था, ''जब तक यहां से जाति-भेद खत्म नहीं होगा, तब तक देश की प्रगति नहीं होगी। परंतु बड़े दुख की बात है कि यहां के शिक्षित लोगों में जाति-भेद खत्म करने का साहस नहीं है।'' लोकमान्य तिलक ने 16 मई, 1893 ई. को अपने 'केसरी' में मुख्य लेख लिखकर सयाजीराव के जातिभेद खत्म करने के विचार की खिल्ली उड़ाते हुए लिखा था, आर्य और दस्यु इनमें जो वर्णभेद हुआ वही आगे स्थिर रहकर तातार, मुसलमान, मंगोलियन और आखिर अंग्रेज आदि अनेक जातियों के लोग हिंदुस्तान में आए इसलिए वह वर्णभेद धीरे-धीरे दृढ़तर होता गया। एकाध वृक्ष जब बढ़ने लगता है, तो जैसे उसमें अनेक टहनियां फूट पड़ती हैं, उसी तरह भिन्न-भिन्न वर्णों-जातियों के लोगों में जैसे ऊपर बताया

वैसा भेद बढ़ता ही गया और उससे हजारों शाखाओं का निर्माण हुआ और चातुर्वर्ण्य के स्थान पर हिंदुस्तान में आज हजारों जातियों का निर्माण हुआ है। ये सभी विभिन्न जातियां विनष्ट होकर उनका एक विराट वृक्ष में रूपांतर हो जाए ऐसी आशा करना इसी तरह है जिस तरह अमेरिका के बहुतांश यूरोपीय लोगों का अफ्रीका की नीग्रो युवतियों से विवाह-बंधन में बंध जाना। मनुष्य के स्वभाव में या यों कहिए कि उसके लहू में जो विचार घुलमिल गए हैं, उन्हीं में से एक विचार है वर्ण-व्यवस्था। ब्राह्मण जाति में जो उपभेद हैं उससे यही तथ्य उजागर होता है कि बेटी-व्यवहार को छोड़कर सभी भिन्न-भिन्न जातियां समान योग्यता की रह सकती हैं। सभी जातियों पर यही नियम समान रूप से लागू किया जाय तो हिंदुस्तान की उन्नति के लिए देश की सभी जातियों की एक ही जाति होने तक इंतजार करने की आवश्यकता नहीं, ऐसा अनुमान करने में कोई हर्ज नहीं।

लोकमान्य तिलक अपने सामाजिक कार्य के प्रारंभ से ही सनातनी गुट का नेतृत्व कर रहे थे, यद्यपि यह सत्य था तो भी ऐसा दिखाई देता है कि उनके सनातनी विचार धीरे-धीरे परिवर्तित हो रहे थे। समग्र तिलक वाङ्मय ग्रंथों में इसके अनेक सबूत मिलते हैं। लोकमान्य तिलक के प्रारंभिक विचार उनकी उत्तरायु में थोड़े-बहुत पुरोगामी हो चले थे, यह स्पष्ट रूप से स्वीकार करना पड़ता है; पर खेद की बात है कि अनेक बार अपने अनुयायियों की चापलूसी करने में उन्हें दो नावों पर पैर रखने की कसरत करनी पड़ती थी। परिणामतः पटेल के बिल के संबंध में थोड़ा-सा अनुकूल और थोड़ा प्रतिकूल लेख 17 सितंबर, 1918 ई. के 'केसरी' में 'हिंदू-हिंदू के संकर विवाह' इस शीर्षक से उन्होंने लिखा था।

अस्पृश्यता और जातीय विषमता को विनष्ट कर समूचा समाज एकसंध करने की शाहू छत्रपति जी-जान से कोशिश कर रहे थे। इसके लिए अपने व्यक्तिगत जीवन में अस्पृश्यता को उखाड़ फेंकने के लिए अनेक क्रांतिदर्शी तथ्यों को वे अमल में ला चुके थे। अपनी खानगी सेवा में उन्होंने मांग, महार, और बेरड जाति के लोगों को सम्मानपूर्वक नियुक्त किया था। इतना ही कर वे थमे नहीं थे; बल्कि अपनी रियासत की पाठशालाओं, शुश्रूषागृहों और पनघटों आदि सार्वजनीन स्थानों पर पाली जाने वाली अस्पृश्यता को नष्ट करने के लिए नैतिक और कानून की वैधता के आधार पर भी उन्होंने प्रयत्न किए। यह सब कुछ करते हुए भी यह सब से निराला छत्रपति निम्न श्रेणी की कही जाने वाली जातियों के साथ सहभोजनों का प्रयोग कार्यान्वित कर रहा था। गंगाराम कांबले के होटल में जाकर चायपान के कार्यक्रम सोच-समझकर और जान-बूझकर आयोजित कर रहा था। और एक दिन इस जनहितैषी राजा ने अपने राजमहल की अपनी कुलस्वामिनी भवानीमाता का मंदिर भी अछूतों के लिए खोल दिया। हिंदू समाज की सभी जाति उपजातियों के लिए सभी मंदिरों में मुक्त प्रवेश मिलना चाहिए इस आंदोलन के वे प्रवर्तक सिद्ध हुए। इतना सब कुछ करने पर भी उनकी समझ में नहीं आया कि जाति-संस्था की विष-बेलि नष्ट नहीं हो रही है। तब उनकी समझ में आया कि जातिसंस्था को नष्ट करने के लिए अंतरजातीय विवाह आयोजित किए जाने चाहिए। इसीलिए उन्होंने अंतरजातीय विवाहों को प्रेरणा देने वाले

पटेल–बिल को जी–जान से समर्थन किया। शाहू छत्रपति पटेल बिल का मात्र शाब्दिक समर्थन कर रुके नहीं; बल्कि मिश्र विवाह का समर्थन करने वाला कानून अपनी रियासत में उन्होंने 23 फरवरी, 1918 ई. को जारी भी किया। 30 मई से 1 जून तक तीन दिन की अखिल भारतीय बहिष्कृत समाज की जो सभा संपन्न हुई उसके अध्यक्ष शाहू छत्रपति थे। उस सभा में अध्यक्ष की हैसियत से बोलते समय उन्होंने पटेल–बिल का जोरदार समर्थन किया था। उस भाषण में उन्होंने कहा था, ''इस देश की उन्नति यथाशीघ्र हो या विलंब से हो, यह बात यहां का जाति–भेद जितनी मात्रा में कम होगा उस पर निर्भर है। यह जाति–भेद नष्ट होने के लिए विभिन्न जातियों में शरीर–सम्बन्ध व्यापक रूप में प्रस्थापित होना अत्यंत आवश्यक है। अब रोटी–व्यवहार अधिक मात्रा में होंगे, इसके विरोध में कोई कितने भी हाथ–पांव मारे, तो भी उसका विशेष प्रभाव नहीं पड़ेगा। पर बेटी–व्यवहार की बात वैसी नहीं। ऐसे विवाह होने के लिए आवश्यक सोच निर्माण करने के लिए कानून के सभी प्रतिरोध को दूर करने की आवश्यकता है। यानी ऐसे विवाहों का कानूनन वैध साबित होना आवश्यक है। इससे उस संतति को वे सभी हक मिलने चाहिए, जो वारिस संतति को मिलते हैं। इसके लिए ना. पटेल ने वरिष्ठ विधान सभा में प्रश्न उपस्थित किया था। इस प्रकार के कानून की आवश्यकता भी है; पर यह भी सच है कि ऐसा होने लगे तो ब्राह्मणों की जन्मसिद्ध महत्ता भी कम होगी। इससे ब्राह्मणों पर एक महान संकट आ गिरेगा इसलिए ब्राह्मण हितैषी समाचार–पत्रों ने पटेल के उस प्रस्ताव का डटकर विरोध किया। पर देश–हित की ओर उन्होंने ध्यान ही नहीं दिया यह बड़े दुख के साथ कहना पड़ता है। भिन्न–भिन्न जातियों के स्त्री–पुरुषों ने एकत्र होकर विवाह संबंधों के बिना खुले आम अनीतिपूर्ण बर्ताव किया, तो इन धर्माधिकारियों को यह मान्य होता है; पर वैसा अनीतिपूर्ण संबंध जो नहीं चाहते, उनके विधिवत् विवाह करने के मार्ग में वे रोड़ा निश्चित डालेंगे, ऐसे ये सार्वजनीन नैतिकता के शत्रु हैं।''

जातिसंस्था नष्ट करने के उद्देश्य से शाहू छत्रपति अनेक क्रांतिकारी निर्णय लेकर उनका कार्यान्वयन बड़ी मुस्तैदी से कर रहे थे। उसका सुपरिणाम मंद गति से; पर निश्चित रूप से दिखाई दे रहा था। इसलिए ऐसा दिखाई देता है कि जातिसंस्था को जमींदोज करने के लिए उन्होंने अंत में अंतरजातीय विवाह का निर्णय लिया। अंतरजातीय विवाह प्रत्यक्ष रूप में लाने की मुहिम उन्होंने सर्वप्रथम मराठा जाति में ही नहीं; बल्कि सर्वप्रथम अपने ही राजघराने में संपन्न करने की कोशिश की। इसी उद्देश्य से उन्होंने गड़रिया और मराठा के विवाहों को प्रोत्साहन दिया।

गड़रिया और मराठा ये दोनों जातियां क्षत्रिय ही हैं, यह बात दोनों जातियों के लोगों को समझाने की उन्होंने कोशिश की। गड़रियों और मराठों में विवाह संपन्न हो इसलिए इंदौर के तुकोजीराव होलकर और शाहू छत्रपति में पत्राचार हुआ था। राज धर्माधिकारी गुंडो स. पिशवीकर ने इस संदर्भ में क्रमशः 18 मई, 1918 और 7 जून, 1918 ई. को इंदौर से जो पत्र भेजे थे वे आज भी उपलब्ध हैं। शाहू छत्रपति को लिखे हुए पत्र में वे यह स्पष्ट करते हैं कि

इंदौर के होलकर घराने के वंशज राठौड़ क्षत्रिय हैं। इसी तरह शाहू छत्रपति का गड़रिया-मराठा सगाई का यह साहसपूर्ण विचार इंदौर के गड़रिया समाज को स्वीकृत है।

शाहू छत्रपति ने मन में ऐसी साहसी योजना का निश्चय किया था कि गड़रिया-मराठा के कम से कम सौ विवाह निश्चित किए जाएं। इसके लिए पहले कुछ विवाहों के लिए 25,000 रुपए, इसी प्रकार के दूसरे गुट के विवाहों के लिए 20,000 रुपए और अंतिम गुट के लिए 15,000 रुपए खर्च करने का उनका विचार था। इस बारे में विचार-विमर्श करने के लिए उन्होंने दीवान सबनीस के पुत्र रामभाऊ और मामासाहब महागावकर को इंदौर भेज दिया था। प्रारंभ में ऐसे 25 विवाह करवाकर, अपने ही परिवार में ऐसे विवाह हों, इसलिए उन्होंने प्रत्यक्ष प्रयत्न शुरू किए। उनके ये प्रयत्न सफल भी हुए। इंदौर के युवराज और कागल के छोटे कुल के श्रीमंत काकासाहब महाराजा की द्वितीय कन्या चंद्रप्रभावाई की यानी शाहू छत्रपति की चचेरी बहन की सगाई 30 दिसंबर, 1923 ई. को इंदौर में संपन्न हुई। शाहू छत्रपति की कोशिश का ही यह फल है कि उन्हीं के घराने में गड़रिया-मराठा ऐसा वैवाहिक सम्बन्ध स्थापित हुआ। पर हाय! यह वैवाहिक संबंध देखने के लिए शाहू छत्रपति उपस्थित नहीं थे। कई बार ऐसा होता है कि आम का पौधा लगाने का काम मनुष्य अपने हाथों से कर सकता है; अपने हाथों लगाए हुए सभी वृक्षों के आम वह चख सकेगा ऐसा नहीं हो सकता। गड़रिया-मराठा विवाह के बारे में शाहू छत्रपति के संबंध में कुछ ऐसा ही हुआ था।

इंदौर के युवराज यशवंतराव होलकर और शाहू छत्रपति की चचेरी बहन चंद्रप्रभा का विवाह 9 फरवरी, 1924 ई. को इंदौर में बड़े ठाठ-बाट से संपन्न हुआ। उस विवाह का सगाई से लेकर विवाह तक का सविस्तार वृत्तांत श्रीपतराव शिंदे ने अपने 'विजयी मराठा' पत्र में दिया है। श्रीपतराव शिंदे ने अपने 'विजयी मराठा' के 28 जनवरी, 1924 ई. के पत्र में 'इंदौर और कागल घरानों का मेल' ऐसा मुख्य लेख लिखकर राजर्षि शाहू छत्रपति और होलकर राजघरानों का हार्दिक गौरव प्रकट करते हुए लिखा, "यह विवाह राष्ट्रीय दृष्टि से अत्यंत महत्त्वपूर्ण है। आखिर इंदौर रियासत के सुधारवादी महाराजा श्रीमंत सर तुकोजीराव होलकर और कागल कुल की छोटी शाखा के श्रीमंत काकासाहब महाराजा इन दोनों ने राजर्षि शाहू महाराजा का वचन ध्यान में रख, अत्यंत उत्साह के साथ दो प्रमुख क्षात्र घरानों में यह विवाह-संबंध निश्चित किया इसलिए हम उनका अभिनंदन करते हैं। इस मंगलकार्य के द्वारा उन्होंने जिस तरह अपनी सुधारवादी दृष्टि का परिचय दिया, उसी तरह दोनों महाराजा इसके बाद भी सभी पिछड़े हुए समाज के सुधारवादी आंदोलन की सहायता करें, ऐसी हमारी प्रार्थना है।"

राष्ट्रीय दृष्टि से बहुत ही महत्त्वपूर्ण साबित हुआ यह क्रांतिदर्शी विवाह 9 फरवरी, 1924 ई. को इंदौर में राजेशाही ठाठ में संपन्न हुआ। इस विवाह में हिंदुस्तान के कई राजा-महाराजा, सरदार, जागीरदार जैसे उपस्थित थे, उसी तरह देश के कोने-कोने से सामान्य लोगों का हुजूम उमड़ा हुआ था। इस विवाह के मंगलाष्टक यशवंत नाटक मंडली के मालिक प्रख्यात गायक शंकरराव सरनाइक ने स्वयं गाये थे। जातिसंस्था पर करारा हमला करने वाले

इस राष्ट्रीय समारोह–स्पी विवाह–समारोह में 'विजयी मराठा' के संपादक श्रीपतराव शिंदे स्वयं उपस्थित थे। इस विवाह–समारोह में कई राजा–महाराजाओं और धनवान व्यापारियों ने लाखों रुपए मूल्य की वस्तुएं वधू–वर को भेंट में दीं। परंतु इस विवाह–समारोह में श्रीपतराव शिंदे ने एक अपूर्व भेंट इंदौर के तुकोजीराव महाराजा को दी। वह भेंट थी–शाहू छत्रपति की दरबार की पोशाक में लैस फ्रेम की हुई एक भव्य तसवीर! शाहू छत्रपति की उस तसवीर को देखते ही महाराजा तुकोजीराव होलकर अपने स्थान से तुरंत उठ खड़े हुए और शाहू छत्रपति की उस तसवीर को उन्होंने सम्मानपूर्वक झुककर प्रणाम किया।

आज भी हिंदू धर्म और जैन धर्म के विद्वानों में ऐसा विवाद होता रहता है कि क्या हिंदू धर्म और जैन धर्म दोनों स्वतंत्र धर्म हैं या हिंदू धर्म से ही जैन धर्म का निर्माण हुआ? परिणामस्वरूप हिंदू और जैन का विवाह दोनों धर्मों को धर्मबाह्य लगता है। शाहू छत्रपति को यह भी समस्या डरा रही थी। इसलिए उन्होंने कोल्हापुर रियासत में 7 फरवरी, 1919 ई. को हिंदू–जैन के मिश्र विवाह को कानूनन स्वीकृति प्रदान कर अंतरजातीय विवाहों के साथ–साथ अंतरधर्मीय विवाह को भी प्रोत्साहन दिया।

1912-13 ई. में ऊंची खानदानी मराठा जाति में विधवा–विवाह कर होने वाली संतति को कानूनन वारिस नहीं माना जाएगा, ऐसा हुक्म जो शाहू छत्रपति ने पास किया था वह उन्होंने पूर्णतया बदलकर अनौरस संतति को भी वारिस मान्य करने का कानून 17 जनवरी, 1920 ई. के गैजेट में प्रकाशित किया था। अतः यह कहना उचित होगा कि शाहू छत्रपति ने हिंदू–जाति संस्था समूल नष्ट करने के लिए अंतरजातीय और अंतरधर्मीय कानूनों के शक्तिशाली सुरंगों को गाड़ने का महत्त्वपूर्ण राष्ट्रीय कार्य किया था।

अध्याय : 15

कुलकर्णी-वतन का अंत

वतन शब्द संस्कृत के वर्तन (आजीविका का साधन) शब्द से निर्मित हुआ है। जहां हम रहते हैं उस स्थान को अरबी भाषा में वतन कहते हैं। जातिधंधा, वंशपरंपरागत काम, नौकरी, नियुक्ति, आय, अधिकार, सम्मान-सत्कार, हक, पैतृक आय, भू संपत्ति अथवा भू संपत्ति के ही मूल्य की चल संपत्ति, जन्मभूमि इन सबके लिए वतन शब्द का प्रयोग करते हैं। इस प्रकार वतन धारण करने वाले को वतनदार कहा जाता है। गांव से उगाही जाने वाली आय पर, फसल पर, हर एक चीज पर, मंदिर-दरगाह जैसे धर्मादाय पर या गांव वालों के संस्कार पर, धर्मकृत्यों पर, जिनका थोड़ा-बहुत पुश्त-दर-पुश्त अथवा व्यक्ति विशेष को लगातार या कुछ काल के लिए हक है, वे सभी वतनदार हैं।

सरकार का देहात का मुख्य प्रतिनिधि पाटील (पटेल) होता है। बहुतांश पटेल के अनपढ़ होने के कारण देहात का पूर्ण पत्राचार अकेले पटेल के नाम से नहीं होता था; बल्कि पटेल-कुलकर्णी के संयुक्त नाम से होता है और गांव के शासकीय कागजातों पर उन दोनों को ही हस्ताक्षर करने पड़ते हैं। पटेल अगर निरक्षर होता तो अपने हस्ताक्षर के निशान अंकित करता था। त्रिंबक नारायण आत्रे ने अपने 'गावगाडा' (मराठी) ग्रंथ में 'वतन' और पटेल, कुलकर्णी के बारे में उक्त जानकारी दी है। उसी ग्रंथ में उन्होंने स्पष्ट किया है, "पटेल की याददाशत कितनी भी तेज हो तो भी ऊपर बताए हुए उसके गांव के काम लिखित रूप में न हों तो उसका चोखा होना कठिन है। अतः उसके लिए लेखक सहायक के रूप में आवश्यक हुआ। उस सहायक को अलग-अलग स्थानों पर अलग-अलग नामों से जानते हैं, जैसे-पटवारी, कुलकर्णी या पांड्या। 'नाम लिखना' पहले एक हक था। पट अर्थात् इजारपट (ग्राम का मुख्य आय-व्यय पत्र) तैयार करने वाला पटवारी या काश्तकार बनाने वाले को कुलवार, ग्राम का हिसाब-किताब लिखने वाले को कुलकर्णी कहा जाता था। ऐसा लगता है कि कुलकर्णी शब्द प्रायः दक्षिण भारत से उत्तर की ओर आया होगा; क्योंकि दक्षिण भारत में द्रविड़ भाषा में किसान को 'कुल' और कुलकर्णी के लिए 'करणं' शब्द का प्रयोग किया जाता है। पांड्या-यह पंडित शब्द का अपभ्रंश है। कुलकर्णी पटेलों का अंकेक्षक हुआ करता है। कहा जाता है कि कुलकर्णी-वतन लगभग छः हजार वर्ष पुराना है। अधिकांश कुलकर्णी ब्राह्मण हैं, कुछ प्रभु हैं और शायद ही मराठा, लिंगायत और

मुसलमान हैं। पटेल के बाद कुलकर्णी का महत्त्व होता था। पेशवाओं से लेकर निम्न स्तर तक के सभी ब्राह्मण सरदार उससे चिपक गए।''

ऐसा यह कुलकर्णी गांव की सभी घटनाओं का उल्लेख उस बही में करता था। खेत का कमाल क्षेत्र, उसकी सीमा, विस्तार परिमाण, खेतीबाड़ी विवरण पत्रक, बुआई पत्रक, बंजर जमीन पत्रक, सरकारी देन का व्यक्तिनुसार वसूली पत्रक, उसका आय-व्यय पत्र, मनुष्यों और ढोरों का गिनती-पत्र आदि स्थानीय दस्तावेज, जनपद के कामों के पंचायत के सारांश और उनके निर्णय, फौजदारी दंडविधान के कागजात आदि लिखित कामों के अतिरिक्त गांव वालों के पत्र, लेन-देन के दस्तावेज, रसीदें और उनका साहूकारी एवं सरकारी देय रकमों का आय-व्यय पत्रक लिखना आदि कामों पर कुलकर्णी की हुकूमत चला करती थी। जिस गांव का पटेल निरक्षर होता, कुलकर्णी ही उस गांव का राजा होता!

कुलकर्णी जागीरदार का समूचे गांव में बड़ा प्रभाव होता था। समूचा गांव पूर्णतया अज्ञानी होता था। पटेल भी प्रायः अज्ञानी ही होता था। देहात के पौरोहित्य का काम कुलकर्णी या उसका एकाध नजदीकी रिश्तेदार करता था। पुरोहित के नाते देहात में उसका विशेष महत्त्व होता था। किसी देहाती ने अगर कुलकर्णी की कोई बात नहीं मानी, तो उसे सबक सिखाने के लिए उसके घर के धार्मिक कार्य में अड़ंगा डाला जाता। भगवान के कोप का उसे डर दिखाया जाता। उस समय तहसील के स्तर पर अदालत में, सरकारी कचहरियों में उच्चवर्णियों का ही संख्याधिक्य होने से कुलकर्णी जो कुछ कहता उसी को सच माना जाता। इतना ही नहीं, गांव का पटेल और कुलकर्णी अपने अधिकार का दुरुपयोग कर गांव में साहूकारी भी करते थे। खासकर कुलकर्णी भोले-भाले किसानों के अज्ञान का लाभ उठाते हुए उनका बहुत बड़ा आर्थिक नुकसान करता! ब्याज कितना ले, कैसे ले, इसके लिए कोई बंधन नहीं था। ब्याज के महीनों की गिनती करते समय एक महीने को तीन तरह से गिना जाता और उस कर्जदार से एक के बदले तीन महीनों का ब्याज उगाहा जाता, जैसे फागुन के महीने के लिए फागुन का, होली का और शंखध्वनि का बताया जाता।

महात्मा फुले ने अपने ग्रंथों में देहात के ग्रामजोशी और कुलकर्णी द्वारा किए जाने वाले अन्याय और अत्याचारों का हूबहू वर्णन अनेक स्थानों पर किया है। अपने 'गुलामगीरी' मराठी ग्रंथ में उन्होंने लिखा है, ''जो शूद्र न पढ़ सकते हैं, न लिख सकते हैं ऐसों को कई कुलकर्णी दबोच लेते हैं, स्वयं उनके साहूकार बन जाते हैं और उनसे रेहननामे आदि दस्तावेज लिखवा लेते हैं। उस समय वे अपनी ही जाति के लेखकों से मिल-जुलकर उसमें जो शर्तें लिखी जाती हैं, उस अज्ञानी-अनपढ़ शूद्र को कुछ और ही पढ़कर सुनाया जाता है। उनके हाथ लेखनी से लगाकर, दस्तावेज पूर्ण कर कुछ दिन के पश्चात् छल-कपट से लिखी हुई शर्तों के अनुसार कुलकर्णी उनके समूचे वतन को निगलकर क्या डकार देते नहीं होंगे ?''

जोतिबा फुले ने ऐसे चरित्र वाले कुलकर्णियों का वर्णन 'ग्रामराक्षस' शब्द द्वारा किया है।

देहात का ग्रामराक्षस कुलकर्णी सभी ग्रामवासियों को किस तरह निचोड़ता है, प्रत्यक्ष अनुभूति से इसकी पूर्ण जानकारी शाहू छत्रपति को थी। कुलकर्णी जागीरदारों के खिलाफ

उनके पास कई शिकायतें आती थीं। कुलकर्णी की सहायता के लिए गांव का निरक्षर पटेल भी हुआ करता था। तब 'कुलकर्णी बोले और गांव डोले' ऐसी हालत थी। उसी से शाहू छत्रपति के मन में कुलकर्णी-जागीर नष्ट कर उसके स्थान पर वेतनदार पटवारी नियुक्त करने की कल्पना साकार रूप ले रही थी।

कुलकर्णी-जागीर खारिज करने का विचार शाहू छत्रपति के मन में उभर रहा था, तभी किसी की कविता का उपहासात्मक परिवर्तन करने वाले महाराष्ट्र के प्रथम कवि के रूप में जिनका यथार्थ गौरव करना पड़ेगा, उन मुकुंदराव पाटील के 'कुलकर्णी लीलामृत' काव्य ग्रंथ का उनके मन पर गहरा प्रभाव पड़ा। उस काव्य-ग्रंथ का प्रकाशन 1913 ई. में शाहू छत्रपति के आर्थिक सहयोग से ही हुआ था। मुकुंदराव पाटील महात्मा फुले के एक प्रमुख सहयोगी कृष्णराव भालेकर के सुपुत्र थे। कृष्णराव भालेकर ने अपने सुपुत्र को बहन के परिवार में गोद दिया था। कृष्णराव भालेकर के साथ उनका भानजा गणपतराव पाटील सत्यशोधक आंदोलन में हिस्सा लेता था। 1891 ई. के आसपास उनकी अचानक मृत्यु हो हुई। उनका भाई कृष्णराव समाज-कार्य की धुन में आप तो बैरागी बना ही; पर उनके पुत्र को भी उसने उसी उन्माद में डाल दिया और अब तो उस लड़के की—गणपतराव की मृत्यु भी हो गई। अतः वह बहुत दुखी हुई। अपनी बहन के दुखभार को थोड़ा हल्का करने के विचार से कृष्णराव ने अपने सुपुत्र मुकुंद को उनको गोद दे दिया। वे ही मुकुंदराव पाटील हैं।

कृष्णराव भालेकर की मृत्यु के बाद उनका 'दीनमित्र' पत्र मुकुंदराव पाटील अनेक संकटों से टक्कर लेते हुए पचास से भी अधिक वर्ष तक प्रकाशित करते रहे। 1910 ई. से 1963 ई. तक उस पत्र के वे ही संपादक थे। उस पत्र का होने वाला विरोध और मुकुंदराव की बीमारी के कारण उसके नियमित प्रकाशन में बाधा खड़ी होती थी। 'दीनमित्र' चालू रखना और चुने हुए लेखों का उसमें प्रकाशन करना ही अपनी बीमारी पर प्रभावकारी इलाज है, ऐसा निश्चय कर वे काम में जुट जाते। अहमदनगर के सोमठाणे जैसे निर्जन स्थान में मुकुंदराव बड़ी निष्ठा के साध 'दीनमित्र' पत्र का कार्यभार सम्हालते थे।

मुकुंदराव पाटील की निश्चित जन्मतिथि को लेकर विवाद है। उनके सुपुत्र डॉ. आर. एम. पाटील के मतानुसार मुकुंदराव का जन्म 1885 ई. में हुआ था। मुकुंदराव जब अहमदनगर में रह रहे थे तब उन्हें प्रख्यात कवि रेवरंड ना. वा. तिलक और बालकवि ठोंबरे के सहवास का लाभ मिला था। उन्होंने अपनी वाङ्मय-निर्मिति का आरंभ 'अंत्यज विलाप' उपनाम से 'दीनबंधु' पत्र में काव्यलेखन से किया था। उनका पहला महत्त्वपूर्ण ग्रंथ है 'हिंदु आणि ब्राह्मण' (हिंदु और ब्राह्मण)। इसके बाद उन्होंने 'कुलकर्णी लीलामृत', 'शेटजी प्रताप', 'सुबोध श्लोक' जैसे काव्य-ग्रंथ लिखे। इसी तरह 'विठोबाची शिकवण' (विठोबा की सिखावन) और 'ढढ्ढाशास्त्री परान्ने' जैसे समाज का प्रबोधन करने वाले ग्रंथ पेश किए। उनका 'ढढ्ढाशास्त्री परान्ने' उपन्यास मराठी साहित्य का पहला उपन्यास है, ऐसा अभिमत डॉ. भालचंद्र फड़के ने महाराष्ट्र साहित्य पत्रिका के 1993 ई. के 'दीपावलि' विशेषांक में व्यक्त किया है।

मुकुंदराव पाटील की लड़ाकू लेखनी 'दीनबन्धु' पत्र द्वारा शाहू छत्रपति के नेतृत्व में जो ब्राह्मणेतर आंदोलन शुरू हुआ था, उस आंदोलन का जोरदार समर्थन कर रही थी। इसलिए किसी तरह 'दीनमित्र' का प्रकाशन ही न हो, विरोधियों की करतूतें चल रही थीं। 'दीनमित्र' सोमठाणे में जिस उपजाऊ भूमि पर स्थित इमारत में छापा जाता वह जगह बिगर खेती की नहीं है, जिलाधिकारी के सेक्रेटरी कुलकर्णी ने ऐसा कारण बताते हुए मुकुंदराव को 675 रुपयों का जुर्माना ठोंक दिया। जुर्माने की रकम जमा न कर सकने के कारण मुकुंदराव का छापाखाना बंद हो गया। ख्रिष्टी मिशनरी रेवरंड डॉ. ह्यूम रे और रेवरंड ना. वा. तिलक इन दोनों के बीच-बचाव के फलस्वरूप मुकुंदराव का जब्त हुआ छापाखाना उन्हें फिर वापस मिल गया। इस संदर्भ में सोमठाणे के कुलकर्णी को तहसीलदार द्वारा कठोर चेतावनी दी गई थी।

अशिक्षित किसानों पर किए जाने वाले अन्याय और जुल्मों की कथाएं मुकुंदराव सुन ही रहे थे ; परंतु अब उन्हीं को जब कुलकर्णी की लीलाओं का प्रसाद मिला तब उनकी कलम कुलकर्णी-लीलाओं को दिल खोलकर बताने के लिए तैयार हो हुई। उनकी 'दीनमित्र' पत्रिका द्वारा 'कुलकर्णी-लीलामृत' का क्रमशः प्रकाशन होने लगा।

मुकुंदराव का कुलकर्णी जागीरदारों के अन्यायों का उपहासास्पद चित्रण करने वाला काव्य विरोधियों को चुभने लगा। तब उन्होंने तुरंत उसके खिलाफ अहमदनगर के कलक्टर से न्याय की मांग की। परंतु उसका कुछ फायदा नहीं हुआ। मुकुंदराव के उस काव्य पर पाबंदी लगाने की विरोधियों की कोशिश सफल नहीं हुई। तब मुकुंदराव ने निश्चित किया कि चुभने वाला 'कुलकर्णी लीलामृत' काव्य पुस्तक रूप में प्रकाशित किया जाय। उस ग्रंथ के प्रथम संस्करण के लिए शाहू छत्रपति का आर्थिक सहयोग प्राप्त हुआ। इसके प्रथम संस्करण में मुकुंदराव ने स्पष्ट लिखा है, "इस बहुमूल्य ग्रंथ को चिरस्थायी स्वरूप प्राप्त हो, इसलिए उसे पुस्तक के रूप में प्रकाशित करने की तीव्र इच्छा थी, वह भगवद्कृपा से और हमारे परम दयालु तथा प्रजावत्सल श्री शाहू छत्रपति की उदारता से सफल हुई है। यह कहते हुए हमें बहुत आनंद एवं गर्व हो रहा है। वास्तव में हर गांव-देहात में इस ग्रंथ का प्रचार-प्रसार होना चाहिए इसीलिए उसका मूल्य न्यूनतम रखा गया है। जागीरदार कुलकर्णी लोगों के काले कारनामों का पर्दाफाश कर दुनिया के सामने रखने वाला यह मौलिक ग्रंथ रावबहादुर दीवान रघुनाथराव सबनीस को सप्रेम समर्पित किया गया है। इस ग्रंथ में दस अध्याय हैं। ग्रंथ की भाषा और विवेचन बहुत ही आसान, पर अत्यंत प्रभावपूर्ण है।"

अनपढ़ पटेल कुलकर्णी के सामने किस तरह भेड़ साबित होता था, इसका वर्णन मुकुंदराव ने इस प्रकार किया है। (मूल पद्य का यह गद्यानुवाद है।) "चालाक कुलकर्णी के सामने वह दीन, बेचारा, अनपढ़ पटेल एक भैंसे जैसा ही है। धिक्कार है उसके चौधरीपन पर ! वह भगवान कुलकर्णी धक्के मार-मार कर ग्रामीण-जनों को खुश रखने की तरकीबें लड़ाता है, पर उसकी (कुलकर्णी की) करतूत में पटेल (चौधरी) जो एक शुद्ध भेड़ा होता है, कुछ नहीं कर सकता। ऐसे चौधरी का धिक्कार ही करना चाहिए। वह चौधरी अपने

घर में बड़ी डींग हांकता है ; पर कुलकर्णी की करतूत के सामने वह गूंगा बन जाता है। ऐसे निठल्ले चौधरी (पटेल) के निठल्लेपन का धिक्कार हो ! गांव के चलते-पुर्जे व्यक्तियों के साथ मेलजोल रखने वाला चौधरी (पटेल) जो पूरा निकम्मा-लूला होता है, वह कुलकर्णी के सामने पूरा-पूरा बुद्धू साबित होता है। ऐसे मूर्ख, अनाड़ी चौधरी के चौधरीपन का धिक्कार हो।''

इस ग्रंथ में निहित सामाजिक प्रबोधन के कारण शाहू छत्रपति को पसंद आना स्वाभाविक था, इसी तरह उस ग्रंथ के काव्य-गुणों के कारण भी उन्हें यह पसंद आया था। इस संदर्भ में शाहू छत्रपति-मुकुंदराव पाटील से मिले हुए थे, ऐसा प्रा. अशोक एरंडे ने अपने पीएच. डी. के प्रबंध में मुकुंदराव पाटील के संदर्भ में जो लिखा है उसमें दर्ज किया है। इस भेंट के लिए भास्करराव जाधव ने अगुआई की होगी इससे इनकार नहीं किया जा सकता। क्योंकि इस ग्रंथ की प्रस्तावना भास्करराव जाधव की है और इसके प्रकाशन में भी उन्होंने ही पहल किया था।

प्रा. श्री म. माटे न. चिं. केलकर मुकुंदराव पाटील के उस ग्रंथ पर 'केसरी' समाचार पत्र में दि. 30 सितंबर और 7 अक्टूबर को दो मुख्य लेख लिखे। डॉ. य. दि. फड़के के मतानुसार, ''अत्यंत तीखी भाषा में लिखे हुए केलकर के जो मुख्य लेख हैं उनमें से ये दो अग्रलेख हैं।''

'कुलकर्णी लीलामृत' के आशय पर जोर देर देते हुए साहित्य सम्राट न. चिं. केलकर लिखते हैं, ''प्रस्तुत ग्रंथ एक सरस-विनोदपूर्ण काव्य बना हुआ है।'' आगे वे लिखते हैं, 'कुलकर्णी लीलामृत' यह भक्तिरसात्मक काव्यग्रंथ भेड़ की चमड़ी ओढ़ा हुआ भेड़िया है। इसलिए उस भेड़िए की गोली मारकर हत्या करनी चाहिए या बिच्छू के समान उसी स्थान पर उसे कुचलना चाहिए ?'' वर्ण-द्वेष से ग्रस्त एवं संतप्त साहित्यसम्राट की लेखनी से कुछ और चुनिन्दा विशेषण निःसृत हुए हैं, जैसे—सत्यशोधक समाज की डिस्टिलरी में बनी हुई मीठी और मसालेदार ब्रह्मद्वेष की शराब और जागीरदारी वृक्ष के कुलकर्णीपन की डाली पर करवीर के छत्रपति की ठोस सहायता से सेठ बना हुआ सत्यशोधक समाज का कौआ, इत्यादि ! डॉ. य. दि. फड़के के मतानुसार उनके इस मुख्य लेख में दो ही महत्त्वपूर्ण मुद्दे हैं। पहला मुद्दा है कि कुलकर्णी तो लुच्चे-झूठे होंगे ही, पर चौधरी (पटेल) भी कुछ कम लुच्चे नहीं होते और दूसरा उपदेश का मुद्दा यह है कि शिव-काल ही की तरह ब्राह्मण और ब्राह्मणेतरों की आपस में संघर्ष न करते हुए मिल-जुलकर काम करने में ही भलाई है !

समाज का नेता, चाहे वह राजा हो या तानाशाह हो या क्रांतिकारी हो, वह समाज पर अपनी हुकूमत चलाता है या शासन करता है, इसमें कोई न कोई तत्त्वज्ञान होता है। जब मानव को लेखनकला का ज्ञान हुआ तब कोई न कोई तत्त्वज्ञान ग्रंथबद्ध करने लगा। यह एक वैश्विक सत्य है कि ग्रंथकार अल्पजीवी होता है; पर उसका ग्रंथ चिरकाल तक टिका रहता है। उनमें से कुछ ग्रंथों को तो अक्षर वाङ्मय की महत्ता प्राप्त होती है। ॲडम स्मिथ जैसा एकाध विशेषज्ञ राष्ट्र की संपत्ति जैसे अर्थशास्त्र पर आधारित बेजोड़ ग्रंथ की रचना करता है और पाश्चात्य देशों की अर्थनीति का रुख ही पलट देता है। कोई एक रूसो अपना

'सामाजिक करार' प्रस्तुत करता है और फ्रेंच राजक्रांति का उदय होता है, तो एकाध व्हाल्टेअर जनसत्ता और व्यक्ति-स्वतंत्रता की पुष्टि करने वाले ग्रंथ समाज को प्रदान कर समूची मानव-जाति की आंखों में अंजन डालता है ! किसी एक कार्ल मार्क्स का 'पूंजी' ग्रंथ आधे से भी अधिक दुनिया पर अपना विचार-प्रभुत्व स्थापित करता है ! कोई एक महात्मा फुले 'गुलामगीरी' और 'शेतकऱ्याचा आसूड' जैसे ग्रंथ लिखकर महाराष्ट्र के बहुजन समाज को घोर निद्रा से जगाता है और उन्हें अभिजनों द्वारा किए गए अन्यायों के खिलाफ दृढ़ता से सीना तानकर प्रतिकार करने के लिए सहस्र हाथियों की सामर्थ्य प्रदान करता है। कुछ इसी तरह की बात मुकुंदराव पाटील द्वारा लिखित 'कुलकर्णी लीलामृत' के बारे में भी हुई, इसे खुले दिल से स्वीकार करना पड़ेगा, क्योंकि मुकुंदराव के 'कुलकर्णी लीलामृत' ग्रंथ के प्रकाशित होते ही महाराष्ट्र के सफेदपोश जगत् में शक और द्वेष के बादल मंडराने लगे। देहात का ग्रामराक्षस बौखला उठा। चौधरी (पटेल) नामक अनपढ़ राजा का यह परशुराम-रूपी प्रधान हड़बड़ा गया। शाहू छत्रपति मानो इस ग्रंथ की प्रतीक्षा में ही थे। मानो शाहू छत्रपति के ही विचार मुकुंदराव की लेखनी से काव्य-रूप में निःसृत हो। मुकुंदराव के 'कुलकर्णी लीलामृत' के प्रकाशित होने पर (1913 ई.) हर एक गांव में उसका प्रकट पठन होने लगा। 'कुलकर्णी लीलामृत' के हर अध्याय में कही हुई कहानी अपने ही गांव में घटित कहानी है, ऐसा महसूस करने के लिए लोगों के मनों को तैयार करने का काम मुकुंदराव की लेखनी ने सिद्ध किया था।

ग्राम-ग्राम में अनिर्बंध सत्ता का उपभोग करने वाले चौधरी और कुलकर्णी खानगी साहूकारी का भी धंधा करते थे। लोगों से वे ब्याज की मनमानी रकम उगाहते। कर्ज के बदले रेहन रखी हुई जमीन या घर पर अपना अधिकार जमा लेते थे। इसलिए शाहू छत्रपति ने चौधरी-कुलकर्णी और उनके नजदीकी रिश्तेदारों के लिए निम्न हुक्म जारी कर कुलकर्णी की जागीर पर पहला प्रहार किया, "करवीर इलाके के सभी गांवों के चौधरी-कुलकर्णी अपने गांव में लेनदेन का व्यवहार करते हैं। उसकी उगाही करते समय गरीब प्रजा को बहुत तकलीफ उठानी पड़ती है, ऐसा मालूम होने पर आपको हुक्म दिया जाता है कि करवीर इलाके के सभी गांवों के चौधरी और कुलकर्णी अपने-अपने गांव के किसी भी लेन-देन के व्यवहार का निपटारा स्वयं करें। एक वर्ष बाद ऐसे व्यवहार के बारे में कोई भी शिकायत सुनी नहीं जाएगी। यह नियम चौधरी-कुलकर्णी और उनके नजदीकी रिश्तेदारों के लिए भी लागू है।"

बंबई सरकार ने इसके पहले ही कुलकर्णी के पद पर पटवारी की नियुक्ति करना शुरू कर दिया था। यह पद्धति गांवों की अज्ञानी जनता के आर्थिक-सामाजिक प्रगति के मार्ग की रुकावट को नष्ट करने में पूर्णतया कारगर साबित नहीं हुई, क्योंकि परंपरा से स्वीकृत कुलकर्णियों को ही पटवारी के पद पर नियुक्त करने का फैसला ब्रिटिश सरकार ने किया था। परिणामतः रियासत की ग्रामीण जनता की अवस्था ऐसी हो गई जैसे आग से निकले और गरम राख में अटके। यह सब विचार कर शाहू छत्रपति ने अपना पहला हुक्मनामा

22 फरवरी, 1918 ई. को ऐसा निकाला कि ''गांव के बारह पवनी के हकदारों को कोई भी व्यवसाय करने की छूट रहेगी। अतः इस बात की आवश्यकता नहीं है कि वे अपने पारंपरिक व्यवसाय ही करते रहें। इसलिए लोग आज तक उन्हें जो देनी पड़ती थी, वह पवनी बंद कर दें। आवश्यकता पड़ने पर उनकी सेवा वे पैसे के रूप में ले लें।'' उसके बाद एक ही सप्ताह के भीतर यानी 28 फरवरी, 1918 ई. को उन्होंने निम्न आज्ञापत्र जारी किया, ''जनता में विद्या के विशेष प्रसार के कारण उसे अधिक हक देने का समय आया है। बीकानेर, त्रावणकोर आदि रियासतों में प्रजा केलिए ही ग्रामपंचायतें बहाल की गई हैं। उसी तरह यहां भी बहाल करने का छत्रपति का विचार है; परंतु इसके कार्यान्वयन में सबसे बड़ी बाधा है जागीरदार कुलकर्णी की। ऐसा अनुभव जानकार लोगों का है। समाज की अज्ञानावस्था में कुलकर्णी जागीर अवश्य होगी। पर अब वह समय नहीं रहा है। जागीरदार कुलकर्णी के होने पर एकाध स्थान पर ग्रामपंचायत की स्थापना हो जाए तो वहां की पूरी सत्ता उस कुलकर्णी और उसके इनेगिने भाईबंदों के कब्जे में आ जाएगी। ऐसा होने पर किसानों के बड़े समाज के हित अवश्य प्रभावित होंगे। जागीरदार चौधरी किसानों में से ही किसी एक के पास होने से उसके द्वारा ऐसी ग्रामपंचायतों के काम में कोई बाधा उत्पन्न नहीं हो सकती। ग्रामपंचायतों को अगर सफल बनाना हो तो जागीरदार कुलकर्णी की आज की पद्धति बंद होनी चाहिए। अतः उस पद्धति को बंद कर उस स्थान पर पटवारी को नियुक्त कर उसी से गांव के काम करा लिये जाएं।''

अंत में 2 मार्च, 1918 ई. को शाहू छत्रपति ने एक हुक्म जारी कर कुलकर्णी के पद पर पटवारी को नियुक्त करने की व्यवस्था का कार्यान्वयन किया। छत्रपति के इस हुक्म को देखते ही कुलकर्णी और उनके समर्थक आग-बबूला हो उठे। उनका एक प्रतिनिधि मंडल छत्रपति से मिला। अपना पारंपरिक कुलकर्णी पद और जागीर पूर्ववत् कायम रखने की उन्होंने बार-बार प्रार्थना की। सभी कुलकर्णियों की वह जागीर-निष्ठा तथा राज-निष्ठा अपने पेट के खातिर है, यह बात शाहू छत्रपति की समझ में आ गई थी, तो भी युद्ध में अंतिम जीत के लिए, कभी-कभी पीछे हटना अधिक हितकर होता है, इसे ध्यान में रखकर कुलकर्णी की जागीर पर रोक लगाने का आदेश शाहू छत्रपति ने स्थगित कर दिया। इस खबर के आते ही छत्रपति का अभिनंदन करते हुए 'केसरी' कार ने लिखा था, ''इस तरह छत्रपति ने कुलकर्णी और पवनी के हकदारों की शिकायतों को दूर कर उनका इन्साफ किया इसलिए वे सभी छत्रपति के अत्यंत कृतज्ञ हैं। उन सबके प्रति छत्रपति ने न्यायबुद्धि का जो परिचय दिया है, इसके लिए हम छत्रपति का फिर से अभिनंदन करते हैं और इसी आदेश को कायम कर छत्रपति सभी कुलकर्णियों और पवनी के हकदारों को निश्चिंत करेंगे, ऐसी हम आशा करते हैं।''

कुलकर्णी की जागीर और उसका पद पूर्ववत् रखने के निर्णय पर शाहू छत्रपति ने पुनर्विचार किया, इसलिए 'केसरी' कार ने उनका अभिनंदन कर आनंद प्रकट किया था। परंतु उनका वह आनंद अधिक समय तक टिक नहीं सका। क्योंकि शाहू छत्रपति ने

25 जून, 1918 ई. को कुलकर्णी जागीर खारिज करने और पटवारी पद्धति 29 जुलाई, 1918 ई. से स्थायी रूप से अमल में लाने का आदेश जारी किया। इस आदेश के जारी होते ही 'केसरी'कार ने शाहू छत्रपति को दोष न देते हुए उनके अधिकारियों पर समूचा दोष मढ़ दिया। 'केसरी'कार की कृपादृष्टि प्रायः भास्करराव जाधव की ओर गई होगी। उस बारे में 'केसरी'कार ने लिखा है, ''कोल्हापुर के छत्रपति ने कुलकर्णी के पद पर पटवारी की नियुक्ति करने का आदेश अस्थायी रूप से स्थगित किया था; किन्तु तीन हफ्ते के भीतर ही फिर कुलकर्णी के स्थान पर पटवारी की नियुक्ति के आदेश निर्गमित हुए हैं। स्वयं छत्रपति अपने पुत्र के शोक में हैं, तब किसी षड्यंत्री अफसर ने यह छल-छद्म किया है। हमें आशा है, छत्रपति अब भी स्वस्थ चित्त से विचार कर इस आदेश को खारिज कर देंगे।''

कुलकर्णी का पद खारिज करने का निर्णय शाहू छत्रपति ने नहीं बदला। कुलकर्णी अपने पद का दुरुपयोग कर षड्यंत्रकारी कैसे बनते हैं, उनमें छिपा हुआ ग्रामराक्षस किस प्रकार सदैव बहुजनों को सताता है, बस यही विचार कर उन्होंने उनसे उनका कुलकर्णी-पद छीन लिया; परंतु उनके पास जो परंपरागत पैतृक जमीनें थीं उन्हीं के पास रहने दीं। इतना ही नहीं; बल्कि वे जमीनें खेती-मुक्त होने से कुलकर्णी सही मायने में उस जमीन के मालिक बन गए। परिणामतः अपनी जमीनें बेचने या रेहन रखने का पूरा अधिकार सभी कुलकर्णियों को प्राप्त हुआ।

शाहू छत्रपति को भास्करराव जाधव जैसा बुद्धिमान और चारित्र्यसंपन्न अफसर तथा सहयोगी मिला हुआ था। उसी से छत्रपति की कल्याणकारी योजनाएं गतिमान बन रही थीं। अल्प समय में ही उन योजनाओं का उद्देश्य पूरा होता हुआ दिखाई दे रहा था। 1904 ई. में कोल्हापुर नगर-पालिका का कार्य अव्यवस्थित था। लोगों की शिकायतें सिर्फ बही में दर्ज की जातीं। नगरपालिका में हर एक अपनी-अपनी डफली अपना-अपना राग अलापता। नगरपालिका के सदस्य जनहित की जगह अपने हित में मशगूल थे। भ्रष्ट सदस्य निष्क्रय बन गए थे। ऐसे गंभीर समय में शाहू छत्रपति ने नगरपालिका के सूत्र भास्करराव जाधव के हाथ सौंपे थे। थोड़े ही दिनों में भास्करराव ने नगरपालिका के कार्यों में अनुशासन और कार्यक्षमता निर्माण कर फिर एक बार अपनी गुणवत्ता सिद्ध की। उन्हीं भास्करराव जाधव के पास पटवारी-नियुक्ति का विभाग था।

भास्करराव जाधव कुलकर्णियों के पदों पर प्रशिक्षित पटवारियों की नियुक्ति करते थे। इन नए पदों पर नियुक्तियां करते समय भास्करराव जाधव सामाजिक समता का विचार कर सभी जातियों के लोगों को मौका देते थे। परंतु पदभ्रष्ट कुलकर्णी और उनके समर्थक सफेदपोश नेता उन पर दो झूठे गंभीर अभियोग लगा रखे थे। उनमें पहला अभियोग था कि भास्करराव जाधव हर पटवारी पर उसकी नियुक्ति के समय सत्यशोधक समाज की कसम खाने की जबर्दस्ती करते हैं और दूसरा अभियोग यह था कि ये नियुक्तियां करते समय उन्होंने ब्राह्मणों को कंकड़ के समान अलग कर रखा है। शाहू छत्रपति ने इन इलजामों के बारे में भास्करराव से पूछताछ की। तब भास्करराव ने शाहू छत्रपति को बता दिया कि व्यक्ति द्वेष

से वे इलजाम उन पर लगा गए हैं। पटवारी के पदों पर नियुक्तियां जब शुरू हुईं, तब 17 ब्राह्मणों की अर्जियां आई थीं और उन सबको पटवारी के पद पर नियुक्त किया गया है, ऐसा दिखा भी दिया। तब भास्करराव के विरोधी पानी पीकर कोसने के सिवा कुछ भी कर नहीं सकते थे।

छह हजार वर्षों से भी अधिक काल तक महाराष्ट्र के देहातों के गरीब और भोले-भाले बहुजनों पर अनियंत्रित और अबाधित हुकूमत करने वाला जुल्मी कुलकर्णी समाज शाहू छत्रपति ने लगभग तोड़ ही दिया था। अतः कुलकर्णी और उनके पिट्ठुओं को यह बदलाव रुचने वाला नहीं था। शाहू छत्रपति के समूचे राजकारोबार में No cake to few until all are served with bread (लाखों लोग जब भूखे कंगाल हों तो पांच-दस लोग ही घी-रोटी खाएं यह अन्यायपूर्ण है।) यह तत्त्व था यही तत्त्व वे कुलकर्णी-जागीर के लिए जारी कर रहे थे। परंतु आज तक उसका सुख भोगता कुलकर्णी समाज यह स्वीकार करने के लिए राजी नहीं था। उनका कहना था कि शाहू छत्रपति ने उन पर अन्याय किया है। इसलिए सभी कुलकर्णियों ने अपना संगठन स्थापित कर इस विषय में शाहू छत्रपति का डटकर विरोध करना शुरू कर किया। साम, दाम, दंड, भेद इन सभी का प्रयोग कर कुलकर्णी अपना खोया हुआ पद फिर से प्राप्त करने के लिए प्राणपण से कोशिश करने लगा।

उस कुलकर्णी संघ का समर्थन करने में लोकमान्य तिलक अगुआ थे ही। उनकी सहायता के लिए न. चिं. केलकर जिन्हें करवीर पीठ पर शाहू छत्रपति ने ही नियुक्ति की थी, वे तथा डॉ. कुर्तकोटी और बेलगांव के दत्तोपंत बेलवी वकील, भोपटकर जैसे एक से बढ़कर एक दिग्गज थे। राजकारण, राष्ट्रहितवर्धिनी और विद्याविलास—ये तीनों समाचार पत्र कुलकर्णी जागीर का समर्थन करते समय शालीनता की मर्यादा का उल्लंघन कर शाहू छत्रपति पर आग बरसाने लगे।

हर गांव में कुलकर्णी पर बहिष्कार का दबाव डाला जा रहा था; परंतु इन बहिष्कारों के झूठ-मूठ के वर्णन कर लेखनीनवीस उसमें कल्पना का माल-मसाला डालकर जनता के सामने पेश कर रहे थे। कोल्हापुर का समाचारपत्र 'विद्याविलास' इसमें अग्रणी था। 23 मई, 1919 ई. के 'विद्याविलास' समाचारपत्र के एक दुर्लभ अंक में यह जानकारी उपलब्ध है। उसमें विस्तार से वर्णन किया गया है कि कुंभोज चंदुर, तारदाल, आळते, तमदलगे, नेज, नूल पेटा, पन्हाळा पेटा, खळदाळ पेटा, गडहिंग्लज आदि गांवों में कुलकर्णियों को किस तरह तकलीफ दी जा रही है। चंदूर के धोंडोपंत कुलकर्णी के ऊख को ब्राह्मणेतरों ने पानी देना बंद कर दिया। अतः वह समूचा ऊख सूख गया। इसलिए सारा ऊख जानवरों को खिलाया गया। ऐसी-ऐसी खबरें 'विद्याविलास' दिया करता था।

कुलकर्णी पद खारिज कर शाहू छत्रपति ने बहुजनों के हित का बहुमूल्य निर्णय लिया था। उच्चवर्णियों के समाचार उन पर टूट पड़ रहे थे। उसी तरह कोल्हापुर रियासत के बाहर न. चिं. केलकर, भोपटकर और बेलगाव के बेलवी आदि नेता कुलकर्णियों की सभा का आयोजन करते थे। कर्नाटक के नजदीक के संकेश्वर नामक गाव में बेलवी वकील की

अध्यक्षता में कुलकर्णी संघ का दूसरा अधिवेशन संपन्न हुआ। उस अधिवेशन में बेलवी वकील ने कुलकर्णियों के पक्ष का जोरदार समर्थन किया। अपने पक्ष का समर्थन करते समय उनकी जबान संयमहीन और अशिष्ट बनी हुई थी। उसी भाषण में उन्होंने कोल्हापुर रियासत में किसी का भी जीवन, पत्नी और संपत्ति सुरक्षित न होने का शाहू छत्रपति पर बेसिर-पैर का अभियोग लगा रखा था।

अध्याय : 16
ब्राह्मणेतर-आंदोलन

महात्मा फुले ने 24 सितंबर, 1873 ई. को पुणे में सत्यशोधक समाज की स्थापना की और महाराष्ट्र के शूद्रातिशूद्रों को उच्चवर्णियों की सब प्रकार की गुलामी से मुक्त करने के लिए प्रस्थापित सनातनी समाज-व्यवस्था के विरोध में बगावत का सर्वप्रथन झंडा फहराया। महाराष्ट्र के बहुजन समाज को सामाजिक प्रतिष्ठा का लाभ सर्वप्रथम महात्मा फुले के सत्यशोधक आंदोलन ने दिलाया। देवधर्म का हौवा खड़ा कर भोले-भाले शूद्रातिशूद्रों की ब्राह्मणों द्वारा बेशुमार और बेधड़क की जाने वाली लूटपाट पूर्णतया खत्म हो इसलिए महात्मा फुले ने शूद्रातिशूद्रों को एड़ी-चोटी का जोर लगाकर सर्वप्रथम कहा, ''भगवान सबका पिता है। अतः उसकी कृपा-दृष्टि के लिए किसी भी पुरोहित भिक्षु के माध्यम से अपनी प्रार्थना पेश करने की कोई आवश्यकता नहीं। इसके साथ ही पिछले हजारों वर्षों से पशुतुल्य जीवन जीने वाले शूद्रातिशूद्रों को उनके भी मानव होने का प्रथम साक्षात्कार उन्हें महात्मा फुले के सत्यशोधक आंदोलन की ही बदौलत हुआ। महात्मा फुले के सत्यशोधक आंदोलन की जानकारी पाने के लिए उनका एकमात्र 'गुलामगीरी' ग्रंथ पढ़कर उद्देश्य सफल नहीं होता वरन् उनके अन्य ग्रंथ 'ब्राह्मणांचे कसब' (ब्राह्मणों की हुनर-कला) भी पढ़ने की जरूरत है। उनके 'शेतकऱ्यांचा असूड' (किसानों का हंटर) और 'इशारा' ग्रंथों का बार-बार सूक्ष्म पठन करना पड़ता है। तभी महात्मा फुले के सत्यशोधक आंदोलन का अर्थ और विचार समझ में आता है। मराठी भाषा के नामधारी शिवाजी विष्णुशास्त्री चिपलूणकर ने महात्मा फुले के 'गुलामगीरी' ग्रंथ पर मनमानी लेखनी चलाकर दिल की आग बुझा ली है। अतः मात्र दोष ढूंढ़ने वाले उच्चवर्णियों के सामने होता है सिर्फ 'गुलामगीरी' ग्रंथ। परंतु उनकी छिद्रान्वेषी नजर 'सार्वजनीन सत्यधर्म ग्रंथ' के मर्म को समझ पाएगी तो महात्मा फुले को हृदय-तल से सविनय प्रणाम करने के लिए क्षणभर के लिए ही क्यों न हो, वे नतमस्तक होंगे। महात्मा फुले द्वारा लिखे गए 'तृतीय रत्न' से लेकर 'सार्वजनीन सत्यधर्म पुस्तक' तक के सभी ग्रंथों का सूक्ष्म रूप से अध्ययन किया जाय तो यह तथ्य सहज रूप से समझ में आता है कि महात्मा फुले द्वारा शुरू किया गया सत्यशोधक आंदोलन बहुजनों की सर्वांगीण प्रगति का पूवार्ध था और उसके बाद शाहू छत्रपति के नेतृत्व में शुरू हुआ ब्राह्मणेतर आंदोलन बहुजनों की सर्वांगीण प्रगति का उत्तरार्ध था। म.फुले द्वारा छेड़ा गया

सत्यशोधक आंदोलन शूद्रातिशूद्रों की, बहुजनों की धार्मिक और आर्थिक वेदनाओं से उद्भूत पहला विद्रोही सामाजिक आविष्कार था। सारांश यह कि सत्यशोधक आंदोलन एक सामाजिक क्रांति थी, जबकि इसके विपरीत ब्राह्मणेतर आंदोलन तेली, तमोली, कुर्मी (किसान), महार, मांग आदि शूद्रातिशूद्रों को राजनीतिक सत्ता में सम्मानपूर्वक समान सहभागी बनाने के लिए राजनीतिक क्रांति थी।

महात्मा फुले सत्यशोधक आन्दोलन के उद्‌गाता हैं और शाहू छत्रपति ब्राह्मणेतर आन्दोलन के निर्माता हैं, ये दोनों मान्यताएं मराठी लोगों के दिलों में नक्श हो चुकी हैं। महात्मा फुले के सत्यशोधक सामाजिक आंदोलन के उत्तरार्ध के रूप में ब्राह्मणेतर आंदोलन पर विचार करना पड़ता है, भले ही यह सत्य है, तो भी स्वयं महात्मा फुले ने अपने संपूर्ण ग्रंथ-लेखन में सिर्फ एक ही बार ब्राह्मणेतर शब्द का प्रयोग किया, इस तथ्य को भी आंखों से ओझल नहीं किया जा सकता।

ब्राह्मणेतर आंदोलन का उद्‌गम और विकास दक्षिण भारत में ही हुआ दिखाई देता है। इसका अर्थ यह नहीं है कि उत्तर भारत में ब्राह्मण-ब्राह्मणेतर विवाद नहीं है। उत्तर भारत केअनेक भागों में ब्राह्मणों से भी अधिक ब्राह्मणेतरों का प्रभुत्व है, यद्यपि यह सत्य है, तो भी दक्षिण भारत की तुलना में उत्तर भारत में जातीय विषमता की दाहकता कम दिखाई देती है। उत्तर भारत में इस्लाम संस्कृति का प्रभाव अधिक समय तक था, यही इसका मुख्य कारण है।

मा. प. मंगुडकर ने अपने 'महात्मा फुले और सत्यशोधक आंदोलन' ग्रंथ में ऐसा विवेचन किया है, "भले ही इस्लामी संस्कृति में कुछ दोष हों, तो भी उनकी आध्यात्मिक और सामाजिक समता को नकारा नहीं जा सकता। कोई भी ऐसा कह नहीं सकता कि हिंदुस्तान में आई हुई मुगल संस्कृति में मूलभूत इस्लामी संस्कृति की उच्च धरोहर पूर्णरूपेण थी । सच तो यह है कि इस्लाम संस्कृति उसके विशुद्ध रूप में यहां आई ही नहीं, मध्य एशिया से इधर आते समय उस पर मुगल, तुर्क, अफगान का भी प्रभाव था। परिणामतः भारत में आई हुई इस्लाम संस्कृति कुछ अंश में भ्रष्ट हो गई थी। तब भी उसमें सामाजिक समता का आशय बाकी था, इस तथ्य को नकारा नहीं जा सकता।"

दक्षिण भारत में ब्राह्मण-ब्राह्मणेतर आंदोलन सर्वप्रथम महाराष्ट्र में शुरू हुआ। इसके कारणों की खोज पेशवाई के उत्तरार्ध की राज-व्यवस्था और समाज-व्यवस्था में करनी पड़ती है। इसका विस्तृत वर्णन न्यायमूर्ति रानडे ने अपने ग्रंथ 'पेशवाओं की डायरी' की अंग्रेजी प्रस्तावना में किया है। उनके मतानुसार पेशवाओं को लगने लगा कि वे ही सच्चे राजा हैं। ऐसा दिखाई देता है कि उसका परिणाम ब्राह्मण जाति को खास सहूलियतें देने में हुआ। अन्य सभी जातियों की अपेक्षा सिर्फ ब्राह्मणों को उनकी जमीन पर भूमि कर आधा रखा गया था। सिर्फ ब्राह्मणों के आयात-निर्यात माल पर चुंगी माफ कर दी गई थी। फौजदारी न्यायालय में ब्राह्मणों पर लगाया जाने वाला वैध जुर्माना या सजा जितना हो सके उतना कम कर दिया जाता। किले की जेल में बंद ब्राह्मणों के साथ अन्य गुनहगारों की तुलना में

अधिक उदार बर्ताव किया जाता। ब्राह्मणों को दी जाने वाली दक्षिणा और भोजन पर पेशवा लाखों रुपए उड़ा देते थे।

अंतिम बाजीराव पेशवा सुयोग्य शासक की हैसियत से अयोग्य सिद्ध हो चुका था। अंग्रेज अफसरों को बड़ा खाना खिलाकर उन्हें निहाल करने के लिए वह हजारों रुपए उड़ा देता था। उसने कुल ग्यारह विवाह किए थे। हर विवाह में वह ब्राह्मणों को हजारों रुपए दक्षिणा बांटता था। 13 जून, 1806 ई. को बाजीराव का चौथा विवाह हुआ। ब्राह्मणों को दक्षिणा के रूप में चार दिन बांटे गए सीधे का (अनाज का) खर्चा लगभग साढ़े सोलह हजार रुपए था। जबकि उस स्थान पर ब्राह्मणों को 26 हजार रुपए दक्षिणास्वरूप बांटे गए। लगभग पांच हजार रुपयों का कपड़ा बांटा गया। इन सबके अलावा रंगीले बाजीराव ने कुछ कुलीन स्त्रियों को मनचाही राशि भेंट की, ऐसा भी दिखाई देता है। जैसे 25 मार्च, 1809 ई. के टिप्पण के अनुसार कासीबाई पेठी को 1000 रु. दिया गया। ऐसा टिप्पण उपलब्ध है। सगुणाबाई दीक्षित को 1000 दिए जाने का टिप्पण 9 फरवरी, 1809 ई. का है। इस विषय का विस्तृत वृत्तांत डॉ. रा. शं. वाळिंबे द्वारा लिखित 19वीं सदी की 'महाराष्ट्र की सामाजिक पुनर्घटना' ग्रंथ में उपलब्ध है। संक्षेप में ऐसा स्पष्ट दिखाई देता है कि उत्तर पेशवाई के कालखंड में ब्राह्मण समाज सभी सुख-सुविधाओं का उपभोग कर रहा था, इसके विपरित ब्राह्मणेतर समाज तो अज्ञानी था ही, उसके पल्ले पड़ता था सामाजिक, धार्मिक, आर्थिक और राजनीतिक क्षेत्रों का बहुत ही हीन-दीन स्तर का जीवन। विशेषतया गरीब किसानों के जो पल्ले पड़ता था, उस दुख एवं दरिद्रता का साक्षात् चित्रण महात्मा फुले ने अपने 'ब्राह्मणांचे कसब' (ब्राह्मणों की चतुरता), 'शेतकऱ्याचा असूड' (किसानों का हंटर) और 'इशारा' (इशारा) ग्रंथों में किया है।

28 नवंबर, 1890 ई. को महात्मा फुले की मृत्यु हुई। उनके निधन के बाद सत्यशोधक आंदोलन का जोर थोड़ा कम हो गया था। इसका कारण था महात्मा फुले के सहयोगी नारायण मेघाजी लोखंडे और कृष्णराव भालेराव के बीच हुआ वैचारिक संघर्ष। 1885 ई. में कांग्रेस की स्थापना के बाद लोगों की स्वराज की मांग सामने आ रही थी। लोगों की उस मांग को अधिक समय तक दबाए रखना ब्रिटिशों के लिए मुश्किल था। इसे देखते हुए भारतमंत्री एडविन मांटेग्यू ने 20 अगस्त, 1917 ई. को हाउस ऑफ कॉमन्स में एक महत्त्वपूर्ण उद्घोषणा की कि ब्रिटिश सरकार का जो अविभाज्य हिस्सा है, उस हिंदुस्तान में धीरे-धीरे जिम्मेदार राज-पद्धति की शुरुआत की जाएगी। इसका अर्थ था, राजनीतिक सत्ता में भारतीयों को सहभागी बना लिया जाएगा। इसलिए भारतमंत्री मांटेग्यू भारत का दौरा कर अलग-अलग भारतीय रियासतों के अधिपतियों और राजनीतिक दलों के नेताओं से मिलकर विचार-विमर्श करने वाले थे। उनके दौरे के दौरान महाराज्यपाल लॉर्ड चेम्सफर्ड उनके साथ रहने वाले थे। भारतमंत्री मांटेग्यू हिंदुस्तान के दौरे पर आने वाले हैं, यह खबर फैलते ही भारत की सभी रियासतों के राजाओं और विविध राजनीतिक दलों की हलचलें शुरू हो गई और वे सभी संस्थाएं और व्यक्ति अपने-अपने मांगपत्र उन्हें पेश करने लगे।

ब्रिटिश सरकार अब भारत को राजनीतिक स्वतंत्रता किस्तों में देने वाली है, यह जाहिर होते ही ब्राह्मणेतर जाग उठे। उन्हें भी लगने लगा कि राजनीतिक सत्ता में जब तक उन्हें शामिल नहीं किया जाता तब तक उनकी प्रगति मंद गति से ही होगी। एनी बेसेंट और लोकमान्य तिलक के स्वतंत्रता-प्राप्ति के प्रमाणस्वरूप प्रयत्न एक ओर, तो दूसरी ओर क्रांतिकारियों का आतंकवादी आंदोलन और इसी बीच महात्मा गांधी का भारत की राजनीति में हुआ प्रभावपूर्ण प्रवेश—इन तीनों के प्रभावपूर्ण योग के कारण ब्रिटिश सरकार के लिए हिंदुस्तान की जनता को अधिक समय तक राजनीतिक सत्ता से वंचित रखना मुश्किल था। इसी कारण मांटेग्यू-चेम्सफर्ड सुधार रिपोर्ट प्रस्तुत किया गया था।

1916 ई. के लखनऊ करार द्वारा लोकमान्य तिलक हिंदू-मुसलमानों की एकता कायम करने में सफल हुए थे। ब्रिटिश सरकार द्वारा हिंदुस्तान को राजनीतिक सत्ता किस्तों में दी जाने वाली थी तब सत्ता के बंटवारे के समय हिंदू-मुसलमानों में मत-भिन्नता का होना असंभव था; परंतु 1885 ई.में स्थापित कांग्रेस पर उच्चवर्णियों का एकाधिकार था। 1916 ई. में दिल्ली की विधानसभा में बी.एन. शर्मा और श्रीनिवास शास्त्री— इन दो ब्राह्मण नेताओं को भेजा था। लोकमान्य तिलक के कांग्रेस प्रवेश ने कांग्रेस की ब्राह्मणी प्रभुता को सुदृढ़ किया था। कांग्रेस की राजनीति में ब्राह्मणेतरों को महत्त्वपूर्ण स्थान-पद नहीं दिया जाता था, यह ध्यान में आते ही मद्रास और बंबई इलाकों में ब्राह्मणेतर आंदोलन जड़ जमाने लगा था।

1915 ई. में 'द्रविड़ समाज' 1916 ई. में 'दक्षिण भारत लोक समाज' आदि की स्थापना की गई और अंत में सितंबर, 1917 ई. में मद्रास के ब्राह्मणेतर नेताओं ने 'साउथ इंडियन लिबरल फेडरेशन' नामक संगठन की स्थापना की। इन नेताओं द्वारा 1916 ई. ही में प्रकाशित किए गए घोषणापत्र में ब्राह्मणेतर जातियों की आकांक्षाएं व्यक्त हुई थीं। उन्होंने अंग्रेजी, तेलगू और तमिल भाषाओं में दैनिक वृत्तपत्र भी शुरू किए थे। उनमें से 'जस्टिस' शीर्षक का वृत्तपत्र इस नूतन संगठन का मुखपत्र होने से संगठन के मुख्य नाम के बदले उसे 'जस्टिस पार्टी' के नाम से ही जाना जाने लगा। ऐसी जानकारी य. दि. फड़के ने अपने संशोधनात्मक ग्रंथ 'शाहू छत्रपति आणि लोकमान्य' में दी है।

शाहू छत्रपति की प्रेरणा से और उनके बढ़ावे से कोल्हापुर में 1913 ई. में सत्यशोधक समाज का निर्माण हुआ। भास्करराव जाधव उस समाज के अध्यक्ष के रूप में काम करते थे। उपाध्यक्ष के रूप में आण्णासाहब लठ्ठे और महादेव गणेश डोंगरे को चुना गया था। शाहू छत्रपति की पूर्ण सहायता से ही 'सत्यशोधक समाज' का कार्य तेज गति से चल रहा था। देवता और मानव के बीच के मध्यस्थ को—ब्राह्मण, पुरोहित को—हटाना, ब्राह्मण की गुलामी से पूर्ण मुक्त करने के लिए पिछड़ी हुई जातियों में शिक्षा का प्रचार-प्रसार करना आदि कार्य शाहू छत्रपति के चतुर नेतृत्व में शुरू हुए थे। संक्षेप में शाहू छत्रपति की हर तरह की सहायता के कारण 'सत्यशोधक समाज' के कार्य की व्याप्ति और गति बढ़ती ही गई। प्रारंभ में 'सत्यशोधक समाज' का कार्य भास्करराव जाधव,

आण्णासाहब लठ्ठे, महादेव गणेश डोंगरे, हरिभाऊ चव्हाण, गणपतराव कदम, बालचंद कोठारी, बाबूराव यादव, खंडेराव बागल आदि नेताओं के सक्रिय सहयोग के कारण विस्तृत होने लगा था।

मांटेग्यू-चेम्सफर्ड सुधारों का वृत्तांत घोषित होते ही शाहू छत्रपति को स्वाभाविक रूप से ऐसा लगने लगा कि राजनीतिक सत्ता में ब्राह्मणेतरों को भी उचित हिस्सा मिलना चाहिए। परंतु स्वयं रियासत के अधिपति होने से ब्राह्मणेतरों को राजकीय सत्ता मिले इसलिए प्रकट रूप से ऐसा करना उनके लिए मुमकिन नहीं था। इसलिए परदे के पीछे से उनके प्रयत्न शुरू हुए और शाहू छत्रपति की वही कोशिश ब्राह्मणेतर आंदोलन की जननी साबित हुई।

भारतीयों को किस्तों में राजनीतिक स्वतंत्रता बहाल करने के लिए भारतमंत्री एडविन मांटेग्यू दौरे पर आने वाले हैं, इस खबर की आहट मिलने पर ब्राह्मणेतर समाज की सही मायने में आंखें खुलीं। ब्रिटिश सरकार द्वारा दी जा रही राजनीतिक सत्ता के कारण हिंदू-मुस्लिमों में होने वाले सत्ता-संघर्ष को टालने की प्रामाणिक कोशिश लोकमान्य तिलक ने 1916 ई. के लखनऊ करार द्वारा की थी। परंतु मांटेग्यू-चेम्सफर्ड सुधार-विवरण को लेकर ब्राह्मणेतर समाज अपनी खिचड़ी अलग पकाने की सोच रहा था, यह ध्यान में आते ही लोकमान्य तिलक ने अपनी भूमिका में आमूलचूल परिवर्तन कर ब्राह्मणेतरों को चुमकारने की नीति अपनाई। फिर उनकी वाणी और लेखनी उसी दिशा में कार्यरत रही।

18 सितंबर, 1917 ई. के 'केसरी' पत्र में लोकमान्य तिलक ने 'स्वराज, ब्राह्मण और ब्राह्मणेतर' शीर्षक से अग्रलेख लिखकर मांटेग्यू सुधारों को लेकर कड़ा रुख न अपनाते हुए ब्राह्मणेतर समाज को सब्र से काम लेने की सलाह दी। उस अग्रलेख में तिलक ने लिखा है, ''मिस्टर मांटेग्यू स्वराज के संदर्भ में चर्चा करने के लिए हिंदुस्तान में आएंगे, ऐसा जाहिर होते ही स्वराज्य के आंदोलन का विरोध करने वाले हमारे कुछ ब्राह्मणेतर बंधुओं ने अपना हमला तीव्र कर दिया है और ब्राह्मण जाति के बारे में उनके मन में उभड़ने वाली खलबली को उन्होंने असमय प्रकट करना शुरू किया है। विधानसभा, विधानपरिषद में भले ही सभी ब्राह्मणेतर आवें तो भी मुझे कोई आपत्ति नहीं; पर वहां लोक-नियुक्त हिंदुओं का प्राबल्य होना चाहिए, वहां परायों या सरकार द्वारा नियुक्त लोगों का प्राबल्य नहीं होना चाहिए। वहां सरकार द्वारा नियुक्त पिट्ठुओं या पराए लोगों का प्राबल्य नहीं होना चाहिए। हर जाति के लिए सतर्क रहकर अपना हित देखना और उसके लिए आवश्यक आंदोलन करना भले ही आवश्यक हो तो भी यह बात दुष्ट बुद्धि की है कि आम हिंदी जनता का 'ब्राह्मण और ब्राह्मणेतर' के रूप में स्थूल भेद कर इस विवाद को मात्र ब्राह्मणद्वेष का अवास्तविक स्वरूप दिया जा रहा है। विधानसभा की सभी सीटें या बहुतांश सीटें ब्राह्मणों को मिलें, ऐसा दावा उन्होंने न पहले कभी किया था, न ही वे आगे करना चाहते हैं। प्रत्यक्ष व्यवहार में उनके हिस्से में जनसंख्या के हिसाब से अगर अधिक सीटें मिली हैं, तो वह उनके जातिमूलक आग्रह का फल न होकर उनकी शिक्षा का फल है, इस तथ्य को नकारना

अकारण घने जंगल में घुसने जैसा है।'' उस अग्रलेख में उन्होंने ऐसा मत व्यक्त किया है कि ''यह अभियोग सरासर झूठ है कि ब्राह्मणों ने ब्राह्मणेतरों को शिक्षा लेने से वंचित रखा। सच तो यह है कि ब्राह्मणेतरों को व्यावसायिक शिक्षा में रुचि थी, इसीलिए उन्होंने किताबी विद्या और क्लर्की शिक्षा से मुंह फेर लिया। इसके विपरीत ब्राह्मणों ने किताबी विद्या तथा निर्धनता को पसंद किया। ब्राह्मण-ब्राह्मणेतरों के बीच की शैक्षिक असमानता कुछ समय के बाद नष्ट होगी ही। तब तक समाज में कोई भी ब्राह्मण-ब्राह्मणेतर ऐसा द्वेषमूलक भेद न करे; बल्कि भेद करना ही हो तो सुशिक्षित-अशिक्षित का भेद करना चाहिए। भले ही हम अशिक्षित हों, तो भी जनसंख्या के हिसाब से हमें सभी अधिकारों की सीटें मिलनी चाहिए, ब्राह्मणेतरों की यह मांग भले ही उनके जात्याभिमान को शोभा देने वाली हो, तो भी वह व्यवहार-बुद्धि को शोभा देने वाली नहीं है।''

उस अग्रलेख के अंत में लोकमान्य तिलक ने ब्राह्मणेतरों से विनती की है कि वे किसी भी हालत में स्वराज की मांग का विरोध न करें। इतना ही नहीं; बल्कि ब्राह्मणेतर स्टेट सेक्रेटरी को लिख भेजें कि उन्हें स्वतंत्र निर्वाचन क्षेत्र कितने चाहिए, स्वराज-योजना से संबंधित इस बात को ब्राह्मणवर्ग आनंद से मौन रहकर स्वीकार करेगा और ब्राह्मणेतरों की इस मांग का विरोध नहीं करेगा, यह भी स्पष्ट किया।

15 दिसंबर, 1917 ई. को पुणे के किर्लोस्कर थिएटर में ब्राह्मणेतरों की सभा संपन्न हुई और पुणे में ही 'ऑल इंडिया मराठा लीग' संस्था की स्थापना हुई। आगे चलकर इस संस्था के सेक्रेटरी के पद पर 'विजयी मराठा' के संपादक के रूप में प्रख्यात श्रीपतराव शिंदे को चुना गया, श्रीपतराव शिंदे के चरित्र लेखक उनके सुपुत्र माधवराव शिंदे ने ऐसी जानकारी दी है। ऐसा दिखाई देता है कि मराठा लीग के प्रमुख नेता के रूप में भास्करराव जाधव अत्यधिक क्रियाशील रहे। डॉ. य. दि. फड़के के मतानुसार मराठा लीग की संस्थापना शाहू छत्रपति की प्रेरणा से ही नासिक में 1918 ई. के आखिर में संपन्न हुई।

'मराठा लीग' के अस्तित्व में आने के पूर्व डेक्कन रैयत सभा नामक संस्था की स्थापना 1916 ई. में आण्णासाहब लठ्ठे ने की थी। सामाजिक उत्पीड़न से पीड़ित पिछड़ी जातियों को न्याय दिला देना इस संस्था का मुख्य उद्देश्य था। पिछड़ी हुई जातियों के सामाजिक, राजनीतिक, शैक्षिक और आर्थिक विकास को अमल में लाना यही डेक्कन रैयत सभा की प्राथमिकता थी।

शाहू छत्रपति और भारतमंत्री एडविन मांटेग्यू की भेंट 12 नवंबर, 1917 ई. को हुई। उस मुलाकात में शाहू छत्रपति ने भारतमंत्री से आग्रह किया कि भारत में प्राथमिक शिक्षा अनिवार्य की जानी चाहिए क्योंकि मांटेग्यू-चेम्सफर्ड सुधार-विवरण द्वारा हिंदुस्तान को जो राजनीतिक स्वतंत्रता मिलने वाली थी, उस स्वतंत्रता का हिस्सा रियासत की प्रजा को देना होगा; पर उस राजनीतिक स्वतंत्रता का लाभ उचित ढंग से लेने की समझ रियासत की प्रजा के पास होनी चाहिए। अत: सबसे पहले उन्हें शिक्षा देनी होगी। शाहू छत्रपति का प्राथमिक शिक्षा अनिवार्य करने के पीछे जो आग्रह था, वह इसीलिए था।

"शिक्षा द्वारा ही हमारा उद्धार होगा, ऐसी मेरी दृढ राय है। इतिहास इस बात का गवाह है कि बिना शिक्षा के किसी भी देश की उन्नति नहीं हुई। अज्ञान में डूबे हुए देश में उत्तम बुद्धिमान और लड़ाकू वीर कभी पैदा नहीं होंगे, इसीलिए हिंदुस्तान को अनिवार्य और मुफ्त शिक्षा की आवश्यकता है। इस दृष्टि से विचार किया जाय तो हिंदुस्तान का भूतकाल एक घनी अंधियारी रात की तरह था। एक विशिष्ट जाति ने ही शिक्षा का ठेका लिया था... अब चारों ओर से पुकार आ रही है कि स्वराज्य चाहिए; परंतु अत्यंत महत्त्वपूर्ण प्रश्न यह है कि क्या हम स्वराज्य के लिए सही पात्र हैं? जब तक हिंदुस्तान जाति बंधन में जकड़ा रहेगा, तब तक स्वराज्य संस्था से मिलने वाले लाभ वह उठा नहीं पाएगा।" 27 दिसंबर, 1917 ई. को खामगांव में संपन्न हुए अखिल भारतीय मराठा शिक्षण परिषद के ग्यारहवें अधिवेशन में अध्यक्ष के रूप में दिए गए अंग्रेजी भाषण में ऐसा महत्त्वपूर्ण विचार शाहू छत्रपति ने प्रकट किया था।

हिंदू समाज व्यवस्था में बहुजन और अभिजन–ऐसा बंटवारा दो विषम गुटों में हुआ दिखाई देता है। इसका मुख्य कारण है, अभिजनों या उच्चवर्णियों को प्राप्त होना शिक्षा और इसके विपरीत बहुजन समाज का शिक्षा-दीक्षा से पूर्णतया वंचित रहना। इसी कारण महात्मा फुले अपने ग्रंथों द्वारा यही बात आक्रोश के साथ बार-बार बता रहे थे। शाहू छत्रपति ने भी आरंभ से ही ब्रिटिशों के सामने वही आग्रह कायम रखा था। दरभंगा रियासत के अधिपतियों ने बिहार की विधानसभा में ऐसा प्रस्ताव रखा था कि 'अनिवार्य प्राथमिक शिक्षा शुरू न करे।' दरभंगा संस्थान के ये अधिपति ब्राह्मण थे इसी से उन्होंने बहुजनों की अनिवार्य शिक्षा के प्रस्ताव का विरोध किया था। प्राथमिक शिक्षा अनिवार्य करने में लोकमान्य तिलक का भी विरोध दिखाई देता है, क्योंकि प्राथमिक शिक्षा अनिवार्य करने की चर्चा के शुरू होते ही उन्होंने सलाह दी कि सर्वप्रथम जिन पाठशालाओं की मरम्मत करने की आवश्यकता है, सरकारी पैसा वहीं खर्च किया जाय। ब्राह्मणेतर आंदोलन के एक नेता और 'जागरूक' के संपादक बालचंद कोठारी अपने आत्मचरित्र 'जुन्या आठवणी' (पुरानी यादें) में लिखते हैं, "इस आंदोलन में फर्ग्युसन कॉलेज के उस समय के प्रिंसिपल रंग्लर परांजपे ने मुख्य रूप में हिस्सा लिया; पर उनका आग्रह था कि वह सख्ती लड़कों और लड़कियों पर एक साथ होनी चाहिए। परंतु आगे चलकर वे जब 1921 ई. में नूतन विधिसभा में शिक्षा विभाग के दीवान बने तब उन्होंने अपनी भूमिका पूर्णतया बदल ली और कहना शुरू किया कि अनिवार्य प्राथमिक शिक्षा का विचार फिलहाल पूर्णतया अव्यवहार्य है।" रंग्लर परांजपे की इस बदली हुई नीति की अत्यंत कठोर आलोचना बालचंद कोठारी ने अपनी 'जागरूक' पत्रिका में की। उसके बाद शीघ्र ही ब्राह्मणेतर और नरम दल के बीच जो सहयोग था, वह समाप्त हो गया।

मांटेग्यू-चेम्सफर्ड सुधार-विवरण के फलस्वरूप हिंदुस्तान को किस्तों में स्वतंत्रता दी जाने वाली थी। उसमें चुने गए लोकप्रतिनिधियों के हाथ थोड़ी बहुत सत्ता दी जाने वाली थी। उसमें इन प्रतिनिधियों को शिक्षा विषयक अधिकार प्राप्त होने वाला था। उच्चवर्णियों

की शिक्षा विषयक भूमिका स्वार्थपूर्ण थी। इसलिए विधि सभा में अपने प्रतिनिधियों का अधिक संख्या में होना महत्त्वपूर्ण था। इसलिए शाहू छत्रपति ने जाति आधारित मतदाता संघ की जोरदार पुष्टि की। खामगांव में संपन्न हुई 'अखिल भारतीय मराठा शिक्षण परिषद' में उन्होंने जाति आधारित प्रतिनिधियों का जोरदार समर्थन किया। उस सभा में उपस्थितों के सामने उन्होंने ये विचार रखे, ''अगर आजकल की ही जाति–व्यवस्था स्थायी रही तो, आज सुराज्य का अर्थ जिस तरह से समझा जाता है, वह स्वराज्य अर्थात् मुट्ठी भर लोगों के ही हाथ में सत्ता का जाना है। मैं फिर एक बार कहना चाहता हूं कि इसका अर्थ कोई ऐसा न ले कि मैं स्वराज्य के आंदोलन के खिलाफ हूं। हम स्वराज्य तो चाहते ही हैं; पर जातिभेद द्वारा निर्माण होने वाले अनिष्ट परिणाम जब तक नष्ट नहीं होते तब तक हमें ब्रिटिश सरकार के सहारे और मार्गदर्शन की आवश्यकता है। मिले हुए स्वराज्य का परिणाम ऐसा न हो कि अल्पसंख्यक उच्चवर्ग के लोगों के हाथों में ही सत्ता जाए, इसलिए हमें हक होना चाहिए कि कम से कम दस वर्षों तक जाति आधारित प्रतिनिधि को हम चुनकर विधि सभा में भेज दें।''

संक्षेप में लोकमान्य तिलक और उनके सहयोगियों में ब्रिटिश शासन की ओर से अधिक से अधिक राजनीतिक स्वतंत्रता प्राप्त कर लेने की उतावली थी। इसके लिए वे अपने 'केसरी' पत्र के माध्यम से ब्राह्मणेतर नेताओं पर कटु आलोचना कर रहे थे। 'केसरी' के साथ–साथ अच्युत बलवंत कोल्हटकर का पत्र 'संदेश', सीताराम केशव दामले के संपादन से प्रकाशित होने वाला 'राजकारण' और रामकृष्ण दत्तात्रेय पंत पराडकर का 'लोकसंग्रह'– ये प्रमुख समाचार पत्र ब्राह्मणेतर आंदोलन के उद्‌गाता शाहू छत्रपति और उनके सहयोगी भास्करराव जाधव, आण्णासाहब लठ्ठे, बालचंद कोठारी, दिनकरराव जवळकर, जेधे बंधु, श्रीपतराव शिंदे, सिताराम केशव बोले, केशव गणेश बगाडे आदि पर तीखी आलोचना के अंगारे बरसा रहे थे। इसके विपरीत मिलने वाला स्वराज्य मुठ्ठी भर उच्चवर्णियों के ही हाथ में पड़कर क्या बहुजनों के पल्ले में फिर से गुलामी का ही जीवन आने वाला है? इस भय के कारण शाहू छत्रपति जी–जान से काम करते हुए ब्राह्मणेतर आंदोलन की बागडोर सम्हाल रहे थे। इस कार्य में उनके साथ भास्करराव जाधव जैसा निपुण सेनानी, रघुनाथराव सबनीस जैसा कुशल दीवान, बालचंद कोठारी, श्रीपतराव शिंदे, आण्णासाहब लठ्ठे, भगवंतराव पालेकर, मुकुंदराव पाटील, दिनकरराव जवळकर जैसे योद्धा पत्रकार और त्यागी संपादक थे। शाहू छत्रपति के ब्राह्मणेतर आंदोलन पर ब्राह्मणों के समाचार पत्रों द्वारा की जाने वाली विकृत आलोचना का मुकाबला करने के लिए ब्राह्मणेतरों के समाचार पत्रों की अत्यंत आवश्यकता थी। इसी से 1917 ई. से 1922 ई. तक के कालखंड में शाहू छत्रपति की प्रेरणा और आर्थिक सहायता पाकर अनेक ब्राह्मणेतर समाचारपत्र ब्राह्मणेतर आंदोलन का जोरदार समर्थन करने लगे। उनमें मुकुंदराव पाटील के 'दीनमित्र', आण्णासाहब लठ्ठे के 'डेक्कन रैयत', बालचंद कोठारी के 'जागरूक', श्रीपतराव शिंदे के 'विजयी मराठा', भगवंतराव पालेकर के 'जागृति', दिनकरराव जवलकर के 'तरुण मराठा', बलवंत कृष्ण

पिसालकर के 'विश्वबंधू', दत्ताजीराव कुरणे के 'भगवा झेंडा', प्रबोधनकार ठाकरे के 'प्रबोधन', शामराव देसाई के 'राष्ट्रवीर', दत्तात्रेय भिकाजी रणदिवे के 'संजीवन', साथ ही डॉ. बाबासाहब आंबेडकर के 'मूकनायक' और गणेश आकाजी गवई के 'बहिष्कृत भारत' प्रमुख है।

ब्राह्मणेतर समाज की तरफ से शाहू छत्रपति जाति आधारित मतदाता संघ की मांग सामने रखने लगे तो लोकमान्य तिलक उसका कड़ा विरोध करने लगे। लोकमान्य तिलक जैसे विवेकशील नेता का जाने-अनजाने में जैसे संयम टूट गया हो, इसी से 11 नवंबर, 1917 ई. को अथणी में हुई सभा में संयम खोकर बोले, "विधिसभा में जाकर क्या किसान हल पकड़ेंगे ? दर्जी को वहां जाकर क्या सिलाई मशीन चलानी है ?" बहुजन समाज के प्रति लोकमान्य तिलक के ऐसे हीन दर्जे के अभियोगों से ब्राह्मणेतर आंदोलन अधिक सुदृढ़ हो उठा। इससे ब्राह्मणेतर समाज को सफेदपोश नेताओं के अंतरंग का पता चला। परिणामतः ब्राह्मणेतर समाज में लोकमान्य तिलक के विरोध में वातावरण तैयार होने लगा। लोकमान्य तिलक का उपर्युक्त वक्तव्य ब्राह्मणेतर आंदोलन को अप्रत्यक्ष रूप से हज़ारों हाथियों का बल देने में सहायक साबित हुआ।

किसी भी समाज में जब धार्मिक, सामाजिक, आर्थिक और राजनीतिक आंदोलन शुरू होते हैं, तो इसके पीछे किसी न किसी नेता की प्रेरणा और मदद का सुदृढ़ सहारा होता है। ऐसे आंदोलन का आरंभिक स्वरूप नदी के उद्गम जैसा होता है। प्रारंभिक काल में उस आंदोलन का स्वरूप सीमित होता है और गति भी कम होती है, इसलिए आंदोलन का नेता उसके सूत्र पूर्णतया अपने अधिकार में रख सकता है। आंदोलन पर उसका पूरा नियंत्रण होता है। नेता का शब्द ही उसके अनुयायियों के लिए आज्ञा स्वरूप होता है। उसके शब्दों को अमृत की सिद्धि होती है। उसकी नजर के छोटे से छोटे संकेत उसके अनुयायियों के लिए पर्याप्त इशारे होते हैं। परंतु आंदोलन ज्यों-ज्यों व्यापक होता जाता है त्यों-त्यों उस पर से नेता की गिरफ्त ढीली पड़ती जाती है। नेता के शब्द दीन-दुर्बल हो जाते हैं। उसके शब्दों की शक्ति समाप्त हो जाती है। आंदोलन के शुरू के उद्देश्य और नीति बाद में खोखले बुलबुले मात्र बनकर रह जाते हैं। शब्दों के अर्थ बदल जाते हैं। आंदोलन में शामिल भले लोग कंगाल-भिखारी बनते हैं और मौकापरस्त बाजी मारते हैं। कुछ आंदोलन इसके अपवाद भी रहे हैं। महात्मा फुले के धार्मिक और सामाजिक आंदोलन का राजनीतिक रूपांतर ब्राह्मणेतर आंदोलन है। इस ब्राह्मणेतर आंदोलन के उद्गाता थे शाहू छत्रपति ! शाहू छत्रपति के समर्थ नेतृत्व में ब्राह्मणेतर आंदोलन शुरू हुआ। उन्होंने बहुजनों के सर्वांगीण हित के लिए जाति आधारित मतदाता संघ की मांग का जोरदार समर्थन किया। यह मांग उन्होंने अंत तक नहीं बदली। लगभग प्रथम महायुद्ध के प्रारंभिक समय में ब्राह्मणेतर आंदोलन जड़ जमाने लगा था। मांटेग्यू-चेम्सफर्ड सुधार घोषित होते ही 1917 ई. में ब्राह्मणेतर आंदोलन शुरू हुआ। देखते-देखते अगले दो-तीन महीनों में उसने व्यापक रूप धारण कर लिया। ब्राह्मणेतर आंदोलन समूचे महाराष्ट्र में तो फैला ही; साथ-साथ उसने

अपना प्रभाव पड़ोस के कर्नाटक की जस्टिस पार्टी के आंदोलन पर भी डाला। ब्राह्मणेतर आंदोलन की व्यापकता ज्यों-ज्यों बढ़ती गई त्यों-त्यों उस आंदोलन पर शाहू छत्रपति का एकाधिकार एवं नियंत्रण ढीला पड़ता गया। तब से उस आंदोलन में शाहू छत्रपति के नाम का उद्घोष करते हुए नाममात्र के कुलीन मराठा सरदारों और जमींदारों का वर्चस्व स्थापित होने लगा। ब्राह्मणेतर आंदोलन को प्रारंभिक काल में 'बहुजन हिताय, बहुजन सुखाय' का जो व्यापक अधिष्ठान प्राप्त हुआ था वह समाप्त होकर अपनी सीमित जाति को ही समूचा विश्व मानने वाले जातिवादी नेताओं के हाथ आंदोलन के सूत्र जाने लगे। इसका परिणाम यह हुआ कि ब्राह्मण द्वारा ब्राह्मणेतर आंदोलन को विकृत स्वरूप प्राप्त हुआ। इसका दुष्परिणाम यह हुआ कि ब्राह्मण और ब्राह्मणेतर–इन दोनों पक्षों की ओर से एक-दूसरे पर बेलगाम छींटाकशी शुरू हो गई। आंदोलन के नूतन नेता एक दूसरे की व्यक्तिगत जिंदगी का प्रकट पंचनामा करने लगे। आंदोलन के अनुयायी मुख्य मुद्दे से हटकर मुक्कों की बात करने लगे !

ब्राह्मणेतर आंदोलन के उद्गाता शाहू छत्रपति हैं; परंतु मिट्टी के नीचे जैसी दूसरी अधिक गरम मिट्टी होती है, वैसे इस आंदोलन के उद्गाता म.जोतिबा फुले थे। शूद्रातिशूद्रों पर होने वाले धार्मिक और सामाजिक अन्याय को सर्वप्रथम प्रकट करने वाले महात्मा फुले ही थे। उनके इसी सूत्र को स्वीकार कर शाहू छत्रपति ने ब्राह्मणेतरों के लिए शिक्षा और राजनीतिक हक की जोरदार मांग पेश की। वास्तव में वह आंदोलन शिक्षा में पिछड़े हुए लोगों का आंदोलन था। परंतु वह आंदोलन ब्रह्मणद्वेषी बाह्मणेतरों का है, ऐसा जोरदार प्रचार शुरू हो गया। इस संदर्भ में 'प्रभात' पत्र के संपादक बालचंद कोठारी के विचार उन्हीं के शब्दों में जान लेना उचित होगा। अपने 'जुन्या आठवणी' (पुरानी यादें) ग्रंथ में उन्होंने लिखा है, ''हम अपने आंदोलन को विद्या में पिछड़े हुए लोगों का आंदोलन कहा करते थे। इस आंदोलन का उद्देश्य था पिछड़े और दलितों का सामाजिक और शैक्षिक उद्धार! परंतु हमारे विरोधी जान-बूझकर हमें ब्राह्मण-द्वेषी और हमारे आंदोलन को ब्राह्मणेतरों का आंदोलन कहते थे। इस तरह हमारी इच्छा न होने पर भी हमारे आंदोलन को ब्राह्मणेतरों का आंदोलन कहा जाने लगा!''

''हमें ब्राह्मण-द्वेषी कहने में हमारे विरोधियों की सुविधा थी। हमें ब्राह्मण-द्वेषी ठहराए जाने पर फिर हम हीन वृत्ति और विनाशकारी नीति के पोषक हो गए। तुरंत हमारे आंदोलन पर तुच्छता और समाज-द्रोह की मुहर लग गई। और तो और उस समय महाराष्ट्र में ब्राह्मणों का उनके मात्र ब्राह्मण होने से बड़ा प्रभुत्व था।''

जाति-संस्था को नष्ट करने के लिए अंतरजातीय विवाह कराना यही एक रामबाण इलाज था। इसी दृष्टि से शाहू छत्रपति ने अपनी रियासत में अंतरजातीय विवाह को मान्यता देने वाला कानून 23 फरवरी, 1918 ई. को पारित किया था। सभा-समारोहों में अध्यक्ष के नाते भाषण देते समय शाहू छत्रपति जातिसंस्था पर बरस पड़ते थे, ''इस देश से जातीय-विषमता जब तक विनष्ट नहीं होती, तब तक राजनीतिक स्वतंत्रता निरर्थक

है।'' सभा समारोहों में ऐसे विचार वे आग्रह के साथ व्यक्त करते थे। लगभग इसी समय 5 सितंबर, 1918 ई. को विट्ठलभाई पटेल ने सेंट्रल विधिमंडल में अंतरजातीय विवाह को स्वीकृति देने वाला बिल प्रस्तुत किया था। उस बिल का कानून में रूपांतर होते समय हुई चर्चा का उत्तर देते समय विट्ठलभाई पटेल ने शाहू छत्रपति द्वारा अपनी रियासत में अंतरजातीय विवाह कानून पारित किए जाने का उल्लेख स्मरणपूर्वक और आग्रह के साथ किया था।

चिरोल मुकद्दमे के बहाने कुछ राजनीतिक लाभ उठाने की दृष्टि से हाथ-पांव मारने के लिए लोकमान्य तिलक 24 सितंबर, 1918 ई. को इंग्लैंड रवाना हुए। जाने से पहले उन्होंने 17 सितंबर, 1918 ई. के अपने 'केसरी' पत्र में 'हिंदू हिंदूंचे संकर विवाह' (हिंदू-हिंदुओं के वर्णसंकर विवाह) शीर्षक से विट्ठलभाई पटेल के बिल का तीव्र विरोध करने वाला अग्रलेख लिखा था।

पुणे के पास आलंदी नामक गांव में 1898 ई. में दिनकरराव जवलकर का जन्म हुआ। उन्हें आक्रामक परंतु आलंकारिक प्रौढ़ भाषा जन्मजात मिली थी। शिक्षा के लिए उनका निवास पुणे में ही हुआ करता। शाहू छत्रपति का मुकाम पुणे के 'शाहू पॅलेस' में कई बार हुआ करता। इसी से दिनकरराव जवलकर और शाहू छत्रपति का संबंध प्रस्थापित होने में देर नहीं लगी। दिनकरराव जवलकर ने अपनी उम्र का बीसवां वर्ष भी पार नहीं किया था, तब पटेल बिल का समर्थन करने वाला 'प्रणयप्रभा' नामक नाटक लिखा था। इस क्रांतदर्शी नाटक की लिखित प्रतियां आज उपलब्ध नहीं हैं; पर सनातनियों के अत्यंत सुरक्षित किले पुणे में यह क्रांतदर्शी नाटक खेला गया, ऐसा उल्लेख 'विजयी मराठा' के स्पादक श्रीपतराव शिंदे के चरित्र लेखक माधवराव शिंदे ने किया है। लोकमान्य तिलक के सनातनी सहयोगी शिवरामपंत परांजपे, जनार्दन सखाराम करंदीकर, सीताराम केशव दामले ने पटेल बिल का निषेध करने के लिए 20 नवंबर, 1918 ई. को पुणे में किर्लोस्कर नाट्यगृह में शंकराचार्य डॉ. कुर्तकोटी की अध्यक्षता में एक प्रचंड सभा का आयोजन किया था। इसके विरुद्ध पटेल बिल के समर्थन में उसी नाट्यगृह में 20 दिसंबर, 1918 ई. को पुणे के ब्राह्मणेतर युवकों ने एक सभा आयोजित की; परंतु लोकमान्य तिलक के सहयोगी शिवरामपंत परांजपे के नेतृत्व में लोगों ने ब्राह्मणेतरों की उस सभा को तितर-बितर कर दिया। इतना ही नहीं, बल्कि दिनकरराव जवलकर द्वारा लिखित 'प्रणयप्रभा' नाटक खेलने पर ब्रिटिश सरकार द्वारा पाबंदी भी लगा दी गई।

'मराठा लीग' और 'डेक्कन रैयत' सभा के एक प्रमुख नेता के रूप में भास्करराव जाधव कार्यरत थे। भास्करराव जाधव की पुरजोर मांग थी कि बंबई इलाके की 30% सीटें और बंबई शहर की छह में से दो सीटें मराठा और अन्य पिछड़ी जातियों के लिए आरक्षित रखी जाएं। 19 जुलाई, 1919 ई. को भास्करराव जाधव इंग्लैंड गए। उनके इंग्लैंड दौरे के लिए शाहू छत्रपति ने उन्हें 3000/ रुपए दिए थे। मराठा और अन्य पिछड़ी हुई जातियों के लिए स्वतंत्र मतदाता संघ हों, इस मांग का जोरदार समर्थन करने के लिए भास्करराव जाधव

इंग्लैंड गए। वहां अनेक तज्ञ राजनीतिक नेताओं से चर्चा करने पर उनकी समझ में आया कि मराठा समाज संख्या में इतना प्रचंड है कि उसके लिए अलग मतदाता संघ रखने की कोई आवश्यकता नहीं। मराठों के लिए अलग मतदाता संघ रखना राष्ट्रहित के लिए प्रतिकूल है। भास्करराव जाधव जनवरी, 1920 ई. को विलायत से लौट आए। उनसे स्वागत एवं सत्कारार्थ पुणे के जेधे मेंशन में ब्राह्मणेतरों ने इत्रपान का समारोह आयोजित किया था। वहां विट्ठल रामजी शिंदे ने उनके साथ मराठा जाति के लिए स्वतंत्र मतदाता संघ क्यों नहीं चाहिए? इसके बारे में विस्तृत चर्चा की।

24 सितंबर, 1918 ई. को विलायत गए हुए लोकमान्य तिलक 27 नवंबर, 1919 ई. को हिंदुस्तान लौट आए। पुणे के सभी नागरिकों की तरफ से 7 दिसंबर, 1919 ई. को उन्हें सम्मानपत्र प्रदान करने का समारोह संपन्न हुआ। पर उस समारोह में प्रत्यक्ष रूप से पुणे के सभी नागरिकों का सहभाग नहीं था। सम्मानपत्र पुणे के सभी नागरिकों की तरफ से लोकमान्य तिलक को देने की बात पर विट्ठल रामजी शिंदे, शिवराम जानबा कांबले, रंग्लर परांजपे, गोपालराव देवधर, वा. गो. काले, बी. एस. कामत आदि नर्म दल के नेताओं का तीव्र विरोध था। उनके प्रस्तुत विरोध के लिए प्रभात के कोठारी, जेधे बंधु, केशवराव बागडे, 'प्रणयप्रभा' नाटक के लेखक और उग्र विचारों के नेता दिनकरराव जवलकर आदि का जोरदार समर्थन था। सम्मान-पत्र का विरोध करने के लिए प्रकाशित की गई पत्रिका में महर्षि विट्ठल रामजी शिंदे ने इन शब्दों में अपनी भावनाएं व्यक्त की थीं, "लोकमान्य तिलक का रुख सामाजिक दृष्टि से समता के और स्वयं निर्णय के तत्त्व के लिए विघातक होने के कारण उन्हें पुणे के सभी नागरिकों की तरफ से सम्मानपत्र प्रदान करना उचित नहीं। तिलक के इस वैचारिक दोष के कारण मेरी राय में वे सही मायने में राष्ट्रीय नेता नहीं हैं। सामाजिक दृष्टि से सनातनी और प्रतिगामी विचारों के लोकमान्य तिलक का विरोध करने वाले विट्ठल रामजी शिंदे तिलक के उग्र राजनीतिक आंदोलन का जोरदार और हार्दिक समर्थन भी करते थे। तिलक को 1908 ई. में जब मांडले के कारावास की छः वर्ष की सजा हुई, तब प्रार्थना सभा के मंच पर से, विट्ठल रामजी शिंदे ने प्रार्थना भी की थी। फलत: उनका प्रार्थना समाज से संबंध खराब हो गया, इस तथ्य को भी भुलाया नहीं जा सकता।

ब्राह्मणेतरों की मांग थी कि समाज के सभी लड़कों और लड़कियों के लिए मुफ्त और अनिवार्य शिक्षा का प्रावधान होना चाहिए। परंतु लोकमान्य तिलक का कहना था कि सरकार प्राथमिक शिक्षा अनिवार्य करने में पैसा खर्च न कर पहले पाठशालाओं की मरम्मत करने में खर्च करे। पुणे नगरपालिका के अध्यक्ष जब तात्यासाहब केलकर थे, तब उनकी अध्यक्षता में सिर्फ लड़कों को ही प्राथमिक शिक्षा मुफ्त और अनिवार्य रूप से दी जाय, ऐसा प्रस्ताव पारित हुआ था। लड़कियों के लिए मुफ्त और अनिवार्य शिक्षा पुणे नगरपालिका ने अमान्य की थी। परंतु रंग्लर परांजपे, बालचंद कोठारी और विट्ठल रामजी शिंदे को वह बात मान्य नहीं थी। इसलिए विट्ठल रामजी शिंदे के नेतृत्व में लड़कियों को भी प्राथमिक

शिक्षा मुफ्त और अनिवार्य रूप से दिए जाने की इस मांग के लिए 2000 लड़कियों का जुलूस निकाला गया। लड़कियों के इस जुलूस का नेतृत्व न्यायमूर्ति रानडे की पत्नी रमाबाई रानडे ने किया था।

पुणे नगरपालिका ने लड़कों को प्राथमिक शिक्षा मुफ्त और अनिवार्य कर दी थी, उसके बारे में जनमत की राय लेने के लिए 8 फरवरी, 1920 ई. को किर्लोस्कर नाट्यगृह में एक सर्वपक्षीय सभा का आयोजन किया गया। मंच पर लोकमान्य तिलक, रंग्लर परांजपे, विट्ठल रामजी शिंदे, श्रीपतराव शिंदे आदि प्रमुख नेता बैठे हुए थे। 'विजयी मराठा' के संपादक श्रीपतराव शिंदे का भाषण समाप्त होने पर अध्यक्ष महोदय के अनुमति देने पर पालेकर भाषण देने के लिए मंच पर आए, पर तभी अध्यक्ष महोदय ने कहा कि अब तिलक बोलेंगे। इस बात को लेकर वहां विवाद शुरू हो गया। ब्राह्मणेतरों ने आग्रह किया कि पहले पालेकर को बोलने दिया जाए और लोकमान्य तिलक के समर्थकों ने जोरदार मांग की कि प्रथम तिलक को बोलने दिया जाय। दोनों पक्षों की मांग की ओर ध्यान न देते हुए तिलक ने अपना भाषण शुरू कर दिया। तभी ब्राह्मणेतर युवकों ने लोकमान्य तिलक के निषेध के नारे लगाकर नाट्यगृह में प्रचण्ड शोर मचाया। इसी दौरान किसी ने लोकमान्य तिलक पर सड़े हुए अंडे फेंके। इसलिए तिलक को हताश होकर बिना भाषण दिए गायकवाड महल में वापस लौटना पड़ा।

3 अक्तूबर, 1920 ई. को पुणे में भवानी पेठ की धर्मशाला के विशाल मैदान पर शिवाजी सोसाइटी की सभा थी। इस संस्था के अध्यक्ष के नाते शाहू छत्रपति मंच पर विराजमान हुए। बाबूराव जगताप ने पहली संस्था का वृत्तांत पढ़ा। इसके बाद विठ्ठल रामजी शिंदे बोलने के लिए उठे। उस भाषण में उन्होंने क्षात्रजगद्गुरुपीठ विषयक शाहू छत्रपति की नीति की अनुचित आलोचना की। उनके भाषण के बाद तिलक के समर्थक रामभाऊ गोले ने सभा में बोलने की अनुमति मांगी। अनुमति मिलने पर वह बोलने लगे। अपने भाषण में असभ्य भाषा में उन्होंने शाहू छत्रपति की आलोचना तो की ही, साथ-साथ उन्होंने शिव छत्रपति का अनादर करने वाली भाषा का प्रयोग भी किया कि 'शिवाजी को हम मानते नहीं। उन्हें महान समझते नहीं।' उनकी अनिर्बंध, असभ्य भाषा सुनकर लोगों ने उन्हें 'बैठो-बैठो' कहना शुरू कर दिया। उस शोरगुल का लाभ उठाते हुए राष्ट्रीय मराठा लीग के एक प्रमुख काशीनाथ ठकूजी जाधव और तिलक के अनुयायी प्रतापराव मोरे ने सभा में गड़बड़ी मचा दी। सभास्थान पर ब्राह्मणेतर और तिलक के सनातनी अनुयायी, दोनों हाथापाई पर उतर आए। दोनों पक्षों की ओर से लाठियों-डंडों का खुलेआम प्रयोग होने लगा। आखिर सनातनियों के पूर्वनियोजित षड्यंत्र के अनुसार शाहू छत्रपति की वह सभा तितर-बितर कर दी गई। शाहू छत्रपति के साथ मारपीट करने का उनका उद्देश्य था। उस मारपीट में बाबूराव जेधे के सिर में चोट लगी। राव बहादुर काळभोर का हाथ टूटा। सभा स्थान पर पी. सी. पाटील शाहू छत्रपति के साथ थे। अपने आत्मचरित्र 'माझ्या आठवणी' में उन्होंने लिखा है, ''महाराजा वह धींगामुस्ती देखते हुए शांत खड़े थे। मैं और बड़ौदा के खासेराव जाधव

दोनों महाराजा के पास खड़े थे। मैंने महाराजा से कहा, 'हम पिछले दरवाजे से निकल जाएं। आपको अपमानित करने का विरोधी गुट का इरादा दिखाई देता है।' इतना कहने पर भी महाराजा अपने स्थान से टस से मस नहीं हुए। जैसे किसी विशाल सरोवर में एकाध ऊंची चट्टान सिर ताने खड़ी रहती है, उसी तरह सभा में उपस्थितों के बीच महाराजा खड़े दिखाई दे रहे थे। आखिर में निर्भय एवं दृढ़ निश्चय के साथ दोनों हाथों को अपनी छाती पर बांधे खड़े शाहू छत्रपति को उस सभास्थान से खासेराव जाधव और पी.सी. पाटील बाहर ले आए और मोटर में बिठाकर सुरक्षित स्थान पर ले गए।''

अध्याय : 17

नया धर्मपीठ : क्षात्रजगद्गुरु

आद्य शंकरचार्य ने भारत के पूर्व और पश्चिम प्रदेश में जगन्नाथपुरी और द्वारका तथा दक्षिण और उत्तर प्रदेश में श्रृंगेरी और बद्रीनारायण–इन चार मठों की स्थाप्ना की थी। महाराष्ट्र का प्रदेश द्वारका के शारदा मठ की सीमा में आता है।

श्रृंगेरी मठ के पदभ्रष्ट स्वामी शंकरानंद ने बेलगांव जिले की चिक्कोडी तहसील के संकेश्वर मठ की स्थापना की थी। करवीर पीठ की स्थापना प्राचीन काल में कोल्हापुर के राजा ने की थी। करवीर पीठ में शंकराचार्य के संकेश्वर और करवीर जैसे दो मठ अस्तित्व में हैं, ऐसा माना जाता है। अपने उत्तराधिकारी का चयन करते समय शंकराचार्य कोल्हापुर के छत्रपति के साथ विचार-विमर्श करें, ऐसा तय हुआ था। इतना ही नही; बल्कि चयन होने के बाद उसके लिए कोल्हापुर के छत्रपति की स्वीकृति भी जरूरी थी। करवीर पीठ के मठ की संपत्ति रेहन रखने का अधिकार शंकराचार्य को नहीं था।

कोल्हापुर में जब वेदोक्त प्रकरण हुआ तब यहां विद्याशंकर भारती अर्थात् गुरुस्वामी करवीर पीठ के शंकराचार्य थे। उन्होंने अपने उत्तराधिकारी के रूप में काशीनाथ गोविंद ब्रह्मनाळकर को चुना था। बाद में विद्यानृसिंह भारती उर्फ शिष्यस्वामी के नाम से जाने गए। अपने उत्तराधिकारी का चयन करते समय विद्याशंकर भारती उर्फ गुरुस्वामी ने शाहू छत्रपति के साथ विचार-विमर्श न कर सांगली रियासत के राजा पटवर्धन के साथ विचार-विमर्श करने का उतावलापन दिखाया था। फलस्वरूप शाहू छत्रपति ने कोल्हापुर रियासत की सीमा में आने वाली मठ की संपत्ति जब्त कर ली थी। करवीर पीठ के शंकराचार्य के रूप में प्रख्यात ये दोनों गुरु-शिष्य अपने-अपने व्यक्तिगत स्वार्थ के लिए आपस में हमेशा लड़ते झगड़ते रहते। कभी गुरुस्वामी शाहू छत्रपति के पक्ष में, तो कभी गुरुस्वामी को मात देने के इरादे से शिष्यस्वामी छत्रपति से मेलजोल बढ़ाने के लिए दीन-हीन बन जाते। दोनों शंकराचार्यों में ऐसा घृणास्पद आपसी व्यवहार था। यह सब देखते हुए शाहू छत्रपति ने तय कर लिया था कि इन स्वार्थी, ऐशोआराम में जीवन बिताने वाले शंकराचार्यों को उनकी जिम्मेदारी से मुक्त कर दिया जाए। जिन्हें समाजहित के लिए धर्म का नेतृत्व करना था, वे ही शंकराचार्य धर्महीन, अवैध बर्ताव कर रहे थे।

शिष्यस्वामी विद्यानृसिंह भारती यानी ब्रह्मनाळकर ने बाद में संन्यासाश्रम को स्वीकार किया। परंतु वे सिर्फ नाममात्र के ही संन्यासी थे, क्योंकि वे भस्म में इत्र मिलाकर सारे बदन में लगाते थे। कलाबत्तू से बने बेशकीमती वस्त्र धारण करते। उनके मुख में हमेशा पान-तमाखू भरा रहता। भोजन करने वालों की पंक्ति में चप्पल पहनकर अकड़कर चलते। सिर को गेरुवे वस्त्र से ढंकना छोड़कर वे जरी का रूमाल बांधते थे। ये शंकराचार्य जब कभी दौरे पर होते, तब उनके साथ उनके भाई, भौजाइयां, कन्या आदि अनेक लोग हुआ करते। सोने के लिए उन्हें मखमल की गद्दियों की आवश्यकता होती। और तो और, उन्हें अपने शरीर की मालिश के लिए स्त्रियों की आवश्यकता होती।

मेले में जैसे सच्चे भक्तों के साथ-साथ तमाशायी लोग भी जमा होते हैं, उसी तरह राजा के इर्द-गिर्द भी अपने को उनके विचारों के सेवक कहलाने वाले नाममात्र के राजनिष्ठ और अपने राजा से हृदय से प्रेम करने वाले उनके कट्टर समर्थक भी होते हैं। चतुर बुद्धि के शाहू छत्रपति को मनुष्यों की अचूक परख थी। भले ही यह सत्य हो, तो भी कभी-कभी राजा भी धोखा खा जाते थे। डॉ. कुर्तकोटी उच्चविद्याविभूषित थे। उनकी चतुर वाणी और व्यवहार-कुशलता से शाहू छत्रपति प्रभावित थे। इसी से उन्होंने डॉ. कुर्तकोटी की नियुक्ति करवीर पीठ के शंकराचार्य के रूप में करना निश्चित किया था।

डॉ. कुर्तकोटी सनातनी, दकियानूसी विचारों के नहीं हैं; बल्कि पुरोगामी विचारों के हैं, ऐसा वे कहते थे। कभी-कभी वे लोकमान्य तिलक के विरोध में अपने कुछ विचार निःस्पृहता से व्यक्त करते थे। वे संस्कृत और अंग्रेजी भाषाओं के ज्ञाता थे। उनका संस्कृत प्रेम तो बार-बार प्रकट होता था। बंगलूर में उन्होंने एक संस्कृत अकादमी शुरू की थी। रामकृष्ण गोपाल भंडारकर एक संस्कृत पंडित और नर्म समाजसुधारक के रूप में प्रख्यात थे। उनके नाम से एक प्राच्यविद्या संशोधन संस्था स्थापित करने में डॉ. कुर्तकोटी ने अगुआई की थी। अंग्रेजों और दोस्त राष्ट्रों को युद्ध में विजय प्राप्त हो, इसलिए शाहू छत्रपति ने प्रार्थना सभाएं आयोजित की थीं। एक सभा में डॉ. कुर्तकोटी ने जान बूझकर भक्तिमार्ग और राजभक्ति विषय पर करवीर मठ में श्रवणीय व्याख्यान देकर छत्रपति का मन जीत लिया था। राज्यकर्ता, मशहूर नेता तथा अन्य बड़ी हस्तियों से मिलकर, उनसे अच्छे संबंध स्थापित कर उन संबंधों से फायदा उठाने में डॉ. कुर्तकोटी माहिर थे। सिडनहैम क्लॉड आदि उस समय के राज्यकर्ताओं से उनके घनिष्ठ संबंध थे। 1916 ई. में मेसापोटेमिया के युद्ध में तुर्की सैनिकों के घेरे में मराठा सैनिकों की फौज फंसी पड़ी थी। सभी सैनिक भूख से बेहाल थे। घोड़े का मांस खाने के लिए वे राजी नहीं थे। घोड़े का मांस खाना धर्मबाह्य है, ऐसा उनका मत था। इसलिए अंग्रेज सरकार की विनती स्वीकार कर शाहू छत्रपति ने उन मराठा सैनिकों को पत्र लिखकर घोड़े का मांस खाने के लिए कहा था। उस पत्र के मजमून का समर्थन करने वाला सबूत धर्मशास्त्र से ढूंढ़कर निकाल देने का महत्त्वपूर्ण काम डॉ. कुर्तकोटी ने किया था। धर्मशास्त्र के वे सबूत ढूंढ़ निकालने में भास्करराव जाधव का सहयोग भी महत्त्वपूर्ण है। डॉ. कुर्तकोटी धार्मिक सुधार के संबंध में शाहू छत्रपति के विचारों के प्रति

सहमति दर्शाने वाले व्यक्ति होने के कारण उन्हें करवीर पीठ पर शंकराचार्य के रूप में विराजमान करने का विचार शाहू छत्रपति के मन में पक्का हुआ था। थोड़े ही दिनों में अर्थात् 10 जून, 1917 ई. को शाहू छत्रपति ने करवीर पीठ के शंकराचार्य के रूप में डॉ. कुर्तकोटी की नियुक्ति कर दी। इस संदर्भ में शाहू छत्रपति के आद्यचरित्र लेखक आण्णासाहब लठ्ठे ने लिखा है, ''कुर्तकोटी सामाजिक दृष्टि से उदारतत्त्वानुयायी हैं, वे राजनिष्ठ हैं, नरम दल के राजनीतिक मत रखने वाले हैं अतः करवीर पीठ पर शंकराचार्य के रूप में उन्हें नियुक्त करने से सामाजिक सुधार का अपना कार्य आसान होगा, ऐसा शाहू छत्रपति को लगता था। शंकराचार्य पीठ की पुरानी देह में पाश्चात्य कल्पनाओं का नया खून भरकर इस मठ के रूप में समाजोन्नति का एक साधन तैयार हो, ऐसा शाहू छत्रपति का उस समय विचार था।''

शाहू राजा का ऐसा दृढ़ विश्वास था कि उन्हें जिस नव समाज रचना के निर्माण की इच्छा थी, उसमें डॉ. कुर्तकोटी की खूब मदद मिलेगी। परंतु थोड़े ही दिनों में डॉ. कुर्तकोटी के प्रतिगामी स्वरूप के दर्शन होने लगे। थोड़े ही दिनों में जब शाहू छत्रपति की समझ में यह आया कि डॉ. कुर्तकोटी पुरोगामीतत्त्व का बुरका ओढ़ा हुआ सौ फीसदी प्रतिगामी व्यक्ति है, तब वे सतर्क हो गए। उस समय कोल्हापुर का राजाराम कॉलेज इर्द-गिर्द के जागीरदारों की आर्थिक सहायता से ही चलाया जाता था। आगे चलकर उनकी आर्थिक सहायता बंद होने लगी। इसलिए शाहू छत्रपति का विचार था कि राजाराम कॉलेज बंद कर दिया जाए। शाहू छत्रपति का वह विचार डॉ. कुर्तकोटी को पसंद नहीं था। उस संदर्भ में उन्होंने अपना विरोध व्यक्त किया था। डॉ. कुर्तकोटी ने राजाराम कॉलेज बंद करने के लिए जो विरोध प्रकट किया था, करवीर दरबार को वह ठीक नहीं जंचा था। तभी से शाहू छत्रपति और डॉ. कुर्तकोटी के बीच का स्नेह समाप्त होने लगा।

23 फरवरी, 1918 ई. को शाहू छत्रपति ने हुक्म जारी किया कि वंशपरंपरागत कुलकर्णी की नियुक्ति करने की पद्धति बंद कर उस पद पर वेतनधारी पटवारी नियुक्त किया जाए। प्रत्यक्ष रूप में उस हुक्म की तामील 29 जुलाई, 1918 ई. को शुरू हुई। यद्यपि कुलकर्णियों की नौकरियां बंद हो गई थीं तो भी उन्हें दी गईं जागीरें जप्त नहीं की गई थीं; बल्कि उन्हें काश्तकारी के लिए दी गई थीं। वैसे देखा जाए तो उनका आर्थिक नुकसान कुछ भी नहीं हुआ था, तो भी सभी कुलकर्णियों ने मिलकर शाहू छत्रपति के विरोध में अपना एक संगठन बनाया। उस संघ की सहायता करने के लिए न. चिं. केलकर, भोपटकर, बेलवी वकील जैसे सनातनी वृत्ति के नेता तत्पर थे।

उस कुलकर्णी संघ की सभा का आयोजन कोल्हापुर रियासत की सीमा के बाहर किया जाता था। उन सभाओं में शाहू छत्रपति पर आलोचना की छींटाकशी की जाती। गंदे शब्दों में उन पर गालियों की बौछार की जाती। इस प्रकार शाहू छत्रपति के चारित्र्य-हनन का घिनौना कार्य बड़े जोर-शोर के साथ शुरू हुआ था।

कोल्हापुर का राजाराम कॉलेज बंद करने का शाहू छत्रपति का निर्णय गलत था, इसके विरोध में डॉ. कुर्तकोटी ने अपना मत व्यक्त किया था। परंतु शाहू छत्रपति ने कुलकर्णी-

जागीर बरखास्ती का जो निर्णय लिया था, वह समूचे समाज के कल्याण का था। शाहू छत्रपति का कुलकर्णी–जागीर बरखास्ती का निर्णय व्यक्ति–स्वातंत्र्य और समता के तत्त्व पर आधारित था। वास्तव में देखा जाए तो पुरोगामी कहलाने वाले डॉ. कुर्तकोटी को शाहू छत्रपति के निर्णय का स्वागत कर उनको बढ़ावा देना चाहिए था; पर वैसा नहीं हुआ। डॉ. कुर्तकोटी कुलकर्णी–जागीर प्रथा बंद करने के कारण शाहू छत्रपति की कटु आलोचना करने लगे। इतना ही नहीं, 8 जुलाई, 1918 ई. को शाहू छत्रपति को एक पत्र लिखकर उन्होंने साफ–साफ बता दिया, ''जोशी–कुलकर्णी के बिना मेरा कुछ चल ही नहीं सकता।''

पटवारी संघ के द्वारा जहां–जहां शाहू छत्रपति के विरोध में सभाएं आयोजित की जाती थीं, उन सभाओं में डॉ. कुर्तकोटी अपना संदेश भेजकर पटवारियों को अपना समर्थन व्यक्त करते और कभी–कभी तो स्वयं उन सभाओं में उपस्थित होकर वे कुलकर्णियों के पक्ष में हैं, ऐसा दिखा देते थे। डॉ. कुर्तकोटी का ऐसा बर्ताव शाहू छत्रपति के लिए बड़ा कष्टदायी सिद्ध हो रहा था। इससे उनके मन में डॉ. कुर्तकोटी प्रति बड़ी चिढ़ उत्पन्न हो गई थी।

डॉ. कुर्तकोटी एक ओर कुलकर्णी–जागीर बंद करने के लिए शाहू छत्रपति के विरोध में बोलते थे, तो दूसरी ओर 'ब्रिटिश हद में मेरी जो कुलकर्णी–जागीर थी, इसके लिए मैंने इस्तीफा दिया है,' ऐसा भी कहा करते थे। उनके इस दोहरे बर्ताव से महाराजा के मन में उनके प्रति घृणा उत्पन्न हो गई थी। कुलकर्णी–जागीर विषयक डॉ. कुर्तकोटी का ढुलमुल बर्ताव 'कुलकर्णी–लीलामृत' के कवि मुकुंदराव पाटील की आलोचना का लक्ष्य न बने, तो ही आश्चर्य! 4 सितंबर, 1918 ई. की अपनी 'दीनमित्र' पत्रिका में मुकुंदराव ने शंकराचार्य डॉ. कुर्तकोटी की दोहरे वक्तव्य जैसी बचकानी हरकत पर अनेक दोषारोपण करते हुए मुंहतोड़ जवाब दिया था।

डॉ. कुर्तकोटी संस्कृत भाषा के प्रकांड पंडित थे। संस्कृत भाषा के प्रति उनकी रुचि अभिजात थी। इसी से उन्हें छत्रपति संस्कृत विद्यालय नामक संस्था शुरू करने की प्रेरणा हुई। यथाशीघ्र वह संस्कृत विद्यालय शुरू भी हो गया। पांच विद्यार्थी वहां अध्ययन करने के लिए आने लगे। विद्यार्थियों की सुविधा के लिए विद्यालय में एक रसोइया और एक नौकर नियुक्त किया गया। उनकी देखरेख के लिए एक प्रबंधक भी नियुक्त किया गया। यह 'छत्रपति संस्कृत विद्यालय' करवीर मठ में ही था। वहां हर रोज 'रघुपति राघव राजाराम, पतीत–पावन सीताराम' भजन गाया जाने लगा।

करवीर पीठ के शंकराचार्य डॉ. कुर्तकोटी विविध जातियों की सभाओं और सम्मेलनों में जाकर अपने पुरोगामी विचारों का जोरदार प्रचार करते। अपने भाषणों और लेखन द्वारा वे अस्पृश्यता पर कठोर प्रहार करते। करवीर पीठ के शंकराचार्य का यह स्वांग देखकर राजा और प्रजा दोनों मोहित हुए थे। और एक दिन शंकराचार्य के मठ में ही उनकी पोल खोलने वाली घटना घट गई।

1917 ई.के सितंबर महीने की यह कहानी है। करवीर मठ में प्रवचन चल रहे थे। कुर्तकोटी स्वामीजी स्वयं पूरी व्यवस्था की देखरेख में मगन थे। स्वामीजी के पुरोगामी–स्वांग

से प्रभावित कुछ अस्पृश्य विद्यार्थी अपने मिस क्लर्क छात्रावास से बड़े आनंद और उत्साह से प्रवचन का लाभ उठाने के लिए आने लगे। डॉ. कुर्तकोटी ने उन्हें मठ में प्रवेश करने से रोका। तब उन छात्रों ने प्रार्थना की कि मठ के बाहर मैदान में खड़े रहकर प्रवचन सुनने की उन्हें इजाजत दी जाए, परंतु डॉ. कुर्तकोटी ने उन अछूत छात्रों की प्रार्थना ठुकरा दी। अछूत विद्यार्थियों के साथ स्वयं को पुरोगामी बताने वाले डॉ. कुर्तकोटी का यह बर्ताव उनके पुरोगामी स्वांग पर प्रकाश डालने वाला सिद्ध हुआ।

तब भी शाहू छत्रपति उनके साथ सब्र से काम ले रहे थे। इसके बाद डॉ. कुर्तकोटी की सनातनी वृत्ति का एक-एक पहलू सामने आने लगा, प्रकट होने लगा।

शाहू छत्रपति ने उनके साथ समझौता कर उन्हें अपने धर्मसुधारों के अनुकूल बना लेने की कोशिश की थी; परंतु उनकी कोशिश असफल हुई थी। शाहू छत्रपति और डॉ. कुर्तकोटी में इस बीच जो पत्र-व्यवहार हुआ था, वह पत्रव्यवहार कृ.गो. सूर्यवंशी ने अपने 'शाहूचरित्र' में विस्तार के साथ प्रकाशित किया है। इतने सारे अनुभवों के बाद शाहू छत्रपति को डॉ. कुर्तकोटी के पुरोगामित्व का चकमा समझ में आया कि डॉ. कुर्तकोटी जगद्‌गुरु शंकराचार्य के पद के लिए कतई उपयुक्त पात्र नहीं हैं। पक्का विश्वास होने पर उन्होंने 5 फरवरी, 1919 ई. को एक प्रस्ताव पारित कर डॉ. कुर्तकोटी को करवीर पीठ के शंकराचार्य के पद से विमुक्त कर दिया। उनके सभी अधिकार छीनकर उन्होंने कुछ समय के लिए श्री गुरुस्वामी पित्रे को करवीर पीठ के जगद्‌गुरु के रूप में नियुक्त कर दिया।

डॉ. कुर्तकोटी के नकली पुरोगामित्व के चकमे में शाहू छत्रपति कुछ समय ही सही, उलझे रहे थे। पर खुशकिस्मती से वे जल्द ही उस चकमे से बाहर आ गए। प्रख्यात विचारवंत वि. द. घाटे ने इस बारे में लिखा है, "डॉ. कुर्तकोटी से शाहू छत्रपति की काफी अपेक्षाएं थीं। आधुनिक दिखने और बोलने वाला करवीर पीठ का यह शंकराचार्य उनकी सोहबत करेगा, ऐसी महाराजा को आशा थी। डॉ. कुर्तकोटी बोलने में वैसे उदारमतवादी थे; पर प्रत्यक्ष बर्ताव में उनमें चंचलता अधिक थी। कभी ऐसा बोलते, तो कभी वैसा बोलते। शाहू छत्रपति द्वारा कुलकर्णी-जागीरें समाप्त किये जाने पर वे बहक गए और उसी जागीर के प्रश्न पर कोल्हापुर छोड़कर चले गए। धार्मिक क्षेत्र में भी डॉ. कुर्तकोटी की सहानुभूति क्षीण एवं अस्थिर थी। उन्होंने अपने मठ के अहाते में भी अस्पृश्यों को आने से मना कर दिया। कुर्तकोटी के निकल जाने पर उस पद पर मराठा क्षात्रगुरु नियुक्त करने का निश्चय किया।

समाजसुधारक के नाते समाज में कार्यरत व्यक्तियों के लिए समाज की जीर्ण-शीर्ण कालबाह्य संस्थाओं को आनन-फानन दूर करना, फेंक देना संभव नहीं होता। मानव-कल्याण के लिए अहितकर साबित होने वाली उन संस्थाओं का अस्तित्व पूर्णतया नष्ट होने तक उन्हें एक तरफ संयम बरतना पड़ता है, तो दूसरी तरफ समूचे समाज को अपने साथ ले जाते हुए, समाज-मत की टोह लेते हुए धीरे-धीरे कदम बढ़ाते हुए आगे चलना पड़ता है। बहुजनों की यही धारणा होती है कि पुराना सो सोना, तो समाज-सुधारकों के मन में पुरातन का तिरस्कार और नवीनता का स्वीकार अधिकांश में यही भावना वास करती है। इसलिए

बहुजनों को धीरज बंधाते हुए कि पुरानी बातों का अस्तित्व पूर्णतया नष्ट नहीं किया जाएगा, समाज–सुधारकों को अपने समाज–सुधारों का मार्गप्रशस्त करना पड़ता है। महात्मा फुले ने 'विश्व में व्याप्त सर्वसाक्षी भगवान के लिए किसी मध्यस्थ की आवश्यकता नहीं,' ऐसा जयघोष करते हुए भगवान और मानव के बीच के आढ़तिये को हटा देने का विचार प्रस्तुत किया। परंतु भगवान को प्रसन्न करने के लिए ये पुरोहित जो धार्मिक विधि किया करते हैं, उन्हें पूर्णतया हटा देने का विचार महात्मा फुले ने नहीं किया।

उन्हीं धार्मिक विधियों का प्रयोग कर वे पुरोहित लोगों की आंखों में धूल झोंककर उनका भयंकर नुकसान करते। महात्मा फुले ने उन विधियों को विनष्ट करने का साहस किया नहीं, बल्कि उन्हीं विधियों को उन्होंने भिन्न स्वरूप दिया। विवाह, वास्तुशांति और दशपिंड—ये तीन महत्त्वपूर्ण धार्मिक विधि सत्यशोधक समाज की पद्धति से कैसे करें, इसकी जानकारी 'महात्मा फुले समग्र वाङ्मय ग्रंथ' में विस्तृत रूप में दी गई है।

शाहू छत्रपति को जिस नवीन समाज का गठन करना था उस समाज से उन्हें जैसे जातिसंस्था को समूल उखाड़ फेंकना था, उसी तरह उन्हें सनातन धर्म को भी उखाड़ फेंकने की इच्छा थी। देवता और धर्मविषयक उनके जो विचार थे वे 'आह्वान' नामक एक अप्रकाशित पुस्तक में उपलब्ध हैं। उस पुस्तक में शाहू छत्रपति आग्रह के साथ कहते हैं, ''भगवान को पूजा, श्रद्धा या प्रार्थना की कोई आवश्यकता नहीं। स्वयं के ही कानूनों से बद्ध कैदी होने के कारण वह सर्वशक्तिमान नहीं है। सिर्फ भक्ति और प्रार्थना व्यर्थ है। मनुष्य की खुशामद कर अथवा मध्यस्थ को पैसा देकर एक मनुष्य दूसरे को प्रसन्न कर लेगा; परंतु इस प्रकार परमात्मा को प्रसन्न करना मुमकिन नहीं! परमात्मा अगर सर्वव्यापी और सर्वसाक्षी है, तो उसे किसी मध्यस्थ की, स्तुति की, प्रार्थना की अथवा श्रद्धा की जरूरत ही क्या है? इसलिए मुझे लगता है कि तारीफ करनी ही है तो मनुष्य की करें न कि व्यर्थ परमात्मा की! ईश्वर को चाहिए अच्छे कृत्य, न कि खुशामद! जिन्हें ईश्वर प्रणीत ग्रंथ कहा जाता है, वे सब झूठे हैं। एकाध पुरोहित के सामने अपने अपराध कबूल करने से हम पाप से मुक्त होते हैं, यह ईसाइयों की कल्पना झूठी है!''

महात्मा फुले द्वारा स्थापित सत्यशोधक समाज, स्वामी दयानंद सरस्वती का, जिसे न्यायमूर्ति रानडे की प्रेरणा प्राप्त हुई थी और जिसके प्रचार एवं प्रसार में विठ्ठल रामजी शिंदे का महत्त्वपूर्ण सहभाग था, वह प्रार्थना समाज; राजा राममोहन रॉय का ब्रह्मसमाज और ऍनी बेसेंट की थिऑसॉफिकल सोसाइटी—इन सबके द्वारा महाराष्ट्र तथा अन्य प्रदेशों में जो आंदोलन चल रहे थे, वे सभी कम अधिक मात्रा में धर्म सुधार के ही आंदोलन थे। उनमें से सिर्फ सत्यशोधक समाज का आंदोलन धार्मिक नहीं था। उसे शूद्रातिशूद्रों के सर्वांगीण कल्याण की जबर्दस्त आस थी। शाहू छत्रपति ने इन सबको अपनी रियासत में काम करने का मौका दिया था। भास्करराव जाधव, आण्णासाहब लठ्ठे, हरिभाऊ चव्हाण, बाबूराव यादव जैसे कार्यकर्ताओं को साथ लेकर उन्होंने कोल्हापुर रियासत में सत्यशोधक आंदोलन को गतिमान किया, तो आत्माराम की सहायता से आर्यसमाज से करीबी रिश्ता

स्थापित किया। महर्षि विठ्ठल रामजी शिंदे द्वारा उन्होंने प्रार्थना समाज से भी हाथ मिला लिया था। 'माझ्या आठवणी व अनुभव' (मेरी स्मृतियां और अनुभव) आत्मचरित्र में महर्षि शिंदे ने लिखा है, ''प्रार्थना समाज के कुछ मशहूर नेताओं को लेकर प्रचार-कार्य के लिए हम कोल्हापुर आएं, ऐसा आग्रह हुआ। छत्रपति शाहू महाराजा की भी वैसी इच्छा दिखाई दी। आर्यसमाज की तो उन्होंने खूब सहायता की ही थी और अपने समाजोद्धारक कार्य में उन्हें प्रार्थना समाज का भी प्रयोग कर देखने की इच्छा थी। थिऑसॉफिकल समाज की ओर भी उनका ध्यान आकर्षित हुआ था। इस कार्य के लिए उन्होंने ब्रह्मेश्वर बाग में आठ एकड़ जमीन मुफ्त में दी थी। थिऑसॉफिकल सोसाइटी के संदर्भ में सविस्तार वृत्तांत वा. द. तोफखाने और उनकी धर्मपत्नी, इन दोनों के आत्मचरित्र में पढ़ने को मिलता है।''

उपर्युक्त सभी धार्मिक आंदोलनों को शाहू छत्रपति ने कम-अधिक मात्रा में समर्थन तो दिया था, परंतु इन सभी से उन्हें अपेक्षित नवसमाज का निर्माण होना थोड़ा मुश्किल ही लग रहा था। इसलिए इन सभी समाजों के बारे में अपनी नापसंदगी उनके बड़े दरा के ज्येष्ठ मित्र जिन्हें शाहू छत्रपति अपने गुरु के स्थान पर मानते हैं, उन खासेराव जाधव को शुक्रवार, दिनांक 22 अक्टूबर, 1920 ई. को लिखे हुए विस्तृत पत्र में उपलब्ध है। उस पत्र में आर्यसमाज के बारे में वे बताते हैं, ''मूर्तिपूजा हममें चालू है ही। इसलिए आर्यसमाज मेरी गिनती अपने में नहीं करता।'' आगे वे अपना स्वभाव कैसा स्वाभिमानी है, यह बताते हुए अपने जीवन की एक महत्त्वपूर्ण घटना दर्ज करते हैं। वे लिखते हैं, ''अगर खुद भगवान को मुझसे मिलने की इच्छा न हो तो उससे मिलने मैं नहीं जाऊंगा। तात्पर्य जो मुझे नहीं चाहते, मैं उनसे मिलने नहीं जाऊंगा, जैसे आज तक मैं प्रयाग के संगम में तैरकर उस देवता के दर्शन के लिए नहीं गया। एक बार गरमी के दिनों में तैरकर जाते समय मेरे पांव अपनी ही धोती में फंस गए। उसी रात मुझे दृष्टांत हुआ कि मेरे दर्शन के लिए मत आ। उस दिन से मैं उस देवता के दर्शन के लिए नहीं गया।''

सारांश यह कि शाहू छत्रपति ने वेदोक्त प्रकरण के समय से हिंदू धर्म के विरोध में अपना संगठन बनाना शुरू किया था। सनातन (दकियानूसी विचारों वाले) हिंदू धर्म में आमूलचूल परिवर्तन हो इसलिए शाहू छत्रपति ने सत्यशोधक समाज से थिऑसॉफिकल समाज तक सभी धर्म सुधार-आंदोलनों का स्वानुभव किया था। परंतु उसमें उन्हें वांछित यश-प्राप्ति नहीं हो रही थी, इसलिए उन्होंने इन सबसे पूर्णतया भिन्न नया प्रयोग कार्यान्वित करने का मन में निश्चय किया। वह पूर्णतया नया और साहसी प्रयोग था—बहुजनों के नए धर्मपीठ की नींव डालकर, वहां क्षात्रजगद्गुरु की स्थापना कर संपूर्ण बहुजन समाज को पूर्णतया नया धर्मनेतृत्व प्राप्त करा देना। क्षात्रजगद्गुरुपीठ की पुनर्निमिति का विचार शाहू छत्रपति के मन में कई दिनों से चल रहा था। किसी भी सामाजिक घटना के पीछे अनेकानेक कारणों की एक लंबी कड़ी होती है। शाहू छत्रपति की क्षात्रजगद्गुरु के नवनिर्माण की घटना भी इसके लिए अपवाद नहीं थी। किसी भी घटना के पीछे कुछ तत्कालीन कारणों का अस्तित्व

भी उतना ही महत्त्वपूर्ण होता है। शाहू छत्रपति के मन में क्षात्रजगद्गुरु पीठ के पुनर्निर्माण का विचार अचानक रूप से प्रबल होने में कुछ घटनाएं घटित हुई, उनमें से तीन महत्त्वपूर्ण घटनाओं का उल्लेख करना आवश्यक है।

कोल्हापुर के नजदीक नृसिंहवाडी के सुनार जाति के कुछ लोग दत्त-दर्शन के लिए बंबई से आए हुए थे। वहां के ब्राह्मण इन्हें अपने में से ही समझें, इसके लिए इनकी दैवज्ञ ब्राह्मण कहलवाने की दयनीय कोशिश चल रही थी और वह भी पेशवाओं के समय से! प्रख्यात समाजशास्त्री एम.एन.श्रीनिवास इसी को 'संस्कृतीकरण की प्रक्रिया' कहते हैं। इसीसे इन दैवज्ञ सुनारों ने नृसिंहवाडी के दत्त-मंदिर में प्रवेश करने का प्रयत्न किया होगा। फलतः वहां के ब्राह्मण पुजारियों ने उनसे मारपीट की। परिणामस्वरूप दोनों पक्षों के लोगों ने एक दूसरे के विरोध में अभियोग दाखिल किया। अदालत में मुकद्दमा चला। अदालत में ब्राह्मण पुरोहितों के विरुद्ध निर्णय होने से नृसिंहवाडी के ब्राह्मण पुजारियों को जेलखाने की सजा सुनाई गई। धर्म के ठेकेदारों की तानाशाही की हार की यह पहली घटना शाहू छत्रपति के विचारों को प्रोत्साहित करने वाली साबित हुई।

दूसरी घटना प्रत्यक्ष महारानी लक्ष्मीबाई से संबंधित है। नृसिंहवाडी में श्री दत्त के दर्शन के लिए गई हुई महारानी लक्ष्मीबाई का पुजारियों ने विरोध तो किया ही, साथ ही झूठमूठ का उन पर इलजाम लगाया कि रानीसाहिबा ने ब्राह्मणों के सिर पर नारियल दे मारा। अभिजनों के समाचार-पत्रों ने उन्मत्त पुजारियों का पक्ष लेकर शाहू छत्रपति और उनके परिजनों पर उद्धतता का अभियोग लगा दिया। इतना ही कर वे रुके नहीं; बल्कि उन्होंने ऐसा भी शोर मचाया कि शाहू छत्रपति अपनी प्रजा पर जैसी जोर-जबर्दस्ती करते हैं, वैसा ही व्यवहार वे रियासत के बाहर के लोगों से भी करने लगे हैं।

तीसरी महत्त्वपूर्ण घटना इस तरह है : कोल्हापुर के महालक्ष्मी मंदिर के अहाते में गरुड़ मंडप की बायीं और दायीं ओर पानी के दो हौज थे। उन दोनों हौजों में सुंदर फव्वारे हमेशा चालू रहते। उनमें से एक हौज सिर्फ ब्राह्मणों के ही उपयोग के लिए था। ब्राह्मणों के लिए जो हौज था, ब्राह्मणों के सिवा अन्य कोई उसका उपयोग नहीं कर सकता था। शाहू छत्रपति ने बहुजनों के उद्धार का समता और स्वतंत्रता पर आधारित आंदोलन शुरू किया था। कोल्हापुर के अनेक कार्यकर्ता उस आंदोलन से प्रभावित हुए थे। उनमें से एक अल्पशिक्षित कार्यकर्ता रामचंद्र बाबाजी जाधव था, जिसे समाज-सेवा की लौ लगी थी। महालक्ष्मी के मंदिर में पानी के हौज से संबंधित उस जातीय विषमता को विनष्ट करने के इरादे से एक दिन सबको बताकर रामचंद्र बाबाजी जाधव ने ब्राह्मणों के लिए खास आरक्षित हौज पर स्नान किया। उस पर कोल्हापुर दरबार द्वारा हुक्म जारी किया गया कि इस घटना की जांच की जाए। सफेदपोश समाज के समाचार-पत्रों ने अपनी आदत के अनुसार इस घटना की जी भर कटु आलोचना की। अंत में सत्य की जीत हुई। महालक्ष्मी के मंदिर के अहाते के दोनों हौज ब्राह्मणेतरों के लिए खुल गए। ऐसा वृत्तांत माधवराव बागल ने अपने 'बहुजन समाजाचे शिल्पकार' (बहुजन समाज के शिल्पकार) ग्रंथ में लिखा है। परंतु दुख की बात

है कि इस घटना से संबंधित रामचंद्र बाबाजी जाधव का नाम मशहूर शाहू-चरित्र लेखक धनंजय कीर और कृ. गो. सूर्यवंशी ने अपने ग्रंथों में क्यों नहीं दिया ?

भगवान और मानव के बीच के आढ़तिये को—पुरोहित को निकाल देने का प्रयत्न महात्मा फुले ने अपने सत्यशोधक समाज के माध्यम से किया। उनके किए हुए प्रयत्न कहीं-कहीं सफल भी हुए; परंतु बहुसंख्य समाज में धार्मिक विधि करने वाले पुरोहित की संस्था विनष्ट नहीं हुई। उल्टे उसके द्वारा बहुजनों की अधिक लूट-खसोट होने लगी। इसलिए शाहू छत्रपति ने मराठा पुरोहित तैयार करने का निश्चय कर उसके अनुसार प्रत्यक्ष कार्यवाही भी शुरू की। उसके अनुसार मंगलवार दिनांक 15 जून, 1920 ई. को शाहू छत्रपति ने लिखित आज्ञा दी कि इसके बाद राजमहल की सभी धार्मिक विधि मराठा पुरोहित द्वारा ही करवा लेनी हैं। इतना ही कर शाहू छत्रपति चुप नहीं बैठे; बल्कि उन्होंने ऐसी भी आज्ञा दी कि इस प्रकार के पुरोहित तैयार करवा लेने के कार्य में रायबहादुर डोंगरे और मामासाहेब खानविलकर खास ध्यान दें।

ब्राह्मणेतर पुरोहितों को तैयार करने का दृढ़ निश्चय कर शाहू छत्रपति ने 29 अगस्त, 1919 ई. को वैदिक पाठशाला का कार्यारंभ किया। उस पाठशाला में अनेक ब्राह्मणेतर विद्यार्थियों को प्रवेश दिया गया। उसके बाद 7 जुलाई, 1920 ई. के दिन 'श्री शिवाजी वैदिक स्कूल' की स्थापना की गई। उस पुरोहित स्कूल की देखरेख के लिए मामासाहब खानविलकर की नियुक्ति की गई। इस संस्था के उद्‌देश्यों पर प्रकाश डालते हुए शिवाजी वैदिक स्कूल के पहले ही व्याख्यान में कहा गया था, ''हमारे इस विद्यालय के प्रशिक्षित विद्यार्थी ग्रामीण भाग में जाएंगे। सच्चा और सही वैदिक धर्म कौन-सा है, उन्हें यह समझा देंगे। साथ ही वे ग्रामीणों में हाथ-पांव तोड़ बैठी अंधश्रद्धा और गलत धारणा को उखाड़ फेंकने की भरसक कोशिश करेंगे। यह महत्त्वपूर्ण धार्मिक कार्य करते समय वे ब्राह्मण पुरोहितों की तरह लोगों को न ठगेंगे, न उनकी लूट-खसोट करेंगे। वे सभी लोगों को अपने वैदिक धर्म और धार्मिक विधि-विधानों की शिक्षा देंगे।'' इस शिवाजी वैदिक स्कूल में शुरू में ही 62 ब्राह्मणेतर विद्यार्थियों ने प्रवेश लिया। उनमें से आधे से भी अधिक विद्यार्थी पुणे, नासिक, फलटण, खानदेश आदि भागों से आए हुए थे।

शाहू छत्रपति का शुरू किया हुआ 'शिवाजी वैदिक स्कूल' क्षात्रजगद्‌गुरुपीठ की निर्मिति की पीठिका थी अथवा क्षात्रजगद्‌गुरु की नियुक्ति के लिए उठाया गया सुदृढ़ कदम था, ऐसा कहना उचित होगा। सनातनी हिंदू धर्म के अभिजनों की तानाशाही और उनके अन्यायपूर्ण बर्ताव से घृणा उत्पन्न होने से बहुजनों के लिए एक अलग धर्मपीठ निर्माण करने का क्रांतिकारी निर्णय शाहू छत्रपति ने लिया। शाहू छत्रपति की ऐसी आदत थी कि यदि किसी कार्य का निर्णय लिया तो उसका कार्यान्वयन यथाशीघ्र हो कोई भी फैसला करने से पहले उसके भले-बुरे परिणाम का विचार करने और अपने सहयोगियों के साथ सलाह-मशविरा करने की उनकी आदत अत्यंत प्रभावपूर्ण और परिणामकारी थी। इसी आदत के अनुसार शाहू छत्रपति ने क्षात्रजगदगुरुपीठ से संबंधित पुरातन कागजातों की खोज शुरू की।

तो वे इस संदर्भ में महर्षि विट्ठल रामजी शिंदे और प्रबोधनकार ठाकरे से विचार-विमर्श भी किया। भास्करराव जाधव और दीवान सबनीस की राय को भी आजमाया। इस काम में भी हमेशा की ही तरह बापूसाहब महाराज और मामासाहब खानविलकर साये की तरह उनके साथ होते थे। कोरताल कांड में चोटिल आण्णासाहब लठ्ठे को शाहू छत्रपति ने मना लिया था। आण्णासाहब लठ्ठे को पत्र लिखकर उन्होंने खुले दिल से कुबूल किया था कि इस प्रकरण में उनसे गलती हुई थी। 27 जुलाई, 1920 ई. को शाहू छत्रपति ने लठ्ठे को माफी के लिए पत्र लिखा था। इसलिए क्षात्रजगद्गुरुपीठ के निर्माण में उन्होंने आण्णासाहब की सलाह ली होगी, ऐसा अनुमान किया जाए तो वह गलत नहीं होगा, यह विश्वास है।

सह्याद्रि पर्वत की गोद में बसा हुआ एक छोटा-सा गांव है पाटगांव। इस छोटे से गांव को प्रकृति का बड़ा भंडार प्राप्त हुआ है। मौनी महाराज जैसे महान साधू के निवास से वह सारा प्रदेश अत्यंत पुनीत हुआ है। छत्रपति शिवाजी ने अपने कार्यकाल में अनेक साधु-संतों के आशीर्वाद लेकर महाराष्ट्र राज-स्थापना का युगकार्य पूर्ण किया था। रत्नागिरि जिले के केलसी गांव के निवासी मुस्लिम साधू बाबा याकूत के प्रति छत्रपति शिवाजी की जैसी श्रद्धा थी, कुछ ऐसा ही आकर्षण उन्हें देहू गांव के महान संत तुकाराम के प्रति भी था। इसी तरह छत्रपति शिवाजी पाटगांव के मौनी महाराज के सामने भी नतमस्तक होते थे। परंतु इन सबको परे हटाकर परिचय दिया जाता है सिर्फ रामदास का! उच्चवर्णियों की गुलामी में फंसे पड़े इतिहास लेखक पिछले अनेक दशकों से ऐसा स्वार्थी प्रचार कर रहे हैं कि रामदास ही छत्रपति शिवाजी के एकमात्र राजगुरु थे! इस झूठे, कपोलकल्पित इतिहास को सर्वप्रथम प्रकाश में लाने का महत्त्वपूर्ण कार्य शाहू छत्रपति ने ही किया। बहुजन समाज के सर्वप्रथम शिवचरित्र लेखक कृष्णराव अर्जुन केळुसकर ने लिखा है कि समर्थ रामदास और शिवप्रभु की भेंट 1672 ई. के पहले हुई ही नहीं थी। इस तथ्य को सर्वप्रथम सबूत के साथ सिद्ध किया गया था। वह चरित्र ग्रंथ शाहू छत्रपति की 1000/- रुपयों की उदार सहायता से प्रकाशित हो पाया था।

सह्याद्रि पर्वत की कोरव में छिपा हुआ था पाटगांव नामक एक गांव। वहां की वेदगंगा नदी के किनारे घने वृक्षों में बना हुआ था देवी भद्रकाली का मंदिर। प्रकृति-सौंदर्य के सुंदर परिवेश में उस मंदिर को देखकर मौनी महाराज सुध-बुध खो बैठे। व्यापारियों के जिस समूह के साथ वे वहां आए थे, वहीं पर उनसे बिदा लेकर मौनी महाराज ने अपना डेरा डाला। वेदगंगा के पवित्र तीर पर मौनी महाराज की ध्यान साधना शुरू हुई। प्रार्थना के उनके धीर गंभीर शब्द ईर्द-गिर्द के वातावरण में गूंजने लगे। मौनी महाराज की कीर्ति चहुंओर फैलने में देर नहीं लगी। लगभग उसी समय जून, 1674 ई. में छत्रपति शिवाजी का राज्याभिषेक हुआ था। 1676 ई. में छत्रपति शिवाजी कर्नाटक की मुहिम पर निकले थे। मुहिम पर निकलते समय उन्होंने केलसी के निवासी याकूत बाबा के आशीर्वाद लिए थे। उस समय याकूत बाबा ने छत्रपति शिवाजी को सलाह दी थी कि पाटगांव के मौनी बाबा के अवश्य दर्शन करें। उस सलाह को ध्यान में रखते हुए छत्रपति शिवाजी मौनी महाराज के दर्शन के

लिए पाटगांव आए। इस मंगल भेंट का वर्णन छत्रपति शिवाजी की धारा 91 की बखर में (देशी भाषा में लिखे गए गद्य रूप) उपलब्ध है। उसका आशय इस तरह है, "छत्रपति शिवाजी बीजापुर की राजनीति को बाजू में रखकर पाटगांव के मौनी बाबा के दर्शन के लिए गए। उन्होंने चंपा के बने फूलों का हार और गुच्छा मोरोपंत पिंगले के हाथ में दिया। पंत के हाथ में पंचपात्री दी। अन्य नौकरों के हाथों में उन्होंने नारियल तथा अन्य वस्तुएं थमा दी थीं। छत्रपति शिवाजी मन में संकल्प कर खड़े रहे कि चंदी के राज पर वे जा रहे हैं, उन्हें मौनी महाराज प्रसाद दे दें। मौनी महाराज ने छत्रपति शिवाजी के मुंह में शक्कर डाली और मोरोपंत के हाथ का फूलों का गुच्छा लेकर वह छत्रपति शिवाजी के सिर पर रखा। इसे मौनी महाराज से प्राप्त लाभ–आशीर्वाद समझकर, उन्हें सविनय प्रणाम कर छत्रपति शिवाजी मुहिम पर चल पड़े।"

शिव छत्रपति कर्नाटक की अर्थात् दक्षिण की मुहिम में सफलता प्राप्त कर लौटे। अपनी दिग्विजय मौनी महाराज के चरणों में अर्पित करने के विचार से वे बड़े उत्साह से पाटगांव आए; पर मौनी महाराज से उनकी भेंट हो नहीं पाई, क्योंकि कुछ समय पूर्व ही मौनी महाराज ने समाधि ले ली थी। तुर्तगिरि नामक व्यक्ति उस समाधि की देखभाल कर रहा था। छत्रपति शिवाजी ने उस समाधि पर न सिर्फ मंदिर बनाना शुरू किया; बल्कि 3 जून, 1678 ई. को उन्होंने आज्ञा दी कि मंदिर को प्रतिवर्ष हजार लोगों का सीधा और नकद रकम अदा की जाए। ऐसा बताया जाता है कि वह अधिकार पत्र आज भी उपलब्ध है, जिसमें शिवछत्रपति ने आज्ञा दी थी। इसके बाद छत्रपति संभाजी महाराज, छत्रपति राजाराम महाराज तथा ताराराानी बाईसाहिबा ने जो उस देवालय तथा मठ को दान दिया, उसके अधिकार पत्र भी उपलब्ध हैं। इस प्रकार शिव छत्रपति के गुरु मौनी महाराज पाटगांव के धर्मपीठ मठ के आद्य संस्थापक हैं।

मॅक ग्रॅगोर नामक ब्रिटिश अफसर को भेजे गए एक पत्र में शाहू छत्रपति ने लिखा है, "मैं जब अपने पास के पुराने कागजात देख रहा था तब मुझे पता चला कि पाटगांव के जगद्गुरु ही हमारा असली धर्मपीठ था; परंतु वह धर्मपीठ ब्राह्मणों का नहीं था, ब्राह्मणेतरों का था इसलिए उसकी ओर जान बूझकर आनाकानी की गई और उसकी महत्ता को घटाया गया है। शिव छत्रपति उन जगदगुरु से मिलते रहते, भेंट करते रहते थे। समर्थ रामदास शिव छत्रपति के गुरु थे, ऐसा जो बताया जाता है, उसमें न सत्य है, न तथ्य! ब्राह्मणों की वह मनगढ़ंत कथा है, श्री केलूसकर ने पुष्ट सबूत देकर यह सिद्ध किया है। इसलिए मैंने निश्चय किया है कि इस पाटगांव के क्षात्रजगदगुरुपीठ की मैं फिर से प्रतिष्ठापना करूं।"

इस दृष्टि से शाहू छत्रपति ने अपना खोज–कार्य शुरू किया। लगभग उसी समय के आसपास श्रीपतराव शिंदे का 'विजयी मराठा' समाचार–पत्र शुरू हुआ था। उस समाचार–पत्र में कोल्हापुर के नजदीक बेनाडी नामक देहात का रहने वाला सदाशिव लक्ष्मण पाटील वैचारिक लेख लिखता था। बताया जाता है कि उस युवक का लिखा गोरक्षण या गोभक्षण लेख शाहू छत्रपति को बहुत पसंद आया था।

सदाशिव लक्ष्मण पाटील का जन्म 1889 ई. में बेनाडी के इनामदार पटेल घराने में हुआ था। उसकी माध्यमिक शिक्षा कोल्हापुर में ही हुई। वह कोल्हापुर के विक्टोरिया मराठा बोर्डिंग का छात्र था। उसकी महाविद्यालयीन शिक्षा पुणे के फर्ग्युसन महाविद्यालय में हुई। दर्शन और संस्कृत में उसे अधिक रुचि थी।

सदाशिवराव बेनाडीकर के लेखन से शाहू छत्रपति बहुत प्रभावित हुए थे। सदाशिवराव को अपने सान्निध्य में रखकर छत्रपति ने उनके धर्मसुधार विषयक विचार ध्यानपूर्वक सुने। उनका चाल-चलन देखा। इसके बाद शाहू छत्रपति ने पाटगांव के क्षात्रजगद्गुरुपीठ पर उनकी नियुक्ति करने का निश्चय किया।

सनातनी हिंदू धर्म के धर्माचार्य और स्वयं शंकराचार्य भी धार्मिक और सांस्कृतिक कार्यों में ब्राह्मणेतरों का अनादर ही करते हैं इसलिए ब्राह्मणेतरों की धार्मिक प्रगति उनके द्वारा होना असंभव है। ब्राह्मणेतरों की धार्मिक आवश्यकताओं की आपूर्ति सनातनी हिंदू धर्म के शंकराचार्य तथा उनके सनातनी सहयोगी कर नहीं सकते इसलिए मराठा तथा अन्य ब्राह्मणेतरों ने लगातार ऐसी मांग जारी रखी है कि अपना धर्मगुरु अलग ही हो। इसलिए हमने तय किया है कि पाटगांव के मौनी महाराज के धर्मपीठ पर एक नए क्षात्रजगद्गुरु की स्थापना की जाए। 12 अक्टूबर, 1920 ई. को रजपूतवाडी से जारी किए गए शाहू छत्रपति के हुजूर हुक्मनामे में ऐसा स्पष्ट निर्देश है। इसी हुक्मनामे में शाहू छत्रपति बताते हैं कि पाटगांव के मौनी महाराज शिव छत्रपति का श्रद्धास्थान था। अड़चनों-संकटों के समय शिव छत्रपति उनसे सलाह लिया करते। इसके बाद वही परंपरा कोल्हापुर रियासत के अन्य छत्रपतियों ने भी चालू रखी थी। इस धर्मपीठ पर विराजमान आजकल के जगदगुरु रामगिरिजी का हाल ही में निधन हुआ है। उनका कोई शिष्य नहीं है। अतः वह धर्मपीठ रिक्त ही है। इसलिए उस क्षात्रजगद्गुरुपीठ पर क्षत्रियकुलोत्पन्न सदाशिव लक्ष्मण पाटील को नियुक्त किया जाता है। 15 नवंबर, 1920 के दिन क्षात्रजगद्गुरु की नियुक्ति का हुक्म अदा किया गया।

नूतन क्षात्रजगद्गुरु के लिए शाहू छत्रपति ने अत्यंत विचारपूर्वक कुछ निम्न नियमों का समावेश किया था।

1. धार्मिक बातों के बारे में विचार-विमर्श के लिए एक धर्माधिकारी हो और धर्मनिर्णय के लिए एक पंचायत अदालत हो।
2. वैदिक धर्मशिक्षा देने वाला एक विद्यालय हो।
3. पाटगांव रियासत में आज तक अविवाहित शिष्य-परंपरा का रिवाज जारी है; पर उससे मठ की पवित्रता का रक्षण बिलकुल नहीं होता, ऐसा आज तक के अनुभव से ध्यान में आया है। इसलिए धर्मपीठ पर आसीन गुरु को विवाह करने की इच्छा हो तो वे आनंद से कर सकते हैं।
4. गद्दी पर विराजमान पुरुष गृहस्थाश्रमी अथवा बालब्रह्मचारी हो तो चलेगा; पर इनमें से किसी के भी पूर्व घराने के व्यक्ति को इस संस्थान का उत्तराधिकारी बताने का हक नहीं है; बल्कि शिष्य-परंपरा द्वारा ही यह गद्दी चलती रहनी चाहिए।

5. गद्दी पर स्थापित हुए जगद्गुरु के सान्निध्य में दो होनहार, बुद्धिमान और सत्वशील शिष्य रखे जाएं, उनमें से किसीको या गद्दी पर आसीन जगदगुरु के अपने पुत्रों में से कोई योग्य हो तो हुजूर की अनुमति लेकर शिष्य बनने में हर्ज नहीं। उनमें से कोई भी अगर पात्र न हो तो किसी क्षत्रिय मराठा को लेने में हर्ज नहीं।
6. क्षात्रजगद्गुरु की इस गद्दी के लिए दो मोर्चेलों और सूर्यपान का अधिकार हुजूर हुक्म से दिया जाता है।
7. किसी मानवी प्राणी के साथ पशु जैसा बर्ताव कर उसके कंधे पर पालकी जैसी सवारी रखकर उस पर सवार होकर जाना मना है। उनकी यात्रा के लिए चार घोड़े तथा मठ की शोभा के लिए जो जानवर लिए गए हैं, उनका उपयोग किया जाए।
8. क्षात्रगुरु को न भिक्षा मांगनी है, न ही किसीसे पाद्यपूजा करवानी है।

करवीर पीठ पर इसके पहले शंकराचार्य के नाते आए हुए अनेक व्यक्तिओं से धर्म का पालन नहीं हुआ था। उनका बर्ताव ऐशोआराम का तो था ही; अनैतिक भी था। अन्य मनुष्यों के साथ पशु के समान उनका बर्ताव था। करवीर पीठ पर विराजे हुए शंकराचार्य विद्यानृसिंहभारती अर्थात् ब्रह्मनाळकर स्वामी का बर्ताव ऐशोआराम और अनैतिक था। इन्हीं स्वामी की पालकी उठाने के लिए पुणे में लोकमान्य तिलक, शिवरामपंत परांजपे आदि जैसे नेता आगे आए थे। इन सभी बातों को ध्यान में रखकर ही छत्रपति शाहू महाराजा ने क्षात्रजगद्गुरुओं के लिए उपर्युक्त आचारसंहिता सोच समझकर तैयार की थी। इतना कर शाहू छत्रपति चुप नहीं बैठे; बल्कि क्षात्रगुरु के निवास के लिए ऐसा बंगला दिया जिसके इर्द-गिर्द एक एकड़ की खुली जगह थी। मठ के खर्चे के लिए खास जमीनें प्रदान कीं। साथ-साथ मंगलवार पेठ का आनंदी रानीसाहिबा का महल और पद्माला तालाब के पच्छिम का बंगला तथा इर्द-गिर्द का बगीचा मठ को देन के रूप में प्रदान किया।

शाहू छत्रपति के आदेशानुसार खंडेराव गायकवाड, मामासाहब खानविलकर और श्रीपती पिराजी मंडलीक ने पाटगांव में क्षात्रजगद्गुरू के पट्टाभिषेक की पूरी तैयारी कर रखी थी।

1920 ई. की दिवाली प्रतिपदा के दिन अर्थात् 11 नवंबर को सदाशिवराव लक्ष्मणराव पाटील का शंकराचार्य के रूप में वैदिक मंत्रघोष में पट्टाभिषेक किया गया। मौनी महाराज के पाटगांव पीठ की परंपरा के वे दसवें धर्मगुरु सिद्ध हुए। सहस्र लोगों की उपस्थिति में यह मंगल समारोह संपन्न हुआ।

क्षात्रजगद्गुरु सदाशिवराव बेनाडीकर को सम्मानित कर लोगों को उनकी महत्ता बताने के लिए शाहू छत्रपति ने खास दरबार आयोजित किया। उस दरबार में स्वयं शाहू छत्रपति ने क्षात्रजगद्गुरु को झुककर विनम्रता के साथ प्रणाम किया। उनके बाद आण्णासाहब लठ्ठे और दरबार के अन्य अधिकारियों ने झुककर सविनय प्रणाम कर क्षात्रजगद्गुरु पद को प्रत्यक्ष स्वीकृति दी। परंतु उस खास रूप में आयोजित दरबार में उपस्थित उच्चविद्याविभूषित, चारित्र्यसंपन्न और सत्यशोधक तत्त्वों के अभिमानी भास्करराव जाधव ने क्षात्रजगद्गुरु को

झुककर प्रणाम नहीं किया। चाणाक्ष शाहू छत्रपति के ध्यान में जब यह बात आई तब वे बेभान होकर गरजे, ''जाधवराव, सविनय प्रणाम।''

''छत्रपति महाराजा, आप छत्रपति हैं इसलिए एक बार नहीं; बल्कि सौ बार मैं अपना माथा आपके सामने जरूर झुकाऊंगा; पर एक प्रामाणिक सत्यशोधक और स्वर्गस्थ महात्मा जोतिबा फुले का ईमानदार शागिर्द होने के नाते जगद्गुरु, उनका पीठ, ये संस्थान मुझे मंजूर नहीं। इसलिए इनके सामने झुककर प्रणाम करने का कोई कारण नहीं है।''

''मेरी आज्ञा की अवज्ञा? चले जाओ यहां से!'' छत्रपति शाहू राजा की आज्ञा हुई।

''छत्रपति की आज्ञा प्रमाण,'' कहकर भास्करराव ने महाराजा को झुककर तीन बार प्रणाम किया और वे दरबार से बाहर चले गए।

प्रबोधनकार ठाकरे ने ऐसा विस्तृत वृत्तांत 'माझी जीवनगाथा' आत्मचरित्र में लिखा है। वे आगे लिखते हैं, उस घटना से पूरे दरबार में खलबली मच गई। 'अब जाधवराव को कोल्हापुर से ही निकाल दिया जाएगा,' ऐसा सभी उपस्थित कहने लगे।

दरबार का कामकाज खत्म हुआ। कुछ समय के बाद छत्रपति शाहू राजा की गाड़ी जाधवराव के बंगले के सामने रुकी। उन्होंने जाधवराव को पुकारा। तत्काल वे महाराजा की गाड़ी के पास आए। झुककर प्रणाम किया। महाराजा का हुक्म हुआ, ''आइए, बैठिए गाड़ी में।''

जाधवराव को लेकर गाड़ी चल पड़ी। राजमहल पहुंचने पर महाराजा जाधवराव को संबोधित कर बोले, ''शाबाश! जाधवराव, शाबाश! भरे दरबार में महात्मा फुले के सत्य तत्त्वों की इतनी कट्टरता तुमने दिखाई। मुझे बहुत आनंद आया। हमारी रियासत में तुम जैसे निःसंग, निस्पृह व्यक्ति हैं, इसका हमें बड़ा अभिमान है, समझे, अब घर जाइए!''

शाहू छत्रपति ने सत्यशोधक समाज के विचारों वाले युवक सदाशिवराव बेनाडीकर की क्षात्रजगद्गुरुपीठ पर नियुक्ति कर सनातनी हिंदू धर्म के वर्णवर्चस्व के अहंकार से उन्मत्त बने हुए धर्ममार्तंडों को अंतर्मुख होने के लिए बाध्य किया था। क्षात्रजगद्गुरु की नियुक्ति राजशाही का कोई झक्कीपन नहीं था या वह कोई सुलतानी संकट नहीं था। उन्मत्त धर्ममार्तंडों की धार्मिक गुलामी से बहुजनों की मुक्ति के लिए अत्यंत विचारपूर्वक उठाया गया एक कदम था। बहुजन समाज के सर्वांगीण कल्याण की दिशा में चल रहे मार्गक्रमण का वह एक महत्त्वपूर्ण पड़ाव था। सही मायने में बहुजन समाज की धार्मिक-सांस्कृतिक प्रगति का अंतिम साध्य की दृष्टि से प्रयुक्त वह एक साधन था। सदाशिवराव की क्षात्रजगद्गुरु के पद पर नियुक्ति होने के पूर्व 11 जुलाई, 1918 ई. को सोनतली कैंप से स्वामी जगदगुरु को एक विस्तृत पत्र लिखा था । उसमें छत्रपति बड़ी आस्था से बताते हैं कि यह बहुत ही तरस खाने लायक बात है कि ब्राह्मण-मराठा ब्यूरोक्रसी अछूत जातियों को, हमारे ही देश-बंधुओं को कुत्तों-बिल्लियों से भी बदतर समझते हैं । यह उनपर तरस खाने जैसी बात है ! इसलिए मेरी इच्छा है कि स्वामीजी! मनुष्य को मनुष्य साबित करने की कोशिश करें।

शाहू छत्रपति ने छात्रजगद्गुरु को कालांतर से इसी तत्त्व का आचरण करने के लिए बाध्य किया, ऐसा अनुमान करना गलत नहीं होगा।

सनातनी हिंदू धर्म में धर्मध्वजियों द्वारा बहुजनों को दी जाने वाली पीड़ा को रोकने के लिए शाहू छत्रपति जो अनेक प्रयोग करते थे, उन्हीं में से एक क्रांतिदर्शी प्रयोग का उल्लेख क्षात्रजगद्गुरुपीठ की उनकी निर्मिति के रूप में करना पड़ेगा। सनातनी धर्मगुरुओं और उनके पिट्ठुओं को ठिकाने पर लाने के लिए भविष्य-द्रष्टा शाहू छत्रपति द्वारा लड़ाया गया वह एक जबर्दस्त दांवपेंच था। परंतु शाहू छत्रपति का यह दांवपेच जिनकी समझ में नहीं आया उनके द्वारा क्षात्रजगद्गुरुपीठ के संस्थापन को लेकर कड़ी आलोचना हुई। उन्हें भला-बुरा कहा गया। अनेक कलमबहादुरों ने अपनी तीखी कलम चलाकर शाहू छत्रपति को भला-बुरा कहा। शाहू छत्रपति की क्षात्रजगद्गुरुपीठ की स्थापना पर जिन कलमबहादुरों ने अपनी तीखी कलम चलाई उनके सभी प्रहार निरर्थक थे, ऐसा भी नहीं। वे जिस दृष्टि से आलोचना कर रहे थे, उस दृष्टि से देखें तो इस संदर्भ में उनकी आलोचना अनुचित थी, ऐसा कहना ठीक नहीं होगा।

प्राचीन काल से यह विवाद चलता आ रहा है कि राजसत्ता और धर्मसत्ता में से कौन-सी सत्ता श्रेष्ठ है ? शाहू छत्रपति के बारे में भी यह विवाद निर्मित हुआ था।

जिन लोगों को शाहू छत्रपति का क्षात्रजगद्गुरुपीठ का निर्माण पसंद नहीं आया, उन्होंने प्रत्यक्ष या अप्रत्यक्ष रूप में इस संदर्भ में अपनी वाणी या लेखनी द्वारा उनका विरोध शुरू किया। उनमें थे विठ्ठल रामजी शिंदे, सत्यशोधक-तत्त्वों के अभिमानी भास्करराव जाधव, महात्मा फुले के एक सहयोगी कृष्णराव भालेकर के सुपुत्र, उस काल के एक लड़ाकू पत्रकार 'दीनबंधु' के मुकुंदराव पाटील और प्रबोधनकार ठाकरे आदि ब्राह्मणेतर आंदोलन के नेताओं का अवश्य उल्लेख करना होगा।

महर्षि विठ्ठल रामजी शिंदे का आग्रह था कि शाहू छत्रपति स्वयं क्षात्रजगद्गुरुपद अपने पास रखें। महर्षि शिंदे इतिहास से ऐसे सबूत पेश कर रहे थे कि छत्रपति को वह अधिकार हासिल है। 'माझ्या आठवणी व अनुभव' (मेरी यादें और अनुभव) में महर्षि विठ्ठल रामजी शिंदे ने इस घटना को बहुत ही संयत शब्दों में दर्ज कर रखा है।

उन्होंने लिखा है, "शाहू छत्रपति पुणे आए। शिवाजी मराठा स्कूल ने उनकी अध्यक्षता में भवानीपेठ में एक सभा का आयोजन किया। उस सभा में सभी पार्टियों के लोग बड़ी संख्या में उपस्थित थे। शाहू छत्रपति का मराठा क्षात्रजगद्गुरु नियुक्त करने का विचार चल रहा था। मैं भी कुछ बोलूं ऐसा आग्रह किया गया तब मैं बोला, 'धार्मिक विषय में अगर कोई विवाद खड़ा हो तो उसमें अंतिम राय अभिषिक्त राजा ही दे। ऐसी परंपरा शाहू राजा प्रथम के समय से ही है, ऐसा इतिहास बताता है। अतः अब किसी और को क्षात्रजगद्गुरु नियुक्त न करते हुए उसके सभी अधिकारों का निर्वाह आप ही करें।'"

उसी सभा में भास्करराव जाधव ने अपने भाषण में क्षात्रजगद्गुरुपद के लिए उनका जो विरोध था, उसे विस्तार के साथ स्पष्ट किया। महर्षि शिंदे और भास्करराव जाधव इन दोनों

ने जब क्षात्रजगद्गुरुपद के लिए अपना विरोध प्रकट किया, तब वहां जान बूझकर उपस्थित रहे लोकमान्य तिलक के गुट के रामभाऊ गोले और काशीनाथ ठकूजी जाधव ने उसका अनुचित लाभ उठाते हुए सभा को तितर-बितर कर दिया। उसके दुष्परिणाम महर्षि शिंदे को आगे चलकर भुगतने पड़े। अगस्त, 1920 ई. में हुए बंबई विधिमंडल के चुनाव में शाहू छत्रपति ने महर्षि शिंदे को अपना समर्थन नहीं दिया। उसका एक दूसरा महत्त्वपूर्ण कारण भी था। महर्षि शिंदे को जाति आधारित मतदातासंघ मान्य नहीं थे। उन्होंने उस बारे में शाहू छत्रपति की सलाह नहीं मानी। परिणामतः उस चुनाव में महर्षि शिंदे को हार खानी पड़ी।

महर्षि विठ्ठल रामजी शिंदे का क्षात्रजगद्गुरुपद के लिए शाहू छत्रपति से विरोध था। परंतु उनका वह विरोध उतना प्रखर था, ऐसा नहीं लगता क्योंकि वे क्षात्रजगद्गुरु का उल्लेख 'निर्मल विघ्न' के रस में करते थे। राजर्षि शाहू छत्रपति ने पुरोहित वर्ग-वर्चस्व के विरोध में जो संग्राम छेड़ा था, उसमें क्षात्रजगद्गुरुपीठ की पुनर्निर्मिति एक विघ्न है; परंतु वह निर्मल संकट है, ऐसा महर्षि शिंदे का विचार था। महर्षि शिंदे का यह विचार श्रीपतराव शिंदे के 'विजयी मराठा' के 13 नवंबर, 1922 ई. के पत्र में पढ़ने को मिलता है। आगे चलकर महर्षि शिंदे की यह भूमिका और अधिक अनुकूल हुई, ऐसा मत महर्षि शिंदे के एक अनुयायी तथा ब्राह्मणेतर आंदोलन के एक वरिष्ठ कार्यकर्ता रा. ना. चव्हाण का कहना है। दरबार के पत्राचार में जब भी क्षात्रजगद्गुरु शब्द आता तब भास्करराव जाधव उसका प्रयोग महंत के रूप में करते। महंत का अर्थ है—स्वामी या संत। ऐसा शब्द प्रयुक्त करने का उनका उद्देश्य खिल्ली उड़ाने का होता था। क्षात्रजगद्गुरु को महंत-महंत कहकर उनको लज्जित करना शाहू छत्रपति को बिलकुल पसंद नहीं था। दरबार के अनुशासन में ढील न आए इसलिए शाहू छत्रपति ने दरबार के सरसुभे को संबोधित कर 30 जुलाई, 1921 ई. को एक पत्र लिखा, वह आज उपलब्ध है। सतही तौर पर नजर डालने पर ऐसा लगता है कि दरबार के सभी अधिकारियों को पत्र के बारे में जानकारी थी, तो भी उस पत्र में प्रयुक्त भाषा से अंदाज लगाया जा सकता है कि वह पत्र खासकर भास्करराव जाधव के लिए ही था। शाहू छत्रपति ने उस पत्र में लिखा है, ''प्रति सरसुभे...तुम श्री क्षत्रियकुलावतंस जगद्गुरु के लिए 'महंता महंता' लिखते हो। इसके बारे में दरबार का हुक्म हुआ है कि 'जगद्गुरु' के रूप में उनका उल्लेख किया जाए। उस हुक्म का तुम उल्लंघन करते हो। यह सब तुम जानबूझकर सरकारी हुक्म का अनादर करने के लिए ही 'महंता-महंता' बार-बार लिखते हो इसलिए इस पत्र के पहुंचते ही 24 घंटे के भीतर अतिनम्रतापूर्वक, बिना शर्त उनसे माफी नहीं मांगी, तो तुम्हें यथोचित दंडित किया जाएगा। सरकारी हुक्म का इस तरह उन्मत्तता से अनादर करने के कारण लगाया हुआ जुर्माना बहुत ही कम है। तुम सत्यसमाविष्ट हो। तुम्हें काजी, पोप और जगद्गुरु जैसे दलालों की आवश्यकता नहीं। तुम मूर्तिपूजक नहीं हो। इसलिए तुम्हें अधिकार नहीं है कि औरों के मंदिरों में प्रतिष्ठापित मूर्तियों को तहस-नहस कर डालो। इसी तरह तुम्हें किसी भी जगद्गुरु के बारे में अभद्रवाणी का प्रयोग करने का अधिकार नहीं दिया गया है। तुमसे आशा की जाती है कि इसके बाद तुम्हारा बर्ताव सभ्यतापूर्वक ही होगा।

कोल्हापुर–दरबार द्वारा नियुक्त जगद्गुरु का तुमने अपमान करने का वृथा साहस किया है। तुम्हारे इस अज्ञान पर हम तरस खाते हैं। आगे तुम ऐसा बर्ताव करो जो तुम्हारे ओहदे को शोभा दे। कम से कम तुम्हें या तुम्हारे क्लर्क को, जगदगुरु लिखे हुए अक्षरों को तो काटना नहीं चाहिए था। अतः इसके बाद हम उम्मीद करते हैं, जब भी तुम खानगी रूप में या सरकारी रूप में जगद्गुरु से मुलाकात करोगे तब जगद्गुरु के लिए यथोचित तथा सामान्य जन के लिए शोभनीय जैसा बर्ताव किया जाए। जब खुद गवर्नर साहब मुसलमान, ब्राह्मण तथा ब्राह्मणेतर सभी का सम्मान करते हैं और आप नहीं करते तो यह बहुत ही शर्मनाक बात है।''

महाराष्ट्र के भोले–भाले किसानों को बेरहमी से ऐंठने वाले कुलकर्णियों के घपलों, करनामों की पोल खोलने के लिए अपनी सिद्धहस्त कलम से महाराष्ट्र का पहला विडंबनात्मक काव्य निर्माण करने वाले कवि मुकुंदराव पाटील ने 'कुलकर्णी लीलामृत' काव्य लिखा। उसी काव्य की बदौलत वे शाहू छत्रपति के खास बन गए थे। मुकुंदराव अपने 'दीनमित्र' समाचार–पत्र द्वारा शाहू छत्रपति के ब्राह्मणेतर आंदोलन को अपना हार्दिक सहयोग देते थे। भास्करराव जाधव की ही तरह वे भी सत्यशोधक समाज के तत्त्वों के कट्टर समर्थक थे। शाहू छत्रपति की क्षात्रजगद्गुरुपीठ की निर्मिति उन्हें भी मानव और देवता के बीच मध्यस्थ नियुक्त करने का आंदोलन लगा। इसलिए 14 जून, 1922 के 'दीनमित्र' में मुकुंदराव पाटील ने क्षात्रजगद्गुरुपीठ का विरोध करते हुए लिखा है, ''सत्यशोधक समाज चातुर्वर्ण्य को नहीं मानता। जैसे जन्मसिद्ध ब्राह्मण्य उसे स्वीकृत नहीं, वैसे ही जन्मसिद्ध क्षत्रियत्व भी उसे मान्य नहीं हो सकता।'' आगे वे कहते हैं, ''शंकराचार्य की गद्दी पर महार जाति का मनुष्य बिठाया जाए और वह जगद्गुरु बन जाए तो भी सत्यशोधक समाज उसे मान्यता प्रदान नहीं करेगा। क्योंकि उस अधिकार की गद्दी के बल से फड़फड़ाने वाले जगद्गुरु जगत् के गुरु नहीं बन सकेंगे।...जगद्गुरु को कोई निर्माण नहीं कर सकता...। क्योंकि जगद्गुरु स्वयंभू होता है। वह स्थलकालाबाधित होता है।''

केशव सीताराम ठाकरे अर्थात् कोदंड शाहू छत्रपति के बहुजन उद्धारक आंदोलन के सेनानायक थे। शिवसेना प्रमुख बालासाहब ठाकरे के वे पिताश्री थे शाहू छत्रपति उन्हें प्रेम से कोदंड कहा करते थे। उनकी लिखी पुस्तक 'कोदंडाचा टणत्कार' (धनुष्य की टंकार) महाराजा को खूब जंची थी। इसीलिए वे उन्हें कोदंड कहकर संबोधित करते। शाहू छत्रपति से उनका परिचय 1918 ई. में हुआ। कुछ ही समय में वे ब्राह्मणेतर आंदोलन के जनक शाहू छत्रपति के एक कर्मठ सहयोगी तथा सलाहगार के रूप में पहचाने जाने लगे।

बंबई में हुई एक सभा में शाहू छत्रपति ने प्रबोधनकार ठाकरे से पूछा था, ''हमारी रियासत के धर्मपीठ पर पीठाधिकारी नियुक्त करने का अधिकार क्या छत्रपति को होता है?'' इस प्रश्न का उत्तर प्रबोधनकार ठाकरे ने भी महर्षि शिंदे जैसा दिया था। पर भास्करराव जाधव तो इसका शुरू से ही विरोधी था। इसलिए उस सभा में उपस्थित भास्करराव को संबोधित कर शाहू छत्रपति ने कहा, ''क्यों भास्कररावजी, तुमने तो कानों पर हाथ रखे थे; पर कोदंड ने सबूत ढूंढ़कर पेश किया ही न।'' उचित समय पर दिए गए महाराजा के

इस ताने पर भास्करराव जी और हम सब हंस पड़े। ऐसा वृत्तांत अपने 'माझी जीवनगाथा' इस आत्मचरित्र में प्रबोधनकार ठाकरे ने दिया है।

प्रबोधनकार ठाकरे को शाहू छत्रपति का खास प्रेम प्राप्त हुआ था। ऐसा दिखाई देता है कि प्रबोधनकार ने शाहू छत्रपति के नेक सलाहकार की भूमिका निष्ठा के साथ निभाई है। शाहू छत्रपति की गलत बातों का समर्थन उन्होंने कभी नहीं किया। शाहू छत्रपति की क्षात्रजगद्गुरुपीठ की निर्मिति प्रबोधनकार को बिलकुल अच्छी नहीं लगी। 16 जनवरी, 1922 ई. की अपनी 'प्रबोधन' पत्रिका में 'मानसिक दास्याविरुद्ध बंड' शीर्षक से लेख लिखकर शाहू छत्रपति की तीखी आलोचना की। उस लेख में उन्होंने लिखा है, '...ब्राह्मण जगदगुरु के दास्य का विरोध कर क्षात्रजगद्गुरु का निर्माण करना यानी पुरानी गुलामी की तकलीफ से मुक्त होने के लिए नवीन गुलामी का बोझ स्वीकारने जैसा ही है।...गुलामी का खात्मा गुलामी से नहीं होता। सिवा इसके वर्णाश्रमवादी ब्राह्मण जगद्गुरु के मानसिक दास्यप्रवर्तक भिक्षुकशाही को जमींदोज करने के लिए ठीक वैसे ही तत्त्वों के आधार पर क्षात्रजगद्गुरुपीठ की स्थापना करना अर्थात् जुआ रखने के लिए ही भगवान ने हमें गर्दन दी है ऐसी कल्पना दृढ़मूल हुए बैल का नाऱ्या तेली के कोल्हू से पिंड छुड़ाकर पिऱ्या तेली के सुंदर कोल्हू में स्वयं को जुतवा लेने जैसा है।''

शाहू छत्रपति के अनेक श्रद्धावान सहयोगी क्षात्रजगद्गुरुपद का विरोध कर रहे थे। कुछ इसी प्रकार की आलोचना आजकल शाहू छत्रपति पर कई नागरी विचारी लोग करते हैं। उनकी आलोचना का मुख्य सूत्र होता है कि शाहू छत्रपति ने क्षात्रजगद्गुरुपीठ की निर्मिति कर चोटीवाले पुरोहित के स्थान पर साफे के छोरवाले पुरोहित को बिठा दिया। महात्मा फुले ने अपने सत्यशोधक समाज की स्थापना भगवान और मानव के बीच के आढ़तिया–पुरोहित को निकाल फेंकने के लिए की थी। महात्मा फुले की लड़ाई पुरोहित वर्ग के वर्चस्व के विरोध में थी; परंतु क्षात्रजगदगुरुपीठ का निर्माण कर शाहू छत्रपति ने उसी विचार को मार डाला। इसलिए ये नागरी विचारवंत मुख्य रूप से ऐसी आलोचना करते हैं कि शाहू छत्रपति ने सही मायने में महात्मा फुले के सत्यशोधक आंदोलन को प्रगति पथ पर ले जाने का कार्य नहीं किया। ऐसी आलोचना करने वालों में एक हैं बंबई की विदुषी महिला नलिनी पंडित। उन्होंने अपने ग्रंथ 'जातिवाद आणि वर्गवाद' (जातिवाद और वर्गवाद) में कुछ इस तरह शाहू छत्रपति की आलोचन की है।

शाहू छत्रपति द्वारा निर्माण किए गए क्षात्रजगद्गुरुपीठ का विरोध करने वाले जैसे कट्टर विरोधी थे वैसे ही उनके क्षात्रजगद्गुरुपीठ का प्रभावी समर्थन करने वाले भी अनेक सहयोगी और समर्थक थे। उनमें मुख्य रुप से 'विजयी मराठा' पत्र के श्रीपतराव शिंदे, 'हंटर' पत्र के संपादक खंडेराव बागल, बाबूराव मल्हार, कांचनकोटी, निपाणी के घाटगे आदि अनेक नेता थे। इस दल का नेतृत्व श्रीपतराव शिंदे कर रहे थे।

ऐसा दिखाई देता है कि शाहू छत्रपति के क्षात्रजगद्गुरु की नियुक्ति का जोरदार समर्थन श्रीपतराव शिंदे ने अपने 'विजयी मराठा' पत्र द्वारा किया था। उनके दो विशेष लेख

'सोवळ्या शास्त्रांची ओवळी सभा' और 'संघटना का विघटना' पठनीय हैं। उसमें उन्होंने लिखा है, ''इंग्लैंड के राजा आठवें हेन्री ने जैसे रोम की भारी-भरकम सत्ता को उठा फेंका उसी तरह ब्राह्मण जगद्गुरु की सत्ता शाहू छत्रपति ने उठा फेंकी। अब इसके बाद ब्राह्मणों को उनके ब्राह्मण होने का प्रमाणपत्र क्षात्रजगद्गुरु से लेना होगा।''

श्रीपतराव शिंदे ने क्षात्रजगद्गुरुपद का स्वयं जोरदार समर्थन तो किया ही, साथ ही उन्होंने समर्थन के पक्ष में अक्कलकोट के कदम वकील, निपाणी के घाटगे और कोल्हापुर के बाबूराव मल्हार कांचनकोटी जैसे विद्वानों के विचार भी 'विजयी मराठा' पत्र में प्रकाशित किए। 16 अक्टूबर और 6 नवंबर, 1922 ई. के 'विजयी मराठा' पत्र में बाबूराव मल्हारराव कांचनकोटी के लिखे हुए 'सत्यशोधक समाज' और 'क्षात्रजगद्गुरु' शीर्षक के दो लेख प्रकाशित हुए। क्षात्रजगद्गुरुपद का जोरदार समर्थन करते हुए उन्होंने लिखा है, ''रास्ते पर बैठे मदारी को जैसे जोर-जोर से ढोल बजाकर लोगों का ध्यान अपने खेल की ओर आकर्षित करना पड़ता है कुछ वैसा ही शाहू छत्रपति ने किया है। मात्र तत्त्व-तत्त्व चिल्लाते रहने का कोई अर्थ नहीं, सत्यशोधकों को यह तथ्य समझ लेना चाहिए।''

भगवान और मानव के बीच जो बिचौलिया था उसे पूर्णतया नष्ट करने का महात्मा फुले का विचार और व्यवहार था। सनातनी धर्म को नष्ट करने के लिए महात्मा फुले ने सार्वजनीन सत्यधर्म का जो विचार प्रस्तुत किया उसमें समता और स्वतंत्रता, इन दो तत्त्वों का प्रमुख स्थान था; परंतु प्रस्थापित धर्म का स्वरूप एकाएक नष्ट करने का आग्रह महात्मा फुले भी नहीं कर रहे थे। इस संदर्भ में उदाहरण के रूप में ईश्वर पर उनकी जो आस्था थी, उन्होंने जो सत्यशोधक धार्मिक विधि की संहिता तैयार की थी उन्हें ध्यान में लिया जाए तो महात्मा फुले की भूमिका समझ में आ जाती है।

शाहू छत्रपति को पुरोहितशाही की प्रभुता को पूर्णतया विनष्ट करना था। इसीलिए उन्होंने 24 जनवरी, 1920 ई. को क्षात्रजगद्गुरु को भेजे गए पत्र में आज्ञा दी थी, ''आपका ध्येय देवता का बिचौलिया जैसा नहीं होना चाहिए, बल्कि वह देशसेवा, जनसेवा जैसा ही होना चाहिए। अन्य स्वामियों जैसा वह बिलकुल नहीं होना चाहिए।'' पर एक बारगी सभी पुरानी बातों को रफा-दफा कर देना लोगों के गले नहीं उतरता इसलिए शाहू छत्रपति अपनी कोशिश सीढ़ी दर सीढ़ी कर रहे थे, खंडेराव बागल ने ऐसा विचार प्रकट किया है।

सत्यशोधक समाज के एक नेता और महात्मा फुले के सहयोगी भजू जयापा माली (इंदापुर) सभा का आयोजन कर उसमें क्षात्रजगद्गुरुपद का समर्थन करते हुए दिखाई देते हैं। इतना ही नहीं, महात्मा फुले ने सत्य नारायण की पूजा का प्रखर विरोध अपने 'शेतकऱ्याचा असूड' ग्रंथ में किया था। पर खेद की बात है कि लोगों ने उस पूजा का त्याग नहीं किया। इसलिए सत्यनारायण की पूजा सत्यशोधकी विचारों की नींव प्रदान कर होती रही, इसके सबूत उपलब्ध हैं।

महात्मा फुले अच्छी तरह जानते थे कि भगवान और इन्सान के वीच के पुरोहित को पूर्णतया एक बारगी नष्ट करना मुमकिन नहीं। इसीलिए अपने भाषणों द्वारा वे स्पष्ट रूप

से कहा करते थे कि शूद्र लोग अपनी जाति के पुरोहित का निर्माण करें। इसका सबूत बहुजन समाज के सर्वप्रथम शिवचरित्र लेखक और महात्मा फुले के सहयोगी कृष्णाजी अर्जुन केलुसकर द्वारा 1927 ई. में लिखे माधवराव राघोजी रोकडे के चरित्र में मिल जाता है। उसमें केलुसकर ने लिखा है, सत्यशोधक समाज के मूल प्रवर्तक जोतिराव फुले पुणे से यहां आए। तब उनका एक व्याख्यान समाधि-स्थान पर हुआ। उस सभा के अध्यक्ष रा. ब. लोखंडे थे। मैं भी जोतिराव फुले का व्याख्यान सुनने के लिए गया था। जोतिराव ने अपने विचार संक्षेप में और सुसंगत रूप से श्रोताओं के समक्ष रखे और कहा कि किसी के मन में अगर कोई शंका हो, तो वे पूछ सकते हैं। तब माधवराव रोकडे ने जोतिराव के सिद्धांतों के बारे में सामान्यतया अपनी अनुकूलता प्रकट की; पर ब्राह्मण पुरोहितों के स्थान पर अपनी जाति के पुरोहित तैयार होने चाहिए ऐसा जो विचार प्रकट किया वह माधवराव रोकडे को पसंद नहीं आया, क्योंकि आखिर यह उपाध्यायों की एक जाति पैदा करने के बराबर होगा। एक दिन आजकल के ब्राह्मण पुरोहितों जैसे ही उनके भी सरजोर बन जाने का डर है, ऐसा उन्होंने कहा। केलुसकर के इस लिखित सबूत के आधार पर ब्राह्मण पुरोहितों के वर्चस्व को नष्ट करने की भूमिका के बारे में महात्मा फुले के संबंध में जो गलत धारणा थी, वह दूर होने में अब कोई बाधा नहीं होनी चाहिए। प्रचलित समाज व्यवस्था की पुरातन संस्थाओं के विरोध में जब एकाध समाजसुधारक संघर्ष करने की ठानता है तब आनन-फानन में उस संस्था को नष्ट करना मुमकिन नहीं होता; क्योंकि समाजसुधारक का वह विचार साधारण लोगों के न गले उतरता है, न रुचता है, न ही पचता है। इसी विचार के अनुसार शाहू छत्रपति मार्गक्रमण कर रहे थे।

सारांश में, शाहू छत्रपति महात्मा फुले का पुरोहितवर्ग-वर्चस्व का झगड़ा निश्चित रूप से आगे चला रहे थे। परंतु उनके संयमपूर्ण स्वभाव के अनुसार वे सभी परिवर्तन एक के बाद एक करना चाहते थे। ब्राह्मणेतरों ने ब्राह्मण पुरोहितों के बिना धार्मिक विधि की इसलिए ब्राह्मण पुरोहितों द्वारा उनपर जो मुकदद्मे दायर किए जाते, उन मुकद्दमों में ब्राह्मणेतरों की सहायता के लिए शाहू छत्रपति वकील की हैसियत से भास्करराव जाधव को भेज देते, ऐसा प्रबोधऩकार ठाकरे ने 'माझी जीवनगाथा' नामक अपने आत्मचरित्र में लिखा है। बिना पुरोहित के लोगों को अपनी धार्मिक-विधि करना मुमकिन हो इसलिए भास्करराव जाधव और हरिभाऊ चव्हाण ने 'घरचा पुरोहित' (घर का पुरोहित) शीर्षक से एक छोटी पुस्तक 1923 ई. में प्रकाशित की थी। उस पुस्तक के प्रकाशन के लिए शाहू छत्रपति द्वारा ही आर्थिक मदद मिली थी।

1921 ई. में.कोल्हापुर की अंबाबाई के मंदिर में साक्षात् अंबाबाई की मूर्ति के नजदीक जाने का प्रय़त्न कुछ मराठा विद्यार्थियों ने किया था। शाहू छत्रपति ने उनकी इस उद्दंडता की सजा दी थी। उन विद्यार्थियों का वह कृत्य प्रबोधनकार ठाकरे को अच्छा नहीं लगा था, इसलिए उन्होंने अपने प्रबोधन पत्र में 'अंबाबाई का खसरा' शीर्षक से लेख लिखकर शाहू छत्रपति की प्रखर आलोचना की थी। इसके बाद प्रबोधनकार ठाकरे और शाहू

छत्रपति की मुलाकात हुई। उस समय प्रबोधनकार ठाकरे को मन ही मन ऐसा लग रहा था कि छत्रपति उन पर अपना गुस्सा उतारेंगे, परंतु प्रत्यक्ष में छत्रपति तो उस विषय को जैसे भूल ही गए; उन्होंने ठाकरे से मात्र यह कहा, ''अरे कोदंड! एक बार ही सभी बातें साध्य नहीं हो सकतीं। सभी बातों का नियंत्रण मैं आहिस्ता-आहिस्ता करने वाला हूं।'' शाहू छत्रपति के इन उद्गारों का आशय ध्यान में लेने पर उनके क्षात्रजगद्गुरु के निर्माण की पहेली को सुलझने में देर नहीं लगती !

अध्याय : 18

धर्मनिरपेक्ष राज

'बहुजन हिताय, बहुजन सुखाय।' इस टेक को निबाहने की धुन में शाहू छत्रपति दिन-रात समाजकार्य और राजकार्य में मशगूल रहते। समाजकार्य और राजनीति के हेतु शाहू छत्रपति को अनगिनत लोगों से संपर्क स्थापित करना पड़ता। इसलिए राजा होने के कारण उनका लोकसंग्रह प्रचंड था। तब भी उस लोकसंग्रह में खुशामदी और सच्चे मित्र की परख करने में शाहू राजा निष्णात थे, ऐसा दिखाई देता है। इसलिए उनका आश्रय और अभय-प्राप्त लोगों की तादाद अधिक थी; पर जिन्हें उनकी मित्रता मिली, उनकी संख्या सीमित दिखाई देती है। जिन्हें शाहू छत्रपति की निःस्वार्थ मित्रता का लाभ हुआ उनमें जैसे देसी और विदेशी व्यक्ति दिखाई देते हैं, वैसे ही उनके नौकर-चाकरों से लेकर महाराज्यपाल तक विविध प्रकार के लोग दिखाई देते हैं। यह राजा अपने मित्र के सुख के लिए अपने सिंहासन से सहज ही नीचे उतरता था। शाहू छत्रपति मित्र के प्रेम की खातिर अपने राजपद की झूल अविलंब दूर फेंक देते थे।

भारत में ब्रिटिशों के शासनकर्ता के रूप में स्थिर होने के पहले ही, आकाश के बाप्पा के विचारों का प्रचार और प्रसार करने के लिए ईसाई धर्मप्रचारकों ने यहां अपने पांव मजबूती से जमा लिये थे। कोल्हापुर तथा उसके इर्द-गिर्द के प्रदेश में वे पहले ही पहुंच चुके थे। 1913 ई. में बंबई में अमेरिकन मिशन का कार्य शुरू हो चुका था। उस मिशन के प्रचारकेंद्र महाराष्ट्र में पुणे, अहमदनगर और कोल्हापुर में खोले गए थे।1852 ई. में रेवरंड रॉयल वाइल्डर के नेतृत्व में मिशन का कार्य कोल्हापुर में शुरू हुआ था। भारत की अनपढ़ जनता में ज्ञान का प्रसार हो, इस भावना से सर्वप्रथम उन्होंने प्राथमिक शिक्षा से प्रारंभ किया। उसके बाद उन्होंने विभिन्न भाषाओं के समाचार-पत्र शुरू कर अपने ज्ञानप्रसार के कार्यक्रम विस्तार की गति को बढ़ाया। भारतीय जनता में सिर्फ विद्यादान कर उन के घटिंया स्तर का रहन-सहन बदलना संभव नहीं, यह ध्यान में आते ही उन्होंने इस देश की जनता के लिए हकीमी सेवा-शुश्रूषा का इंतजाम करना आरंभ किया। 'जन-सेवा ही ईश-सेवा है' इस आदर्श का प्रदर्शन करते हुए ईसाई मिशनरी अपने ईसाई धर्म का प्रचार-प्रसार करते हुए अपने आकाश के बाप्पा को तुष्ट करने लगे। इस अमेरिकन मिशन ने सांगली में 1889 ई. में पहला दवाखाना शुरू किया। उस दवाखाने में कैनेडा में हकीमी की परीक्षा उत्तीर्ण हुए डॉ. वुइल्यम

वानलेस की नियुक्ति की गई थी। डॉ. वानलेस उस दवाखाने में सपत्नीक हाजिर हुए थे। मानव-सेवा ही ईश-सेवा है, इस आदर्श-सूत्र को दिलोजान से स्वीकार कर वे जाति, धर्म, पंथ, भाषा या प्रदेश आदि भेदों को हटाकर हर रोज हजारों मरीजों का इलाज करते थे। उस समय मुख्य रास्ते से हटकर अनेक असुविधाओं से त्रस्त सांगली नामक एक छोटा-सा देहात डॉ. वानलेस की पहली कर्मभूमि बना हुआ था।

डॉ. वानलेस अपने रोगी का ऑपरेशन करने के पहले ईश्वर की प्रार्थना करते। डॉ. वानलेस की वह प्रार्थना ऑपरेशन टेबल पर पड़े हुए मरीज को प्रचंड निर्भयता और सांत्वना प्रदान करती। डॉ. वानलेस दिल लगाकर रोगी का उपचार करते थे। परिणामस्वरूप मरीज बहुत जल्द रोगमुक्त हो जाता। डॉ. वानलेस की ख्याति न केवल बंबई राज्य में; बल्कि देश-विदेश में फैलने लगी। डॉ. वानलेस के कर्तृत्व की खबर शाहू छत्रपति के कान में आने में देर नहीं लगी।

डॉ. वानलेस ने कुष्ठरोगियों के लिए पहला दवाखाना 1900 ई. में शुरू किया। परंतु शाहू छत्रपति ने इससे पहले ही कोल्हापुर शहर के पास कुष्ठरोगियों के लिए आश्रम शुरू किया था। इंग्लैंड की महारानी विक्टोरिया के हीरक-महोत्सव के उपलक्ष्य में शाहू छत्रपति ने 1897 ई. में कुष्ठरोगियों के लिए यह आश्रम शुरू किया था। शाहू छत्रपति और डॉ. वुइल्यम वानलेस का परिचय शायद कुष्ठरोगियों के सेवा-कार्य के ही कारण हुआ हो, इससे इनकार नहीं किया जा सकता। धीरे-धीरे उन दोनों का परिचय बढ़ता गया और शाहू छत्रपति के डॉ. वानलेस के साथ हार्दिक संबंध स्थापित हुए। जब भी आवश्यकता पड़ती शाहू छत्रपति डॉ. वानलेस से ही अपना उपचार करा लेते; परंतु साथ-साथ वे अपने सभी परिजनों, रिश्तेदारों, मित्रों और नौकरों को भी डॉ. वानलेस की ही सेवा का लाभ दिया करते।

1907 ई. में शाहू छत्रपति की एक गंभीर बीमारी में कर्नल फेरिस ने बेलगांव के सिविल सर्जन को बुलाने की इच्छा प्रकट की थी। उस समय शाहू छत्रपति ने पोलिटिकल एजेंट कर्नल फेरिस को पत्र लिखकर बता दिया था कि बेलगांव के सिविल सर्जन को बुलाने की आवश्यकता नहीं। मेरे मित्र डॉ. वानलेस पर मेरा अधिक विश्वास है, अतः डॉ. वानलेस ही उचित इलाज करेंगे। सारांश यह कि शाहू छत्रपति और डॉ. वानलेस अंतरंग सखा बने हुए थे।

डॉ. वुइल्यम वानलेस और मेरी वानलेस का पारिवारिक जीवन सुख और आनंद से पूर्ण था। डॉ. वानलेस के साथ नर्स के नाते काम करने वाली मेरी वानलेस उनकी छाया जैसी उनके साथ रहा करतीं। डॉ. वानलेस दंपती ने अपनी वैद्यकीय सेवा से हजारों लोगों के प्राण बचाये। डॉ. वानलेस मरीजों की सेवा जी-जान से किया करते। इस काम में पत्नी मेरी का अविरत सहयोग होने के कारण डॉ. वानलेस अत्यधिक काम के बावजूद थकते नहीं थे। सदैव हंसते-मुस्कुराते बड़े उत्साह से काम करने वाले डॉ. और उनकी पत्नी का सहजीवन बहुत ही सुख-संतोष का था। परंतु नियति से उन दोनों का सुख देखा नहीं गया। 1906 ई.

में डॉ. वानलेस की सहधर्मचारिणी मेरी ताउन की महामारी की शिकार हो गई। डॉ. वानलेस का 18 वर्षों का सुख का संसार पलभर में धूल में मिल गया। वे अकेले रह गए। प्रिय पत्नी की भयावह मृत्यु का दुख उनके लिए असह्य हुआ। एक ही प्रश्न उन्हें सताने लगा कि हजारों लोगों को मैंने जीवनदान दिया; पर अपनी पत्नी को मैं बचा नहीं पाया। इसी विचार से वे सदैव बेचैन रहते। अपने दुख और बेचैनी को भूलने के लिए वे सदैव काम में मग्न रहने लगे। हर रोज के विश्राम का भी उन्होंने त्याग कर दिया। रोगियों का इलाज करने और उन्हें अन्य सुविधाएं प्रदान करने में वे मशगूल हो गए। परिणामत: अत्यधिक काम के बोझ से डॉ. वानलेस बीमार पड़ गए। दिन-ब-दिन उनकी बीमारी बढ़ती ही गई। डॉ. वानलेस की बढ़ती जाने वाली बीमारी से मिरज के मिशन हॉस्पिटल में निराशा का वातावरण फैल गया। रोगियों और उनके रिश्तेदारों के मन में एक ही शंका बार-बार उभरने लगी कि रोगियों को मौते के मुंह से खींच लाने वाला यह मसीहा हम सबको छोड़कर तो नहीं चला जाएगा? डॉ. वानलेस की बीमारी की खबर अमेरिका के मिशन को मालूम हुई तो वहां से डॉ. होम्स को मिरज भेजा गया। डॉ. होम्स के इलाज से डॉ. वानलेस को थोड़ा आराम पड़ा। डॉ. वानलेस को यही विचार सताता था कि उनके न रहने पर मिरज का वह शुश्रूषा केंद्र लावारिस जैसा हो जाएगा। अपनी जबर्दस्त इच्छाशक्ति के बल पर डॉ. वानलेस उस बीमारी से निक इ आए।

डॉ. वानलेस ने अपना काम फिर उत्साह से शुरू कर दिया था, पर मेरी को वे भुला नहीं पाये थे। मेरी की सूरत उन्हें सदैव आंखों के सामने दिखाई देती थी। मुख्य नर्स के नाते मेरी वानलेस डॉ. वानलेस के साथ काम करती थी। उनकी असामयिक मृत्यु से उनका पद रिक्त ही था। डॉ. वानलेस को हमेशा उनकी कमी महसूस होती थी। उसी समय कोल्हापुर के मिशन अस्पताल में लिलियन हेवन्स नामक एक सुंदर, फुर्तीली और कुशल नर्स काम कर रही थी। अभी-अभी उसका विवाह हुआ था। सुहागरात की सुखद स्मृतियां अभी ताजा ही थीं कि उसके पति की दुर्घटना में हुई अचानक मृत्यु से वह टूट गईं। रोगियों की सेवा में ही जीवन व्यतीत करने का निश्चय कर वह नर्स बनी हुई थी। डॉ. वानलेस की सहायक नर्स के रूप में लिलियन हेवन्स को नियुक्त किया गया था।

लिलियन हेवन्स डॉ. वानलेस की रुग्णसेवा के काम में लगन के साथ शरीक होती थीं। उसका हंसमुख चेहरा देखकर ही रोगी का आधा मर्ज ठीक हो जाता। उसका मधुर, मिलनसार स्वभाव लोगों को मुग्ध कर देता। उसकी आवाज भी मधुर थी। वह लोगों के साथ मिलजुलकर रहती थी। अपना नर्सिंग का काम कर वह डॉ. वानलेस द्वारा शुरू किए गए मेडिकल स्कूल में पढ़ाती भी थी। अपनी मधुर आवाज में विद्यार्थियों को वह गाने भी सुनाती थी।

उसकी मधुर, सुखद संगति में डॉ. वानलेस अपना निजी दुख भूल जाते थे। आहिस्ता-आहिस्ता उनके मन में लिलियन के प्रति प्रेम पनपने लगा। उसका साथ डॉ. वानलेस की बेचैनी पर अक्सीर इलाज साबित होने लगा था। इसी से डॉ. वानलेस के मन में मेरी के रिक्त

स्थान पर लिलियन को स्थापित करने के विचार जड़ जमाने लगे। लिलेयन हेवन से दूसरा विवाह करने का निश्चय कर उन्होंने अपना वह विचार लिलियन के सामने प्रकट किया। लिलियन भी उसी मौके की प्रतीक्षा में थी। उसने अविलंब अपनी सहमति डॉ. वानलेस को दे दी। उन दोनों ने बिलकुल सादगी से विवाहबद्ध होना निश्चित किया। परंतु अमेरिकन मिशन ने उनके विवाह का विरोध किया था। मिशन द्वारा उस आशय के संदेश उन दोनों को मिल चुके थे। इससे डॉ. वानलेस फिर निराश हुए। उसी अवस्था में वे अपना काम करते जा रहे थे। दिन आता-बीत जाता। फिर अगला दिन विफलता ही लेकर आता। डॉ. वानलेस और लिलियन उदास मन अपना दिन व्यतीत करते। शाहू छत्रपति को उनके इस टूटे हुए विवाह की प्रारंभ से अंत तक की खबर मिल गई थी। खबर सुनकर शाहू छत्रपति कुछ समय के लिए बेचैन हुए। परंतु उस बेचैनी को उन्होंने अधिक समय टिकने नहीं दिया। अपने मन ही में उन्होंने उसी क्षण कुछ निर्णय कर लिया।

डॉ.वानलेस और लिलियन हेवन्स के टूटे हुए विवाह की खबर ने बेचैन शाहू छत्रपति एक दिन स्वयं सोने-चांदी के अलंकारों से अलंकृत और मखमल जरी के वस्त्रों से सज्जित होकर दो अरबी घोड़ों से जुता हुआ कोल्हापुर दरबार का रथ लेकर मिरज के मिशन अस्पताल के सामने उपस्थित हो गए। रथ स्वयं महाराज चला रहे थे और उनके पीछे दरबार की पोशाक पहने दो कोचवान बड़े अदब के साथ खड़े थे। शाहू छत्रपति का रथ देखते ही अस्पताल के अहाते में लोगों की भीड़ जमा हो गई। अस्पताल के नौकरों में दौड़-धूप मच गई। शाहू छत्रपति के आने का संदेश सर्वप्रथम डॉ.वानलेस को दिया गया। संदेश सुनते ही वे दौड़ते हुए आए। महाराजा को उन्होंने अभिवादन किया। महाराजा ने उन्हें रथ में बैठने की आज्ञा दी। महाराजा का दूसरा संदेश लिलियन हेवन्स को पहुंचा। कुछ ही समय में लिलियन आई और डॉ. वानलेस के पास बैठ गई। उसके बैठते ही रथ चलने लगा। थोड़े ही समय में रथ की गति बढ़ी। डॉ. वानलेस और लिलियन दोनों गड़बड़ा गए। शाहू छत्रपति को कुछ बताने की उनकी कोशिश शुरू थी; परंतु घोड़ों के टापों की आवाज में उन दोनों के शब्द शाहू छत्रपति को सुनाई नहीं देते थे। थोड़े ही समय में शाहू छत्रपति ने रथ कोडोली के गिरजाघर के सामने लाकर खड़ा कर दिया।

शाहू छत्रपति के आदेश के अनुसार गिरजाघर को सजाया गया था। वहां के गिरजे के मुखिया डॉ. ग्रॅहाम शाहू छत्रपति के स्वागत के लिए खड़े थे। शाहू छत्रपति बड़े प्रेम से डॉ. वानलेस और लिलियन हेवन्स को आगे कर चर्च में ले आए। उन दोनों के विवाह की पूरी तैयारी वहां की हुई थी। कुछ चुने हुए निमंत्रित लोग भी वहां उपस्थित थे। डॉ. ग्रॅहम ने डॉ. वानलेस और लिलियन हेवन्स का विवाह ईसाई पद्धति के अनुसार कर दिया। विवाह के संपन्न होते ही तालियों की गड़गड़ाहट में शाहू छत्रपति ने अपना आनंद प्रकट किया। वे जो मूल्यवान सौगात कोल्हापुर से लाए थे वह उस नवविवाहित पति-पत्नी को भेंट में दे दी। डॉ.वानलेस और लिलियन हेवन्स की खुशी का तो ठिकाना नहीं था। उनकी समझ में ही नहीं आ रहा था कि शाहू छत्रपति के प्रति कृतज्ञता ज्ञापन किन शब्दों में करें !

इतना सब करने के बाद शाहू छत्रपति उस नवविवाहित दंपती को अपने रथ पर बिठा कर कोल्हापुर के अपने नए राजमहल पर ले आए और वहां उन दोनों की यथोचित मेहमान-नवाजी भी की। दूसरे दिन उन दोनों को उसी रथ पर बिठा कर मिरज भेज दिया। अमेरिकन मिशन द्वारा जिनके विवाह का विरोध किया गया था उनका विवाह स्वयं शाहू छत्रपति ने संपन्न कर डॉ. वानलेस और उनपर जो अवलंबित थे, उन हजारों रोगियों को मानो जीवनदान ही दिया था !

हम सब हिंदी हैं, एक-दूसरे के बंधु हैं। हिंदी प्रजाजन चाहे जिस वर्ण के हों, चाहे जिस धर्म के हों, वे सभी हिंदी हैं। व्यक्ति की दृष्टि से धर्म की बात भले ही महत्त्वपूर्ण हो; पर राष्ट्रीय दृष्टि से उसका आड़े आना उचित नहीं। मुझे लगता है कि इस विषय के संबंध में धर्म तो बहुत ही कम महत्त्व का है। धर्म की संक्षेप में परिभाषा करनी हो तो, मुझे लगता है कि वह भगवान तक पहुंचने का मार्ग है इसी रूप में की जा सकती है। लंदन, बंबई, कलकत्ता आदि शहरों से सब दिशाओं से रास्ते आ मिलते हैं अर्थात् सभी शहरों के लोगों का उद्‌देश्य यही होता है कि उन शहरों तककम समय में और कम परिश्रम में पहुंचा जा सके। इसी प्रकार अलग-अलग देशों और परिस्थितियों में उत्पन्न हुए धर्मों का भी उद्‌देश्य वही होता है। इसी कारण अलग-अलग रास्तों से मुख्य शहर में पहुंचने वाले लोगों को जैसे एक-दूसरे से द्वेष करने का कोई कारण नहीं होता, उसी तरह अलग-अलग धर्मों का पालन कर ईश्वर के पास पहुंचने की इच्छा रखने वाले लोग भी आपस में द्वेष क्यों करें ? 30 मई, 1920 ई. को नागपुर में हुई 'अखिल भारतीय बहिष्कृत समाज की परिषद' में अध्यक्ष की हैसियत से बोलते हुए शाहू छत्रपति ने अपनी सर्व-धर्म-समभाव की संकल्पना को अत्यंत सीधे-सादे एवं सरल शब्दों में प्रकट किया था। इस भाषण में उन्होंने आगे कहा था, " 'दया धरम का मूल है, नरक मूल अभिमान'-इससे यही सिद्ध होता है कि देश की अर्थात् देश बंधुओं की सेवा करना, इंसान में ही भगवान को ढूंढ़ना और देखना ही सच्चा धर्म है। इसके बारे में सभी धर्मों की राय एक है। परोपकार पुण्य-मार्ग है और पर-पीड़ा पाप है। सभी धर्मों का यही प्रतिपादन है। इस तरह विचार किया जाए तो धर्मभेद के कारण एक-दूसरे से डाह रखना पूर्णतया गलत है।

शाहू छत्रपति ने अपने राज में अपने जीवन के अंत तक मुस्लिम प्रजा के साथ यही भूमिका निभाई ऐसा दिखाई देता है। यही कारण है कि कोल्हापुर रियासत में न केवल उन्हीं के शासन-काल में; बल्कि आज तक हिंदू-मुस्लिम एकता को कलंक लगे, ऐसा जातीय संघर्ष हुआ नहीं। अयोध्या में घटित घटना के बाद कुछ असामाजिक तत्त्वों द्वारा हिंदू-मुस्लिम जातीय-संघर्ष को फूंक-फूंक कर भभकाने का प्रयास किया गया, पर कोल्हापुर में उनकी समाज-विघातक कोशिशों को सफलता नहीं मिल सकी। इसके पीछे शाहू छत्रपति के आचार-विचारों का पाथेय और उनके संस्कार उपयोगी ही थे, ऐसा कहें तो अत्युक्ति नहीं होगी।

भारत के वरिष्ठ समाजशास्त्री डॉ. जी. एस. घुर्ये के मतानुसार भारत में हिंदू-मुस्लिमों का पहला धार्मिक संघर्ष गुजरात के अहमदाबाद शहर में घर के सामने होली का त्यौहार

मनाने को लेकर हुआ, ऐसा टिप्पण खाफीखान ने कर रखा है। इसके बाद भारत में छोटी-बड़ी धार्मिक धींगामुस्ती होती ही रही। उनमें से एक बड़ा हिंदू-मुस्लिम संघर्ष 9 अगस्त, 1893 ई. में बंबई की जुम्मा मसजिद और उसके पास के हनुमान मंदिर के पास इकट्ठा हुए हिंदू-मुस्लिम भक्तों की गलतफहमी से उद्भुत बताया जाता है। उस धींगामुस्ती में मात्र गलतफहमी से वहां उपस्थित हजारों की संख्या में हिंदू और मुसलमान काम आए। बड़ी मात्रा में धन-संपदा का सर्वनाश हुआ। परिणामतः दोनों धर्मों का आपसी स्नेहपूर्ण वातावरण नष्ट होकर उनमें विद्वेष और मत्सर की भावना पैदा हो गई थी भला हो ब्रिटिश सरकार का, जिसने वह धींगामुस्ती समय पर ही विफल कर दी। उस समय हिंदू-मुस्लिम समाज में पूर्ववत् धार्मिक हेलमेल और पहले जैसे ही स्नेह एवं सहयोग के संबंध प्रस्थापित हों इसलिए ''बंबई के रानी के बगीचे में हिंदू-मुस्लिम लोगों के पहलवानों की कुश्तियों, मदारी के खेलों, भजन मंडली के भजनों, तमाशों, और शायरों के पोवाडों (वीरश्रीपूर्ण गाने) तथा विविध मनोरंजन के कार्यक्रम शुरू किए गए। परिणामतः हिंदू और मुसलमान लोग निःशंक एवं निर्भय होकर एकसाथ घूमने-फिरने लगे।'' ऐसा टिप्पण उनके एक समकालीन ने कर रखा है।

शाहू छत्रपति ने कोल्हापुर रियासत का कारोबार 2 अप्रैल, 1894 ई. को अपने हाथ में लिया। राज्याभिषेक का समारोह समाप्त होते ही कोल्हापुर तथा अन्य शहरों में उनके सत्कार-समारोह शुरू हो गए। उनमें से एक महत्त्वपूर्ण सत्कार-समारोह 24 सितंबर, 1894 ई. को पुणे की सार्वजनिक सभा नामक एक प्रख्यात संस्था द्वारा किया गया। शाहू छत्रपति का वह शानदार एवं भव्य सत्कार पुणे के हीराबाग में संपन्न हुआ। वह सत्कार संपूर्ण पुणे शहर द्वारा किया गया था। उस सत्कार समारोह में गंगारामभाऊ म्हस्के, कुपुस्वामी मुदलियार, रावसाहब पाठक, राजन्ना लिंगू, रायबहादुर कांतीकर, रावसाहब गोखले आदि प्रतिष्ठित व्यक्ति उपस्थित थे। शाहू छत्रपति का पुणे की प्रख्यात हस्तियों से परिचय करवाया गया। उस समारोह में शाहू छत्रपति को जो सम्मानपत्र दिया गया था, वह नरम दल के नेता गोपाल कृष्ण गोखले ने पढ़ा। उस समय के अपने भाषण में शाहू छत्रपति ने पुणे-बंबई में कुछ ही समय पहले हुए हिंदू-मुस्लिम दंगों का जिक्र कर कहा कि इन दोनों जातियों में यथाशीघ्र शांति और प्रेम स्थापित किया जाए। दोनों समुदायों के लोग भी वैसा ही प्रयत्न कर रहे होंगे। साथ-साथ पुणे की सार्वजनिक सभा के नेता भी हिंदू-मुसलमानों में प्रेम और एकता स्थापित करने की कोशिश करें, आस्था के साथ यह विनती भी की।

छत्रपति शिवाजी और औरंगजेब बादशाह के बीच का संघर्ष हिंदू और मुसलमान इन दो धर्मों के बीच का संघर्ष नहीं, इसका भान छत्रपति शिवाजी और औरंगजेब को था। इसलिए औरंगजेब की सेना में जैसे लाखों हिंदू सैनिक थे, छत्रपति शिवाजी की फौज में वैसे ही असंख्य मुस्लिम सैनिक भी थे। उनके नौदल में महत्त्व के पद पर दर्यासारंग नाम का एक मुसलमान था। आगरा की मुहिम के समय छत्रपति शिवाजी के साथ मदारी मेहतर जैसा विश्वासी सेवक, जो उनके साथ कैद में भी रहा, मुस्लिम था। संक्षेप में छत्रपति शिवाजी

महाराजा और औरंगजेब बादशाह का संघर्ष स्वदेशी और विदेशी के बीच का संघर्ष था। इसी आशय का संदर्भ स्वयं शाहू छत्रपति ने 1920 ई. में नागपुर के एक भाषण में दिया था। उन्होंने कहा था, ''पहले यहां राज-प्राप्ति की महत्त्वाकांक्षा से लड़ाइयां हुईं। पर छत्रपति शिवाजी, अकबर आदि महात्माओं के जमाने में धर्म या जाति-द्वेष से प्रेरित होकर कोई लड़ाई नहीं करता था। अकबर बादशाह की सेना में मराठा, राजपूत, अन्य हिंदू सरदार और लड़ाकू अनेक लोग थे। विजयनगर के राजा की सेना में या छत्रपति शिवाजी की सेना में मुसलमानों की संख्या कम नहीं थी। इन सबने स्वधर्मियों के साथ या स्वजाति के साथ लड़ते समय भी अपना ईमान अटल रखा।''

ऐसा दिखाई देता है कि इसी नीति का अवलंबन शाहू छत्रपति ने अपने राज-कारोबार में किया था। हिंदू-मुस्लिम प्रश्न के जो अनेक पहलू हैं, उनमें से एक है—शासन व्यवस्था में उन्हें हार्दिक रूप से शामिल होने का मौका उपलब्ध कराने में आने वाली अनेक बाधाएं। परिणामस्वरूप मुस्लिम समाज में ऐसी भावना वृद्धिगत होती दिखाई देती है कि वे विदेशी हैं। परंतु इस प्रकार की अनिष्ट प्रवृत्ति मुस्लिम समाज में बढ़ती न जाए, इसकी बड़ी सावधानी शाहू छत्रपति द्वारा बरती गई है, ऐसा दिखाई देता है। परिणामस्वरूप शाहू छत्रपति की खानगी और सरकारी सेवा में हिंदुओं के साथ-साथ मुस्लिम व्यक्तियों का भी सहयोग दिखाई देता है।

शेख मुहम्मद युसूफ अब्दुल्ला का जन्म 1880 में बेलगांव जिले के बेडकीहाल नामक गांव में हुआ। वे जब दस साल के थे तभी उनके पिता की मृत्यु हुई। इसके बाद उन्होंने अपने साले की सहायता से इचलकरंजी तथा कोल्हापुर के राजाराम कॉलेज से 1908 ई. में उपाधि प्राप्त की। जब वे कोल्हापुर में पढ़ रहे थे तब शाहू छत्रपति ने उन्हें मराठा बोर्डिंग में प्रवेश दिया था। उनकी तरह ही अन्य अनेक मुस्लिम विद्यार्थी विक्टोरिया मराठा बोर्डिंग में रहते थे। उसी तरह मुस्लिम बोर्डिंग में भी अनेक हिंदू विद्यार्थियों को प्रवेश दिया जाता था, ऐसी जानकारी रावसाहब बन्ने द्वारा संपादित 'राजर्षि शाहू स्मारक ग्रंथ' से मिलती है।

संक्षेप में शाहू छत्रपति का उदारमतवादी दृष्टिकोण ही शेख मुहम्मद यूसुफ अब्दुल्ला की शिक्षा पूर्ण होने में सहायक सिद्ध हुआ। इसके बाद शाहू छत्रपति ने शेख अब्दुल्ला को प्रथम तहसीलदार बनाया। बाद में उन्होंने डिप्टी कलक्टर और ट्रेजरी अधिकारी के रूप में कार्यभार संभाला। इतना ही नहीं, उनकी प्रभारी दीवान के पद पर भी नियुक्ति की गई थी, ऐसा रावसाहब बन्ने का कहना था। इन्हीं अब्दुल्ला साहब का मुस्लिम बोर्डिंग के निर्माण में शाहू महाराजा को बड़ा सहयोग मिला था। आज भी मुस्लिम बोर्डिंग की जो मूल इमारत है, वह अब्दुल्ला साहब के कर्तृत्व की यादगार है।

उस्मान जाफरशा हकीम शाहू छत्रपति के यहां हवालदार की हैसियत से काम करते थे। उनकी अचानक मृत्यु हो जाने पर शाहू छत्रपति ने उनके सुपुत्र उदम उस्मान हकीम को उनके पिता के पद पर नियुक्त किया गया था। इतना ही नहीं; बल्कि उनकी बेवा कन्या दादीबाई के भरण-पोषण के लिए कुछ आय होती रहे। ऐसा प्रबंध भी किया। जब उन्हें

मालूम हुआ कि बेवा दादीबाई और उनकी छोटी बहन नानीबाई के कब्जे में जो जमीन थी उस पर उनका भाई अतिक्रमण कर रहा है तो उसका नियंत्रण करने का लिखित आदेश जो शाहू छत्रपति ने दिया था, वह 'शाहू छत्रपतींचे निवडक आदेश, भाग 1' ग्रंथ में उपलब्ध है।

किसी समाज में चाहे राजा का शासन हो अथवा प्रजातंत्र जैसी व्यवस्था कार्यरत हो, तो भी सर्वत्र यही दृश्य दिखाई देता है कि हर कहीं नौकरशाही ही अपना रौब जमा चुकी है। यह अनुभव आज का नहीं है; बल्कि प्राचीन काल से चला आता है। ऐसी नौकरशाही की तकलीफ शाहू छत्रपति को भी होती थी। करवीर रियासत के लिए आवश्यक कागज की सप्लाई कम मूल्य में करने की तैयारी अहमद अल्ली सरदार पोलो मास्टर की थी, तो भी उनके बदले नौकरशाही ने किसी और से कागज खरीद लिया। यह पता लगते ही शाहू छत्रपति ने 14 दिसंबर, 1920 ई. को एक खास हुक्म निकालकर नौकरशाही को सख्त चेतावनी दी कि कागज की खरीद-फरोख्त अहमद अल्ली सरदार से ही की जाए।

शाहू छत्रपति की ज्येष्ठ कन्या राधाबाई अर्थात् आक्काबाई साहिबा का विवाह देवास रियासत के राजा तुकोजीराव पवार के साथ 21 मार्च, 1908 ई. को राजशाही ठाठ में कोल्हापुर में संपन्न हुआ। आज जो भवानी मंडप है उसका निर्माण खास इस विवाह के लिए ही हुआ था। राजपुत्र या राजकन्या के वैवाहिक जीवन को प्रजा के आशीर्वाद प्राप्त हों इसलिए उनके विवाह के साथ अपनी प्रजा में से कुछ व्यक्तियों के विवाह राजा अपने खर्चे से करे, ऐसी हिंदू प्रथा है। उस प्रथा के अनुसार शाहू छत्रपति ने आक्कासाहब महाराज के विवाह में मराठा समाज के 18 विवाहों के साथ-साथ कुछ मुस्लिम व्यक्तियों के विवाहों का भी आयोजन किया। इतना ही नहीं, बल्कि शाहू छत्रपति ने उन सबके जीवन-निर्वाह का प्रबंध अपने खजाने से किया। हिंदुओं के साथ मुस्लिम समाज का भी सम्मान करने का, उनके साथ प्रतिष्ठा का बर्ताव करने का शाहू छत्रपति का दृष्टिकोण निश्चित ही प्रशंसनीय और परिणामकारी था, ऐसा मानना पड़ेगा।

आक्कासाहब महाराज के विवाह समारोह के निमित्त 74 कैदियों की सजा में विविध प्रकार की जो छूट दी गई थी, उन कैदियों में भी कुछ मुस्लिम कैदी थे।

रायबाग में 'श्री शाहू विवर्स एसोसिएशन' नाम की बुनकरों की एक खास संस्था शुरू की गई थी। उस संस्था में काम करने के लिए जो चालीस परिवार आए थे, उनमें 20 परिवार मुस्लिम थे। उन सभी परिवारों के निवास का प्रबंध तो किया ही गया था, साथ-साथ उन्हें जमीनें भी दी गई थीं। इतना ही नहीं; बल्कि शाहू छत्रपति ने आज्ञा दी थी कि हर परिवार को 150 रु. की मदद भी दी जाए। इस संदर्भ में 9 जनवरी, 1909 ई. को जारी उनका आदेश 'हुक्म शाहू छत्रपतींचे निवडक आदेश, खंड 1' (शाहू छत्रपति के विशेष आदेश, खंड 1) ग्रंथ में उपलब्ध है।

न्याय-व्यवस्था में उच्चवर्णियों का जो एकाधिकार था, उसे खत्म करने के लिए शाहू छत्रपति ने उच्चवर्णियों के साथ बहुजन समाज के अनेक होनहार युवकों को वकालत की सनदें दीं। उसमें उन्होंने अनेक मुस्लिमों को भी समाविष्ट किया था। वकालत करने की सनदें

जिन मुस्लिमों को दी गई थीं, उस सूची में शेख अल्ली मुहम्मद, मुहम्मद सेन मिराजसाहब चिकोडीकर, हुसेन दादाभाई जमादार के नाम पढ़ने को मिल जाते हैं।

कोल्हापुर नगरपालिका के सदस्य के चुनाव में हीरा मदार भंगी ने भी अपनी अर्जी दी थी। परंतु उस अर्जी में गलती बताकर जुल्मी नौकरशाही ने उनके स्थान पर सुभाना बाला पंडत भंगी की अन्यायपूर्ण ढंग से नियुक्ति की थी। परंतु शाहू छत्रपति ने एक खास आदेश निकालकर 23 मार्च, 1922 ई. को सुभाना पंडत की नियुक्ति खारिज कर उस पद पर हीरा मदार भंगी की नियुक्ति की। प्रस्तुत आदेश की कापी राजाराम महाराज के हस्ताक्षर से दी गई थी, ऐसा दिखाई देता है।

शाहू छत्रपति की वाणी और लेखनी से यही गौरव प्रकट होता था कि वे छत्रपति शिवाजी के वंशज हैं। उनके मन में जैसा आदर और गर्व छत्रपति शिवाजी के बारे में था, वैसा ही आदर वे बादशाह अकबर के प्रति भी प्रकट करते थे। 15 अप्रैल, 1920 ई. को नासिक के श्री उदाजी मराठा विद्यार्थी छात्रावास की इमारत की नींव रखने के समारोह के प्रमुख अतिथि की हैसियत से बोलते समय उन्होंने कहा था, "अपने शासनकाल में बादशाह अकबर ने हिंदू-मुस्लिम एकता का महत्त्वपूर्ण काम किया है इसलिए वे हमारे सच्चे महात्मा हैं।"

91 धाराओं वाले देशी भाषा में लिखे गए गद्य के इतिहास में ऐसा उल्लेख है कि शिव छत्रपति केलसी के बाबा याकूत जैसे मुस्लिम साधु का भी सम्मान करते थे और आवश्यकतानुसार उनकी सलाह भी लिया करते थे। प्रख्यात इतिहासज्ञ त्र्यंबक शंकर शेजवलकर ने अपने 'श्रीशिवछत्रपति संकल्पित शिवचरित्राची प्रस्तावना, आराखड़ा व साधना' नामक अभिजात ग्रंथ में दर्ज किया है कि साधु-संतों की अपेक्षा परमात्मा की अलौकिक शक्ति पर शिव छत्रपति की अधिक श्रद्धा थी, अधिक विश्वास था। इसलिए शिव छत्रपति ने हिंदुओं को संगठित करने के लिए मसजिदों-दरगाहों को जमींदोज करने का अश्लाघ्य प्रयत्न कभी नहीं किया था। उन्होंने तो मसजिदों-दरगाहों का रक्षण ही किया था। उनकी पवित्रता को सम्हाला था। शाहू छत्रपति ने यही उज्ज्वल परंपरा आगे ले जाने का कार्य किया। इस संबंध में असल कागजात आज भी उपलब्ध हैं। इस ग्रंथ में शाहू छत्रपति के दिए हुए ऐसे भी अनेक हुक्म देखने को मिल जाते हैं जो बताते हैं कि कोल्हापुर शहर और उसके इर्द-गिर्द के प्रदेश में मुस्लिमों को मस्जिदें बनवाने के लिए मुफ्त स्थान और आर्थिक मदद भी उन्होंने दी थी।

रविवार पेठ की सणगरगली में मसजिद बनाने पर नगरपालिका ने आपत्ति की थी। शाहू छत्रपति ने उसे रद्द कर वहां मसजिद बनाने की खास इजाजत दी थी। वह खास हुक्म छत्रपति ने 28 नवंबर, 1902 ई. को दिया था। 6 फरवरी, 1904 ई. को उन्होंने शाहुपुरी की मसजिद बनाने के लिए जगह एवं मंजूरी दी थी, ऐसा लिखित सबूत उपलब्ध है। इसी मसजिद को शाहू छत्रपति ने 1000/- रुपयों की सहायता 28 नवंबर, 1902 ई. को अदा की थी। पन्हाला गढ़ के हजरत पीर सादुकताल की दरगाह में और उसके पास की मुस्लिम बस्ती के लिए मुस्लिम समाज की मांग के अनुसार पीने के पानी का खास प्रबंध उन्होंने किया

था। पाटगांव की मसजिद के लिए 300/- प्रतिवर्ष मौनी महाराज के मठ की आय से दिए जाएं, ऐसा हुक्म 2 सितंबर, 1919 ई. को राजाराम महाराज के हस्ताक्षर से दिया गया था।

घमासान युद्ध के समय रणक्षेत्र में पड़ी हुई कुरान की प्रति को सम्मानपूर्वक उठाकर सुयोग्य व्यक्ति को सौंपने वाले छत्रपति शिवाजी महाराज के सच्चे वारिस के रूप में शाहू छत्रपति का गौरवपूर्ण उल्लेख करना पड़ेगा, क्योंकि सदैव वैसी ही भावना मुस्लिमों के पवित्र धर्मग्रंथ कुरान के प्रति शाहू छत्रपति ने भी रखी थी। यही कारण है कि उन्होंने कुरान का मराठी में अनुवाद करने के लिए हकीम भोरेखान, अब्दुल इनामदार, गुलाम मुहम्मद मास्टर और एक मौलवी की कमिटी नियुक्त की थी। कल्लप्पा निटवे के जैनेंद्र प्रेस में उसकी छपाई शुरू भी हो गई थी, बदकिस्मती से वह काम अधूरा रहा। शाहू छत्रपति ने इसके लिए 25,000/- रु. खर्च किया था। शाहू महाराज के दरबार के एक सम्मानित व्यक्ति म्हामूलाल हकीम ने ही यह जानकारी दी है, ऐसा टिप्पण भाई माधवराव बागल के लिखे हुए 'श्री शाहू महाराज यांच्या आठवणी' शीर्षक ग्रंथ में किया गया है।

गायक सम्राट अल्लादियाखां से लेकर चित्रकला तपस्वी आबालाल रहमान तक सबको शाहू छत्रपति का उदार आश्रय प्राप्त हुआ था। कलाकार तो कलाकार ही होता है। शाहू छत्रपति के मन में उसकी जाति-पांति का विचार कभी आता ही नहीं था। कोल्हापुर के 'दि शाहू रॉयल फोटो आर्ट स्टूडियो' के संस्थापक मरहूम पठाण शाहू छत्रपति के खास कृपा-प्राप्त दरबारी फोटोग्राफर थे। कुश्ती के क्षेत्र में गामा, गूंगा, इमाम बक्ष, भोला पंजाबी तथा अन्य अनेक पंजाबी पहलवानों को शाहू छत्रपति का जो उदार आश्रय मिला था, उससे उनके उदार मन के उदात्त दर्शन होते हैं। मराठी सिनेमा के प्रख्यात अभिनेता बाबूराव पेंढारकर ने लिखा है कि अरब शाह नामक ऊंचा पूरा गोरा-चिट्टा जवान तो महाराज के साथ सदैव रहा करता था। संक्षेप में शाहू छत्रपति ने अपनी रियासत की प्रजा में हिंदू-मुसलमान जैसा भेद कभी नहीं किया।

अध्याय : 19

साहित्यिकों के आश्रयदाता

मराठी मातृभाषी इस प्रदेश में साहित्यिकों और राज्यकर्ताओं के आपसी संबंध कैसे हों ? शासन द्वारा दिए जाने वाले पुरस्कारों को क्या साहित्यिक स्वीकार करेंह्न? शासन द्वारा दी जाने वाली आर्थिक मदद साहित्यिक तथा साहित्य सम्मेलन लें या न लें ? साहित्य सम्मेलन में राज्यकर्ता और नेताओं का स्थान कौन सा हो? सरस्वती के दरबार में साहित्यिक ही राजा होगा, अन्य सबको गूंगी प्रजा की ही भूमिका निभानी होगी, आदि विविध प्रकार की चर्चा सुनने-पढ़ने को मिलती है।

इस परिप्रेक्ष्य में विचार करने से मालूम होता है कि राजर्षि शाहू छत्रपति और समकालीन लेखकों, कवियों, शायरों, संशोधकों, इतिहास-लेखकों और पत्रकारों के आपसी संबंध स्नेहपूर्ण थे। 'बहुजन हिताय, बहुजन सुखाय' के मूलमंत्र का जाप करने वाले इस राजा ने लेखकों, कवियों, शायरों, संशोधकों, पत्रकारों आदि सभी साहित्यिकों से असीम प्रेम किया। उनकी विपुल आर्थिक सहायता की। उनकी तंगी-मुसीबत के समय यह राजा उनकी पीठ-पीछे पहाड़ जैसा खड़ा रहा। एकाध अपवाद छोड़ दें तो उन्होंने जिन साहित्यिकों, लेखकों की सहायता की, वे उनके आश्रित हैं, ऐसा बर्ताव शाहू राजा से कभी हुआ, ऐसा दिखाई नहीं देता। शाहू छत्रपति से असीम प्रोत्साहन और आर्थिक सहायता-प्राप्त ये लेखक, शायर, कवि, संशोधक और पत्रकार सदैव उनके प्रति कृतज्ञ ही रहे, ऐसा दिखाई देता है। परंतु राजर्षि शाहू छत्रपति के उस पहलू को समकालीन कुछ लेखकों-पत्रकारों ने उतना महत्त्वपूर्ण नहीं माना, यह भी दिखाई देता है। परिणामस्वरूप लोकमान्य तिलक के एक सहयोगी और कल्याण शिष्य न. चिं. केलकर ही नहीं; बल्कि 'जागृति'कार पालेकर भी शाहू छत्रपति की मृत्यु के बाद अपने लेख में छत्रपति की असीम ताकत की तारीफ करते हैं, रीछ और बाघ से हुई उनकी भिड़ंत का वर्णन करते हैं; परंतु शाहू छत्रपति के यहां कवियों-लेखकों को कैसा उदार सहायोग प्राप्त था, विविध लेखकों और संशोधकों के ग्रंथों के प्रकाशन के लिए वे किस प्रकार आर्थिक मदद देते थे या उन ग्रंथों का प्रचार-प्रसार वे किस प्रकार करते थे, इसके बारे में वे कुछ भी नहीं लिखते, यह बहुत ही आश्चर्यजनक है। इतना ही नहीं; बल्कि शाहू छत्रपति के आद्य-चरित्र लेखक आण्णासाहब लठ्ठे, धनंजय कीर, कृ. गो. सूर्यवंशी—इन चरित्र-लेखकों ने भी इस बारे में न के बराबर लिखा है, यह आश्चर्यजनक है !

राजर्षि के साहित्यप्रेमी व्यक्तित्व की टोह लेते समय जनमानस में उनके बारे में फैले अज्ञान का पता लगाना भी उतना ही महत्त्वपूर्ण होगा। लोकभ्रम और निराधार अफवाहें जैसे शाहू छत्रपति को देवता का पद प्रदान करती हैं वैसे ही उन्हें अज्ञानी, गंवार, अनाड़ी भी कहती हैं। उन्हीं में से उद्भूत कुछ गलतफहमियां इस तरह है, जैसे—वे शुद्ध मराठी नहीं बोल सकते थे, अंग्रेजी भाषा की ए बी सी डी का भी उन्हें ज्ञान नहीं था, विलासी और मस्ती में मस्त रहने वाला यह राजा हमेशा शिकार और अपने शौक में ही मशगूल रहता था, उसे ग्रंथों की संगति का जादू कभी समझ ही नहीं आया। ऐसी कई गलतफहमियां शाहू छत्रपति के गिर्द हाथ-पांव तोड़कर बैठ गई हैं। यही कारण है कि आदरणीय यशवंतराव चव्हाण के चरित्र-लेखक बी. बी. काले अपने 'Chavan, Man of Crisis' मशहूर ग्रंथ में बेसिर पैर की बात लिख गए हैं, 'Shahu Maharaj himself had never learnt the English Language.' (अंग्रेजी भाषा का अध्ययन शाहू छत्रपति ने कभी किया ही नहीं था) परंतु सत्य स्थिति यह है कि राजर्षि शाहू छत्रपति ने फ्रेजर जैसे अंग्रेज गुरू से अंग्रेजी का अध्ययन किया था। राजर्षि के हस्ताक्षर के हजारों अंग्रेजी पत्र आज उपलब्ध हैं। बदकिस्मती से यह बात हमें मालूम नहीं होतीं कि राजर्षि के गुरु फ्रेजर का राजर्षि के अंग्रेजी ज्ञान के बारे में दिया हुआ प्रमाणपत्र डॉ. अप्पासाहब पवार द्वारा संपादित, 'राजर्षि शाहू रिसर्च पेपर, खंड 1' ग्रंथ में उपलब्ध है।

राजर्षि शाहू छत्रपति अपने प्रतिदिन के राजनीतिक और सामाजिक कार्य में इतने व्यस्त हो जाते कि उन्हें ग्रंथों की संगति में मन बहलाने के लिए समय भी मिलता था या नहीं, इसके बारे में हमारे मन में संदेह होता है। यह हमें मालूम होता है कि वे शिकार और कुश्ती के लिए समय निकालते थे; परंतु यह हमें मालूम नहीं होता कि वे समय निकलकर स्तरीय अंग्रेजी-मराठी ग्रंथ पढ़ा करते थे। पठित ग्रंथों का वे चिंतन करते और औरों के साथ उन पर विचार-विनिमय भी करते थे। इसलिए इस संदर्भ में प्रबोधनकार ठाकरे का एक संस्मरण उद्धृत करना उपयुक्त होगा।

शाहू छत्रपति के साथ प्रबोधनकार ठाकरे का स्नेह-संबंध 1918 ई. से शुरू हुआ था। उस समय प्रबोधनकार ठाकरे अपना महत्त्वपूर्ण ग्रंथ 'भिक्षुकशाहीचे बंड' (भिक्षुकशाही का विद्रोह) लिख रहे थे। उस समय वे शाहू छत्रपति से मिले थे। उस मुलाकात में उन्होंने सहज ही शाहू छत्रपति से पूछा कि वे अपने ग्रंथ के लिए किन-किन संदर्भ-ग्रंथों का उपयोग करें, तब शाहू छत्रपति ने उन्हें अनेक संदर्भमग्रंथ सुझाए। उनमें 'सॅवेल का प्रीस्ट क्राफ्ट और किंग क्राफ्ट', 'इंगरसॉल्स रायटिंग्ज एंड स्पीचेस' और अमेरिका की आर. पी. ए. सीरीज की पुस्तकें शामिल थीं। इतना ही नहीं उन्होंने प्रबोधनकार को यह भी बताया था, ''भिक्षुकशाही की ही तरह मानवता के लिए राजशाही भी पीड़ादायी साबित हो रही है, उस पर भी विचार करने का समय आ गया है।'' आगे उन्होंने कहा, ''बिना इंगरसोल को पढ़े कोई समाजसुधार की बात न करे।'' शाहू छत्रपति की यह जानकारी और विचार सुनकर प्रबोधनकार ठाकरे आश्चर्यचकित रह गए। अपने आत्मचरित्र में इस घटना का

उल्लेख प्रबोधनकार ने इन शब्दों में किया है, ''ऐसे कई संदर्भग्रंथों के नाम महाराज एक के बाद एक सुझाते जा रहे थे और किस ग्रंथ में क्या लिखा है इस पर आंतरिक प्रेम से भाष्य करते जा रहे थे। तब मुझे पहली बार महाराज के विस्तृत ज्ञानसंग्रह का पता चला। इतना ही नहीं, बल्कि कई पुस्तकों के कुछ महत्त्वपूर्ण अंग्रेजी परिच्छेद जो उन्हें कंठस्थ थे वे भी उन्होंने सुना दिए। सतही नजर से देखने वालों को महाराज भले ही अनपढ़, गंवार और विचित्र से लगते हों, तो भी अन्य लोगों को उनके अंतरंग का, मुख्यतया उनके परिपक्व ज्ञान का पता लग भी नहीं पाता था। खुशकिस्मती है कि आज मुझे उसका पता चला और मैं भौंचक्का रह गया। लगभग आधा घण्टा वे तल्लीन होकर बोलते जा रहे थे और मैं भी उनकी ही तरह तन्मय होकर सुनता जा रहा था।''

जितने भी संदर्भमग्रंथों के नाम शाहू छत्रपति ने सुझाए थे, उनमें से एक भी ग्रंथ प्रबोधनकार ठाकरे के पास नहीं था। इतना ही नहीं, उनमें से एक भी ग्रंथ उन्होंने पढ़ा नहीं था। इसलिए शाहू छत्रपति ने बंबई के प्रमुख ग्रंथ-विक्रेताओं से प्रबोधनकार को आवश्यक सभी ग्रंथ पहुंच जाएं, ऐसा प्रबंध किया; बल्कि ठाकरे द्वारा लिखित 'भिक्षुकशाहीचे बंड' अप्रकाशित ग्रंथ की 2000 कापियां 5,000/- रुपयों का अग्रिम चेक देकर खरीद भी लीं ऐसा प्रबोधनकार ठाकरे ने अपने आत्मचरित्र में लिखा है।

राजर्षि शाहू छत्रपति के जीवन की 'वेदोक्त' क्रांतिकारी घटना में प्रा. वि. गो. विजापुरकर ने लोकमान्य तिलक का पक्ष लेकर राजर्षि का विरोध किया था। उसी प्रा. विजापुरकर की 'ग्रंथमाला' नामक मासिक पत्रिका के लिए सालाना 500/- रुपयों का अनुदान राजर्षि ने मंजूर किया था। उस पत्रिका पर ऐसा उद्देश्य-वाक्य छपा हुआ होता था, 'स्वदेश, स्वधर्म, स्वभाषिकों का दुनिया में बहुमान हो, ऐसा उद्देश्य साध्य किया'...'अपने देशबंधुओं में ज्ञान का प्रसार हो यही उत्तम गुणनिर्माण का साधन है।' — ऐसा प्रा. विष्णु गोविंद विजापुरकर का विश्वास था।

सत्यशोधक-ब्राह्मणेतर आंदोलन के उग्र विचारों के नेता के रूप में दिनकरराव जवळकर को महत्त्वपूर्ण स्थान देना ही होगा। दिनकरराव जवळकर न केवल उग्र विचारों के बहुजन समाजवादी नेता थे; बल्कि वे एक प्रतिभासंपन्न लेखक भी थे। उनको राम गणेश गडकरी (मराठी के सिद्धहस्त नाटककार) की अलंकृत भाषा ने प्रबोधनकार ठाकरे की तरह ही लुभाया था। महाराष्ट्र के मराठी भाषा के मशहूर समीक्षक य. दि. फडके ने अपने समग्र दिनकरराव जवळकर ग्रंथ की भूमिका में लिखा है, ''उसी तरह जवळकर अपनी प्रभावपूर्ण कलम द्वारा और जहाल वक्तृत्व द्वारा ब्राह्मणेतर दल के एक श्रेष्ठ नेता बने हुए थे। शाहू छत्रपति ने ही उन्हें प्रोत्साहन दिया था कि वे कोल्हापुर में 'तरुण मराठा' (जवान मराठा) शुरू करें। जवळकर की लेखनी मानो चमचमाती तलवार की धार थी। इसलिए उनकी कलम का ब्राह्मणेतर आंदोलन के विरोधियों पर खौफ छाया हुआ था।''

दिनकरराव जवळकर 'कैवारी' और 'तेज'—ये दो मराठी समाचार-पत्र अच्छी तरह चलाते थे। वे न सिर्फ मराठी में ही लिखते थे; बल्कि ऐसा दिखाई देता है कि वे अंग्रेजी में

भी लिखते थे। कोल्हापुर के दैनिक 'पुढारी' पत्र के संपादक गणपतराव जाधव और दिनकरराव जवळकर के आपसी संबंध स्नेहपूर्ण थे। गणपतराव जाधव को 30 मार्च, 1930 ई. को इंग्लैंड से भेजे हुए पत्र में जवळकर ने लिखा है, ''मेरा 'Pleasant India' ग्रंथ शीघ्र ही प्रकाशित होगा। अंग्रेजी भाषा में महात्मा फुले का चरित्र नहीं है इसलिए मैं महात्मा फुले का अंग्रेजी में चरित्र लिखने वाला हूं।'' संक्षेप में राजर्षि शाहू छत्रपति द्वारा दी गई आर्थिक मदद और प्रोत्साहन से दिनकरराव जवळकर जैसे लेखक की प्रतिभा में मानो ज्वार आ गया था। पर ऐसा दिखाई देता है कि प्रतिभासंपन्न कलाकारों को मानो अति मद्यपान का शाप होता है, क्योंकि 2 मई, 1932 ई. को जब जवळकर सिर्फ चौतीस वर्ष के थे, तब अति मद्यपान से ही उनकी मृत्यु हुई।

वेदव्यास पंडित सातवलेकर संस्कृत भाषा के गहन अध्येता और लेखक थे। शाहू छत्रपति के साथ उनका भी निकट का संबंध था। पु. पां. गोखले ने 'वेदव्यास पं. सातवलेकर' शीर्षक से पं. सातवलेकर का प्रदीर्घ चरित्र लिखा है। प्रा. विजापुरकर के विश्ववृत्त पत्र में पं. सातवलेकर का लिखा हुआ 'वैदिक प्रार्थनांची तेजस्विता' लेख प्रकाशित हुआ। उसमें शाहू छत्रपति की बदनामी की गई थी इसलिए राजर्षि ने पं. सातवले पर मुकद्दमा दायर किया था। यहां तक का वृत्तांत उन्होंने विस्तार से प्रकाशित किया है। परंतु शाहू छत्रपति को एक पत्र लिखकर स्वयं पं. सातवलेकर बताते हैं कि उस मुकद्दमे से शाहू महाराज की ही कृपा से वे किस प्रकार निर्दोष बरी हुए। उस पत्र में शाहू छत्रपति से उन्होंने ऐसी भी याचना की थी कि वे 'वेदों का अधिकार' नामक ग्रंथ लिख रहे हैं, और वह छत्रपति को समर्पित करना चाहते हैं अतः छत्रपति उन्हें उसकी अनुमति दे दें। शाहू छत्रपति को नाहक बदनाम करने का ही मौका ढूंढ़ने वाले पु. पां. गोखले को शायद पं. सातवलेकर के शाहू छत्रपति को लिखे हुए उस प्रार्थना-पत्र की जानकारी नहीं होगी, ऐसा दुख के साथ कहना पड़ता है।

इस कलियुग में ब्राह्मण और शूद्र, सिर्फ ये दो ही वर्ण अस्तित्व में हैं ऐसा ढिंढोरा वेदोक्त-प्रकरण के समय दकियानूसी सनातनी ब्राह्मणों द्वारा पीटा गया। यथार्थ का भान रखकर विचार करें तो तथाकथित शुद्ध वर्णव्यवस्था का लोप कभी का हो चुका था। दकियानूसी सनातनी अभिजन वर्ग ने स्ववर्ण वर्चस्व के अहंकार से ग्रस्त होकर असत्य को सत्य बताने का गंदा, अश्लाघ्य काम शुरू किया था। ऐसे बुरे वक्त पर सनातनी अभिजनों के उस अज्ञानपूर्ण अहंकार को कुचलने के लिए आगे आए अमरावती के. बी. देशमुख और बड़ोदरा के एक ग्रंथपाल वासुदेव बिर्जे। ये दोनों बहुजन समाज के गहन अध्ययनशील लेखक थे। इसी विचार-मंथन से बिर्जे के 'क्षत्रिय व त्यांचे अस्तित्व' और देशमुख के 'क्षत्रियांचा इतिहास' ग्रंथों का निर्माण हुआ। इनमें से वासुदेव बिर्जे के 'क्षत्रिय व त्यांचे अस्तित्व' ग्रंथ की 500 कापियां खरीदने के लिए शाहू महाराज का दिया हुआ आदेश 'शाहू छत्रपतींचे निवडक आदेश, खंड 1' में पढ़ने को मिल जाता है। 4 जनवरी, 1993 ई. के बंबई के एक अग्रणी दैनिक समाचार-पत्र 'महाराष्ट्र टाइम्स' के 'दुर्मिळ अक्षरधन' (दुर्लभ अक्षर-धन)

स्तंभ में प्रस्तुत ग्रंथ का गौरव गान 'उत्तम साहित्य व चांगले संशोधन' (उत्तम साहित्य एवम अच्छा संशोधन) शीर्षक से किया गया है।

श्री हरि सखाराम तुंगार के लिखे 'महर्षि दयानंद सरस्वती यांचे चरित्र व कार्य' (महर्षि दयानंद सरस्वती चरित्र एवं कार्य) ग्रंथ की दरबार द्वारा 500 कापियां खरीदकर उन्हें प्रोत्साहन दिया गया है, ऐसा दिखाई पड़ता है। छत्रपति की इस मदद के बारे में उनके प्रति कृतज्ञता प्रकट करते हुए पुस्तक की प्रस्तावना में लेखक ने लिखा है, ''इस ठाठबाट से यह ग्रंथ प्रकाशित हो सका, इसका कारण यह है कि श्री शिवछत्रपति के तख्तानशीन क्षत्रियकुलावतंस छत्रपति श्री शाहू महाराज ने अपना छत्र मुझ पर धरा है।''

कवि और राजा का अन्योन्य संबंध प्राचीन काल से अस्तित्व में है। छत्रपति शिवाजी महाराज ने अपने शासन-काल में कवींद्र परमानंद 'नलदमयंती स्वयंवर' के रचयिता रघुनाथ पंडित, उत्तर से आए हुए कवि भूषण जैसे प्रतिभासंपन्न कवियों को प्रोत्साहन दिया था। ऐसा प्रतीत होता है कि शाहू छत्रपति ने उसी परंपरा को आगे चलाया है। कवि सुमंत, 'दीनमित्र' पत्र के संपादक मुकुंदराव पाटील, ग. आ. गवई, राजकवि शं. बा. भोसले जैसे अनेक कवियों को शाहू छत्रपति का प्रेम और प्रोत्साहन प्राप्त हुआ था।

आप्पाजी धुंडीराम मुरतुले अर्थात् इस प्रतिभासंपन्न कवि सुमंत को शाहू छत्रपति का विशेष प्रेम प्राप्त हुआ था। मराठी के प्रख्यात कवि केशवसुत, रेवहरंड तिलक, भा.रा.तांबे के साथ कवि सुमंत का नाम लिया जाता है। 'मौक्तिकमाला', 'गीतावली', 'भावनिनाद' —ये सुमंत जी के मशहूर काव्यसंग्रह हैं। यह मशहूर कवि शाहू छत्रपति के खानगी विभाग में क्लर्क था। काव्य में रत रहने वाली उनकी कलम क्लर्की में अटकती, ठिठकती थी। अधिकांश समय वे कविता के ही चिंतन में डूबे हुए होते अतः उनके काम में खूब गलतियां होने लगीं। टेबल पर पड़े हुए अपने काम का उन्हें ध्यान ही नहीं रहता था। परिणामस्वरूप उनके टेबल पर काम का अंबार सा लग जाता। इसलिए उनकी अक्षमता का प्रभाव उस महकने के समूचे कामकाज पर होने लगा। इसलिए वरिष्ठ अधिकारियों ने शाहू छत्रपति के पास लिखित रूप में मांग पेश की कि कवि सुमंत को नौकरी से मुक्त किया जाए।

खानगी विभाग के वरिष्ठ अधिकारियों की मांग के अनुसार शाहू छत्रपति ने कवि सुमंत को नौकरी से हटा देने की आज्ञा दी। इस बारे में अपने खानगी प्रबंधक से उन्होंने कहा, ''काम में हुए कसूर के लिए तुम उस व्यक्ति को तुरंत हटा दो। पर उसके बाल-बच्चे भूखे न मरें इसलिए उसके परिवार को खानगी विभाग से अनाज देना मत भूलो।''

कवि सुमंत की प्रतिभाशक्ति से शाहू छत्रपति अच्छी तरह परिचित थे, इसलिए उन्हें नौकरी से हटा देने पर भी उन्होंने सुमंत के परिवार को निराधार नहीं किया। उनकी आजीविका का प्रश्न भी उन्होंने हल कर दिया। सिर्फ इतना ही कर शाहू छत्रपति संतुष्ट नहीं रहे; बल्कि शीघ्र ही उन्होंने कवि सुमंत को अपने दरबार में राजकवि के रूप में नियुक्त कर दिया औ उन्हें प्रतिमाह 35 रुपए मानधन भी देना शुरू कर दिया। वह मानधन मंजूर करते समय अपने खानगी प्रबंधक से शाहू छत्रपति ने कहा, ''रावसाहब, यह आदमी क्लर्की

करने के लिए पैदा नहीं हुआ; बल्कि एक महाकवि के रूप में पैदा हुआ है इसलिए उसका सम्मान ही हमारे दरबार का सम्मान है !''

कवि सुमंत को राजर्षि शाहू छत्रपति का साथ प्राप्त हुआ था। ऐसा दिखाई देता है कि राजर्षि के जीवन के सुख-दुख के समय कवि सुमंत ने कविता द्वारा अपनी भावनाएं प्रकट की हैं। इस संदर्भ में कवि की 'शिवनिधन' कविता का उल्लेख किया जा सकता है। उस कविता में प्रिंस शिवाजी की दुर्घटना में हुई मृत्यु पर कवि को जो अपार दुख हुआ उसे व्यक्त किया गया है। 'प्रेमाचा आहेर' (प्रेम की सौगात) कविता में कवि ने शाहू छत्रपति के प्रति कृतज्ञता प्रकट करते हुए कहा है, ''श्री छत्रपति शाहू राजा की सेवा को मैं अनमोल धरोहर मानता हूं। हे भगवान ! सिवा शाहू छत्रपति के मैं अन्य किसी की भी श्रद्धा से सेवा नहीं करता।''

कोल्हापुर के 'लोकसेवक' पत्र के संस्थापक-संपादक शं. ब. भोसले बचपन से ही कविता करने लगे थे। एक विशेष अवसर पर उनकी कविता विद्यार्थी-गायकों द्वारा सुनाने का सुनहरा मौका राजर्षि ने शं.ब. भोसले को दिया। उसी के कारण शं.ब. भोंसले का शाहू छत्रपति के परिवार में शामिल होना संभव हुआ। थोड़े ही दिनों के बाद पुणे में नवंबर, 1921 ई. में प्रिंस ऑफ वेल्स के करकमलों द्वारा शिवस्मारक की नींव डालने का एक खास कार्यक्रम संपन्न हुआ। उस कार्यक्रम के प्रमुख सूत्रधार शाहू छत्रपति थे। इस कार्यक्रम का स्वागत-पद्य लिखने का काम शाहू छत्रपति ने कवि शं. ब. भोसले को ही सौंपा था। उस स्वागत-पद्य की हजारों कापियां छपवा ली गई थीं। उस कार्यक्रम में गाने वाले गायक, उनके साथी और कवि शं. ब. भोसले को स्पेशल ट्रेन से पुणे ले जाया गया। कार्यक्रम समाप्त होने के बाद गायक और कवि को 25-25 रुपयों का पुरस्कार शाहू छत्रपति द्वारा सम्मानपूर्वक दिए जाने का उल्लेख कवि राजकवि शं. ब. भोसले के पास मौजूद है।

शायरी वाङ्मय का 'मराठी वाङ्मय का प्रातःकाल' के रूप में उल्लेख कर प्रख्यात पत्रकार अच्युत बलवंत कोल्हटकर ने शायरी कला को गौरव दिया है। शायरी वाङ्मय के पोवाडा और लावणी, दो भेद किए जाते हैं। पराक्रम पोवाडे के प्राण हैं, तो मात्र शृंगार लावणी की आत्मा है। अनपढ़ बहुजनों का मनोरंजन और प्रबोधन, इन दोनों उद्देश्यों के लिए शायरी-कला का अच्छी तरह से प्रयोग होता रहता है। समाज-प्रबोधन के लिए महात्मा फुले ने 'शेतकऱ्यांचा असूड'(किसानों का हंटर) जैसे निबंध तो लिखे ही; साथ ही पद, पोवाडे, अखंड, संवाद जैसे सुलभ साहित्य का भी उन्होंने जानबूझकर अपने आंदोलन में प्रयोग किया। उसी से प्रेरित होकर महात्मा फुले ने 1869 ई. में 'शिवाजीचा पोवाडा' की रचना की थी। साथ-साथ उन्होंने 'ब्राह्मणांचे कसब' (ब्राह्मणों की चतुराई) जैसा दीर्घ काव्य और अनेक 'अखण्ड' अपनी लेखनी से रचे थे।

ऐसा दिखाई देता है कि शायरों के काव्य का उपयोग समाज-प्रबोधन के लिए कर लेने की प्रेरणा शाहू छत्रपति को महात्मा फुले की ओर से मिली। उन्होंने अपने दरबार में शायर झक्की हैदर, शायर विठ्ठल पिराजी डोणे, शायर रामचंद्र नरहर माली, शायर ईश्वरा माली

आदि को उदार आश्रय दिया था। इनमें से शायर झक्की हैदर पर शाहू छत्रपति की विशेष कृपा थी। सच्चा कलाकार जाति, धर्म, पंथ जैसे क्षुद्र बंधनों में स्वयं को कभी नही बांधता। शायर झक्की हैदर की शायरी कुछ वैसी ही थी। उसी से उनके पोवाडे (काव्य) में छत्रपति शिवाजी भगवान के अवतार होते हैं और विदेशी मुस्लिम बादशाहों और सरदारों को वे राक्षस कहते हैं। वे अपने गीतों और भजनों के माध्यम से सत्यशोधक समाज के विचारों का प्रचार करते थे। कोल्हापुर की शिवाजी पेठ में संध्यामठ गली में एक गिरे हुए मकान में वे सत्यशोधक समाज के भजन गाने बैठते। इसलिए शाहू छत्रपति ने 30 अक्टूबर, 1921 ई. को म्युनिसिपल कमिटी के चेयरमैन को एक खास आदेश देकर वह जगह झक्की हैदर को मुफ्त में दे दी। इतना ही नहीं, नई इमारत बनवाने के लिए आवश्यक पत्थर-मिट्टी भी दरबार की ओर से पहुंचाने की व्यवस्था कर दी।

'शूर वीर मर्द का पोवाडा कोई शूर-वीर ही गाये'—इस सूत्र को ध्यान में रखकर शाहू छत्रपति के दरबार के शायरों ने राजर्षि के समाज-परिवर्तन के पुरोगामी विचारों का, अछूतोद्धार का और बहुजनों के लिए किए हुए उनके शैक्षिक कार्य का गौरव अपने पोवाडों में खुलकर किया है। इसी तरह शाहू छत्रपति के साहस का; संगीत, नृत्य, नाटक तथा साहसी खेलों में रस लेने वाली उनकी रसिक वृत्ति का चित्रण अपने पोवाडों में उन्होंने किया है। शायर झक्की हैदर शाहू छत्रपति के अछूतोद्धार के कार्य का मुक्त कंठ से गौरव गान करते हुए एक पोवाडे में लिखते हैं :

''अस्पृश्यतेचा होता काळिमा त्यांच्या नशिबाला
तो पुसण्याची ताकद नव्हती दश अवताराला
अकरावा अवतार छत्रपति शाहू सत्य दाखला।''

(उनके मत्थे अस्पृश्यता का कलंक थोपा गया था। भगवान के दशावतारों में भी वह कलंक पोंछ डालने की, मिटाने की ताकत नहीं थी। ग्यारहवें अवतार हैं शाहू छत्रपति। उन्होंने अछूतों के माथे का अस्पृश्यता का कलंक पोंछ डाला।)

महात्मा फुले और कृष्णराव भालेराव जन-जागरण के लिए जो कीर्तन और प्रवचन करते थे उनमें पोवाडे, अखंड और श्रीखंड (कृष्णराव भालेकर अपनी चौबीस पद्य-पंक्तियों के पद्य के लिए श्रीखंड शब्द का इस्तेमाल करते थे) का प्रयोग करते थे। परंतु निरक्षर-अज्ञानी बहुजन समाज के लोगों पर इन साधनों का भी अपेक्षित प्रभाव नहीं पड़ता था। कीर्तन या प्रवचन, ये बहुजन-समाज के सुधार के साधन 'रामायण' और 'महाभारत' या पोथी-पुराणों और संतों के जीवन के इर्द-गिर्द चक्कर काटते। हारा-थका ग्रामीण समाज, कीर्तन प्रवचनों में अधिक समय तक अपना मन बहला नहीं सकता था। पोवाडा काव्य वीर रस पर आधारित होता है। वीर रस से ही उसमें चार चांद लगाए जाते हैं। पर ग्रामीण जनों की यह खासियत है कि डफली की वीरतापूर्ण आवाज के साथ-साथ कामिनी के नाजुक पांवों में बंधे घुंघरूओं की मदभरी आवाज भी सुनने के लिए वे लालायित रहते हैं। सारांश लावणी (नृत्यांगना की शृंगारी नृत्य-गान की पेशकश) ग्रामीण समाज को लुभाती है।

इसलिए बहुजन समाज के मनोरंजन तथा प्रबोधन के लिए तमाशा या जलसा साधन अत्यंत प्रभावी साबित होते हैं।

"इस असल देसी कला, तमाशा या जलसा का ध्यान से रक्षण करने के लिए राजर्षि शाहू छत्रपति उन कलाकारों को प्रोत्साहन देते थे। खुले दिल से उन कलाकारों की वे सराहना करते, उनके संकट के समय सहायता के लिए दौड़े जाते, तो दूसरी ओर उन गुणी कलाकारों की लोककला का अपने आंदोलन के प्रचार के लिए, जो 'बहुजन हिताय, बहुजन सुखाय' सूत्र पर अधिष्ठित था, बड़ी सजगता के साथ उपयोग कर लेते। यद्यपि शाहू छत्रपति ने बहुजनों के प्रबोधन के लिए तमाशा का उपयोग किया था, तो भी वह तमाशा अपने मूल रूप में अर्थात् शृंगारी लावणियों में फंसा पड़ा था। प्रेम की तोता-रटंत करने वाला ! सिर्फ मनोरंजन का उद्देश्य सामने रखकर बाजी मारने वाला ! पर राजर्षि ने तमाशा का वह शृंगारी रूप आमूल-चूल बदल डाला। तमाशा को उन्होंने जनजागरण का माध्यम बना डाला। तमाशा का रूपांतर सत्यशोधक जलसे में होते समय उस जलसे के माध्यम से अस्पृश्यता-निवारण, जातिभेद विनाश, साहूकारी-फंदा, दहेज की भयावह प्रथा, शराब के दुष्परिणाम, साधुत्व का ढकोसला, विधवाओं का उत्पीड़न, हिंदू-मुस्लिम एकता, स्वदेशी वस्तुओं का इस्तेमाल, बालविवाह के दुष्परिणाम आदि विषयों को वे जनता के सामने रखें, इसके लिए शाहू छत्रपति बहुत ही सतर्क रहा करते थे।" शाहू छत्रपति के एक चरित्र लेखक कृ. गो. सूर्यवंशी ने ऐसे मौलिक विचार प्रकट किए हैं।

'कुलकर्णी लीलामृत' के लेखक मुकुंदराव पाटील सत्यशोधक-जलसाकारों की खूब मदद करते। जलसाकारों को जैसे चाहिए वैसे गाने पाटील लिख दिया करते। पाटील अपने 'दीनमित्र' पत्र में जलसाकारों के बारे में बहुत कुछ लिखते। राजर्षि शाहू छत्रपति को मुकुंदराव के लेखन पर आश्चर्य भी था और गर्व भी। 1920 ई. में संपन्न हुए सत्यशोधक समाज के अधिवेशन में सम्मान का साफा बांधकर राजर्षि ने मुकुंदराव का बहुत आदर किया था। छत्रपति इससे ही संतुष्ट नहीं हुए; बल्कि मुकुंदराव पाटील के विवाह में उपस्थित रहने के लिए चल पड़े। रास्ता बहुत खराब होने के कारण राजर्षि समय पर विवाह-स्थल पर पहुंच नहीं सके। तब श्रीरामपुर से ही उन्होंने मुकुंदाव के लिए सौगात के रूप में 500 रुपए भेज दिए, ऐसा स्वयं मुकुंदराव के सुपुत्र माधवराव ने लिखा है।

सत्यशोधक जलसे के सभी कलाकारों को राजर्षि का आश्रय था। विशेषतया भीमराव महामुनि, ओतुरकर, भाऊराव रामचंद्र पाटोले अर्थात् भिलवडीकर, तातोबा यादव कासेगांवकर और गणपतराव मोरे—इन सत्यशोधक शायरों के जलसे पसले सोनतली कैंप पर राजर्षि के सामने होते, फिर अगले प्रचार-कार्य की रूपरेखा निश्चित की जाती। उसके बाद सर्वत्र दौरे शुरू होते।

सत्यशोधक जलसे बहुजन समाज में इतने लोकप्रिय हुए थे कि एक ही समय में 15-20 हजार श्रोताओं की भीड़ उमड़ पड़ती। उसका प्रभाव ऐसा पड़ा कि बिना ब्राह्मण भट या जोशी के सत्यशोधकी पद्धति से विवाह संपन्न होने लगे। परिणामस्वरूप सत्यशोधक

के जलसाकारों को अभिजनों द्वारा बहुत तकलीफ दी जाने लगी ; जैसे–उन पर जाली मुकद्दमे दायर करना, अपने समाचार–पत्रों में 'सत्यशोधकों के अत्याचार' शीर्षक देकर सत्यशोधकों के विरोध में झूठी खबरें छापना, पुलिस द्वारा उन्हें तकलीफ देना, सरकार के पास झूठे तार भेजना, आदि। पिंपलगांव के जलसा–कलाकार, सत्यशोधक समाज के नेता गणपतराव मोरे को नाहक सताया गया। उन पर झूठा मुकद्दमा दायर किया गया। अभिजनों ने नौकरशाही से सांठ–गांठ कर पुलिस द्वारा गणपतराव मोरे को गांवभर में घुमाकर उन्हें सार्वजनिक रूप से अपमानित किया गया। ऐसे संकट के समय पिंपलगांव का एक भी आदमी उनकी सहायता के लिए नहीं आया। गणपतराव मोरे के जघन्य अपमान की खबर शाहू छत्रपति को पता चली। छत्रपति फौरन पिंपळगांव पहुंचे। गणपतराव को उन्होंने पहले धीरज दिया, फिर उनके सत्यशोधकी कार्य की तारीफ की। इतना ही नहीं; बल्कि सत्यशोधकी जलसे के कलाकार गणपतराव मोरे को अपने पास बिठाकर उसी पिंपळगांव में प्रचंड जुलूस निकालकर उनको सम्मानित किया। कोल्हापुर के राजा पिंपलगांव आते हैं, उन्हें छाती से लगाते हैं, साहस प्रदान करते हैं, असीम प्रेम प्रदान करते हैं, यह अनुभव कर गणपतराव हर्ष से गद्‌गद हो गए। अभिजनों ने उनका जो जघन्य अपमान किया था, उसके बदले शाहू छत्रपति ने उनका अकल्पित रूप से सम्मान किया उससे गणपतराव मोरे को एक अलग तरह की सुख–शांति मिली।

शाहू छत्रपति ने जैसे अनेक लेखकों, कवियों, शायरों, जलसा कलाकारों की विविध प्रकार की सहायता की, उसी तरह उन्होंने अनेक इतिहासकारों की भी मदद की है, ऐसा दिखाई देता है।

शाहू छत्रपति ने अपने एक भाषण में स्वीकार किया है कि इतिहास और अनुभव ही अपने सच्चे गुरु हैं। कृष्णराव अर्जुन केलुसकर का बड़े सम्मान के साथ इसलिए उल्लेख करना पड़ता है कि वे बहुजन समाज के प्रथम शिवचरित्र लेखक हैं। उनके लिखे हुए शिव–चरित्र को शाहू छत्रपति ने एक हजार रुपयों का इनाम तो दिया ही; पर साथ–साथ उस ग्रंथ की एक हजार रुपयों की कापियां भी खरीद लीं। उन्होंने छत्रपति शिवाजी का विस्तार से आधार–चरित्र लिखने के लिए रायबहादुर द.ब.पारसनीस को 6 हजार रुपए मंजूर किए थे। उनमें से उन्हें तीन हजार रुपए दिए भी गए थे। परंतु द.ब.पारसनीस द्वारा वह शिव–चरित्र लिखा नहीं गया। इस प्रकार द.ब.पारसनीस उस काल के दत्तो वामन पोतदार सिद्ध हुए। विठ्ठल रामजी शिंदे की इतिहास की विशाल अध्ययनशीलता के प्रति शाहू छत्रपति के मन में बहुत आदर था, इसलिए 29 अगस्त, 1920 ई. को रायबाग से विठ्ठल रामजी शिंदे को शिवचरित्र लिखने की प्रार्थना की है। उस पत्र में शाहू छत्रपति कहते हैं, ''शिव उत्सव की प्रथा शुरू कर लोकमान्य तिलक ने ब्राह्मणेतर समाज में जन–प्रियता प्राप्त की ; परंतु उस शिवाजी का चरित्र किसी ने नहीं लिखा। अतः शिंदे ! आप ही शिवाजी का अच्छा और रसपूर्ण चरित्र लिखकर उस शिवाजी की सेवा करने का सुयश प्राप्त करें, ऐसी मेरी इच्छा है।''

बंबई में शाहू छत्रपति का खास निवासस्थान था पन्हाला लॉज। 5 मई, 1922 ई. की वह कालीकलूटी रात! मृत्युशैया पर पड़े शाहू छत्रपति अंतिम सांसें ले रहे थे।

उस अवस्था में भी उन्होंने खास संदेश भेजकर प्रबोधनकार ठाकरे को बुला लिया था। राजर्षि ठाकरे को कोदंड कहकर पुकारते थे। इसलिए ठाकरे तक संदेश पहुंचने में विलंब हुआ था। आखिर ठाकरे देर से ही सही, 'पन्हाला लॉज' पहुंचे। शाहू महाराज को मृत्युशैया पर देख उन्हें धक्का लगा। उस अवस्था में भी शाहू छत्रपति ठाकरे से पूछ रहे थे, ''सातारा का इतिहास कब लिखेगा तू?'' प्रबोधनकार ठाकरे ने राजर्षि का हाथ अपने हाथ में लेकर शपथ ली, ''प्रतापसिंह छत्रपति का वास्तव इतिहास मैं लिखूंगा।'' आगे चलकर 26 वर्षों के बाद 1948 ई. में प्रबोधनकार ठाकरे ने 'प्रतापसिंह छत्रपति और रंगो बापूजी' शीर्षक से ऐतिहासिक ग्रंथ की रचना कर वह प्रकाशित किया और छत्रपति शाहू को दिया वचन पूरा किया।

ठाकरे केअलावा शाहू छत्रपति का वरदहस्त भास्करराव जाधव, आण्णासाहब लठ्ठे, हरिभाऊ चव्हाण, शंकर सखाराम शालीग्राम, महादेव गणेश डोंगरे, बालाजी प्रभाकर मोडक आदि लेखकों को भी प्राप्त हुआ था।

मराठी पत्रकारों की पत्रकारिता और उससे संबंधित लेखक सदैव जाग्रत रहें, उनकी कलम अथक रूप से कार्यरत रहे इसलिए शाहू छत्रपति जी तोड़कर काम करते थे। 'विजयी मराठा' के श्रीपतराव शिंदे, दिनकरराव जवलकर, जागृति के भगवंतराव पालेकर, संदेस के अच्युत बलवंत कोल्हटकर, 'जागरूक' के वालचंद कोठारी आदि पत्रकारों को शाहू छत्रपति के दिए हुए प्रोत्साहन और प्रेम के ही कारण मराठी समाचार-पत्रों की परंपरा समृद्ध हुई, यह मानन ही होगा।

संक्षेप में शाहू छत्रपति ने लेखकों, कवियों, शायरों, जलसेवालों, संशोधकों, इतिहासकारों, पत्रकारों आदि सबको दिल से प्रोत्साहन दिया। उनकी हर तरह से मदद की। परंतु यह सब कुछ करते समय शाहू छत्रपति की सच्ची भावना यही थी कि प्रतिभासंपन्न कवियों, लेखकों के साहित्यिक गुणों की कद्र हो, उनके गुणों का समुचित आदर-सत्कार हो, उनकी साहित्य निर्मिति द्वारा समाज का मनोरंजन और प्रबोधन साथ-साथ हो। इन अनगिनत साहित्यिकों की मैं सहायता करता हूं इसलिए वे मेरे आश्रित की भांति बर्ताव करें, ऐसी उनकी इच्छा नहीं थी। यही कारण है कि उन्होंने अच्युत बलवंत फडके की 4000/- रुपयों की सहायता की थी तब भी 3 जून, 1921 ई. को अच्युतराव को भेजे गए पत्र में उन्होंने विनती की है, ''मेरे पक्ष एवं विचारों का समर्थन तुम्हारे समाचार-पत्र में करना तुम्हारे लिए कष्टकर हो तो तुम वैसा न करो।''

इस छोटे-से पत्र द्वारा शाहू छत्रपति के विशाल मन और उनके साहित्य-प्रेम के दर्शन होते हैं।

अध्याय : 20
खेती–विकास प्रकल्प

भारत किसानों का देश है। खेती–विकास का ही दूसरा नाम है राष्ट्र–विकास! महात्मा फुले ने इस सूत्र का कार्यान्वयन हमेशा ही अपने आचार–विचारों द्वारा जीवनभर किया था। महात्मा फुले किसानों के कट्टर समर्थक थे, इसलिए वे हिंदुस्तान का उल्लेख बलिस्थान (किसानों का देश) के रूप में करते थे। 'शिवाजीचा पोवाडा' (शिवाजी का पोवाडा) से लेकर 'सार्वजनिक सत्यधर्मपुस्तक' (सार्वजनीन सत्यधर्म पुस्तक) तक के सभी ग्रंथों में उन्होंने 'किसान सुखी तो दुनिया सुखी' सूत्र को कभी त्यागा नहीं, ऐसा दिखाई देता है। महात्मा फुले स्वयं को किसान कहलाने में अपना गौरव महसूस करते थे। पुणे के नजदीक मांजरी नामक स्थान में अपनी खेती में वे हमेशा नए–नए प्रयोग करते रहते थे। शिव छत्रपति के बारे में लिखे हुए पोवाडे में उन्होंने शिवाजी महाराज का उल्लेख 'कुळवाडी भूषण पोवाडा गातो भोसल्यांचा। छत्रपति शिवाजीचा' (मैं कुळवाडी भूषण छत्रपति शिवाजी महाराज का पोवाडा गाता हूं) के रूप में किया है।

खेती और खेतिहर विषयक महात्मा फुले का जो दृष्टिकोण था उसी दृष्टिकोण का अनुसरण शाहू छत्रपति ने जीवनभर ध्यान और लगन से किया। अपने 28 वर्षों के कार्यकाल में शाहू छत्रपति जिस तरह अभिजनों की मानसिक गुलामी से बहुजनों की मुक्त करने के लिए जीवनभर लड़ते रहे, उसी तरह बहुजनों की विपन्नावस्था के अंत के लिए भी वे झगड़ते रहे। आर्थिक गुलामी से किसानों की मुक्ति हो इसलिए शाहू छत्रपति ने अपनी रियासत में कृषि औद्योगिक विकास के विविध प्रकल्प बड़ी गम्भीरता के साथ कार्यान्वित किए, ऐसा दिखाई देता है।

19 अप्रैल, 1919 ई. को उत्तर प्रदेश के कानपुर शहर में अखिल भारतीय कुर्मी क्षत्रियों की सामाजिक परिषद के अध्यक्ष पद से बोलते हुए शाहू छत्रपति ने कहा था, ''वैदिक काल में वर्ष में एक बार चक्रवर्ती राजा और उसके मंत्री कृषिकर्म की उन्नति के लिए स्वयं हल चलाते थे। जिस भूमि में एक दाना बोने पर हजारों दाने मिलते हैं और जिस कृषिकर्म पर समूची मनुष्य जाति अपना पेट पालती है उस कृषिकर्म को मैं घटिया या बुरा कभी नहीं मानता। मैंने अपने युवराज को कृषिविद्या के अध्ययन के लिए विलायत और अहमदाबाद के कृषिस्कूल में दाखिल किया था। आप सभी जानते हैं कि कृषिकर्म से दुहरी उन्नति होती

है। उससे न केवल स्वयं को सुख मिलता है; बल्कि उससे समूची मनुष्य जाति को भी सुख मिलता है। कृषिकर्म में न केवल पशुपालन; बल्कि उनके रक्षण-संवर्धन का भी संबंध आता है। इसलिए हमें पशु-पालन एवं उनके संरक्षण के संदर्भ में बहुत काम करने हैं। हमारे देश में दूध, घी की समृद्धि होनी चाहिए।"

शाहू छत्रपति ने कोल्हापुर रियासत का राजकारोबार एक बड़े समारोह में स्वीकार किया। वास्तव रूप में तब वे कोल्हापुर रियासत के छत्रपति बने। 1893 ई. के नवंबर महीने में उनकी धारवाड़ की शिक्षा पूरी हुई। गुरुवर फ्रेजर की निगरानी में उनकी शिक्षा औपचारिक दृष्टि से भले ही नवंबर, 1893 ई. में समाप्त हुई थी, तो भी शाहू छत्रपति का चरित्र गठन उनकी निगरानी में ही होता रहा। शाहू छत्रपति द्वारा कोल्हापुर रियासत का राज-कारोबार हाथ में लेने के पहले गुरुवर फ्रेजर ने उनके कोल्हापुर रियासत के दौरे की नियोजनबद्ध रूपरेखा तैयार की थी। उसके अनुसार शाहू छत्रपति ने अपनी रियासत के हाथकणंगले, इचलकरंजी, शिरोल, कुरुंदवाड, निपाणी, गडहिंग्लज, आजरा, दाजीपुर, गारगोटी, आदि गांवों का दौरा बड़े उत्साह के साथ पूरा किया। उस दौरे के दौरान वे स्कूल, देहात के सरकारी कार्यालय और दवाखानों को भेंट देते तो किसानों के खेतों में जाकर उनके साथ बैठकर दुपहर का भोजन करते। कभी मजे में वे उनकी ढेकली चलाते, तो कभी हल चलाते। उस दौरे में शाहू छत्रपति अपनी प्रजा के साथ सुसंवाद करते। किसानों के साथ अतिप्रिय विषयों पर गप्पें हांकते समय वे अपनी चतुर निगाह से किसान और उनकी खेतीबाड़ी का निरीक्षण करते। उनकी पैनी नजर से जैसे किसानों की विपन्नावस्था छिप नहीं सकती थी, उसी तरह उनकी खेतीबाड़ी की दुरवस्था भी छिपी नहीं रहती थी। किसानों के अज्ञान और विपन्नावस्था के कारण खेती की उपज भी कम हो चली थी। खेती में बाजरा, मकई, ज्वार, धान जैसी पारंपरिक फसल ही उगाई जाती। वरुण राजा के प्रसन्न होने पर ही काश्तकार खुश रहता। खेती की पैदावार की औसत और उसकी श्रेणी दोनों ही कम एवं निम्न दर्जे की होती थी। किसान विपन्न इस कारण था कि उसकी खेती की पैदावार बहुत ही कम थी। गरीबी मानो उसके नसीब में ही बदा थी। खेती की पैदावार पर वह जिस-तिस तरह अपना गुजारा करता था क्योंकि खेती में सुधार करने के लिए उसके पास पूंजी की कमी थी। पूंजी नहीं इसलिए उसकी खेती में पैदावार बढ़ नहीं सकती थी। पैदावार कम इसलिए लाभ कम और लाभ कम इसलिए किसान हमेशा के लिए दरिद्रता के कीचड़ में फंसा रहता था। उस दुष्ट चक्र को वेधने के लिए नियोजनबद्ध खेती-सुधार ही एकमात्र उपाय था। इस प्रश्न को लेकर शाहू छत्रपति के मन में अन्यान्य प्रकल्पों के विचार उठने लगे। बोने के लिए संशोधित बीज-खाद का समुचित प्रयोग, खेती के लिए पानी सप्लाई की नूतन योजनाएं, किसानों के लिए उचित ब्याज दर पर कर्ज, सेठ-साहूकारों के कर्ज की गहरी पकड़ से मुक्ति, खेती में काम करने वाले गरीब मजदूरों और गरीब किसानों को उनके श्रम का यथोचित पारिश्रमिक, खेती के साथ-साथ समांतर दुहरे धंधे, खेती के माल की फायदेमंद खरीद-बिक्री, उत्तम नस्ल के जानवरों की पैदाइश, खेती विषयक प्रदर्शन आदि अनेकानेक प्रकार

की योजनाएं शाहू छत्रपति के मन में निर्मित हो रही थीं। उनका प्रयोगशील मन नवीनतम प्रयोग करने के लिए उत्सुक था।

शाहू छत्रपति का ऐसा दृढ़ विश्वास था कि खेती और खेतिहर के बारे में जब तक वैज्ञानिक संशोधन हाथ में नहीं लिया जाएगा, तब तक अपनी खेतिहर प्रजा की दरिद्रता को हम नष्ट नहीं कर सकेंगे। इसी से उन्होंने ऊख का रस निकालने वाले पारंपरिक लोहे के कोल्हू से लेकर चरस द्वारा खेत में पानी देने की पद्धति तक नए-नए प्रयोग किए। गुड़ बनाने के कारखाने में गन्ने का रस निकालने के लिए लोहे का वजनदार कोल्हू हमेशा प्रयुक्त होता था। उस कोल्हू में किसानों की उंगलियां फंसकर चकनाचूर हो जातीं। परिणामतः उन्हें जीवनभर लूला बनना पड़ता। इसलिए शाहू छत्रपति ने 1 जून, 1895 ई. के दिन निम्न आज्ञा प्रकाशित की : ''कोल्हू में हाथ फंसेगा नहीं, अगर फंस ही गया तो उस व्यक्ति को जख्म होगा नहीं, इस प्रकार की तांत्रिक तरकीब अगर कोई ढूंढ़ निकाले और उसकी तरकीब आसान, कम खर्च में होने वाली और पसंद आने वाली हो तो उसे अच्छे पुरस्कार से सम्मानित किया जाएगा।''

धान, ज्वार, मकई, बाजरा जैसे पारंपरिक अनाज की पैदावार करने की बजाय नकदी फसल लेकर किसानों की आय में वृद्धि हो और रियासत के कुछ हिस्से में लोगों को नया व्यवसाय उपलब्ध हो, इस दृष्टि से शाहू छत्रपति ने पन्हाला और भूदरगढ़ में पहली बार कॉफी की बोआई की, उसके बाद चाय की भी बोआई की। 1917-1918 ई. में 4 एकड़ जमीन में 918 पौंड कॉफी की उपज हुई थी, तो उसी दरमियान 11 एकड़ जमीन में 560 पौंड चाय की उपज हुई। चाय और कॉफी की उपज से क्रमशः 344 रुपयों और 250 रुपयों की आय हुई थी।

इसके अलावा बुंदा, राल, रबड़, सन, बेलगांवी आलू, कपास आदि के भी नई फसल के रूप में बीज बोए गए थे। पन्हाला और भूदरगढ़ में इलायची और कोको की और भूदरगढ़ के शेलाप परिक्षेत्र में रेशम के उत्पादन का प्रयोग भी शाहू छत्रपति ने कर देखा था।

ब्रिटिश सरकार ने 'जंगल खाता' के नाम से एक अलग विभाग शुरू किया था। उसने जंगल के संरक्षण के कानून बनाए। इसका दुष्परिणाम यह हुआ कि देहातों और प्रत्यक्ष जंगल में रहने वाले गरीब लोगों का जीना दुश्वार हो गया। जड़ी-बूटियों, जानवरों की घास, जलाने की लकड़ी, विविध प्रकार के फलों और पत्तों का उपभोग करना ब्रिटिश सरकार के कानून के कारण बंद हो गया। इसलिए महात्मा फुले ने अपने 'शेतकऱ्यांचा असूड' मशहूर ग्रंथ में ब्रिटिश सरकार की कड़ी आलोचना की थी। उसमें उन्होंने लिखा है, ''माता-पिता जैसी ब्रिटिश सरकार के षड्यंत्र रचने में माहिर योरोपीय नौकरों ने अपनी विलायती सर्वांगपूर्ण अक्ल का उपयोग कर फॉरेस्ट विभाग का निर्माण किया था। परिणामतः दीन-दुर्बल-अपाहिज किसानों की भेड़-बकरियों को इस धरती की गोद में मुक्त रूप से जंगल की हवा सूंघने के लिए भी जगह बची नहीं।''

शाहू छत्रपति ने भी अपनी रियासत में जंगल की सुरक्षा के अनेक कानून बनाए। परंतु उन्होंने इस बात की पूरी सावधानी बरती थी कि जंगल में रहने वाली गरीब जनता भुखमरी से दम न तोड़ दे, उनसे जीवन-यापन का साधन ही नष्ट न हो जाए। शिकार के लिए गिरि-

कंदराओं में घूमते हुए वनवासी लोगों का जीवन शाहू छत्रपति ने नजदीक से देखा था। इसलिए उन्होंने 24 अगस्त, 1895 ई. को जंगल की सुरक्षा की जो विशेषाज्ञा (ऑर्डिनेंस) प्रकाशित की थी, उसमें जंगल में रहने वाली गरीब-कंगाल प्रजा का मानवतावादी दृष्टिकोण से विचार किया गया था। फॉरेस्ट कानून की धारा 10, रकम अ में सुरक्षित रखे गए जंगल में भेड़-बकरियां चराने पर प्रतिबंध लगाया गया है; पर संरक्षित संपूर्ण जंगल में भेड़-बकरियां चराने-पालने वाले लोग बहुत हैं, उन सबको बड़ी परेशानी होगी इसलिए सुरक्षित नंबर में से जिस नंबर में भेड़-बकरियों को चराने की इजाजत से जंगल का नुकसान नहीं होगा ऐसे स्थानों पर उनके चराने का इंतजाम करना है। जंगल की सुरक्षा के उद्देश्य से शाहू छत्रपति की प्रकाशित इस विशेषाज्ञा में उल्लेखित सुविधा की ओर गौर किया जाए तो उनके प्रजा-हितैषी उदार दृष्टिकोण का पता चलता है।

कोल्हापुर दरबार द्वारा भिन्न-भिन्न वृक्षों के पौधे बढ़ाने-फैलाने के बगीचे ध्यान से तैयार किए गए थे। बगीचों में हड़, जामुन, सन, काजू, सागवान, आम, कटहल आदि वनस्पतियों की बोआई के प्रयोग किए गए थे। टॅपिओका वनस्पति से साबूदाना तथा अन्य खाद्य पदार्थ तैयार किए जा सकते हैं। पेड़ की जड़ से खाद्यपदार्थ तैयार किए जाते हैं। दक्षिण भारत में इस प्रकार की वनस्पति की बोआई बड़े पैमाने पर की जाती थी, आज भी की जाती है। शाहू छत्रपति ने टॅपिओका वनस्पति की बोआई बड़े पैमाने पर कर जंगल में रहने वाले लोगों को स्वाभिमान की जिंदगी बसर करने के लिए व्यवसाय तो उपलब्ध कराया ही; इसके साथ ही उन गरीब लोगों को विपुल खाद्यपदार्थ भी उपलब्ध हो, यह महत्त्वपूर्ण उद्दिष्ट भी इसके द्वारा उन्होंने साध्य किया था।

14 मई, 1902 ई. को सातवें एडवर्ड के राज्यारोहण समारोह में उपस्थित रहने के लिए शाहू छत्रपति इंग्लैंड-अमेरिका के दौरे पर रवाना हुए थे। विदेश रवाना होने से पहले उन्होंने 17 अप्रैल को सर क्लॉड हिल नामक ब्रिटिश अफसर को जो पत्र भेजा था उसमें उन्होंने विदेश में अपने निवास एवं आहार संबंधी अनेक महत्त्वपूर्ण सूचनाएं दी थीं। उस पत्र में उन्होंने ऐसी भी महत्त्वपूर्ण सूचनाएं दी थीं कि उन्हें उस दौरे में कौन-कौन से दर्शनीय और महत्त्वपूर्ण स्थान देखने हैं। उस पत्र में वे बताते हैं, "रात के समय काम करने की मुझे आवश्यकता महसूस नहीं होती। रात के समय जगने की हमें आदत नहीं।" इसी तरह वे आगे लिखते हैं, "खेतीबाड़ी के लिए उपयुक्त जानवरों मुर्गियों-बतखों की पैदाइश, दूध और दूध से बने पदार्थों का निर्माण आदि खेती विषयक धंधे छोटे-बड़े पैमाने पर जिस स्थान पर चल रहे हैं, ऐसे एकाध स्थान को देखने की मेरी इच्छा है।"

शाहू छत्रपति अपनी रियासत के किसानों को दरिद्रता की गर्त से बाहर निकालने के लिए कोई न कोई सह-व्यवसाय उन्हें उपलब्ध करा देने के लिए सतत विचार किया करते थे; परंतु उस दिशा में प्रत्यक्ष कुछ विशेष घटित हुआ, ऐसा दिखाई नहीं देता। इसीलिए कानपुर की कुर्मी-क्षत्रियों की परिषद में 19 अप्रैल, 1919 को अध्यक्ष की हैसियत से बोलते समय अपने भाषण में उन्होंने कहा था, "कृषिकर्म के साथ-साथ पशुपालन और उनके

रक्षण का भी संबंध आता है। इसके लिए हमें पशु–पालन से संबंधित बहुत काम करने हैं। हमारे देश में दूध, घी वगैरह की संपन्नता होनी चाहिए।''

आज भी हमारे देश में बहुसंख्य किसान कर्जे में पैदा होते हैं, अंत तक कर्ज में ही रहते हैं और कर्ज में ही मरते हैं। 35 वर्ष पूर्व एक विदेशी संशोधक डॅनियल थॉर्नर भारत में सहकारी खेती के निरीक्षण के लिए आया हुआ था। उसने अपने 'भारत का सहकारी खेती–संगठन' मशहूर ग्रंथ में एक कश्मीरी गरीब किसान के साथ किस प्रकार विश्वासघात किया गया है, इसका एक मजेदार; पर उतना ही गंभीर उदाहरण दिया है। एक गरीब किसान ने एक साहूकार से एक छोटी–सी सुई उधार में ली। तब ऐसा तय हुआ कि उसके बदले वह किसान एक निश्चित अवधि तक अपनी भैंस का दूध उस साहूकार को देगा। कुछ समय पश्चात् उस किसान को साहूकार को दूध देना संभव नहीं हुआ। साहूकार ने ऋण–पूंजी और उसका ब्याज, चक्रवृद्धि ब्याज, ऐसा हिसाब किया और उस गरीब किसान के बाड़े से एक दिन वह भैंस ही जब्त कर ले गया।

कोल्हापुर की राजगद्दी पर जब शाहू छत्रपति विराजमान हुए तब इससे कुछ अलग स्थिति नहीं थी।

कोल्हापुर रियासत में अनेक साहूकार किसान को कर्ज देते समय उसकी जमीन अपने पास रेहन रखकर ही कर्ज देते थे। निरक्षर किसान साहूकारों का कर्ज अदा करते समय अपनी किस्तें प्रामाणिकता से अदा करते थे; पर उसकी लिखित रसीद लेना उनके लिए संभव नहीं था, क्योंकि वैसी रसीद वह साहूकार देता ही नहीं था और कुछ ही वर्षों में वह साहूकार किसान की जमीन अपने कब्जे में ले लेता। कभी–कभी कर्ज की उगाही के बहाने से साहूकार फसली मौसम में किसान के खेत की तैयार फसल काटकर ले जाता। संक्षेप में, गरीब किसान की गर्दन पर सवार साहूकारी पिशाच को नष्ट करने के लिए छत्रपति शाहू ने ठोस कदम उठाए थे, ऐसा दिखाई देता है। 1895 ई. में उन्होंने सर्वप्रथम कर्ज के बोझ से ग्रस्त किसानों को दरबार की ओर से कर्ज की सप्लाई शुरू की। 14 जून, 1919 ई. को एक सरकारी विशेषाज्ञा निकालकर किसान के खेत की तैयार फसल जब्त करने की अमानवीय प्रथा को खत्म कर दिया। और 8 मार्च, 1922 ई. को साहूकार और किसानों में होने वाले कर्ज के मामले दरबार द्वारा निश्चित की गई पद्धति से ही हल होने चाहिए और कर्ज की अदायगी की रसीद किसान को देना अनिवार्य है, ऐसा हुक्म निकाला गया।

'भारतीय खेती बारिश पर चलने वाला जुआ है'–यह कथन आज भी भारत के कुछ प्रदेशों पर लागू होता है। शाहू छत्रपति के समय में कोल्हापुर रियासत की खेतीबाड़ी की स्थिति इससे भिन्न नहीं थी। शाहू छत्रपति तो कोल्हापुर रियासत के किसानों की दरिद्रता के दुष्चक्र से मुक्त करना चाहते थे। उस दृष्टि से उनके खेती विषयक संशोधन के अनेक प्रयोग चल रहे थे। शाहू छत्रपति को राजगद्दी पर विराजमान हुए कुछ ही समय हुआ था। उनके राजकारोबार का प्रारंभ हुआ ही था कि 1896 ई.में राज में घोर अकाल पड़ा। बाईस वर्ष की उम्र के शाहू छत्रपति ने उस भयावह अकाल से किस तरह कड़ा संघर्ष किया उसका

विस्तृत परिचय इसके पहले आ चुका है। उनके शासन-काल में राज पर आए हुए अकाल जैसे प्राकृतिक भीषण संकट का उन्होंने जैसा प्रखर प्रतिकार किया था, वह चकित करने वाला था। शाहू छत्रपति ने अकाल के समय अपने राज में अकाल से एक व्यक्ति की भी मौत नहीं होने दी। अपनी रियासत की तरफ से अनेक छावनियां खोलकर उन्होंने जानवरों के चारे-पानी का प्रबंध किया, फिर भी कुछ जानवर मौत के मुंह में चले गए। शाहू छत्रपति के मन में उस समय अकाल जैसे प्राकृतिक संकट को हमेशा के लिए दफना देने का विचार अवश्य उपजा होगा। अपनी रियासत के किसानों की खेती के लिए बारहों मास पानी का प्रबंध कैसे किया जाए, यह विचार उन्हें सदैव सताता रहा होगा।

1902 ई. के मई महीने में शाहू छत्रपति सातवें एडवर्ड बादशाह के राज्यारोहण समारोह के लिए इंग्लैंड और यूरोप के अन्य देशों के दौरे के लिए रवाना हुए। विदेश में वे लगभग साढ़े तीन महीने रहे। उस समय जैसे उन्होंने उन देशों के दर्शनीय स्थान देखे, वैसे ही उन्होंने मन लगाकर वहां के खेती तथा औद्योगिक प्रकल्प भी देखे। उस विदेश दौरे में कैम्ब्रिज विश्वविद्यालय ने उन्हें एल.एल.डी की सम्माननीय उपाधि प्रदान की। उसी तरह प्रख्यात खेती-अनुसंधान संस्था रॉयल एग्रीकल्चर सोसाइटी ऑफ इंग्लैंड ने शाहू छत्रपति की खेती में रुचि को देखकर अपनी संस्था का 'सम्माननीय सभासद पुरस्कार से' एक बड़े समारोह में सम्मानित किया। इसके बाद उन्होंने इंग्लैंड और इटली के छोटे-बड़े उद्योगों और खेती-विषयक प्रकल्पों का निरीक्षण किया। शाहू छत्रपति के एक स्नेही आल्फ्रेड पीज ने भी उन्हें स्कॉटलैंड के अनेक खेती-प्रकल्प और उद्योग बड़ी आत्मीयता से दिखाए। इन सबका परिणाम यह हुआ कि शाहू छत्रपति के मन में अपनी रियासत की खेती और यूरोप के कुछ देशों की खेती में तुलना शुरू हो गई। और वे गंभीर रूप से इस बात का चिंतन करने लगे कि अपनी रियासत की खेतीबाड़ी में सुधार करने के लिए कौन-कौन से उपाय किए जा सकते हैं? तब उनकी समझ में आया कि हमारी रियासत की बारिश के भरोसे की जाने वाली खेती को अधिक उपजाऊ और फायदेमंद बनाना हो तो उसके लिए खेती को हमेशा के लिए पानी पहुंचाने वाली छोटी-बड़ी योजनाएं कार्यान्वित करनी होंगी।

वास्तव में यूरोप के दौरे पर जाने के पहले ही उन्होंने अपनी रियासत की खेती के लिए बड़े पैमाने पर पानी पहुंचाने वाली योजनाओं का प्रारंभ किया था। खेती के लिए पानी पहुंचाने के लिए अपने प्रशासन में उन्होंने एक खास विभाग शुरू किया था। उस विभाग के मुखिया के रूप में शंकर सीताराम गुप्ते की नियुक्ति की गई थी। खेती के लिए प्रत्यक्ष पानी पहुंचाने का प्रकल्प कार्यान्वित करने के लिए "रियासत के सभी तालाबों, कुओं तथा अन्य जलाशयों की समग्र जानकारी प्राप्त करने के लिए उन्होंने 3 फरवरी, 1902 ई. को यह आज्ञापत्र निकाला। रियासत में इरिगेशन होने लायक तालाब कहां हैं, उनमें पानी कहां से पहुंचता है, हर तीन महीने में कितना पानी आता है, उसमें से कितने पानी का उपयोग किया जा सकता है, बांध बनाकर पानी उपलब्ध किया जाए तो उसका कीचड़ किस प्रकार का होगा, उससे खेती को क्या लाभ होगा, क्या नुकसान होगा, आदि।"

अपनी रियासत में खेती के लिए स्थायी रूप से पानी देने का काम सुनिश्चित हो, इसके लिए शाहू छत्रपति ने पानी-सप्लाई की छोटी-बड़ी योजनाएं कार्यान्वित करने का प्रयत्न 1906 ई. से ही किया था। 1905-1906 ई. में कुओं की संख्या 11700 थी, वह 1920-1921 ई. में 12800 हो गई। पुराने कुओं की मरम्मत के साथ-साथ नए कुओं की खुदाई भी हो इसलिए तकावी के रूप में किसानों को कर्ज भी वितरित किया गया। वडगांव, शिरोल, रायबाग, शहापुर, रुकडी आदि स्थानों पर 20 से भी अधिक छोटे-बड़े तालाबों का निर्माण किया गया। भेडसगांव, कटकोल, अतिग्रे आदि स्थानों के तालाबों की मरम्मत की गई। सरकारी और खानगी कुओं का कीचड़-कूड़ा निकाला गया। करवीर रियासत के कुछ किसान अपने खेत के कुओं के पानी से भी खेत में फसल उगाया करते थे। जिनके खेत में कुएं नहीं होते थे, वे किसान छोटे-मोटे बांध बनाकर नदी का पानी रोके रखते थे। इसके बाद वह पानी चरस के पांच-छः अड़ान बनाकर खेत को दिया करते। 15-20 फीट पर चरस की एक अड़ान होती। इस तरह यह पद्धति पुश्त-दर-पुश्त चलती आई थी । इस रीति से खेती में पानी पहुंचाना बहुत ही कष्टप्रद एवं तकलीफ का काम था। शाहू छत्रपति की पैनी नजर से परिश्रमी किसान का कठोर परिश्रम करना छूट न सका। अपनी रियासत का भोलाभाला यह किसान एड़ी-चोटी का पसीना बहाकर खेत में अनाज उपजाने की जी-जान से कोशिश करता है। परंतु प्रकृति के ही जलसंपत्ति के असंतुलित बंटवारे के कारण करवीर का किसान हैरान हुआ था। कभी-कभी तो आवश्यक बारिश के होने पर भी किसान उस पानी का यथोचित इस्तेमाल कर नहीं सकता था। पानी व्यर्थ ही बह जाता था। खेती के लिए उसका यथोचित संचय हो नहीं सकता था। परिणामतः गरीब किसान का तन तोड़कर काम करना व्यर्थ हो जाता। यह सब देखकर शाहू छत्रपति अशांत हो जाते। वे हमेशा इस विचार से बेचैन रहा करते। करवीर के किसानों की धरती-माता को पेटभर जलपान करना संभव हो इसलिए एकाध नदी पर एक बड़ा बांध बनाकर करवीर रियासत की खेती को सुजलाम् सुफलाम् कैसे बनाया जाए, इसकी खोज उनका अस्वस्थ मन करने लगा।

कोल्हापुर रियासत में पंचगंगा, वारणा, दूधगंगा, वेदगंगा, तुलसी, कुंभी, कासारी, भोगावती, हिरण्यकेशी आदि छोटी-बड़ी नदियों के जलप्रवाह अपने-अपने किनारों पर खेती को समृद्ध बना रहे थे। परंतु उन सभी नदियों का पानी प्रत्यक्ष रूप में उपयोग में आता कम और वृथा जाता अधिक। इस असीम, अनमोल जलसंपत्ति का यथोचित उपयोग करने के लिए इनमें से किसी एक नदी पर बांध बनवाना चाहिए, यही एकमात्र इलाज शाहू छत्रपति की नजर के सामने था। विश्वविख्यात इंजीनियर सर विश्वेश्वरैया की सलाह को ध्यान में रखकर शाहू छत्रपति ने नदी पर बांध बनावाकर उससे नहर निकालकर खेतों में पानी पहुंचाने की योजना निश्चित की। सर विश्वेश्वरैया जैसे महान व्यक्ति का मार्गदर्शन शाहू छत्रपति को प्राप्त हुआ, इसका अधिकांश श्रेय दीवान सबनीस को देना होगा।

शाहू छत्रपति के मन में दो नदियों पर बांध बनवाने का विचार चल रहा था। उनमें से एक थी आजकल की बहुचर्चित काळम्मावाड़ी की योजना। दाजीपुर के नजदीक दूधगंगा

नदी पर बांध बनवाने का उनका विचार था। वह प्रकल्प अतिमहत्त्वाकांक्षी था। अपने खजाने की नाजुक आर्थिक स्थिति का विचार कर उन्हें काळम्मावाड़ी योजना का विचार छोड़ देना पड़ा। भोगावती नदी पर बांध बनवाने की उन्होंने शुरुआत की थी, यह था उनका दूसरा प्रकल्प। कोल्हापुर की पश्चिम दिशा में लगभग 30 मील के फासले पर भूदरगढ़ तहसील के फेजीवड़े गांव की हद में वह स्थान निश्चित किया गया। भोगावती नदी कई युगों से कोल्हापुर से गैबी घाटी तथा निपाणी-फोंडा घाटी के मार्ग से धीमी गति से बह रही है। स्थापत्यशास्त्रज्ञों और भूगर्भशास्त्रज्ञों की सलाह के अनुसार शाहू छत्रपति ने भोगावती नदी पर बांध बनाने के तीन स्थान निश्चित किए थे। उनमें से प्रथम स्थान पर 1100 फीट लंबा और 91 फीट ऊंचा बांध बनाया जा सकता था। परंतु उस बांध के पानी से सिर्फ 5000 एकड़ जमीन की ही सिंचाई हो सकती थी। शाहू छत्रपति का इरादा उससे दूर का था। दूसरी एक जगह ऐसी थी, जहां 4400 फीट लंबा और 150 फीट ऊंचाई का बांध बनवाकर पानी का संचय किया जा सकता था। परंतु उसका खर्चा होने वाला था लगभग डेढ़ करोड़ रुपए और उस बांध के पानी से सिचाई की जाने वाली जमीन थी 80 हजार एकड़। इतने प्रचंड खर्चे को निबाहना असंभव था। इसलिए शाहू छत्रपति ने तीसरी जगह, जो भोगावती नदी पर फेजीवडे गांव की हद में थी, पसंद की। क्योंकि मात्र 30 लाख रुपए खर्च कर 2600 फीट लंबा और 110 फीट ऊंचा बांध वहां बांधा जाने वाला था। उस बांध के पानी से बीस हजार एकड़ भूमि लाभान्वित होने वाली थी। इसलिए शाहू छत्रपति ने मन ही मन निर्णय किया कि कम खर्चे में अधिक फायदेमंद वाली इसी जगह पर बांध बनाया जाए।

राधानगरी बांध के (डैम) महत्त्वाकांक्षी प्रकल्प के प्रत्यक्ष रूप से रचाई का प्रारंभ नवंबर, 1909 ई. में हुआ। शाहू छत्रपति के मन में यह प्रकल्प उनके विदेश दौरे से लौटने के बाद हमेशा के लिए अडिग रूप से घर कर चुका था। इसके अनेक सबूत असल कागजातों में बिखरे पड़े हैं। शाहू छत्रपति अनेक बार अंग्रेज अफसरों को शिकार के बहाने दाजीपुर के जंगल में ले जाते। उस जंगल में शिकार का जी भर आनंद लूटते समय वे उन अफसरों को अपने मनोनीत बांध की जगह दिखाते। उस बांध का अंदाजन खर्चा बताते। इन सभी के पीछे उनका एक ही उद्देश्य होता कि आवश्यकता पड़ने पर ब्रिटिश सरकार उस प्रकल्प की पूर्ति में अपना योगदान दे।8 फरवरी, 1907 ई. को उन्होंने बंबई के गवर्नर लॉर्ड लैमिंग्टन को पत्र लिखकर दो विनतियां की हैं, ऐसा पढ़ने को मिलता है। उनमें से एक यह है कि लॉर्ड लैमिंग्टन कोल्हापुर में स्थापित सम्राज्ञी रानी के पुतले का विमोचन करें और दूसरी उतनी ही महत्त्वपूर्ण प्रार्थना जो करते हैं वह यह है कि छत्रपति शाहू द्वारा निश्चित की हुई दाजीपुर के पास की नियोजित बांध की जगह लॉर्ड लैमिंग्टन स्वयं एक बार देख लें। इसी बीच शाहू छत्रपति ने 9 फरवरी, 1907 ई. को पोलिटिकल एजेंट कर्नल फेरिस को पत्र लिखकर प्रार्थना की थी कि वे लॉर्ड लैमिंग्टन को नियोजित बांध की जगह दिखाने के लिए ले आएं। 19 फरवरी, 1907 ई. को बंबई के गवर्नर लॉर्ड लैमिंग्टन को पत्र लिखकर वे बताते हैं, ''अपने साधन-संपत्ति की तुलना में जो बांध बनाने की जिम्मेदारी मैंने उठाई है वह

अपेक्षाकृत बड़ी है। इसका प्रमुख कारण यह है कि मेरी रियासत की अकाल की चिंता मुझे हमेशा के लिए मिटानी है। इसलिए आप स्वयं उस स्थान को देख लें, इसकी मैं बड़ी उत्सुकता से प्रतीक्षा कर रहा हूं। मुझे पक्का विश्वास है, आपकी वह प्रत्यक्ष भेंट मुझे बड़ा धैर्य और विश्वास प्रदान करेगी।'' उसके बाद 21 मार्च, 1907 ई. को लॉर्ड लैमिंग्टन को भेजे हुए पत्र में वे बताते हैं, ''अब आप खानदेश के दौरे पर चल पड़े हैं, इसलिए मेरी तीव्र इच्छा है कि बरसात की शुरुआत होने से पहले आप नियोजित बांध का स्थान अवश्य देख लें।''

21 मार्च, 1908 ई. को शाहू छत्रपति की ज्येष्ठ कन्या राधाबाई अर्थात् आक्कासाहिबा का विवाह देवास के राजकुमार तुकोजीराव के साथ संपन्न हुआ। इस आनंदप्रद घटना की स्मृति चिरंतन बनी रहे इसलिए शाहू छत्रपति ने इस बांध के नजदीक बसी हुई नई बस्ती का नामकरण राधानगरी किया। इससे ऐसा लगता है कि शाहू छत्रपति के ध्यान में, मन में और सपने में भी वह पानी के वितरण का बांध-प्रकल्प ही वास करता होगा, क्योंकि 1907 ई. के मई-जून महीने में वे बंबई के सरदार आश्रम में निवास कर रहे थे। तब उन्होंने कोल्हापुर के रेसिडेंट मेजर वुडहाउस को भेजे गए पत्र में लिखा था, ''बंबई में कुछ और दिन रहना मेरे लिए आवश्यक है, क्योंकि दाजीपुर में जो बांध का नया प्रकल्प शुरू करना है उस प्रकल्प के लिए आवश्यक सामग्री मुझे खरीदनी है।'' 21 जून, 1909 ई. को सर जॉन मेकेंजी को पत्र लिखकर वे बताते हैं, ''पिछले साल मैं शिकार के मौसम में इस जल-वितरण के, नया बांध बनाने के काम में व्यस्त होने के कारण शिकार के आनंद से वंचित रहा। अब मानसून के समाप्त होने पर प्रत्यक्ष बांध बनाने के काम का प्रारंभ होगा। मेरी हार्दिक इच्छा है कि इस प्रकल्प की नींव डालने का कार्य आपके करकमलों द्वारा संपन्न हो। अतः समय निकालकर आप इस समारोह के लिए आने की कृपा करें।'' इसके अलावा 5 नवंबर, 1909 ई. को उन्होंने कोल्हापुर से अंग्रेज अफसर डुबोनली को जो पत्र भेजा उसमें भी उन्होंने उसी नियोजित बांध के बारे में लिखा था, ''मैं कुछ ही दिनों में किकरसिंग और कल्लू की कुश्ती देखने के लिए बंबई आ रहा हूं। इसके बाद मैं वहां से नासिक जाकर वहां की खेती को पानी की सप्लाई करने वाली बड़ी योजनाओं का गंभीरता से निरीक्षण करना चाहता हूं। उससे मुझे अपनी रियासत के पानी की सप्लाई के लिए जो बांध बनाने का प्रकल्प मैंने हाथ में लिया है, सहायता मिलेगी।''

हाथ में लिये अपने नियोजित बांध बनाने के प्रकल्प को अधिक से अधिक सफलता प्राप्त हो इसलिए शाहू छत्रपति बंबई के गवर्नर तथा संबंधित अन्य अफसरों के साथ अथक पत्राचार कर रहे थे। अंत में उनके प्रयत्नों को सफलता मिली। उस समय के बंबई के गवर्नर सर जॉर्ज क्लार्क ने उन्हें लिखित रूप में आश्वासन दिया कि शाहू छत्रपति के बांध बनाने के नियोजित प्रकल्प को हर संभव मदद दी जाएगी। इतना ही नहीं; बल्कि 9 मार्च, 1909 ई. को शाहू छत्रपति को पत्र लिखकर उन्होंने बता दिया, ''अपने कल्याणकारी राज के लिए तुमने जो महत्त्वपूर्ण कार्य हाथ में लिया है वह कार्य तुम्हारे कल्याणकारी राज की अमर यादगार हो, ऐसी मेरी तीव्र इच्छा है।''

1909 ई. के नवंबर में तालाब की खुदाई के काम का शुभारंभ महारानी लक्ष्मीबाई रानीसाहिबा के करकमलों द्वारा संपन्न हुआ। उस तालाब का नामकरण भी महालक्ष्मीबाई रानीसाहिबा के नाम से ही किया गया। वह काम कुछ तो ठेका देकर और कुछ शाहू छत्रपति के बंधु बापूसाहब महाराजा की निगरानी में किया गया। कोल्हापुर दरबार द्वारा बांध के डायरेक्टर की हैसियत से बापूसाहब की नियुक्ति की गई थी। उनकी सहायता के लिए इंजीनियर गुप्ते को और पर्यवेक्षक के रूप में श्रीमान मितर को नियुक्त किया गया था।

1909 ई. के नवंबर महीने में बांध बनाने के काम की शुरुआत बड़ी तेजी के साथ हुई। कठिन चट्टान के लगने तक खुदाई करना, पत्थर की खदानें शुरू करना, चूना तैयार करने का काम, कंकर और बालू का स्थान-स्थान पर संग्रह करना, तैयार माल को ले जाने के लिए छोटा-सा रेल मार्ग और रेल का प्रबंधन करना, सिवा इसके अगर कहीं कठिन चट्टान हो तो उस चट्टान पर खुदाई करना आदि काम करने में शुरुआत के 5-6 महीने खर्च हुए। इस प्रारंभिक काम में लगभग 2000 लोग कार्यरत थे। मार्च, 1910 ई. तक इस काम पर लगभग 66000/- रुपए खर्च हुए हैं, ऐसा दिखाई देता है। 1911 ई. के अंत तक 2,00,000 घनफीट खुदाई का काम हुआ। इसके लिए 3000 मजदूर, मेमार तथा अन्य मजदूर कष्ट उठा रहे थे। उस वर्ष बांध प्रकल्प पर हुआ खर्च 68,000/- रुपयों से अधिक था।

किसी भी जनकल्याणकारी कार्य में तज्ञ व्यक्तियों की सलाह लिये बगैर शाहू छत्रपति उस कार्य को प्रारंभ नहीं करते थे। इस प्रकार की दृष्टि के अभाव में भावनगर के महाराज द्वारा लाखों रुपए खर्च कर बनाया गया बंदरगाह बेकाम साबित हुआ था। काठियावाड़ रियासत के राजा ने अपनी रियासत में तालाबों का मानो जाल ही बुन दिया था; परंतु उन तालाबों में पानी ही नहीं था। उस क्षेत्र के तज्ञों के साथ विचार-विमर्श न करने का ही वह दुष्परिणाम था। शाहू छत्रपति इस बात से अच्छी तरह परिचित थे, इसलिए उन्होंने इस नूतन बांध के बारे में श्री दलाल, श्री गोडबोले और बांध के कार्यकारी अभियंता मिस्टर हिल– इन तीनों भिन्न-भिन्न तज्ञों से सलाह-मशवरा किया था। इन तीन विद्वानों ने अपने-अपने तीन भिन्न मत व्यक्त किए थे। उनमें एकमत नहीं हो रहा था। उनके विभिन्न मतों के कारण छत्रपति तंग आ गए थे। शाहू छत्रपति अपने एक मित्र को भेजे गए पत्र में इस संदर्भ में लिखते हैं, ''यह छोटी-बड़ी नहर-तालाब के बांध का काम मेरे लिए बहुत कष्टप्रद साबित हुआ है। दो वैद्यों की जैसे एक राय नहीं होती उसी तरह दो इंजीनियरों की भी एक राय नहीं होती। इसलिए मुझे चिंता होती है।''

अपना राज सुजलाम् सुफलाम् बनाने के लिए राधानगरी का बांध बनाकर पूर्ण करने के लिए शाहू छत्रपति प्रयत्नशील थे। प्रथम महायुद्ध 1914 ई. में आरंभ हुआ था। तब भी राधानगरी बांध का काम बड़ी तेजी के साथ शुरू हुआ था। उस वर्ष 7,61,000 घनफीट खुदाई का काम हुआ था। कुल खर्चा अब तक 9 लाख रुपयों का हुआ था। 1917-1918 ई. में वह खर्चा 13 लाख 36 हजार का हो गया। इस बांध के पानी से कोल्हापुर जिले में हरितक्रांति का करिश्मा कर दिखाने का शाहू छत्रपति का भव्य सपना था। इसलिए वे अपने

पत्रों द्वारा हमेशा कहा करते, “My life’s work will have been don when I complete this project.” (इस बांध का काम जब पूर्ण होगा तभी सही मायने में मेरा जीवित कार्य पूरा होगा।) परंतु बदकिस्मती से प्रथम महायुद्ध और साधनसामग्री की कमी के कारण 1918 ई. में राधानगरी बांध का काम जो बंद हुआ वह शाहू छत्रपति के जीवन काल में फिर से शुरू नहीं हो सका। आगे चलकर छत्रपति राजाराम महाराज ने शाहू छत्रपति का अधूरा राधानगरी बांध प्रकल्प बड़ी जिद के साथ पूर्ण कर अपने प्रजाहितकारी पिता का अधूरा सपना पूरा किया। राधानगरी बांध के पानी के ही कारण करवीर रियासत का कंगाल कुणबी (किसान) सही मायने में बलिराजा (किसान) बना, ऐसा दिखाई देता है। कोल्हापुर जिले की हरितक्रांति यह राधानगरी के बांध का ही दृश्यफल है। इसलिए ऐसा कहना यथोचित होगा कि राधानगरी का बांध कोल्हापुर जिले की हरित-क्रांति की जननी है।

अध्याय : 21

यों रंग लाए कुश्ती के अखाड़े

साधारणतया कोई भी राजा संगीत, नाट्य, काव्य इत्यादि कलाओं को आश्रय और प्रोत्साहन देकर उन कलाओं और सांस्कृतिक विकास के लिए हर संभव मदद किया करता है। शाहू छत्रपति ने अपने 28 वर्षों के शासन काल में विविध कलाओं को अपनी ओर से उदार आश्रय तो दिया ही, इन कलाओं के साथ-साथ उन्होंने शिकार, हाथियों की भिड़ंत और कुश्ती जैसे खेलों को भी खूब प्रोत्साहन दिया। शाहू छत्रपति को बचपन से ही शिकार और कुश्तीह्नइन दो मर्दानी और मैदानी खेलों में विशेष रुचि थी। शिकार और कुश्ती खेलों में से कुश्ती जैसे मर्दानी शौक का रक्षण उन्होंने अपने जीवन के अंत तक किया, ऐसा दिखाई देता है।

कोल्हापुर रियासत जिस तरह छात्रावास की जननी के रूप में समूचे भारत में मशहूर थी, उसी तरह कोल्हापुर की कीर्ति मल्ल विद्या की पंढरी (तीर्थ) के रूप में भी समूचे भारत में फैली हुई थी। इसके लिए शाहू छत्रपति का कुश्ती के प्रति अभिजात प्रेम जिम्मेवार था। उसी तरह कुश्ती जैसे मर्दाना खेल का प्रचार और प्रसार समूचे भारत में हो इसके लिए शाहू छत्रपति ने अपने जीवन के अंतिम क्षण तक नियोजनबद्ध प्रयत्न किए, यह भी ध्यान में रखना होगा।

अपना संरक्षण और शरीर का पोषण यही मल्लविद्या का उद्‌गम है, इसे स्पष्ट करने की आवश्यकता नहीं। इसी कारण खूब प्राचीन काल से मानव-समाज में मल्ल विद्या अस्तित्व में है। भारत में वेदकाल, रामायण एवं महाभारतकाल में कुश्ती (मल्ल-युद्ध) मात्र मनोरंजन के रूप में प्रचलित नहीं थी; बल्कि संघर्ष करने की वह एक पद्धति के रूप में प्रचलित थी, ऐसा दिखाई देता है। महाभारत में भीम और जरासंध में हुए मल्लयुद्ध की कथा हमें ज्ञात है। संक्षेप में कुश्ती को हम एक क्रीड़ा के रूप में लेते हैं; पर प्राचीन काल में वैसा उसका स्वरूप नहीं था। छत्रपति शिवाजी के काल में आत्म-संरक्षण के लिए कुश्ती के साथ-साथ लठ घुमाना, तलवार चलाना, फरीगदका (एक खेल), भाला फेंकना, जांबिया चलाना (एक धारदार छुरी) आदि कलाएं सिखाने के केंद्र के रूप में व्यायाम शालाओं का विकास हुआ, ऐसा दिखाई देता है।

शाहू छत्रपति के पूर्वकाल में कोल्हापुर रियासत में कुश्ती का खेल बहुत लोकप्रिय था। सामान्य जनता में तब बड़े चाव से बलोपासना की जाती थी। कुश्ती के दंगल तो हमेशा ही हुआ करते। शाहू छत्रपति और राजाराम महाराज के समय में तुकाराम हरि कसबेकर अर्थात्

पठान उस्ताद मशहूर पहलवान के रूप में जाने जाते थे। वे न केवल प्रख्यात पहलवान थे; बल्कि समय पड़ने पर जीवनभर भूखे पेट रहकर 19वीं सदी के अंत से लेकर हिंद केसरी गणपत आंदळकर तक की कुश्तियों के दंगल के इश्तिहार, अन्य लिखित निवेदन और प्रख्यात पहलवानों की तस्वीरों के संग्राहक भी थे। उन्हीं की इस मौलिक सामग्री का उपयोग कर श्री कृ. गो. सूर्यवंशी ने अपने प्रख्यात ग्रंथ 'भारतीय मल्लविद्या उदय और विकास' की रचना की है।

स्व.तुकाराम हरि कसबेकर अर्थात् पठान उस्ताद के उपर्युक्त संग्रह में एक इश्तिहार ऐसा देखने को मिलता है, जिसके आधार पर इस बात पर प्रकाश पड़ता है कि शाहू छत्रपति के सिंहासनारूढ़ होने के पहले कोल्हापुर में कुश्तियों की स्पर्धाएं किस प्रकार संपन्न होती थीं। कोल्हापुर के हजरत बाबूजमाल-दरगाह में 1 फरवरी, 1891 ई. को ये नारायण लिंबारी कसबेकर (कोल्हापुर महानगरपालिका के प्रथम महापौर स्व. बाबासाहब कसबेकर के दादा) और पुणे के प्रख्यात पहलवान बाबूमियां में हुए मल्लयुद्ध का यह इश्तिहार है। उस कुश्ती में विजयी होने वाले पहलवान को 450 रुपए और हारने वाले पहलवान को 100 रुपए दिए जाएंगे। कुश्ती अगर बराबर की हो तो हर एक को 275 रुपए बांटकर दिए जाएंगे, ऐसा भी उसमें उल्लेख है। उस इश्तिहार का अगला मजमून जितना मनोरंजक है, उतना ही वह तत्कालीन सामाजिक परिस्थिति पर प्रकाश डालने वाला भी है। ''यह प्रख्यात कुश्ती है अतः कुश्ती देखने के लिए खूब भीड़ होगी, ऐसा विचार कर लगभग 300/- रुपए खर्च कर बाबूजमाल दरगाह में खास जगह तैयार करवा ली है। वहां सभी तरह के लोगों के बैठने का प्रबंध किया गया है। मल्लयुद्ध में किसी भी प्रकार की धांधली न हो इसलिए दोनों पहलवानों की तरफ से पंच नियुक्त किए जाने वाले हैं। उन्हीं की सम्मति तथा करार के अनुसार कुश्ती का सभी प्रबंध होगा।'' उस कुश्ती के दंगल का प्रथम श्रेणी का टिकट दो रुपयों का और अंतिम श्रेणी का टिकट आठ आने का (पचास पैसे का) था । इससे यह सहज ही ध्यान में आता है कि यह कुश्ती कितने मशहूर पहलवानों की थी। कोल्हापुर के मशहूर पहलवान नारायण कसबेकर के कुश्ती का अभ्यास छोड़ने के बाद, उनकी ढलती उम्र में इस मशहूर कुश्ती का आयोजन किया गया था। इसलिए बुजुर्ग लोग तथा कुश्ती के तज्ञ लोग आज भी कहते हैं कि पहलवान बाबूमियां ने उन्हें पराजित कर दिया। इस मशहूर कुश्ती के समय शाहू छत्रपति वहां उपस्थित थे या नहीं, यह समझने के लिए कोई लिखित सबूत आज उपलब्ध नहीं है।

शाहू छत्रपति के गोद लिये जाने के समारोह के बाद उनकी शिक्षा-दीक्षा हुई। उस समय उनके बौद्धिक विकास के साथ-साथ शारीरिक विकास की ओर भी ध्यान दिया गया था। शाहू छत्रपति को शिक्षा देने के लिए खास सुपरवाइजर के रूप में फिटजिरॉल्ड की नियुक्ति की गई थी।1984-85 ई. में उन्होंने जो रिपोर्ट लिखी थी उसमें उन्होंने कहा था, ''इस समय शाहू छत्रपति और उनके साथियों का दिनक्रम सुबह साढ़े पांच बजे शुरू होता था। नहाने के पश्चात् वे अपने साथियों के साथ व्यायामशाला में प्रवेश करते थे। वहां

डंबेल्स के व्यायाम के साथ-साथ दंड-बैठकें लगाना, मुद्गर घुमाना और जैसा जी चाहे वैसे कुश्ती के दांवपेच लड़ाना आदि जी भर कसरत करने के बाद छत्रपति और उनके साथी घुड़सवारी करने के लिए निकल पड़ते थे। वहां से नौ बजने तक लौट आते और भोजन करने के बाद वे सभी ग्यारह से तीन बजे तक अध्ययन करते। इसके बाद वे सभी आधा घंटे का विश्राम कर फिर अध्ययन में जुट जाते। शाम पांच बजे अध्ययन समाप्त होने पर फिर उन सबकी बल-देवता की उपासना शुरू होती। इसके बाद गुरुवर फ्रेजर की देखरेख में 1889 ई. में धारवाड़ में शाहू छत्रपति की शिक्षा शुरू हुई। वहां भी वे शारीरिक कसरत और कुश्ती का अभ्यास करते थे, ऐसा गुरुवर फ्रेजर ने उनके प्रगति-रिपोर्ट में लिखा है। संक्षेप में शाहू छत्रपति को बचपन से ही कुश्ती में रुचि थी। उस रुचि को अधिक ध्यान देकर सम्हालने-बढ़ाने के लिए उन्हें कुश्ती लड़ने का खास प्रशिक्षण भी दिया गया था। नानासाहब इंगले और बुवासाहब इंगले ने शाहू छत्रपति को घुड़सवारी और शिकार खेलने की कला के पाठ पढ़ाए थे। शारीरिक बल के संपादन एवं कुश्ती के दांवपेच की शिक्षा उन्हें दत्तोबा शिंदे और पांडू भोसले की निगरानी में मिला करती। परिणामतः 6 फीट 5 इंच ऊंचे शाहू छत्रपति को कुशल पहलवान होने में देर नहीं लगी। 1894 ई. के बाद अर्थात् उनके राज्यारोहण के बाद भी शाहू छत्रपति खूब कसरत करते थे। इतना ही नहीं; बल्कि कुश्ती के अखाड़े में उतरकर कुश्ती के दो-चार दांव भी कर लिया करते।

2 अप्रैल, 1894 ई. को शाहू छत्रपति का राज्यारोहण समारोह बड़े ठाठबाट से संपन्न हुआ। उस आनंद के उपलक्ष्य में कुश्ती के एक विराट मैदान का आयोजन किया गया था। कुश्ती के क्षेत्र में शाहू छत्रपति द्वारा कुछ नूतन प्रथाएं शुरू की गईं, ऐसा दिखाई देता है। उनमें से एक महत्त्वपूर्ण बात यह है कि उन्होंने उच्चभ्रू ब्राह्मणों से लेकर तथाकथित शूद्रों तक सबको पहलवान के रूप में कीर्ति संपादन करने का मौका उपलब्ध कर दिया था, ऐसा दिखाई देता है। मराठा तथा ऊंची जाति के पहलवान निचली जाति के पहलवानों से कुश्ती लड़ने के लिए उत्सुक एवं खुश दिखाई नहीं देते थे। इसलिए शाहू छत्रपति ने एक पूर्णतया नवीन प्रणाली पर अमल शुरू किया। जो पहलवान महार, चमार और भंगी थे, उन्हें शाहू छत्रपति ने जाट, सरदार और पंडित के नाम से पुकारने की पद्धति शुरू की।

अक्टूबर से लेकर मई तक के 7-8 महीनों में अलग-अलग त्योहारों और यात्राओं के अवसर पर कुश्तियों का अतिभव्य आयोजन किया जाता था । वह प्राचीन प्रथा थी। शाहू छत्रपति ने उसी प्रथा का जतन किया, ध्यान देकर उसे सम्हाला। दीपावली, संक्रांति, महाशिवरात्रि, धूलि-वंदन, पड़वा, चैतपूर्णिमा, अक्षयतृतीया, ईद आदि त्योहारों के समय कोल्हापुर में कुश्तियों का आयोजन किया जाता। उस समय शाहू छत्रपति स्वयं उपस्थित रहते। समय पड़ने पर वे स्वयं पंच का भी कार्यभार सम्हालते। इतना ही नहीं; बल्कि भैंसों की तरह दो पहलवान अगर तन से तन भिड़ाकर नाहक कालहरण कर रहे होते, तो उन्हें अपने शक्तिशाली हाथों से एक-दूसरे से पलभर में अलग कर देते और फिर उन दोनों को कुश्ती लड़ने देते।

कुश्ती में जीतने वाले पहलवान को उचित पुरस्कार प्रदान कर उसका सत्कार करने में शाहू छत्रपति अपने उदार मन का उदात्त दर्शन कराते थे। इस संदर्भ में एक प्रमाण प्रस्तुत है। प्रख्यात ग्रंथ 'शाहू छत्रपतींचे निवड़क आदेश' (शाहू छत्रपति के चुनिंदा आदेश) में शाहू छत्रपति ने राय बहादुर दीवान को लिखित रूप में 22 जून, 1915 ई. को जो आज्ञा दी थी, वह ऐसी थी, ''रायबहादुर दीवान-बिद्दू पहलवान को देने के लिए वगैरह सोने का एक मेडल और चांदी के दस लाए जाने के लिए उसकी कीमत की राशि रुपए 331 और चेक का भुगतान खर्च 89/- देन के खाते में खर्च डालकर मि. कत्रे को रकम अदा करने के लिए खास मंजूरी दी गई है।''

एक मामूली आदमी और एक पहलवान के आहार में जमीन-आसमान का फर्क होता है। पठान उस्ताद की जबानी जानकारी के अनुसार हर पहलवान को करवीर रियासत के अखाड़े से बकरे का मांस, चपाती, दूध, घी, मक्खन, सालन-तरकारी का भरपेट आहार दिया जाता। कमलजल, ठंडाई के साथ-साथ सोने-चांदी का वरक पहलवानों को दिया जाता था। नारायण कसबेकर, गोविंद कसबेकर, धोंडी नारायण कसबेकर, व्यंकाप्पा बेरड, गणपत शिंदे, गोपाल परीट, देवाप्पा धनगर आदि पहलवानों के एक समय के भोजन में सेरभर मक्खन, उतने ही वजन के बादाम, एकाध-मुर्गा, पुलाव और तीन-चार सेर दूध होता था। शाहू छत्रपति अपने पहलवानों को खुराक देने का इंतजाम कैसे करते थे इसके काफी सबूत उपलब्ध हैं। पन्हालागढ़ पर रहने वाले सिलेमान पहलवान और मुहम्मदीन पहलवान को खुराक के लिए, 30 नवंबर, 1894 ई. की पेशगी रकम देने की आज्ञा उपलब्ध है। 8 फरवरी, 1895 ई. को कुछ पहलवानों को तीन-तीन बकरियां पुरस्कार के रूप में देने का शाहू छत्रपति के दस्तखत का हुक्मनामा है।

31 जुलाई, 1897 ई. को शाहू छत्रपति के पहला पुत्र हुआ। उस आनंद के उपलक्ष्य में उन्होंने कोल्हापुर में कुश्ती के एक विराट दंगल का आयोजन किया था। उस विराट दंगल में चंदन लब्बू, कल्लू आदि पंजाबी पहलवानों की कुश्तियां हुई थीं। उन्होंने दक्षिण के पहलवानों को आसमान दिखाया था। इसलिए शाहू छत्रपति दक्षिण के पहलवानों को हर संभव सहायता देकर पंजाबी पहलवानों के साथ कुश्ती लड़कर सफल बनने के लिए प्रोत्साहन दिया करते। इसके अलावा उस समय के प्रख्यात पहलवान गामा, गुंगा, इमामबक्ष, कादरबक्ष, भोला, चंदन, रमजान, महंमदबक्ष, गुलामकादर, नाथा पंजाबी आदि उत्तर के अनेक पंजाबी पहलवानों को शाहू छत्रपति का उदार आश्रय प्राप्त हुआ था। दक्षिण के पहलवान अपने और उत्तर के पराए जैसा भेदभाव शाहू छत्रपति कभी नहीं करते थे। 18 मई, 1895 ई. को वजीर पंजाबी को उसकी खुराक के लिए दरबार की ओर से हर महीने 25 रुपए देने की उन्होंने आज्ञा दी थी, ऐसा दिखाई देता है। भोला पंजाबी को शाहूपुरी में रहने के लिए निवास-स्थान पुरस्कार के रूप में देने का 25 अप्रैल, 1914 ई. का उनका हुक्मनामा आज भी उपलब्ध है। उत्तर भारत से आए हुए पंजाबी पहलवान, शाहू छत्रपति को, 'पहलवानों का प्रेम से पालन-पोषण करने वाला राजा' कहकर हृदयतल से समादर करते

थे। सभी पंजाबी पहलवान शाहू छत्रपति के विश्वासपात्र साबित हुए थे। यही कारण है कि राजाराम कॉलेज के तालीमखाने में जुमा पहलवान पंजाबी को कुश्ती प्रशिक्षक के रूप में 29 सितंबर, 1913 ई. को एक खास आदेश निकालकर नियुक्त किया था, ऐसा दिखाई देता है।

वेदोक्त प्रकरण अब भभकने लगा था। ऐसे आपातकाल में 2 मई, 1902 ई. को शाहू छत्रपति कोल्हापुर से इंग्लैंड के दौरे पर रवाना हुए। वहां उन्होंने अनेक दर्शनीय स्थान देखे। परंतु 28 जुलाई, 1902 ई. को उन्होंने रोम शहर को भेंट दी। उस भेंट के समय उनका चित्त आकर्षित किया वहां के अर्धवर्तुलाकार विशाल भव्य अखाड़े ने। वह सुंदर, विशाल ढाल वाला अर्धवर्तुलाकार अखाड़ा प्राचीन काल में होने वाले द्वंद्व-युद्ध के लिए ही खास बनाया हुआ था। वह अतिसुंदर और भव्य अखाड़ा शाहू छत्रपति ने अपनी चतुर नजर से निरखा था। उसी समय उनके मन में निश्चय हुआ था कि ऐसा अखाड़ा कोल्हापुर में निर्माण करना है। उसी का साद्यंत प्रतीक है कोल्हापुर में बनाया हुआ शाहू खासबाग मैदान। लोगों को किसी तरह की आर्थिक आंच न लगाते हुए कुश्ती का दिल खोलकर आनंद उठाने का शहर के मध्य में बनाया हुआ शाहू खासबाग मैदान। उस अखाड़े की ऐसी रचना की गई थी कि वहां कहीं भी बैठकर 50-60 हजार लोग कुश्ती का आनंद उठा सकें। उस मैदान में कहीं भी बैठकर गर्दन को ऊंचे-नीचे किए बिना आराम से कुश्ती का आनंद उठा सके, ऐसी रचना करने में शाहू छत्रपति पूर्णतया सफल रहे हैं, ऐसा दिखाई देता है।

शाहू छत्रपति ने 1895 ई. में शाहूपुरी में शासकीय मोतीबाग अखाड़ा शुरू किया। इसके सिवा बाबूजमाल, घोड़ेपीर, कालाइमाम, बारहइमाम, गंगावेश, बावड़ेकर अखाड़ा, रंकाला अखाड़ा, तट की ओर का अखाड़ा, बजाप माने अखाड़ा, महादू गवंडी (मेमार) अखाड़ा, बोडके अखाड़ा, सरदार अखाड़ा, दिलबहार अखाड़ा आदि इन सभी अखाड़ों के विकास में प्रत्यक्ष या अप्रत्यक्ष रूप में शाहू छत्रपति का योगदान था। इसी तरह हजरतपीर, बाबूजमाल दरगाह अखाड़ों की इमारतों को विस्तृत करने के लिए देवस्थान की शेष रकम से देने की आज्ञा शाहू छत्रपति ने दी है, ऐसा देखने को मिलता है। 1 अक्टूबर, 1913 ई. का शाहू छत्रपति का एक ऐसा हुक्मनामा भी आज उपलब्ध है जिसमें आज्ञा दी गई है कि ज्ञानू गायकवाड और धोंडी जाधव पहलवानों को शाहूपुरी की जगह मुफ्त में दे दी जाए।

सचमुच शाहू छत्रपति का कुश्ती का शौक अपूर्व था। कुश्ती चाहे अपनी रियासत में हो या पास-पड़ोस के गांव में हो, शाहू छत्रपति वहां अवश्य उपस्थित रहते। इससे न केवल कोल्हापुर शहर में; बल्कि आसपास के छोटे-बड़े देहातों में भी उस समय मल्लविद्या के लिए बहार के दिन आए हुए थे। डॉ. विलास संगवे द्वारा संपादित 'राजर्षि शाहू छत्रपति पेपर्स खंड पांचवां' ग्रंथ में शाहू छत्रपति का लिखा 5 नवंबर, 1909 ई. का एक अंग्रेजी पत्र उपलब्ध है। उस पत्र में डुबोनली नामक अंग्रेज अफसर को वे बताते हैं कि वे किंकरसिंग और कल्लू की कुश्ती देखने के लिए बंबई जाने वाले हैं। 1911 ई. में दिल्ली में खास आयोजित किए गए दरबार के लिए वे उपस्थित थे। उसी समय दिल्ली के अखाड़े में प्रख्यात पंजाबी पहलवान इमामबख्श और हसनबख्श इन दोनों का महान मल्लयुद्ध शाहू छत्रपति

की उपस्थिति में हुआ। उस घमासान मल्लयुद्ध में इमामबख्श की जीत हुई। तुरंत सुध–बुध खोकर शाहू छत्रपति ने अपने सिर पर बांधा हुआ कलाबत्तू से बना हुआ शाही साफा उतारा और अपने हाथों इमामबख्श के सिर पर रखकर उसका सम्मान किया। इतना ही नहीं; बल्कि कुश्ती हारे हुए हसनबख्श का भी उन्होंने यथोचित सम्मान कर उसे ढाढ़स बंधाया था। इस घटना से मल्लविद्या के बारे में शाहू छत्रपति का जो अभिजात प्रेम था, वह प्रकट होता है।

अध्याय : 22

पारिवारिक जीवन की कुछ अंतिम घटनाएं

अपनी उम्र की बीस की आयु पार करने के पहले ही शाहू छत्रपति कोल्हापुर की राजगद्दी पर विराजमान हुए थे। कोल्हापुर रियासत का कारोबार उन्होंने अप्रैल,1894 ई. में अपने हाथ में लिया। उनके पिताश्री की मृत्यु जब हुई थी तब वे बारह वर्ष के थे । अपने पिताश्री की मृत्यु के पहले ही वे कोल्हापुर की राजगद्दी के लिये गोद लिये गए थे। तभी से उन्हें थोड़ी-बहुत जिम्मेदारियां स्वीकारनी पड़ी थीं। राज-कारोबार की जिम्मेदारी उठाकर पूरे एक-दो वर्ष भी बीते नहीं थे कि उन्हें रियासत के अकाल और ताऊन की महामारी का सामना करना पड़ा था। इस संकट से उबरकर वे बाहर आए ही थे कि उन्हें वेदोक्त प्रकरण में दकियानूसी विचारों वाले धर्ममार्तंडों के दुष्ट षड्यंत्रों से मुकाबला करना पड़ा था। नाममात्र के अभिजनों के वर्णश्रेष्ठत्व का अहंकार अब भी रियासत में अज्ञान और अस्पृश्यता को हमेशा के लिए बनाए रखने के लिए प्रयत्नशील था । शाहू छत्रपति के दिलोदिमाग में यह विचार हाथ-पांव तोड़कर बैठ गया था कि इस देश से अंग्रेजी हुकूमत जानी ही चाहिए। साथ ही इस बात की भी उन्हें जानकारी थी कि इस बारे में नाहक उतावली करने से आसमान से गिरे खजूर पर अटके जैसी हालत हो सकती थी, क्योंकि इस देश से अंग्रेजों को निकालने की हड़बड़ी करने से तो बहुजन समाज के अज्ञानी और अशिक्षित रहने की ही अधिक गुंजाइश थी। इसका दूसरा अर्थ था कि देश की सत्ता फिर से अभिजनों के हाथों मे जाने वाली थी। इसी से शाहू छत्रपति अंग्रेज राजनिष्ठा का नाटक करते हुए ब्रिटिशों से समूचा बहुजन समाज शिक्षा पाकर कैसे बुद्धिमान हो, इसी फिक्र में रहते। इसके लिए वे अपना खजाना भी खाली कर रहे थे, जाति-आधारित छात्रालयों का निर्माण कर रहे थे। अछूतों के लिए पाठशालाओं के द्वार खोल रहे थे। खेती के विकास के लिए राधानगरी के बांध जैसे महत्त्वाकांक्षी प्रकल्प साकार रूप धारण करें इसलिए वे अथक कोशिश कर रहे थे। शाहू मिल जैसे कपड़ा उद्योग के लिए जमीन और पूंजी देकर कोल्हापुर के उद्योग विकास को गति और प्रोत्साहन दे रहे थे। अपने इस 'बहुजन हिताय, बहुजन सुखाय' के कार्य में सत्यशोधक जैसे आंदोलनों की हार्दिक सहायता कर उनकी भी मदद लिया करते। इसी में से समय निकालकर वे शिकार, संगीत, साहित्य, नाटक, कुश्ती जैसे शौक पूरा क रते। उन कलाओं और खेलों के सर्वांगीण विकास के लिए खूब हाथ-पांव मारते। संक्षेप में

अभिजनों की धार्मिक, आर्थिक, राजनीतिक, सामाजिक गुलामी से पूर्णरूपेण मुक्त होकर बहुजनों का सर्वांगीण विकास हो, इसलिए शाहू छत्रपति दिन-रात परिश्रम करते। आठों प्रहर उन्हें बहुजन-समाज के कल्याण का ही विचार सताता रहता।

इन सबके कारण उनका स्वयं के स्वास्थ्य की ओर ध्यान ही नहीं रहा। परिणामस्वरूप चालीस साल की उम्र को पार करने से पहले ही उन्हें मधुमेह के मर्ज का शिकार बनना पड़ा।

इससे पहले अक्टूबर, 1912 ई. को डॉ. वानलेस ने उन्हें मूर्च्छित करने की दवा दिए बगैर उनके टॉन्सिल्स का ऑपरेशन किया था। दूसरी ओर मधुमेह का मर्ज उनका हट्टाकट्टा शरीर खोखला बना रहा था। मधुमेह का साथ निभाने हृदय विकार भी आ धमका था। नित्य नियमित रूप से होने वाली कसरत के छूट जाने से शरीर वातुल और बेढंगा बनता जा रहा था। कब कौन-सा मर्ज अपना सिर ऊपर उठाएगा, इसका भरोसा नहीं रहा था। रिश्तेदार, सच्चे दोस्त और डॉक्टर्स आदि सभी छत्रपति को अपनी सेहत को लेकर सतर्क रहने के लिए हिदायतें दे रहे थे। कहीं दूर ठंडी हवा के स्थान पर थोड़े दिन जाने का सुझाव दिया जा रहा था। सयाजीराव गायकवाड जैसे प्रजाहितैषी राजा भी साल का अधिकांश समय विदेश की ठंडी जगहों पर स्थान में रहकर अपनी सेहत को सुदृढ़ और नीरोग रखा करते थे। पर शाहू छत्रपति को उनके नित्य के कामों के कारण वह संभव नहीं होता था। और सिर्फ अपना ही विचार कर आराम करने का उनका स्वभाव नहीं था। डायबिटीज और हृदयरोग चोर पांवों से आकर अपनी जड़ें जमा रहे थे। शाहू छत्रपति के स्वास्थ्य के बारे में अनेक वृत्तांत उपलब्ध हैं। शाहू छत्रपति द्वारा लिखे गए पत्र या डॉक्टरों ने उन्हें जो पत्र लिखे हैं, वे आज भी देखने के लिए मिल जाते हैं। 21 फरवरी, 1913 ई. को लिखे पत्र में जॉ. व्हेल बताते हैं, "महाराज, अपने लहू में मिले शक्कर की मात्रा को कम करें। विशेषकर मूत्र से जाने वाली शक्कर को कम करने के लिए, आप जमीन के ऊपर उगने वाली सब्जी का अधिक प्रयोग करें। जमीन के भीतर तैयार होने वाली सब्जियां और फल अधिक शर्करायुक्त होते हैं। ऐसे पदार्थों का उन्हें त्याग ही करना चाहिए। मांस और ज्वार की रोटी का ही वे सेवन करें तो अच्छा है।"

जनवरी, 1914 ई. से युवराज राजाराम ऑक्सफर्ड के सेंट एडवर्ड में पढ़ने लगे। अपनी शिक्षा के लिए उसी समय प्रिंस शिवाजी ब्रॉम्स ग्रोव्ह के किंग एडवर्ड स्कूल में दाखिल हुए थे। इन दोनों राजपुत्रों की शिक्षा की शुरुआत हुई ही थी कि प्रथम विश्वयुद्ध की शुरुआत हुई। शिक्षा के लिए विदेश गए अपने सुपुत्रों की शाहू छत्रपति को चिंता होने लगी। घमासान युद्ध में अगर उनका कुछ भला-बुरा हुआ तो कोल्हापुर की राजगद्दी के लिए फिर से वारिस गोद लेना संभव नहीं है। इसी विचार से छत्रपति बेचैन थे। परंतु थोड़े ही दिनों में 10 अक्टूबर, 1915 ई. को इंग्लैंड से युवराज राजाराम और प्रिंस शिवाजी का अमेरिका, जापान, चीन, कोलंबो, मद्रास के मार्ग से कोल्हापुर में आगमन हुआ। दोनों राजपुत्र और अन्य कुछ लोग जब विलायत में थे, तब वे सभी विदेश में सुरक्षित रहें, इसलिए उनके लिए रथोत्सव मनाने की मन्नत मनाई गई थी। उसके अनुसार 19 जनवरी, 1914 ई. को शाहू छत्रपति ने एक

आज्ञा-पत्र निकाला जिसमें पहले दिन श्री महालक्ष्मी का रथोत्सव, दूसरे दिन करवीर राज्यसंस्थापिका श्री महारानी ताराबाई साहिबा का उत्सव और तीसरे दिन श्री शिव छत्रपति का रथोत्सव मनाने का इंतजाम किया गया था। इस समारोह की पूरी जिम्मेदारी श्री पिराजीराव बापूसाहब घाटगे, वजारत माआब, सी.आय.ई., सी.एस.आय. को सौंपी गई थी।

आक्कासाहिबा रानी और उनके पति देवास के महाराजा तुकोजीराव पवार, इन दोनों में कुछ गलतफहमी पैदा हो गई थी। तब से आक्कासाहिबा रानी अपने मैके कोल्हापुर ही में रह रही थीं। शाहू छत्रपति अपनी कन्या और जामाता में फिर से सुसंवाद स्थापित होकर उन दोनों का वैवाहिक जीवन सुखकर हो, इस दिशा में प्रयत्नशील थे। पिता होने के कारण कई बार वे अपनी कन्या के अवगुणों को आंखों से ओझल कर लिया करते तो कभी-कभी उनके भीतर का कठोर पिता जाग्रत् होता। ऐसे समय वे क्रुद्ध होते। इसीलिए उन्होंने एक बार अपनी दादीसाहिबा को लिखा, ''आप चिरंजीव सकलसुहागन वज्रचूड़ेमंडित आक्कासाहिबा को दुलार से अपने पास रख लेती हैंद्धयह ठीक नहीं है। आप उन्हें उनके पिता एवं पति की हुक्मअदूली का पाठ पढ़ा रही हैं, इसका आश्चर्य होता है। ऐसे बर्ताव से कन्या को सुख कभी नहीं मिल सकेगा।''

युवराज राजाराम और प्रिंस शिवाजी के विवाह के बारे में शाहू छत्रपति और लक्ष्मीबाई रानीसाहिबा में विचारविमर्श शुरू हुआ। राजघराने में वधू-संशोधन के कार्य में बड़ी तेजी आई हुई थी। थोड़े ही दिनों में कुछ राजनीतिक कारणों से युवराज राजाराम महाराज से पहले 6 जून, 1917 ई. को प्रिंस शिवाजी का विवाह सासवड़ के शंकरराव जगताप की सुकन्या के साथ संपन्न हुआ।

1908 ई. में आक्कासाहिबा के विवाह के अवसर पर बडोदरा के युवराज फत्तेसिंहराव गायकवाड ने अपनी भावी कन्या का विवाह कोल्हापुर के युवराज के साथ अर्थात् राजाराम महाराज के साथ हो, ऐसी इच्छा व्यक्त की थी। उसके अनुसार बडोदरा-नरेश सयाजीराव गायकवाड यानी लड़की के दादा और शाहू छत्रपति में चर्चा के कई दौर चलते रहे। इस दौरान शाहू छत्रपति को खूब मानसिक पीड़ा सहनी पड़ी। आखिर 1 अप्रैल, 1918 ई. को बडोदरा के इंदुमती हॉल में यह विवाह समारोह राजशाही ठाठ में संपन्न हुआ।

शाहू छत्रपति अपने सुपुत्रों के वैवाहिक जीवन की उचित शुरुआत करने की दौड़धूप में थे तभी गुरुवर फ्रेजर की सुकन्या के विवाह के अवसर पर सिकंदराबाद में बड़ी आत्मीयता के साथ वे अपने दोनों सुपुत्रों समेत उपस्थित थे। कुछ अपरिहार्य कारण से वे उस विवाह में उपस्थित नहीं रह सकते थे; पर उन्होंने बाद में वह निर्णय बदल दिया। उस बारे में वे अपने गुरुवर को लिखते हैं, ''आपको यथोचित पूर्वसूचना दिए बिना ही मैं एकाएक यहां आ गया और मैंने आपके सामने असुविधा खड़ी कर दी, इसके लिए आप मुझे क्षमा करें। अगर मेरे ठहरने का प्रबंध नहीं हो पाता हो तो मैं रेल के डिब्बे में ही आनंद से रहूंगा।''

लगभग इसी समय शाहू छत्रपति और लोकमान्य तिलक की भेंट पुणे के गायकवाड प्रासाद में हुई। उस मुलाकात में शाहू छत्रपति यह जानकारी लेना चाहते थे कि तिलक

मधुमेह कौन सी दवा लेते हैं। उस मुलाकात में लोकमान्य तिलक ने उन्हें आदर के साथ पूरी जानकारी दी। मुलाकात के समय जल्दी में शाहू छत्रपति अपना साफा लोकमान्य तिलक के टेबल पर भूलकर नीचे आए थे। मोटर में बैठकर छत्रपति जाने ही वाले थे कि उनके ध्यान में आया कि उनका साफा तिलक के टेबल पर रह गया है। उनका नौकर साफा ले आने के लिए ऊपर जाने ही वाला था कि लोकमान्य तिलक स्वयं उनका साफाद्मशाहू छत्रपति का राजमुकुटद्महाथ में लिये लगभग दौड़ते हुए नीचे आए। जब वे छत्रपति का साफा उन्हें देने लगे तब शाहू छत्रपति ने बड़े आनंद से उनसे कहा, "बलवंतरावजी, अब यह साफा तुम ही हमारे माथे पर रखो।" लोकमान्य तिलक ने जैसी शाहू छत्रपति की इच्छा थी वैसा ही किया। बड़े उत्साह से उन्होंने छत्रपति का साफा उनके माथे पर रखा। और शाहू छत्रपति उनकी ओर स्नेहपूर्ण दृष्टि से देखते रहे।

सत्यशोधक आंदोलन भास्करराव जाधव, आण्णासाहब लठ्ठे और महादेव गणेश डोंगरे के नेतृत्व में दम-खम के साथ बढ़ रहा था। शाहू छत्रपति स्वयं सत्यशोधक आंदोलन के पीछे सीना तानकर खड़े थे। 12 नवंबर, 1917 ई. को शाहू छत्रपति और मांटेग्यू की मुलाकात हुई। उसमें शाहू छत्रपति ने जाति आधारित प्रतिनिधि चुनकर दिए जाने के लिए स्वतंत्र मतदाता संघ की मांग की थी। लोकमान्य तिलक तथा अन्य कुछ लोग जाति आधारित मतदाता संघ नहीं चाहते थे। शाहू छत्रपति की दृष्टि से स्वराज मिलने पर भी उसका कारोबार अभिजनों के ही पल्ले पड़े तो बहुजनों को फिर से अभिजनों की गुलामी में ही जकड़कर पड़े रहना पड़ेगा। ये सभी बातें अगर वास्तव में नहीं आनी हैं तो सर्वप्रथम जातिभेद को खत्म करने की नितांत आवश्यकता थी। परंतु यथार्थ यह था कि जब तक कनिष्ठ जातियां वरिष्ठ जातियों के समान अपना शैक्षिक और आर्थिक विकास कर नहीं लेतीं तब तक जाति-भेद खत्म होने वाला नहीं था। इसीलिए शाहू छत्रपति का आग्रह था कि बहुजनों को उनके आर्थिक और शैक्षिक विकास के लिए कुछ समय तक जाति आधारित मतदाता संघ दिए जाएं। इस विचार के कारण ही ब्राह्मणेतर आंदोलन की शक्ति बढ़ी। एक ओर सत्यशोधक आंदोलन बहुजन समाज की धार्मिक और सामाजिक उन्नति के लिए प्रयत्नशील था, तो दूसरी ओर बहुजनों का राजनीतिक एवं आर्थिक विकास हो इसलिए शाहू छत्रपति के नेतृत्व में ब्राह्मणेतर आंदोलन अपनी जड़ जमा रहा था। परिणामस्वरूप अभिजनों के पांव के नीचे की जमीन खिसकने लगी थी। सिर्फ नाममात्र के स्वराज प्रेमी और राष्ट्रप्रेमी लोग अपने मंतव्य को भूलकर हाथापायी पर उतर आए थे। इसीलिए उनके कट्टर शत्रु छत्रपति शाहू को मार डालने के षड्यंत्र रचे जाने लगे। इसके पहले भी उन्हें मार डालने का एक बार प्रयत्न हुआ था। शाहू छत्रपति को इस दुनिया से ही विनष्ट करने की कोशिशें चल रही थीं। परंतु वैसा करना पूर्णतया असंभव है यह ध्यान में आते ही शाहू छत्रपति को धमकाने की कोशिश शुरू हुई। राजधानी की विशिष्ट बस्ती में 20 फरवरी, 1918 ई. के पहले ही शाहू छत्रपति को मार डाला जाएगा, ऐसे नामरहित पोस्टर स्थान-स्थान पर चिपकाए गए थे। कोल्हापुर के पुलिस अफसर ने इस संदर्भ में विस्तृत वृत्तांत शाहू छत्रपति को दिया था।

युवराज राजाराम और शिवाजी शाहू छत्रपति के ये दो सुपुत्र मानो दो छोर थे। बड़े सुपुत्र राजाराम बड़े ही शांत, संयमी एवं गंभीर तो प्रिंस शिवाजी सदैव तत्पर, प्रसन्न और अशांत ! युवराज राजाराम की वाणी मृदु और स्वभाव नम्र था, इसके विपरीत प्रिंस शिवाजी की वाणी में तेजी और ठस्सापन था, जबकि स्वभाव बिलकुल उग्र ! एक था शांत–अथाह सागर तो दूसरा गर्जन–तर्जन करते हुए बहने वाला उत्साह भरा झरना ! शाहू छत्रपति ने कमजोर युवराज की अपेक्षा साहसी प्रिंस शिवाजी में अधिक जी लगाया था, अतः वे उनसे बेहद खुश रहते। अपने एक सहयोगी वा. द. तोफखाने की पत्नी सरस्वतीबाई को स्वयं शाहू छत्रपति ने प्रिंस शिवाजी के फुर्तीलेपन और तेजस्विता का वर्णन करने वाली कहानी कही थी, वह कहानी सरस्वतीबाई की लिखी हुई 'माझी जीवनगाथा' (मेरी जीवनगाथा) आत्म–चरित्र में पढ़ने को मिलती है। वह उन्हीं के शब्दों में पढ़ना उचित होगा, ''एक बार युवराज राजाराम अपने मित्रों के साथ सरकारी नारियल के बगीचे में गए। उन्होंने वहां के रखवाले से नारियल नीचे गिराने को कहा। बेचारा रखवाला डर गया; क्योंकि उसे हुक्म था कि छत्रपति की आज्ञा के बिना नारियल गिराना मना है। राजाराम महाराज ने अपने मित्रों से कहा, ''चलो वापस लौट जाएं,'' पर प्रिंस शिवाजी खाली हाथ लौटने को तैयार नहीं थे। तपाक से उन्होंने कहा, ''हम हुक्म देते हैं, तुम नारियल गिराओ और सरकार ने क्रोध में कुछ कहा तो मेरा नाम बताना।'' वह काम में जुट गया। नारियल गिराने लगा और बाकी नौकर नारियल तोड़–तोड़कर देने लगे। सभी लड़के नारियल की गिरी खाने में मशगूल थे। संयोगवश शाहू छत्रपति उसी रास्ते से जा रहे थे। उन्होंने मोटर रोकने के लिए कहा। उन्होंने पहरेदार से पूछा, ''यहां इतना कोलाहल क्यों मचा हुआ है?'' उसने बताया, ''दोनों राजपुत्र नारियल गिरा रहे हैं।''

''जाओ, उनसे कहो कि हमने बुलाया है।'' शाहू छत्रपति की आज्ञा हुई।

दोनों राजपुत्र आए; पर युवराज राजाराम सामने आने से कतराने लगे। तब छोटे राजकुमार सामने आए और प्रणाम कर शाहू छत्रपति के सामने खड़े हो गए।

छत्रपति ने पूछा, ''क्या चला रहा है?''

युवराज शिवाजी बोले, ''नारियल गिरा रहा हूं।''

छत्रपति ने पूछा, ''किसकी इजाजत से?''

युवराज शिवाजी ने कहा, ''हमारी आज्ञा से।''

छत्रपति ने पूछा, ''यह उद्यान किसका है?''

युवराज शिवाजी ने कहा, ''उद्यान छत्रपति का है; पर महाराजा! हम किसके हैं?'' प्रिंस शिवाजी के इस प्रश्न को सुनते ही वे चुपचाप लौट गए।

12 जून, 1918 ई. का दिन। वह बुधवार का दिन था। कुंभोज की पहाड़ी के नेज के जंगल में प्रिंस शिवाजी मंगलवार से ही जंगली सूअर के शिकार के लिए डेरा डाले हुए थे। उनके साथ माताश्री लक्ष्मीबाई रानीसाहिबा, चाचा बापूसाहब और आक्कासाहिबा भी थे। शिकार का अपना हुनर दिखाने के लिए माताश्री, बहन और चाचा को प्रिंस शिवाजी

बड़े उत्साह से साथ ले आए थे। उस समय शाहू छत्रपति का मुकाम बंबई में था। प्रिंस शिवाजी को हृदयतल से ऐसा लग रहा था कि उनके शिकार का हुनर देखने के लिए उनके पिताश्री भी वहां हों। शाहू छत्रपति ने उन्हें वचन दिया था कि वे अवश्य आएंगे।

11 जून को दिनभर घूमने-फिरने के बाद भी सूअर उनके हाथ नहीं आया था। दूसरे दिन दुपहर तक खूब चक्कर लगाने पर भी सूअर का शिकार साधा नहीं गया था। प्रिंस शिवाजी समेत सभी लोग उकताकर दुपहर का भोजन करने बैठे हुए थे। गपशप में सभी मशगूल थे। प्रिंस शिवाजी पहला कौर मुंह में डालने ही वाले थे कि किसी ने खबर दी कि कल का वह सूअर फिर से सामने आ गया है। मुंह में डालने के लिए उठाया हुआ कौर थाल में रखकर वे उठ खड़े हुए और माताश्री, बहन और चाचा के मना करने पर भी प्रिंस शिवाजी घोड़े पर सवार हुए। घोड़े को तेज दौड़ाकर आखिर वे सूअर के पास पहुंच ही गए। तपाक से अचूक भाला फेंककर उन्होंने सूअर को नीचे गिरा दिया। घोड़ा बेतहाशा दौड़ रहा था। नीचे की किसी चीज से टकराकर घोड़ा पलक झपकते ही प्रिंस शिवाजी के साथ जमीन पर गिर गया। प्रिंस शिवाजी के सिर में गहरी चोट आई; पर उसी समय घोड़े का वह प्रचंड शरीर भी उनके बदन पर आ गया। प्रिंस शिवाजी गंभीर रूप से घायल हो गए। उन्हें फौरन डॉ. वानलेस के दवाखाने में ले जाया गया। पर हाय ! डॉ. वालेस तब वहां उपस्थित नहीं थे। अन्य उपस्थित सभी डॉक्टरों के जी-तोड़ कोशिश करने के बावजूद उसी रात 12 जून, 1918 को प्रिंस शिवाजी की मृत्यु हो गई।

शाहू छत्रपति तब बंबई में थे। प्रिंस शिवाजी बुरी तरह से घायल हुए हैं, ऐसा तार उन्हें भेजा गया। तार के मिलते ही शाहू छत्रपति बंबई से निकल पड़े। उनकी गाड़ी में एक-दो पुलिस अफसर थे। रात के घने अंधेरे में चिंताओं का बोझ सिर पर लिये छत्रपति यात्रा कर रहे थे। प्रिंस शिवाजी की अनेक यादें उनके मन में उभर रही थीं। असल में क्या कुछ हुआ है, यह जान लेने के लिए छत्रपति के भीतर का पिता बहुत ही अधीर हो उठा था। पुणे होते हुए वे मिरज पहुंचे। रेल-स्टेशन पर उपस्थित अफसरों और नौकरों को गर्दन झुकाए मृतवत् खड़े देखते ही शाहू छत्रपति ने समझ लिया कि उनका लाडला शिवाजी उन्हें छोड़कर चला गया है ! शाहू अपना छत्रपति पद भूल गए। उनके मुख से एक ऐसी शोकपूर्ण चीख फूट पड़ी कि इर्द-गिर्द खड़े अफसर, नौकर और परिजन दहल गए। रेल के डिब्बे में ही छत्रपति चीख-चीख कर रोने लगे। रोते-कलपते वे बापूसाहब से पूछ रहे थे, "अरे कौन ले गया मेरे लाडले शिवाजी को? यह क्या हुआ रे मेरे साथ? बापूसाहब बताओ, मेरा शिवाजी कहां है?" बापूसाहब मौन धारण किए खड़े थे। शाहू छत्रपति वही प्रश्न उनसे बार-बार पूछ रहे थे। बैठे स्थान पर ही वे अजीब तरह से उंगलियां नचाने लगे, हाथ मटकाने लगे। सच तो यह था कि अब सब कुछ समाप्त हो गया था। ऐसा संकट शाहू छत्रपति के सामने मुंह फाड़े खड़ा था कि दुख को भी दुख हो।

अध्याय : 23
ताई महाराज प्रकरण

शाहू छत्रपति और लोकमान्य तिलकह्नइन दो महापुरुषों के जीवन का अनमोल समय, असीम धन और अपरिमित शारीरिक तथा मानसिक कष्ट का बड़े पैमाने पर अपव्यय करवाने के लिए कारण बनी हुई घटना के रूप में 'ताई महाराज प्रकरण' की ओर जिस तरह देखना पड़ता है, उसी तरह वह उन दोनों महापुरुषों के चरित्र का मात्र मित्रता की खातिर किया हुआ एक महान दिव्य कार्य था, यह भी ध्यान में लेना पड़ता है।

'ताई महाराज प्रकरण' में लोकमान्य तिलक ने अपने जीवन के अंतिम बीस वर्ष जिस तरह राजकीय तनाव के दबाव में व्यतीत किए, उसी तरह उनके जीवन का यह प्रदीर्घ कालखंड मृत्यु के कगार पर खड़े उनके परमस्नेही वासुदेव हरि अर्थात् बाबा महाराज पंडित को उनकी संपत्ति के मुख्तार के नाते काम करने को दिए गए वचन का पालन करने के लिए अत्यंत मानसिक और शारीरिक कष्टों, आर्थिक चिंताओं और ब्रिटिश सरकार के अपमानजनक बोझ के नीचे व्यतीत करना पड़ा था। लोकमान्य तिलक के चरित्र लेखक श्री न.चिं.केलकर से लेकर श्री य.दि.फड़के तक सभी ताई महाराज प्रकरण में लोकमान्य तिलक का मित्रप्रेम (बाबा महाराज पंडित के साथ) कैसा अपूर्व था, वे मित्र-प्रेम की खातिर न केवल ब्रिटिश सरकार से; बल्कि शाहू छत्रपति से भी कैसा जानलेवा संघर्ष कर रहे थे, मित्रता के मूल्य को वे किस प्रकार निभा रहे थे, इसकी असीम सराहना करते हैं। इस प्रसंग में शाहू छत्रपति भी अपनी सारी प्रतिष्ठा दांव पर लगाकर उतरे हुए थे। वह भी अपने परम स्नेही रघुपति पंडित अर्थात् पंडित महाराज के व्यक्तिगत सुख के लिए, उसके प्रेम की खातिर ! परंतु दुख के साथ कहना पड़ता है कि यद्यपि शाहू छत्रपति भी इस प्रसंग में अपना सर्वस्व निछावर कर उतरे हुए थे और वह भी अपने परम स्नेही रघुपति पंडित अर्थात् पंडित महाराज के निजी सुख के खातिर, उसके साथ के प्रेम के खातिरह्नइस बात का तिलक के सभी चरित्रकारों को विस्मरण हुआ-सा दिखाई देता है ! या यों कहना चाहिए कि लोकमान्य तिलक ताई महाराज प्रकरण के धीरोदात्त नायक हैं और शाहू छत्रपति जुल्मी ब्रिटिश सरकार की पल-पल मदद करने वाले दुष्ट खलनायक हैंह्नइस तरह दोनों की प्रतिमा जनमानस में अंकित करने में छोटे-बड़े सभी चरित्र लेखक सफल हुए हैं, ऐसा दिखाई देता है। लोकमान्य तिलक के शिष्य एवं सहयोगी श्री न.चिं. केलकर अपने 'लोकमान्य टिळक यांचे चरित्र'

(लोकमान्य तिलक का चरित्र) में लिखते हैं, ''ताई महाराज प्रकरण ने तिलक का लहू सोख लिया ऐसा कहना मात्र लक्षणा के नहीं; बल्कि अभिधा के अर्थ से भी सत्य मानना पड़ेगा। तिलक के इस प्रसंग ने जो रक्त-प्राशन किया, वह भले ही किसी को दिखाई न देता हो तो भी इस प्रकरण ने तिलक की बहुमूल्य जिंदगी के कितने वर्ष बरबाद किए, यह तो बिलकुल खुले हिसाब से सिद्ध किया जा सकता है। 1901 ई. के 16 नवंबर के दिन पुणे के जिला न्यायाधीश की अदालत में गवाही के लिए कदम रखने से लेकर 1920 ई. के जुलाई महीने की पेशी के दिन तक अर्थात् इस गोद-विधान प्रसंग में ही उपांगभूत बने हुए एक मुकद्दमे का निर्णय अपने हित में होने की खुश-खबर मालूम होने तक लोकमान्य तिलक का एक भी वर्ष अथवा उस वर्ष का एक भी महीना ऐसा नहीं गया होगा कि उन्हें इस गोद-विधान प्रसंग में कुछ न कुछ काम न करना पड़ा हो। फिर वह काम किसी को खानगी पत्र लिखने का हो, किसी से चर्चा करने का हो, किसी को खर्चे के लिए पैसे देने का हो, अर्जी अथवा टिप्पण लिखने का हो, कानून की पुस्तकें देखने का हो, अदालत के चक्कर काटने का हो, वकील-बैरिस्टरों की खुशामद करने का हो, प्रमाणित हुए, गोद लिये पुत्र की बड़ी सतर्कता से शोध खोज करने का हो अथवा उसके लिए जेलखाने में जाने का हो। और यह सब इसलिए कि एक बार जो कदम इस मामले में उठाया वह कायम करने के लिए!''

वासुदेव हरि अर्थात् बाबा महाराज पंडित पुणे के एक जागीरदार थे। उनकी धन-दौलत और भू-संपत्ति पुणे, बेलगांव, रत्नागिरि जिलों में और कोल्हापुर रियासत में थी। लोकमान्य तिलक और उनका प्रथम संबंध 1888 ई. में. मुवक्किल और वकील के रूप में सामने आया था। प्रथम श्रेणी के सरदार के रूप में मान्यताप्राप्त बाबा महाराज और लोकमान्य तिलक के बीच के वकील और मुवक्किल का रूपांतर शीघ्र ही दृढ़ मित्रता में हो गया था।

वासुदेव हरि अर्थात् बाबा महाराज पंडित का मूल कुलनाम देव था। देव घराने के मूलपुरुष थे सिद्धेश्वर महाराज। ये सिद्धेश्वर कोल्हापुर रियासत के राजघराने के राजगुरु थे, इसी से उन्हें श्री और महाराज उपाधियां प्राप्त हुई थीं। साथ-साथ उन्हें कोल्हापुर रियासत में कई जमीनें इनाम के रूप में बहाल की गई थीं। इतना ही नहीं; बल्कि सिद्धेश्वर महाराज के पोते भाऊ महाराज को कोल्हापुर के छत्रपति ने एक लाख रुपए दक्षिणा के रूप में दिए थे। कालांतर में सिद्धेश्वर महाराज के घराने का विस्तार काफी बढ़ गया। परिणामतः उनके घराने की दो शाखाएं बनीं। उनमें से एक शाखा कोल्हापुर में चिरस्थायी हो गई और दूसरी शाखा ने अपना निवास पुणे में किया था।

पुणे के वासुदेव हरि अर्थात् बाबा महाराज पंडित का पहला विवाह औंध रियासत के पंत प्रतिनिधि की कन्या से हुआ था। उस संबंध से उनके दो कन्याएं हुईं। उनमें से एक कन्या का विवाह लोकमान्य तिलक के निकटवर्ती सहयोगी दादासाहब खापर्डे के पुत्र के साथ हुआ था। पहली पत्नी की असामयिक मृत्यु होने से वासुदेव हरि अर्थात् बाबा महाराज ने सिन्नरकर नामक एक पुस्तक-विक्रेता की कन्या से विवाह किया। सिन्नरकर की आर्थिक

स्थिति साधारण थी; परंतु उनकी कन्या बहुत सुंदर थी। उसी से प्रथम वर्ग के सरदार में गिने जाने वाले वासुदेव हरि अर्थात् बाबा महाराज ने विवाह-संबंध जोड़ा था। उनकी यह दूसरी पत्नी थी सकवारबाई अर्थात् ताई महाराज!

वासुदेव हरि अर्थात् बाबा महाराज हैजे से मरणोन्मुख अवस्था में हैं, ऐसा मालूम होते ही लोकमान्य तिलक जो राजद्रोह के इलजाम में जेलखाने में बंद थे, 5 अगस्त, 1897 ई. को जमानत पर रिहा होने पर अपने मित्र से मिलने गए। इसके बाद 7 अगस्त को बाबा महाराज की तबीयत बहुत ही खराब हो गई। तिलक की समझ में आ गया कि उनका अंतकाल समीप आया है। उस समय वे दो बातों की चिंता से ग्रस्त थे। उनकी पहली चिंता थी बाबा महाराज की गर्भवती पत्नी और दूसरी चिंता थी उनकी असीम संपत्ति। अपनी गर्भवती पत्नी को पुत्र होगा और वह अपनी असीम संपत्ति का वारिस होगा, ऐसी उनकी दृढ़ आशा थी; परंतु उनकी वह आशा फलीभूत नहीं हुई। मौत ने उन पर डाला हुआ शिकंजा और जोर से कसा। ऐसे कठिन समय में तिलक ने उन्हें नेक सलाह दी कि वे अपना वसीयतनामा तैयार करें। उस संदर्भ में तिलक का बताया मौखिक मजमून श्रीधर मोरेश्वर नामक क्लर्क ने लिख लिया था। वह मजमून ऐसा था, ''मेरी धर्मपत्नी श्रीमती सकवारबाई फिलहाल गर्भवती हैं। उन्हें अगर पुत्र नहीं हुआ या पुत्र होने पर भी अगर वह अल्पायु हुआ तो हमारे घराने का नाम आगे चलाने के लिए यथाशास्त्र (जितनी बार आवश्यक हो उतनी बार) हमारी पत्नी की गोद में, ऊपर नाम लिखे व्यक्ति की सलाह से सुयोग्य बालक को दिया जाए और उस बालक की तरफ से उसके बालिग बनने तक निर्दिष्ट पंच (ट्रस्टी) ही हमारी स्थावर-जंगम इस्टेट का यथोचित प्रबंध करें।''

अपनी मृत्यु के बाद अपनी धन-संपदा की देखभाल करने वाले विश्वस्त के रूप में तिलक काम करें, ऐसा आग्रह बाबा महाराज ने तिलक से किया। मौत की देहरी पर खड़े अपने मित्र की इच्छा को नकारना कठिन था इसलिए इच्छा न होने पर भी तिलक ने 'मैं विश्वस्त के रूप में काम करूंगा' ऐसा वचन बाबा महाराज को दिया। तिलक मित्रता के पक्के होने के कारण इस प्रकरण में अंत तक उलझे रहे। बाबा महाराज ने ऐसी भी इच्छा व्यक्त की थी कि तिलक के साथ विश्वस्त के रूप में अपने समधी गणेश श्रीकृष्ण खापर्डे, अपने क्लर्क बलवंत मार्तंड नागपुरकर, श्रीपाद सखाराम कुंभोजकर और रावसाहब कीर्तिकर (कोल्हापुर) काम करें। इनमें से कीर्तिकर ने विश्वस्त के रूप में काम करने से इनकार किया था। इसलिए तिलक, खापर्डे, नागपुरकर और कुंभोजकरह्नये चार विश्वस्त अंत तक एक साथ काम करते रहे।

वासुदेव हरि अर्थात् बाबा महाराज पंडित का मृत्यु-पत्र लोकमान्य तिलक के कथनानुसार 7 अगस्त, 1897 को तैयार किया गया। इधर मृत्यु-पत्र तैयार हुआ, उसी दिन कुछ ही घंटों में बाबा महाराज की मृत्यु हो गई। उनकी मृत्यु अर्थात् लोकमान्य तिलक और छत्रपति शाहू महाराजह्नइन दो महापुरुषों के जीवन की एक महाभयंकर परीक्षा का जन्म था।

बाबा महाराज की मृत्युपरान्त पांच महीने बाद अर्थात् 18 जनवरी, 1898 ई. को ताई महाराज के लड़का हुआ। फलतः दादा महाराज की संपत्ति के लिए वारिस मिल गया, इस आनंद में हो सकता है कि तिलक और अन्य विश्वस्त होंगे; परंतु उनका वह आनंद क्षणभंगुर साबित हुआ। क्योंकि ताई महाराज का वह बालक 9 मार्च, 1898 ई. को भगवान को प्यारा हो गया। उस बालक की मृत्यु के पश्चात् सौंदर्यसम्राज्ञी विधवा ताई महाराज और उनकी पुणे, बेलगांव, रत्नागिरि जिलों एवं कोल्हापुर रियासत में बिखरी हुई प्रचंड धन-दौलत के इर्द-गिर्द स्वार्थी और षड्यंत्रकारी लोग मंडराने लगे और वे उनके साथ बेवजह अधिक संपर्क स्थापित करने की कोशिश करने लगे। कोल्हापुर रियासत के दीवान कुंवरजी द्वारा प्रस्ताव आया था कि ताई महाराज कोल्हापुर शाखा से ही वारिस ले लें। परंतु बदकिस्मती से उस समय उनके प्रस्ताव पर गौर किया नहीं गया। ताई महाराज की माता को ऐसा लगता कि ताई महाराज अपने भाई को ही गोद ले लें। ताई महाराज ने एक बार स्वयं अपनी ऐसी इच्छा प्रकट की थी कि बाबा महाराज के समधी और उनकी संपत्ति के एक विश्वस्त गणेश श्रीकृष्ण खापर्डे अपने पुत्र को उनकी गोद में दे दें। परंतु ग. श्री खापर्डे अर्थात् दादासाहब खापर्डे ने उस समय साफ इनकार कर दिया था। ऐसा लोकमान्य तिलक के एक चरित्र लेखक न.र.फाटक बताते हैं। बाबा महाराज के एक क्लर्क जो तब एक विश्वस्त की हैसियत से उस समय काम करते थे, वे इस कोशिश में थे कि ताई महाराज कोल्हापुर के पंडित घराने की एक अंतरशाखा के नाना महाराज के लड़के को गोद ले लें। तभी एक अन्य क्लर्क नागपुरकर ऐसे दांवपेच लड़ा रहे थे कि कुंभोजकर का प्रयत्न नाकाम कर ताई महाराज उन्हीं के लड़के को गोद ले लें। परंतु नागपुरकर के उस लड़के की एक उंगली में व्यंग था इसलिए वह उस असीम संपत्ति के लिए लाभदायी एवं अनुकूल सिद्ध नहीं होगा, ऐसा विचार कर उसे गोद लेने का विचार त्याग दिया। ताई महाराज के भी मन में नागपुरकर के पुत्र को गोद लेने के बारे में खास पसंदगी नहीं थी। नागपुरकर ताई महाराज के क्लर्क थे। उन्हें नाराज करना ताई महाराज के लिए जोखिम का काम था। अतः नागपुरकर की आस अभी टूटी नहीं थी। इसलिए नागपुरकर अपने दूसरे पुत्र के जन्म की बेसब्री से प्रतीक्षा कर रहे थे। तभी किसी ने ऐसा शास्त्राधार निकालकर दिया था कि गोद लेने वाली मां की गोद में बच्चे के जनमते ही नवजात बालक की नाल काटने से पहले डाला जाए तो दत्तक-विधान का होम-हवनादि विधि करने की आवश्यकता नहीं होती। तब ताऊन के डर से वडगांव में रहने वाली ताई महाराज को नागपुरकर ने एक मनुष्य के द्वारा संदेश भेजा, "अभी-अभी जन्मा हुआ लड़का बिना नाल काटे क्या तुम्हारे पास भेज दूं?" ताई महाराज को नागपुरकर का इस प्रकार जबर्दस्ती से चिपकना अच्छा नहीं लगा। नागपुरकर का संदेश लेकर आएह्व्यक्ति को क्रुद्ध होकर उन्होंने उत्तर दिया, "ठीक है, उस बच्चे को ले आ और उस नाले में फेंक दे।"

अब नागपुरकर को दो-तीन बार के अनुभवों से पक्का विश्वास हो गया कि ताई महाराज किसी भी हालत में उनके पुत्र को गोद नहीं लेंगी। तब उन्होंने ऐसी कोशिश शुरू की कि कोल्हापुर रियासत के महाराज घराने के रघुपति पंडितमहाराज के छोटे भाई अर्थात्

बाला महाराज को ताई महाराज गोद ले लें। राजद्रोह के जुर्म के कारण जेलखाने में बंद लोकमान्य तिलक को 7 सितंबर, 1899 ई. को मुक्त किया गया। उनकी मुक्ति के बाद इस गोद लेने के प्रकरण में रंग जमने लगा। ताई महाराज की गोद में जिस बालक को देना है वह हर हालत में महाराज परिवार या घराने का ही होना चाहिए, इस विषय में सभी विश्वस्तों में मतैक्य था। परंतु वह महाराज घराने की किस शाखा का हो इस विषय में उनमें मत-भिन्नता थी; अथवा यों कहिए कि ताई महाराज प्रकरण का मूल कारण वही था। और सहजरूप से स्पष्ट होता है कि इसी में से इस प्रकरण का संघर्ष तीव्रतर होता गया। लोकमान्य तिलक को तो किसी भी हालत में कोल्हापुर-शाखा का लड़का ताई महाराज की गोद में नहीं देना था। कोल्हापुर-शाखा का लड़का गोद लेने के लिए लोकमान्य तिलक का तीव्र विरोध क्यों था, इसके बारे में तिलक की भूमिका का समर्थन करते हुए न.चिं. केलकर अपने 'तिलक चरित्र' में अर्थात् 'गुरु-चरित्र' में बताते हैं, ''इस बारे में प्रारंभ से ही लोकमान्य तिलक का ऐसा निश्चय था कि जहां तक हो सके, कोल्हापुर का लड़का नहीं लेना है। इसका असल कारण ऐसा है कि रियासत का वातावरण प्रायः दूषित हुआ करता है। कोल्हापुर में तो वह आपत्ति अधिक! कोल्हापुर शाखा के एक-दो प्रौढ़ लड़कों ने तो पहले ही अपकीर्ति कर रखी थी। ऐसे गोत या झमेले का लड़का गोद लिया जाए तो वह आगे चलकर बुरे सलाहकारों के चंगुल में फंसकर सारी संपत्ति को फूंक देगा। इसके विपरीत तिलक की इच्छा थी कि अपने मित्र का घर कर्जरहित कर, सुशिक्षित, कीर्तिवान लड़के के सहारे ऊपर उठाकर उसे अधिकाधिक देशसेवा के कार्य में लगा दूं! परंतु वह इच्छा फलीभूत नहीं होगी इस भय से उन्होंने सुदूर निजामशाही निवासी लड़का ही गोद लेने का निश्चय कर लिया।''

जब लोकमान्य तिलक को यह पता चला कि ताई महाराज को तपेदिक है तब उनके नेतृत्व में काम करने वाले विश्वस्तों की गतिविधियां तीव्रतर हो गईं। अब किसी भी हालत में ताई महाराज की गोद में किसी न किसी लड़के को बिठाना ही होगा। इस दृष्टि से उनकी गतिविधियां तेज हो गईं। लोकमान्य तिलक की तो तीव्र इच्छा थी कि सुदूर निजामशाही का ही लड़का ताई महाराज की गोद में दिया जाए। मानो लोकमान्य तिलक ने भीष्म-प्रतिज्ञा कर ली हो।

18 जून, 1901 ई. को विश्वस्त मंडली की बैठक हुई। उसमें निर्णय हुआ कि औरंगाबाद जाकर निधोने गांव के पंडित घराने की बाबरे शाखा के एकाध छोटे लड़के को गोद लेने के लिए ताई महाराज को बाध्य किया जाए। उस बैठक में सोच-समझकर ऐसा भी निर्णय लिया गया कि कोल्हापुर, पुणे आदि स्थानों के पंडित घराने का लड़का गोद नहीं लिया जाए। विश्वस्त मंडली की बैठक में हुए निर्णय के अनुसार लोकमान्य तिलक, दादासाहब खापर्डे, ताई महाराज आदि सभी गोद लिये जाने वाले लड़के का चयन करने के लिए औरंगाबाद आए थे। अपने निवास के लिए उन्होंने एक गुरुद्वारा पसंद किया। किसी खानगी घर में मुकाम करें तो हो सकता है कि कुछ अड़चनें आएं उन सबके मन में यह डर था इसलिए मुकाम के लिए उन्होंने गुरुद्वारा ही पसंद किया।

लोकमान्य तिलक और खापर्डे निधोने नामक गांव के लिए बैलगाड़ी से निकले। वहां उन्होंने पांच लड़कों को चुना और उन्हें लेकर वे दोनों औरंगाबाद लौट आए। चुने गए पांचों लड़कों को उन्होंने ताई महाराज के सामने खड़ा किया। उन पांचों में से एक जगन्नाथ नामक लड़का दिखने में थोड़ा सुंदर, होशियार, फुर्तीला और उम्र में छोटा-सा था। खापर्डे अपने साथ एक ज्योतिषी ले आए थे। ज्योतिषी दुर्गेशास्त्री ने उस सुपुत्र के भाग्य को महान बताते हुए अपना मत व्यक्त किया था। इसलिए गोद लेने के लिए जगन्नाथ को ही चुना गया।

दादासाहब अपने निजी काम से 24 जून को उमरावती गए थे। इसलिए गोद लेने के संस्कार समारोह की पूरी जिम्मेदारी लोकमान्य तिलक पर आ पड़ी। निधोने गांव के मल्हार मनोहर अर्थात् भाऊसाहब देव के छः वर्ष के पुत्र जगन्नाथ को 27 जून, 1901 ई. को गोद में दिया गया। उसके अनुसार मल्हार मनोहर देव और ताई महाराज के दस्तावेज पर हस्ताक्षर हुए। उस समय औरंगाबाद के अनेक प्रतिष्ठित व्यक्ति उपस्थित थे। उनमें शहर के सरकारी नौकर, वकील, शिक्षक आदि प्रतिष्ठितों का समावेश था। लोकमान्य तिलक के एक महत्त्वपूर्ण चरित्र लेखक न.र.फाटक ने अपने 'लोकमान्य' ग्रंथ में ऐसा लिखा है, "गोद-विधान के लिए अत्यावश्यक विधान शास्त्रोक्त विधि से पूरे कर लिये गए। परंतु इस गोद-विधान समारोह में जगन्नाथ को ताई महाराज की गोद में बिठाने की महत्त्वपूर्ण विधि और उसके लिए आवश्यक होम-हवनादि औरंगाबाद में किया, ऐसा दिखाई नहीं देता।"

बाबा महाराज की संपत्ति का अधिकांश हिस्सा कोल्हापुर रियासत की हद में था और वह संपत्ति कोल्हापुर के छत्रपति की उस घराने को दी हुई देन थी। इसलिए ताई महाराज ने जिस सुपुत्र को औरंगाबाद में गोद लिया था उसके लिए कोल्हापुर के छत्रपति की अर्थात् शाहू छत्रपति की मंजूरी लेना अत्यंत आवश्यक था। इसके लिए लोकमान्य तिलक ने 18 जून, 1901 ई. को पुणे से दीवान सबनीस को पत्र लिखा था। वह पत्र दीवान सबनीस ने शाहू छत्रपति को दिखाया था। इसलिए लोकमान्य तिलक ने उनके प्रति आभार प्रकट किए थे। उसका उल्लेख 11 जुलाई, 1901 ई. के लोकमान्य तिलक के पत्र में देखने को मिलता है।

औरंगाबाद में ताई महाराज की गोद में मल्हार मनोहर देव के छः वर्ष की उम्र के जगन्नाथ को देने की घटना के पहले दस्तावेज के आधार पर पता चलता है कि शाहू छत्रपति को इस विषय से प्रथम परिचय हुआ था। परंतु इससे पहले लोकमान्य तिलक की गवाही से तैयार हुई लोकमान्य तिलक के परममित्र बाबा महाराज की वसीयत। तत्पश्चात् तुरंत कुछ ही घंटों में हुई उनकी मृत्यु, ताई महाराज के पेट पैदा हुआ पुत्र, उस पुत्र की तीन महीने की अल्पावधि में हुई मृत्यु! आदि सभी घटनाएं शाहू छत्रपति को ज्ञात नहीं थीं, ऐसा दिखाई देता है, या यों कहना उचित होगा कि इन सभी घटनाओं में उन्हें रत्तीभर का भी रस नहीं था।

पर आश्चर्य की बात यह है कि पुणे आने पर औरंगाबाद में हुआ जगन्नाथ का गोद-ग्रहण-विधान ताई महाराज ने अस्वीकार करना शुरू किया। लोकमान्य तिलक के दो चरित्र-लेखक न.चिं.केलकर और न.र.फाटक अपने 'तिलक-चरित्र' द्वारा बार-बार स्पष्ट करते हुए दिखाई देते हैं कि इसमें ताई महाराज के क्लर्क बलवंतराव नागपुरकर का हाथ

था। इस संदर्भ में न.र. फाटक लिखते हैं, ''औरंगाबाद में निरुपद्रवी वृत्ति से घोंघे की तरह चलने वाली स्त्री पुणें में आते ही लोकमान्य तिलक को डसने वाली नागिन बनी !''

पुणे के सरदारों के लिए नियुक्त किए गए अंग्रेज अफसर एच.एफ.ऑस्टन को तिलक के कहने से ताई महाराज ने औरंगाबाद में हुई गोद-विधान की घटना बता दी थी, ऐसा समाजशास्त्री य.दि. फड़के अपने 'शाहू छत्रपति और लोकमान्य' ग्रंथ में बताते हैं। परंतु उसका कोई सबूत वे दर्ज नहीं करते।

इससे स्पष्ट होता है कि औरंगाबाद में दस्तावेज द्वारा जगन्नाथ नामक देव घराने के लड़के को गोद लेने की जो रस्म पूरी की गई थी, वह ताई महाराज को मंजूर नहीं थी। परंतु न.चिं. केलकर, न.र. फाटक, य.दि. फड़के ये सभी 'तिलक-चरित्र' के लेखक ऐसा निष्कर्ष निकालकर मुक्त हो जाते हैं कि ''ताई महाराज की बुद्धि सठिया गई है। वह नागिन बन गई है।''

ऐसा कहते हुए वे भूल गए हैं कि ताई महाराज पर वे अन्याय कर रहे हैं।

वास्तविकता यह थी कि ताई महाराज कोल्हापुर रियासत के शाहू छत्रपति के राजगुरु रघुपति पंडित अर्थात् पंडित महाराज के छोटे भाई बाला महाराज को गोद लेना चाहती थीं। इसके पहले 6 जुलाई, 1901 ई. को अंस्टन साहब से मिलकर तिलक और अन्य विश्वस्तों को बाबा महाराज की धन-संपदा के ट्रस्टी होने के नाते जो अधिकार थे, वे रद्द करने की ताई महाराज ने मांग की थी। दूसरे ही दिन उन्होंने लोकमान्य तिलक समेत सभी विश्वस्तों को वैसी सूचना भी दी थी। उसमें ताई महाराज ने अपने पक्ष के समर्थन में लिखा था, ''मेरे पेट से लड़का पैदा हुआ और बदकिस्मती से वह मर गया इसलिए बाबा महाराज की संपत्ति की हकदार और वारिस मैं हूं। इसलिए बाबा महाराज का वसीयत-नामा इसके बाद खारिज हो जाता है। इसलिए कोई भी विश्वस्त मेरी संपत्ति में किसी प्रकार की दखल-अंदाजी न करे।'' डिस्ट्रिक्ट जज अंस्टन साहब को इस आशय की अर्जी भी उन्होंने दी थी।

ताई महाराज ने कोल्हापुर दरबार से 10 जुलाई, 1901 ई. को अर्जी देकर बाला महाराज को गोद लेने की इजाजत मांगी थी और कोल्हापुर दरबार ने उन्हें तार देकर इसकी मंजूरी दे दी थी। उसके अनुसार ताई महाराज ने शाहू छत्रपति के राजगुरु तथा मित्र रघुपति पंडित अर्थात् पंडित महाराज, जिन्हें गोद देना था वह बंधु बाला महाराज तथा उनकी माताश्री आदि को पुणे के अपने महल में बुला लिया। ताई महाराज के पुणे के उसी महल में 13 जुलाई, 1901 ई. को प्रातःकाल गोद-विधान समारोह संपन्न करना तय हुआ। उन्हें इस बात का विश्वास था कि लोकमान्य तिलक तथा उनके अन्य विश्वस्तों को अगर इस बात का पता चला तो वे वह गोद-विधान समारोह होने ही नहीं देंगे; आखिर हुआ भी वही। लोकमान्य तिलक को खबर मिलते ही वे अन्य विश्वस्तों तथा और भी कुछ लोगों को साथ लेकर समारोह को असफल करने के उद्देश्य से ताई महाराज के महल में जबर्दस्ती घुस गए। राजगुरु रघुपति पंडित अर्थात् पंडित महाराज भी पूरी तैयारी के साथ आए थे। उनके साथ कोल्हापुर के कुछ पहलवान थे। बाला महाराज स्वयं पहलवान जैसे हट्टे-कट्टे और

हथियार चलाने में भी निष्णात थे। लोकमान्य तिलक के 'चरित्र-लेखक' न.र. फाटक बताते हैं कि इसी से लोकमान्य तिलक भी अपने साथ कुछ हट्टे-कट्टे लोगों को ले गए थे।

ताई महाराज के पुणे के महल में एक ओर ताई महाराज तो दूसरी ओर बाल गंगाधर तिलक, दादासाहब खापर्डे और पुणे के अन्य कुछ असामीह्वऐसे दो दल आमने-सामने खड़े रहे। ''यह महल मेरा है अतः यहां किसे बुलाना और किसे नहीं बुलाना है, यह मैं तय करूंगी'' ताई महाराज ने ऐसी आक्रामक भूमिका ले ली। परंतु आखिर में तिलक-पक्ष की ही जीत हुई और कोल्हापुरकर मंडली को ताई महाराज का महल छोड़ने के लिए विवश होना पड़ा। कोल्हापुरकरों के महल छोड़कर जाने के बाद लोकमान्य तिलक और खापर्डे ने महल में आने-जाने वालों पर तीन दिन कड़ा पहरा बिठा दिया था। इस घटना के पहले लोकमान्य तिलक ने शाहू छत्रपति के दीवान सबनीस को तार और पत्र भेजकर बता दिया था कि ताई महाराज यह जो दूसरा गोद-विधान कर रही हैं, वह पूर्णतया अवैध है।

बाला महाराज को गोद लेने का ताई महाराज का पुणे का समारोह जब लोकमान्य तिलक तथा अन्य विश्वस्तों ने सफल नहीं होने दिया तब ताई महाराज ने वह समारोह कोल्हापुर में करने का निर्णय लिया।

जगन्नाथ महाराज का गोद-विधान समारोह जो औरंगाबाद में हुआ वह शाहू छत्रपति के आद्य चरित्र-लेखक आण्णासाहब लठ्ठे को मंजूर नहीं है, ऐसा लोकमान्य तिलक के 'चरित्र-लेखक' बताते हैं। लोकमान्य तिलक के पक्ष के लोगों ने गोद-विधान समारोह का जो खर्चा दर्ज किया है, सबूत के तौर पर, वास्तव में कुछ भी खर्च नहीं हुआ था। वह खर्च कागजों में काट-कूट कर दिखाया था, ऐसा आण्णासाहब लठ्ठे का अभियोग है।

ताई महाराज ने राजगुरु रघुपति अर्थात् पंडित महाराज के भाई को यानी बाला महाराज को गोद लेने से पहले शाहू छत्रपति से स्वीकृति मांगी थी। अपने राजगुरु और परमस्नेही रघुपति महाराज के भाई को गोद लिया जा रहा है, यह देखने पर शाहू छत्रपति ने उसके लिए बड़ी खुशी से अनुमति दे दी। इसलिए ताई महाराज ने गोद-विधान समारोह की तैयारी कोल्हापुर में शुरू की। लोकमान्य तिलक को जब उसका पता चला तो वे 15 अगस्त, 1901 ई. को शाहू छत्रपति से खास भेंट करने उनके पास पहुंचे। ताई महाराज के पुणे से कोल्हापुर लौटने से पहले ही लोकमान्य तिलक ने 16 अगस्त को शाहू छत्रपति से मिलकर–ताई महाराज ने बाला महाराज को गोद लेने की जो कोशिश शुरू की है उस पर रोक लगावें–उन्हें मनाने की ऐसी भरसक कोशिश की थी। शाहू छत्रपति ने कोई ठोस आश्वासन तब तिलक को नहीं दिया। तुरंत दूसरे ही दिन तिलक अपने किसी काम से मिरज चले गए। उनके मिरज में पहुंचने पर उन्हें तार मिला कि ताई महाराज और नागपुरकर कोल्हापुर आ गए हैं। इसलिए तिलक आनन-फानन कोल्हापुर में दाखिल हुए। 18 अगस्त को उन्होंने नए राजमहल पर जाकर शाहू छत्रपति से मुलाकात की। ताई महाराज के दूसरे नए गोद-विधान को शाहू छत्रपति सहमति न दें इसलिए लोकमान्य तिलक ने अपने पक्ष का जोरदार समर्थन किया। उन दोनों में अन्य बातें भी दिल खोलकर

हुईं। परंतु अगले ही दिन 19 अगस्त, 1901 ई. को ताई महाराज बाला महाराज को गोद लेने वाली है, उस समारोह में वे स्वयं उपस्थित रहने वाले हैं, इस बात का अतापता भी शाहू छत्रपति ने उस वार्तालाप में लगने नहीं दिया। ऐसा लगता है कि पैंतालीस वर्ष की उम्र पार किए लोकमान्य तिलक और पच्चीस को अभी-अभी पार किए हुए शाहू छत्रपति की नए राजमहल में हुई यह मुलाकात बड़ी ही विनोदपूर्ण रही होगी। क्योंकि लोकमान्य तिलक ने अपने पक्ष को जितने जोशपूर्ण शब्दों में प्रस्तुत किया होगा, उतने ही शीतल शब्दों में और बहुत ही संयम के साथ शाहू छत्रपति ने तिलक के कथन को सुन लिया होगा—ऐसा दिखाई देता है।

19 अगस्त, 1901 ई. को बाला महाराज को ताई महाराज की गोद में देने का समारोह कोल्हापुर में शाहू छत्रपति की उपस्थिति में उत्तम रीति से संपन्न हुआ। इस गोद-विधान की वजह से लोकमान्य तिलक का मुकाम कोल्हापुर में था। उस मुकाम में शाहू छत्रपति के वेदोक्त का अधिकार का विरोध करने वाले नारायण राजोपाध्ये और उनके समर्थकों ने जान-बूझकर लोकमान्य तिलक से मुलाकात की होगी, ऐसा अंदाज समकालीन सदाशिवराव आळतेकर जैसों की याददाश्तों के सहारे किया जा सकता है। वेदोक्त प्रकरण में लोकमान्य तिलक उनके विरोधियों का समर्थन कर रहे हैं यह ध्यान में आते ही शाहू छत्रपति ने ताई महाराज के समर्थन में कोई कसर बाकी नहीं रखी, ऐसा दिखाई देता है।

शाहू छत्रपति की सहायता से बाला महाराज को गोद लेने की अपनी इच्छा ताई महाराज ने पूरी कर ली। तब लोकमान्य तिलक ने ताई महाराज का यह दूसरा गोद-विधान अवैध है, ऐसी नालिश 23 सितंबर, 1901 ई. को जनपद अदालत में दायर की। इसके पहले ही ताई महाराज ने लोकमान्य तिलक, खापर्डे, कुंभोजकर के प्रोबेट खारिज किए जाएं, ऐसी अर्जी 29 जुलाई, 1901 ई. को ही न्यायाधीश अंस्टन के पास दे दी थी। उसका निर्णय ताई महाराज के पक्ष में हुआ। ताई महाराज के क्लर्क नागपुरकर को उनकी जायदाद के प्रबंधक की हैसियत से काम करने के लिए मनाही की जाए तिलक और उनके सहयोगियों की यह मांग न्यायाधीश ॲस्टन ने खारिज तो की ही, साथ-साथ उन्होंने यह भी निर्णय भी दिया कि कानून तोड़कर जन-समूह इकट्ठा करना, पुणे के ताई महाराज के महल में धींगामुस्ती कर बाला महाराज को निकाल बाहर कर देना, नागपुरकर पर झूठी नालिश दायर करना, उगाही के संबंध में ताई महाराज के साथ की गई धोखाधड़ी, साथ ही जाली संलेख तैयार करना आदि इलजामों के आधार पर सरकार लोकमान्य तिलक पर मुकद्दमा दायर करे, ऐसी विस्तृत सिफारिश अंस्टनसाहब ने की थी।

ॲस्टनसाहब ने लोकमान्य तिलक के विरोध में जो निर्णय दिया, उसके विरोध में उन्होंने बंबई के उच्च न्यायालय में न्याय की मांग की। उस न्यायालय के न्यायाधीश क्रो और बॅटी ने न्यायमूर्ति ॲस्टन के निर्णय को पूर्णतया बदलकर 19 अगस्त, 1902 को लोकमान्य तिलक के पक्ष में निर्णय दिया। इस मुकद्दमे की लोकमान्य तिलक की यह पहली जीत थी।

अदालत ने न्यायमूर्ति ॲस्टन की सिफारिश मान्य करते हुए लोकमान्य तिलक पर जो फौजदारी मुकद्दमा था उसे वैसा ही चालू रखा। वास्तव में ब्रुइन और पागे, इन दो सरकारी गुप्तचरों ने सलाह दी थी कि इस प्रकरण में सरकार पूर्णतया तटस्थ रहे।

सरकारी स्पेशल मैजिस्ट्रेट क्लेमंट्स के सामने 3 अक्टूबर, 1902 ई. को लोकमान्य तिलक पर जो फौजदारी मुकद्दमा था, उसकी शुरुआत हुई। 24 अगस्त तक उसका कामकाज चलता रहा। उस मुकद्दमे में लोकमान्य तिलक ने झूठी गवाही दी और ताई महाराज को उन्होंने बंद कर रखा था, ऐसे दो महत्त्वपूर्ण अभियोग उन पर लगाए गए थे। तिलक के वकील की हैसियत से सातारा के वकील दादासाहब करंदीकर काम कर रहे थे। परंतु ताई महाराज की गवाही लेते समय तिलक ने ब्रन्सनसाहब जैसे महगे वकील को खास रूप से बुला लिया था। प्रतिदिन की उनकी फीज 400 रु. थी। इसके साथ ही रहने और खाने-पीने का इंतजाम भी तिलक को ही करना पड़ता था। उनके आवागमन का खर्चा भी तिलक को ही करना पड़ता। ब्रॅन्सनसाहब पर जो खर्च करना पड़ा था, उससे लोकमान्य तिलक बहुत ही ऋणी हो गए थे। ताई महाराज मुकद्दमे की पैरवी के दिन अपनी तबीयत के बिगड़ने का कारण बताकर उपस्थित नहीं रहतीं, फलतः मुकद्दमे का कामकाज ठप हो जाता। तब भी अदालत में उपस्थित रहने वाले तिलक को वकील ब्रॅन्सन साहब की फीज देनी ही पड़ती थी। स्वयं तिलक का कथन है कि यह फौजदारी मुकद्दमा और उससे निर्माण हुए अन्य मुकद्दमों पर अपने 30 हजार रुपए नाहक खर्च हो गए।

इस मुकद्दमे में लोकमान्य तिलक अपनी समूची शक्ति समेटकर लड़ रहे थे, तो दूसरी ओर स्वयं शाहू छत्रपति ताई महाराज की सहायता के लिए उतनी ही ताकत के साथ उनके पीछे खड़े थे। परिणामस्वरूप दोनों पक्षों में दांव-प्रतिदांव, आरोप-प्रत्यारोप का खेल शुरू था। लोकमान्य तिलक पर ऐसा इलजाम लगाया गया था कि उन्होंने ताई महाराज को बंदी बनाकर रखा था। इसलिए रघुपति पंडित महाराज ने भी उनकी माता को आठ दिन बंदी बनाकर रखा था, ऐसा ताई महाराज पर इलजाम था और तिलक के वकील दादासाहब करंदीकर उसे सिद्ध करने की भरसक कोशिश में जुटे हुए थे। उसके सिवा लोकमान्य तिलक ने बचाव पक्ष की तरफ से गवाह के रूप में जो नाम दिए थे उनमें एक नाम विश्वस्त कुंभोजकर का था। परंतु कुंभोजकर अदालत में उपस्थित नहीं रहेंगे इसके लिए स्वयं तिलक ही हाथ-पांव मार रहे थे, तो दूसरी ओर ब्रिटिश अफसर पत्र लिखकर शाहू छत्रपति को बता रहे थे कि किसी भी हालत में गवाही देने के लिए कुंभोजकर को अदालत में उपस्थित रखने की कोशिश की जाए। परंतु ऐसा दिखाई देता है कि कुंभोजकर को अदालत में अनुपस्थित रखने में लोकमान्य तिलक सफल हुए हैं।

अंत में न्यायमूर्ति क्लेमंट्स ने 24 अगस्त, 1903 ई. को उस मुकद्दमे का निर्णय लोकमान्य तिलक के विरोध में ही दिया। लोकमान्य तिलक ने झूठी गवाही दी और ताई महाराज को बंदी बनाकर रखा—इन इलजामों के अंतर्गत उन्हें अपराधी ठहराकर डेढ़ साल के सश्रम कारावास और एक हजार रुपए जुर्माने की सजा सुनाई। इस मुकद्दमे की सुनवाई

के प्रदीर्घ निर्णय-पत्र का संपूर्ण पठन न कर न्यायाधीश क्लेमंट्स ने सिर्फ दस-पंद्रह मिनट में कुछ महत्त्वपूर्ण परिच्छेद पढ़कर अपना निर्णय सुना दिया। यह मुकद्‌दमा जब चला था तब तिलक और उनके वकील को ऐसा निश्चित लग रहा था कि मुकद्‌दमे का फैसला उनके विरोध में दिया जाने वाला है। इसलिए तिलक के वकील ने मुकद्‌दमे का फैसला सुनाने के पहले ही अपील का मसौदा तैयार कर रखा था। उसके अनुसार क्लेमंट्स के निर्णय के विरोध में सत्र न्यायालय में न्याय की मांग की। परंतु इसके पहले ही मुकद्‌दमे का निर्णय हो गया और तिलक को जेल भेज दिया गया था। फिर कुछ ही समय में उनकी जमानत स्वीकृत हो गई और तिलक मुक्त हो गए।

सत्र न्यायाधीश ल्यूकस के न्यायालय में तिलक की अपील से संबंधित मुकद्‌दमा शुरू होने से पहले 30 सितंबर, 1903 ई. को ताई महाराज की मृत्यु हो गई। ताई महाराज का शाहू छत्रपति पर पूरा भरोसा था। इसलिए उन्होंने अपनी मृत्यु से 15 दिन पहले शाहू छत्रपति को पत्र लिखकर, गिड़गिड़ाकर कहा था कि उनकी आय में से 5000 रुपया उनके क्लर्क नागपुरकर को देने का इंतजाम किया जाए। क्योंकि नागपुरकर ने क्लर्क से लेकर अभिभावक तक के कार्यकाल में ताई महाराज की काफी मदद की थी। इसीलिए ताई महाराज उनके ऋण से थोड़ी-बहुत उऋण होना चाहती थीं।

उच्च न्यायालय में दायर किए हुए मुकद्‌दमे का निर्णय सर न्यायाधीश जेंकिन्स और न्यायाधीश बॅटी ने 3 मार्च, 1904 ई. को सुनाया। इस मुकद्‌दमे में लोकमान्य तिलक ने झूठी गवाही दी, इस अभियोग के साथ-साथ ॲस्टन द्वारा लगाए गए अन्य अभियोग भी थे। उच्च न्यायालय ने उन सभी अभियोगों में लोकमान्य तिलक को निर्दोष बताकर बरी कर दिया। दंड न्यायालय के मुकद्‌दमे से लोकमान्य तिलक निर्दोष बरी हुए, यह खबर तार-द्वारा समूचे भारत में फैल गई। उनका अभिनंदन करने वाले तारों और पत्रों की उन पर बौछार हो गई। श्री न.र.फाटक अपने 'तिलक-चरित्र' में लिखते हैं, "सांसत थमी; पर उसके लिए तिलक को बड़ी कीमत चुकानी पड़ी। इसमें समाधान इतना ही कि तिलक के शुद्ध चारित्र्य की उज्ज्वलता और अधिक कान्तियुक्त बनी।"

दंड-न्यायालय के मुकद्‌दमे से लोकमान्य तिलक पूर्णतया निर्दोष मुक्त हुए, तो भी उन्हीं के द्वारा दायर की हुई जनपद-नालिश का फैसला अभी नहीं हुआ था। 23 सितंबर, 1901 ई. को कोल्हापुर में हुए बाला महाराज का गोद-विधान गैरकानूनी साबित करने के लिए लोकमान्य तिलक ने ही दावा दाखिल किया था। उसका भी निर्णय 31 जुलाई, 1906 को लोकमान्य तिलक के ही पक्ष में हुआ।

उस फैसले में न्यायाधीश जवेरीलाल ठाकोर ने औरंगाबाद में हुए जगन्नाथ महाराज के गोद-विधान को मंजूरी दी। इस निर्णय पर बाला महाराज पंडित ने बंबई के उच्च न्यायालय में न्याय की मांग की। इस मुकद्‌दमे में ठाकोर का निर्णय न्यायमूर्ति नारायण गणेश चंदावरकर और न्यायमूर्ति हिटन ने बदलकर यह निष्कर्ष निकाला कि जगन्नाथ को गोद में लेने के लिए ताई महाराज पर लोकमान्य तिलक और खापर्डे ने दबाव डाला था। इतना

ही नहीं, उन दोनों न्यायाधीशों ने यह आशंका भी प्रकट की कि क्या सचमुच जगन्नाथ का गोद-विधान हुआ था ?

न्यायमूर्ति चंदावरकर और हिटन द्वारा दिए गए निर्णय के विरोध में लोकमान्य तिलक ने हिंदू धर्मशास्त्र और कानून की बाजी लगाकर प्रिवी कौन्सिल के पास न्याय की मांग की। प्रिवी कौन्सिल ने 26 मार्च, 1915 ई. को न्यायमूर्ति चंदावरकर और न्यायमूर्ति हिटन का दिया हुआ निर्णय खारिज कर पुणे के उपन्यायाधीश ठाकोर के निर्णय को स्वीकृत किया। परिणामस्वरूप औरंगाबाद में जगन्नाथ महाराज का जो गोद-विधान समारोह हुआ था, वही कानूनसम्मत सिद्ध होकर प्रदीर्घ समय तक चले मुकद्दमे में अंतिम जीत लोकमान्य तिलक की हुई और सच्चे अर्थों में कड़ी कसौटी से उनकी मुक्ति हुई।

परंतु तिलक के पक्ष में अदालत का जो निर्णय हुआ, वह शाहू छत्रपति के लिए अत्यंत कष्टकर और अपमानजनक सिद्ध हुआ, ऐसा उनके द्वारा ब्रिटिश अधिकारियों को लिखे गए पत्र से मालूम होता है। बंबई के गवर्नर लॉर्ड विलिंग्डन को सितंबर, 1915 ई. में भेजे हुए पत्र में उन्होंने लिखा था, ''मैंने रॉबर्टसन से प्रार्थना की है कि इस तिलक प्रकरण से मेरी प्रतिष्ठा को किस प्रकार आघात पहुंचा है यह आपके सामने स्पष्ट करने का मेरे दीवान को एक मौका दिया जाएह्व।'' दिल्ली के राजनीतिक विभाग के सेक्रेटरी जे.बी. वुड को 10 अप्रैल, 1917 ई. को कोल्हापुर से भेजे गए पत्र में शाहू छत्रपति बताते हैं, ''मैंने बंबई के एक तज्ञ वकील सी.एच.सेटलवड और बंबई बार के प्रख्यात बैरिस्टर बिन्निग के इस प्रकरण-विषयक जो मत प्राप्त किए हैं, उसकी लिखित प्रतिलिपियां इस पत्र के साथ संलग्न हैं। मेरा यह अहोभाग्य है कि मिस्टर लोन्डस इस प्रकरण को कानून की दृष्टि से अच्छी तरह जानते हैं और सर क्लॉउड हिल को उस प्रश्न का आर्थिक पक्ष अच्छी तरह ज्ञात है। परंतु इन सभी प्रकरण में मैं आप पर निर्भर हूंह्ववह मात्र राजनीतिक दृष्टिकोण की खातिर!''

8 अगस्त, 1915 ई. को मिस्टर रॉबर्टसन को उन्होंने जो गोपनीय पत्र भेजा है, उसमें उनका पक्ष इस प्रकरण में किस प्रकार न्याय के पक्ष में है यह समझा देने का उन्होंने हृदयतल से प्रयत्न किया है। उसमें उन्होंने लिखा है, ''लोकमान्य तिलक के पक्ष में आवेशपूर्ण जनमत के सिवा और कुछ न होकर बाकी सभी बातें उनके प्रतिकूल हैं,जो इस प्रकार हैं:

1. बाबा महाराज या ताई महाराज, इन दोनों को भी अपने श्री परिवार के बाहर का लड़का गोद लेना नहीं था।
2. लोकमान्य तिलक ने जिस पुत्र को गोद लिया था उसके लिए उन्होंने कोल्हापुर दरबार से इजाजत कभी मांगी नहीं।
3. सरकार और कोल्हापुर दरबार में ब्रिटिश परिक्षेत्र की संपत्ति के वारिस के बारे में जो इकरार हुआ था, उसका पालन लोकमान्य तिलक ने नहीं किया।
4. मुझे लगता है कि उन्हें (तिलक को) नाबालिग लड़के को ही गोद लेना है, क्योंकि वे उस लड़के को पूर्णतया अपने कब्जे में रखकर उसका चरित्र-गठन

अपने विचारानुसार करना चाहते हैं, ताकि उसकी संपत्ति पर लोकमान्य तिलक का कब्जा प्रदीर्घ समय तक रह सके।

5. लोकमान्य तिलक जब से बाबा महाराज की संपत्ति के विश्वस्त बने हैं तब से ताई महाराज पर लाखों रुपयों का कर्जा हो गया है। (वास्तव में ताई महाराज अकेली हैं। उनकी वार्षिक आय 30,000/- रुपया है। फिर इतना कर्जा कैसे हुआ?)
6. लोकमान्य तिलक ने जिस लड़के को गोद लिया है वह अब अचानक एक बड़ी जागीर का अधिपति होगा। सहज है कि वह लड़का सदैव तिलक पक्ष के लोगों के साथ कृतज्ञ रहेगा। इसलिए किसी दूसरे लड़के को गोद लेना सभी दृष्टि से उनकी आशा, आकांक्षाओं पर पानी फेरने के बराबर होता।
7. जिस लड़के को गोद लेने के लिए मैंने सम्मति दर्शाई है वह लड़का उच्चकुलीन परिवार का है और पढ़ा-लिखा है। उसका चरित्र एवं चारित्र्य आदर्शवत् है। कोल्हापुर दरबार और अंग्रेज सरकार के प्रति उसकी श्रद्धा संदेहातीत है। उसे देखने पर ही पता चल जाता है कि वह क्या है।
8. उसे गोद लेने वाली माता की उसे हृदयतल से स्वीकृति है। वह गोद-विधान कोल्हापुर-दरबार की मान्यता से ही संपन्न हुआ है। इतना ही नहीं; बल्कि ये सभी कार्य ब्रिटिश सरकार के साथ हुए इकरार के अनुसार दी हुई सलाह के मुताबिक किए हैं।
9. मुझमें और ब्रिटिश सरकार में हुए करार के अनुसार ब्रिटिश जिले की धनसंपत्ति के वारिस के रूप में मूल परिवार प्रमुख की पीढ़ी के ही किसी को गोद लेना चाहिए था; परंतु लोकमान्य तिलक ने इस प्रकरण में तय इकरार को भंग किया है। इसके विपरीत मैंने बाला महाराज के गोद-विधान को स्वीकृति देकर अपने करार का पालन किया है।''

इस पत्र के अंत में शाहू छत्रपति आग्रह के साथ कहते हैं, ''इन सबके कारण मेरा पक्ष न्याय के पक्ष में है। सरकार को मेरे ही पक्ष का अनुमोदन करना इसलिए आवश्यक है क्योंकि सरकार और मेरे बीच हुए करार के अनुसार तथा राजनीतिक दृष्टिकोण से मेरी कृति ही सुयोग्य है।'' इतना ही नहीं; बल्कि शाहू छत्रपति अपनी राजनिष्ठा का हवाला देकर उन्हें न्याय मिले, ऐसी मांग करते हैं वरना अंत तक लड़ने की उनकी तैयारी है, यह भी बता देते हैं।

शाहू छत्रपति के इस पत्र के सभी मुद्दे समर्थनीय हैं, ऐसा नहीं। शाहू छत्रपति के ऐसा बार-बार कहने पर भी कि वे ब्रिटिश सरकार के साथ एकनिष्ठ हैं, बावजूद ब्रिटिश सरकार ने इस प्रकरण में लोकमान्य तिलक के ही पक्ष में न्याय दिया है। अनेक 'तिलक-चरित्र' लेखक खासकर न.चिं. केलकर और न.र.फाटक इस मुकद्दमे में इसलिए उतर पड़े थे कि इस प्रकरण में ब्रिटिश सरकार लोकमान्य तिलक को न्याय नहीं देगी। उन्होंने सौ फीसदी अपना ऐसा ही विश्वास बना लिया था। इन दोनों ने शाहू छत्रपति और ब्रिटिश अफसरों

में हुए पत्राचार को ध्यान में लिया है, ऐसा दिखाई नहीं देता। इन दोनों ने शाहू छत्रपति और ब्रिटिश अधिकारियों में हुए पत्राचार का उनके 'तिलक-चरित्र' में उपयोग किया है, ऐसा दिखाई नहीं देता। हो सकता है, न.चिं. केलकर को स्वतंत्रतापूर्व काल में यह पत्राचार उपलब्ध न हुआ हो और अगर उपलब्ध हुआ भी होता तो न.चिं.केलकर उसे देखने के कष्ट उठाते, इसमें शक है; क्योंकि उन्होंने 'केसरी' की उपलब्ध सभी संचयिकाओं का उपयोग अपने 'तिलक-चरित्र' के लिए नहीं किया, ऐसी आलोचना समीक्षक य.दि.फड़के ने अपने 'शोध बाळगोपाळांचा' (खोज बालगोपालों की) ग्रंथ में की है। दूसरी महत्त्वपूर्ण बात यह है कि न.चिं. केलकर ने शाहू छत्रपति को 'स्वराज-द्रोही छत्रपति' की 'केसरी' की मुहर लगाकर खत्म करने का मानो बीड़ा उठाया था। इसलिए शाहू छत्रपति का पत्राचार उनकी दृष्टि से बेकार और त्याज्य ही था। लोकमान्य तिलक के एक और चरित्र लेखक न.र.फाटक का 'तिलक-चरित्र' 1972 ई. में प्रकाशित हुआ था। उस समय शाहू छत्रपति और ब्रिटिश सरकार में जो पत्राचार हुआ था वह पूर्णतया उपलब्ध था, परंतु न.र. फाटक ने भी उसका उपयोग नहीं किया। हो सकता है कि न.र.फाटक ने अपनी ढलती उम्र में 'तिलक-चरित्र' लिखा इसलिए उन्होंने अन्य उपलब्ध सामग्री का उपयोग न किया हो। दूसरा महत्त्वपूर्ण कारण यह होगा कि न.चिं. केलकर की ही तरह न.र. फाटक का भी दृष्टिकोण शाहू छत्रपति के बारे में पूर्वग्रह-दूषित था !

शिवाजी यूनिवर्सिटी कोल्हापुर के शाहू संशोधन केंद्र द्वारा डॉ. विलास संगवे द्वारा संपादित 'राजर्षि शाहू छत्रपति पेपर्स' का सातवां खंड प्रकाशित किया गया है। उसमें ताई महाराज कांड के संदर्भ में किया हुआ पत्र-व्यवहार देखें तो मालूम होता है कि ब्रिटिशों ने शाहू महाराज को उनके पक्ष को स्पष्ट करने का मौका दिया था; परंतु उनके पक्ष की सभी बातें सुनने पर भी ब्रिटिश न्यायाधीशों ने जो निर्णय दिया उसमें किसी प्रकार भी परिवर्तन नहीं किया। 17 मई, 1917 ई. को ब्रिटिश सरकार के राजनीतिक विभाग के सेक्रेटरी मि. जे.बी. वुड ने शाहू छत्रपति को जो पत्र भेजा है, उसमें उन्होंने लिखा है, ''आदरणीय एडवोकेट जनरल बेलगल के मत का विचार करने पर स्पष्ट करना पड़ता है कि इस संबंध में आपको जो लगता है ब्रिटिश सरकार फलानी-फलानी कार्यवाही करे, वह कानून की दृष्टि से असंभव है। परिणामस्वरूप इस बारे में बंबई सरकार ने जो हुक्म दिया है उसके विरोध में आपको (शाहू छत्रपति को) न्याय मांगने का मौका नहीं मिलेगा।''

संक्षेप में भले ही इस मामले में न्यायदेवता ने तिलक के पक्ष में न्याय दिया हो तो भी इस कांड में तिलक की भूमिका पूर्णतया यथोचित थी, ऐसा कहना सत्य नहीं होगा, क्योंकि वह बाबा महाराज की धन-दौलत ठीक से सम्हाल नहीं सकेगाह्लउसे वह फूंक देगा, यह लोकमान्य तिलक का विचार पूर्णतया पूर्वग्रह पर आधारित था। इस कारण जिसे गोद लेना है, वह लड़का कोल्हापुर परिक्षेत्र के बाहर का हो, यह तिलक का विचार पूर्णतया दूषित पूर्वग्रहों पर आधारित था। इसलिए यह दुराग्रह किसी भी हालत में समर्थनीय साबित नहीं होता। दूसरी बात यह कि जिसे गोद लेना है वह लड़का बाबा महाराज को उन्हीं के 'श्री'

परिवार का चाहिए था। इस संदर्भ में शाहू चरित्र-लेखक श्री आण्णासाहब लठ्ठे ने ताई महाराज के क्लर्क नागपुरकर की गवाही पेश की है।

तीसरी बात यह है कि हिंदू धर्मशास्त्र के गहन अध्ययन के बल पर औरंगाबाद में जगन्नाथ महाराज का गोद-विधान समारोह संपन्न हुआ था, ऐसा यद्यपि लोकमान्य तिलक ने सिद्ध किया था, तो भी व्यावहारिक स्तर पर ऐसा दिखाई नहीं देता कि गोद-विधान का समारोह वहां प्रत्यक्ष रूप में संपन्न हुआ हो। क्योंकि ताई महाराज ने जगन्नाथ महाराज के जन्मदाता पिता को 28 जून, 1901 ई. को जो पत्र लिखा था, वह पत्र न.चिं.केलकर द्वारा लिखे गए 'तिलक-चरित्र' खंड 2, भाग 3 में देखने को मिलता है। उस पत्र के अंत में ताई महाराज ने लिखा है, ''इसके सिवा किसी अन्य को हम गोद नहीं लेंगे। इसी लड़के का हम उचित तरीके से परिपालन करेंगे।''

ताई महाराज के इस वक्तव्य को पढ़ने पर शाहू चरित्र-लेखक आण्णासाहब लठ्ठे को लगता है कि यह गोद-विधान समारोह औरंगाबाद में हुआ ही नहीं होगा। एक और महत्त्वपूर्ण बात आण्णासाहब लठ्ठे ने दर्ज की है कि अदालत में इस संदर्भ में दाखिल किए गए टिप्पण में काली स्याही से काट-कूट की गई थी। उसके बारे में शाहू चरित्र-लेखक आण्णासाहब लठ्ठे लिखते हैं, ''दान का प्रतिग्रहण करने के लिए उसके मुख से शब्द निकले,'' ऐसा लिखा गया है। ('उसके' अर्थात् उस गोद लिये हुए लड़के के)।'' दूसरे दिन (28 तारीख को) जिसे गोद लेना था उस लड़के का अंतिम चयन हुआ इसलिए लौट आने पर भगवान को प्रसाद चढ़ाने के लिए 3 रुपया खर्च लिखा गया है। इस लेख के आधार पर और वास्तविक स्थिति के आधार पर स्पष्ट करना पड़ता है कि औरंगाबाद का गोद-विधान समारोह वास्तव में संपन्न हुआ था, ऐसा कहना साहसपूर्ण होगा, निर्विवाद है।''

शाहू छत्रपति और लोकमान्य तिलक, इन दोनों को एक-दूसरे के प्रति आदरभाव था। इतना ही नहीं; बल्कि उन दोनों ने एक-दूसरे की अड़चन के या संकट के प्रसंग में मदद करने के लिए हाथ बढ़ाने के कुछ उदाहरण प्रबोधनकार ठाकरे (कोदंड) जैसे समकालीन देते हैं। उन्हें अगर पूर्वग्रहरहित दृष्टि से स्वीकृत किया जाए तो उन दोनों महापुरुषों के जीवन-संघर्ष के नाटक महाराष्ट्र के सुज्ञों को बार-बार करने की आवश्यकता ही नहीं होगी, ऐसा प्रामाणिक रूप से लगता है। परंतु दुख के साथ स्वीकृत करना पड़ता है कि शाहू छत्रपति और लोकमान्य तिलक, इन महापुरुषों के जीवन में 'वेदोक्त कांड' और 'ताई महाराज कांड' के कारण जो तनाव और गलतफहमी पैदा हुई वह बढ़ती ही गई। उसके जो दुष्परिणाम हुए वे मात्र उन दो महापुरुषों के निजी जीवन तक ही सीमित नहीं रहे; बल्कि उनके दुष्परिणाम न केवल महाराष्ट्र को; बल्कि समूचे देश को भी सहने पड़े, इस तथ्य को मान्य करना ही पड़ेगा।

इस प्रकरण में शाहू छत्रपति और लोकमान्य तिलक इन दोनों महामानवों का थोड़ा भी निजी स्वार्थ नहीं था। न.चिं. केलकर लिखित 'तिलक-चरित्र' में तिलक का इसमें किसी भी प्रकार का निजी स्वार्थ नहीं था, यह सिद्ध करने वाली अनेक घटनाएं मिलती हैं। इस संदर्भ में न.चिं.केलकर ने ताई महाराज के क्लर्क नागपुरकर के भतीजे नाना

नागपुरकर की एक स्मृति उद्धृत की है। उन्होंने लिखा है, ''ताई महाराज कोल्हापुर में नागपुरकर के घर आती थीं। नागपुरकर मेरे चाचा लगते थे इसलिए मैं भी उनके घर जाया करता। ताई महाराज हम छोटे बच्चों के साथ दिल खोलकर खेलती तथा बोलती थीं।' लगभग उसी समय गोद-विधान कांड शुरू था इसलिए मैंने साहस कर उनसे प्रश्न पूछा, 'महाराज! आप हमारे तिलकजी से लड़ती-झगडती क्यों हैं? उन्होंने आपका क्या बुरा किया है?' मेरे प्रश्न पूछते ही ताई महाराज की आंखों में आंसू छलक पड़े और गद्गद होकर वे बोलीं, 'बेटे! तिलक ने मेरा कुछ बुरा तो किया ही नहीं और न ही वे महल से सुतली का छोटा टुकड़ा भी ले गए। पर हमारे बीच एक बात आड़े आई है। तिलक बहुत ही हठी हैं और मैं तो ठहरी स्वाभिमानिनी स्त्री!' ''

इस कांड में लोकमान्य तिलक की तरह शाहू छत्रपति को भी पानी की तरह पैसा बहाना पड़ा था। साथ-साथ उन्हें शारीरिक और मानसिक पीड़ा भी सहनी पड़ी थी। और तो और, उस प्रकरण में उनका एक पाई का भी आर्थिक लाभ होने वाला नहीं था। इसीलिए 15 अगस्त, 1915 ई. को मि. रॉबर्टसन को कोल्हापुर से भेजे हुए पत्र में वे लिखते हैं, ''मैं आपको फिर से बताता हूं कि इस प्रकरण में मुझे एक पाई का भी लाभ होने वाला नहीं है और सरकार को भी बहुत कुछ खोना नहीं पड़ेगा है।'' (I will again say I not to get a penny in this case and Govt. will not loss much.)

ताई महाराज कांड में अंतिम जीत लोकमान्य तिलक की हुई इसलिए तिलक के सभी चरित्र-लेखक न.चिं. केलकर से लेकर य.दि. फड़के तक सभी उनका हृदयतल से सम्मान करते हैं। उनकी एक कड़ी कसौटी से मुक्ति हुई, उनका चरित्र निष्कलंक था यह साबित हुआ, ऐसा बड़े गर्व से लिखते हैं। वे सभी यह भूल जाते हैं कि उस कांड में शाहू छत्रपति का भी अपना कुछ कहना था, ताई महाराज की धनदौलत के बारे में उनका भी एक इरादा था पर तिलक के सभी चरित्र-लेखकों ने सुविधापूर्ण रीति से इसे भुला दिया है, ऐसा दिखाई देता है।

लोकमान्य तिलक ने बाबा महाराज के साथ अपनी मित्रता के खातिर इस कांड में अपना सर्वस्व झोंक दिया था, जैसे यह सच है, वैसे ही शाहू छत्रपति भी अपने राजगुरु रघुपति पंडित अर्थात् पंडित महाराज के साथ उनकी जो दृढ़ मित्रता थी उसकी खातिर अपनी सारी शक्ति समेटकर संघर्ष कर रहे थे, यह भी सच है। परंतु इन सभी तिलक के चरित्र-लेखकों को शाहू छत्रपति के साथ न्याय करने की इच्छा नहीं होती, यह बड़े दुख की बात है। आश्चर्य की बात है। कोल्हापुर में जिस बालामहाराज को ताई महाराज की गोद में दिया गया वे बालामहाराज राजगुरु रघुपति महाराज के कनिष्ठ बंधु थे। इस समूचे परिवार के साथ शाहू छत्रपति के बहुत ही हार्दिक संबंध थे। इसीलिए वे अपने पत्रों में उनका उल्लेख 'मेरा गुरुमहाराज परिवार' के रूप में करते हैं। राजगुरु रघुपति पंडित महाराज की जो मित्रता थी वह महान, निःस्वार्थ मित्रता का आदर्श उदाहरण सिद्ध होगा। इन दोनों की मित्रता अटूट और अलौकिक थी कि उन दोनों की मृत्यु के बाद जुदाई होगी, ऐसा नहीं लगता था। इस बात का एक पुख्ता सबूत डॉ. विलास संगवे द्वारा संपादित 'राजर्षि शाहू छत्रपति' पेपर्स

खंड 7 में उपलब्ध है। वह ऐसा है कि जो शाहू छत्रपति ने 13 सितंबर, 1916 ई. को अपने दीवान को लिखित रूप में दिया था।

"श्री राजगुरु रघुपति पंडित अर्थात् पंडित महाराज की मृत्यु के समाचार से हमें अतीव दुख हुआ है। हम दोनों में आमरण, अकृत्रिम स्नेह था और हम दोनों के ऐसे अभिवचन हुए हैं कि एक दूसरे को अंतःकरण का वियोग करने की शक्ति मृत्यु में भी नहीं है। इसलिए हमारी मृत्यु के पश्चात् जिस जगह पर हमारी छत्री होगी उसी जगह हमारे अभिन्न स्नेही श्री पंडित महाराज की समाधि हो यही हमें इष्ट लगता है। इसके लिए नर्सरी बाग में अच्छी-सी जगह पर उनकी समाधि बनवाई जाए और उस स्थान की यथोचित पूजा-अर्चना करते रहने का प्रबंध किया जाए और वहीं पर हमारी छत्री का प्रबंध करने के लिए खानगी विभाग में अनुरोध पत्र रखा जाए। इस प्रकार एक ही मंदिर में समाधि की इमारत बनाने की व्यवस्था की जाए। इससे ऐसा होगा कि हमने पहले जो वचन दिया था उसका हमने पालन किया। उससे हमें एक सत्पुरुष के सत्संग का निरंतर लाभ होगा। ऐसा हुक्म खानगी विभाग में दिया गया है। उसका दाखिला मे.रा.दीवान सरकार को दिया जाए। समाधि और हमारी छत्री की इमारत एक ही बनवाई जाए और उसके लिए आवश्यक सभी प्रबंध किए जाएं। उसका प्रमाणपत्र श्री बाला महाराज (मृतक के बंधु) को भी दिया जाए।"

दूसरी महत्त्वपूर्ण बात यह है कि बाबा महाराज की कोल्हापुर रियासत की संपत्ति, कोल्हापुर रियासत की तरफ से उन्हें बख्शिश के रूप में मिली हुई जमीनें थीं। शाहू महाराज को ऐसा लगता था कि उन पर कोल्हापुर दरबार का ही प्रभुत्व रहे। उसमें अन्यायपूर्ण कुछ भी नहीं था। परंतु लोकमान्य तिलक की ऐसी इच्छा था कि बाबा महाराज की समूची धन-दौलत उनके ही अधिकार में रहे। इसीलिए वे जगन्नाथ महाराज को गोद में लिये जाने के आग्रही थे। 'तिलक-चरित्र' के लेखक इस बात की ओर ध्यान ही नहीं देते कि लोकमान्य तिलक ताई महाराज की गोद में जिस लड़के को देना चाहते हैं, वह कोल्हापुर का न हो, ऐसा आग्रह क्यों करते हैं? इसके विपरीत शाहू छत्रपति बाबा महाराज की कोल्हापुर की धन-दौलत और अन्य स्थानों की धन-दौलत उनके ही आधिपत्य में रहे इसीलिए कोल्हापुर के श्री घराने के बाला महाराज को ही ताई महाराज की गोद में देने के लिए पूरी शक्ति के साथ खड़े रहते हैं। लोकमान्य तिलक के चरित्र-लेखकों को यह अनुचित और अवैध लगता है! इसे कैसा न्याय कहा जाए!

तीसरी सबसे महत्त्वपूर्ण बात यह है कि न.चिं. केलकर ने 'हेतुचिकित्सा' (उद्देश्य-चिकित्सा) शीर्षक के अंतर्गत अपने 'तिलक-चरित्र' के द्वितीय खंड के तीसरे भाग के उपप्रकरण में विवेचन करते हुए लिखा है, "ताई महाराज प्रकरण में किसका दोष कितना था इसका विभाजन हर कोई अपने-अपने पूर्वग्रह के अनुसार करेगा, यह स्पष्ट है।" केलकर के इस कथन को ध्यान में रखते हुए इस प्रकरण की ओर पूर्वग्रहरहित दृष्टि से यदि हम देखें तो यह पाएंगे कि इस कांड में शाहू छत्रपति और लोकमान्य तिलक, इन दोनों से चूक हुई है। इन दोनों की गलतियों अथवा दोषों का प्रमाण कितना था, यह मुद्दा यहां

महत्त्वपूर्ण नहीं। इसमें शक नहीं कि शाहू छत्रपति अपने मित्र राजगुरु रघुपति पंडित अर्थात् पंडित महाराज के स्नेह की खातिर इस प्रकरण में अधिक ध्यान देते रहे होंगे। परंतु उसके बाद यह कांड अधिक भभकता रहा। इसका महत्त्वपूर्ण कारण यह है कि ताई महाराज कांड के पहले शुरू हुए वेदोक्त कांड में तिलक अधिक सक्रिय थे। बाला महाराज का गोद-विधान होने से पहले 1901 ई. के अगस्त महीने में लोकमान्य तिलक शाहू छत्रपति को यह समझाने के लिए आए थे कि यह गोद-विधान गैर-कानूनी है। उस समय उन्होंने कुछ लोगों से मिलकर वेदोक्त कांड में शाहू छत्रपति का विरोध करने की भूमिका अधिक तीव्र की, ऐसा दिखाई देता है। इस संदर्भ में धनंजय कीर ने बंबई के राज्यपाल नॉर्थकोट को 12 जुलाई, 1902 ई. को भारत के मंत्रियों को भेजे गए पत्र का सबूत पेश किया है। इस पत्र में नॉर्थकोट ने लिखा है, ''यह वेदोक्त कांड सचमुच में अपने आप खत्म हो गया होता; परंतु बाल गंगाधर तिलक बाबा महाराज के गोद-विधान कांड के संबंध में कोल्हापुर आए थे, तब उन्होंने इस कांड में हस्तक्षेप कर वेदोक्त के बारे में शाहू छत्रपति के विरोध में ब्राह्मण आंदोलकों को भड़काया और उस प्रकरण को फूंक मारकर भभका दिया।'' इससे भी आगे बढ़कर लोकमान्य तिलक ने 'केसरी' दैनिक के 22 और 29 अक्टूबर, 1901 ई. के पत्रों में 'वेदोक्ताचे खूळ' (वेदोक्त का पागलपन) शीर्षक से दो बहुत ही उग्र संपादकीय लेख लिखकर शाहू छत्रपति की अनुचित अवांछनीय आलोचना की थी। इसी कारण शाहू छत्रपति ताई महाराज कांड में अत्यधिक आक्रामक बने हुए दिखाई देते हैं।

'छत्रपति शाहू चरित्र' के लेखक आण्णासाहब लठ्ठे ने अपने ग्रंथ के प्रथम खंड में लिखा है, ''ताई महाराज कांड 1923 ई. तक चलता ही रहा।'' इसका अर्थ यह हुआ, शाहू छत्रपति और लोकमान्य तिलक, इन दोनों महापुरुषों की मृत्यु के बाद भी इस कांड ने उनका पीछा नहीं छोड़ा था पर तिलक अगर वेदोक्त कांड में अधिक सक्रिय न हुए होते तो शाहू छत्रपति भी ताई महाराज कांड में शामिल न हुए होते। इसलिए 'वेदोक्त कांड' में लोकमान्य तिलक ने जिस तरह धोखा खाया था उसी तरह शाहू छत्रपति 'इस कांड' में अधिक चूके हुए थे। इस तथ्य को मान्य किया जाए तो भी इस कांड का शाहू छत्रपति का बर्ताव लोकमान्य तिलक द्वारा घटित वेदोक्त कांड की जो क्रिया थी उस क्रिया पर प्रस्फुटित तीव्र प्रतिक्रिया थी इतना निश्चित!

संघर्ष को प्रोत्साहन देना। दूसरा महत्त्वपूर्ण कारण यह था कि महात्मा गांधीजी ने एक वर्ष में 'हिंदुस्तान का स्वराज्य' की घोषणा कर उसके लिए उन्होंने ब्रिटिश शासन के विरोध में असहयोग का हथियार उठाया था। समूचे देश में विदेशी कपड़ों की होली जलाई जा रही थी। लोगों ने ब्रिटिश सरकार के साथ असहयोग की घोषणा की थी। पूरे देश में ब्रिटिशों के विरोध में वातावरण तप्त बना हुआ था। वह कभी भी हिंसक बन सकता था, ऐसी स्थिति थी। इसलिए भारत की ब्रिटिश सरकार की इच्छा थी कि जहां तक हो सके, प्रिंस ऑफ वेल्स सार्वजनीन समारोहों में उपस्थित न रहें।

शाहू छत्रपति ने अपनी दूरदृष्टि और कूटनीति के अनुसार वायसराय लॉर्ड रीडिंग को समझाया कि मराठा सिपाहियों का स्मृतिस्तंभ और शिव छत्रपति के स्मारक की नींव डालने का समारोह ये दोनों घटनाएं एक ही सिक्के के दो पहलू हैं। उन दोनों समारोहों को अलग-अलग समझने में बुद्धिमानी नहीं है। प्रिंस ऑफ वेल्स अगर शिव-स्मारक की नींव नहीं डालेंगे तो लोगों को ऐसा लगेगा कि उन्हें शिव-स्मारक बनना पसंद नहीं, साथ-साथ यह भी ध्यान में रखना चाहिए कि शिव छत्रपति मात्र मराठों के राजा नहीं हैं; बल्कि समूचे महाराष्ट्र के वे देवता हैं। यही नहीं; बल्कि वे राष्ट्रपुरुष हैं। यह उन्हें अच्छी तरह समझाया। इसलिए यह समारोह किसी भी हालत में होना अपरिहार्य है, इन शब्दों में उन्होंने अपना आग्रह वायसराय के सामने प्रस्तुत किया। इतना ही नहीं; बल्कि ब्रिटिश युवराज की रक्षा की हामी भी बड़े आत्मविश्वास से उन्होंने भरी, तो दूसरी ओर ग्वालियर के अलिजाबहादुर माधवराव सिंधिया ने अपने स्वभावानुसार वायसराय को धमकी दी। उन्होंने कहा, ''हमने पुणे में पूरा प्रबंध किया है। सबको निमंत्रण भेज दिए गए हैं। म.गांधी का असहयोग पुणे में हो तो भी महाराष्ट्र के सभी मराठा राजपुत्रों के स्वागत के लिए पुणे आने वाले हैं। एक बड़ी पटेल परिषद की रैली वहां होने वाली है। ऐसे हालात में अगर पुणे में प्रिंस नहीं आएंगे तो मुझे और शाहू महाराज को शर्म से गर्दन झुकानी पड़ेगी।'' वायसराय कुछ भी सुन नहीं रहा था। तब महाराज खूब बिगड़ उठे। उन्होंने अपना अंतिम अस्त्र निकाला। उन्होंने कहा, ''आपने मेरी राजनिष्ठा का अच्छा फल दिया, मैं अब ग्वालियर चला जाता हूं और आपके दिए हुए सभी तमगे और उपाधियां लौटा देता हूं। अब मुझे उनकी जरूरत नहीं है।'' प्रख्यात शिक्षा-विशारद वि. द. घाटेजी की ऐसी गवाही है। वे आगे बताते हैं, ''रीडिंग घबड़ा गया। ग्वालियर नरेश को वह समझाने-बुझाने लगा। उसने महाराजा को रोक रखा, जाने नहीं दिया। लंदन के बकिंगहैम पैलेस को तार भेजे गए कि मेरा विचार बदल गया है। राजपुत्र की जान के लिए पुणे में कोई खतरा नहीं है। स्वयं फर्जंदे इंग्लिस्तान महाराजा माधवराव सिंधिया और छत्रपति शाहू महाराज ये दोनों समारोह के समाप्त होने तक राजपुत्र के संरक्षक रहेंगे। वे दोनों राजपुत्र के दोनों ओर खड़े रहेंगे। राजपुत्र की सुरक्षा की जिम्मेदारी उन दोनों ने उठाई है। उन दोनों पर मेरा शत प्रतिशत विश्वास है। मैं प्रार्थना करता हूं कि राजपुत्र को शिव-स्मारक के समारोह के लिए जाने दिया जाए। अगर वैसा नहीं होगा तो समूचा मराठा समाज मायूस हो जाएगा।''

आखिर शाहू छत्रपति और अलिजाबहादुर माधवराव महाराज के अविरत और अथक परिश्रम के ही कारण उनके प्रयत्न सफल हुए और शनिवार दिनांक 19 नवंबर, 1921 ई. को प्रिंस ऑफ वेल्स के ही करकमलों द्वारा शिव-स्मारक की नींव डालने का कार्यक्रम निश्चित हुआ। पुणे के भांबर्डे परिसर में शाहू छत्रपति ने शैक्षिक प्रकल्प के लिए जो जगह खरीदी थी, वहीं वह शिव-स्मारक बनाना निश्चित हुआ। उस समारोह को सफल बनाने के लिए जैसे शाहू छत्रपति और अलिजाबहादुर माधवराव महाराज के साथ अनेक राजा-महाराजा दिल लगाकर काम कर रहे थे उसी तरह तुकोजीराव होलकर और सांगली के राजासाहब सर चिंतामणराव पटवर्धन भी उस काम में जुटे हुए दिखाई दे रहे थे।

शिव-स्मारक की नींव डालने का दिन जैसे-जैसे नजदीक आ रहा था वैसे-वैसे महाराष्ट्र के ज्ञानी लोगों की उत्सुकता बढ़ती जा रही थी। क्योंकि वे दिन गांधीजी के नेतृत्व में शुरू हुए असहयोग आंदोलन के थे। महात्मा गांधी ने ब्रिटिश सरकार के साथ असहयोग के जो आदेश दिए थे, उनमें एक प्रमुख आदेश यह था कि कोई भी भारतीय प्रिंस ऑफ वेल्स का किसी भी प्रकार का स्वागत न करे। प्रिंस के सत्कार समारोह में कोई भी शरीक न हो। उसका पूर्ण रूप से बहिष्कार करे। साथ में यह भी ध्यान में रखे कि प्रिंस ऑफ वेल्स के साथ हमारा कुछ बिगड़ा नहीं है। उसी का उपयोग कर ब्रिटिश नौकरशाही अपना उल्लू सीधा कर रही है, इसलिए आप सभी युवराज के हर समारोह का बहिष्कार करें; पर उनका अपमान हो या उनके शरीर को चोट पहुंचे ऐसा कोई कृत्य आपसे नहीं होना चाहिए। म.गांधी यह बताने को भी नहीं भूले थे। 17 नवंबर, 1922 ई. को बंबई में म.गांधी की एक सभा हुई। लगभग उसी समय बंबई में प्रिंस ऑफ वेल्स का प्रचंड जुलूस निकला हुआ था। उस जुलूस में इसाई, पारसी, एंग्लोइंडियन स्त्री-पुरुष बड़े उत्साह से शामिल हुए थे। उस जुलूस पर असहयोग आंदोलन के कुछ सिरफिरे लोगों ने जोरदार हमला किया। पारसी महिलाओं के साथ छेड़छाड़ कर उनका विनयभंग करने की निंदनीय कोशिश की। इस प्रकार महात्मा गांधी के असहयोग आंदोलन का रूपांतर संहारात्मक आंदोलन में होने लगा था।

पुणे के शिव-स्मारक समारोह का सारा इंतजाम शाहू छत्रपति ने बापूसाहब महाराज को सौंपा था। जेधे बंधु, 'विजयी मराठा' के संपादक श्रीपतराव शिंदे, खासेराव पवार आदि शाहू महाराज के खास सहयोगी थे। इस मौके का लाभ उठाते हुए श्रीपतराव शिंदे ने उसी दिन महाराष्ट्र के सभी पाटील बिरादरी के लोगों की परिषद का आयोजन किया था। हर देहात के पटेल की हैसियत से काम करन वाले व्यक्ति की अड़चनों को जान लेना जैसा पटेल-परिषद का उद्‌दीष्ट था, वैसा ही शिव-स्मारक समारोह के लिए लोगों की भीड़ इकट्ठी करना शाहू ताकि छत्रपति का महाराष्ट्र की ब्राह्मणेतर जनता पर कितना प्रचण्ड प्रभाव है यह ब्रिटिश युवराज तथा सरकार की समझ में आए।

'विजयी मराठा' के संपादक श्रीपतराव शिंदे के नेतृत्व में हजारों पटेल पुणे में इकट्ठा हुए। ग्वालियर के महाराज माधवराव सिंधिया की अध्यक्षता में परिषद का कार्यारंभ हुआ। उस परिषद में पटेल बिरादरी की अड़चनों को लेकर विचार-विमर्श न होकर मराठाशाही

का अतिरिक्त गौरव कर लेने में ही अत्यधिक समय खर्च हुआ ऐसी आलोचना 'दीनमित्र' के संपादक मुकुंदराव पाटील ने की थी। तब एन.एस. ऐदाळे नामक एक अस्पृश्य कार्यकर्ता ने ऐसी शिकायत की थी कि देहातों में पटेल लोगों का अछूतों पर जो जुल्म होता है, वह न हो ऐसा प्रस्ताव परिषद में रखा जाएह्नऐसी प्रार्थना श्रीपतराव शिंदे से की थी; पर उन्होंने वह प्रस्ताव नहीं रखा। ऐसी शिकायत 7 दिसंबर, 1921 ई. के 'दीनमित्र' पत्र में पढ़ने को मिलती है। संक्षेप में कहना हो तो पुणे के जेधे मेन्शन में संपन्न हुई यह पटेल परिषद खूब प्रसिद्ध हुई, तो भी उस परिषद ने प्रिंस ऑफ वेल्स-ब्रिटिश युवराज के करकमलों द्वारा शिव-स्मारक की नींव डालने का जो समारोह होने वाला था, उसकी शोभा बढ़ाई इसमें कोई शक नहीं।

पुणे के भांबुर्डे विभाग में 19 नवंबर, 1921 ई. को प्रिंस ऑफ वेल्स के स्वागत की तैयारी बड़े जोश एवं उत्साह के साथ शुरू थी। परंतु पुणे शहर में कड़ा हड़ताल हुआ था। शिव-स्मारक समारोह के लिए कोल्हापुर, बडोदरा, ग्वालियर, देवास आदि स्थानों से लोग आए हुए थे। इस समारोह के लिए कोल्हापुर से खास रेलगाड़ी का त्रबंध किया गया था। कोल्हापुर के राजकवि श्री शं.ब. भोसले ने लिख रखा है कि उस समारोह के लिए स्वागतगीत की रचना कर स्वयं वहां गाने के लिए वे उस खास रेलगाड़ी से पुणे गए थे।

प्रिंस ऑफ वेल्स को समारोह के लिए ले आने वाली खास रेलगाड़ी 19 नवंबर, 1921 ई. को सबेरे 9.30 बजे पुणे पहुंची। प्रिंस ऑफ वेल्स-ब्रिटिश राजकुमारह्नके स्टेशन पर उतरते ही तोपों की सलामी दी गई। पटाखों की आतिशबाजी शुरू हुई। बंबई के गवर्नर लॉर्ड लॉइड और ब्रिटिश युवराज के गिर्द लोगों का हुजूम उमड़ पड़ा। उमड़ पड़े जन-सागर से मार्ग निकालते हुए उन दोनों को साथ लेकर शाहू छत्रपति चल रहे थे। 'शिवाजी महाराज की जय', 'युवराज की जय हो' और 'शाहू छत्रपति जिंदाबाद' के जन-सागर के नारों से सारा वातावरण गूंज उठा। कोल्हापुर और ग्वालियर के महाराजाओं के लवाजमे के साथ घोड़ों के रथ पर सवार होकर ब्रिटिश युवराज प्रथम शनिवारवाड़े पर आए। वहां पर आयोजित समारोह में युवराज ने मराठा सैनिकों के स्मृतिस्तंभ का शिलान्यास किया। उसके बाद वह विशाल जुलूस भांबुर्डे के विशाल मैदान में पहुंचा। राजकुमार के लिए एक खास शामियाना बनाया गया था ताकि उसी मैदान पर शिव-स्मारक के शिलान्यास का आयोजन किया जा सके। लोगों के उत्साह में ज्वार-सा आया हुआ था। शिव छत्रपति, शाहू छत्रपति और प्रिंस के नारों से आसमान गूंज उठा। थोड़े ही समय में मनोनीत कार्यक्रम शुरू हुआ। उपस्थित जन-सागर शांत होकर ध्यान से सुनने लगा। सर्वप्रथम शाहू छत्रपति ने अपना स्वागत भाषण दिया। अपनी धीर-गंभीर आवाज में उन्होंने ब्रिटिश युवराज और लॉर्ड लॉइड का दिल खोलकर स्वागत किया। इसके बाद ब्रिटिशों ने समूची भारतीय जनता के लिए शिक्षा के दरवाजे खोलकर उन्हें आदर्श एवं ज्ञानी नागरिक बनने का सुनहला मौका उपलब्ध कर दिया, इस उपलक्ष्य में इंग्लैंड के राजघराने के प्रति उन्होंने हार्दिक आभार प्रकट किए। उसी छोटे-से भाषण में उन्होंने यह बताया कि शिव छत्रपति न केवल प्रवीण सेनानायक थे; बल्कि

वे महान धैर्यशाली धर्मसुधारक भी थे, यह स्पष्ट कर उन्होंने गिने-चुने शब्दों में यह भी स्पष्ट किया कि शिव छत्रपति की जय के नारे मराठों को लड़ने के लिए किस तरह स्फूर्ति प्रदान किया करते थे। संक्षेप में शाहू छत्रपति ने शिव-प्रभु की महत्ता बताकर वह महापुरुष सबके लिए किस प्रकार आदरणीय और अनुकरणीय हैं यह बताया। अपने भाषण के अंत में शाहू छत्रपति ने सोच-समझकर इस बात का भी जिक्र किया कि ग्वालियर के माधवराव सिंधिया का इस समारोह के आयोजन में कितना महत्त्वपूर्ण योगदान रहा है!

उसके बाद ब्रिटिश युवराज प्रिंस ऑफ वेल्स के करकमलों द्वारा शिव-स्मारक का शिलान्यास संपन्न हुआ। उस समय युवराज प्रिंस ऑफ वेल्स ने भारत के महान सेनानायक और धुरीण मुत्सद्दी शिव छत्रपति के स्मारक की नींव रखने के लिए उन्हें जो मौका मिला इसके लिए हार्दिक प्रसन्नता प्रकट की। उसके बाद उन्होंने कहा, ''मराठा साम्राज्य के संस्थापक सेनानायक का यह स्मारक लोगों के लिए सदैव स्फूर्ति प्रदान करने वाला होगा, इस स्मारक की एक और खासियत यह है कि यह शिव-स्मारक एक शिक्षा-संस्था से संलग्न है। इसका मुझे अतीव आनंद है।'' और अंत में ऐसी विनम्र इच्छा प्रकट की, ''मराठों को चाहिए कि उपलब्ध शैक्षिक मौके से अनुकूल लाभ उठाकर उनका आज जो महत्त्वपूर्ण स्थान है वह भी आज के आधुनिक युग में जतन कर रखें।''

प्रमुख अतिथि तथा प्रतिष्ठितों को पुष्पमाला और पुष्पगुच्छ अर्पण करने के बाद इस शानदार समारोह की समाप्ति होते समय शाहू छत्रपति ने गवर्नर लॉर्ड लॉइडसाहब को सुझाया कि ब्रिटिश युवराज शामियाने के गिर्द चक्कर लगाकर सभी उपस्थितों से मिलें। तब गवर्नर साहब ने शाहू छत्रपति से पूछा, ''क्या उसके लिए आप जिम्मेदार रहेंगे?'' गवर्नर द्वारा वैसा प्रश्न पूछे जाने में अनुचित कुछ भी नहीं था। क्योंकि दो ही दिन पहले बंबई में प्रिंस के जुलूस के समय हुई धींगामुस्ती उनकी नजर के सामने ताजा थी। समारोह में उपस्थित लोगों का उन्हें भरोसा नहीं था। परंतु शाहू छत्रपति को अपने लोगों का पूर्ण विश्वास था। उन्होंने गवर्नर लॉर्ड लॉइड को तुरंत भरोसा दिलाया, ''यहां उपस्थित हर मनुष्य के लिए मैं जिम्मेदार हूं !'' थोड़े ही समय में प्रिंस को बीच में लेकर शाहू छत्रपति और माधवराव महाराज ने शामियाने के गिर्द एक चक्कर लगाया। उस समय वहां चारों ओर खड़े लोगों के चेहरों पर जो आनंद झलक रहा था वह न केवल ब्रिटिश युवराज के नजदीक से हुए दर्शन का था; बल्कि उससे अधिक इस बात का था कि शाहू छत्रपति का, अपने राजा का, अपनी प्रजा पर कितना प्रगाढ़ विश्वास है!

हिंदवी स्वराज्य के संस्थापक तथा महान सेनानायक शिव छत्रपति के बारे में शाहू महाराज के मन में अत्यंत आदर एवं अभिमान था। इसीलिए यह राजा वासुदेवशास्त्री खरे के मशहूर नाटक का शिव-जन्म का उत्सव देखते समय वह नाटक का प्रसंग है यह भूलकर पालने में झूलने वाले बाल शिवाजी को झुककर प्रणाम करने के लिए दर्शकों से खचाखच भरे हुए नाट्यगृह में तड़ाक से उठ खड़ा हुआ था। यह सत्यकथन स्वयमेव वासुदेवशास्त्री खरे का है। शिव-प्रभु के बारे में इसी खास प्रेम और आदरभाव के कारण प्रिंस ऑफ वेल्स

के करकमलों द्वारा संपन्न होने वाला शिव–स्मारक की नींव डालने का समारोह बिना किसी कमीबेशी और दोष के सुचारु रूप से, बिना किसी डाह–कलंक से वैभव–संपन्न वातावरण में संपन्न हो, इसलिए शाहू छत्रपति ने अपनी संपूर्ण संगठन कुशलता को ही दांव पर लगाया था। समारोह सफलतापूर्वक संपन्न होने पर वायसराय, गवर्नर लॉइड, टाइम्स ऑफ इंडिया के संपादक सर स्टॅन्ले, बंबई गवर्नर के लश्करी सचिव रेक्स बेसन, सर तेजबहादुर आदि अनेक दिग्गजों ने शाहू छत्रपति का हार्दिक अभिनंदन किया था। इस बारे में गवर्नर लॉर्ड लॉइड ने कहा था, ''समारोह की सफलता के लिए आपने प्रत्येक छोटी–छोटी बात पर भी ध्यान दिया, बहुत ही कष्ट उठाए ये मैं अच्छी तरह से जानता हूं। आपकी समूची जनता ने प्रिंस ऑफ वेल्स काह्नयुवराज काह्नअतिभव्य, संस्मरणीय स्वागत किया यह सब आपके असीम श्रम का ही फल है!

अध्याय : 25

सूर्यास्त

उम्र के बीस वर्ष भी पूरे हुए नहीं थे कि शाहू छत्रपति के लाडले पुत्र शिवाजी की दुर्घटना में हुई मृत्यु ने उनके जीवन का आनन्द ही छीन लिया। होनहार पुत्र प्रिंस शिवाजी के भावी जीवन के बारे में देखे हुए सारे सपने मिट्टी में मिल गए थे। मानो अब कुछ भी बचा नहीं था। जीने का आनंद खत्म हो गया था। पर हाय! उन्हें मृत्यु को गले लगाने की भी आजादी नहीं थी। महापुरुषों के जीवन में सगे-संबंधियों, सहयोगियों तथा श्रद्धालुओं की मृत्यु की असंख्य घटनाएं होती हैं। ऐसे अवसरों पर सामान्य लोगों के समान दीर्घकाल तक शोक करते बैठना महापुरुषों के लिए संभव नहीं होता। क्योंकि उन्हें औरों को धीरज बंधाना होता है। हिम्मत दिलाकर उन्हें फिर खड़ा करना पड़ता है। मृत्यु द्वारा किए गए प्रिय व्यक्ति के वियोग का प्रदीर्घकाल तक शोक करते बैठना निकम्मेपन का ही एक प्रकार होता है। शाहू छत्रपति एक राजा थे। उनके लिए वह अशोभनीय बात थी। अतः उन्होंने सोचा अगर मैं ही ऐसा पस्तहिम्मत हो जाऊं तो अभी-अभी जो लहलहाने लगा है वहह्न बहुजनों के सर्वांगीण हित का ब्राह्मणेतर आंदोलनह्न नेतृत्वहीन हो जाएगा। बहुजनों का कोई रक्षक नहीं रहेगा। यही विचार उन्हें सता रहा था। एक ओर बहुजनों के हित की चिंता उन्हें सता रही थी तो दूसरी ओर सिर्फ बारह साल की उम्र में पति-सुख से हमेशा के लिए वंचित हुई अपनी बहू की जिंदगी कैसी कटेगी, उन्हें कैसे धीरज बंधाया जाए आदि अनेकानेक प्रश्नों ने उनके दिमाग में ऊधम मचाया था। शाहू छत्रपति के जीवन का 1918 ई. का वर्षाकाल बड़े ही उदास एवं दुखपूर्ण वातावरण में बीता। बहुत सोच-विचार कर शाहू छत्रपति ने कुछ ठोस निर्णय लिये और उनका अमल अपनी बहूरानी इंदुमति रानीसाहिबा के जीवन में निश्चयपूर्वक करने का संकल्प कर वे काम में जुट गए।

पति के निधन से निष्प्राण-सा बना हुआ इंदुमति रानीसाहिबा का जीवन फिर से प्राणयुक्त बनाने के लिए शाहू छत्रपति ने शिक्षा रूपी संजीवनी का प्रयोग करने का निश्चय किया। उन्हें पूर्ण विश्वास था कि शिक्षा ही उनके उदास जीवन में आनंद भर सकेगी। इंदुमति रानीसाहिबा को डॉक्टर बनाने की कल्पना उनके मन में घर कर बैठी थी। शाहू छत्रपति के परम स्नेही श्री वासुदेव तोफखाने को लगता था कि छत्रपति इंदुमति रानीसाहिबा को संस्कृत-अंग्रेजी विषयों की एम.ए. की उपाधि प्राप्त करने दें और अपनी रियासत के शिक्षा

विभाग की पूर्ण जिम्मेदारी उन्हें सौंप दें। उस शिक्षा के साथ-साथ बापूसाहब की देखरेख में उन्हें घुड़सवारी, शिकार तथा सारथ्य की भी शिक्षा दी जा रही थी।

परंतु रानी इंदुमति बाईसाहबा की शिक्षा के लिए महालक्ष्मीबाई रानीसाहिबा अर्थात् आईसाहिबा महाराज से लेकर राजमहल की दासियों तक सबका विरोध था। प्रिंस शिवाजी की मृत्यु तक राजमहल में जो सबको जी-जान से भी अधिक प्रिय थीं, उन्हीं इंदुमति रानीसाहिबा को पति के सर्वनाश का कारण मान कर्कशा कहकर अपमानित किया जाता था। सिर्फ बारह वर्ष की वह निरीह बालिका पूर्णतया हक्कीबक्की रह गई थी। हिंस्र पशुओं के चंगुल में फंसी हुई निष्पाप एवं दुर्बल हिरनी जैसी उनकी अवस्था बनी हुई थी। उनका सारा दारोमदार था आबासाहब पर अर्थात् शाहू छत्रपति पर ! वे ही उनका एकमात्र सहारा थे। शाहू छत्रपति ने राजघराने की सभी स्त्रियों के विरोध की अनदेखी कर इंदुमति रानीसाहिबा की शिक्षा का कार्यक्रम जारी रखा।

7 अगस्त, 1921 ई. को मांटगोमरी को लिखे हुए पत्र में शाहू छत्रपति ने इंदुमति रानीसाहिबा को डॉक्टर बनाने की अपनी इच्छा प्रकट की है, ऐसा दिखाई देता है। थोड़े ही दिनों में जोगलेकर, कुलकर्णी, पुजारी, कोडोलीकर और देव इन पांच गुरुदेवों की देखरेख में इंदुमति रानीसाहिबा की शिक्षा का कार्यक्रम शुरू हुआ। शाहू छत्रपति ने उनके लिए सोनतली के आश्रम में एक कन्याशाला शुरू की। इंदुमति रानीसाहिबा वहां बिना परदे के विचरण करने लगीं। शाहू छत्रपति, उनके लिए जीर्ण रूढ़ परंपराओं को अपने पांवतले बेहिचक रौंद रहे थे। उनके व्यक्तित्व के विकास के लिए वे हाथपांव मार रहे थे। परंतु उस समय उनके द्वारा अवांछित बर्ताव नहीं होगा, उनका आचरण लोगों की अफवाहों का विषय नहीं बनेगाह्व इसकी भी वे सतर्कता बरतते थे। इसीलिए बंबई से भेजे हुए एक पत्र में इंदुमति रानीसाहिबा को वे बताते हैं, ''जब-जब आप बाहर जाएंगी तब गाड़ी में एक वयोवृद्ध पुरुष को लीजिएगा। उससे लोगों को दोष लगाने का मौका नहीं मिलता।'' 12 फरवरी, 1921 ई. को शाहू छत्रपति ने इंदुमति रानीसाहिबा को दिल्ली से पत्र लिखकर बताया, ''आपने मुझे कैमरा लाने के लिए कहा था; पर वह मैं नहीं ला रहा हूं। इस समय आपका ध्यान अगर अन्य विषय में बटेगा तो आपके अभ्यास में बाधा होगी। सोने की घड़ी अवश्य ले आऊंगा। मेरे दोनों लड़कों से भी अधिक सुख तुमने मुझे दिया है। इस दुनिया में सभी बातें अपने मन जैसी नहीं होती; परंतु पिता को आनंद मिले इसलिए अपने मन के विचारों को दूर रखना यह पतिव्रता तथा सुगृहिणी का लक्षण है।'' उसी पत्र में उन्होंने यह भी लिखा है, ''शिक्षा से अपना मन ज्यों-ज्यों सुसंस्कृत होता जाएगा त्यों-त्यों अपने विचार भी प्रगल्भ होते जाएंगे। मुझे आपको बताने की आवश्यकता नहीं कि अशिक्षित मनुष्य यानी आंखों वाला; परंतु अंधा प्राणी !''

भावनगर के भाऊसिंगजी महाराज और शाहू छत्रपति की मित्रता तब से सुदृढ़ बनी हुई थी, जब वे दोनों राजकोट के राजकुमार महाविद्यालय में पढ़ रहे थे। अर्थात् वे दोनों 1886 ई. से एक दूसरे के अभिन्न मित्र थे। छुट्टियों में होने वाले प्रदीर्घ सफर में जैसे वे दोनों साथ-साथ हुआ करते, उसी तरह छुट्टियों के दिनों में कभी शाहू महाराज भाऊसिंगजी

महाराज के भावनगर में अपना मन बहलाते, तो कभी भाऊसिंगजी महाराज कोल्हापुर रियासत में शाहू छत्रपति के सहवास में अपनी छुट्टियां बिताते। 1893 ई. में जब स्वामी विवेकानन्द कोल्हापुर आए हुए थे तब शाहू छत्रपति भावनगर में अपने इस मित्र के सहवास में आनन्द में मग्न थे। उसके बाद भी दोनों मित्रों का एक–दूसरे की रियासत में आना–जाना जारी था। पत्राचार तो दोनों में चल ही रहा था। शाहू छत्रपति और भाऊसिंगजी एक दूसरे के सुख–दुख में शरीक होते। शाहू छत्रपति ने अपनी और भाऊसिंगजी की निःस्वार्थ मित्रता के प्रतीक के रूप में पुराने राजमहल से नए राजमहल तक के रास्ते का नामकरण एक भव्य समारोह में भाऊसिंगजी रोड कर दिया था। ऐसे घनिष्ठ मित्र भाऊसिंगजी महाराज की मृत्यु 13 जुलाई, 1919 ई. को हुई। अपने लाडले पुत्र शिवाजी की मृत्यु का असह्य दुख भूलने की कोशिश कर रहे थे, तभी भाऊसिंगजी महाराज की अचानक मृत्यु का समाचार उन्हें मिला था। भाऊसिंगजी महाराज की मृत्यु की खबर उन्हें पूर्णतया अस्वस्थ कर रही थी। थोड़े ही दिनों में उन्होंने भावनगर जाकर अनाथ हुए उनके लड़कों को धीरज बंधाया। पिता के से प्रेम से उन्हें हृदय से लगाकर ढाढ़स दिलाया।

बंबई के राज्यपाल सर जॉर्ज लॉइड अपनी पत्नी के साथ 30 जुलाई, 1919 ई. को कोल्हापुर आए थे। शाहू छत्रपति ने उनके सम्मानार्थ दरबार लगाया था। उस दरबार में शाहू छत्रपति ने मेहमानों का स्वागत करते समय बहुत ही भावविभोर होकर भाषण दिया था, उसमें उन्होंने कहा कि उनके हाथ में राजकारोबार की बागडोर आने पर समाज के गरीबों और दुर्बलों का कल्याण हो, उन्हें उसके लिए अच्छा नेता मिले इसके लिए वे प्रयत्नशील हैं। तब उनका कंठ मित्र की मृत्यु से रुंध आया था। उस समय उन्होंने कहा, ''मेरे युवा पुत्र की मृत्यु हुए एक वर्ष भी नहीं हुआ तभी मुझ पर दुख का दूसरा यह महाघात हुआ है। यह दूसरा दुख असीम है, अटल है।''

अपने लाडले पुत्र और घनिष्ठ मित्र की मृत्यु से निराश हुए शाहू छत्रपति अपने स्वीकृत बहुजनों के सर्वांगीण विकास के आंदोलन से रत्तीभर भी टस से मस नहीं हुए थे। इस बीच कभी–कभी उनकी शारीरिक बीमारियां अचानक सिर उठातीं। 1919 ई. में दिल्ली से भेजे हुए एक पत्र में उन्होंने लिखा है, ''अब मेरे दांत हिलने लगे हैं, नजर भी कमजोर हो गई है और कानों में असह्य वेदना हो रही है।'' उस पत्र में उन्होंने यह भी बताया है कि कानों में वेदना होना और गरम हवा बाहर आना ये सभी शिकायतें अपने युवा पुत्र की असामयिक मृत्यु के ही कारण उद्भुत हैं।

शाहू छत्रपति के नेतृत्व में ब्राह्मणेतर आंदोलन की शक्ति बढ़ने लगी थी। इस आंदोलन का स्वरूप अधिकतर राजनीतिक था। इसके पहले शाहू छत्रपति सत्यशोधक और आर्यसमाज जैसे आंदोलनों से हाथ मिलाकर समाज में सामाजिक समता की प्रतिष्ठापना करने के लिए और पिछड़ी हुई जातियों का कल्याण होगा ऐसे कानून बनाने और उनके कार्यान्वयन में हृदयतल से कोशिश कर रहे थे। उनके इस कार्य की जानकारी गुरुवर फ्रेजर जैसे सुज्ञ मित्र ले रहे थे। गुरुवर फ्रेजर यथाशीघ्र भारत से विदा लेकर स्वदेश लौटने वाले थे।

परंतु अपनी सुपुत्री के साथ अपने देश लौट जाने से पहले वे भारत भ्रमण कर रहे थे। इस यात्रा में वे कोल्हापुर आकर शाहू छत्रपति से मिलने वाले थे। 22 सितंबर, 1919 ई. को शाहू छत्रपति को भेजे अपने भावभीने पत्र में वे लिखते हैं, ''हो सकता है कि यह आपसे आखिरी भेंट हो। 1 नवंबर, 1919 ई. को लिखे हुए पत्र में उतने ही भावभीने शब्दों में शाहू छत्रपति ने उन्हें उत्तर लिखा, ''यह विचार ही मुझे दुखदायी और कष्टप्रद लग रहा है कि आप शीघ्र ही भारत से विदा लेकर जा रहे हैं! मेरी आपसे प्रार्थना है कि आप अवश्य सपरिवार कोल्हापुर आएं, हमारी मेहमाननवाजी को स्वीकार करें। मैसूर की तुलना में हमारी मेहमाननवाजी में अमीरी का ठाठबाट कम होगा; परंतु हृदय की अमीरी अधिक होगी!'' 25 मई, 1920 ई. के पत्र में फ्रेजर शाहू छत्रपति को लिखते हैं, ''आप पिछड़ी जाति के लोगों के लिए बहुत ही अच्छा काम कर रहे हैं। उसका अर्थ अगर कोई ऐसा निकालता हो कि ब्राह्मणों को तकलीफ देने के लिए ही आप यह कर रहे हैं तो बेशक निकाले! 20 जून, 1920 ई. को कैलिफोर्निया से शाहू छत्रपति को खास पत्र लिखकर मॅरी मार्शल बताते हैं कि जाति-संस्था को विनष्ट करने के उनके कार्य का अनुकरण अन्य रियासतों के राजा अवश्य करें।'' उसी समय श्रीपतराव शिंदे का 'विजयी मराठा', भगवंतराव पालेकर का 'जागृति', बालचंद कोठारी का 'जागरूक' आदि ब्राह्मणेतर समाचारपत्र शाहू छत्रपति के अछूतोद्धार कार्य का विस्तार से ब्योरा छापकर उनका गौरव-गान करते दिखाई देते हैं।

1920 ई. के 1 अगस्त को लोकमान्य तिलक की मृत्यु हुई। शाहू छत्रपति को जब लोकमान्य तिलक के निधन की खबर मिली तब वे भोजन कर रहे थे। लोकमान्य तिलक के निधन की खबर सुनते ही छत्रपति ने भोजन का थाल बाजू में हटा दिया और दीवान श्री सबनीस के लिए मौखिक रूप से संदेश भेजा कि रियासत के सभी दफ्तर बंद करें। दीवान साहब के आते ही महाराज बोले, ''मास्टरजी! एक पराक्रमी पुरुष पंचतत्त्व में विलीन हो गया! अब हम लड़ेंगे किससे? उनके पीछे अब सारे लड़के ही लड़के !'' ऐसा लिख रखा है प्रबोधनकार श्री ठाकरे ने!

शाहू छत्रपति के नेतृत्व में सत्यशोधक ब्राह्मणेतर आंदोलन में एक जोश और गति आ गई थी। ब्राह्मणेतर आंदोलन के प्रचंड बवंडर में अभिजनों का निबहना मुश्किल था। अभिजनों को अब मालूम हो चुका था कि उनके हाथ अब सत्ता नहीं आ सकती। इसलिए विचारों की लड़ाई के साथ विचारों से ही लड़ने के बजाय सत्यशोधकों को बदनाम करने के लिए उनके द्वारा झूठे तार ब्रिटिश सरकार को भेजे जा रहे थे। उसी तरह उच्चवर्णियों के समाचार-पत्रों में ऐरे-गैरे सत्यशोधकों के अत्याचार नमक-मिर्च लगाकर भड़कीले, आग में घी डालने वाले शब्दों में छापे जा रहे थे। 11 जून, 1923 ई. के 'विजयी मराठा' से ज्ञात होता है कि कुछ उच्चवर्णीय समाचारपत्रों ने 'सत्यशोधकों के अत्याचार' शीर्षक के अंतर्गत खास स्तंभ ही शुरू किए थे। 17 अक्टूबर, 1920 ई. को सातारा के नजदीक के श्री सदाशिव विनायक बापट के गांव में लोकमान्य तिलक की पादुकाओं को स्थापित करने का एक खास समारोह आयोजित किया गया था। वहां कुछ सत्यशोधकों ने उस समारोह का विरोध प्रकट

करने के लिए प्रदर्शन किए। उसी दरमियान नृसिंहवाडी में श्री दत्त दर्शन के लिए आईसाहिबा रानी लक्ष्मीबाईजी गई हुई थीं, तब वहां के पुरोहित उनके साथ बुरी तरह पेश आए, उन्होंने महारानीसाहिबा का अपमान तो किया ही; साथ ही प्रकट रूप से ऐसी झूठी शिकायत दायर की थी कि महारानी ने ही उनके सिर पर नारियल फेंके।

इधर सत्यशोधकों के जलसों में जोश आ गया था। उन जलसों में भटजी (पुरोहित) शेठजी पर तीखी आलोचना की जाती थी। शाहू छत्रपति पर बंधन डाले जाएं, इन सत्यशोधकों को उन्हीं का छुपा प्रोत्साहन है। रियासत के बाहर जाने पर उन पर पाबंदी लगाई जाए, सत्यशोधकों के जलसों पर पाबंदी लगाई जाए। इस आशय के तार ब्रिटिश सरकार के पास भेजे जा रहे थे। शाहू छत्रपति यह जहरीली आलोचना शांतचित्त रहकर सहन कर रहे थे। परंतु विरोधियों की जहरीली आलोचना की मर्यादा के भंग होने पर, 30 मई, 1920 ई. को नागपुर में आयोजित अखिल भारतीय बहिष्कृत समाज की परिषद में अध्यक्ष के पद से बोलते हुए संतप्त होकर आलोचकों से पूछा था, ''सत्यशोधक जलसे झूठमूठ के पौराणिक ग्रंथों के लुच्चेपन को प्रकट कर देते हैं इसलिए उनके विरोध में सरकार के पास तार भेजने में तुम्हें शर्म क्यों नहीं आती?''

जब एकाध व्यक्ति अथवा एकाध समाज अपने हित–संबंध के विरोध में जोर से हाथ–पांव मारने लगता है तब अन्य सभी कोशिशों के निष्प्रभ साबित होने पर अभिजनों के तरकश में एकमात्र अंतिम तीर होता है, अपने विरोधी को राष्ट्रद्रोही ठहराने का! उस पर स्वराज्यद्रोह का इलजाम रखने का! लोकमान्य तिलक की मृत्यु के बाद उनके पीछे बचा हुआ था राजनीतिक दृष्टि से मात्र अननुभवी लोगों का जमघट! उसी कारण श्री न.चिं. केलकर ने 17 मई, 1921 के समाचारपत्र 'केसरी' में 'हमारे स्वराज्य–द्रोही छत्रपति' शीर्षक से 20 कॉलम का प्रदीर्घ लेख लिखकर शाहू छत्रपति पर अंतिम हमला किया। उसके बाद थोड़े ही दिनों में श्रीपाद अमृत डांगे ने, जिनकी पूरी जिंदगी चीन और रूस की चापलूसी के गीत गाने में व्यतीत हुई, उसी लेखमाला की पुस्तक छापकर यह सिद्ध किया कि आखिर वे वास्तव में हैं कौन? शाहू छत्रपति ने 6 अक्टूबर, 1921 ई. को लॉरेन्स तथा अन्य अंग्रेज अफसरों को पत्र लिखकर उस पुस्तक के विषय का परिचय दिया। उस पुस्तक में शाहू छत्रपति तथा उनके समूचे परिवार को धमकी दी गई थी।

शाहू छत्रपति के नेतृत्व की बदौलत बहुजनों की सर्वांगीण उन्नति का सत्यशोधक और ब्राह्मणेतर आंदोलन विकसित हो रहा था। उस आंदोलन में गति भी आई थी परंतु अभिजनों को यही बात नहीं चाहिए थी। इसलिए एक तरफ सभी अभिजन साम, दाम, दंड, भेद आदि सभी साधनों का प्रयोग कर शाहू छत्रपति को पस्तहिम्मत करने की कोशिश करने लगे थे। वहीं दूसरी ओर मधुमेह और हृदयविकार जैसे पुराने रोग शाहू छत्रपति को सता रहे थे। उन्हें पदच्युत किया जाय या उनकी गतिविधियों पर बंधन डालने के लिए उन्हें मालवण के किले में नजरबंद में रखा जाए इसलिए अभिजनों की ओर से ब्रिटिश सरकार पर उनके विरोधियों द्वारा दबाब डाला जा रहा था । पर गर्व की बात है कि शाहू छत्रपति ऐसे संकट

के समय भी 'टूट पड़ूंगा, पर झुकूंगा नहीं!' इस दम-खम के साथ उनका प्रतिकार कर रहे थे। अपने स्टेशन रोड के बंगले से 22 मई, 1921 ई. को बालासाहब गायकवाड को लिखे हुए पत्र में वे निश्चय के साथ बताते हैं, ''लॉर्ड रीडिंग की तो बात ही क्या है! स्वयं ब्रह्मा और यमराज के डराने से अगर मैं डरूँ तो मेरे सभी पुरखा मुझ पर हंसेंगे और रोएंगे भी इसका विचार आते ही सच कहता हूं कि मुझे मृत्यु और अपयश तृणवत् लगता है। स्वभाव के लिए कोई दवा नहीं। अपनी जान बचाने के लिए मैं कभी भी बैरी की शरण में नहीं जाऊंगा, उसके पांव नहीं चाटूंगा ! Shall break but not bend. हरि-हरि रटते बैठने वाला मैं पुरोहित नहीं हूं। हो-हो कर आखिर होगा क्या? सरकार नाराज होगी! होगी बेचारी! अगर तकलीफ होगी तो मुझे होगी। दुखियों की मैंने मदद की, अछूतों को गले लगाया, मराठों की उन्नति के लिए अपनी देह खपायी इसके लिए भगवान के दरबार में मुझे निश्चित ही न्याय मिलेगा।''

शाहू छत्रपति पर स्वराज्य-द्रोही जैसा इलजाम लगाते ही ब्राह्मणेतरों के समाचारपत्र बौखला उठे। उनमें सबसे आगे था 'विजयी मराठा'। 10 दिसंबर, 1921 ई. को 'विजयी मराठा' ने अपने मुख्य लेख में अपरिपक्व बुद्धि के इल्जाम लगाने के कारण श्री न.चिं.केलकर की खिल्ली उड़ाई।

1921 का वर्ष इस प्रकार कब बीता यह ध्यान में नहीं आया। सत्यशोधक और ब्राह्मणेतर आंदोलनों का जोर दिन-प्रतिदिन बढ़ता ही जा रहा था। समूचे महाराष्ट्र के भिन्न भिन्न भागों से शाहू छत्रपति को भारीभरकम समर्थन मिल रहा था। संगमनेर में श्रीशाहू छत्रपति ब्राह्मणेतर संघ स्थापित किया गया। शाहू छत्रपति की कोई निंदा करे तो उसे न्याय्य मार्ग से यथोचित उत्तर देना इस संघ का महत्त्वपूर्ण कार्य था। उस संघ में 26 फरवरी, 1922 ई. को कर्मवीर विट्ठल रामजी शिंदे का व्याख्यान हुआ। वहां उनका सम्मान भी किया गया। लगभग उसी दरमियान सांगली जिले के औदुंबर गांव में सत्यशोधक समाज की लगभग 10,000 लोगों की सभा संपन्न हुई जिसके अध्यक्ष थे सातारा की रैयत शिक्षण संस्था के संस्थापक कर्मवीर पाटीलजी। उस समय शाहू छत्रपति की जय के नारों से आकाश गूंज उठा। 'विजयी मराठा' के 27 फरवरी, 1922 ई. के समाचारपत्र में ऐसा वृत्तांत छपा हुआ है। ऐसी कार्यमग्नता के कारण शाहू छत्रपति का अपनी तंदुरुस्ती की ओर से ध्यान सदैव हटा रहा। डॉक्टरों की दी दवाइयों और बताए हुए परहेज को न मानकर वे राज्य-कारोबार और ब्राह्मणेतर आंदोलन का रथ हांक रहे थे। इसके पहले भी भयावह बुखार के होते हुए भी डॉक्टर को चकमा देकर उन्होंने हवाई जहाज पर सवार होकर दो घंटों तक बंबई शहर का चक्कर लगाया था। डॉक्टर मेरीवेदर को मिरज से लिखे हुए पत्र में उन्होंने स्पष्ट किया था कि उनके शरीर में जैसे चींटियां-सी रेंगती हैं और शरीर का लहू दूषित हुआ हो ऐसी आशंका भी प्रकट की थी।

डॉक्टर, मित्रों और नजदीकी रिश्तेदारों का विरोध होते हुए भी सयाजीराव गायकवाड की नतिनी लक्ष्मीबाई के विवाह में सावंतवाडी के राजासाहब के साथ उपस्थित रहने के

लिए उन्होंने 20 अप्रैल को कोल्हापुर से विदा ली। और हाय! वह विदाई अंतिम साबित हुई ! 27 अप्रैल, 1922 ई. को वे बडोदरा जाने के लिए बोरीबंदर स्टेशन के लिए अपनी मोटर में चले थे। तब अचानक विक्टोरिया का एक घोड़ा उनकी मोटर से टकराया। उस घोड़े का सिर शाहू छत्रपति के कपाल से टकराया और महाराज के साथ बैठे हुए बाबासाहब खानविलकर की ठोढ़ी में भी थोड़ा जख्म हुआ।

सयाजीराव गायकवाड की नतिनी का विवाह समारोह बड़े ठाठबाट से संपन्न हुआ। 1 मई को बडोदरा में साठमारी (हाथी के साथ लड़ने का खेल) का खेल हुआ। आपे से बाहर हुए एक हाथी ने जहां शाहू छत्रपति खड़े खेल देख रहे थे उस दिशा में हमला बोल दिया। हाथी का अचानक हमला होने पर शाहू छत्रपति ने जोर से ललकारकर उस मत्त हाथी को पीछे लौटा दिया। उस आक्रामक हाथी के साथ लड़ने वाले महावत को वहीं 1000 रुपयों का पुरस्कार देकर उन्होंने उसका सम्मान किया। दूसरे दिन स्वास्थ्य ठीक न रहने पर भी उन्होंने दिल खोलकर शिकार का आनन्द लूटा। 3 मई को छत्रपति बडोदरा से बंबई आए। दूसरे दिन रेल में उन्हें रातभर नींद नहीं आई थी। छाती में असह्य वेदना हो रही थी। उन्हें सहते हुए वे पूरी रात जागते ही रहे।

बंबई की खेतवाडी का पन्हाला लॉज शाहू छत्रपति का निवास स्थान था। स्वास्थ्य ठीक न होने की खबर पाकर डॉ. शिरगांवकर, डॉ.देशमुख और डॉ. ट्रेकर ने शाहू छत्रपति को जांचा-परखा। डॉ.ट्रेकर तो हृदयरोगतज्ञ थे। उन्होंने छत्रपति की गंभीर बीमारी का स्वरूप स्पष्ट किया। शाहू छत्रपति को मालूम हो चुका कि उनका अंतकाल समीप आ चुका है। दीवान सबनीस को इच्छापत्र लेकर तुरंत आने का तार कोल्हापुर भेजा गया।

5 मई की वह कालीकलूटी रात! शाहू छत्रपति के सीने में असीम वेदना हो रही थी। मृत्यु सामने मुंह फाड़े खड़ी थी । उस हालत में शाहू छत्रपति ने प्रबोधनकार ठाकरे को मिलने के लिए बुला लिया। वह वर्णन प्रबोधनकार ठाकरे के ही शब्दों में देखना उचित होगा। उन्होंने लिखा है, ''एक दीवानखाने में महाराज की वह बहुत लंबी और मोटी देह चित पड़ी हुई थी। नीले दीये का धुंधला प्रकाश मन को उदास बना रहा था। एक सेवक महाराज की छाती सेंक रहा था। डॉक्टर पास ही खड़े थे। महाराज के दाहिने हाथ की ओर मैं गया। दोनों हाथ जोड़कर मैंने उन्हें प्रणाम किया। तब महाराज ने अपने दोनों हाथों को मेरे सामने किया। मैंने उनकी हथेलियों पर अपना मस्तक रखा। ''को दंड! सातारा जाकर तूने क्या किया?'' महाराज के मुंह से इतने ही शब्द निकले थे कि डॉक्टर ने कहा, ''हं महाराज! बोलना मना है।'' तुरंत, महाराज हंसते हुए बोले, ''अब सभी यही बोलेंगे और मैं सिर्फ सुनूंगा।'' उसके बाद ठाकरे ने उन्हें सातारा का इतिहास लिखने के लिए शाहू छत्रपति ने जो कहा था उसका समग्र वृत्तांत सुनाया। अपनी बीमारी की उस हालत में भी शाहू छत्रपति उनसे कोल्हापुर आने के लिए आग्रह कर रहे थे। जब ठाकरे ने कहा कि उन्हें अब छुट्टी नहीं है अतः वे बाद में आएंगे। तपाक से महाराज ने कहा, ''गप तो नहीं हांक रहे हो? तुम तो हो वाहियात! कसम खाओ मेरे सामने कि तुम वह ग्रंथ लिख दोगे!'' शाहू छत्रपति की आंख के सामने

मृत्यु के खड़े होते हुए भी उन्होंने प्रबोधनकार ठाकरे से सातारा का इतिहास लिखने का वचन लिया।

5 मई रात के समय शाहू छत्रपति स्वयं बता रहे थे कि उनकी छाती में ऐसा दर्द हो रहा था जैसे कोई भाले चुभा रहा हो। उस रात उन्हें खून की कै भी हो रही थी। पन्हाला लॉज में उस समय उनके साथ उनके छोटे भाई बापूसाहब, जो उनके साथ जीवनभर रहे, वे तो थे ही; साथ ही जिनसे अपनी कन्या के समान प्रेम किया वे इंदुमति रानीसाहिबा, बाबासाहब खानविलकर आदि रिश्तेदार भी थे। 6 मई का वह सबेरा! पलंग पर लेटे हुए शाहू छत्रपति यकायक उठ बैठे और बोले, "मैं जाने के लिए तैयार हूं। डर कुछ नहीं। सबको सलाम बोलो।" ये शब्द उनके मुंह से बाहर निकलते-निकलते ही उन्होंने सामने के सिरहाने पर अपना सिर रखा वह फिर कभी ऊपर उठाने के लिए नहीं! इस तरह शाहू छत्रपति ने बड़े धैर्य के साथ इस दुनिया से हमेशा-हमेशा के लिए विदा ली। उस समय सुबह का 5.55 का समय था। 6 मई, 1922 ई.!

उसके बाद शाहू छत्रपति का कलेवर बंबई से कोल्हापुर कैसे लाया गया, उनकी अंत्ययात्रा किस प्रकार निकाली गई, उनका अंत्यसंस्कार किस प्रकार हुआ? इसका विस्तृत वृत्त 15 मई, 1922 ई. के 'विजयी मराठा' समाचारपत्र में सविस्तार पढ़ने को मिलता है। 'विजयी मराठा' ने लिखा है सुबह 5.55 बजे महाराज ने इहलोक से विदा ली। उस समय महाराज के पास श्री बापूसाहब महाराज, मे. बापूसाहब खानविलकर, श्री आप्पासाहब कागलकर, इंदुमति रानीसाहिबा आदि रिश्तेदार उपस्थित थे। अंतिम क्षण तक महाराज होश में थे। उनके निधन से वहां उपस्थितों के होश उड़ गए। आनन-फानन उस दुखद समाचार के तार कोल्हापुर तथा अन्य अनेक स्थानों में भेजे गए। महाराज का शव एक मोटर में रखकर वहां उपस्थित सभी लोग दिल पर भारी बोझ लिये कोल्हापुर जाने के लिए सबेरे 8.30 बजे बंबई से निकल पड़े। पुणे में महाराज का शव सायं 4.15 बजे पहुंचा। वहां उनके अंतिम दर्शन के लिए हजारों की संख्या में लोग इकट्ठा हुए थे। पुणे-सातारा होते हुए महाराज की मोटर रात 12.15 बजे कोल्हापुर पहुंच गई। महाराज की मृत्यु की खबर पहले ही मिलने के कारण शहर एवं आसपास के देहातों के लाखों लोग नवीन राजमहल के पास इकट्ठा हुए थे। महाराज की लाश लिये मोटर के वहां आते ही इकट्ठा हुए लाखों लोगों ने गगन-वेधी घोष किया।

रात 1.45 बजे श्रीमन्महाराज साहब का शव पालकी में रखा गया संपूर्ण लवाजमे के साथ श्मशानयात्रा पंचगंगा नदी के घाट की तरफ चली। श्मशानयात्रा में जागीरदार, सरदार, सम्मान के हकदार,अफसर, वकील, व्यापारी, सभी स्तर के नागरिक तथा देहातों से आए हुए हजारों किसान खिन्न मुद्रा से, दुख-भार से मंद गति से चले थे। इन्फैंट्री के जवान अपने लवाजमे के साथ बंदूकें नीचे झुकाए हुए चल रहे थे। रास्ते पर दुतरफा खड़े स्त्री-पुरुषों के मुंह से अविरत दुखोद्गार निकल रहे थे। सबकी आंखों से अविरत आंसू बह रहे थे। इस प्रकार छत्रपति शाहू छत्रपति की अंत्ययात्रा टाउन हॉल, फेरिस मार्केट, गुजरी, गंगावेस इन

प्रमुख रास्तों से होती हुई पंचगंगा नदी के मंदिर में सुबह पांच बजे पहुंची। वहां चंदन की चिता पर महाराजा का शव रखकर उसमें अग्नि दी गई। इन्फैंट्री के जवानों ने बंदूकों से हवा में तीन बार गोलियां दागकर महाराजा को अंतिम सलामी दी। इक्कीस तोपें दागी गईं।

लोगों के दुख की कोई सीमा नहीं रही। पितृच्छत्र खोए जाने की भावना उनके मन में घर कर बैठी थी। उन्हें ऐसा महसूस होने लगा मानो वे निराधार हो गए हों। पंचगंगा नदी के किनारे श्मशानभूमि पर शिवाजी वैदिक स्कूल के छात्रों द्वारा अंत्येष्टि संस्कार करवा लिए गए। 7 मई, 1922 ई. को कुछ ही घंटे पहले राजकारोबार की बागडोर हाथ में लिये हुए राजाराम छत्रपति ने अपने पिता की मृतदेह को अग्नि दी। उस समय सूर्य का उदय हो रहा था। परंतु उसी समय लाखों बहुजनों, दलितों, दुर्बलों के जीवन में सूर्यास्त होकर सब कुछ अंधकारमय हो गया, ऐसी तीव्र भावना उनके मन में उभरी।

बंबई खेतवाडी के पन्हाला लॉज के निवास स्थान में 6 मई, 1922 ई. को शाहू छत्रपति का निधन होने की खबर धीरे-धीरे पूरे भारत में फैल गई। महाराष्ट्र के बंबई, पुणे, सातारा, काले, बार्शी, ठाणे, कल्याण, आळंदी, तळेगांव, दाभाडी, पेठ वडगांव, कोडोली, जाखले, केंजळ, अंकलखोप, माणगांव, कागल आदि छोटे-बड़े अनेक शहरों और देहातों में शाहू छत्रपति के निधन के बाद खास शोकसभा आयोजित कर उनमें एकमत से शोकप्रस्ताव सम्मत होने का वृत्तांत 29 मई और 19 जून, 1922 ई. के 'विजयी मराठा' पत्र में सविस्तार पढ़ने को मिल जाता है। इतना नही; बल्कि मद्रास, बडोदरा, इंदूर, ग्वालियर, कराची, बेलगांव, गोवा, धार आदि स्थानों पर भी शाहू छत्रपति के निधन के बाद शोकसभाएं होने का वृत्तांत है।

महाराष्ट्र के यानी उस समय के बंबई प्रांत के और मद्रास, कर्नाटक, बडोदरादि अनेक स्थानों के समाचारपत्रों में शाहू छत्रपति के निधन का वृत्त, शोकसभाओं में पारित शोक प्रस्ताव, लेख तथा मुख्य लेख प्रकाशित हुए हैंह्नऐसा दिखाई देता है। उनमें मुख्य रूप से 'जस्टिस' (मद्रास), 'केसरी', 'विजयी मराठा', 'जागरूक', 'स्वधर्म', 'लोकसंग्रह', 'टिळक' (पुणे), 'मूकनायक', 'प्रबोधन', 'सुबोध पत्रिका' (बंबई), 'ज्ञानसागर', 'विश्वबंधु', 'आर्यभानू' (कोल्हापुर), 'राष्ट्रवीर', 'विभाकर', 'गोसेवक' (बेलगांव), 'प्रकाश' (सातारा), ' सयाजी विजय', 'जागृति' (बडोदरा) का उल्लेख किया जा सकता है।

प्रबोधनकार ठाकरे अपने प्रबोधन पत्र में लिखते हैं, ''शाहू छत्रपति के निधन से एक अव्वल दर्जे का राजनीतिज्ञ, मुत्सद्दी, सुदृढ़ समाज-सुधारक, साहसी धर्मक्रांतिकारी, सक्रिय अछूतोद्धारक, विश्वविख्यात पहलवान, निडर-साहसी शिकारी, राष्ट्रीय दल के षड्यंत्रकारी मार्ग का कांटा और दीन-दुनिया की होनी पर प्रकाश डालने वाला सर्चलाइट नहीं रहा है ऐसा ही कहना चाहिए।''

डॉ. बाबासाहब आंबेडकर के 'मूकनायक' ने इन शब्दों में अपना दुख प्रकट किया, ''शाहू महाराज की अचानक हुई मृत्यु से आज छः-सात करोड़ बहिष्कृत समाज की

उन्नतिरूपी स्वर्गीय सुख का मुख्य सहारा ही टूट जाने से बहुजन समाज अनाथ हुआ है। ऐसा कहने में कोई हर्ज नहीं।''

शाहू छत्रपति के राज्यारोहण के समय लोकमान्य तिलक ने करवीर क्षेत्र में राजनीतिक कपिला षष्ठी का सुयोग ऐसा शीर्षक देकर उनका हार्दिक गौरव करने वाला मुख्य लेख लिखा था। उसी 'केसरी' पत्र में शाहू छत्रपति को स्वराज्य-द्रोही कहकर संबोधने वाले लेखक न.चिं.केलकर ने शाहू छत्रपति की मृत्यु के बाद लेख तो लिखा; परंतु उस मुख्य लेख में उनका गौरव करते समय ऊंट की सी तिरछी चाल से चलने वाली केलकर की कलम छत्रपति की असीम शारीरिक शक्ति की तारीफ कर आगे लिखती है, ''महाराज की बुद्धिमत्ता भी ऐसी ही बड़ी थी। षड्यंत्र-निपुणता यह उनका खास गुण होने से अगर वे पुराने जमाने में होते, तो उन्हें ऐतिहासिक कीर्ति का लाभ अवश्य हुआ होता, ऐसे-ऐसे कारनामे उनके द्वारा अवश्य हुए होते। धर्मशास्त्र, राजनीतिशास्त्र, समाजशास्त्र इन तीनों में अपनी तिरछी-बुद्धि का हल खूब गहरा गड़ाकर अपनी हुकूमत के बलबूते पर आजकल के जमाने में शाहू महाराज जितना अन्य किसी ने भी बेचारी जमीन को उलटा-पुल्टा नहीं किया होगा! उनकी उस कड़ी मेहनत के बावजूद फसल किस प्रकार की आई यह तो सब लोगों को ज्ञात है ही। फिर भी दूर फेंके गए अनेक मनुष्यों को एक अपूर्व नेता उपलब्ध होकर उनकी बुद्धि जाग्रत् हुई यह जितना सत्य है, उतना ही यह भी सत्य है कि छत्रपति की उद्योगशीलता, कोशिशों की चरमसीमा और लक्ष्य के प्रति एकनिष्ठता असाधारण थी।''

दीन-दुर्बलों के रक्षक शाहू छत्रपति की मृत्यु के बाद छोटे-बड़े गांवों शहरों में जैसे शोक-सभाओं का आयोजन किया गया वैसे ही कुछ गांवों-शहरों में मूक-जुलूस भी निकाले गए। 15 मई, 1922 ई. को बंबई मजदूर नेता लोकहितकर्ता सीताराम केशव बोले की अध्यक्षता में एक विशाल सभा हुई। उसमें शाहू छत्रपति के निधन के उपलक्ष्य में 18 मई, 1922 ई. का यह दिन शोक-दिन के रूप में मनाना तय हुआ। उसके अनुसार बंबई के मिल-मजदूरों, गोदी-मजदूरों और बंबई मार्केट के कुलियों ने अपना-अपना काम बंद रखकर प्रचंड जुलूस निकाला। उस जुलूस में भजनी मंडली, लेजम मंडली, गतका-फरी मंडली आदि सभी अखाड़े शामिल हुए थे। सबेरे निकला हुआ वह विराट जुलूस दुपहर 12 बजे चौपाटी पहुंचा। वहां शाहू छत्रपति के गुण-गौरव पर रा.बोले और रा. वंडेकर के भाषण हुए। उसके बाद सबने समुद्र-स्नान किया और ईश्वर से प्रार्थना की कि महाराजा की आत्मा को उत्तम गति प्रदान करे। 'विजयी मराठा' ने 22 मई, 1922 ई. को जुलूस का इस प्रकार विस्तार से वर्णन कर अंत में लिखा, ''इस तरह यह अत्यंत शोकदायक दिन बंबई के मराठा आदि पिछड़े हुए तथा अछूत आदि लोगों ने गंभीर रूप में मनाकर श्री शाहू छत्रपति के वारे में अपना प्रेम एवं आदर प्रकट किया।''

21 मई, 1922 को कोल्हापुर के पैलेस थिएटर (केशवराव भोसले नाट्यगृह) में श्रीआबासाहब पंत प्रतिनिधि विशाळगढ़कर की अध्यक्षता में एक सभा हुई। उसमें सर्वसम्मति से निर्णय हुआ कि कोल्हापुर में शाहू छत्रपति का स्मारक हो इसलिए एक अच्छे

स्थान पर उनका पूर्णाकृति पुतला स्थापित किया जाय। इतना ही नहीं; बल्कि ऐसा भी तय हुआ कि महाराजा की यादगार के रूप में गरीब जनता का मोटर में घूम-फिरकर इलाज करने वाला दवाखाना शुरू किया जाय। इसके लिए कोल्हापुर नगरपालिका ने 17,000 रुपए देना निश्चित किया था। उनमें से पुतले के लिए 5,000 रुपए और बचे हुए 12,000 रुपयों के ब्याज से अलग-अलग जातियों के विद्यार्थियों को छात्रवृत्ति देने का निर्णय लिया गया।

पुणे में शाहू छत्रपति का स्मारक स्थापित हो इसलिए देवास के सर तुकोजीराव पवार की अध्यक्षता में कौन्सिल हाल में एक विराट सभा हुई। उस सभा में भोर, अक्कलकोट, कागल आदि रियासतों के राजा श्रीबाला महाराज, सर कावसजी जहांगीर, सर माधवराव चौबल, विट्ठल रामजी शिंदे, सरदार वाघालकर, सरदार रामराव फडणवीस, सरदार अहमदअली नवाबसाहब, भास्करराव जाधव, उस्ताद गुलाम दस्तगीर आदि सम्भ्रान्त व्यक्ति उपस्थित थे। उस सभा में महर्षि विट्ठल रामजी शिंदे ने निम्न शब्दों में प्रस्ताव रखा ह्न "शाहू महाराज के निधन से सर्वाधिक अश्रुपात अछूतों का हुआ है। यही उनके बहुजन समाज की सेवा का साक्षात् सबूत है। शिवाजी महाराज ने यहीं पर जन्म लिया। यहीं पर हिंदूपदपातशाही स्थापित हुई और यहीं पर नष्ट हुई। इसलिए, शाहू छत्रपति का स्मारक यहीं पर होना चाहिए।" सभा में स्मारक के लिए हजारों रुपयों की देनें जमा हुईं।

जहां एक ओर ब्राह्मणेतर समाज में शाहू छत्रपति के निधन से अपना त्राता गया, अब हम अनाथ हुए ऐसी दुखपूर्ण भावना बनी हुई थी । उनके निधन के बाद कई स्थानों पर शोक-सभाएं हो रही थीं। उनके स्मारक स्थापित करने की योजनाएं बनाई जा रही थीं। इसके विपरीत उसी समय सनातनी अभिजनों के समाज में शाहू छत्रपति की मृत्यु अर्थात् हमारी अभूतपूर्व जीत! बहुजनों को फिर से गुलाम बनाने का हमें मिला हुआ प्रमाणपत्र! अब हमें दुनिया की कोई शक्ति रोक नहीं सकती, ऐसा उन्माद दिखाई देने लगा। स्वयं को संस्कृति और सभ्यता के उत्तराधिकारी कहलाकर अकड़कर चलने वाले ये अभिजन पूर्णतया भूल गए थे 'मरणान्तानि वैराणी' यह प्रभु रामचंद्र का महत्त्वपूर्ण विचार! यही तो कारण है कि पुणे में शाहू छत्रपति के निधन के बाद सत्यनारायण की पूजा का आयोजन किया गया और पेड़े बाटे गए। 19 जुलाई, 1922 ई. के 'विजयी मराठा' पत्र से यह ज्ञात होता है। बुधवार दिनांक 14 जून, 1922 ई. को पुणे में शाहू छत्रपति के स्मारक के सिलसिले में जो विराट सभा देवास के महाराजा तुकोजीराव पवार की अध्यक्षता में संपन्न हुई, उस सभा में उस्ताद गुलाम दस्तगीर ने जो भाषण दिया वह 'विजयी मराठा' के 19 जून, 1922 ई. की पत्रिका में पढ़ने को मिलता है। उस भाषण में गुलाम दस्तगीर ने कहा था, "मेरे मन को अब बहुत दुख हो रहा है। शाहू छत्रपति के निधन से मराठों और अस्पृश्यों को बुरा लगता होगा; परंतु महाराजा के निधन से पहलवान लोगों का असीम नुकसान हुआ है। परंतु अत्यंत शर्मनाक बात यह है कि छत्रपति की लाश जब पुणे में पहुंची तब कुछ लोग सत्यनारायण की पूजा आयोजित कर रहे थे, तो कहीं खुशी में पेड़े बाटे रहे थे ऐसा मैंने सुना है। (तब लोगों ने तिरस्कार-सूचक घोषणाएं दीं।) उस दिन बहुजन समाज का हर व्यक्ति महाराज

के शव पर चढ़ाने के लिए उनकी मोटर की तरफ पुष्पहार लेकर दौड़ा-दौड़ा जा रहा था। उन लोगों के गुणों की जितनी तारीफ की जाए थोड़ी ही है। आज हमारा नेता नहीं रहा ऐसी हालत में पुणे में पेड़े बाटे गए! धिक्कार!!''

इस संदर्भ में श्री. य.दि.फड़के ने अपने 'केशवराव जेधे' इस मशहूर ग्रंथ में जागृति के संपादक श्री. पालेकर की गवाही पेश की है। श्री. य.दि.फड़के लिखते हैं, ''ब्राह्मणी खुनशीपणाचे मासले (ब्राह्मणी मत्सर के नमूने) जागृतिकार लिखते हैं, छत्रपति के निधन के बाद इस शीर्षक के नीचे उग्रवादी ब्राह्मणों के पुणे-बंबई के दैनिक समाचार-पत्रों ने शोक का उद्गार नहीं निकाला। शोक की संवेदना का मुख्य लेख लिखना तो दूर ही; परंतु मृत्यु का समाचार देते हुए 'बताते हुए दुख होता है' ऐसा धुंधला-सा दुखोद्गार भी व्यक्त नहीं हुआ। कई नाममात्र उग्रवादी मामूली समाचार-पत्रों ने छत्रपति की मृत्यु के बारे में लिखते समय अत्यंत हीन शब्दों में निंदाजनक मत व्यक्त किए थे। कुल मिलाकर 'केसरी' का मुख्य लेख-मृत्यु लेख अच्छा लिखा था; परंतु उस लेख के अंत के कुछ वाक्यों में उनके ब्राह्मणी-हृदय की वक्रता प्रकट होकर ही रही। वसई में अछूत लोगों की एक शोकसभा हुई। उस सभा में कुछ ब्राह्मणों ने दुख प्रदर्शन का विरोध करने का प्रयत्न किया। सातारा आदि कई स्थानों के कीनाखोर, खुनस रखने वाले और वृथा अभिमानी ब्राह्मणों ने छत्रपति के निधन की खबर सुनते ही आपस में पेड़े बांटकर आनंद प्रकट किया। ऐसा भी कहते हैं यह खबर 'जागृति' समाचारपत्र में 20 मई, 1922 ई. को छपी है।

मराठी भाषा के 'ज्ञानप्रकाश' इस पत्र का उल्लेख गोपालकृष्ण गोखले के भारत सेवक समाज के विचारों से प्रभावित पत्र के रूप में बीसवीं सदी के प्रथम दशक से 1950 ई. तक के पत्र के रूप में किया जाएगा। इस पत्र के पहले मालिक और चालक थे कृष्णाजी रानडे। शाहू छत्रपति के निधन के बाद राजाराम महाराज के राज्यारोहण समारोह के अवसर पर 'ज्ञानप्रकाश' ने एक लेख प्रकाशित किया। उस लेख में छत्रपति राजाराम महाराज को वे अत्यंत आस्था के भाव से उपदेश दे रहे हैं, ऐसा रोब दिखाकर उन्होंने स्व.शाहू छत्रपति पर जहर उगला था। शाहू छत्रपति ने पड़ोस के बालक को खाना खिलाकर अपने स्वयं के बालक को सिर्फ हरा बाग दिखाया। वे ब्राह्मद्वेष्टा थे, उनकी मृत्यु यह दैवी घटना है आदि अनेक निंदाव्यंजक विधान उन्होंने किए थे।

'ज्ञानप्रकाश' ने स्व.शाहू छत्रपति की जो बदनामी की थी वह उनका स्वयं को अज्ञान के अंधकार में बंदी बना लेने का प्रकार था। शाहू छत्रपति के 'बहुज्न हिताय, बहुजन सुखाय' के कार्य पर कीचड़ उछालने की उन्होंने कुचेष्टा की। 'ज्ञानप्रकाश' ने अपनी अक्ल का जो तुच्छ प्रदर्शन किया था उसे धूल में मिला देने का अर्थात् उसे वैचारिक उत्तर देकर निरुत्तर करने का कठिन काम 'विजयी मराठा' के संपादक श्रीपतराव शिंदे ने किया। 1922 ई. के 19 जून को 'विजयी मराठा' में उन्होंने 'वीरनायक स्व.शाहू छत्रपति और नर्मशिरोमणि ज्ञानप्रकाश' शीर्षक से मुख्य लेख लिखकर अपनी जिम्मेदारी अच्छी तरह से निभाई, ऐसा दिखाई देता है।

संक्षेप में कहा जाए तो शाहू छत्रपति के निधन से बहुजन समाज अनाथ हो गया था। मानो दसों दिशाएं अंधेरे में विलीन हो गई हैं, अब प्रकाश की एक किरण भी दिखाई नहीं देगी ऐसी निराशावस्था में वह था। परंतु उसकी यह निराशावस्था अधिक समय टिकी नहीं रही। उस समय दीन-दुर्बल बने हुए बहुजन समाज को सम्हालने का महत्त्वपूर्ण कार्य तत्कालीन ब्राह्मणेतर समाचारपत्रों ने किया। अपनी बौद्धिक कुशलता का प्रयोग कर उन्होंने अभिजनों की दुष्ट प्रवृत्ति को पीछे खदेड़ दिया। इस लड़ाई के सरगना थे 'विजयी मराठा' के श्रीपतराव शिंदे, 'जागृति' के संपादक भगवंतराव पालेकर, 'जागरूक' के संपादक बालचंद कोठारी और 'प्रबोधन' के संपादक केशवराव सीताराम ठाकरे।

29 मई, 1922 ई. के 'विजयी मराठा' में इस आशय के विस्तृत वृत्तांत उपलब्ध हैं कि कोल्हापुर, पुणे, मद्रास आदि स्थानों पर शाहू छत्रपति के स्मारक स्थापित करने के जोरदार प्रयत्न शुरू थे। इसका अर्थ स्पष्ट है कि बहुजन समाज के हृदय में शाहू छत्रपति के लिए अचल, अटल स्थान था। शाहू छत्रपति की मृत्यु के बाद यद्यपि यह सत्य था कि सत्यशोधक और ब्राह्मणेतर आंदोलनों के लिए कोई सर्वमान्य नेता नहीं रहा था, तब भी ऐसा दिखाई देता है कि बहुजन समाज में शाहू छत्रपति की स्मृति का हृदयतल से जतन किया जा रहा था।

शाहू छत्रपति महात्मा गांधीजी का उल्लेख अवतारी पुरुष ऐसा करते थे। 20 अप्रैल, 1920 ई. को नासिक में दिए हुए अपने भाषण में उन्होंने स्पष्ट रूप से कहा था कि म. गांधीजी के बारे में उनके मन में पूज्य बुद्धि है। इतना ही नहीं; बल्कि दिल्ली कुरुक्षेत्र में उनकी म. गांधीजी के साथ एकांत में भेंट हुई थी। ऐसा माधवराव बागल ने लिख रखा है। कोल्हापुर के सत्यशोधक समाज ने शाहू छत्रपति और महात्मा गांधी में जो स्नेहपूर्ण और एक-दूसरे के प्रति सम्मानपूर्ण संबंध थे, उसे ध्यान में लेकर ही 25 मार्च, 1927 ई. को कोल्हापुर में महात्मा गांधी को एक बड़े समारोह में सम्मानपत्र अर्पित किया था। उस सम्मानपत्र में राजर्षि शाहू छत्रपति का निम्न शब्दों में यथोचित गौरव किया था ‍‍‍‍‍‍ "समान अधिकार (हक) का यह आंदोलन अछूतोद्धारक स्व. राजर्षि शाहू ने अपने हाथ में लिया। करवीर राज्य में मुख्य धंधा खेती का है। ब्राह्मणेतरों और काश्तकारों की सदियों से चली आई मानसिक गुलामी से मुक्त करना अत्यावश्यक लगा इसलिए शाहू छत्रपति ने सत्यशोधक आंदोलन को प्रोत्साहन दिया। उन्होंने सार्वजनिक स्थानों की अस्पृश्यता को कानून बनाकर हटा दिया। अछूतों को अपने दरबार में नौकरियां दीं। सरकारी जमीन के आंदोलन को प्रोत्साहन दिया। नागपुर की एक विशाल सभा में एक शूद्र के हाथ का पानी पीकर शाहू छत्रपति ने अपनी कृति से सबके सामने एक आदर्श उदाहरण रखा।"

संदर्भ साहित्य

अध्याय 1

1. राजर्षी शाहू छत्रपती पेपर्स, खंड 1 (1884-1894), संपादक : डॉ. आप्पासाहेब पवार, शाहू संशोधन केंद्र, शिवाजी विद्यापीठ, कोल्हापूर, 1978.
2. Memoirs of His Highness Shri. Shahu Chhatrapati Maharaja of Kolhapur - Vol. 1, A.B.Latthe, 1924.
3. राजर्षी शाहू छत्रपती-एक समाजक्रांतिकारक राजा, धनंजय कीर, पॉप्युलर प्रकाशन, बंबई, 1979.
4. शाहू छत्रपती आणि लोकमान्य, य.दि.फड़के, श्रीविद्या प्रकाशन, पुणे, 1986.
5. राजर्षी शाहू : राजा व माणूस, कृ. गो. सूर्यवंशी, ठोकळ प्रकाशन, पुणे, 1984.
6. कोल्हापूर दर्शन, संपादक : ग.रं.भिडे, पु.ल.देशपांडे, इंटरनेशनल पब्लिशिंग सर्विस, पुणे, 1971.

अध्याय 2

1. राजर्षी शाहू छत्रपती पेपर्स, खंड 1 (1884-1894), संपादक : डॉ. आप्पासाहेब पवार.
2. राजर्षी शाहू : राजा व माणूस, कृ. गो. सूर्यवंशी.
3. माझ्या आठवणी, पां.चि.पाटील, मौज प्रकाशन, बंबई, 1964.
4. श्रीमच्छत्रपती शाहू महाराज यांचे चरित्र, आ.बा.लठ्ठे, कोल्हापूर, 1925.

अध्याय 3

1. राब.दादोबा पांडुरंग-पूर्वार्ध आत्मचरित्र आणि उत्तरार्ध चरित्र, संपादक : अ. का. प्रियोळकर, के. भि. ढवळे, बंबई, 1947.
2. राजर्षी शाहू छत्रपती पेपर्स, खंड 1, संपादक : डॉ. आप्पासाहेब पवार.

अध्याय 4

1. राजर्षी शाहू छत्रपती पेपर्स, खंड 2 (1894-1900), संपादक : डॉ. विलास संगवे आणि डॉ. बी.डी.खणे, शाहू संशोधन केंद्र, शिवाजी विद्यापीठ, कोल्हापूर, 1983.

2. राजर्षी शाहू छत्रपती पेपर्स, खंड 1, संपादक : डॉ. आप्पासाहेब पवार.
3. राजर्षी शाहू गौरव ग्रंथ, संपादक : पी.बी.साळुंखे आणि इतर महाराष्ट्र राज्य शिक्षण विभाग, बंबई, 1976.
4. कोल्हापूर दर्शन, संपादक : ग.रं.भिडे, पु.ल. देशपांडे.
5. छत्रपती शिवाजी महाराजांची पत्रे, संपादक : प्र.न. देशपांडे, 1983.

अध्याय 5

1. राजर्षी शाहू छत्रपती पेपर्स, खंड 2 (1894-1900), संपादक : डॉ. विलास संगवे आणि डॉ. बी.डी.खणे.
2. श्री शाहू महाराज यांच्या आठवणी, माधवराव बागल, 1950.
3. प्रेषित राजर्षी शाहू छत्रपती, धनंजय कीर, 1970.
4. राजर्षी शाहू : काळ, विचार आणि कार्य, संपादक : डॉ. एस.एस.भोसले कोल्हापूर जिल्हा परिषद, 1975.
5. राजसंन्यास, राम गणेश गडकरी, संपूर्ण गडकरी, संपादन, प्रस्तावना : डॉ. भीमराव कुलकर्णी, सरिता प्रकाशन, पुणे 1984.
6. श्री शाहू छत्रपतींचे अर्थकारण, प्रा.मीना कुलकर्णी व ब.शि.कुलकर्णी, गौरीनंदन पब्लिकेशन, कोल्हापूर, 1975.
7. राजर्षी शाहू : राजा व माणूस, कृ.गो. सूर्यवंशी.
8. पुरोहितवर्गवर्चस्व व भारताचा सामाजिक इतिहास, डॉ. सुमंत मुरंजन, प्राज्ञ पाठशाळा, वाई, 1973.

अध्याय 6

1. शाहू छत्रपतींचे निवडक आदेश, भाग 1, संपादक : भास्कर धाटावकर आणि संकलनह्व शामराव पाटील पुराभिलेख विभाग, महाराष्ट्र शासन, बंबई,1988.
2. राजर्षी शाहू छत्रपती यांचे अंतरंग, वा.द.तोफखाने, महाराष्ट्र ग्रंथ भांडार, कोल्हापूर, 1962.
3. नांगी असलेले फुलपाखरू, द.ग.गोडसे, पॉप्युलर प्रकाशन, बंबई,1989.
4. माझ्या आठवणी, पां.चि.पाटील.
5. राजर्षी शाहू : राजा व माणूस, कृ. गो. सूर्यवंशी.

अध्याय 7

1. राजर्षी शाहू छत्रपती पेपर्स, खंड 3 (1900-1905), संपादक : डॉ. विलास संगवे आणि डॉ. बी.डी. खणे. शाहू संशोधन केंद्र, कोल्हापूर,1985.
2. पुरोहितवर्गवर्चस्व व भारताचा सामाजिक इतिहास, डॉ. सुमंत मुरंजन.
3. शाहू छत्रपती आणि लोकमान्य, य.दि.फड़के, श्रीविद्या प्रकाशन, पुणे,1986.

4. विष्णू गोविंद विजापूरकर (चरित्र), गं.दे.खानोलकर, 1928.
5. वैद्यांचे ऐतिहासिक निबंध, चिं.वि.वैद्य, 1931.
6. महाभारत-एक सूडाचा प्रवास, दाजी पणशीकर, अस्मिता प्रकाशन, पुणे, 1987.
7. चित्रपट, श्रीम.माटे, वीनस प्रकाशन, पुणे, शके,1979.
8. दिवस असे होते, वि.द.घाटे, मौज प्रकाशन, 1961.
9. दै. केसरी, 15 मे, 1977.

अध्याय 8

1. राजर्षी शाहू छत्रपती पेपर्स, खंड 4 (1900-1905), संपादक : डॉ. विलास संगवे आणि डॉ. बी.डी.खणे.

अध्याय 9

1. क्रांतिसूक्ते : राजर्षी छत्रपती शाहू-संपादक : डॉ. एस.एस.भोसले, कोल्हापूर जिल्हा परिषद, 1975.
2. माझ्या आठवणी, पां.चि.पाटील.
3. राजर्षी शाहू छत्रपती पेपर्स, खंड 4 (1900-1905), संपादक : डॉ. विलास संगवे आणि डॉ. बी.डी.खणे.
4. राजर्षी गौरव ग्रंथ, संपादक : पी.बी.साळुंखे आणि इतर.

अध्याय 10

1. महात्मा फुले समग्र वाङ्मय, संपादक : धनंजय कीर, स.गं.मालशे, महाराष्ट्र राज्य साहित्य आणि संस्कृती मंडळ, 1980.
2. शाहू छत्रपतींचे निवडक आदेश, भाग 1 संपादक : भास्कर धाटावकर
3. शाहू छत्रपतींचे निवडक आदेश, भाग 2, संपादक : डॉ. अ.प्र.जामखेडकर, डॉ. संजीव प. देसाई, संकलन : शामराव पाटील, पुराभिलेख विभाग, महाराष्ट्र राज्य, बंबई, 1989.
4. राजर्षी शाहू छत्रपती यांचे अंतरंग, वा.द.तोफखाने.
5. माझी जीवनगाथा, सरस्वती तोफखाने, श्रीविद्या प्रकाशन, पुणे, 1984.
6. क्रांतिसूक्ते : राजर्षी छत्रपती शाहू, संपादक : डॉ. एस.एस.भोसले, कोल्हापूर जिल्हा परिषद, कोल्हापूर,1975.
7. श्रीमच्छत्रपती शाहू महाराज यांचे चरित्र, आ.बा.लट्ठे.
8. कर्मवीरोपनिषद अर्थात कर्मवीर भाऊराव पाटील यांच्या आठवणी, बॅ.पी.जी.पाटील, ग्रामीण जीवन अभ्यास संस्था, सातारा,1968.
9. राजर्षी शाहू : राजा व माणूस, कृ. गो. सूर्यवंशी.

अध्याय 11

1. वणवा हिंद देशीचा, वि.श्रीजोशी, मनोरमा प्रकाशन, बंबई,1988.
2. लोकमान्य टिळक आणि क्रांतिकारक, य.दि.फड़के, श्रीविद्या प्रकाशन, पुणे,1985.
3. मुक्तिगाथा महामानवाची, प्राचार्य शिवाजीराव भोसले, अनमोल प्रकाशन, पुणे,1988.
4. माझी जीवनगाथा, प्रबोधनकार ठाकरे, सोमैया प्रकाशन, बंबई, 1973.
5. लोकमान्य, न.र.फाटक, मौज प्रकाशन, बंबई, 1972.
6. राजर्षी शाहू छत्रपती : वाद आणि वास्तव, प्रा.डॉ.रमेश जाधव, श्रीमहालक्ष्मी प्रकाशन, कोल्हापूर,1992.

अध्याय 12

1. सत्यशोधक हीरक महोत्सव ग्रंथ, संपादक : माधवराव बागल, श्रीशाहू सत्यशोधक समाज, कोल्हापूर, 1933.
2. शाहू छत्रपती आणि लोकमान्य, य.दि.फड़के.
3. राजर्षी शाहू छत्रपती : वाद आणि वास्तव, प्रा.डॉ.रमेश जाधव.

अध्याय 13

1. राजर्षी शाहू छत्रपती पेपर्स, खंड 4 (1900–1905), संपादक : डॉ. विलास संगवे आणि डॉ. बी.डी.खणे. शाहू संशोधन केंद्र, शिवाजी विद्यापीठ, कोल्हापूर.
2. श्री शाहू महाराज यांच्या आठवणी, माधवराव बागल, 1950.
3. दिवस असे होते, वि.द.घाटे.
4. राजर्षी शाहू : राजा व माणूस, कृ. गो. सूर्यवंशी.
5. राजर्षी शाहू छत्रपती : वाद आणि वास्तव, प्रा.डॉ.रमेश जाधव.

अध्याय 14

1. समग्र लोकमान्य टिळक–जीवनध्येय, खंड 6, केसरी प्रकाशन, पुणे, 1976.
2. डॉ.बाबासाहेब आंबेडकर यांचे बहिष्कृत भारत आणि मूकनायक, संपादक : वसंत मून, महाराष्ट्र शासन, 1990.
3. माझ्या आठवणी, पी.सी.पाटील.
4. 'विजयी मराठा', संपादक : श्रीपतराव शिंदे, 28–1–1924 व 24–2–1924.
5. राजर्षी शाहू छत्रपती, धनंजय कीर.
6. छत्रपती राजर्षी शाहू महाराज आणि कायदेकानू, द.रा.बगाडे, कोल्हापूर, 1982.

अध्याय 15

1. गावगाडा, त्रि.ना.आत्रे, ह.वि.मोटे प्रकाशन, बंबई,1959.
2. महात्मा फुले समग्र वाङ्मय.

3. कुलकर्णी लीलामृत, मुकुंद गणपत पाटील, प्रकाशक : भास्करराव जाधव, कोल्हापूर,1913.
4. कृष्णराव भालेकर समग्र वाङ्मय, संपादक : सीताराम रायकर, महात्मा फुले समता प्रतिष्ठान प्रकाशन.
5. राजर्षी शाहू : राजा व माणूस, कृ. गो. सूर्यवंशी.
6. शाहू छत्रपती आणि लोकमान्य, य.दि.फड़के.
7. विद्याविलास, संपादक : शंकर शास्त्री गोखले, 23 में 1919 चा अंक
8. दीनमित्रकार मुकुंदराव पाटील, प्रा.डॉ. अशोक एरंडे. (अप्रकाशित पीएच.डी. प्रबंध).

अध्याय 16

1. महात्मा फुले आणि सत्यशोधक चळवळ, मा.पं.मंगुडकर, 1954.
2. 19 व्या शतकातील महाराष्ट्राची सामाजिक पुनर्घटना,लेखक आणि प्रकाशक, डॉ.रा.शं.वाळिंबे, पुणे, 1962.
3. शाहू छत्रपती आणि लोकमान्य, य.दि.फड़के.
4. समग्र लोकमान्य टिळक (समाज व संस्कृती) खंड 5, केसरी प्रकाशन, 1976.
5. क्रांतिसूक्ते : शाहू छत्रपती यांची भाषणे.
6. जुन्या आठवणी, बालचंद कोठारी, संकल्प प्रकाशन, पुणे,1973.
7. Contribution of Phule and Shahu to Caste and Religion. Dr. Ramesh Jadhab, Shibaji University, (Unpublished Thesis),1987
8. विजयी मराठाकार श्रीपतराव शिंदे, मा.श्रीशिंदे, युवराज प्रकाशन, औरंगाबाद, 1973.

अध्याय 17

1. शाहू छत्रपती आणि लोकमान्य, य.दि.फड़के.
2. राजर्षी शाहू : राजा व माणूस, कृ. गो. सूर्यवंशी.
3. दिवस असे होते, वि.द.घाटे.
4. माझ्या आठवणी व अनुभव, महर्षी विठ्ठल रामजी शिंदे.
5. माझी जीवनगाथा, प्रबोधनकार ठाकरे.
6. श्रीमच्छत्रपती शाहू महाराज यांचे चरित्र, आ.बा.लट्ठे.
7. शाहू छत्रपतींचे बडोद्याच्या खासेराव जाधव यांना पत्र, 22-10-1920
8. शाहू छत्रपतींचे यांचे मॅक ग्रॅगोर यांना पत्र, 9 में 1921.
10. राजर्षी शाहू छत्रपती, धनंजय कीर.
11. 'विजयी मराठा', 16-10-1922 आणि 6-11-1922.

12. निवडक विजयी मराठा, संपादक : डॉ. जयसिंगराव पवार आणि डॉ.रमेश जाधव, विजयी मराठा प्रकाशन, कोल्हापूर,1993.
13. व्यक्ती आणि विचार, श्री विद्या प्रकाशन, य.दि.फड़के, पुणे, 1985.

अध्याय 18

1. क्रांतिसूक्ते : राजर्षी शाहू छत्रपती शाहू यांची भाषणे.
2. Social Tension in India by Dr. G.S.Ghurye, Popular Prakashan, Mumbai,1968.
3. राजर्षी शाहू छत्रपती पेपर्स, खंड 2 (1894-1900), संपादक : डॉ. विलास संगवे आणि डॉ. बी.डी.खणे.
4. राजर्षी शाहू स्मारक ग्रंथ, रावसाहेब, डी.एस.बन्ने.
5. शाहू छत्रपतींचे निवडक आदेश, भाग 1 आणि 2.
6. राजर्षी : एक व्यक्तिदर्शन, शाम येडेकर, प्रकाशक, सतीशचंद्र येडेकर, कोल्हापूर.
7. क्रांतिसूक्ते : राजर्षी छत्रपती शाहू.
8. राजर्षी शाहू गौरव ग्रंथ, पी.बी.साळुंखे.
9. श्रीशाहू महाराज यांच्या आठवणी, माधवराव बागल.

अध्याय 19

1. 'जरीपटका' : 65वें अखिल भारतीय मराठी साहित्य सम्मेलन, कोल्हापूर,1992 यामधील प्रा.डॉ.रमेश जाधव यांचा लेख-'साहित्यिकांचा आधारवड शाहू छत्रपती'.

अध्याय 20

1. महात्मा फुले समग्र वाङ्मय, कीर-मालशे.
2. क्रांतिसूक्ते : राजर्षी छत्रपती शाहू.
3. श्रीशाहू छत्रपतींचे अर्थकारण, प्रा.मीना कुलकर्णी आणि प्रा.ब.शि.कुलकर्णी, गौरीनंदन पब्लिकेशन, कोल्हापूर,1975.
4. राजर्षी शाहू छत्रपती पेपर्स, खंड 1
5. राजर्षी शाहू छत्रपती पेपर्स, खंड 5 (1906-1909), संपादक : डॉ. विलास संगवे शाहू संशोधन केंद्र, शिवाजी विद्यापीठ,कोल्हापूर.
6. राजर्षी शाहू छत्रपती पेपर्स, खंड 4 (1900-1905).
7. करवीर सरकारचे मुलकी वटहुकूम, खंड 1 व 2, 1936.

अध्याय 21

1. भारतीय मल्लविद्या : उदय आणि विकास, कृ.गो.सूर्यवंशी, महाराष्ट्र राज्य कुस्तीगीर परिषद-प्रकाशन.

2. कै.तुकाराम हरी कसबेकर (जाधव) ऊर्फ पठाण वस्ताद, कोल्हापूर यांच्या संग्रहातील 1-2-1891 ची कुस्ती जाहिरात.
3. राजर्षी शाहू छत्रपती पेपर्स, खंड 1.
4. राजर्षी शाहू छत्रपती पेपर्स, खंड 4.
5. शाहू छत्रपतींचे निवडक आदेश, भाग 1 व 2.
6. राजर्षी शाहू छत्रपती पेपर्स, खंड 5.

अध्याय 22

1. राजर्षी शाहू छत्रपती, धनंजय कीर.
2. राजर्षी : एक व्यक्तिदर्शन, शाम येडेकर.
3. माझी जीवनगाथा, सरस्वती तोफखाने.
4. शाहू छत्रपतींचे निवडक आदेश, भाग 1.

अध्याय 23

1. लोकमान्य टिळक यांचे चरित्र, खंड 2, न.चिं.केळकर, 1928.
2. लोकमान्य, न.र.फाटक, मौज प्रकाशन, बंबई,1972.
3. श्रीमच्छत्रपती शाहू महाराज यांचे चरित्र, आ.बा.लठ्ठे, कोल्हापूर-1925.
4. शाहू छत्रपती आणि लोकमान्य, य.दि.फड़के.
5. राजर्षी शाहू छत्रपती पेपर्स, खंड 7, संपादक : डॉ. विलास संगवे , शाहू संशोधन केंद्र, कोल्हापूर,1997.
6. राजर्षी शाहू छत्रपती-एक समाजक्रांतिकारक राजा, धनंजय कीर.
7. Memoirs of His Highness Shri Shahu Chhatrapati Maharaja of Kolhapur, A.B.Latthe.
8. राजर्षी शाहू छत्रपती पेपर्स, खंड 3, संपादक : डॉ. विलास संगवे आणि डॉ. बी.डी.खणे.

अध्याय 24

1. दिवस असे होते, वि.द.घाटे.
2. महात्मा फुले समग्र वाङ्मय.
3. लोकमान्य, न.र. फाटक.
4. बहुरूपी, चिंतामण गणेश कोल्हटकर, मौज प्रकाशन, बंबई,1963.
5. Memoirs of His Highness Shri Shahu Chhatrapati Maharaja of Kolhapur, A.B.Latthe.
6. महात्मा गांधी यांचे संकलित वाङ्मय, खंड 20 व 21.
7. शाहू छत्रपती आणि लोकमान्य, य.दि.फड़के.

8. R-13665 Kolhapur Record Office.
9. माझ्या आठवणी, पां.चि.पाटील.

अध्याय 25

1. राजर्षी शाहू छत्रपती, धनंजय कीर.
2. प्रतापसिंह छत्रपती आणि रंगो बापूजी, प्रबोधनकार ठाकरे, 1948.
3. राजर्षी : एक व्यक्तिदर्शन, शाम येडेकर.
4. 'हंटर' कार खंडेराव गोपाळराव बागल यांचे निवडक लेख, माधवराव बागल.
5. श्रीशाहू महाराज यांच्या आठवणी, माधवराव बागल.
6. 'विजयी मराठा', 15 मे 1922.
7. 'विजयी मराठा', 19 जून 1922.
8. इंदुमती राणीसाहेब, कृ.गो.सूर्यवंशी, प्रकाशक, ग. ल. ठोकळ, पुणे 1976.

●●●